新航道 NEW CHANNEL 新航道学校雅思考试

剑桥雅思真题全解

IELTS 6&7&8

主　编　胡　敏

编　著　陶　春　虎劲钻　Mark Griffiths（英）
　　　　王　毅　王晓飞　郑庆利

中国出版集团
中国对外翻译出版公司

图书在版编目（CIP）数据

剑桥雅思真题全解 6、7、8 / 胡敏主编 . — 北京：
中国对外翻译出版公司，2011. 4
ISBN 978-7-5001-3011-6

Ⅰ. ①剑… Ⅱ. ①胡… Ⅲ. ①英语—高等教育—题解
Ⅳ. ① H319. 6

中国版本图书馆 CIP 数据核字（2011）第 062565 号

出版发行 / 中国对外翻译出版公司
地　　址 / 北京市西城区车公庄大街甲 4 号物华大厦六层
电　　话 /（010）68338545　68353673　68359101
邮　　编 / 100044
传　　真 /（010）68357870
电子邮箱 / book@ctpc.com.cn
网　　址 / http：//www.ctpc.com.cn

策划编辑 / 吴良柱　顾　强
责任编辑 / 吴良柱　郝伟凡

印　　刷 / 北京合众伟业印刷有限公司
经　　销 / 新华书店

规　　格 / 787 × 1092 毫米　1/16
印　　张 / 37.5
字　　数 / 1170 千字
版　　次 / 2011 年 4 月第 1 版
印　　次 / 2011 年 11 月第 3 次

ISBN 978-7-5001-3011-6　　　　定价：58.00 元

序 言

雅思的世界 世界的雅思

不曾想十几年前自己“雅思会异军突起”的断言能这么快实现；不曾想12年前自己组织研发了国内第一本雅思教材，而今书店里的雅思备考书籍已是琳琅满目；不曾想“中国雅思盛典”已走过7个年头，足迹遍布20余座城市、近百所高校，现已成为我国雅思培训史上规模最大、覆盖人群最广、持续时间最长、媒体参与报道最多的年度顶级雅思学术盛会。所有的这些，都映衬着雅思考试凭借其科学与权威在中国从星星之火到燎原之势所取得的长足发展；留学热潮的席卷也见证着一代又一代的年轻人对梦想的渴望与追求。

每当站在“雅思盛典”的讲台上，我总是有感于台下的学子，他们对知识的渴望，对英语学习的热情，让我无法停驻脚步。“雅思盛典”为大家诠释了雅思的世界：在这里，汇集了中西名师的“新航道雅思梦之队”为众多学子倾情解读雅思考试，在把握雅思总体局势的同时兼顾每一个细节，为考生备考指明方向；在这里，高分学员畅谈自己的成功历程，为后来人提供极具价值的经验。无数雅思学子通过“雅思盛典”找到了开启留学大门的金钥匙，无数英语学习者通过“雅思盛典”找到了英语学习的新方向，无数学生通过“雅思盛典”开始了新的人生征程，我由衷为他们感到高兴！

透过“雅思盛典”，我们也可以领悟何为“世界的雅思”。雅思考试自1989年开设之日起就立志成为一项全球性考试，它不断根据市场需求推出一系列重要的改革措施，始终紧跟时代的步伐，走在世界英语考试的前列。雅思这种与时俱进的精神令它深得人心，如今，雅思考试已经被多个国家所认可，成为留学、海外就职和移民类英语考试的领跑者。

历程 :《剑桥雅思真题全解》系列图书回顾

作为雅思培训界的一支重要力量，新航道立足学生、助力梦想，不断致力于为考生提供最好的教师、最好的课程和最好的教材。《剑桥雅思真题全解》系列图书便是我们推出的众多精品教材中的经典力作。这一系列图书诠释了新航道在学术上孜孜不断的追求，从形式和内容上都堪称完美，如今已成为众多雅思考生备考之必备书籍。每当面对这一套书时，我总是会情不自禁地回忆起它们走过的历程。

● 2006 年，《剑桥雅思真题全解 3&4&5》第一版面市。此书上市后备受青睐，一跃成为雅思类图书中的畅销书。自出版以来，此书受到的好评如潮，众多学员口口相传，这也在无形之中为后来这一系列图书树立了良好的口碑。

● 2009 年，在剑桥考试委员会推出《剑桥雅思考试全真试题集 7》后，我汇集了一支雅思精英教学团队的力量，主持编写了《剑桥雅思真题全解 6&7》。此书是《剑桥雅思真题全解 3&4&5》的姊妹篇，这两本书一脉相承、相得益彰，为广大考生提供了一套系统研习《剑桥雅思考试全真试题集》最完备的辅导教材。

● 2010 年，《剑桥雅思真题全解 3&4&5》全新改版。此次改版充分考虑了广大考生的需求，并认真听取了众多雅思一线教师的意见和建议，不仅对内容上的不足做了修订，同时也对版式做了一定的调整，使其更加符合考生的使用习惯和审美观点，从而真正做到了与时俱进。

● 2011 年 4 月，正值剑桥雅思考试委员会面向全球推出《剑桥雅思考试全真试题集 8》之际，我重新集结了当年那支打造《剑桥雅思真题全解 6&7》的精英团队，全心全意地投入到这本《剑桥雅思真题全解 6&7&8》的编写工作之中。此次的编写工作首先是对之前出版的《剑桥雅思真题全解 6&7》做了内容上的修订，之后重心便集中在钻研《剑 8》、破解《剑 8》的工作上。如今看到这本书顺利出版，想到它能够在备考过程中助广大雅思考生一臂之力，我便觉得之前所有的努力和辛苦都是值得的。

授人以渔：《剑桥雅思真题全解 6&7&8》

“授人以鱼，不如授人以渔”。

《剑桥雅思真题全解 6&7&8》就是这样一本“授”考生以“渔”的考前辅导书，它针对中国考生在雅思考试中显示出的难以理清命题思路、无法把握出题规律等弱点，分题型精确剖析最新真题，破解雅思高分密码。本书的几位编者均为雅思教学一线的名师，他们通过解析《剑 6》、《剑 7》、《剑 8》，揭示雅思出题规律，筛选雅思核心词汇，破解雅思解题思路，将多年来在教学与研究中积累的高效利用真题之“渔”向考生倾囊相授，其脉络之清晰、解析之透彻使众多其他辅导资料无出其右。

本书的听力部分由新航道雅思听力主讲虎劲钻老师倾情编写，在撰写本书听力部分时，他试图从词汇量扩充、语言表达法积累和真题剖析三个路径全方位化解考生在听力中遇到的障碍。详细的词汇注释、经典实用的语言表达法和深入明晰的真题剖析都是他在雅思听力领域的累累硕果。考生通过对这部分的学习，在应对听力时就能够游刃有余。

本书阅读部分由新航道雅思阅读主讲陶春老师和王晓飞老师担纲编写。为帮助考生吃透真题、尽其所用，他们对真题抽丝剥茧、层层深入，分项、逐题精析并给出详解过程，将雅思阅读中的重点、难点、考点一网打尽。

英语中很多单词、短语存在多义和同义，因此选择准确的单词、短语和表达法进行写作并表达一定思想对于中国考生是有难度的。资深雅思考官 Mark Griffiths 与新航道雅思写作名师郑庆利老师在撰写本书写作部分时，不仅对考题进行了由表及里的透析，分析了考生可能错用的词汇、结构及表达，而且还提供了极具权威性、不同观点的两篇文章范例，使考生备考时能做到有的放矢、事半功倍。

在口语部分，Mark Griffiths 与新航道雅思口语主讲王毅老师根据他们在雅思口语多年的教学与研究经验，从考生的角度及思路出发，清晰地分析了口语题目，并提供了与口语试题相关的关键词汇。而两段观点完全相反的参考答案则为考生提供了丰富的参考范例，地道流畅的英文表达，值得广大考生细细琢磨与品味。

一本书能够付梓出版，背后总是承载着一个梦想，同时又凝结着许多人的努力。如今，这本《剑桥雅思真题全解 6&7&8》便承载着新航道的梦想，这个梦想就是为雅思考生提供最好的服务，帮助每一个考生圆留学之梦！雅思早已是世界的雅思，而且注定会发展得愈加强大；翱翔在雅思的世界，愿每一位考生都能做一只勇敢的海燕，奋勇搏击，直至胜利的彼岸！

新航道国际教育集团总裁兼校长

2011 年 4 月

目录

剑桥雅思
真题全解6

剑桥雅思真题全解7

剑桥雅思 真题全解 8

剑桥雅思

真题全解 6

Test 1

LISTENING

SECTION 1

谈话场景：运动俱乐部的咨询
人物关系：申请人和俱乐部工作人员
谈话话题：怎样入会、基本设施、时间安排、收费情况等

➲ 词汇注释

（此处词汇释义指在本段文章中的特定含义，后文同）

wonder *v.* 想知道	salad bar 沙拉台
membership *n.* 成员资格, 会员资格	fully-licensed 完全得到许可的
facility *n.* 设施, 设备	option *n.* 选项, 选择权
tennis court *n.* 网球场	scheme *n.* 安排, 计划, 方案
primarily *adv.* 首先, 主要地	gold *n.* 黄金
golf *n.* 高尔夫球	joining fee 入会费
badminton *n.* 羽毛球	annual *adj.* 一年一次的, 每年的
vice versa *adv.*反之亦然	subscription *n.* 订金
keep-fit *n.*体操，健身	silver *n.* 银, 银子
studio *n.* 工作室，场所	exactly *adv.* 正确地, 确切地
popular *adj.* 流行的, 受欢迎的	pool *n.* 池, 游泳池
range *n.* 范围	slightly *adv.* 些微地, 稍微地
judo *n.* 柔道(日本的一种拳术)	bronze *n.* 青铜, 铜
keen *adj.* 热心的, 渴望的	suit *v.* 合适, 适合, 相配
kick-boxing *n.* 踢拳	restricted *adj.* 受限制的, 有限的
stretch *n.* 伸展运动	assessment *n.* 评估, 评价
currently *adv.* 现在, 当前	instructor *n.* 教导者, 指导者
yoga *n.* 瑜珈, 瑜珈术	equipment *n.* 装备, 设备, 器材
assume *v.* 假定, 设想	trial session 试听期

➲ 交际与语言表达

1. 本文的主要内容是有个申请人咨询一家运动俱乐部的情况。注意在电话交谈的时候，一般接电话的人都要自报家门，尤其是服务性的机构，在自报家门后接着要问“How can I help you?”之类的话。
2. I was wondering if you could give me some information about … 这是一个非常有用的句型，一般向别人咨询的时候都可以使用。注意此处的 was 并不表示过去，只是表示说话更客气、委婉。
3. What would you like to know? 您想知道些什么呢？一般咨询的人有两种：一种是自己先有了一个计划，想去那里做什么，打听一下具体的情况；另外一种是对要咨询的情况一无所知，

那么他就会让被咨询的人把情况大概介绍一下。工作人员的这句话就是确认来电的人是否已经有了一定的目标性。

4. We have a range of classes too. 我们有一些学习班。这句话是一个很好的提示信号，表明接下来要说的就是题目里面的“classes available”。
5. What about relaxing after exercise? 锻炼之后怎么休息呢？ What about...? 经常被用来表达向对方提出建议或者征询对方的意见，但是此处是“询问关于……的情况”。
6. I assume you have a restaurant or something. 我以为你们有餐馆什么的。当表达对什么事情不确定的时候经常使用“or something”，……什么的，……诸如此类的。
7. What are the options? 都有哪些可供选择的呢？注意这样的表达在听力里面是非常有用的提示信号，说明接下来要对情况进行详细的介绍，通常都会和题目相关的。
8. That sounds good. 听起来不错！这是一个非常好的口语表达，北美人特别喜欢用，有时候省略主语直接用“Sounds good！”
9. Right, got that. 好的，知道了。此处的“right”相当于“all right”，与 well, ok 一样，放在句首的时候没有什么实际的意义。Got that.（我）知道了，明白了，记住了。口语中经常省略主语，意思接近于 I see。
10. Ah, then the bronze scheme would probably suit you best. 哦，那么铜卡会员方案也许是最适合您的。

➲ 考题解析

Question 1 答案 (a) keep-fit (studio)
这道题比较难，是因为对话里面提到了好多的项目，但是有的Kingswell俱乐部有，有的没有。所以在做题的时候不仅要能听出来有什么项目，还得判断哪些项目是Kingswell俱乐部有的。但是此题的答案前面有一个重读的“do”来强调他们拥有的设施，所以对后面答案的出现是一个提示。

Question 2 答案 swimming
本题难度不大，首先，根据题目的排列可以看出，本题与上一题之间的答案为并列关系；其次，注意文中的一些表示并列关系的表达，as well as that there’s a swimming.这里的as well as相当于and，表示并列。所以答案为swimming，注意拼写时，双写m。

Question 3 答案 yoga (classes)
此题比较容易填错，因为此处出现了几个班的名字，只不过有的是“planning to add”，有的是“currently running”，所以很容易误填为“judo”，但是只要注意了时间状语“currently”，还是很容易填对的。

Question 4 答案 (a) salad bar
此题还是比较容易的，因为根据题目里面出现的(restaurant opening soon)，知道前面是和餐馆类似的东西，并且谈话中，男声先提到了“restaurant or something”，所以听到这里的时候应特别关注接下来的内容。需要填的内容还是可以听出来的，不过女声说的速度比较快，并且有吞音，salad有点听不太清楚。

Question 5 答案 500
注意信息的干扰以及修正，“it’s ￡450—oh no, I’m sorry, it’s just gone up by ￡50, sorry about that – it’s now ￡500 for the annual subscription fee.”女士先说“￡450”，后来更正了一下，最终的答案为￡500。通常情况下，正确答案靠后，前面为干扰信息。

Question 6 答案 1
这道题目也不太难，当听到“silver”的时候，要集中注意力，￡1还是听得很清楚的。

Question 7 答案 10 (a.m.), 4:30 (p.m.)
解答此题的关键是要注意前面的提示：男声问“So when exactly?”(具体的时间是什么)。后面女声的话还是很清楚的，“you can only use the facilities between 10 am to 4:30 p.m.”

Question 8 答案 180
本题要注意音的辨析，“one hundred and eighty pounds，”特别注意，这里的“and”和“eighty”产生了连读现象，而且读数字的声音比较低沉，所以很多考生容易听成190。

Question 9 答案 assessment
这道题目比较简单，“assessment”读得很重，并且题目里面出现的辅助理解的单词“instructor”也读得很重，所以很容易填出来，但是要注意拼写。

Question 10 答案 Kynchley
这种人名的拼写是雅思听力里面最简单的，所有的考生都应该做对的。

SECTION 2

谈话场景：收音机的访谈节目
人物关系：采访者和被采访者
谈话话题：关于一家新装修的剧院的改善情况

特别提示

一般情况下，雅思听力的第二部分是一段独白，此处出现两人交谈，比较少见。但是因为是采访类节目，所以一方只是提出问题，另一方解答，所以大部分内容是被采访者的话，而且出题点也大多出现在被采访者说的话，因此也相当于独白。

词汇注释

public relations 公共关系
reopen *v.* 重开，再开始
redevelopment *n.* 恢复发展
programme *n.* 项目，计划
improvement *n.* 改进，进步
foyer *n.* 休息室，大厅
original *adj.* 最初的，原始的
box office *n.* 票房，售票处
reorient *v.* 重定…的方向（或方位）
access *n.* 通路，入口
premise *n.* (*pl.*) 房屋及其周围的房基地
auditorium *n.* 听众席，观众席，礼堂
leg-room *n.*（飞机、汽车、影剧院）座位前伸腿的空间
row *n.* 排，行
install *v.* 安装，安置
air conditioning *n.* 空气调节
stuffy *adj.*（空气）不新鲜的，气闷的
wheelchair *n.* 轮椅
lift *n.* 电梯
efficient *adj.* 效率高的，有效率的
performer *n.* 表演者
backstage *adv.* 在剧院的后台
convert *v.* 转变，转换
airy *adj.* 空气的，通风的
state-of-the-art *adj.* 最新式的，顶尖水准的
electronic *adj.* 电子的
tour *v.* 旅行，巡回
experiment *n.* 实验，试验
curtain *n.* 窗帘，幕
performance *n.* 表演，演出
immediately *adv.* 立即，马上
available *adj.* 可以得到的，可以获得的
contact *n.* 接触，联系
detail *n.* 细节，详情

➲ 交际与语言表达

1. And here on Radio Rivenden we have Lynne Rawley... 今天我们邀请到了 Lynne Rawley 来到我们的演播室……。这是收音机或者电台的节目主持人在节目刚开始的时候经常说的一句话，有时候用“we have... with us”。
2. Then the box office has been reoriented with its own access from the side of the building instead of through the foyer, which means it can be open longer hours, and has more space, too. 售票处被重新定位（改造），在大楼的侧面有单独的入口，而不用再通过大厅了。这样的话它开放的时间更长，也有更多的空间。这句话很长并且修饰成分比较多，在听力里面属于比较难的地方。
3. The shop that used to be in the foyer, which sold books and CDs, is the one part of the redevelopment which isn't yet complete. 以前位于大厅出售书籍和 CD 的商店，是整个改造计划的一部分，但是目前还没有完成。
4. Will audiences find any difference in the auditorium? 观众们会发现观众席有什么变化吗？这样用人来做主语会使听众觉得更亲切，拉近剧院与观众的距离。如果此处使用“Is there any redevelopment in the auditorium?”就不如现在这句话生动，并且要注意这句话也是一句提示性的话，表明接下来要讨论观众席的改造。
5. The small, dark dressing rooms we used to have have been converted into two large airy rooms. 我们以前的那个又小又黑的化装间现在已经变成了两个通风良好的大房间。注意短语 convert into 的用法，表示“把……转变成……”，这个词虽然比较正式，但是 native speakers 在讲话的时候特别喜欢用，有时候用另外两个词 translate into（注意这个词组在许多情况下不一定指翻译，而是把……转变成……）和 transform into。
6. We're experimenting a bit with the time the curtain goes up. 我们正在对戏剧的开演时间做一个小小的试验。注意此处的 the curtain goes up（大幕拉起的时间），就是指开演的时间。
7. Ticket prices used to range from £6 to £30 but now they are all £18. 票的价格以前从 6 英镑到 30 镑不等，现在全部统一为 18 镑了。注意词组 range from to 的用法，表示在某一个范围之内变化。range 在这个义项下既可以作名词，也可以作动词，并且这种用法不管在听力还是在阅读中都非常普遍，希望大家记住。
8. They're available from the box office, in person, by phone, fax or post, or online. 买票可以亲自到售票处购买，或者通过电话、传真或者邮寄购买，或者在网上购买。注意掌握单词 available 的用法，它不仅可以指“……东西是可以获得的”，还可以指“……人是可以获得的（有空的）”，例如 Are you available tonight?（你今晚有空吗？）另外注意此句话里面的两个“or”的用法，第一个“or”是表示 phone, fax 和 post 是并列的，第二个“or”是表示 online，是和 in person, by... 并列的。

➲ 考题解析

Question 11　答案 B
这道题目比较难。因为答案前面的单词 reoriented 对许多考生来说是比较陌生的词，还没反应过来呢，答案“with its own access from the side of the building”就凸现出来了，并且这句话说的速度很快，所以很容易就把答案错过了。

Question 12　答案 G
这道题目也比较难。因为“shop”读起来没有那么响亮，听者不容易抓住这个关键的信号词。但是前面关于这个商店的介绍“which sold books and CDs”还是比较清楚的，所以应该知道此处在讨论卖东西的地方，当然是商店，所以后面听到出现答案的那句话“We hope to reopen the shop in the next few months.”的时候就应该能知道正确答案了。既然是几个月后才重新开门，当然现在是关门的了。所以答案选 G。

Question 13　答案 C
这道题目比较难。因为谈话的内容没有直接出现题干的“ordinary seats”，并且答案前面的那句话“we've increased the leg-room between the rows”（我们增加了各排之间的空间——放腿的地方）

也不太好懂，所以前面的话还没懂，后面的答案就过去了。但是要注意的是，在涉及到这个问题之前有一句提示的问话"Will audiences find any difference in the auditorium?"(观众们会发现观众席有什么变化吗?)，当你听到这句话的时候应该知道接下来的内容是和题目中的 ordinary seats 相关的，当说话的人说到" fewer seats"的时候还是读得很重的，所以答案还是可以选出来的。

Question 14 答案 A
这道题目相对来说比较简单。因为题干里面的"wheelchair users"在谈话里面出现了，所以听到这个提示的短语，接下来出现答案的句子"and now there twice as many"集中注意力就能听懂了。并且说话的女声把"twice"读得很重，所以答案"doubled in number"还是比较容易选出来的。

Question 15 答案 E
这道题目也比较简单。因为题干"lifts"在对话里面很容易听清楚，接下来对于电梯的描述也比较多" ...new lifts. The two we used to have were small and slow. They've now gone, and we've got much more efficient ones."(我们过去的电梯又小又慢，但是它们现在都被更新了，现在我们有效率更高的电梯了。) 所以答案 E replaced 和以上解释性的话是一致的。

Question 16 答案 D
这道题目也比较容易。即使单词 dressing 听不太清楚，但是 room 发音很清楚，读音很重，并且 small 和 large 都读得很重，所以正确答案 D increased in size 还是很容易选对的。接下来的 Question 17–20 是表格题，都比较简单，并且其中最难的部分——剧目的名称已经给出了。但是要注意所填的信息都是现在剧院的情况。

Question 17 答案 (October) (the) 19th
此题目中有提示的单词 October 13th，后面的答案 19th 又读得比较重，所以很好填的，但是一定要注意加上 th，这是规范的英式英语的日期写法，并且要和前面的保持一致。

Question 18 答案 7
一定要注意谈话里出现了两个时间 7:30 和 7:00，但是对于 7:30 前面的 used to 要注意，说明过去是 7 点半，而许多人看完节目后赶不上公交车，所以剧院进行了试验，改成了 7 点，所以后面的时间才是正确答案。

Question 19 答案 Monday, Thursday
这道题目相对较难，因为谈到 Friday and Saturday 的时候，后面的谓语 sold out 读得很快，不太注意就过去了。而答案真正所在的句子"now there are only tickets for Monday and Thursday"也说得很快，所以很容易误填为 Friday and Saturday，但是当谈到卖票的时候前面有一句很重要的话"Tickets are already selling fast"，暗示了周末的票已经卖完了，所以答案填 Monday, Thursday，注意单词的第一个字母要大写。

Question 20 答案 18
这道题目本来比较简单，但是如果不注意限定的时间，也很容易做错。Ticket prices used to range from £6 to £30 but now they are all £18.(票的价格以前从 6 英镑到 30 英镑不等，现在全部统一为 18 英镑了。) 所以答案填现在的价格 18。

SECTION 3

谈话场景：课程咨询
人物关系：成人学生和学校的老师
谈话话题：关于课程的安排、收费情况以及学校的一些辅助教学手段等

词汇注释

tutor *n.*（大学）指导教师，辅导教师
enrol *v.* 登记，入学
recommend *v.* 推荐，介绍
prefer *v.* 更喜欢，宁愿
integrate *v.* 使成整体，结合
in advance *adv.* 预先，提前
case *n.* 事，案例
describe *v.* 描写，记述
organization *n.* 组织，机构，团体
sit in 参加
session *n.*（从事某项活动的）一段时间
facility *n.* 设备，工具
in particular *adv.* 特别地
presumably *adv.* 推测起来，大概
refectory *n.*（学校等的）食堂，餐厅
cater *v.* 备办食物，满足（需要），投合
diet *n.* 通常所吃的食物，饮食
allergy *n.* [医] 敏感症
eligible *adj.* 符合条件的，合格的
nursery *n.* 托儿所
supervise *v.* 监督，管理，指导
qualify *v.*（使）具有资格，证明合格
staff *n.* 全体职员
fitness centre 健身中心
stock *v.* 储存，备有
journal *n.* 定期刊物，杂志
audio-visual *adj.* 利用视觉和听觉的，视听教学的
cassette *n.* 盒子，盒式磁带
technical *adj.* 技术的，技术上的，技巧方面的
password *n.* 密码，口令
resource *n.* 资源
collection *n.* 收藏，收藏品
manual *n.* 手册，指南
workplace *n.* 工作场所，车间
plenty *n.* 丰富，大量
finance *n.* 财政，金融
marketing *n.* 营销，买卖
queue *v.* 排队，排队等待
individual *n.* 个人，个体
discount *n.* 折扣
enrolment *n.* 登记，入学

交际与语言表达

1. We prefer to integrate reading with the course, so we don't give out a reading list in advance. 我们更倾向于把阅读和课程结合起来，所以我们不会提前给出书单。注意 prefer to 的用法，可以用 prefer sth. to sth. else，或者 prefer -ing to -ing，表示宁愿做前者而不是后者；用 prefer to do 可以不列出要比较的项，表示更倾向于。
2. But would it be possible to sit in on a teaching session, to see what it's like? 我能不能去试听一下，看看课程是怎么样的？注意此处的 sit in 好多人只记住它的意思是静坐抗议，其实它本来的意思是"坐到……里面"，表示"参加"，英文解释是 attend as a visitor，所以此处的意思是能不能在一个教课的时间段里去听一下，就是我们平时所说的试听。
3. Now could I ask you about the college facilities, please? 能不能问您一些关于学校设施方面的情况呢？ 这句话是非常委婉的要求对方的一种说法，其实他的意思就是，您能不能介绍一下学校的设施情况呢？但是这种表达比 Could you please tell me something about the college facilities? 更客气。
4. Does it cater for special diets? 它是否会满足特殊的用餐要求呢？注意此处的 cater for 的用法，在英式英语里指"满足或者迎合……的要求"，而在美式英语里指的是"为……承办酒席"，但是现在 catering 用来指"饮食业"。
5. Then she's eligible to join the nursery, which is supervised by a qualified Nursery Nurse. 那么她可以进托儿所，那里有合格的保育员。注意掌握单词 eligible（具备必要条件的，有资

格的）和 qualified（有资格的，合格的），这两个词对于许多中国考生来说比较陌生，但是在雅思考试中经常出现，并且这两个词的意思很接近。eligible 的意思是"suitable or fit to be chosen"（适宜被选中的，有资格的），经常用于获得奖学金、领取养老金、入托、入学等处于被动的有资格当选；而 qualified 的意思是"having suitable knowledge or qualifications, esp. for a job"（指有知识、有能力、有资格去胜任），经常用于有资格当老师、医生等。这两个词可以并列使用，例如：eligible, qualified candidates 指的就是既有资格被选，又有资格胜任的候选人。

6. The waiting list for a place is quite long enough, so you ought to apply now. 报名的人特别多，所以你应该现在就申请。这句话是一个非常地道的说法，用来描述想做什么事情的人特别多，考生一定要记住，可以用在自己的写作里面的。
7. Is there also access to computers? 可以使用电脑吗？注意此处的 access 的用法，此处的意思是"接近，进入，使用"，还可以用 Can I have/get/gain access to computers? 表达同样的意思。
8. Local managers seem to queue up to borrow the videos! 本地的经理们都排着队等着要借我们的录像带呢！这也是一个非常形象的表达"许多人都想做……"的一个非常有用的句子。

考题解析

Question 21 答案 A
本题要注意题干，What is Brian going to do…？ Brian 将要做什么？时态为一般将来时，这就意味着过去做过的事情，以及现在已经做完的事情都不能做为答案。reading 为不需要做的事情，而提到需要 write a case study 时，Brian 表示他已经做完了，因为朋友告诉他需要那样做。随后，Brian 提出试听的要求，老师答应为他安排，sit in on a teaching session 试听课程。

Question 22 答案 in advance
此题相对来说比较简单，因为信号词"refectory"出现的时候说得很清楚，提醒你注意后面的内容就是 22 题的答案，女声说"in advance"的时候也非常强调，很清楚。但是此段对话速度比较快，并且女声连读和吞音比较多，所以可能造成部分考生听不懂。

Question 23 答案 nursery
此类型的题目本来是比较难做的，因为要填的信息先出现，而已知的信息后出现，当你听到已知信息的时候已经不记得前面说的是什么了，这在听力里面是比较难的。但是本题在谈到答案 nursery 以前说了一些关于"his daughter"的事情，所以 23 题的 nursery 还是比较容易填出来的。

Question 24 答案 annual fee
此题比较简单，因为信号词"fitness centre"是男声说的，很清楚，提醒你集中注意力听后面的答案，女声说"students pay an annual fee that' s much less than…,"所以答案比较容易填出来。

Question 25 答案 tutor
本题为信息前置。录音开始之前的预测特别重要，根据 ask sb. to do sth. 得知，此处需要填写 sb. 谈到 computers 之后，原文说道："Your tutor will need to arrange with the technical support team for you to get a password, so ask him or her about it when you start the course." 这里的 him or her 指的就是前面提到的 tutor，所以本题考查考生的短期记忆能力，有一定难度。

Questions 26–30
这种填空形式在雅思听力里面属于比较难做的，因为整段话是对原对话的一部分内容的总结，所填的答案不一定紧跟原文，跨度比较大，所以需要考生在听懂、理解的基础上把空填出来。

Questions 26&27 答案 laptops, printers
在 26&27 的答案出现之前有一个信号词"computer-based"，所以应该知道接下来的内容是和电脑有关的。但是大部分人对 laptop 这个单词不太熟悉，可能听不懂，但是后面的 printer 还是听得很清楚的。

Question 28 答案 report writing
此题相对比较简单，因为信号词“study skills”和后面的答案“report writing”都是男声说的，速度比较慢，并且比较强调，所以听得还是比较清楚。

Question 29 答案 marketing
此题也比较简单，因为信号词“study skills”与后面的答案“marketing”有一定的间隔，并且可以听得很清楚，所以考生可以做对的。但要注意，只写 market 是不得分的。

Question 30 答案 Individual
这道题目本来比较简单，但可能许多人会做错。听到信号词“how much”应该知道接下来就是 30 题的答案了，但是不能疏忽了，她先说的￡100 是公司的费用，而￡50 的是个人的，所以应该填 Individual，并且一定要注意在题目里面这个单词是第一个词，所以第一个字母一定要大写，这也是雅思考试经常考查的内容。

SECTION 4

谈话场景：伦敦的社会历史讲座
人物关系：老师和学生
谈话话题：以时间为线索简要讲述了各个时期的伦敦东区社会历史状况

特别提示

雅思听力的第四部分通常是讨论某一学术领域的基础知识、基本技能和简要概况。文章中会涉及到一些程度较深的专业词汇。从英语听力考试的角度来讲，这些专业词汇并不会影响理解题目和得出答案，对此考生不必担心。但是从另一个方面来讲，考生平时多看报纸杂志，扩大自己的知识面，那样对于备考雅思将会是大有裨益的。

词汇注释

various *adj.* 不同的，各种各样的	precise *adj.* 精确的，准确的
the East End（伦敦）东区	conquer *v.* 征服，战胜，占领
district *n.* 区域，地方，管区	prosperous *adj.* 繁荣的
focus on 集中，聚焦	restriction *n.* 限制，约束
coast *n.* 海岸	merchant *n.* 商人，贸易商
consist of 由…组成	dock *n.* 码头，船坞
farmland *n.* 农田	construct *v.* 建造，构造，创立
crop *n.* 农作物，庄稼	eventually *adv.* 最后，终于
livestock *n.* 家畜，牲畜	massive *adj.* 巨大的，大规模的，大量的
suffer *v.* 遭受，经历，忍受	agricultural *adj.* 农业的
invasion *n.* 入侵，侵略	alternative *adj.* 选择性的，二中择一的
tribe *n.* 部落，部族	shortage *n.* 不足，缺乏
Germany *n.* 德国	accommodation *n.* 住处，膳宿
Denmark *n.* 丹麦	marshland *n.* 沼泽地
Angles *n.* 盎格鲁人	drain *v.* 排到沟外，耗尽
Saxon *n.* 萨克逊人	afford *v.* 提供，买得起
Jute *n.*（住在日德兰半岛的古代日耳曼部落的）朱特人	surroundings *n.* 环境
settle *v.* 安家，定居，停留	vast majority 绝大多数
metal *n.* 金属	extreme *adj.* 极端的，极度的
leather *n.* 皮革，皮革制品	poverty *n.* 贫穷，贫困

➲ 交际与语言表达

1. 此段的内容是关于一个教授的讲座，讲述了不同时期伦敦东区的社会历史状况。本段最典型的特征就是学术味特别浓，许多都是很长的句子，理解起来比较困难。但是因为是社会历史领域，专业性的词汇倒不多。不过此题题目中的句子都不是文章里面的原话，所以考生必须在理解的基础上把空填出来，这是相当困难的。不过从另一方面来说，如果能把这种题型的问题解决了，那么雅思听力就没有困难了。
2. …what's now the East End—the area by the river Thames, and along the road heading north-east from London to the coast—consisted of farmland with crops and livestock which helped to feed that population. ……就是现在的伦敦东区——泰晤士河边、沿着伦敦到海滨的一条东北走向的大道形成的一个地区——沿途是长满了庄稼的田野，一群群的牛羊，这些东西养育了伦敦人。这句话是本文的一个很典型的句子，整段就一句话，句子里面修饰成分套修饰成分，典型的书面语，所以理解起来比较困难。
3. The Romans left in 410, at the beginning of the fifth century, and from then onwards the country suffered a series of invasions by tribes from present-day Germany and Denmark, the Angles, Saxons and Jutes, many of whom settled in the East End. 罗马人于 5 世纪初期的 410 年离开了英国。从那以后，英国遭受了现在的德国和丹麦一些部族的侵略，包括盎格鲁人、萨克逊人、朱特人，他们当时大部分都居住在东区。这句话很长，并且出现了一些大家不熟悉的单词，所以理解起来比较难。但是这些民族的名字是没必要记的，你只需知道 5 世纪有一些部族侵略英国就可以了。
4. In the sixteenth century the first dock was dug where ships were constructed, eventually making the East End the focus of massive international trade. 16 世纪的时候开挖了第一个码头，在那里建造船只，最后使东区成为繁荣的国际贸易中心。
5. There was a shortage of accommodation, so marshland was drained and built on to house the large numbers of people now living there. 因为可供居住的地方不够，人们把沼泽地的水排干并建起了房屋，为至今仍然居住在那里的许多人提供了住所。注意此处的 house 当作动词来讲。
6. Those who could afford to live in more pleasant surroundings moved out, and the area became one where the vast majority of people lived in extreme poverty, and suffered from appalling sanitary conditions. 那些有钱可以在更舒服的地方生活的人都搬走了，该地区就成了一个极其贫困的人的聚集地，他们都生活在非常糟糕的卫生条件下。这句话比较复杂，里面有两个从句，并且出现了几个比较书面的词“vast majority，extreme poverty，appalling，sanitary”，所以理解起来有些困难。但是这些单词都是包括在学术词汇表里面的，也是大家应该掌握的。
7. It was the availability, rather than the condition, of the housing that was the major concern for tenants and landlords alike. 在那里的租户和房东之类的人们关注的重点都是，是否有房可住而不是住房的条件。这是一个强调句型，强调的是 rather than 短语。
8. Of course, the smoke from these contributed a great to the air pollution for which London used to be famous. 当然,(燃烧这些煤)冒出的烟,大大地污染了空气,而伦敦也曾经因此而世界闻名。注意此处 contribute to 的用法，该词组的本义是“为……作贡献”，但是引申的意思就是“有助于……，促成了……”，所以字面意思是这些烟促成了伦敦的空气污染，也就是说这些烟污染了空气。

➲ 考题解析

Question 31 答案 feed
这道题目比较难，因为信号词“1st to 4th centuries”和后面出现的答案之间的跨度比较大，并且题干里面的“produce from the area”在原文里是“crops and livestock”，所以当答案“feed”出现的时候很难抓住的。

Question 32 答案 metal, leather
这道题目相对简单一些，因为题干里的信号词“technology”大家比较熟悉，在原文出现的时候，就可以预测接下来是答案了，而且 metal 和 leather 读得比较重，发音很清晰。

Question 33 答案 restrictions
这道题目很难。信号词“11th century”和后面出现答案之间的跨度比较大，并且题干里面另外的信号词“the growth of business”在原文没有出现，相关的内容也是后来才出现的。原文提到答案 restrictions 的时候，前面的修饰词是 fewer，还得进行转换，才能和 lack 对应起来，所以此题的答案很难写下来。

Question 34 答案 ships
此题目相对简单，但是比较容易误填为 dock，请参考语言表达 4 的解释，注意题干里面的 building 和原文的 constructed 对应。

Question 35 答案 England
此题较难，因为答案先出现而题干里面的相关信息后出现。...when much of the rest of England was suffering economically, a lot of agricultural workers came to the East End to look for alternative work. ……当英格兰其他地方经济不景气的时候，许多农业工人来到东区寻找工作。

Question 36 答案 built
此题目相对简单，因为信号词“marshes”和“drained”都读得很清楚，提示后面的答案出现，所以 built 是较容易填的。另外，注意此处需要填过去分词，即使没听清楚是 build 还是 built 也应该能填准确的，因为题目里前面有 could be。

Question 37 答案 poverty
此题相对简单一些。虽然题干里面出现的单词和原文用词不一样，但是本句话比较好理解，并且 extreme poverty 和 great poverty 还是很容易对应的。请参考语言表达 6 的解释。

Questions 38-40 答案 C E F
这几道题目相对来说是比较简单的。当信号词“housing”出现的时候，就要集中注意力了。接下来就谈到 houses were crowded closely together and usually very badly built, ...coal for fires, ...a tiny, damp, unhealthy house like this might be occupied by two full families, possibly including several children, grandparents, aunts and uncles, 考生可能会误选 A 和 D，因为原文出现了 landlord，但是原文说的是租户和房东关注的都是是否有房子住而不是住房条件，所以 A 并不合适，而房租的多少根本没有谈及。请参考语言表达 7 的解释。

READING

READING PASSAGE 1

文章结构

体裁	说明文
主要内容	澳大利亚体育的成功之道在于它身后有强有力的体育研究机构。
结构	A 总的介绍澳大利亚的体育能够超水平发挥是因为有体育研究机构的支持。
	B 澳大利亚体育学院的科学家们怎样和技术人员合作进行研究。
	C 介绍了一个具体的方法——测量，从而帮助运动员提高成绩。具体介绍了布鲁斯·梅森研发的三维分析工具和游泳分析系统。
	D 具体介绍了怎样利用这些研究使运动员保持身体健康。
	E 具体介绍其中的一种方法“竞争模型”。
	F 指出澳大利亚的做法受到其他国家的模仿，但是澳大利亚的全方位的体系却是独一无二的。

词汇注释

A段	
title *n.* 头衔, 名称, 标题, 名词 demolish *v.* 毁坏, 破坏, 推翻 rival *n.* 竞争者, 对手 extensive *adj.* 广大的, 广阔的, 广泛的 academy *n.* 学会, 学术团体, 学院 underpin *v.* 加强…的基础, 巩固, 支撑 the Australian Institute of Sports (AIS) 澳大利亚体育学院 youngster *n.* 年轻人, 小伙子 pro *n.* 专业人员	coach *n.* 教练 *v.* 训练, 指导, 辅导 the Australian Sports Commission (ASC) 澳大利亚体育委员会 finance *v.* 供给…经费, 筹措资金 programme *n.* 节目, 程序, 纲要, 计划 excellence *n.* 优秀, 卓越, 优点 intensive *adj.* 强烈的, 精深的, 密集型的 facility (一般用复数facilities) *n.* 便利, 设备, 工具 nutritional *adj.* 营养的, 滋养的

B段	
take centre stage 引人注目的中心人物, 公众瞩目的对象 collaborate *v.* 协作,合作 apply *v.* 应用 muscle *n.* 肌肉, 臂力 golfer *n.* 打高尔夫球的人 squash *n.* 壁球 technician *n.* 技术员, 技师 design *v.* 设计, 谋划, 构思	instrument *n.* 工具, 器具, 手段 collect *v.* 收集, 聚集, 集中 data *n.*（datum的复数）[计] 资料, 数据 athlete *n.* 运动员, 运动选手 focus *v.* 聚焦, 集中 ethereal *adj.* 轻的, 天上的, 象空气的 improve *v.* 改善, 改进 performance *n.* 成绩, 表演

C段	
measurement *n.* 测量, 度量, (量得的)尺寸 output *n.* 输出, 输出量 cyclist *n.* 骑自行车的人 wring *v./n.* 绞, 挤, 榨, 扭动 improvement *n.* 改进, 进步 individual *n.* 个人, 个体 tweak *v.* 抓, 拧, 捏 squeeze *v.* 榨, 挤, 压 extra *adj.* 额外的, 附加的, 多余的 millimetre *n.* 毫米 slight *adj.* 轻微的, 微小的 tiny *adj.* 很少的, 微小的 gradual *adj.* 逐渐的, 逐步的, 渐进的 world-beating *adj.* 震惊世界的 result *n.* 结果, 效果 demonstrate *v.* 示范, 证明, 论证 prototype *n.* 原型, 模型, 样板 analysis *n.* 分析, 分解 model *n.* 样式, 典型, 模型 champion *n.* 冠军, 夺得锦标者, 获胜者	slice *v.* 切成薄片, 划开 motion *n.* 运动, 动作, 姿势 stroke *n.* (划船、游泳的)一划 analyse *v.* 分析, 分解 spine *n.* 脊柱, 脊椎骨 swivel *v.* 旋转 biomechanical *adj.* 生物力学的 profile *n.* 剖面, 侧面, 外形, 轮廓 bud *v.* (使)发芽, (使)萌芽 contribution *n.* 捐献, 贡献 competition *n.* 竞争, 竞赛 image *n.* 图像, 映像, 典型 digital *adj.* 数字的, 数位的 frame *n.* 转 individually *adv.* 个别地 frequency *n.* 频率, 周率, 发生次数 duration *n.* 持续, 持续时间, 延续性 velocity *n.* 速度, 速率, 周转率 lap *n.* [体] (跑道的)一圈, 一段行程 spit *v.* 吐(唾沫), 吐出, 发出

D段	
sheet *n.* (一)片, (一)张, 表格, 图表 accuracy *n.* 精确性, 正确度 range *n.* 变动范围, 界限 cooperative *adj.* 合作的, 协力的 Micro Technology 微技术 Melbourne *n.* 墨尔本(澳大利亚港口城市) unobtrusive *adj.* 不唐突的, 不醒目的 sensor *n.* 传感器 embed *v.* 使插入, 使嵌入 monitor *v.* 监控, 监测 heart rate 心率, 心律	impact *n.*影响, 效果 experimentation *n.*实验, 试验 Newcastle 纽卡斯尔(澳大利亚港口城市) New South Wales 新南威尔士(澳大利亚东南部一个州) immune-system 免疫系统 protein *n.* [生化]蛋白质 immunoglobulin *n.* [生化]免疫血球素, 免疫球蛋白 saliva *n.*口水, 唾液 remarkably *adv.* 非常地, 显著地, 引人注目地

E段	
complex *adj.* 复杂的, 综合的 championship *n.* 锦标赛, 冠军赛 gear *v.* 调整, (使)适合 target *n.* 目标, 靶子, 对象 overall *adj.* 全部的, 全面的	segment *n.* 段, 节, 片断 technique *n.* 技术, 技巧, 方法 transform *v.* 转换, 改变, 改造 arguably *adv.* 可论证地, 可能
F段	
unveil *v.* 除去…的面纱, 使公诸于众 coolant-lined jacket 冷凝缝合的运动衣 endurance *n.* 忍耐(力), 持久(力) Atlanta Olympic Games 亚特兰大奥运会 rower *n.* 桨手, 划桨者 altitude tent 高原帐篷(一种训练方法)	replicate *v.* 复制, 重复 altitude *n.* (尤指海拔)高度, 高处 altitude training 高原训练 technological *adj.* 科技的 fix *n.* 补救方法, 应急措施 all-encompassing *adj.* 包括一切的, 总括的
题目	
reference *n.* 提及, 涉及, 参考 expertise *n.* 专门知识, 专门技术 explanation *n.* 解释, 说明 visual *adj.* 看的, 视觉的 employ *v.* 用, 使用 investigation *n.* 调查, 研究 scope *n.* (活动)范围, 范畴, 领域 reproduce *v.* 再生, 复制	obstacle *n.* 障碍, 妨害物 optimum *adj.* 最佳的, 最适宜的, 最有利的 investigate *v.* 调查, 研究 overview *n.* 一般观察, 总的看法 calculate *v.* 计算, 推算, 筹划 event *n.* (比赛)项目, 竞赛 currently *adv.* 通常地, 现在, 当前 exclusively *adv.* 排外地, 专有地

➲ 考题解析

Questions 1-7

● 题型归类：找出包括下面信息的段落

此类题目是雅思阅读中比较难的，既考查学生对细节问题的理解，又考查考生的总结能力，因为题目中的每句话都是对文章中提到的某个观点或事物、或者某一段的总结。

➲ 题目解析

题目编号	题目定位词	题目句意	题　解
1	exchange of expertise, different sports	不同的体育项目之间进行专业知识的交换	B段 通过题目中different sports可知，该题目所对应的段落中应出现表示体育运动的具体名词，可有意识寻找多项体育运动集中出现的段落。 ...applying skills learned in one—such as building muscle strength in golfers—to others ,such as swimming and squash. ……把从一个项目上获得的技巧——比如说高尔夫球手怎样锻炼肌肉——应用到其他的项目上，比如说游泳和壁球。

2	visual imaging, investigations	视频成像在研究中的应用	C段 注意题目中的这句话是对C段中提到的布鲁斯·梅森所使用的两种研究方法的总结：三维分析工具(3D analysis tool)和游泳分析系统(SWAN)。
3	narrowing, scope of activity	为什么把研究活动的范围缩小的一个理由	B段 题目中的这句话是基于 B段中彼得·弗里克说的那句话，"We can't waste our time looking at ethereal scientific questions that..." "我们不能浪费时间来研究那些虚无飘渺的科学问题，……"
4	AIS ideas, reproduced	澳大利亚体育学院的一些想法怎么被别人效仿的	F段 这道题目是比较容易判断的。题目中的这句话是对最后一段的总结。只要知道reproduced 和 coping 是对应的就能做对的。
5	obstacles, be investigated	怎样可以研究妨碍取得最好成绩的一些因素	D段 题目这句话是对D段里面所举例子的总结。梅森说的那个游泳运动员转弯慢影响了成绩，还有下面的免疫球蛋白A(IgA)的水平对运动员的影响。
6	overview, funded support	概括介绍了对运动员的资金支持	A段 这道题目是比较容易的。只要大家一看到 "overview" 这个词，就一定要在第一段或者最后一段找，它表示"对……的一般概括的看法、介绍等"并且要注意题目中的"funded"是和第一段中的"finances"对应的。
7	performance requirements, calculated, before the event	对于比赛成绩的要求怎样在赛前进行推算的	E段 这个题目说的就是该段的"竞争模型"(competition model)。如果能够注意到题目中的"before the event"和文章E段的第一句话里面的"before the championship"是对应的就容易做了。

➲ 考题解析

Questions 8-11

● 题型归类：Matching
此题是总结性归类，然后找出对应的项
A 现在只有澳大利亚人使用
B 将来澳大利亚人要使用
C 现在澳大利亚人和他们的对手都在使用

➲ 题目解析

题目编号	答案	题　解
8	A	做此题的时候，先去C段的倒数第二句找到关键词"cameras"，然后根据上下文可知，澳大利亚国内比赛使用数码相机。做此题时一定要注意不要用常识推断，认为所有的国家现在都在使用相机，一定要根据文章的内容来看是否提到了相关信息。

9	B	做此题的时候，先去D段中间找到关键词“sensors”，要注意该句的时态，“...they are developing unobtrusive sensors that will be embedded...”，表示正在研发的过程中，肯定是还没有投入使用，所以是将来要用的。
10	A	做此题的时候，先在D段倒数第四行找到关键词“protein”，了解是关于什么的测试，注意本段最后一句话“Since the tests were introduced, AIS athletes in all sports...”的时态，表示此种方法已经被使用，并且没有提到其他国家在使用，所以选A。
11	C	做此题的时候，先在最后的F段找到关键词“altitude tent”，注意此处的句意必须根据上下文推断。前面那句话说冷凝缝合衣被普遍使用，同样的命运也发生在“altitude tent”上。所以肯定是许多国家都在用，所以选C。

➲ 考题解析

Questions 12 and 13

● 题型归类：简答题
此题是主观题，看似很难，实际上是很容易的，因为可以在原文里面找到完全对应的答案。

➲ 题目解析

题目编号	题目句意	题 解
12	引进了什么方法可以帮助运动员提前计划他们在比赛中的成绩?	可先做13题，沿其答案向文章前部分找到本题答案。通过题目中what is可知，本题需填入一个单数名词，通过题目中athlete和event定位到文中对应词athlete和championship，则该句中出现的单数可数名词为答案。 E段主要谈的就是“competition model”，是基于他们预期的赢得比赛的时间的一种训练模式。先设定一些具体的目标，然后在训练中努力实现这些目标，最后赢得比赛。所以运动员是可以提前计划好自己的成绩的。
13	在1996年奥运会上，一些自行车手的成绩提高了多少?	根据题目中how much可知，本题需填入数字，通过题目中的1996定位在该句中即可找到答案数字two percent。本题答案可写成数字形式。 这道题非常简单，直接去最后一段找到Olympic Games in 1996，就可以找到答案two percent。

➲ 参考译文

澳大利亚体育的成功之道

A 他们频频比赛，努力拼搏，只为获得胜利。澳大利亚体育代表队总是能够超水平发挥，赢得闪光的头衔，并且仿佛很轻松地就使对手黯然失色。他们是怎么做到这一点的呢？主要原因是因为澳大利亚有一个由科学和医学支持的覆盖广泛而财力雄厚的体育机构网。在澳大利亚体育学院，成百上千的年轻人和专业运动员都是在教练的督导下生活并接受训练。另一个机构——澳大利亚体育委员会则为成千上万的男女运动员所参加的96项体育运动中的优秀项目提供资金。两家机构密集的训练指导、训练设备和营养方面的建议。

B 在这些学术团体中，科学性是人们注目的焦点。澳大利亚体育学院有100多位运动科学家和医生，并且该学院和许多大学和研究中心都有合作。该学院的科学家们的工作涉及许多体育项目，把从一个项目上获得的技巧——比如说高尔夫球手怎样锻炼肌肉——应用到其他的项目上，比如说游泳和壁球。此外还有技术人员设计一些仪器和设备来收集运动员的数据来支持科学家的工作。这些人所有的目标只有一个：取胜。澳大利亚体育学院科学中心的主任彼得·弗里克说："我们不能浪费时间来研究那些虚无飘渺的科学问题，解决那些问题并不能帮助教练与运动员更好地合作，也不能提高他们的成绩。"

C 这些人做的许多工作最终都是与测量有关的——包括从一个游泳运动员入水的确切的角度到一个自行车手每1秒钟的能量消耗量。这些数据都被用来促进运动员提高成绩。努力在这里挤出那么0.01秒，在那里多出1毫米。任何微小的进步都是值得去做的。正是这些微小的逐渐的提高最后取得了震惊世界的效果。为了展示这个系统是怎么工作的，澳大利亚体育学院的布鲁斯·梅森演示了对游泳运动员进行研究的三维分析工具的原型。线框模型显示了一个游泳冠军划破水面，她的胳膊在以慢动作移动。从侧面看，梅森测量了她每一次划动之间的距离。从上面的数据，他分析了她的脊椎骨是怎样转动的。当整个体系全部研发成功，就可以使他建立一个生物动力学的剖面图，让教练用来启发游泳运动员。梅森对于体育方面的贡献还包括游泳分析系统(SWAN)，现在澳大利亚国内比赛已经使用。该系统是从每秒钟50转的数码相机里收集镜像，然后把游泳运动员的动作分割成可以单独分析的一个个小片段——每一次划动的长度、划动的频率、每一次划动的平均持续时间、速率、圈数和结束的时间等等。在每次比赛结束的时候，游泳分析系统就会生成每一个游泳者的数据。

D 梅森拿出一组数据，说："请看。"他指着排在第二和第三位的游泳运动员的数据。数据显示的第三名的游泳运动员实际上游得更快。那么为什么他比第二名多用了0.35秒呢？"他拐弯的时间比另一位运动员多用了0.44秒。" 梅森说，"如果他能提高拐弯的时间，就可以做得更好。"这就是澳大利亚体育学院的科学家们所做的研究为体育运动带来的精确性。这些科学家们还与墨尔本微技术合作研究中心合作，研发不为人注意的传感器，这些传感器可以装在运动员的衣服里或者跑鞋里，来监测他们的心律、出汗情况、热量产出、或者其他任何可能对运动员的跑步能力产生影响的因素。这不仅仅是简单的测量运动员的表现。弗里克举例说，运动员可能一年会咳嗽或者感冒11到12次。经过多年的试验，澳大利亚体育学院和新南威尔士的纽卡斯尔大学共同研发了一种测试方法，这种测试可以测量运动员唾液中免疫球蛋白A能达到多少。如果球蛋白A的水平突然下降到某个线以下，训练就停止或者跟着下降。很快，球蛋A的水平再次升高，那么危险期就过去了。因为应用了这种测验方法，澳大利亚体育学院所有运动项目的运动员都一直保持着健康状态。

E 利用数据是一个复杂的过程。在每一次锦标赛以前，运动科学家和教练们都开始为运动员做准备。他们研发了一种"竞争模型"，是基于他们赢得比赛的预期时间。"我们设计出了一种模型，来确定那个时间，"梅森说，"从这里开始，在一定的划动频率和划动长度下，每一次自由泳时间必须达到这么快，并且在这些时间完成转弯"。所有的训练都是为了让运动员能够达到这些目标，不仅对于整个比赛，并且对于比赛的每一个部分都是这样。澳大利亚利用这样的技术技巧成为了颇有争议的世界上最成功的体育强国。

F 当然，怎么样也无法阻止其他国家的效仿——事实上许多国家已经进行了尝试。几年前澳大利亚体育学院公开了为耐力型运动员准备的冷凝缝合运动衣。在1996年的亚特兰大奥运会上，这些运动衣帮助自行车赛手和划船手减少了2%的时间。现在每个运动员都在穿这样的衣服。同样地，澳大利亚体育学院研发的旨在海平面高度达到高原训练效果的“高原帐篷”训练方法也被摹仿。但是澳大利亚的成功之道并不仅仅是很容易被别的国家所摹仿的技术上的东西，到目前为止，没有任何一个国家可以摹仿她的全方位的体系。

READING PASSAGE 2

➲ 文章结构

体裁	说明文
主要内容	本文探讨了国际贸易迅速扩张背后的主要原因：货物运输方面的革命。各国对于贸易的放松管制也促进了这一过程的发展，集装箱化和协调联运从技术上也给予了支持。
结构	A 总体说国际贸易的迅速发展。
	B 讨论了国际贸易迅速扩张背后的原因：贸易壁垒的减少；一些国家的经济开放；还有另外一个更重要的原因：货物运输的发展，这也是本文重点探讨的原因。
	C 在20世纪的世纪之交，国际商务完全是原材料占据了主导地位，运输成本相对比较高。
	D 随着科技的发展，制成品本身也变得越来越轻，体积越来越小，在运输方面的要求就越来越少。
	E 举了一个计算机磁盘驱动器的例子，来说明运输成本的降低是怎样影响贸易的。
	F 再举了一个信息行业的例子，说明在这个行业企业选择自己位置的时候不必考虑运输因素，而应该考虑比如劳动力一类的因素。
	G 在许多国家，对于贸易的放松管制促进了这一过程的发展；集装箱化和协调联运的发展,也使得货物运输方面的生产力得到迅速提高。
	H 通过美国的例子说明各国在海洋运输方面的管制比较松，促进了海洋运输业的发展。
	I 最后说明有些国家对运输的管制还是比较严格的，延缓了国际贸易的发展。应该消除障碍，从而促进世界经济更快增长。

词汇注释

标题	
deliver *v.* 递送，交付 goods *n.* 货物，商品 vast *adj.* 巨大的，大量的，巨额的 expansion *n.* 扩大，扩展，膨胀	owe…to *v.* 归功于 revolution *n.* 革命 freight *n.* 货物，货运
A段	
startling *adj.* 令人吃惊的 expand *v.* 扩张，发展 volume *n.* （工商业的）额，量 compound *adj.* 综合的，复杂的 annual *adj.* 一年一次的，每年的	rate *n.* 比率 machinery *n.* [总称] 机器，机械 tempt *v.* 引诱，吸引 beyond *prep.* [表示范围，限度]超出 border *n.* 边界，国界，边境
B段	
explosion *n.* 爆炸，急速扩张，蓬勃发展 commerce *n.* 商业，贸易，商务 worldwide *adj.* 全世界的，世界范围的 decline *v./n.* 下倾，下降，衰落 barrier *n.* 界线,屏障，壁垒 customs duty 关税 import quota 输入限额，进口配额 explanation *n.* 解释，解说，说明 traditionally *adv.* 传统上 boom *vi.* 迅速增长，趋于繁荣，景气	unnoticed *adj.* 不引人注意的，被忽视的 theoretically *adv.* 理论上，理论地 assume *v.* 假定，设想 instantly *adv.* 立即地，即刻地 friction *n.* 摩擦，摩擦力 competitive *adj.* 竞争的，有竞争力的 delay *v.* 耽搁，延迟，延期 shipment *n.* 装船，出货 tie up 扎绑，停滞，纠缠住，停止活动
C段	
agriculture *n.* 农业，农学 manufacturing *n.* 制造业 *adj.* 制造业的 sector *n.* 部分，部门 account (for) *v.* (在数量方面)占… output *n.* 产量，输出，输出量 therefore *adv.* 因此，所以 dominate *v.* 支配，占优势	raw material 原料，原材料 iron ore 铁矿石 process *v.* 加工，处理 commodity *n.* 日用品，商品 steel *n.* 钢，钢铁 bulky *adj.* 大的，容量大的，体积大的 relatively *adv.* 相对地，比较地
D段	
sheet *n.* (一)片，(一)张，表格，图表 disproportionately *adv.* 不成比例地，不相称地 geographic *adj.* 地理学的，地理的 shift *v.* 替换，转移，改变 unrelated *adj.* 无关的，不相干的 flow *n.* 流程，流动	lightweight *adj.* 轻的(重量轻的，标准重量以下的) component *n.* 元件,组件,成份 tend *v.* 趋向，往往是 transportation *n.* 运输，运送

E段	
require *v.* 需要, 要求, 命令 influence *v./n.* 影响, 改变 disc drive 磁盘驱动器 concentrate *v.* 集中, 浓缩 valuable *adj.* 贵重的, 有价值的 manufacturer *n.* 制造者, 厂商	Singapore *n.* 新加坡 purchase *v./n.* 买, 购买 domestic *adj.* 家庭的, 国内的 pose *v.* 摆好姿势, 形成, 造成 obstacle *n.* 障碍, 妨害物 globalisation *n.* 全球化,全球性

F段	
compact disc (CD)光盘 aeroplane *n.* 飞机 software *n.* 软件 transmit *v.* 传输, 传导, 传播 freight rate 运费率 cargo-handling *adj.* 货物运输的 schedule *n.* 时间表, 进度表	insignificant *adj.* 无关紧要的, 可忽略的, 无意义的 factor *n.* 因素, 要素 locate *v.* 定位, 位于 base *v.* 以…作基础, 基于… consideration *n.* 考虑, 需要考虑的事项 availability *n.* 可用性, 有效性, 实用性

G段	
deregulation *n.* 违反规定, 反常, 缩小国家对经济干预的范围 scene *n.* 现场, 场面, 情景 technological *adj.* 科技的 innovation *n.* 改革, 创新 containerisation *n.* 集装箱化 intermodal transportation 协调联运 swift *adj.* 迅速的, 快的, 敏捷的 productivity *n.* 生产力 improvement *n.* 改进, 进步 involve *v.* 包括, 涉及	portion *n.* 部分, 一份(股, 批, 部分) invention *n.* 发明, 创造 container *n.* 容器, 集装箱 crane *n.* 起重机 unload *v.* 卸货, 卸载 capsize *v.* (特指船)倾覆 adoption *n.* 采用, 采纳 standard *adj.* 标准的 dual-purpose *adj.* 双重目的的 deck *n.* 甲板, 舰板 vessel *n.* 船, 容器

H段	
transform *v.* 转换, 改变 efficient *adj.* 有效率的, 能干的 intensely *adv.* 激烈地 dock *n.*〈美〉码头, 船坞 truck *n.* 卡车, 敞棚货车 railroad *n.* 铁路 tariff *n.* 关税 charge *n.* 费用, 价钱, 捐税 deregulate *v.* 解除管制 haulier *n.* 承运人, 运输工	restriction *n.* 限制, 约束 haul *v.* 拖拉, 拖运 result *v.* 产生结果, 发生 dramatically *adv.* 戏剧性地, 引人注目地 employment *n.* 雇用, 职业 trackage *n.* 轨道总称(铁路线全长) fleet *n.* 舰队, 船队, 车队 locomotive *n.* 机车, 火车头 amount *n.* 数量 albeit *conj.* 虽然

I段	
ownership *n.*所有权，物主身份 airline *n.* 航线，航空公司 regulation *n.* 规则，规章 freight rate 运费率	toleration *n.* 忍受，容忍 anti-competitive *adj.* 反竞争的 monopoly *n.* 垄断，垄断者 deter *v.* 阻止，阻碍，延缓
题目	
electronic *adj.* 电子的 delivery *n.* 递送，发送，传输 abroad *adv.* 国外，海外 supplier *n.* 供应者，厂商 weaken *v.* 削弱，(使)变弱 relationship *n.* 关系，关联 contradict *v.* 同…矛盾，同…抵触 guarantee *v.* 保证，担保	prefer *v.* 宁可，宁愿(选择) summary *n.* 摘要，概要 significant *adj.* 有意义的，重大的，重要的 streamline *v.* 使（企业、组织等）简化并更有效率，使…合理化 overseas *adv./ adj.* 国外地(的)，海外地(的) rely on 依赖，依靠 reduce *v.* 减少，缩小，简化

➲ 考题解析

Questions 14-17

● 题型归类：找出包括下面信息的段落
此类题目是雅思阅读中比较难的，既考查考生对细节问题的理解，又考查考生的总结能力，因为题目中的每句话都是对文章中提到的某个观点或事物、或者某一段落的总结。

➲ 题目解析

题目编号	题目定位词	题目句意	题　解
14	suggestion, improving trade, future	为将来改善贸易提出的一个建议	I 段　这道题目是比较容易的。一般会在文章的最后展望未来，提出建议，所以在最后一段，确切地说，就是最后一句话，能直接找到答案。
15	electronic delivery	电子传输的引入造成的影响	F 段　这道题目只要认识这两个关键词，还是很好定位的。F段是专门讲关于信息行业的，电脑软件不用装船就可以通过电话线“出口”，这是电子传输的影响。
16	similar cost, from abroad, from a local supplies	不管是从国外还是从当地供应商那里运输同一个产品的成本是相似的	E 段　这句话是对E段所举的那个磁盘驱动器的例子的总结。“Computer manufacturers in Japan or Texas will not face”不管是日本还是得克萨斯州的电脑制造商，如果从新加坡进口驱动器，都不会比在他们本国市场购买支付更多的运费。

17	weakening, value of goods, cost of their delivery	商品的价值与它们的运输成本之间的关系越来越弱	D段 这句话是对D段的总结。"World output has shifted into goods whose worth is unrelated to their size and weight." "As a result, less transportation is required"全世界的生产已经转向那些价值与大小和重量无关的商品。结果，在运输方面的要求就越来越少。

➲ 考题解析

Questions 18-22

●题型归类：TRUE/FALSE/NOT GIVEN
此类题型属于细节题，是雅思阅读中较难的题目。此类题考查题目中陈述的信息与文章内容的对应性。在解题的时候，先要确保正确理解题目的意思，然后根据题目定位词回原文中找到相关内容，与题目进行对照判断。

➲ 题目解析

题目编号	题目定位词	题目句意	题 解
18	international trade, increasing, greater rate, world economy	国际贸易以比世界经济更快的速度增长。	TRUE 本题的考点是两者的比较关系。答案就在A段的第1、2句话。全球经济以3%多一点的速度增长，而国际贸易的增长是这个数字的两倍。
19	cheap labour, guarantee, effective	廉价劳动力保证了有效的贸易条件。	FALSE 这道题目比较容易出错。答案在文章B段。作者举了中国服装的例子，说廉价劳动力使中国服装在美国有竞争力，但是，作者举例的目的是为了说明如果运输耽搁了，就失去了贸易的优势，所以题目与原文的内容是相违背的。 题目中的guarantee与文章中的may lose its advantagets矛盾。
20	Japan, meat and steel, Germany	日本比德国进口更多的肉类和钢材。	NOT GIVEN 这道题目涉及的内容在C段。但是文章中并没有把这两个国家进行比较，所以题目中陈述的内容是没有涉及的。
21	most countries, prefer, with nearby nations	大多数国家还是宁愿和邻近的国家进行贸易。	TRUE 这句话其实就是对D段第一句话的理解。关键是对单词"disproportionately"的理解，这个词的字面意思是"不成比例地，不相称地"，隐含的意思是"比例很大地"，所以和"most countries"是对应的。注意此句用的是现在时，所以现在的状况就是：大多数国家还是宁愿和邻近的国家进行贸易。

22	computer components, Germany	小的电脑元件是在德国制造的。	NOT GIVEN 文章中提“components”的地方是在D段的倒数第2句话，但是根本就没有提到在哪个国家生产。本题很容易误判为FALSE，认为磁盘驱动器电脑元件，应该是在东南亚，而不是在德国，但是题目中的元件是一 个很宽泛的概念，并不是特指磁盘驱动器，所以文章内容并没有涉及题目中的内容。

➲ 考题解析

Questions 23-26

● 题型归类：Summary
本题型属于细节题，既考查考生对文章内容的理解，又考查考生的语言功底——同义词的替换，是雅思阅读中较难的题目。但由于题目是对文章部分内容进行了概括后缩写而成，因此文章的结构也有助于解题，有时某一个空需要对一段或一部分内容进行总结后才能得出正确答案。

➲ 题目解析

题目编号	题目定位词	答案所在位置	题　解
23	cargo-handling, effect, moving freight	文章的题头部分	答案G 这个摘要的第1句话其实是对整篇文章的总结，文章的题头也是对整篇文章要探讨的内容给了一个引子。The vast expansion in international trade owes much to a revolution in the business of moving freight. 国际贸易的迅速扩张很大程度上应归功于货物运输方面的革命。也就是说运输方面的革命对贸易产生了很重要的影响，也就是23题的答案。这里要注意找到两句话的对应词，“cargo-handling”对应“moving freight”，“had a significant effect on”对应“owes much to”。
24	Manufacturers of computers, import, local supplier	E段倒数第2句话	答案B 这道题目是比较容易的。只要看到Manufacturers of computers，就可以迅速定位到E段，题目里面的“local supplier”和文章里面的“domestic market” 也是对应的。但是要注意disc drives是components的其中一个产品。

25	bulk cargo, safely and efficiently moved	G段	答案C 25题的这句话其实是对G段的一个总结。此段主要讲的就是集装箱化问题，并且说到40年前货物在运输的过程中可能被损坏或者被盗，而现在有了集装箱，当然可以“safely and efficiently”安全有效地运输了。注意本段的最后一句话里面的“all-container vessels”对应的就是本题要填的“container ships”。
26	While, still a need, reduce	最后一段	答案A 这道题目解题的关键是注意“while still”表达的转折关系。尽管国际航运业效率很高，但是政府还需要做一些工作，就是减少关税(tariffs)。注意此处的reduce 是和文章里面的“bringing down”相对应的。

➲ 参考译文

货物运输

国际贸易的迅速扩张很大程度上应归功于货物运输方面的革命。

A 国际贸易正在以惊人的速度增长。当全球经济以每年3%多一点的速度增长时，国际贸易却在以每年差不多两倍于这个数字的速度增长。外国的产品，从肉类到机械，在世界上几乎每一个经济体中都起着更加重要的作用，并且国外市场现在也在吸引着那些从前不用担心本国以外的销售情况的行业。

B 国际商业迅速扩张的背后到底是什么原因呢？总体上世界范围内贸易壁垒不断减少，比如说关税和进口配额的减少，显然是其中一个原因。那些传统上在国际贸易中居于次要地位的国家进行经济开放是另外一个原因。但是这种进出口迅速发展的背后还有一个力量是被人们忽视的：那就是把货物运往市场的成本在迅速降低。从理论上来讲，在贸易领域，运输费用是不算在内的。货物一旦生产出来，就假定被迅速的从一个地方运往另外一个地方而不花费成本。但是，在现实世界中却充满了矛盾。廉价的劳动力使中国的服装在美国很有竞争力，但是如果运输的时间耽误了，就会占用运营资本，致使冬装到了春天才运到，那么贸易就失去了它的优势。

C 在20世纪之交，农业和制造业几乎在每一个地方都成了非常重要的领域，占到德国、意大利和法国的总产出的70%，美国、英国和日本总产出的40－50%。因此，国际商务完全是原材料占据了主导地位，比如小麦、羊毛、和铁矿石，或者一些加工过的商品，比如肉类和钢材。但是这一类产品却都是又重又 占地方，所以运输的成本相对较高。

D 并且各国与相邻国家之间的贸易是不成比例的。但是随着时间的推移，全世界的生产已经转向那些价值与大小和重量无关的商品的生产。现在正是制成品占据了贸易的主流，并且随着以轻型元件为代表的科技进步，制成品本身也变得越来越轻，体积越来越小。结果对于每一美元价值的进出口在运输方面的要求就越来越少。

E 我们通过制造计算机磁盘驱动器这个行业来看一下运输成本的降低是怎样影响贸易的。世界上大部分的磁盘驱动制造业都集中在东南亚。这可能只是因为那些有价值的磁盘驱动器又小又轻，并且运输的成本很低。不管是日本还是得克萨斯州的电脑制造商，如果从新加坡进口驱动器，都不会比在他们本国市场购买同类产品支付更多的运费。所以，距离根本就不是磁盘驱动行业全球化的一个障碍。

F 迅速增长的信息行业更是如此。即使是空运，胶卷和CD盘的运输成本都很低。计算机软件甚至根本就不用装船就可以被“出口”，仅仅通过电话线就可以从一个国家传输到另外一个国家。所以，在决定在哪里生产产品的时候，运费率和货物运输日程都成了不重要的因素。企业选择自己位置的时候，可以考虑其他的因素，比如说是否充裕，而不用过多的担心产品运输的成本。

G 在许多国家，放松贸易管制也促进了这一过程的发展。但是在表面现象背后，还有一系列的技术革新，即广为人知的集装箱化和协调联运，这些都使得货物运输方面的生产力得到迅速提高。40年前，进出口的整个过程包括许多运输阶段，这些阶段都存在着一定的风险，那就是在整个运输过程中有些部分可能被损坏或者被偷窃。集装箱起重机的发明使得在装、卸集装箱的时候不再使船倾覆，而标准集装箱的采用也使得任何箱子在任何船上都可以运输。到1967年，双用途船只——把松软的东西装在船舱里，把集装箱装在甲板上——已经让位于全部集装箱式的船只，这些船可以一次运输成千上万只集装箱。

H 船运集装箱已经使海洋运输业成为一个高效而又竞争激烈的行业。但是把货物运进和运出港口却是另外一回事。总体上来看，各国政府在卡车和铁路方面设置的壁垒比在海洋运输方面要严格的多。但是在20世纪70年代中期的时候，情况开始发生变化。当时美国开始对它的运输行业放松管制。首先是航空，然后是公路、铁路，都被从限制中解放出来，不再限制他们可以运载什么，运往哪里和运费是多少。这样就大大地提高了生产力。比如，从1985年到1996年，美国的铁路运输大大地减少了他们的雇员、轨道总长和火车头的数量，但同时却大大提高了运输货物的总量。欧洲的铁路运输业也取得了非常明显的生产力的提高，虽然相对于美国来说小一些。

I 在美国,交通业生产力迅速提高的时期可能快结束了，但是在大多数其他国家，这个过程还需要很久。铁路和航空的国家所有权，对运费率的管制，对于反竞争做法的容忍度比如货物运输的垄断之类，所有的这些使得运输的成本还处于比较高的水平，而这是不必要的，并且阻碍了国际贸易的发展。消除这些障碍将会促进世界经济更快地增长。

READING PASSAGE 3

文章结构

体裁	说明文
主要内容	气候变化对北极的因纽特人的生活造成了严重的影响，但是因纽特人自己也要在北极的气候变化中起重要作用，并且科学家们也开始参考因纽特人的智慧(IQ)。
结构	A 通过具体的例子来说明气候变化对因纽特人生活的影响，为我们敲响警钟。
	B 因纽特人生活在加拿大新设立的一个地区——努纳武特地区，他们对气候变化所作的反应。
	C 简要介绍了北极地区艰苦的环境和因纽特人是怎样适应环境在那里定居下来的，他们以什么为生。
	D 因纽特人的后代现在已经建立了独立的社区，他们的日常所需是怎样维持的。
	E 气候变化对因纽特人的身体健康造成了影响，一些以前在他们身上没有的疾病，现在也开始出现了。
	F 因纽特人的决定在北极气候变化的研究方面起重要的作用。现在科学家去北极做研究，必须要先向当地的社区申请。
	G 有些科学家认为人们对于气候变化的认识还是非常有限的，但是因纽特人的智慧 (IQ) 却可以给我们提供很大的帮助。

➲ 词汇注释

标题	
title *n.* 头衔, 名称, 标题, 名词 threat *n.* 恐吓, 凶兆, 威胁 pose *v.* 形成, 引起, 造成 climate *n.* 气候	Arctic *adj.* 北极的, 北极区的 *n.* 北极 Canada *n.* 加拿大 Inuit *n.* 因纽特人
A段	
unusual *adj.* 不平常的, 与众不同的 incident *n.* 事件, 事变 snowmobile *n.* 雪上汽车 camp *n.* 营地, 帐篷 cut off 切断, 断绝 mud *n.* 泥, 泥浆, 泥泞 thaw *n.* 解冻期, 解冰期 igloo *n.* 圆顶建筑 insulate *v.* 隔离 property *n.* 性质, 特性 drip *n.* 水滴 *v.* (使)滴下 refreeze *v.* 再冰冻, 再结冰 drain *v.* 排水, 流干, 耗尽 permafrost *n.* (地)永久冻结带 melt *v.* (使)融化, 使软化 seal *n.* 海豹 abstract *adj.* 抽象的, 深奥的, 理论的	dramatic *adj.* 戏剧般的, 引人注目的 shrink *v.* 收缩, (使)皱缩 present *adj.* 现在的 rate *n.* 比率, 速度 the Arctic Ocean 北冰洋 virtually *adv.* 事实上, 实质上 knock-on *adj.* 撞击的, 撞出的 precipitation *n.* (雨、雪等的)降落, 降水(量) sea level 海平面 keen *adj.* 热心的, 渴望的 canary in the mine 此短语来自canary in a coal mine（煤矿坑里的金丝雀），因为金丝雀对煤矿里面的瓦斯气体特别敏感，吸入一点点就会死掉，后来用这个短语来指一种“预警装置”。 global *adj.* 全球的, 全世界的
B段	
urgent *adj.* 急迫的, 紧急的 precarious *adj.* 不稳定的 tough *adj.* 艰苦的 environment *n.* 环境, 外界 local *n.* 当地居民 content *adj.* 满足的, 满意的 expert *n.* 专家, 行家 jealously *adv.* 妒忌地, 猜疑地 guard *v.* 保卫, 看守 hard-won *adj.* 难得的, 来之不易的	autonomy *n.* 自治 territory *n.* 领土, 版图, 地域 Nunavut 努纳武特地区（是加拿大1999年新设的一个区，主要是因纽特人居住） survival *n.* 生存, 幸存 combine *v.* (使)联合, (使)结合 ancestral *adj.* 祖先的, 祖传的 knowledge *n.* 知识, 学问 challenge *v./n.* 挑战

C段	
vast *adj.* 巨大的, 辽阔的 polar *adj.* 两极的, 极地的 venture *v.* 冒险, 冒昧 terrain *n.* 地形, 地带, 地域 hardship *n.* 困苦, 艰难 out of the question 不可能 meagre *adj.* 瘦的, 贫弱的 settle *v.* 安家, 定居, 停留 exploit *v.* 开发, 开拓, 利用 mammal *n.* 哺乳动物 colonist *n.* 殖民者 vanish *v.* 消失, 突然不见	emerge *v.* 出现, 显现 uniquely *adv.* 独特地,唯一地 adapt *v.* (使)适应 cope with 应付,对付 Thule *n.* 古人相信存在于世界北端的国家, 极北之地 Alaska *n.* 阿拉斯加州(美国州名) kayak *n.* 皮船 sled *n.* 雪橇 pottery *n.* 陶器 ancestor *n.* 祖先, 祖宗

D段	
descendant *n.* 子孙, 后裔, 后代 harsh *adj.* 粗糙的, 荒芜的, 苛刻的 square kilometre 平方公里 the North Pole 北极 currently *adv.* 现在, 当前 indigenous *adj.* 本土的 abandon *v.* 放弃, 遗弃 nomadic *adj.* 游牧的 isolated *adj.* 隔离的,孤立的 community *n.* 社区, 团体	provision *n.* 供应, 供应品 available *adj.* 可用到的, 可利用的 flown fly 的过去分词 network *n.* 网络, 网状物 replace *v.* 替换, 代替 obtain *v.* 获得, 得到 economic *adj.* 经济(上)的, 经济学的 opportunity *n.* 机会, 时机 scarce *adj.* 缺乏的, 不足的

E段	
starve *v.* 饥饿, 饿死 trap *v.* 设圈套, 诱捕 curtail *v.* 缩减, 减少 impact *n.* 冲击, 影响 obesity *n.* 肥胖, 肥大 heart disease 心脏病 diabetes *n.* [医] 糖尿病	crisis *n.* 决定性时刻, 危机, 危险 identity *n.* 身份, 特性 traditional *adj.* 传统的, 惯例的 prepare skin 处理皮子 incidence *n.* (常与of连用)发生率 depression *n.* 沮丧, 消沉, 抑郁

F段	
at stake 危险 determined *adj.* 坚决的, 决定了的 tease out 理顺, 弄通顺 mystery *n.* 神秘, 神秘的事物 vital *adj.* 生死攸关的, 至关重要的 draw on 吸收, 利用 wisdom *n.* 智慧, 学识 Inuit Qaujimajatuqangit (简称IQ)即因纽特人的知识和价值	ignore *v.* 不理睬, 忽视 figure *v.* 认为, 判断 politician *n.* 政治家, 政客 credibility *n.* 可信性, 可靠性, 确实性 weight *n.* 重力, 重量 requirement *n.* 需求, 要求, 必要条件 permission *n.* 许可, 允许 consult *v.* 商量, 商议, 请教

agenda *n.* 议程，议事日程 reflect *v.* 反射，反映，表现 concern *n.* 关心，关注 turn down 拒绝，不接受	application *n.* 请求，申请，申请表 project *n.* 计划，方案，项目 impinge *v.* 撞击，抵触，侵犯
G段	
doubt *v.* 怀疑，不信 occupation *n.* 占有，占有期间 weather station 气象站 gap *n.* 缺口，裂口，差距 despite *prep.* 不管，尽管 onslaught *n.* 冲击，猛攻 prediction *n.* 预言，预报	guess *v./n.* 猜测，推测 bridge *v.* 架桥，渡过 resolve *v.* 解决 tremendous *adj.* 极大的，巨大的 uncertainty *n.* 不确定，不可靠 capriciousness *n.* 反复无常 consequence *n.* 结果，后果
题目	
reaction *n.* 反应，反作用 remain *v.* 依然，仍然 alternative *adj.* 选择性的，可供选择的 source *n.* 来源 essential *adj.* 本质的，基本的 supply *n.* 补给，供给，供应品 opinion *n.* 意见，看法，主张 healthy *adj.* 健康的 landscape *n.* 风景，地形 negative *adj.* 否定的，消极的，负的 well-being *n.* 幸福，安宁，福利 alarm *n.* 警报，惊慌 cause *vt.* 引起，使(发生)，促成 unprecedented *adj.* 空前的 benefit *n.* 利益，好处	existence *n.* 存在，实在，生活 immediately *adv.* 立即，马上 appreciate *v.* 察觉，意识到 engage in 使从事于，参加 means *n.* 手段，方法 sustenance *n.* 食物，生计 surroundings *n.* 环境 prove *v.* 证明，证实 unmanageable *adj.* 难处理的，处理不了的 inhabitant *n.* 居民，居住者 struggle *n.* 努力，奋斗 territory *n.* 领土，版图，地域 consist of 由…组成 oblige *v.* 迫使 particularly *adv.* 独特地，显著地

➲ 考题解析

Questions 27-32

● 题型归类：List of Headings

此类题目属于结构题，考查考生对文章整体结构的把握。解答此类题型，首先要分析题目中给出的选项，确定各选项的主要内容和相似选项之间的区别，接着要了解段落基本构成方式，准确寻找段落的主题句(通常集中在段落的首句和末句)，如果主题句较难寻找，需要迅速浏览整段后总结段落中心意思。

➲ 题目解析

题目编号	题目选项句意	段落主题句	题　解
27	i 因纽特人对气候变化的反应	…they are not content with simply to stand back and let outside experts tell them what's happening.	答案 i　B 段主要说明，气候变化对于因纽特人来说是一个很急迫的问题，所以他们不能坐等别人来告诉他们到底发生了什么事。他们认为要想在这个不断变化的环境中生存下来，就应该把祖传知识和现代科学结合起来。这就是他们对于气候变化所作的反应。本段的主题句不太好找，在段落的中间，这种情况在英语中比较少见。但是本段的最后一句话也是有助于选出正确答案的。
28	vi 艰难的生存环境	C 段的第 1 和第 2 句话	答案 vi　C 段主要介绍了加拿大北极地区的艰苦环境和因纽特人是怎样适应环境定居下来的。本题目比较容易找到答案，因为本段的第 1、第 2 句话就明确说明是介绍北极的环境的，所以和答案 vi 中的“艰难的生存环境”相对应。
29	iii 基本供应品其他的来源	Provisions available in local shops have to be flown into Nunavut on one of the costly air networks in the world, or brought by supply ship …	答案 iii　D 段主要讨论了因纽特人的后代生活仍然很艰苦，他们的日常所需品都是靠空运，或者在夏季用供应船运送过来的，并且进口的肉类非常昂贵。此题的主题句也是在段落的中间，但是如果能把本段中的“Provisions available”和答案 iii 中的“essential supplies”对应起来，此题目就好解答了。
30	vii 对健康的负面影响	While the Inuit may not actually starve if…, there has certainly been an impact on people's health.	答案 vii　E 段主要讨论了一些以前因纽特人没有的疾病，这确实是气候变化给他们带来的负面影响。并且第一句话就是该段的主题句，所以此题是很容易选对的。
31	iv 日益受到重视的因纽特人的观点	And western scientists are starting to draw on this wisdom, increasingly referred to as 'Inuit Qaujimajatuqangit'.	答案 iv　虽然段落的主题句出现在中间，但是整段文章的主要意思还是非常明确的。本段主要说明，因纽特人要在北极的气候变化中起主要作用，而西方的科学家们也开始利用他们的智慧 (IQ)。这和答案 iv 中的“越来越尊重因纽特人的观点”是相一致的。注意该段落中的直接引语。

32	ii 对于气候变化的理解还是有限的	G 段的第 1 句话和第 2 句话	答案 ii 许多英语文章都会在最后一段指出认识的不足，或者展望未来的发展。本篇文章的最后一段也说明，目前对于气候变化的研究只能追溯到很近的过去，所以人们的理解是有限的，但是因纽特人的智慧却可以给我们提供很大的帮助。注意本段第 1 句话里面的“not go back far enough”和第 2 句话里面的“just 50 years”，这些都暗示了人们认识的有限性。

➲ 考题解析

Questions 33-40

● 题型归类：总结

此类题目是对文章中某一段或者某两段进行总结填空，虽然没有给出需要填的单词选项，但是要求单词从文章原文中选出，所以是雅思阅读中比较容易的题目。

➲ 题目解析

题目编号	答案	题 解
33	farming	此题解答的关键是要理解短语“out of the question”的意思就是“不可能”。这和题目里面的“impossible”是相对应的。
34 & 35	sea mammals fish	此题的答案在 C 段的中间，“surviving by exploiting sea mammals and fish”。注意此处的“exploiting”和题目中的“catching”是对应的。并且要注意用复数 mammals，如果用单数是不得分的，这是很多考生容易忽略的地方。
36	Thule	注意 36 题前面的那句过渡性的话，它说有许多人想在北极定居下来，尽管有些是成功的，但是很多人到最后都无法容忍。而“Thule”人就是成功的例子。此处不能填“Inuit”，因为文章明确指出“Thule”人是因纽特人的祖先，当时他们是被称作“Thule”，注意此处第一个字母要大写。
37	islands	此题非常简单，当你看到“ice, rock”的时候，直接去 D 段的第一句话去找就可以了。注意此处用复数“islands”。
38	nomadic	此题解答的关键是要理解“give up”和“abandon”是相对应的，那么即使你不认识“nomadic”这个单词，也可以把空填出来。
39	nature	此题也很简单，只要你能理解题目中的“depend mainly on”和文章中的“rely heavily on”是相对应的，就可以做对了。

40	Imported	这道题目相对来说有点难度。因为文章里面没有明确出现“imported produce”（进口产品）这种表达，D段里面只有一句话说明进口的肉类非常昂贵，所以从本句话最后一个单词“expensive”，还是可以把空填出来的。注意此处的第一个字母一定要大写，因为是出现在句首。

➲ 参考译文

气候变化和因纽特人

北极的气候变化带来的威胁和加拿大的因纽特人面临的问题

A 北极地区报导了一些不寻常的事情。因纽特的一些家庭开着“雪上汽车”离开家，去搭建夏日狩猎的帐篷，却发现被一大片泥泞挡住了回家的路，因为解冻期提前了。还有报导说，他们的圆顶建筑失去了原来的隔绝特性，因为冰雪融化后滴下来又重新结冰；湖泊变成了海，因为永久冻结带融化了。海洋冰川比平时破裂得更早，猎人们再也捕不到海豹了。气候变化对我们大多数人来说，可能还是一个相当抽象的概念，但是在北极，它确实已经产生了显著的影响——如果夏季的冰川以现在的速度继续萎缩，那么整个北冰洋在夏季可能很快就会没有冰了。撞击效应可能还包括气温升高，天空出现更多乌云，降水增多以及海平面升高。科学家们迫切想弄清楚这一问题，因为他们认为北冰洋是全球变暖的“预警装置”——对于全世界未来的预警。

B 对于因纽特人来说，问题是非常紧迫的。他们生活在地球上环境最艰苦的地区之一，需时时与危险的环境周旋。气候变化，不管是什么原因，对因纽特人的生活来说都是一种直接的威胁。没有人能够像当地的居民一样了解北极，这就是为什么他们不能满足于消极被动，让外面的专家告诉他们到底发生了什么事情。在加拿大，因纽特人小心地捍卫着他们来之不易的令人妒忌的自治，这是加拿大新确立的一个地区——努纳武特地区。因纽特人相信他们在这个不断变化的环境中生存下来的最大的希望，就在于把祖上传下来的知识和现代科学最优秀的地方结合起来。这种结合本身就是一个挑战。

C 加拿大的北极地区是一片广袤无垠的极地沙漠，常年被冰雪覆盖。如果你敢于进入这片区域，你肯定就会对任何把这里称之为“家”的人所面临的艰苦状况有一个了解。在这里，农耕是不可能的，大自然给予的是非常贫瘠的收获。人类最早在北极地区定居下来仅仅有4500年的历史，当时他们靠捕猎海洋哺乳动物和鱼类为生。这个地方的环境检验了他们能达到的极限：有时候殖民者在这里非常成功，有时候在这里却失败了，然后消失了。但是在大约1000年以前，有一群人出现了，他们以非常独特的方式，很好地适应了北极的环境。这些居住在世界最北端的人们是从美国的阿拉斯加州迁移过来的，他们带来了皮船、雪橇、狗、陶器和铁制工具。他们就是现在的因纽特人的祖先。

D 这些人的子孙后代生活得仍然很艰苦。努纳武特地区覆盖着岩石和冰雪，其中有190万平方公里还包括北极附近的几个岛屿。这里现在居住着2500多人的家，绝大多数都是土著的因纽特人。在过去的40年里，大多数因纽特人放弃了原来的游牧生活，在这个地区安定下来，建立了28个独立的社区，但是他们仍然主要依靠大自然来提供食物和衣服。当地的商店可以买到的一些日常供应品，都是由世界上最昂贵的航空线之一空运到努纳武特地区的，或者是在夏季为数不多的无冰的几周内由供应船只运来的。每个家庭每年大约要花费7000英镑来把他们狩猎获得的肉类来交换进口的肉类。在这里，经济机会是很少的，对许多人来说，国家福利是他们唯一的收入。

E 虽然因为气候变化而造成的狩猎和诱捕减少并不一定真的使因纽特人饿死，但是气候变化确实对他们的健康造成了影响。肥胖症、心脏病和糖尿病开始出现，而这些病以前在因纽特人身上是没有的。另外还有一种他们的传统特性的危机，因为他们传统的技能，比如狩猎、设置陷阱和加工皮子，都开始消失了。在努纳武特地区的“圆顶建筑和电子邮件”社区，成年人都是在圆顶建筑里出生的，他们的孩子都没有到过外面的陆地，这里的抑郁症发生率很高。

F 因为面临这么多的危险，因纽特人决定要发挥关键作用，揭开北极气候变化的神秘面纱。他们相信，既然在这个地方生存了几个世纪，他们的传统知识就是一笔财富，在这个任务中会起到关键作用。西方的科学家们也开始利用因纽特人的智慧，并经常参考“因纽特人的知识和价值”（简称IQ）。“以前，科学家们来我们这里做研究，都忽略了我们的存在。他们认为这些人什么也不懂，所以不必问他们，”约翰·阿玛格里克说，他是因纽特人的一个领导和政治家。“但是在最近这几年，IQ已经有更大的可信性，也更有份量了。”实际上，现在有一项要求，任何人如果希望得到允许来这里做研究，都必须咨询当地的社区，他们会帮助设定能反映他们最关心的问题的研究日程。如果他们认为这些科学家的工作对他们不利，或者研究项目过多地干扰了他们的日常生活和传统活动，他们也会拒绝一些科学家的申请。

G 有些科学家怀疑传统知识的价值，因为人类在北极地区的居住历史不够久远。但是另外一些人指出，最北部地区最早的气象站也只是在50年前才设立的。在环境知识方面，我们还有巨大的鸿沟，并且，尽管有一些科学冲击，但是许多预测都只不过是完美的猜测。IQ却可以帮助我们逾越这些鸿沟，消除我们在区分自然的反复无常和人类活动影响时的不确定性。

WRITING

WRITING TASK 1

The graph and table below give information about water use worldwide and water consumption in two different countries. Summarise the information by selecting and reporting the main features and make comparisons where relevant.

Global water use by sector

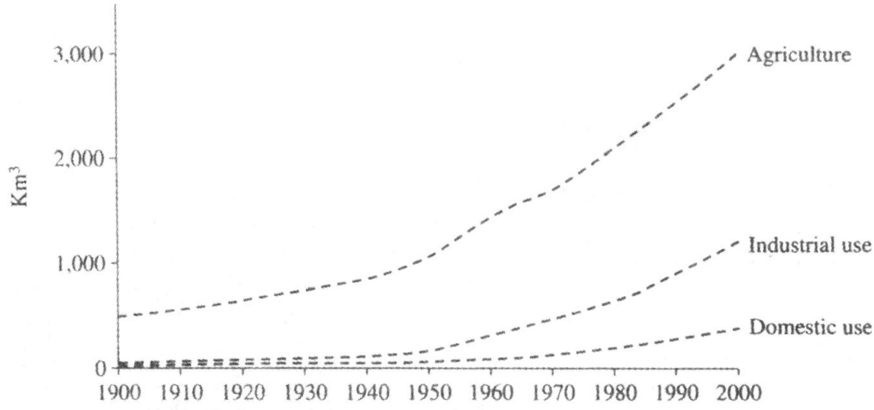

Water consumption in Brazil and Congo in 2000

Country	Population	Irrigated land	Water consumption per person
Brazil	176 million	26,500 km²	359 m³
Democractic Republic of Congo	5.2 million	100 km²	8 m³

➲ 题目分析，包括回答中需要涉及的要点、对比以及考生可能对题目产生的错误理解。

要点

1. 三方面用水量都随着时间而增长。
2. 农业用水一直是最多的，工业用水第二，家庭用水第三。
3. 大约20世纪50年代以后，用水量增长显著。
4. 在第一张曲线图中，用水量按立方米（km^3）计算。
5. 在第二张表格中，巴西的数字均大于刚果民主共和国的数字。

考生可能产生的错误理解和问题

1. 图表非常清楚，应该不会对数据有任何误读。
2. 在描述第一幅曲线图时，不要试图包含横轴上所有年份的数据。
3. 确定包含第二张表格中的全部六条信息。

➲ 建议的写作结构，对比此结构与考生有可能采用的不恰当结构。

介绍部分应该把题目用自己的话重写一遍。用“line chart”替代“graph”、“the water consumed” 替代“water consumption”。报告的正文应该分为两段，一段描述曲线图，另一段描述表格。在写数字时一定要写计量单位，如“$359m^3$”，不是“359”。也可以先写表格再写曲线图，但最好先写曲线图，然后写表格。最后应该有一个简短的结论，指出“要点”中的第1、2和5点。

➲ 参考范文

The line chart shows water consumption by sector from 1900 — 2000. The table shows the water consumed in Brazil and D.R. Congo in 2000.

Water used for agriculture rose slowly from $500km^3$ in 1900 to $1000km^3$ around 1945. Thereafter, use rose more rapidly, reaching about $3000km^3$ in 2000. Industry used less than $100km^3$ of water of in 1900 and this amount rose slowly to about $100km^3$ in 1950. Thereafter, it rose more quickly to $500km^3$ in 1980 and then even faster to reach slightly over $1000km^3$ in 2000. Domestic water use was less than $100km^3$ until the late 1970s. Thereafter use increased faster, reaching about $400km^3$ in 2000.

The chart shows Brazil's population (176 million) was far higher than D.R. Congo's (5.2 million). The amount of irrigated land in Brazil ($26,500km^2$) was also far more than in D.R. Congo ($100km^2$). Also, water consumption per person in Brazil ($359m^3$) was higher than in D.R. Congo ($8m^3$).

To summarise, the amount of water used for agriculture was always higher than for industrial use and the amount of water used domestically was always the least. Water consumption per person in Brazil in higher than that in D.R. Congo, apparently because more land is irrigated.

(200 words)

此曲线图显示出从1999到 2000年的用水状况。而表格显示巴西和刚果民主共和国在2000年的用水状况。

农业用水量从1900年的500立方千米逐渐升至1945年前后的1000立方千米，此后用水量增长较快，2000年达到3000立方千米。工业用水量在1900年时不到100立方千米，后来慢慢升至1950年的约100立方千米。此后工业用水量较快地升至1980年的500立方千米，后来以更快的速度升到2000年的1000立方千米出头。家庭用水量直到20世纪70年代后期还不到100立方千米，此后用水量增长较快，在2000年达到400立方千米。

图表显示巴西的人口(17600万)比刚果民主共和国的人口(520万)要多得多。巴西的灌溉土地面积(26500平方公里)也比刚果民主共和国的(100平方公里)要大得多。还有巴西的人均用水量(359立方米)也比刚果民主共和国的要多出许多。

总体说来，农业用水量一直比工业用水量要多，家庭用水量总是最少。巴西的人均用水量比刚果民主共和国的要多，显然是因为巴西的土地灌溉面积更大。

➲ 参考范文中的词汇及结构分析，以及考生可能犯的错误。

1. 在介绍部分，“comsumption”是“used”的一个近义词。
2. 在介绍部分，“consumed”表明作者能够正确转换“consumption”。
3. 正文第一段使用“rose slowly”和“rose more rapidly/quickly”来对比用水量的增长率。
4. 作者在正文第一段中使用“reaching”来表明用水量。
5. 作者在正文第二段中使用短语“far higher”来强调数字之间的区别。
6. 请注意，作者在正文第二段中把数字放在括号内，这与正文第一段不同。
7. 在结论部分，作者用“higher”和“the least”表示比较。

WRITING TASK 2

Today, the high sales of popular consumer goods reflect the power of advertising and not the real needs of the society in which they are sold. To what extent do you agree or disagree?

➲ 题目分析，包括写作中需要涉及的要点以及考生可能对题目产生的错误理解。

1. 题目只问“To what extent do you agree or disagree?”因此，罗列正反双方的论点并不是必需的，但是，一篇好作文应该做到这一点。
2. 题目明确指出消费品，不是所有商品。因此，写作重点应在非必需品而不是必需品上。
3. 社会的真正需求并没有界定，考生可能对此有各自不同的合理理解。
4. 作文需要举例证明广告影响人们的购买决定。

➲ 建议的回答结构，对比此结构与考生有可能采用的不恰当结构。

这篇作文需要一个简短介绍和简要的结论。正文应有两到三个段落，每段阐述一个要点。建议考生单独写一个段落来阐述与题目意见相反的观点，或者考生在正文各段中提及相反的观点。考生应该注意，不能把这篇作文写成完全同意或者完全反对题目说法的文章。

➲ 两篇观点不同的参考范文（250字—300字）

参考范文1——同意题目的说法

I tend to agree that high sales of consumer goods reflect the power of advertising rather than the real needs of society and will outline my reasons below.

Advertising clearly often encourages people to buy more than they need and more often than they need to. In wealthier countries, many families have two or more televisions or even computers. People in wealthier countries also have many clothes, some of which they hardly ever wear. At the same time, even these wealthier countries have social problems such as poverty and crime. Many communities, again even in the wealthiest countries, suffer from a lack of investment in education and health care. It seems that people have somehow been persuaded to purchase a wide variety of consumer goods whilst neglecting to spend their money on areas where it could make a substantial qualitative difference to people's lives.

Advertising tends to tell people that they need a certain product because of benefits such as making the purchaser look fashionable, apparently performing a task slightly faster or better, or even simply because it is good to have the things that everyone else has. These reasons might have limited benefits for the individual, such as enhanced status, but rarely, if ever, benefit society as a whole. This is obviously because the aim of most producers is to make ever greater sales, not to function as an organisation working for the public well-being.

To conclude, advertising generally aims to encourage the purchase of goods regardless of their value to societies in general. This has resulted in a situation where many people spend their money on things that they don't really need, whilst not spending enough on things that they do need.

(284 words)

我比较赞同题目中的观点，即消费品的高销售额反映的是广告的作用而不是社会的实际需求。我的理由概述如下：

广告显然时常鼓励人们买一些非必需品，人们在购物时常常买一些他们实际上并不需要的东西。在较富裕的国家，许多家庭有两个或两个以上的电视甚至电脑。富裕国家的人们有很多衣服，其中一些他们却很少会穿。而同时，即使是这些富裕国家也有贫困和犯罪等社会问题。甚至是在最富裕的国家，许多社会群体也缺乏教育和卫生保健方面的投资。似乎人们很容易被各种理由说服去购买各种各样的消费品，而不是把钱花在能给他们生活带来质的飞跃的地方。

广告想要告诉人们他们需要某个产品是因为能从中获得好处，例如使购买者看起来更时尚，使任务执行得快一点或好一些，甚至只是因为别人都有的东西你最好也有。这些理由可能会给个人带来有限的好处如提高社会地位，但对社会这个整体来说几乎没有什么好处。很明显这是因为大多数制造商的目标是增加销售额，而不是像一个为公众谋福利的组织那样运作。

结论就是，广告的目的主要是鼓励商品购买而不考虑商品对社会整体的价值。这导致许多人把钱花在他们实际上并不需要的东西上，而在他们确实需要的东西上却用得不够。

参考范文2——不同意题目的说法

Many people nowadays suggest that high sales of consumer goods, particularly in more developed societies, is the result of the power of advertising rather than any real need for these products. Generally speaking, I disagree with this notion and will outline my reasons in this essay.

At first sight, it might appear that people do not need the latest models of mobile phones or plasma screen TVs. In societies where buying these goods has become commonplace, almost all people already have their basic needs, such as food, clothing, health care and shelter taken care of. At the same time, they have greater disposable incomes. This means that the needs of such societies have changed from the provision of basic needs to the provision of luxury goods.

There is certainly more advertising in societies where more is consumed. These societies, as mentioned above, have more people with greater disposable incomes, so producers are bound to concentrate their marketing efforts on such societies rather than those where people have smaller amounts of money to spend on consumer goods. The real needs of societies where people have lower incomes (for example, in many African countries) are clearly still basic things like food, drinking water, clothing and health care. In those societies, advertisers concentrate on those products rather than on selling the latest consumer electronics.

To conclude, I believe that high sales of consumer goods (and the great number of advertisements) reflect high disposable incomes rather than the power of advertising. However, this is not to deny that advertising influences which consumer products people decide to buy.

(264 words)

现今许多人认为消费品的高销售额，尤其在比较发达的社会中，是广告的作用，而不是由对这些产品的实际需求带来的。总的来说，我不同意这种看法，在这篇论文中我将概述我的理由。

乍一看人们可能不需要最新款的手机或等离子电视。在有些国家，购买这些商品已经很普遍。在那里，人们的基本需求已经得到满足，如食品、衣物、保健用品、容身之所等。同时，他们还有大量可支配收入。这就是说这些国家人民需求已经从基本商品转移到奢侈商品。

消费更多的国家中广告肯定也更多。这些国家中，像上面提到的那样，有更多拥有大笔可支配收入的人，所以制造商势必会把他们的市场营销集中在这些国家，而不是人们在消费品上花钱较少的国家。人们收入较少的国家(如许多非洲国家)的实际需求显然仍是基本生活品像食品、饮用水、衣物和保健品。在这些国家，广告商主要关注以上的产品而不是最新电子产品的销售。

总之，我认为消费品的高销售额(和广告的数量多)反映的是可支配收入高而不是单一的广告的作用。当然，我们也不能否认广告影响着人们的购物取向。

➲ 参考范文中的词汇及结构分析，以及考生可能犯的错误。

1. "I tend to agree that..."这个结构表明作者不想采用某个极端的立场，它表明作者明白正反双方论点都有合理之处。
2. "Advertising clearly often encourages people to buy more than they need and more often than they need to. In wealthier countries, many families have two or more televisions or even computers."这两句话说明作者清楚重点在消费品，而不是所有商品。
3. "At the same time, even these wealthier countries have social problems such as poverty and crime. Many communities, again even in the wealthiest countries, suffer from a lack of investment in education and health care."在这两句话中，作者指出了他/她认为的社会的真正需求。
4. "Advertising tends to tell people that they need a certain product because of benefits such

as making the purchaser look fashionable, apparently performing a task slightly faster or better,or even simply because it is good to have the things that everyone else has."作者将广告视为工作。

5. "This is obviously because the aim of most producers is to make ever greater sales, not to function as an organisation working for the public good."作者在这句话中指出各公司和社会的利益是不一致的。要注意，这并不是以一种批判或者赞同的口吻指出来的，作者只是指出这个事实。
6. 注意结论部分的一些词和短语，如"generally"、" many people"和"not spending enough"等，这表明作者并非完全同意或反对题目的说法。许多能力较弱的考生可能使用如"all"、"everyone"和"not spend"等词和短语。
7. "Many people nowadays suggest that high sales of consumer goods, particularly in more developed societies, is the result of the power of advertising rather than any real need for these products."注意这里作者如何用自己的话把题目观点重新说了一遍。考生不应该把题目的说法逐字逐句地抄一遍，而应该用自己的话重写。
8. 使用"Generally speaking"，作者并没有明确地表明他/她不是完全同意或者反对题目的说法。
9. "At first sight, it might appear that people do not need the latest models of mobile phones or plasma screen TVs."作者指出，他/她认为需要更细致地考虑人们的需要。
10. "In the societies where buying these goods has become commonplace, almost all people already have their basic needs such as food, clothing, health care and shelter taken care of."作者认为人们的需求随着社会发展而改变，于是作者写道："This means that the needs of such societies have changed from the provision of basic needs to the provision of luxury goods."
11. "These societies have more people with greater disposable incomes, so producers are bound to concentrate their marketing efforts on such societies rather than those where people have smaller amounts of money to spend on consumer goods. The real needs of societies where people have lower incomes are clearly still basic things. In those societies, advertisers concentrate on those products rather than on selling the latest consumer electronics."作者指出广告商关注的是在不同社会中根据需求售卖不同的东西，同时作者指出了产生这一现象的原因是"different incomes"。
12. "To conclude, I believe that high sales of consumer goods (and the great number of advertisements) reflect high disposable incomes rather than the power of advertising."这个结论表明作者在寻找为什么会产生更多的广告，以此来解释消费品销量的增加。

SPEAKING

➲ a) 题目分析，包括考生可能对题目产生的错误理解。

Do you enjoy dancing?
你可以说你有多么喜欢跳舞，而不仅仅回答“yes”或者“no”。可以说你多久跳一次舞或者你只是喜欢看别人跳舞，以此来展开你的回答。

Has anyone ever taught you to dance?
这可能不是正式的舞蹈教学，可能是一个朋友给过你一些跳迪斯科的舞蹈技巧。你可以说说你曾经上过哪些舞蹈课程，当时你多大年龄等。

Tell me about any traditional dancing in your country.
你可以说出舞蹈的种类，什么时候跳这种舞，有多少人参加。跳舞的人穿着特殊的服装吗?

Do you think that traditional dancing will be popular in the future?
说说你为什么有那样的看法。记住，重点一直放在传统舞蹈而不是其他形式的舞蹈上。

Describe someone in your family who you like.
当谈到人物时，你很容易就谈到这个人的性格和长相，这类词汇适用于任何人。谈谈这个人做什么工作、学的是什么、闲暇时又做什么。

In what ways can people in a family be similar to each other?
考虑一下性格和长相，试着至少说出关于每个人的某一点。

Do you think that daughters are always more similar to mothers than to male relatives? What about sons and fathers?
注意这个问题中包含“always”，意味着在每种情况下，这是不太可能的。就你的观点或经验来谈谈在某种程度上的确是这样，你可以用你的家人或你的朋友举例。

In terms of personality, are people more influenced by their family or by their friends? In what ways?
注意这是关于人物性格的问题。你不能谈论人物爱好和时尚等其他方面，而应该强调性格。

Where can people in your country get information about genetic research?
考虑一下不同的媒体形式，说出你认为最有用/没用或者信息最充实/不充实的方式。

How do people in your country feel about genetic research?
这个问题很难。大部分人对这一领域的发展不太了解，而且普通人平常并不讨论这个问题。想想你认识的人以及媒体上报道过的人对这个问题的看法。

Should this research be funded by governments or private companies? Why?
你可以想想由双方共同出资的可能性，不要建议由其中一方单独出资。此外，个人资助也是可能的（只要这些个人拥有足够的财富）。

➲ b) 考生可在回答中使用的实用词汇

Do you enjoy dancing?
like, love, alone, partner, group, music, slow, fast, costume, disco, dance floor, dance hall.

Has anyone ever taught you to dance?
family, friends, teachers, steps, moves, quick/slow learner, natural ability.

Tell me about any traditional dancing in your country.
music, instruments, costumes, celebration, village.

Do you think that traditional dancing will be popular in the future?
old fashioned, out-of-date, back in fashion, nostalgia.

Describe someone in your family who you like.
appearance: tall, short, average height, slim, stocky, overweight, long/short hair, bright eyes, attractive, handsome, plain.
personality: humorous, funny, serious, loud, quiet, hard-working, careful, curious, young at heart, moody, strict, lenient.

In what ways can people in a family be similar to each other?
have something in common, like two peas in a pod, alike, as different as chalk and cheese, share an interest in something, opposites.

Do you think that daughters are always more similar to mothers than to male relatives? What about sons and fathers?
usually, often, frequently, sometimes, rarely, almost always, hardly ever, nature, nurture, personality, characteristics, look up to, follow the example of.

In terms of personality, are people more influenced by their family or by their friends? In what ways?
genetic, behaviour, emotions, spend time with someone, close/distant relationship.

Where can people in your country get information about genetic research?
library, books, newspapers, magazines, articles, academic journals, Internet, websites.

How do people in your country feel about genetic research?
wary, unsure, apprehensive, confused, concerned, hopeful, excited, amazed.

Should this research be funded by governments or private companies? Why?
budget, finance, researcher, university, profit, non-profit making organisation, business.

➲ c) 参考回答（每个问题两个回答）

Do you enjoy dancing?

Yes, I love it. I go to a disco almost every weekend with my friends. We like dancing to energetic music. It's a fun way to relax after a long week of studying. We usually go to a club near our homes called Fresh. Most of the people who go there are young teenagers and university students.

No, I don't like dancing. That's probably because I m not very good at it. I sometimes go to discos with my friends, but I just sit and sip a beer and chat. Some of my friends have told me that it's a good way to keep fit. Well, that may be true, but I prefer to go the gym.

Has anyone ever taught you to dance?

Well, we did have a few dancing classes at school. It was an extra-curricular activity. Not many students went, so the classes ended after a few weeks. I'd like to take classes in Latin American dancing, you know, Tango and that kind of thing. I really admire the way professionals dance.

No. Dancing is not considered a worthwhile thing to study by many people. Parents want their children to focus on passing school tests rather than developing other, non-academic skills. I think that learning to dance can be useful, because it's a social activity. Although I don't enjoy it myself, I can see that it's something worth doing.

Tell me about any traditional dancing in your country.

In my country, there are many traditional village dances. People usually dance in groups rather than with a single partner. The dances are often used to celebrate certain events and some of the dances have stories behind them. When I was a child, my grandparents tried to introduce me to these dances.

I don't really know much about them. In the countryside, you can still see people doing traditional dances. They dress in traditional, brightly coloured costumes and get together in groups to dance. The dances are accompanied by music and singing and cheering. It's fun to watch.

Do you think that traditional dancing will be popular in the future?

I doubt it. Young people nowadays prefer discos and hip-hop and that kind of thing. They tend to see traditional dances as old-fashioned. Even many middle-aged people don't know the traditional dances. This means that they will not be passed on to future generations in most cases.

I think that some young people are interested in traditional dancing, so this might encourage more people to take an interest in it. It seems to me that many things become less popular, then become more popular again. Perhaps people like to try something that is different to what most people like.

Describe someone in your family who you like.

I'd like to describe my mother. She's quite tall. When she was younger, she was slim, but now she's a little overweight. She has shoulder length hair. She dresses quite fashionably in knee-length skirts and blouses. The thing that I like about her character is that she is very relaxed. She hardly ever gets annoyed. If something bad happens, she prefers to find a solution to the problem rather than get angry about what caused the problem. She has many friends and often goes out to dinner with them. She doesn't play any sports. She prefers less active hobbies such as reading and watching old films on DVD.

I'd like to describe my uncle. He is a very happy person who enjoys telling jokes and funny stories. He travels a lot because of his work, usually just in this country, but sometimes abroad too. He loves photography and whenever he visits, he brings his laptop and shows us pictures from his travels. He has a round face and is well built. He used to play a lot of sports when he was younger, but now he just plays table tennis occasionally. He lives in a small flat not far from my family's home. His flat is richly decorated with souvenirs of his travels. I love going there to spend a few hours looking at his treasures.

In what ways can people in a family be similar to each other?

The obvious way is through how they look. People tend to look like their mothers and fathers. People often say things like: Oh, he has your eyes! They even say this when looking at babies, who, to be honest, all look very similar if you ask me! However, I have noticed that kids today are often tall, even when their parents are not. I think that this might be down to a better diet.

Very often their personalities are similar. I've met the parents of some of my classmates and it's interesting that my quieter classmates tend to have quiet parents, whilst my more outgoing classmates have more extrovert parents. It's not true in every case, but certainly in most of them.

Do you think that daughters are always more similar to mothers than to male relatives? What about sons and fathers?

Yes, I think so, particularly in the way they look. Maybe it's not always true, but generally I think it is. I think that it's also true with personality. I think that maybe daughters look to their mothers more for inspiration and that boys look more to their fathers.

Many of my friends think this, but I'm not convinced. Again, if I think about my classmates, most of them seem to share some characteristics with their mothers and with their fathers. I think that children are influenced by all members of their families, male and female, so they end up being a mixture of all these influences.

In terms of personality, are people more influenced by their family or by their friends? In what ways?

I think that the influence of friends may be stronger. People spend a lot of time with their friends, so the influence on personality is bound to be strong. Friends also tend to be of the same generation and therefore enjoy doing the same kinds of things. Young people are also heavily influenced by what is considered by their friends to be cool and fashionable. Many young people consider their parents and grandparents to be old-fashioned and so ignore them and their opinions.

I think that people are more influenced by their families. This is because people tend to spend more time with their families than with their friends. I think that families have a particularly strong influence on behaviour and morals, but that friends probably have more influence on things like hobbies and clothes.

Where can people in your country get information about genetic research?

There is a lot of information about genetic research in library books and on the Internet. The library books are not always up-to-date, but university libraries often have the latest ones. The Internet is a great source of information about any subject. I mean, you just need to type in the subject and you can search for it at the push of a button.

A lot of people get information about genetic research from newspapers and magazines.

Newspapers don't carry much detailed information, but if you just want to get an overview of what is happening in this field, they are useful. Magazines — scientific ones — provide more in-depth coverage of what is happening and what breakthroughs have been made. The developments are presented in simpler terms, so you don't have to be an expert to understand them.

How do people in your country feel about genetic research?

I think that most people are wary of it. They don't quite understand where it is all leading and are therefore suspicious. I can understand that. People wonder whether modifying DNA is a good idea, it sounds a lot like trying to be God to many people. Other people are worried about how all this genetic information will be used.

I think that most people are amazed by the discoveries that have been made in this field. They hope that it will lead to more great scientific breakthroughs that will help humanity. For sure, some people are more cautious. This may a good thing, because we need to be careful how we use the new science we discover.

Should this research be funded by governments or private companies? Why?

I think that it should be funded by the government, because then it can be tightly controlled and there is less chance of it being misused. Governments are also more likely to fund research into areas that will benefit most people rather than companies which are generally more concerned with using genetics for profit.

I think that it should be funded by both. Companies will inevitably focus more on profitable aspects of this research, whilst governments are more likely to look at ways it can improve society. In this way, genetic research will take a wider variety of forms, hopefully leading to a wider range of discoveries and uses.

Test 2

LISTENING

SECTION 1

谈话场景：咨询场景，电话交谈
人物关系：顾客和博物馆工作人员
谈话话题：咨询博物馆活动的具体事项，如参加者年龄、收费、停车、预定等

➲ 词汇注释

workshop *n.* 工场，车间	department *n.* 系，部门
craft *n.* 工艺，手艺	reference *n.* 查询
probably *adv.* 很可能地	castle *n.* 城堡
run *v.* 经营，运转	involve *v.* 牵涉到，包含
upward *adv.* 以上地，向上地	glue *n.* 胶水
accompany *v.* 陪同，伴随	mucky *adj.* 脏的
be companied by… 由…陪伴	top *n.* 盖，顶部
adult *n.* 成年人	bottle top 瓶盖
reasonable *adj.* 合理的，公道的	decoration *n.* 装饰（品）
pence (pl.) *n.* penny 的复数形式，便士，分	undersea *adj.* 海面下的
exactly *adv.* 完全地，确实地	scene *n.* 情景，场景，景色
address *n.* 地址	underground *adj.* 地下的
security *n.* 安全，保安	cavern *n.* 洞，洞穴
security entrance 安全入口	splash *n.* 飞溅，溅出的水等
label *v.* 贴标签于…，标注	recommend *v.* 推荐，建议
parking *n.* 停车	search *v.* 搜寻
available *adj.* 现成可使用的，可利用的，可得到的	search out 寻找到
bet *n.* 打赌，赌注	silver *adj.* 银的
book *v.* 预定	silver paper 银箔纸
book up 预定	session *n.* 集会

➲ 交际与语言表达

1. 接办公电话时，接听者一般都会自报家门，然后问 Can I help you? 或 How can I help you? 之类的。这样，打电话者既可以确认是否拨了正确的号码，又可以进一步引出对话主题。此段对话中，男声首先说 “Good morning, Synmouth Museum. How can I help you?” 女声说 “Oh yes. Good morning. I am interested in the children's workshops and I'd like a little more information, please.” 双方身份已基本确定：咨询者和被咨询者，对话的主题也已经点出：children's workshops。
2. 男声：Do you mean the Art and Craft workshops? 你指的是手工艺工场吗？实际上，此处男声是在进一步确认双方指的是同一项活动，do you mean 有时也用于指出对方话语中的

错误。比如说：It is Sunday tomorrow. —Do you mean Monday?

3. 女声在对话中连续两次用到 Fine。Fine 在口语会话中意思相当于“很好”，是听话人对说话人所说内容的应答，用法相当于 All right 或 OK 等。
4. Well... 发语词，用在句首，本身并无特定含义，只表示一种语气。男声在此对话中连续两次用到。
5. With 80 pence off for two or more children from the same family. 如果同一个家庭有两个或两个以上的孩子参加的话，每人可以减 80 便士。off 表示在原数额上减，表示“折扣”的时候也经常用到，比如说打 8 折就是 20 percent off, 等于 a 20 % discount。
6. Not exactly 相当于下文用到的 Not really，意思是“不完全是”，表示不完全同意。如果要表示完全同意则要用 Exactly，下文也有用到。
7. Lovely 在此对话中用到两次，本意是“可爱的，迷人的”，此处相当于 great, fine, sounds great 等，表示一种应答。
8. And I do need to tell you that... 此句型为强调句，助动词 do 的适当形式（与人称，时态搭配）用在实义动词之前，表示强调语气。例如 She does look like her mother。
9. We are driving in from out of town. 我们从城外开车来。town 除了当“城镇”讲之外，还指“市区”，downtown 是“市中心”，所以我们可以说 downtown Beijing。
10. Your best bet is to...bet 本意是打赌，此处相当于 you'd better。说明博物馆工作人员对此问题也不是很确定，只是知道怎么做比较保险而已。
11. Should I have rung them instead of the main museum number? 我应该给教育系打电话，而不是打给主博物馆，对吗？ should have done sth.，虚拟语气，指本应该做什么事情而实际上没有做。此处咨询者为有可能打错电话，为给人带来了不必要的麻烦而感到抱歉。
12. I've got that. 此处指记下号码了。I've got that/it. 还可以指“明白了，理解了”。
13. A bit of 指的是“一点”的意思，但是和 quite 连用，quite a bit of 则强调数量多，指“相当数量的”，比如说，She knows quite a bit about this field. 她对这一领域知之甚多。
14. And if possible, could you...，这种表示方法连同下文的 if you could... 都表示很客气的语气。
15. That'll be the 23rd, won't it? 反意疑问句，显示出说话人语气不太确定。
16. We will see what we can come up with. 我们可以看看我们能找到（提供）些什么。此处显示出说话人语气的不太确定。come up with 有“提出，想出，提供”的意思，如 come up with an idea 表示“想出一个主意”。
17. Well, thank you ever so much for all your help. 非常客气的表达谢意，ever 起到了强调作用，又如 Have do you ever find the time to learn cooking? 你是怎么找出时间学习烹饪的?
18. Thank you very much for ringing. 男声以“感谢您来电”结束此段对话。

➲ 考题解析

Question 1 答案 8
此处关键词是 accompany, 用的是动词的主动态，与原文中 we do ask that children below eight years of age are accompanied by an adult 相对应。

Question 2 答案 Tamer
本题不难，由题干可以看出，此处需要填入街道的名称，只需按照录音中的拼写记录下来即可，特别注意首字母需要大写。

Question 3 答案 green button
考生应首先注意提示词 security，当录音中出现 there's a security entrance 的时候，就应该开始作记录了。You need to press the green button，而在下一句Don't press the red button please里面还出现了一个干扰项red button，考生应特别注意不要混淆。

Question 4 答案 library
根据题干可以出看出，此处需填一个地点名词。Your best bet is to leave your car at the back of the library.注意at the back of和behind之间的同义替换，在……后面；另外，library的拼写也是

非常值得注意，很多考生因拼写不正确而失分。

Question 5 答案 education department
女声问And can I ask about booking places? 男声说you really should book by calling the education department here。女声又说是不是自己这次本应该给教育系打电话，男声说没有关系，以后要咨询就打200765。

Questions 6–8 答案 castles, old clothes, bottle tops
男声说很高兴告诉她有关下面两个工场的信息：On Saturday the 16th, there's Building Castles。因为要用到胶水，所以make sure the kids are in old clothes。然后男声接着说，if possible, could you bring along bottle tops，通过这几句话，答案就很容易被捕捉到了。

Questions 9–10 答案 Undersea Worlds, silver paper
男声接着说Then the following week…，提示下面要介绍的是第二个workshop。On that day, that's what we call Undersea World。女声问是否会很脏，男声说不推荐穿什么特别的衣服。然后他说 But if you could search out some silver paper to bring along …。第10题答案就出来了。注意项目的名称首字母一定要大写。

SECTION 2

谈话场景：咨询场景
人物关系：顾客和铁路工作人员
谈话话题：咨询列车线路和时刻表等

词汇注释

local *adj.* 当地的
detail *n.* 细节，详情
leaflet *n.* 传单，小册子
commuter *n.* 乘公交车上下班者，月票乘客
line *n.*（公交等的）线路
regional *adj.* 地区的，局部的
national *adj.* 全国性的，国家的
buffet *n.* 餐车，自助餐
refreshment *n.* 茶点，点心
range *n.* 范围，系列
a range of 一系列的
depend *v.* (on) 取决于
restriction *n.* 限制
advance *n.* 提前
in advance 预先，事先
various *adj.* 不同的，各种各样的
discount *v.* 把…打折扣
supersave *n.* 超级节省
valid *adj.* (for) 有效的，具有法律效力的
ahead *adv.* 提前，在…前面
reservation *n.* 预定
make reservations for sth. 保留…
mining *n.* 矿业
fascinating *adj.* 迷人的，有趣的
theme *n.* 主题
theme park 主题公园
original *adj.* 原来的，原件的
miner *n.* 矿工
lift *n.* 电梯
excursion *n.* 短途旅行，远足
mainline *n.* 主，干线
dock *n.* 码头
awayday *n.* 外出
fare *n.*（车，船，飞机等的）费，票价
alternatively *adv.* 非此即彼地
acclaim *v.* 为…欢呼，喝彩
internationally-acclaimed *adj.* 备受国际欢迎的
aquarium *n.* 水族馆
anticipate *v.* 预期，预计
opening *n.* 开幕

➲ 交际与语言表达

1. 本段对话主要涉及 Trebirch 这个地方火车的车票种类、折扣情况以及此处的旅游景点。考生可以由此对英国的火车票折扣情况有所了解。
2. every half hour “每半个小时”。every + 数字，表示“每隔”的，例如，every two days “每两天”，相当于 every other day。
3. You have got a choice of first and second class 中 have got=have，have a choice of 表示“可供选择的范围”。
4. Have you got any information on… 此句型非常有用，可用于咨询各种信息。
5. There’s a range of ticket prices depending on when you travel and when you buy your ticket. 根据旅游时间和购票时间的不同，票价分很多种。depending on 相当于 which depend on。
6. enjoy many days out，spend a great day out 其中的 out 都是指“在户外”的意思。
7. the new and internationally-acclaimed climbing wall built on the site of the old aquarium. 备受国际欢迎的新爬墙，它建在水族馆的原址上。此处 built 所在短语相当于一个定语从句 which/that is built on the site of the old aquarium。
8. We will also be running a special service to Newport. 我们也将开通一项新的到 Newport 的服务。用将来进行时，表示按照计划将要发生的事。此处 run 是“运营，经营”的意思。

➲ 考题解析

Questions 11-12 答案 King Street, central
Railperson 说 We’ve got two main train stations in the town，考生应注意随后的内容，local services 对应录音原文中的 local commuter lines，连同 regional services 都是从 King Street 发车的。顾客接着问要是去 London 的话怎么办，railperon 回答说 Then you need to go to Central Station—that’s for all the national services。考生需特别注意专有名词首字母一定都要大写。

Question 13 答案 half hour/30 minutes
Railperson 接着介绍了去 London 的火车的一些情况：They leave Trebirch every half hour on weekdays and every hour at weekends。题目中的 during the week 对应原文的 weekdays，所以答案应是 half hour。

Question 14 答案 refreshments
一共有两种车票：first class 和 second class。Refreshments are included in the cost of a first class ticket…，答案已经很明确了，应为 refreshments。

Questions 15-17 答案 10:15, Advance, (seat) reservations
顾客问 Have you got any information on different ticket types? Railperson 的回答都是考生应该注意的。前两栏的内容已经给出，折扣票有好几种，很受欢迎的一种是 Supersave，还有一种 Special ticket, which is valid for travel after 10:15，最后一种最便宜的票：The cheapest tickets are called Advance，要提前至少 6 天买，数量有限，所以需要 make seat reservations for these。

Questions 18-20 答案 C D G
顾客问：And are there lots of places to go to around here? Railperson 用了一大段话主要介绍了几个旅游景点：Um, there’s the Merthyr Mining Museum，跟 theme park 一样有趣；干线车也可直接到达 Bristol，在那里可以参观 docks，或者 spend a great day out with the children in the zoo; 再或者，可以去 Birmingham, 有很多可以看的，包括 the new and internationally-acclaimed climbing wall built on the site of the old aquarium；最后提到的是 Newport 的 science park，但是要到明年才能开放。

SECTION 3

谈话场景：论文辅导场景
人物关系：学生和辅导老师
谈话话题：讨论论文进展情况，之前提出的需要改进的地方以及进一步改进的建议

➲ 词汇注释

dissertation *n.* (学位)论文	print *n.* 印刷
point *n.* 要点，重点	out of print （书等）已售完的，已绝版的
action point 行动要点	apply *v.* (for) 申请，请求
tutorial *n.* 辅导，个别指导	loan *n.* 借，贷
talk sb through sth. 仔细解释	entitle *v.* 给…权利或资格
target *n.* 目标，对象	be entitled to 有资格或权利
aim *v.* （for）对准目标	chat *n.* 聊天
data analysis 数据分析	chapter *n.* 章，章节
look through (从头至尾)浏览	additional *adj.* 额外的，另外的
catalogue *n.* 目录	go for sth. 选择，想要
specialise *v.* （同 specialize）专门研究，专供	context *n.* 上下文，语境，背景
promising *adj.* 有希望的	review *n.* 回顾，复习
worthwhile *adj.* 值得花时间的，值得做的	to the point *adj.* 切中要害，切题
lecturer *n.* 讲师，讲课人，演讲者	as regards 关于，至于
head *n.* 头，领导	statistics *n.* 统计数字
couple *n.* 一对，一些	reference *n.* 提及，参考，参照
a couple of 两个，几个	make a reference to 提到，涉及
session *n.* 期，期间	cite *v.* 引用，引证
survey *n.* 调查	urgent *adj.* 急迫的，紧要的
checklist *n.* 清单，名册，目录	draft *v.* 起草
on the right lines = on the right track 对劲的，未离题的	note *v.* 记录
section *n.* 部分，章节	note down 快速记下
spot on *adj.* （不用在名词前，非正式的）完全正确	index *n.* 索引
discipline *n.* 纪律	index card 索引卡
get hold of 找到，抓住，掌握	sort *v.* 分类，整理
essay *n.* 文章，散文	deadline *n.* 截止日期，最后期限
	embark *v.* （on/upon）着手，开始工作

➲ 交际与语言表达

1. How have you been getting on with your dissertation? 你的论文进展的怎么样了？ How have you been getting on with... 此句型应用范围非常广泛，可用来咨询某事的进展情况。回答可以是 Fine, Very well, Not so well 等等。
2. Look through catalogues specializing in IT. 翻阅有关 IT 方面的目录。
3. What did you come up with? 你找到（发现）了什么？
4. Right 表示"好的，是的"。用来应答对方的话，相当于 All right。
5. I should book up for a couple of practice sessions using Vivat. 我应该预定几期 Vivat 使用练习。
6. I'd say your first two sections are spot on. 我不得不说你前两个部分做得很正确。
7. This time apply for it through the service called special loan 这一次通过特殊借阅服务申请

(这本书)。
8. You are entitled to six books. (通过这项服务)你有权利借 6 本书。be entitled to sth./do sth. “有权利享有某物或者做某事”。
9. That's what I will do. 我会这么做的。
10. Well, I'd go for sth. like Context Review. 我会选类似于“背景回顾”这样的题目。
11. As regards specific areas to work on, I'd be quite interested to have a few more statistics about the schools in the different zones. 至于具体的需要改进的地方，我会对加入更多关于不同地区学校的数据比较感兴趣。
12. When do you want that done by? 那个你想要我什么时候完成? want sth. done 想让别人做某事，比如 I want my hair done. 我想剪头发了。by 表示截止到什么时间。
13. It's a real help. 真的很有帮助，表示对别人帮助的一种肯定，也是在表示感谢。
14. I will get going on that then. 那么我这就开始做那个。get going on sth. “开始做某事”。

考题解析

Questions 21-22 答案 catalog(ue)s, Computer Center
第 1 个表格分 3 栏：之前同意的修改目标，完成的修改以及进一步行动的建议。第 1 个修改目标中，Sandy 说她决定 look through catalogues specializing in IT。所以题目中应该是 Read IT catalogues。接着 Sandy 又说跟一个 Jane Prince 交谈过，问 tutor 是否认识她，she's in the Computer Centre. Tutor 说当然认识，she's the new Head. 考生需特别注意专有名词首字母一定要大写。

Questions 23-24 答案 checklist, teaching experience
关于第 2 个修改目标，Sandy 说 the second target was to draw up a survey checklist，tutor 不建议改前两部分，but in section three you really do need to have questions on teaching experience。据此，考生可填出正确答案。

Question 25 答案 classroom
第 3 个修改目标中，已经阅读过 Banerjee，但是 couldn't get of the essays about classroom management—you know, the ones by Simon Ericsson, 题目中的 managing 对应原文的 management。

Questions 26-29 答案 Review, schools, ((the)year)2000, end of term
第 2 个表格是进一步的修改建议，也分 3 栏：新的修改目标，具体建议以及截止时间。关于第 1 章需要增加的部分，Sandy 不确定应该起什么题目，tutor 说 Well, I'd go for sth. like Context Review。因为是题目，所以首字母要大写。tutor 接下来说的 as regards specific areas to work on 正是第 2 列所要填写的内容。I'd be quite interested to have a few more statistics about the schools in different zones 是一个具体建议；I think you should aim to cite more works written later than 2000 则是另外一个建议。题目中的 dated after 对应录音中的 later than。Sandy 问 when do you want that done by? tutor 说不急，应该 aim for the end of term。

Question 30 答案 research
第 2 个新的修改目标是针对 Chapter 2，建议使用 index cards, 最后 Sandy 问 When would the deadline be for that? tutor 建议 get it done before you embark upon the research。题目中的 starting 对应录音中的 embark upon。

SECTION 4

谈话场景：电影发展史的讲座
人物关系：讲座人
谈话话题：介绍电影发展史：引子、第一套电影体系的发明、相机的发明、屏幕的加入、音效的加入等等

➲ 词汇注释

hoof *n.* (马，牛等的)蹄子	challenge *n.* 挑战
gallop *v.* (马等)飞奔，驰骋	tendency *n.* 趋势，趋向
bet *n.* 打赌，赌注	tension *n.* 张力，压力
photographer *n.* 摄影师	reel *n.* 卷轴(筒，盘)
photograph *v.* 摄影	loop *n.* 圈，环(状物)
succession *n.* 连续，一连串	addition *n.* 加，增加的人或物
in succession 连续地	nap *v.* 突然折断
actually *adv.* 事实上，实际上	robbery *n.* 抢劫，盗窃
Scotsman *n.* 苏格兰人	absolute *adj.* 十足的，绝对的
fellow *n.* 男子，家伙	sensation *n.* (引起)轰动的人或事情
primitive *adj.* 原始的，简单的	faint *v.* 晕倒，昏厥
projection *n.* 放映，投射	character *n.* 角色，人物
device *n.* 装置，器械	fire *v.* 放(枪等)
apparently *adv.* 显然	overnight *adv.* 一夜之间
line up 排队	craze *n.* 狂热，大流行
block *n.* 街区	term *n.* 字眼，术语
weigh *v.* 有多重，称重	in terms *of* 在…方面
rival *adj.* 竞争的，对手的	feature *v.* 以…为特点；由…主演
project *v.* 放映，投射	subtitle *n.* 字幕
independently *adv.* 独立地	compensate *v.* (for) 补偿，弥补
cinematographe *n.* 电影摄影机，电影放映机 (法语，同英语 cinematograph)	

➲ 交际与语言表达

1. 本文是有关电影发展历史的讲座，涉及到部分电影术语，但都不是非常专业，用语比较口语化，难度适中。考生也可以利用此机会增加对电影历史的了解。
2. If the photos were shown in quick succession the horse looked like it was running—in other words moving pictures. 如果把这些相片连续播放的话，马看起来就好像是在奔跑，也就是说“动的图片(即电影)”。电影除了被叫做 film 之外，还被叫做 moving picture, motion picture, movie 等。
3. Taking the moving pictures to the next step. 将电影的发展推向下一步，即进一步推动电影事业发展。
4. He didn't do the work himself but rather asked a young Scotsman in his employ to design a system, which he did. 他自己并没有做这项工作，而是让他雇佣来的一个苏格兰人来设计一个体系，而他也确实这么做了。which 指的是 design a system。
5. Primitive as they were, 表示虽然它们很原始。as 在此表示让步语气。
6. A problem which was caused by the tension between the two wheels, or “reels ” as they are called, which hold the film. 这一问题是由两个轮子(它们也被叫做“卷轴”)之间的张力所引起的，这两个轮子支撑着胶片。
7. It only lasted 11 minutes but was an absolute sensation and there were cases of people watching the

movie and actually fainting when the character fired a gun at the camera. 它只持续了 11 分钟，但却引起了很大的反响。当电影中的角色对准镜头开枪的时候，甚至出现观众晕倒的情况。

➲ 考题解析

Question 31 答案 A
考生可参照原文 you could see that all the hooves were off the ground in some of the photos.

Question 32 答案 B
Thomas Edison 推动了电影事业的进一步发展，但是他却并没有自己来完成这项工作，而是让他雇用的一个 Scotsman 来做的。这个人很聪明，他研究别的体系，然后 put all the existing technologies together to make the first entire motion picture system。所以答案是 B，available 对应原文的 existing。

Question 33 答案 C
新发明的体系有几个问题，但讲座人只讲了两个：The camera weighed over 200 kilograms，而且每次只能供一个人观看，所以答案是 C。

Question 34 答案 A
美国新体系的消息传的很快，然后 a number of rival European systems started to appear once people had heard about it，故选答案 A。

Question 35 答案 A
1895 年，有 3 个体系几乎同时被独立地发明出来，讲座人说 I guess the most famous of these was by the Lumiere Brothers from France，所以答案应该是 A。

Question 36 答案 C
放映的问题解决了之后，新的挑战出现了，那就是如何拍摄更长更有趣的电影。一个持续出现的问题是胶片在放映时经常断，a problem which was caused by the tension between the two wheels，所以答案是 C，不是电影的主题，也不是摄影机。

Question 37 答案 A
以上问题解决的关键是 the simple addition of a third reel between the two main reels, and this took all the tension away。所以不是又加了 3 个卷轴，只是加了第 3 个卷轴，答案是 A。

Question 38 答案 Great Train Robbery
一系列问题的解决带来了第一部电影 The Great Train Robbery。考生需特别注意首字母一定要大写。

Question 39 答案 Sound effects
1926 是时间提示词。考生要注意紧接着这个提示词的内容：when sound effects were first used on a film。

Question 40 答案 poor sound quality
最初的电影音效不是很好，所以在 The Lights of New York 中加入了字幕，目的是为了 compensate for this poor sound quality。

READING

READING PASSAGE 1

➲ 文章结构

体裁	说明文
主要内容	本文根据默多克大学科技政策学院一项研究的成果，说明了在城市中公共交通的优势。
结构	A 简要介绍默多克大学科技政策学院为世界银行所作的一项研究，该研究对世界上37个城市的交通情况进行了比较。
	B 把澳大利亚的城市柏斯和一些其他城市相比，说明在公共交通方面投入的越少，交通成本就越高。
	C 墨尔本的情况具有双重性，内城主要依靠电车交通，汽车的使用率很低，而城市外围的郊区主要依赖私家车。
	D 以前说到公共交通问题，都是基于环境或社会公平方面的考虑，而现在是从经济学的角度考虑。
	E 研究表明，即使是“自行车友好型”的城市公共交通效率也很高。
	F 一些反对公共交通体系的人认为有些城市因为气候原因不适合更多的公共交通，但是纽曼的研究表明私家车的使用和气候之间是“零相关”。
	G 该项研究的领导者纽曼也承认，在一些多山的城市要发展好的公共交通网络是非常困难的，虽然世界上真正多山的城市并不多。
	H 通过波特兰的例子说明，在决定使用什么样的交通体系方面，当地人民的力量是强大的。
	I 在英国，因为公共基础设施的建设没有跟上城市发展的速度，人们在上班路上花费的时间比原来增加了。
	J 通过对欧洲一些城市，还有亚洲的一些发展中城市和发达城市之间的比较,说明财富的增加并不一定意味着私家车使用率的增加。
	K 根据《城市乡村》的一个报道，说明使更多的人涌入市中心不是一个很好的方法，倡导建立城市乡村。
	L 研究表明，以前人们的看法——通讯越发达人口越分散是不正确的，人们还是需要在一起工作。

词汇注释

A段	
conduct *v.* 处理, 进行, 实施 World Bank 世界银行 Murdoch University's Institute for Science and Technology Policy(ISTP) 默多克大学科技政策学院 demonstrate *v.* 证明, 说明 public transport 公共交通，公共交通工具	efficient *adj.* 有效率的, 效率高的 compare *v.* 比较, 相比 proportion *n.* 比例, 部分 wealth *n.* 财富, 财产 pour *v.* 灌注, 倾泻, 涌入 private *adj.* 私人的, 私有的, 私营的 maintain *v.* 维持, 维修
B段	
Perth 柏斯(澳大利亚城市) minimal *adj.* 最小的, 最小限度的 director *n.* 主任, 主管	point out *v.* 指出 attract *v.* 吸引
C段	
Melbourne *n.* 墨尔本(澳大利亚东南部城市) unusual *adj.*不平常的, 与众不同的 comparison *n.* 比较, 对照 describe *v.* 描写, 记述, 形容 surround *v.* 包围, 围绕 tram *n.* 有轨电车, 电车轨道 inner *adj.* 内部的, 里面的 outer *adj.* 外部的, 外面的	suburb *n.* 市郊, 郊区 car-based 以汽车为主的 structure *n.* 结构, 构造 explosion *n.* 爆发, 爆炸 demand *n.* 要求, 需求(量), 需要 accommodation *n.* 住宿 suggest *v.* 暗示, 显出 preference *n.* 偏爱, 优先选择
D段	
broad *adj.* 宽的, 阔的, 广泛的 issue *n.* 问题, 争端, 论点 case *n.* 事, 情形, 场合 basis *n.* 基础, 基本, 根据 environmental *adj.* 周围的, 环境的 justice *n.* 正义, 公正, 公平 economics *n.* 经济学	auto-dependent *adj.* 依赖汽车的 model *n.* 样式, 模式, 典型 inefficient *adj.* 效率低的, 效率差的 grossly *adv.* 非常, 很 inadequate *adj.* 不充分的, 不适当的 in…terms 在…方面
E段	
bicycle friendly 自行车友好型 Amsterdam *n.* 阿姆斯特丹(荷兰首都)	Copenhagen *n.* 哥本哈根（丹麦首都） reasonable *adj.* 合理的, 有道理的

F段	
common *adj.* 普遍的, 普通的 supporter *n.* 支持者, 拥护者 reject *v.* 拒绝, 抵制, 反对 argue *v.* 争论, 辩论 particular *adj.* 独特的, 单独的, 某一种的 objection *n.* 异议, 反对, 拒绝之理由	climate *n.* 气候 Toronto *n.* 多伦多(加拿大城市) Singapore *n.* 新加坡(东南亚国家) zero *num.* 零 correlation *n.* 相互关系, 相关(性)
G段	
physical *adj.* 物质的, 自然的 feature *n.* 特征, 特色 lobby *n.* 游说员, 游说团 ground *n.* 意见, 根据, 原因 accept *v.* 接受, 认可	hilly *adj.* 多小山的, 多坡的 Auckland *n.* 奥克兰(新西兰北岛西北岸港市) rail *n.* 铁轨 Zurich *n.* 苏黎世(瑞士城市) respectively *adv.* 分别地, 各个地
H段	
adopt *v.* 采用, 采纳 politics *n.* 政治, 政治学 democratic *adj.* 民主的, 民主政体的 process *n.* 过程, 方法, 程序 favor *v.* 支持, 赞成 Portland *n.* 波特兰(美国俄勒冈西北部城市) Oregon *n.* 俄勒冈州(美国州名) perfect *adj.* 完美的, 理想的 federal *adj.* 联邦的, 联合的	grant *v.* 拨款 pressure *n.* 压, 压力, 紧迫 referendum *n.* 全民投票 proposal *n.* 提议, 建议 railway *n.* 铁道, 铁路 spectacularly *adv.* 令人吃惊地, 引人注目地 dramatically *adv.* 戏剧般地, 引人注目地 population *n.* 人口 density *n.* 密度
I段	
stable *adj.* 稳定的 century *n.* 世纪, 百年 avoid *v.* 避免, 避开 situation *n.* 情形, 境遇 require *v.* 需要, 要求 initially *adv.* 最初, 开头 allow *v.* 允许 distance *n.* 距离	destination *n.* 目的地 infrastructure *n.* 下部构造, 基础设施 keep pace with… 跟上(与…齐步前进) urban *adj.* 城市的, 市内的 sprawl *n.* 不规则的伸展, 蔓延 massive *adj.* 巨大的, 大规模的, 大量的 congestion *n.* 拥塞, 交通堵塞 commute *v.* 乘车往返于, 通勤
G段	
widespread *adj.* 分布广泛的, 普遍的 belief *n.* 信任, 信心, 信仰 encourage *v.* 鼓励, 怂恿 viable *adj.* 可行的 refute *v.* 驳倒, 反驳 counterpart *n.* 极相似的人或物, 相对 generate *v.* 产生, 发生 Stockholm *n.* 斯德哥尔摩(瑞典首都)	starkly *adv.* 完全地 Jakarta *n.* 雅加达(印度尼西亚首都) Bangkok *n.* 曼谷(泰国首都) Tokyo *n.* 东京(日本首都) Asian Development Bank 亚洲开发银行 discourage *v.* 使气馁, 阻碍 traffic jam 交通堵塞 characterize *v.* 表现…的特色

K段	
convert *v.* 使转变，转换 approach *n.* 方法，途径	advocate *v.* 提倡，鼓吹 site *n.* 地点，场所
L段	
assume *v.* 假定，设想 improvement *n.* 改进，进步 telecommunications *n.* 通信，电讯 dispersal *n.* 散布，分散 remain *v.* 保持，保留 constant *adj.* 不变的，持续的	decade *n.* 十年，十个一组 decline *n.* 下倾，下降，衰落 explanation *n.* 解释，解说，说明 creativity *n.* 创造力，创造 flourish *v.* 繁荣，茂盛，活跃
题目	
overcrowded *adj.* 过度拥挤的 argument *n.* 争论，辩论，论点 persuade *v.* 说服，劝说 distribution *n.* 分配，分布状态 respond *v.* 回答，做出反应 examine *v.* 研究，调查	quality *n.* 质量，品质，性质 inhabitant *n.* 居民，居住者 dangerous *adj.* 危险的 averagely *adv.* 平均地，一般地 description *n.* 描写，形容，描述 inappropriate *adj.* 不适当的，不相称的

考题解析

Questions 1-5

● 题型归类：List of Headings

此类题目考查的是学生对整段文章内容的把握。解答此类题型，首先要分析题目中给出的选项，确定各选项的主要内容和题目中的定位词，接着要了解段落基本构成方式，准确寻找段落的主题句（通常集中在段落的首句和末句），如果主题句较难寻找，需要迅速浏览整段后总结段落中心意思。

题目解析

题目编号	项目选项句意	题目中定位词	段落主题句	题　解
1	ii 人民力量的成功体现	people power	"The more democratic the process, the more public transport is favored."	答案 ii A 段的第一句话就说明了，选择哪一种交通方式，最主要的原因是政治："整个过程越民主，越倾向于使用公共交通。"接下来通过波特兰的例子说明了全民公投起到了作用，所以说这是"人民力量的成功体现"。注意对文章里面的单词"referendum"的理解。

2	vii 路上花费的时间增加了	travelling time	B 段最后一句话	答案 vii B 段主要说的是英国的例子，说明过去人们在上班途中花费的时间不超过半个小时，但是公共基础设施的建设没有跟上城市发展的速度，造成人们在上班途中花费的时间增加了。此段的主题句，就是本段的最后一句话，这和题目里面“路上花费的时间增加了”是相对应的。
3	iv 更高的收入并不一定意味着更多的汽车	higher incomes	C 段的第 1、2 句话	答案 iv 这道题目是很容易做的。C 段的第 1、2 句话就是本段的主题句，意思是说，有一种普遍的观点认为，财富的增加就会鼓励人们住得更远，结果私家车成了唯一可行的交通工具。接下来通过举例来说明这种观点是错误的，所以说“更高的收入并不一定意味着更多的汽车”。
4	i 避免市中心过度拥挤	overcrowded centre	It found that pushing everyone into the city centre was not the best approach.	答案 i D 段内容很少，比较简单。通过《城市乡村》报道的一个例子，说明人们涌向市中心不是一种很好的方法。所以这和答案 i 中的“避免市中心过度拥挤”是相对应的。
5	iii 在城市里一起工作的好处	working together	E 段最后一句话	答案 iii 此题目很容易错选成答案 vi，因为 E 段的第一句话很容易被看成本段的主题句，但是要注意单词“assumed”，说明该句话意思是过去人们假想认为的，而科技政策学院的研究表明这种认识是错误的。因为整篇文章都是在讲这项研究，当然最后一段也是为研究的结果服务的，所以该段的主题句应该是最后一句话。但要注意对最后一句话的理解，“...where people come together face-to-face.” 就是指人们一起工作，所以选择 iii。

➲ 考题解析

Questions 6-10

● 题型归类：TRUE/FALSE/NOT GIVEN
此类题型属于细节题，是雅思阅读中较难的题目。此类题考查题目中陈述的信息与文章内容的对应性。在解题的时候，先要确保正确理解题目的意思，然后根据题目定位词回原文中找到相关内容，与题目进行对照判断。

➲ 题目解析

题目编号	题目定位词	题目句意	题 解
6	public and private system, every city	科技政策学院研究了世界上每一个城市的公共和私人交通体系。	FALSE 这道题目还是比较容易的，因为一般人们在阅读文章的时候，对于 A 段的内容印象比较深刻。所以看完题目之后，就可以判定这句话的内容在整篇文章的 A 段。在重新看完 A 段内容之后就可以确定，这句话是错误的，因为文章里面说得很清楚，只对世界上 37 个城市进行了研究。
7	efficient city, quality of life	效率高的城市能够提高当地居民的生活质量。	TRUE 这道题目比较难，是因为当你看到 "efficient cities"(效率高的城市) 的时候，你记不太清它是在哪一段出现过，但是当你看到 "quality of life" 生活质量的时候，你应该想到在文章的 B 段出现过。那么当你找到 B 段的最后一句话的时候，这道题目就会做了。但是要注意 "creating a better place to live"(创造更好的生活环境) 和 " 提高生活质量" 是相对应的。所以这句话是正确的。
8	tram network	内城的有轨电车网对汽车司机来说是危险的。	NOT GIVEN 这道题目是比较容易的。当你看到单词 "tram" 的时候，就应该想到只有在墨尔本才用到了这个词，所以很快就可以定位到 C 段，但是整段文章都没有看到电车网跟汽车司机之间有什么关系，并且不曾提及 dangerous，所以答案应该是 NOT GIVEN。
9	Melbourne, outer suburbs	在墨尔本，人们更愿意居住在外围郊区。	FALSE 这道题目比较难。当看到 "Melbourne" 这个城市的名字的时候，很容易就可以定位到文章的 C 段。但是关键是对本段最后一句话的理解，"The explosion in demand for accommodation in the inner suburbs of Melbourne suggests a recent change in many people's preferences as to where they live" 对于墨尔本近郊人们在住所方面需求的猛增，表明最近许多人在选择在哪里居住方面发生了变化。这句话隐含的意思是 "人们更愿意居住在墨尔本的近郊"。这和题目中的意思是相反的，所以答案选 FALSE。

10	bicycle usage, efficient	那些有很高的自行车使用率的城市，也可以有很高的效率，即便是公共交通只是一般良好的情况下也是可以的。	TRUE 这道题目是很容易的。当看到 "bicycle usage" 的时候，就可以迅速定位到文章的 E 段。本段内容很少，谈到两个城市都是 "自行车友好型"，却效率很高。但是要注意对最后一句话的理解，说它们的公共交通体系 "reasonable but not special"（还算合理但是并没什么特别），是和题目中的 "generally good"（一般良好）相对应的，所以答案选 TRUE。

➲ 考题解析

Questions 11-13

● 题型归类：Matching
此题是总结性归类，需要先看懂下面的各项描述，然后判断是与哪座城市的特征相一致的，然后找出对应的项。

A 在多山的环境下，成功地利用了轻轨交通体系
B 尽管气候寒冷，但是有成功的公共交通体系
C 从公路交通体系转向轻轨交通体系是赢利的
D 多山并且不适合轨道交通体系
E 尽管普遍贫穷，但是很大程度上依赖汽车
F 因为公共交通体系不发达，所以效率不高

➲ 题目解析

题目编号	答案	题　解
11	F	找到 perth 所在句子，句中的 minimal 对应题项中的 limited。 这道题比较容易。当看到 "Perth 柏斯" 这个城市的名字，应该很快就可以定位到文章 B 段，但是要注意对整段文章的理解，把柏斯与其他的城市相比较就是为了说明，因为它在公共交通方面投入的很少，结果反而使这个城市的交通成本占到总财富的 17%，所以说它的效率并不高。这和答案 F 是一致的。
12	D	这道题目也很容易。当看到 "Auckland 奥克兰" 这个城市的名字，很快就可以定位到文章 G 段，看到 "hilly 多山的" 这个词，就知道本句话的一半是正确的，但是要注意对单词 "inappropriate 不合适的" 的理解，它和文章里面的 "it would be hard to develop…rail network 要发展很好的铁路网络是非常困难的" 是对应的。
13	C	这道题目相对较难。当看到 "Portland 波特兰" 这个城市的名字，很快就可以定位到文章 H 段，但是一定要理解整段文章的意思。全民公开投票的结果是建立轻轨而不是修公路，接下来的那句话 "The rail proposal won and the railway worked spectacularly well." 建造轻轨的建议在投票中胜出，整个轻轨运转非常好。是解答该题的关键。所以题目 C 的意思和这句话的意思是一致的。

➲ 参考译文

公共交通的优势

默多克大学科技政策学院为世界银行刚做的一项研究表明，公共交通比私人汽车效率更高。该项研究对世界上37个城市在交通方面投入的财力进行了比较。这些投入包括在建设、维护和利用交通系统方面，公共部分和私人部分的成本。

该研究发现，西澳大利亚城市柏斯就是一个很好的例子。它在公共交通方面投入的最少，结果，该城市的交通成本占到了全城总财富的17%。而另外一个方面，一些欧洲和亚洲的城市在这方面的投入少到仅仅占总财富的5%。科技政策学院院长彼得·纽曼教授指出，这些效率更高的城市能把这其中的差价投入到其他方面，比如吸引工业和增加就业，或者创造更好的生活环境。

根据纽曼教授的看法，相比之下，澳大利亚另外一个比较大的城市墨尔本，是一个不寻常的城市。他把墨尔本描述成两个城市："一个欧洲城市被一个依赖小汽车的城市包围着"，墨尔本巨大的有轨电车网使得在内城里汽车的使用率很低，但是在城市外围的郊区，和大多数其他的澳大利亚城市一样，同样都是依赖私家汽车的。对于墨尔本近郊人们在住所方面需求的猛增，表明了最近许多人在选择在哪里居住方面发生了变化。

纽曼说，这是从一种新的更广泛的角度来考虑公共交通问题。过去，说到公共交通问题，都是基于环境或者社会公平方面的考虑，而不是基于经济学的角度。但是，纽曼认为，这项研究表明，"这种依靠汽车的城市模式，是效率很低的，并且不管是从经济方面还是环境方面，都是非常不合适的。"

该项研究并不包括自行车的使用。但是纽曼注意到，两个"自行车友好型"的城市——阿姆斯特丹和哥本哈根——效率非常高，尽管它们的公共交通体系"还算合理但是并不特别"。

一种很普遍的现象就是，支持使用公路的人反对那种拥有好的公共交通体系的城市模式。他们争辩说，这种体系在他们那个特定的城市是不起作用的。其中一条反对意见就是气候。有的人说他们的城市不能使用更多的公共交通，因为天气要么太热，要么太冷。为了反驳这种观点，纽曼指出多伦多和新加坡的公共交通都做得非常成功。实际上，他还专门验证过小汽车的使用和气候之间的关系，但是发现"零相关"。

当谈到其他的物质方面的特征时，坚持公路交通的游说者们立场更坚定。例如，纽曼也承认，对于一个像奥克兰这样的多山的城市，要发展很好的铁路网络是非常困难的。但是他还指出，香港和苏黎世都在铁路方面做得非常成功，不管是从轻轨还是重轨。虽然世界上真正多山的城市并不多。

事实上，纽曼认为采用一种交通方式而不采用另外一种的主要原因是政治："整个过程越民主，越倾向于使用公共交通。"他提到俄勒冈州的波特兰就是一个最好的例子。几年前，联邦政府拨款要修建一条新的公路。但是，地方上施加压力，迫使进行全民公投，来决定是否把这笔钱用来建造轻轨。结果是轻轨计划胜了，并且运营情况很好。在接下来的几年中，越来越多的铁路体系被引进，使整个城市的特征发生了显著的变化。纽曼注意到，波特兰的人口和柏斯的人口相当，并且当时的人口密度也很相似。

在英国，近6个世纪中人们上班在路上花费的时间曾一直十分稳定，人们在途中花费的时间超过半个小时。早些时候，火车和小汽车使人们虽然住得比较远但也不必花费太长的时间到达目的地。但是，公共基础设施的建设没有跟上城市发展的速度，造成了大量的交通拥堵问题，现在人们通勤花费的时间比原来多得多。

有一种普遍的观点认为，财富的增加就会促使人们住得更远，结果私家车成了唯一可行的交通工具。但是欧洲一些城市的例子反驳了这种观点。这些城市通常都比美国相对应的城市更加富裕，但是并没有达到像美国城市一样的私家车的利用水平。在斯德哥尔摩，私家车的利用率最近这些年一直在下降，而城市却变得越来越大、越来越富裕。一项新的调查把这一点说得更清楚。亚洲的发展中的城市比如雅加达和曼谷，私家车的利用率比亚洲更富裕的城市比如东京和新加坡更高。对于后来比较发达的城市，世界银行和亚洲开发银行都不鼓励建设公共交通，那里的人们被迫依赖私家车——造成了大量的交通堵塞，而这也成为那些城市的特点。

纽曼认为，关于怎样把适合利用私家车的城市转变为有轨交通，一项最好的研究之一就是《城市乡村》报道的一个例子，他以墨尔本为例。该项研究发现迫使所有的人都涌入城市中心并不是最好的方法。相反，他们的建议是倡导建立数百处城市乡村，主要是在火车站附近。

人们曾经认为，随着通讯的发展，人口将会越来越分散，因为人们不再被迫涌进城市。但是科技政策学院小组的研究表明，城市的人口密度和工作密度在20世纪80年代是上升的，或者保持不变，而那是经过了几十年的下降之后。对于这种现象的解释，是相关领域的人们一起工作，是很有价值的。“新的世界将大大地依靠人类的创造力，而当人们能够面对面地在一起工作的时候，这种创造力将迅速发展。”

READING PASSAGE 2

文章结构

体裁	说明文
主要内容	本文根据一项历时 14 年的调查研究，说明美国的老年人口健康状况良好，一些老年性疾病的发病率降低。文章还从儿童时期营养的改善、教育程度的提高、老年人独立程度的提高等方面分析了形成这种情况的原因。但是也提到了一些负面的影响，比如污染的增加也造成了一些疾病的增加。
结构	A 一项历时 14 年的研究结果表明，一些老年性疾病的发生率越来越低，发生的时间也越来越晚了。
	B 具体介绍了这个研究项目，它的研究对象、起始时间、主要涉及的疾病等等。
	C 说明了其中的一项研究结果：以前被认为对 65 岁以上老人来说是正常出现的问题，现在推迟到了 70 或者 75 岁。
	D 说明有些疾病的发生率降低，一个原因是儿童时期的营养改善了。
	E 另外一个方面，这项调查的数据也表明，在公共保健方面的失败导致了一些疾病的增加。
	F 老年人健康状况改善的另外一个原因是受教育程度的提高。
	G 老年人的独立生活能力不断提高，这为美国的医疗保健体系节省了一大笔钱。
	H 接着上一段说明老年人独立生活能力的提高，是因为家庭医疗辅助手段使用率提高了。
	I 通过一项对大鼠的实验，说明保持一定的体力劳动，有助于维持老年人的智力水平。
	J 该项研究的其中一部分说明，对 70 岁以上的老年人来说，自尊和压力之间是有联系的。
	K 接着上一段说明独立性也有它的缺点。
	L 说明这些研究结果和一般常识是一致的。

词汇注释

标题	
graying population 老龄化人口	in the pink 健康状况很好的
A段	
elderly *adj.* 较老的, 稍老的 independent *adj.* 独立的, 不受约束的 result *n.* 结果, 成效 announce *v.* 宣布, 通告 reveal *v.* 展现, 揭示, 暴露	disease *n.* 疾病 associate *v.* 使发生联系, 联想 afflict *v.* 使痛苦, 折磨 strike *v.* 打, 冲击, 到达
B段	
National Long-term Health Care Survey 国家长期保健调查报告 gather *v.* 聚集, 搜集 data *n.*（datum的复数）资料, 数据 lifestyle *n.* 生活方式 analyse *v.* 分析, 分解 result *n.* 结果, 成效 arthritis *n.* 关节炎 high blood pressure 高血压 circulation *n.* 循环, 流通	major *adj.* 较大的, 较多的, 主要的 complaint *n.* 抱怨, 疾病 proportion *n.* 比例, 部分 confirm *v.* 确定, 进一步证实 rate *n.* 比率, 速度 accelerate *v.* 加速, 促进 dementia *n.* [医] 痴呆 stroke *n.* 中风 arteriosclerosis *n.* 动脉硬化 emphysema *n.*气肿, 肺气肿
C段	
raise *v.* 提出, 发出 demographer *n.* 人口统计学家 Duke University 杜克大学	North Carolina *n.* 北卡罗来纳州(美国) accept *v.* 接受, 认可
D段	
beat *v.* 打, 敲, 连打 retreat *n./v.* 撤退, 退却 contributing *adj.* 贡献的, 起作用的 factor *n.* 因素, 要素	improvement *n.* 改进, 进步 nutrition *n.* 营养, 营养学 quarter *num.* 四分之一 predecessor *n.* 前辈, 前任
E段	
downside *n.* 消极面, 负面 surge *n.*汹涌, 澎湃, 起伏, 高涨 bronchitis *n.* [医]支气管炎 reflect *v.* 反射, 反映, 反省 quality *n.* 质量, 品质, 性质	subtle *adj.* 微妙的, 细致的 influence *n.* 影响, 影响力 subject *n.* (人或动物)被挑选的研究对象 expose *v.* 使暴露, 受到曝光, 使曝光 pollution *n.* 污染

F段	
correlation *n.* 相互关系, 相关(性) extra *adj.* 额外的, 附加的	attribute to *v.* 归因于
G段	
survey *n.* 调查, 概观 assess *v.* 评估, 评定 striking *adj.* 显著的, 惊人的 trend *n.* 倾向, 趋势 range from...to 在…和…之间(变动) unaided *adj.* 未受协助的, 独立的 complex *adj.* 复杂的 finance *n.* 财政, 财务 represent *v.* 代表, 表现, 象征	significant *adj.* 有意义的, 重大的, 重要的 disabled *adj.* 残疾的, 残废的 apparent *adj.* 显然的, 外观上的 calculate *v.* 计算, 考虑 additional *adj.* 另外的, 附加的, 额外的 Medicare system 医疗制度 financial *adj.* 财政的, 金融的 burden *n.* 担子, 负担
H段	
self-reliance *n.* 自力更生, 依靠自己 link *v.* 连接, 联系 massive *adj.* 巨大的, 大规模的, 大量的 medical aids 医疗帮助 instance *n.* 实例, 情况 toilet *n.* 盥洗室, 厕所，马桶	double *v.* 使加倍 bath *n.* 沐浴, 浴室 benefit *n.* 利益, 好处 MacArthur Foundation 麦克阿瑟基金会 retain *v.* 保持, 保留 independence *n.* 独立, 自主
I段	
physical adj. 身体的, 肉体的 mental *adj.* 精神的, 智力的 functioning *n.* 机能 neuroscientist *n.* 神经系统科学家 University of California at Irvine 加州大学尔湾分校 treadmill *n.* 踏车, 水车	brain-derived neurotrophic factor (BDNF) 脑源性神经营养因子 course *v.* 运行, 流动 hormone *n.* 荷尔蒙, 激素 neuron *n.* [解]神经细胞, 神经元 prevent *v.* 防止, 预防 deteriorate *v.* (使)恶化, 退化
J段	
epidemiologist *n.* 流行病学家 University of Southern California 南加州大学 Los Angles *n.* 洛杉矶(美国城市) connection *n.* 连接, 连结, 联系 self-esteem *n.* 自尊, 自尊心 stress *n.* 重压, 压力 laboratory *n.* 实验室	simulation *n.* 仿真, 模拟 control *n.* 控制, 支配 pump *v.* (用泵)抽, 抽吸 cortisol *n.* [生化]皮质(甾)醇, 氢化可的松 chronically *adv.* 慢性地, 习惯性地, 长期地 heart disease 心脏病

K段	
drawback *n.* 缺点，障碍 emotionally *adv.* 在情绪上 isolated *adj.* 隔离的，孤独的	maintain *v.* 维持，维修 suggest *v.* 暗示，显出 fare *v.* 进展，经营，过活
L段	
common sense 常识 underestimate *v.* 低估，看轻	impact *n.* 冲击，影响 target *n.* 靶，目标，对象
题目	
suffer from 忍受，遭受 speed *n.* 迅速，速度 affect *v.* 影响，侵袭 due to 由于，归因于 personal *adj.* 私人的，个人的 establish *v.* 建立，设立，确定 expectancy *n.* 期待，期望	considerable *adj.* 相当大(或多)的，相当可观的 reduction *n.* 减少，缩减量 involve *v.* 包括，涉及 previously *adv.* 先前，以前 predict *v.* 预知，预言 regular *adj.* 规则的，有规律的，经常的 amount *n.* 数量

➲ 考题解析

Questions 14-22

● 题型归类：Summary

本题型属于细节题，既考查学生对文章内容的理解，又考查学生的语言功底——同义词的替换，是雅思阅读中较难的题目。但由于题目是对文章部分内容进行了概括后缩写而成，因此文章的结构也有助于解题，有时某一个空需要对一段或一部分内容进行总结后才能得出正确答案。

➲ 题目解析

题目编号	题目定位词	答案所在位置	题 解
14	proportion of people, age-related medical problems	A 段第 2 句话 "…that the diseases associated with old age are afflicting fewer and fewer people…" B 段倒数第 3 行	答案 B 这段 summery 的第 1 句话实际上是概括了文章 A 段和 B 段的内容。这句话很长，所以一定要先弄清楚它的主谓宾 —— 主语 the proportion of people(后面有很长的修饰语)，谓语 is，没有宾语。在看了题目之后，应该知道在 is 后面可以填形容词、名词或者分词。整句话的主语意思是"65 岁以上遭受与年龄有关的医学问题困扰(其实就是生病)的人的比例"，所以既然主语是"比例"，后面的部分肯定是上升、下降之类的，再根据文章 A 段的内容知道是下降的，所以填 falling。注意题目中的"age-related medical problems"和文章中的"diseases associated with old age"是对应的，题目中的"suffering from"和文章中的"afflicting"是对应的，所以答案"falling"和文章里面的"fewer and fewer"是对应的。 首先可先通过题目中 65 定位到 B 段，再通过 proportion 找到倒数第 3 行，则修饰 proportion 的形容词。small 所对应的即为答案。
15	speed	B 段倒数第 2 句话 "…the rate at which these diseases are declining continues to accelerate."	答案 I 这道题目比较难，因为和第 14 题在文章中的位置跨度较大，并且单词"accelerate(加速)"是个难点，但是这个单词是学术词汇表里面的，是考生应该掌握的。注意题目里面的"speed"和文章里面的"rate"是对应的，那么答案"increasing"和文章中的"accelerate"就是对应的。
16	affecting, than	A 段最后一句话的后半部分 "…when they do strike, it is much later in life." B 段最后一句话	答案 F 此题解题的关键是单词"than"。当你看到这个单词，就应该知道前面肯定是比较级，再看选项里面，比较级只有"earlier"和"later"，然后根据 A 段的内容可以判断是"later"。注意题目中的"affecting"和文章里面的"strike"是对应的。C 段最后一句话中详细说明患者患病年龄由过去的 65 岁到现在的 70 或 75 岁，因此是 later。
17	due to, developments	D 段 "certain diseases are beating a retreat in the face of medical advances. "	答案 M 根据"due to"知道这句话是说这种状况的原因的。文章从 D 段开始讨论原因，所以答案要从那里开始找。注意题目里面的"this"，是指的上面两句话的内容，即生病的人越来越少，时间越来越迟，所以，这和文章里面的"retreat"是对应的。那么题目里面的"developments"和文章里面的"advance"是对应的，就很容易找到和"medical"对应的答案"medicine"了。

18	other factors, improved	D 段 But there may be other contributing factors. Improvements in childhood nutrition… ”	答案 J　这道题目是比较简单的，只要看到定位词“other factors”就应该能找到的。注意把题目里面的“improved”和文章里面的“improvements”对应起来，即使你不懂单词“nutrition”的意思，也能做对的。
19	increase, illnesses, due to, changes, habits	E 段 “An increase in some cancers and bronchitis may reflect changing smoking habits and poorer air quality.”	答案 N　根据定位词“other illnesses”可以迅速找到 E 段，当你看到“changing smoking habits”的时候就应该知道，答案是和“poorer air quality”一致的。并且根据“due to”后面的“changes”判断此处也填名词，那么就可以找到正确答案“pollution”了。
20	link, between, life expectancy	F 段 “One interesting correlation Manton uncovered is that better-educated people are likely to live longer.”	答案 K　此题的解题关键是 link，要看清楚是哪项与哪项的关系。一般这样的题型都会给出一个比较项，此处给出的项是“life expectancy”(预期寿命)，那么这个信息是和文章里面的哪个词组相对应的呢？你会找到 F 段的“live longer”，并且发现这一段都在讲 65 岁以上老人的预期寿命。然后再找它的对应比较项，然后就定位在第 1 句话。注意题目里面的“link”和文章里面的“correlation”是对应的，那么根据文章里面的“better-educated”就能找到正确答案“education”了。
21	reduction, number	G 段 “That represents a significant drop in the number of disabled old people in the population.”	答案 G　这道题目看起来比较难，因为不好定位在哪一段，但是如果把整句话的意思理解透了，就好找了。“……样的老年人的数量减少了”并且因为有“are”，所以肯定填形容词，来描述“……样的老年人”。此处从语法和修辞上来讲可以填的有 D undernourished (营养不良的)，G disabled，和 Q independent，D 选项文章中没有提到，肯定不能选，此题很容易误选 Q，因为文章里面讨论了很多。但是文章里谈到这个方面的时候是上升的，和题目里面的“reduction”是相违背的，所以答案选 G，注意题目里面的“reduction”和文章里面的“drop”是对应的。 可先找到文中对应 reduction in the number 的词，再在其周围找到修饰 elderly people 的形容词即可。

22	supporting, less than, predicted	G 段 "…that the greying of America's population may prove less of a financial burden than expected."	答案 A　此题看起来与 21 题有相关性，但是其实也可以独立完成的，即使 21 做不对，这道题目也是可以做对的。要注意题目里面的关键词 "less than previously predicted(比原来预料的少)"，而文章 G 段最后就是和这个意思是一致的。此题的关键要掌握单词 "predicted(预测，预料)"，它和文章里面的 "expected" 是对应的，题目里面的 "supporting" 和文章里面的 "financial burden" 是对应的。

考题解析

Questions 23-26

●题型归类：Sentence Completion
此题型属于细节题，跟 Summary 题型有相通之处，但是一般选项较多，属于比较难的。既要求考生对文章的正确理解又要求考生具有一定的语言功底，学会用不同的方式表达同一种意思。

题目解析

题目编号	题目定位词	答案所在位置	题　解
23	home medical aids	H 段第 1 句话	答案 G　根据定位词 "home medical aids" 可以迅速定位到 H 段，第 1 句话 "The increasing self-reliance of many elderly people is probably linked to a massive increase in the use of simple home medical aids."(许多老年人自理能力的提高也许是和更多的利用简单的家庭医疗协助有关系)。该题目是对第 1 句话的改写，注意题目中的 "more independent" 和文章里面的 "increasing self-reliance" 是对应的。
24	regular, exercise	I 段第 1 句话和最后一句话	答案 E　此题是对 I 段的总结。该段说如果老年人保持一定的日常活动，就能分泌一种荷尔蒙，这种荷尔蒙能防止人的大脑退化。所以 E 答案 "prevent mental decline"(防止智力下降) 和这个意思是一致的。其实此题只根据第 1 句话也可以做对的。"Maintaining a level of daily physical activity may help mental functioning…"(维持一定水平的日常体力活动，可以在帮助智力功能方面起作用)。其实和题目里面的 "prevent mental decline"(防止智力下降) 的意思是一致的。

25	feelings, control	J 段倒数第 2 句话 "…those who felt in control of their lives pumped out lower levels of stress hormone…"	答案 H　此题目比较简单，只要根据题目定位词找到 J 段 "control" 所在的位置，就能找到答案了。注意文章里面的 "pumped out lower levels of stress hormone"(分泌较低水平的压力荷尔蒙)，就是指压力减少，所以和答案 H 里面的 "reduce stress"(减少压力) 是一致的。
26	Feelings of loneliness	K 段第 2 句话	答案 C　此题目相对来说比较难，是因为一下子不好判断在哪个地方出现了 "loneliness"。解答此题的关键是对 K 段里面的单词"isolated"(隔离的，孤单的) 的理解，其实该词是学术词汇表里面出现的，是考生应该掌握的单词。如果注意到题目里面的 "Feelings of loneliness" 和文章里面的 "emotionally isolated" 是对应的，此题就能做对了。

➲ 参考译文

老龄化人口健康状况很好

美国的科学家说，老年人变得更健康、更幸福、更独立了。这个月晚些时候将要宣布的一个历时14年的研究结果透露，越来越少的人遭受与晚年相关的一些疾病的折磨，并且即使这些疾病真的爆发了，也比以前的时间推迟了。

在过去的14年里，国家长期医疗保健调查收集了一些数据，这些数据是关于20,000多名65岁以上的男性和女性的身体健康状况和生活方式。在分析了1994年收集的数据结果之后，研究人员说，关节炎、高血压和血液循环问题——在这个年龄阶段最主要的医疗方面的问题——现在困扰着的人口的比例在逐年下降。并且数据证实了，这些疾病下降的速度一直是加速下降的。另外一些晚年的疾病——痴呆症、中风、动脉硬化和肺气肿——的发病率也越来越少。

"这项研究其实提出的问题是，在正常的老龄化过程中应该考虑什么问题。"北卡罗莱纳州杜克大学的人口统计学家肯尼斯·曼顿说。他还说，在1982年，一个医生认为一位65岁的老人身体上正常的问题，现在通常是到了70或者75岁才出现。

很显然，随着医疗的进步，有些疾病的发生率降低了。但是可能还有其他的一些因素造成的。比如说，在20世纪前25年，儿童时期的营养改善了，所以现在的老年人比他们的前辈身体的初始条件就要好。

但是在消极的一面，这些数据也揭露了一些在公共保健方面的失败，这造成了一些疾病的猛增。研究人员说，癌症和支气管炎疾病的增加，可能就反映出人们抽烟习惯的变化和糟糕的空气质量。"这些影响是非常微妙的，"曼顿说，"但是我们的测试对象都已经在这种越来越严重污染的环境中生活了60多年，所以我们看到这样的结果并不令人吃惊。"

曼顿还发现了一种非常有趣的相关性，那就是受教育程度越高寿命越长。例如，65岁的女性，如果入学时间少于八年，她们的平均预期寿命是82岁。而那些受教育时间更长的同样年龄的女性，预期寿命也多了七年。尽管这样的结果可以归因于更高的收入，但是曼顿认为，主要是因为受教育的人们更加关注医疗保健。

这项调查还评估了65岁以上老人的独立程度，并且也发现了令人吃惊的趋势。1994年调查中，几乎有80%的老年人，可以料理日常生活，包括从吃饭、自己穿衣，到比较复杂的活动，比如做饭和管理自己的财务都可以做到。这代表着整个人口中生活不能自理的老年人的数字在迅速下降。如果14年前在美国就非常明显的这种趋势一直持续下来的话，研究人员计算，今天的人口中，将会增加一百万不能自理的老年人。根据曼顿的观点，这种发展趋势的变缓，已经帮助美国的医疗保健体系节省了2000亿美元，并且表明，这可能证明了美国人口老龄化带来的经济负担，并不像原来人们预期的那样沉重。

许多老年人自理能力的提高也许是和更多的利用简单的家庭医疗协助有关系。例如，增高的坐便器的使用率比调查刚开始时候的提高了一倍多，并且洗澡时座椅的使用率也增长了50%还要多。根据麦克阿瑟基金研究小组关于良性的老龄化方面所做的一个报告，这些方面的发展也带来了一些健康方面的好处。这个研究小组发现，那些能够保持独立感的老年人，在晚年的时候更能保持身体健康。

加利福尼亚大学尔湾分校神经系统科学家卡尔·科特曼说，维持一定水平的日常体力活动，可以在帮助智力功能方面起作用。他发现，那些经常在水车上活动的大鼠，可以提高脑源性神经营养因子流过大脑的水平。科特曼认为，这种使神经元发挥作用的荷尔蒙，可以防止一个思维活跃的人的大脑恶化。

在同一项研究的另外一部分，洛杉矶南加州大学的社会流行病学家特瑞萨·西曼发现，对于70岁以上的老年人来说自尊和压力之间是有联系的。在实验室进行的像开车一
性的模拟活动中，那些认为对自己的生活有控制力的老人，分泌的诸如皮质醇
蒙处于比较低的水平。而如果长期高水平的分泌这种荷尔蒙可能导致心脏病。

但是独立性也有它的缺点。西曼发现，那些在感情上感觉比较孤独的老年
状态下也会分泌较高水平的压力荷尔蒙。这项研究表明，老年人要想生活得很
独立感，但是他们要知道在需要帮助的时候就能得到帮助。

“正如其他的关于老龄化的研究一样，这些研究结果也和常识是一致的。
研究还表明，我们也许低估了一些简单因素的影响。她说：“你的老奶奶一直
情，最后证明在某个方面还是非常正确的。”

READING PASSAGE 3

文章结构

体裁	议论为主
主要内容	本文探讨了人类在记数方面的发展，通过一些具体的例子 作为抽象的概念成为一个体系，是人类最伟大的、最了不
结构	A 提出论点，人类创立的数字体系是伟大的成就。
	B 人类早期对数的概念并不确切，但是后来当人类开始定 记数体系就已经发展得很好了。
	C 用塔斯马尼亚土著居民的例子说明早期的算术和记数 的，但是也足以处理日常生活中碰到的问题了。
	D 用欧洲早期语言的例子说明一些文化里面没有大的数字
	E 用具体的例子说明对于数的发展最重要的一步是把它当一
	F 用钦西安语的例子来论证关于记数的早期发展，在现 找到痕迹。
	G 进一步论证了数字作为抽象的概念发展的同时，也促 发展。

➲ 词汇注释

A段	
numeration *n.* 记数, 计算 intellectual *adj.* 智力的 feat *n.* 功绩, 壮举 count *v.* 数, 计算 bound *adj.* 受约束的, 有义务的	imagination *n.* 想象, 想象力 facility *n.* 便利, 设备, 工具 conviction *n.* 深信, 确信 remarkable *adj.* 不平常的, 非凡的, 显著的 achievement *n.* 成就, 功绩

B段	
sequence *n.* 次序, 顺序, 序列 concept *n.* 观念, 概念 tribe *n.* 部落, 部族 advanced *adj.* 高级的, 先进的 sufficient *adj.* 充分的, 足够的 perform *v.* 履行, 执行 ancestor *n.* 祖先, 祖宗 actual *adj.* 实际的, 真实的 be engaged in 从事于	reflect on 思考, 反省 thought *n.* 思考, 想法, 思想 settle *v.* 安家, 定居 herd *v.* 放牧 sophisticated *adj.* 复杂的 paramount *adj.* 最为重要的 ability *n.* 能力, 才干 semi-permanent *adj.* 半永久的 settlement *n.*安顿, 安定, 定居

C段	
evidence *n.* 证明, 证据 arithmetic *n.* 算术, 算法 indigenous *adj.* 本土的 Tasmania *n.* 塔斯马尼亚州(澳大利亚州名) accompany *v.* 陪伴, 伴随 gesture *n.* 姿势, 手势 resolve *v.* 解决 confusion *n.* 混乱, 混淆	basic *adj.* 基本的, 基础的 approach *n.* 方法, 步骤, 途径 range *n.* 范围, 界限 express *v.* 表达, 表示 suffice *v.* 足够, 有能力 deal with 处理, 涉及 aspect *n.* (问题等的)方面 existence *n.* 存在, 实在, 生活

D段	
lack *n.* 缺乏, 短缺的东西 trace *v.* 追踪, 回溯, 探索 version *n.* 版本, 形式, 种类 expression *n.* 表达, 措辞 ancient *adj.* 远古的, 古代的 Gothic *adj.* 哥特式的 interchangeable *adj.* 可互换的	Anglo-Saxon *adj.* 盎格鲁撒克逊人的 denote *v.* 指示, 表示 average *adj.* 一般的, 普通的 familiar *adj.* 熟悉的, 常见的 qualify *v.* (使)具有资格, 证明合格 witness *n.* [律]证人, 目击者 court *n.* 法院, 法庭

E段	
fundamental *adj*. 基础的, 基本的 abstract *adj*. 抽象的, 深奥的, 理论的 attachment *n*. 附件, 附加装置, 附属 particular *adj*. 特殊的, 特别的, 独特的 object *n*. 物体 grasp *n*. 抓住, 掌握, 领会 conceive *v*. 考虑, 设想 distinct *adj*. 清楚的, 明显的, 截然不同的 elementary *adj*. 初步的, 基本的 associate *v*. 使发生联系, 联想	connect *v*. 连接, 关联 quality *n*. 质量, 品质, 性质 specific *adj*. 具体的, 明确的 hindrance *n*. 妨害, 障碍 register *v*. 记录, 登记, 注册 reference *v*. 给…加附注, 注明… [illegible] individual *n*. 个人, 个体 notational *adj*. 符号的 arithmetic *n*. 算术, 算法
F段	
stage *n*.发展的进程、阶段或时期 Tsimshian *n*. 钦西安人, 钦西安语 British Columbia 英属哥伦比亚 contain *v*. 包含, 容纳 item *n*. (可分类或列举的)项目, 条款, 产品	flat *adj*. 平坦的, 扁平的 canoe *n*. 独木舟, 轻舟 measure *n*. 尺寸, 量度器, 量度标准 numerate *v*. 数, 计算, 读(数) diversity *n*. 差异, 多样性
G段	
intermix *v*. (使)混和, (使)混杂 directly *adv*. 直接地, 立即 related *adj*. 有关系的, 相关的 formation *n*. 形成, 构成 match *v*. 相配, 匹配 pebble *n*. 小圆石, 小鹅卵石 grain *n*. 谷物, 谷粒, 细粒	corn *n*.〈美〉玉米,〈英〉谷物, 五谷 indispensable *adj*. 不可缺少的, 绝对必要的 mechanical *adj*. 机械的, 机械制的 convenience *n*. 便利, 方便 ultimately *adv*. 最后, 终于 memorise *v*. 记住, 记忆 sequence *n*. 次序, 顺序, 序列
题目	
signal *n*. 信号 separate *v*. 分开, 隔离, 分别 fulfil *v*. 实践, 完成, 达到 civic *adj*. 市民的, 公民的 persist *v*. 坚持, 持续 restrict *v*. 限制, 约束, 限定 characteristic *n*. 特性, 特征	sufficiency *n*. 充足, 足量 quantity *n*. 量, 数量 indigenous *adj*. 本土的, 土著的 indicate *v*. 表明, 显示, 暗示, 象征 misunderstand *v*. 误解, 误会 expression *n*. 表达 origin *n*. 起源, 由来, 起因

➲ 考题解析

Questions 27-31

● 题型归类：Sentence Completion

此类题目属于细节题，虽然是以完整句子的形式出现，但是题目是对某一件事的一种综合陈述，即对部分内容的总结，在这一意义上类似于 Summary 题型。解答此类题目的关键是依靠题目定位词确定答案的大致方位，然后根据定位词前后的语句判断正确答案。

➲ 题目解析

题目编号	题目定位词	答案所在位置	题　解
27	developed system, numeration	B 段最后一句话 "…but it is certain that numeration was well developed by the time humans had formed even semi-permanent settlement."	答案 B　这道题目比较难。因为即使根据定位词找到 B 段的相关内容，仍然不好确定正确答案。因为定位词前后的话在选项里面没有。此处关键是对 "…by the time humans had formed even semi-permanent settlement."(…… 到人类处于半永久定居状态的时候）的理解。其实该句话的前面一句对 "semi-permanent settlement" 是有解释的 ——"As they began to settle, grow plants and herd animals…(当早期人类开始定居下来，种植作物和放牧动物)"。所以答案 B 里面的 "farming" 和文章里面的 "grow plants" 是对应的。但是此题很容易误选为 C，因为从表面上来看 A developed system of numbering was necessary for the development of arithmetic.(一个发达的数字体系对于算术的发展是必要的)。并且从 E 段最后一句话好像还能找到证据 "…the development of a notational system for numbers and, from there, to arithmetic. (数字的符号学体系的发展，然后，才是算术)"。但是一定要注意此处的说法是对某一个人 "the individual" 而不是针对整个的数字体系和算术体系，所以 C 不对。
28	hand signal	C 段中间和最后一句 "…the number and words are often accompanied by gestures…""This basic approach is limited in the range of numbers that it can express…"	答案 E　根据题目定位词可以迅速找到 C 段的 "gestures"，但是此句话只说 "在实际情况下"，没有说在哪种情况下。接下来举了一个具体的例子，说明只有在 "…is limited in the range of numbers that it can express…(仅限于手势可以表达的数字范围之内)"，这和题目中的 "…when the range of number words was restricted.(当数字用词的范围是有限的时候)" 是对应的，所以答案选 E。
29	In seventh-century Europe, the ability to count	D 段最后两句话	答案 A　这道题目很好定位，但是答案比较难选。因为对 A 中的 "fulfil a civic role" 不容易理解是什么意思。根据题目中的 "ability" 可以判断这道题是关于人的，那么从语法和意义上可选的答案有 A、B、C，但是 B 和 C 所表达的内容不仅仅限于 7 世纪，所以不对。此处的 "fulfil a civic role (履行一个公民的职责)" 就是指 "as a witness in a court (在法庭上当证人)"，所以答案选 A。

30	numbers as concepts	E 段最后一句话 “When the number 4 can be registered in the mind as a specific word, independent of the object being referred…”	答案 C　此题解题的关键是对题干理解 —— “Thinking about numbers as concepts separate from physical objects（把数字作为一个抽象的概念和具体的物体分开）”。理解了之后就可以很快定位到 E 段了。因为整个这一段都是讲述怎样把数字和数字所指的物体分开的，在最后一句话做出总结，个体对于数字的掌握是这样的：把数字和物体分开 —— 建立数的符号体系 —— 算术。那么最后一句话和题干的意思是一致的，只不过省略了中间的一步 —— 建立数的符号体系。
31	expressing, differently, class of item	F 段	答案 G　根据定位词 “class of item” 可以找到答案所在位置 ——F 段的 “…contains seven distinct sets of words for numbers according to the class of item being counted…”，此句话和题干的意思是一致的。那么怎么选择答案呢？该段主要是举了一个钦西安语的例子，是为了说明抽象的记数是后来发展的体系，而根据事物的分类进行记数是古老的体系遗留下来的，这和 G 选项 “…was a characteristic of early numeration systems.（……是早期记数体系的一个特征）” 是一致的，所以答案选 G。

➲ 考题解析

Questions 32-40

●题型归类：TRUE/FALSE/NOT GIVEN

此类题型属于细节题，是雅思阅读中较难的题目。此类题考查题目中陈述的信息与文章的内容的对应性。在解题的时候，先要确保正确理解题目的意思，然后根据题目定位词回原文中找到相关内容，与题目进行对照判断。

➲ 题目解析

题目编号	题目定位词	题目句意	题　解
32	tribe, sufficiency, quantity, more …than	对于早期的部落来说，“足量”的概念比“数量”的概念更重要。	TRUE　根据定位词 “tribe” 很快就可以找到内容相关的段 —— B 段。然后看题干里面两个比较项：“sufficiency” 和 “quantity”，可以找到相对应的 “Is this enough?” 和 “How many”。然后再看比较的关系是否正确。根据文章里面的 “more…rather than” 可以判断比较关系是正确的，所以答案选 TRUE。

33	Tasmanian, four terms, numbers of objects	土著的塔斯马尼亚人只用 4 个术语来表示物体的数量。	FALSE　这道题目非常简单。根据定位词 "Tasmanian" 可以迅速找到 C 段，并且他们只用 "一、二、许多 "3 个术语而不是 4 个，所以答案选 FALSE。
34	simple number systems, body language	有些使用简单的数字体系的民族用身体语言来防止数字表达方面的误解。	TRUE　这道题目比较简单。根据定位词 "body language" 可以找到 C 段的对应项 "gestures"，题目中的 "prevent misunderstanding of expressions of number" 和文章里面的 "resolve any confusion" 是相对应的。
35	All cultures, large numbers	所有的文化里都能把大数字表达得很清楚。	FALSE　这道题目也很简单。一般情况下如果陈述很绝对的话，通常就是不正确的。并且此题有很清楚的证据说明是错误的。根据定位词 "cultures" 找到 D 段，可以看到此题的内容和第 1 句话的内容是冲突的，所以答案选 FALSE。
36	"thousand", Anglo-Saxon origin	单词 "thousand" 来源于盎格鲁－撒克逊语。	NOT GIVEN　这道题目也很简单。根据定位词 "Anglo-Saxon" 可以定位到 D 段。该段是以 "100" 作例子来进行讨论的，没有谈到 "thousand"，所以答案选 NOT GIVEN。
37	seven-century Europe, poor, counting ability	整体上来看，在七世纪的欧洲，人们的记数能力很差。	TRUE　根据定位词 "seven-century Europe"，可以找到文章 D 段最后两句话。"The average person in the seven-century in Europe was not familiar with numbers as we are today."（在七世纪的欧洲，一个普通人并不像我们现在这样对数字这么熟悉。）此句并没有具体说七世纪的欧洲人怎么样，但是在接下来的一句 "In fact, to qualify as a witness in a count of law a man had to be able to count nine!"（实际上，当时在确认一个证人出庭作证的资格的时候，这个人必须能够数到九！）可见对人数数能力的要求很低，所以答案是 TRUE。
38	Tsimshian, long objects, canoes, the same word	在钦西安语中，用同一个词来表达长的物体和独木舟的数目。	FALSE　这道题目是个细节题，很简单。根据定位词 "Tsimshian" 找到文章 F 段，再找到两个比较项 "long objects" 和 "canoes"，发现 "long objects" 和 "trees" 是用同一个词，而 "canoes" 是用另外一个词，所以答案是 FALSE。在本段第 2 句中可直接找到 the same 的反义词 distinct。

39	Tsimshian, older, newer	钦西安语中包括新旧两种记数体系。	TRUE 根据定位词 “Tsimshian” 找到文章 F 段，倒数第 2 句话 “It seems that the last is a later development while the first six groups show the relics of an older system.”(看起来好像是最后那一类是后来发展出来的，而前面的 6 组是古老的体系遗留下来的。) 而题目里面的 “newer” 和文章里面的 “later” 是对应的。
40	Early peoples, easier, fingers, than, pebble	早期的人们发现用自己的手指数数比用鹅卵石更容易。	NOT GIVEN 根据定位词 “pebbles” 可以找到文章最后一段主要谈的是记数的能力。文章是把 “fingers” 和 “pebbles” 放在并列的位置的，并没有把它们进行比较，所以答案选 NOT GIVEN。

➲ 参考译文

记数

对于一个小孩子来说，在智力方面最大的突破之一就是学会说话，接下来就是学会记数。从人类的早期，我们就是和数字体系联系起来的。考虑到早期人类面临的问题，他们当时又没有现在的这种便利，这真是一种想象力的伟大功绩。仔细考虑一下我们的数字体系，就会相信，这不是一种一个人可以自然获得的能力，它是人类最伟大的、最了不起的成就之一。

要想知道那些促使我们发展了关于数的概念的事件发生的顺序是不可能的。即使是最早的部落都有自己的记数体系，即使不算高级，但是对于他们要完成的任务已经足够了。我们的祖先其实很少利用确切的数字，相反，比如说在采摘食物的时候，他们更多考虑的是诸如“这些够了吗？”之类的问题，而不是“多少？”。但是，当早期的人类开始反思他们周围事物的性质的时候，他们发现需要有一种数的概念，以便让自己的思路清晰。当早期人类开始定居下来，种植作物和放牧动物，对于一些复杂的数字的需要就显得非常重要。我们永远不可能知道这些记数的能力是怎样和什么时候发展的，但是有一点是确定的，当人类处于半永久定居状态时，记数已发展得相当不错。

算术和记数早期发展阶段的痕迹都很容易发现。塔斯马尼亚的土著居民只能数：一、二、许多；南非的一些土著居民会数：一、二、二和一、二个二、二个二和一、等等。但是在实际情况下，数字和词都是伴随着手势的，从而帮助解决任何使人困惑的东西。例如，当使用“一、二、许多”这个体系的时候，单词“许多”可能意味着，“看我的手，看一下我给你伸出了多少个手指头”。这种基本的方法仅限于手势可以表达的数字范围之内，但是一般来说，当处理人们生存的比较简单的方面，这个数字范围已经足够了。

有些文化里面没有使用大的数字的能力，这实际上一点也不令人吃惊。如果追溯到欧洲语言的早期，它们在数的词汇和表达方面也是非常贫乏的。古哥特语里面，用表示 “10” 的 “tachund” 来把 “100” 表示为 “tachund tachund” (“10” 个 “10”)。到了七世纪，单词 “teon” 可以与 “tachund” 或者与盎格鲁 – 撒克逊语里面的 “hund” 互换，所以 “100” 就被表示为 “hund teonig”，或者说 “10” 的 “10” 倍。在七世纪的欧洲，一个普通人并不像我们现在这样对数字这么熟悉。实际上，当时在确认一个证人有出庭作证的资格的时候，这个人必须能够数到九！

也许对于数的概念的发展最基本的步骤，不是能够数数的能力，而是要认识到数字实际上是一个抽象的概念，而不是简单的把数字与一组特定的物体联系起来。早期的人类肯定可以掌握，4 只鸟与 2 只鸟是完全不同的；但是，把与 4 只鸟相联系的 “4” 这个数字和与 4 个石块相联系的 “4” 联想在一起，并不是简单的一步。把一个数字和一个特定事物的性质之一联系起来，对于真正的数的概念的发展是一个很大的障碍。当 “4” 这个数字可以作为一个具体的单词而不再与它所指的事物联系起来在大脑中印下来的时候，一个人就朝着数字的符号学体系迈出了第一步，然后，才是算术。

关于记数发展的最早阶段，可以在今天正在使用的几种语言里面找到痕迹。在英属哥伦比亚的钦西安语里，根据要数的东西的类型，可以用 7 组不同的单词来表示数目：用来数扁平的物体和动物，用来数圆形的物体和时间，用来数人，用来数长的物体和树，用来数船，用来数测量的东西，当没有具体的物体需要数的时候用来数数。看起来好像是最后那一类是后来发展出来的，而前面的 6 组是古老的体系遗留下来的。这种数字名称的不同也可以在其他的应用非常广泛的语言中发现，比如日语。

与数的概念同时发展起来的还有记数能力的发展。记数并不直接与数字概念的形成相关，因为可能是把要数的东西和一堆鹅卵石、一堆玉米或者是记数人的手指头相对应的。这种辅助手段对于早期的人类来说是不可或缺的，因为他们发现没有这些机械的辅助手段，整个记数的过程将是不可能的。这种辅助手段，虽然使用的意义不同，但因为它们用起来很方便，在今天的社会仍然被一些教育程度很高的人使用。所有的记数最终都要涉及到它所指的某个东西而不是被数的这些东西。刚开始的时候可能是一些谷物或者鹅卵石，但是现在它已经成了一组被记住的单词序列，而这些单词只不过刚好是那些数字的名称而已。

WRITING

WRITING TASK 1

The table below gives information about changes in modes of travel in England between 1985 and 2000. Summarise the information by selecting and reporting the main features, and make comparisons where relevant.

Average distance in miles travelled per person per year, by mode of travel

	1985	2000
Walking	255	237
Bicycle	51	41
Car	3,199	4,806
Local bus	429	274
Long distance bus	54	124
Train	289	366
Taxi	13	42
Other	450	585
All modes	4,740	6,475

➲ 题目分析，包括回答中需要涉及的要点、对比以及考生可能对题目产生的错误理解。

要点

1. 表格列出了七种交通工具、其他出行方式（“other”）和所有出行方式的里程总数。
2. 里程是按每人每年计算的。
3. 各种出行方式的里程有升有降。
4. 所有出行方式的里程总数大幅度增加，主要是小汽车使用的增长所带来的。

考生可能产生的错误理解和问题

1. 表格很清楚，考生不应该对数据有任何误读。
2. 在描述表格时，考生无需把所有数据都举出来。
3. 考生引用数字时注意引用的单位是每人每年。

➲ 建议采用的回答结构，对比此结构与考生有可能采用的不恰当结构。

介绍部分应该简短，把题目用自己的话重写一遍。

正文部分应含两个段落，一段写使用量有所增加的交通工具，另一段写使用量有所减少的交通工具。如果每种交通工具都单独写一个段落，那就会有数个短小的段落。

结论部分应该简短，应该指出人均出行里程总数的增长以及这个增长主要是小汽车使用的增长所带来的。

➲ 参考范文

The table indicates the number of miles travelled by the average English person in 1985 and 2000, using various means of transport.

The number of miles walked, cycled and travelled by local bus all decreased. Of these, the number of miles travelled by local bus decreased the most, from 429 miles in 1985 to 274 miles in 2000.

The number of miles travelled by car, long distance bus, train and taxi all increased. The number of miles driven by car was 3,199 in 985 and rose by 50% to 4,806 in 2000. The number of miles travelled by long distance bus more than doubled from 54 miles (1985) to 124 miles (2000). The number of miles driven by taxi trebled from 13 miles (1985) to 42 miles (2000). The use of other, unspecified, forms of transport also increased.

Overall, the number of miles travelled by the average English person rose from 4,740 miles in 1985 to 6,475 miles in 2000, with the increased use of cars accounting for almost all of that increase.

(173 words)

此表格显示出1985年和2000年英国人均使用各种交通工具出行的里程。

步行、骑自行车和乘本地公车出行的里程都下降了，其中乘本地公车的里程下降最多，从1985年的429英里下降到2000年的274英里。

坐小汽车、长途汽车、火车和出租车出行的里程都增长了。开小汽车的里程在1985年是3199英里，在2000年是4806英里，增长了50%。乘坐长途汽车的里程从54英里(1985)增长到124英里(2000)，翻了一倍多。坐出租车的里程从13英里(1985)到42英里 (2000)，长了两倍。其它未提到的交通方式也都增长了。

总的来说，英国人均出行的里程从1985年的4740英里增长到了2000年的6475英里，而这个增长主要是小汽车使用的增长所带来的。

➲ 参考范文中的词汇及结构分析，以及考生可能犯的错误。

1. 注意介绍部分的"modes"改为了 "means"。考生要学会使用题目中出现的单词的近义词。
2. "The number of miles walked, cycled and travelled by local bus all decreased."表格中各种交通工具是以名词形式出现的，作者在写作中把名词变为了动词。
3. "The number of miles driven by car was 3,199 in 1985 and rose by 50% to 4,806 in 2000."
4. 作者用百分比来表示开小汽车的里程变化。
5. 作者使用 "doubled" 和 "trebled" 来表示使用长途汽车和出租车的增长幅度，这也表明考生可以用不同的方法来写变化。

WRITING TASK 2

Successful sports professionals can earn a great deal more money than people in other important professions. Some people think this is fully justified while others think it is unfair. Discuss both views and give your own opinion.

➲ 题目分析，包括写作中需要涉及的要点以及考生可能对题目产生的错误理解。

1. 题目要求考生就两种观点展开讨论，所以考生需要写出双方的论点。
2. 题目说"Some people think this is fully justified"，这是一个极端的立场。
3. 题目说有些人"think it is unfair"，但并没有说这些人为什么如此认为。
4. 题目比较了"Successful sports professionals"和"people in other important professions"，换句话说，考生不应该讨论一些职业体育运动员挣钱比清洁工或工厂工人多，很明显，题目是把职业体育运动员与医生和律师等比较。

➲ 建议采用的回答结构，对比此结构与考生有可能采用的不恰当结构。

这篇作文需要一个简短的介绍部分和一个简短的结论。正文应该有两个或三个段落，每段分别阐述一个点。建议考生单独写一个段落来阐述与考生意见相反的观点，或者考生在正文各段中提及相反的观点。考生应该注意，不能把这篇作文写成完全同意或者完全反对题目说法的文章。

➲ 两篇观点不同的参考范文（250字—300字）

参考范文1——这是不公平的

In my opinion, it is not fair that successful sports stars can earn more than people in other professions. In this essay, I would like to look at why some people believe that this is acceptable and at why others, including myself, do not.

Some people think that sports stars should be allowed to earn as much money as they can. This is the approach taken in many professions, such as law, for example. Some lawyers, particularly the better ones, earn more money than other lawyers. If they are more successful in acting for their clients, or are in high demand for any other reason, there should be no concern about this since it is a demonstration of the market forces of supply and demand at work.

However, with sports stars, the situation is not the same. In my opinion, the reason is that in other professions most of the skills needed to be above average can be developed through study or experience. These should be encouraged. Sports stars may achieve a lot, but their achievements are often a result of natural attributes rather than those they have developed through hard work. For example, most top basketball players earn a lot of money simply because they are lucky enough to be born tall rather than because they are well educated. I do not believe that this luck should be valued by society more than education and experience.

In conclusion, sports stars should have their earnings capped. This will send the message to people, particularly young people, that making a fortune is not simply a matter of luck, but should be achieved over a longer period of time after getting a good education and gaining a wealth of experience in a field.

(274 words)

我认为成功的体育明星比其他行业的人赚的钱多是不公平的。在这篇论文中我将论说为什么一些人认为这是可以接受的，而另外一些人包括我自己却不这么认为。

一些人认为体育明星能赚多少钱就应该允许他们赚多少。这是许多行业里适用的规则，例如法律界一些律师，尤其是较好的律师，比其他律师赚的要多。如果他们把当事人的委托做得更成功，或是因为其它原因供不应求，他们赚更多的钱是应该的，因为这反映了市场供求关系所起的作用。

然而对于体育明星情况就不一样了。我认为，原因在于在其它行业里，大多数的技术要超过能够通过学习和积累经验来实现的平均水平，这些是应该鼓励的。体育明星可以获得很多成就，但他们的成就常常是他们的先天特质带来的而不是通过努力而获得的。例如，大多数超级篮球运动员赚很多钱仅仅因为他们很幸运、生得高，而不是因为他们接受过良好的教育。我认为社会不应该把这种幸运看得比教育和经验更重要。

总的来说，体育明星的收入应该受到限制。这会告诉人们，尤其是年轻人，致富并不仅仅与幸运有关，它应该通过在一个领域长时期地接受良好教育和积累很多经验来实现。

参考范文2——这是公平的

Whilst many people believe that top sports stars are often overpaid, I do not. In this essay, I will give my reasons for believing that they earn what they deserve and look at why some disagree.

Successful sports stars, such as Michael Jordan and David Beckham, earn much more money than most of us can ever hope to earn. This may, at first sight, appear unfair. After all, these top sports stars are not fundamentally better people than the rest of us. However, they have one thing in common that we ordinary people do not share with them—they are able to grab the attention of millions of people with their skills. These skills have taken years of training to develop, with hours of hard practise almost every day. They are skills that people are prepared to pay a lot of money to see—consider, for example, the cost of a ticket to see the World Cup Final live. Consequently, they deserve the money they make.

Other people disagree and think that successful sports stars make more than is fair. They point out that a successful sports star might have a short career at the top, but that they can find other work, for example, as coaches, after their time at the top has ended. They also point out that, since top sports stars are idolised by young people, they suggest that money is the most important thing in life, which is something that many people do not wish to encourage in young people.

Whilst I can see certain disadvantages in having successful sports professionals earning vast amounts of money, I think that they deserve what they earn as a result of their skills .

(284 words)

许多人认为超级体育明星钱赚得过多，但我不这样认为。在这篇论文中我将给出我认为他们应该赚这么多钱的理由，也会论述一些人不同意的原因。

成功的体育明星像迈克尔·乔丹和大卫·贝克汉姆赚的钱比我们中大多数人曾期盼自己能赚的要多得多。乍一看这可能显得不公平。毕竟，这些超级体育明星实质上并非高我们一等。但是他们有一个共同的东西是我们普通人不具有的——他们能用他们的技术吸引数万人的注意。这些技术要通过数年的训练才能掌握，几乎每天都要练习数小时。人们愿意花很多钱去看这些技术——想一想，例如去看世界杯决赛现场所花的票价。所以体育明星赚的钱是他们应得的。

有些人则不同意，他们认为成功的体育明星赚很多钱是不公平的。他们指出成功的体育明星其职业生涯的顶峰可能是短暂的，但在顶峰时期结束后他们可以找到其他的工作，例如教练。他们也指出因为超级体育明星受到年轻人的崇拜，他们身上体现出钱是人生中最重要的东西，这种观念是许多人不希望在年轻人中泛滥的。

我知道让成功的体育明星赚大笔的钱有一定的坏处，但我认为靠技术赚来的钱是他们应得的。

➲ 参考范文中的词汇及结构分析，以及考生可能犯的错误。

1. “In my opinion, it is not fair that successful sports stars can earn more than people in other professions. In this essay, I would like to look at why some people believe that this is acceptable and at why others, including myself, do not.” 考生可以在介绍部分给出自己的观点，但这并不是必需的。当然，结论部分必须写出自己的观点！
2. “Some people think that sports stars should be allowed to earn as much money as they can. This is the approach taken in many professions, such as law, for example. Some lawyers, particularly the better ones, earn more money than other lawyers. If they are more successful in acting for their clients, or are in high demand for any other reason, there should be no concern about this since it is a demonstration of the market forces of supply and demand at work.” 作者分析了为什么有的人可以接受这样的情况。作者按题目要求将这一情况与其他职业进行了比较。供求关系“supply and demand”的论点虽然简单，但却十分有力。
3. “In my opinion, the reason is that in other professions most of the skills needed to be above average can be developed through study or experience.” 作者指出为什么他/她认为职业体育运动员不同于其他职业的从业者，然后作者给出了一个例子：“For example, most top basketball players earn a lot of money simply because they were lucky enough to be born tall rather than because they are well educated.” 这个论点可能会引起争论。许多篮球运动员可能会说他们训练很辛苦，但是身体特征的相对重要性与艰苦训练没有必然联系。
4. “In conclusion, sports stars should have their earnings capped. This will send the message to people, particularly young people, that making a fortune is not simply a matter of luck, but should be achieved over a longer period of time after getting a good education and gaining a wealth of experience in a field.” 作者在结论部分并没有明确给出一个观点，但从作者给出的这个建议和给出建议的原因可以看出作者的观点。

5. 作者使用短语“at first sight”来表示人们应该从更多细节上来看这个问题。
6. 注意“fundamentally”是一个高级单词，不常用。
7. “However, they have one thing in common that we ordinary people do not share with them—they are able to grab the attention of millions of people with their skills.”作者指出为什么成功的体育明星挣的钱比其他人多，然后作者又给出了一个原因：“These skills have taken years of training to develop, with hours of hard practise almost every day.”
8. 注意“idolised”是一个高级单词，不常用。
9. “Whilst I can see certain disadvantages in having successful sports professionals earning vast amounts of money, I think that they deserve what they earn as a result of their skills.”作者承认双方观点都有可取之处，这也可以从正文第二段中看出来，作者介绍了与他/她观点相反的论点，但并没有对此进行反驳。

SPEAKING

➲ a) 题目分析，包括考生可能对题目产生的错误理解。

Which instrument do you like listening to most?
你可以说出一种以上的乐器，但一定要说出你最喜欢的一种。你可以谈谈自己是否会演奏这种乐器以及/或者你最喜欢的演奏者。你还可以描述一下这种乐器的样子。

Have you ever learned to play a musical instrument?
问题问的是“ever”，所以你可以说你从小到大的任何一个时间。可以说说谁教你，你学了多久。如果你从没学过乐器演奏，就说说你想学哪一种乐器。

Do you think children should learn to play a musical instrument at school?
这个问题并不是问儿童是否在学校学习乐器演奏，而是问你认为他们是否应该学习。你可以谈谈为什么应该或者不应该。

How easy would it be to learn to play a musical instrument without a teacher?
如果你没有学习乐器演奏的经验，这个问题就会比较难回答。想想没有老师指导学习其他东西的情况。

Describe something healthy you enjoy doing.
注意这个问题问的是健康方面。一定要说大家普遍认为健康的东西。记住，你不必回答提示卡上的所有要点，你也可以增加自己的观点。

What do most people do to keep fit in your country?
可以想想体育、健身活动和饮食。这个问题问的是“most people”，所以不要着重谈只有少数人或者只有你自己做的事情。你可以想想不同年龄的人做什么以及/或者男的做什么，女的做什么。

How important is it for people to do some regular physical exercise?
试着给出几个不同的原因，想想一些常规体育锻炼的具体好处，例如锻炼心脏等。

Why do some people think that modern lifestyles are not healthy?
想想人们常常缺乏锻炼，饮食不健康等。谈谈具体的例子，如电子游戏和油腻食品。

Why do some people choose to lead unhealthy lives?
可能这些人天生比较懒惰，比起健康的生活可能他们更喜欢不健康的东西。人们是有意识还是无意识地选择不健康的生活方式？例如人们在多大程度上受到了广告的影响。

Should individuals or governments be responsible for making people's lifestyle healthy?
这是一个时事问题。以吸烟为例，政府应该禁止在公共场所吸烟吗？有些人说应该由政府来强制人们采取负责任的行为，而有的人说这样做损害了人们的自由。那不吸烟的人的自由呢？他们呼吸无烟空气的自由又怎么办呢？

What could be done to encourage people to live in a healthy way?
想想在包括中国在内的许多国家已经开展的行动。考虑一下个人、企业和政府正在做的或者能够做的事情。

➲ b) 考生可在回答中使用的实用词汇

Which instrument do you like listening to most?
Musical instruments: guitar, er hu, drums, saxophone, violin, piano, electric keyboard, cello, flute, accordion.
Sounds: melancholy, energetic, slow, fast, beat, romantic, thump, rhythm, sharp, high, low.

Have you ever learned to play a musical instrument?
Time: 10 years ago, since October, for 3 years.
Difficulty: impossible, very hard, quite difficult, fairly easy, simple.

Do you think children should learn to play a musical instrument at school?
culture, non-academic subject, timetable/schedule, extra-curricular activity, time-consuming, ability, useful.

How easy would it be to learn to play a musical instrument without a teacher?
Difficulty: impossible, very hard, quite difficult, fairly easy, simple.
Solution: read music, notes, give advice, advise, correct mistakes, practise, practise makes perfect, develop skills.

Describe something healthy you enjoy doing.
Activities: swimming, jogging, going to a fitness centre, tai chi, playing football or basketball, circuit training, yoga.
People: alone, friends, family, classmates, workmates, trainer/coach.
Places: swimming pool, fitness centre, park, gym, home.
Exercises: sit ups, push ups, step ups, chin ups, running on the spot, using weights.

What do most people do to keep fit in your country?
Use the same words and phrases as for the Part Two question.

How important is it for people to do some regular physical exercise?
Parts of the body: heart, muscles, joints, legs, arms.
Importance: very, quite, fairly, not very, unimportant, essential, vital, (un)necessary.

Why do some people think that modern lifestyles are not healthy?
Sedentary lifestyle: TV, computer, studying.
Less physical activity: drive to work or go by bus rather than walking or cycling.
Food: processed, fatty, less nutritious.

Why do some people choose to lead unhealthy lives?
Uninformed about healthy possibilities, enjoy unhealthy options, convenience.

Should individuals or governments be responsible for making people's lifestyle healthy?
Government: health drives, public service advertisements, make/enforce laws, posters, campaigns, budget, spending, food labelling.
Individuals: personal responsibility, not everyone has the same problems/conditions.

What could be done to encourage people to lead in a healthy way?
Refer to the previous question. Other possibilities include increasing taxes on unhealthy activities (e.g. smoking, drinking alcohol), education at schools/universities, TV programmes, newspaper and magazine articles.

➲ c) 参考回答（每个问题两个回答）

Which instrument do you like listening to most?

I like listening to guitars, especially electric guitars. I love the high-pitched tones they produce. I can't really say why I like the sound of guitars so much, though.

I like listening to violins most of all, especially when the violinist plays a piece of melancholy music. However, I also like it when violinists play something very fast. Vanessa Mae is my favourite violinist. She plays the electric violin most of the time.

Have you ever learned to play a musical instrument?

Yes. When I was a child, I learnt to play the piano a little. It was my parent's idea. I liked it, but not very much. I wasn't disciplined enough to spend time learning how to play it well. I would like to learn to play the guitar, since it's my favourite musical instrument to listen to, but I don't think I'll have either the time or the ability.

Never. I like listening to music very much, but I've never had the inclination to learn how to play an instrument. Many parents in China want their children to learn to play an instrument, but mine weren't bothered that I showed no wish to learn.

Do you think children should learn to play a musical instrument at school?

Yes. I think that it would be good for schools to offer lessons on how to play certain musical instruments. Perhaps schools could teach all children for one year and then the most successful could continue their studies if they wished.

No. I think that schools should focus on academic subjects rather than on things like music, drama and sport. If children want to learn how to play musical instruments outside of school, that's fine — but schools already have so much to teach in a limited amount of time.

How easy would it be to learn to play a musical instrument without a teacher?

I think that learning with a teacher is the best way, but that it is definitely possible to learn without one. A friend of mine has learnt to play the guitar quite well without a teacher, but she does say that she would like a teacher so that she could learn faster and better.

I would say that it must be almost impossible. I mean, I'm sure that there are people who learn without a teacher, but it must take more time. Besides, a teacher can correct your mistakes and make your learning more efficient. If there's no one to point out your mistakes, then you're likely to continue making them, aren't you?

Describe something healthy you enjoy doing.

I go jogging almost every day, usually in the mornings. I find that it helps to wake me up as well as keep me fit and healthy. I enjoy jogging because it doesn't require any special skills or abilities and, if I go in the mornings, I can see the neighbourhood before it gets busy with people going to work and school. There are a surprising number of people around in the early morning — rubbish collectors, elderly people doing tai chi and people taking their dogs for a walk. Of course, I usually see the same people, so we nod to each other or say 'hello'.

The healthy thing that I enjoy doing is going to the gym. We have one at the university that is cheap and has a wide range of machines for members to use. I usually go three or four times a week — sometimes alone and sometimes with a friend. I have made several friends there and I often go for a soft drink with them after we work out. When I go to the gym, I spend a lot of time on the treadmill, but I also do plenty of work with weights. I'm trying to build up my upper body strength, you see. After a work out, I feel surprisingly refreshed.

What do most people do to keep fit in your country?

Some people join fitness centres, but they are often expensive. Most people keep fit by going walking. I've heard that this is a very effective way of keeping fit. A few people, mainly women, use DVDs and videos that show you how to do various exercises. I think those videos are a little strange, but I suppose they might be effective.

Actually, I think that most people do very little to keep fit! There are some fitness clubs, but not many people are members of them. Some people go jogging. In the mornings and evenings, you can see people — particularly young people — jogging on the streets and in parks. A few people have a treadmill at home or they use free weights at home when they have spare time.

How important is it for people to do some regular physical exercise?

Numerous studies have shown that people who do regular physical exercise live longer and healthier lives, so I think that it is essential. Regular physical exercise helps your heart to stay strong as well as to keep your muscles in good condition. However, people have to be careful not to do too much physical exercise because this could cause injury to joints, particularly the ankles and kness.

I suppose it's quite important. Some people become overweight because they do too little physical exercise. This is sometimes a problem with kids as well as with adults. I read an article recently that says that when people exercise, their brains create chemicals that make them feel happy. So, I guess that physical exercise can be good for your mind as well as for your body.

Why do some people think that modern lifestyles are not healthy?

Well, there are a lot of people who spend too much time sitting down in front of the TV or computers. I think that most people get enough exercise, usually by walking, but there are certainly many people who don't. I think that the worst problem is when kids don't get enough exercise.

I suppose that they might be thinking of the kinds of food that have become increasingly popular in recent years. People nowadays eat much more fat than previously. A lot of people don't eat enough fruit and vegetables. When it comes to snacks, people often prefer biscuits or chocolate to an apple or banana.

Why do some people choose to lead unhealthy lives?

To be honest, I think that very few people actually choose to lead unhealthy lifestyles. I think that they are often forced to by circumstances. For example, many people go to work by car or bus because it is faster than going by bike or walking. Also, many people eat less healthy food for the same reason.

I think that this happens because people don't give enough thought to what they are doing. People eat unhealthy — or at least less healthy — food because they go for food that they like the taste of rather than think about its nutritional value. Sometimes kids forget how long they have sat in front of a computer playing games rather than going out and getting some exercise.

Should individuals or governments be responsible for making people's lifestyle healthy?

I think that the government needs to encourage people to lead healthier lifestyles — perhaps by doing things like banning smoking in public buildings. The government could also make some public service advertisements advising people on things like diet and exercise. This is not to say that individuals shouldn't do something as well. People need to take some responsibility by informing themselves and thinking more about what they do.

I think that it's mainly up to individuals. They need to realise that their life is their responsibility. The government has enough responsibilities without taking care of each individual's health needs. People find it easy to say that the government should do something and thus avoid responsibility themselves.

What could be done to encourage people to live in a healthy way?

Well, I think that I mentioned some ways in my last answer. Let me give a concrete example. In Shanghai, there are many posters encouraging people not to spit. There are also some TV programmes that advise people on health matters — from exercise routines to healthy eating and cooking. Schools could ensure that children get enough exercise by setting aside an hour — or even just 30 minutes — for compulsory exercise each day.

I think that there could be more newspaper and magazine articles about healthy living. Lots of people are interested in this topic, so it would certainly not harm newspaper sales. Another more difficult thing could be to label food according to its healthiness. Perhaps the healthiest foods would be given 5 stars and the least healthy just one.

Test 3

LISTENING

SECTION 1

谈话场景：银行开户场景
人物关系：顾客和银行职员
谈话话题：银行职员为顾客办理开户手续，询问顾客的有关信息

➲ 词汇注释

account *n.* 账户	daytime *n.* 白天，日间
detail *n.* 细节，详情	check *v.* 检查，核对
current *adj.* 流通的，通用的	local *adj.* 当地的
current account *n.* 活期存款账户	occupation *n.* 职业，工作
deposit *n.* 存款，储蓄	profession *n.* 职业
deposit account 定期存款账户	identity *n.* 身份
application *n.* 申请（表，书）	Indonesian *n.* 印度尼西亚人
leaflet *n.* 传单，小册子	minimum *n.* 最低额
select *adj.* 精选的，优等的	a minimum (sum) of 最小数额
actually *adv.* 事实上，实际上	transfer *v.* & *n.* 转账
date of birth 出生日期	Dutch *adj.* 荷兰的
joint *adj.* 共同的，联合的	pay *v.* 支付（工资，薪金等）
joint account 联合存款账户	get paid 发工资
present *adj.* 现在的，当前的	depend *v.* (on/upon) 取决于，决定于
previous *adj.* 以前的	statement *n.*（银行等的）结算单
case *n.* 事例，情况	insurance *n.* 保险
in that/this case 在…情况下	loan *n.* 贷款

➲ 交际与语言表达

1. I'd like to open a bank account, please. 我想开个账户。I'd like to do sth. 表示"想要做某事"，开户是 open a bank account, 销户是 close a bank account。
2. I've decided on the one called "Select". 我已经决定了选 "Select"（这种活期账户）。decide on sth. "决定"，"选定"。
3. It's a less common spelling of the name. 这是这个名字不常见的拼写方法。有时候一个名字或姓氏不单只有一种拼写方法，所以经常要拼写一下以确保记录正确无误。例如，Your name is Cathy? With the C or the K? With the K. ——你的名字是 Cathy？是 C 开头还是 K 开头？一是 K 开头（Kathy）。
4. How long have you been at your present address? 你在现在的地址住了多久了？
5. Daytime telephone 日间电话，nighttime telephone 夜间电话。

6. I'm an engineer by profession. 我的职业是工程师。
7. How much would you like to open your account with? 你想以多少钱来开户？一般情况下，开户都是要有最低开户金额的，所以才会有此一问。
8. It depends on which bank you are with. 这取决于你要在哪家银行办理业务。
9. It's not a big problem either way. 无论是哪种情况，都不是大问题。either way（两种情况中的）任何一种情况；any way（三种情况或更多）任何一种情况，即无论如何。
10. What's the usual thing? 通常是怎么样的？说明顾客对此不了解，只是想按照惯例来做而已。It's up to you. 这取决于你。
11. Have them sent once a month 每月寄送一次，have sth. done 让（别人）做某事；让某事被做。一般情况下，银行都会给用户寄结算清单，寄送频率可以根据用户自己的选择来定。
12. And one last thing. 对话要结束前说的最后一件事。

➲ 考题解析

Question 1 答案 Select
顾客在选择了 current account 之后，职员说 we have different types，顾客接着说 I've decided on the one called "Select"，考生需特别注意首字母一定要大写。

Question 2 答案 27.01.1973
本题为所听即所得，一个人问道：what's your date of birth, please? 另一人回答：27th of the first, 1973. 这里的月份并非传统月份的读法，而是用序数词给出第几个月，考生要灵活掌握。

Question 3 答案 15, Riverside
职员问 And where are you living, Mr. Henes? 回答是 15, Riverside。

Question 4 答案 2 weeks
此题答案也可以在一问一答中找到：—How long have you been at your present address? Is it more than two year?—Ah, just two weeks actually.

Question 5 答案 616295
顾客在说了 606295 之后，又说需要再确认一下，结果发现号码果然报错了，应该是 616。

Question 6 答案 engineer
I am in Britain as a project manager，但是主要工作是 engineer，职员说的这句话这个比较短，所以答案就写这个了。

Question 7 答案 mother
通常情况下，出于安全考虑，都要 ask for a piece of information，顾客问 , my wife's first name? 但是职员说 Mother's might be better。

Question 8 答案 2,000
在被问到 How much would you like to open your account with? 时，顾客说 Well, I am going to transfer 2,000 euros from my Dutch account。

Question 9 答案 month
顾客没考虑过 how often would you like to receive statement，职员说有些人每周都会收到银行清单，但是顾客说 that's too often. Can I have them sent, um, once a month? 职员说没有问题。

Question 10 答案 internet
在手续接近尾声时，职员问 Is there anything else? 顾客说 I was thinking of registering for your internet service at some stage.

SECTION 2

谈话场景：收音机的访谈节目
人物关系：采访者和被采访者
谈话话题：关于一家新装修的剧院的改善情况

词汇注释

let *v.* 出租	alley *n.* 巷子，小路
let out 出租	greenhouse *n.* 温室
tenant *n.* 房客，租户	exotic *adj.* 奇异的，外国来的
hesitation *n.* 犹豫	mulberry *n.* 桑树，桑葚
running water *n.* 自来水	wander *v.* 闲逛，散步
professional *adj.* 有关职业的，专业的	purchase *v.* 购买
enormous *adj.* 巨大的	souvenir *n.* 纪念品
personal *adj.* 个人的，私人的	garage *n.* 车库
terms *n.* 关系	magnificent *adj.* 壮丽的，宏伟的
on speaking terms with sb. 与某人关系好	Rolls-Royce *n.* 劳斯莱斯汽车
devastate *v.* 破坏	refreshment *n.* 茶点，点心
haven *n.* 避难所	estate *n.* 住宅，地产
privacy *n.* 隐私，私生活	signpost *v.* 给…竖招牌柱
mullioned *adj.* 有竖框的	worth *adj.* 值得的
sandstone *n.* 砂岩	underneath *prep.* 在…下面
tile *n.* 瓦，瓷砖	footbridge *n.* 人行桥
roof *n.* 屋顶	shade *n.* 阴凉处，树荫
chimney stack *n.* 大烟囱	eventually *adv.* 最后，终于
bake *v.* 烘	water mill 水磨
clay *n.* 泥土，粘土	stunning *adj.* 极富魅力的，让人惊奇的
oak *n.* 橡树	energetic *adj.* 有精力的
mark *v.* 标记，标识	viewpoint *n.* 观点
arrow *n.* 箭头	regret *v.* 后悔，遗憾
orchard *n.* 果园	

交际与语言表达

1. When it came back on the market，当它再次准备出售时。on the market 表示“出售”，in the market (for) 则表示“准备买”。
2. He was no longer on speaking terms with his brother and had been devastated by the death at the age of seven of his elder daughter. 他跟他哥哥不说话（关系不好），也遭受了年仅七岁的大女儿夭折的打击。
3. George regarded Rosewood as a pure example of a traditional country house of this part of England. George 把 Rosewood 看成是在英格兰的这一部分地区，传统农村房屋的纯正代表。
4. …became the family haven and their escape to privacy and quiet. 变成整个家庭的避难所和他们寻求隐私和静谧的所在。
5. …where some exotic plants and fruits are grown. 那里生长着一些具有异域风情的植物和水果。
6. A good hour，表示“足足一小时”；every two hours = every other hour 表示“每两小时，每隔一个小时”。

7. Be in need of sth. = need sth. 表示“需要”。
8. In spring, this area is well worth a visit. 春天，这个地区很值得一游。be well worth sth./doing sth. 某事很值得一做，或者很值得做某事。
9. The trees along this path provide welcome shade. 路边的树木为人们提供了宜人的树荫。
10. You won't regret it. 你不会后悔的！指的是 you won't regret that you have taken this visit。（景色肯定会像解说员说的那样宜人，你会不虚此行的）

➲ 考题解析

Question 11 答案 C
原文是 George was too slow making up his mind to buy it，正好对应 C 选项 unsure whether to buy it。

Question 12 答案 A
George 搬来的时候已经是个出名的作家，但是当时他个人生活不是很如意。原文中“He was no longer on speaking terms with his brother and had been devastated by the death at the age of 7 of his elder daughter”，对应答案 A。

Question 13 答案 C
来到 Rosewood 使 George 开始了新的生活，他把这里看成是“a pure example of a traditional country house of this part of England”，然后在这里“did some of his most successful writing”，所以对应答案 C。

Questions 14-17 答案 H F B O
有关这幅地图，要顺着小路的箭头往前找。根据讲解员的讲解，首先看到左边的 orchard(地图上的 J)，然后看到右边的 kitchen garden(地图上的 I)，然后“as you go around the first sharp corner you will find, to your left, an area where different types of pear tree”，这就是 Pear Alley(地图上的 H)，紧挨着的是 greenhouse(图上的 G)。转过第二个拐弯处，在右边，you will see the entrance to the Mulberry Garden(图上的 F)。然后就到达屋子的正前面了。想要买纪念品的话，从边门出来，在 house 和 garage(图上的 C) 之间，可以找到纪念品商店 (图上的 B)。on the far side of the garage，就可以找到 tea room, 即图上的 D。

Question 18 答案 field
如果有时间的话，讲解员推荐游客去散步，考生就应该注意散步的路线了：You cross the field which spreads along the banks of the river. 题目中“goes along the river bank”对应原文“spreads along the banks of the river”。

Question 19 答案 footbridge
原文“ spend a minute or two watching the water pass by underneath as you cross the footbridge, and then continue along the River Walk through the woodland.”题目虽然没有改变原文意思，但是措辞改动较大，增加了听力的难度。

Question 20 答案 viewpoint
原文“ when you return from the mill, take the first turning on your left and climb up to theviewpoint”，题目措辞做了改动：“on your way back”对应“when you return”，“go up to”对应“climb up to”。

SECTION 3

谈话场景：两学生讨论如何设置电话采访内容
人物关系：工作伙伴
谈话话题：被分配了调查任务后，两位学生讨论如何设置电话采访内容

词汇注释

marketing *n.* 行销 assignment *n.* 任务 term *n.* 学期 instruction *n.* 指示，命令 entertainment *n.* 娱乐 entertainment industry 娱乐业 branch *n.* 分支，支流 mail *v.* 邮寄 mail out 寄送出 questionnaire *n.* 问卷调查 observation *n.* 观察 interviewee *n.* 被采访人 preference *n.* 偏爱，偏爱的人或物 male *adj.* 男性的 female *adj.* 女性的	tick *v.*（标）记号（通常是打√） tick boxes 在方框里做记号 folk *n.* 民歌 classical *adj.* 古典的 medium *n.* 媒介，方法 pub *n.* 酒吧，酒馆 live *adj.* 现场的 roll *n.* 卷 on a roll 做事情很成功 department store 百货商店 opera house 剧院 karaoke bar 卡拉 OK 吧 leave sth. out 省略，把…排除在外 time-scale 时间标度，时间范围

交际与语言表达

1. Get working on sth.“开始从事某事”，get doing sth.“开始做某事”，例如 We should get going. 我们该走了。work on sth. 从事，致力于，改进。
2. Get started 表“开始”go over 表“察看，阅读”。
3. Eating out“外出就餐”，有时候也用 dine out。点餐在家里吃则是 order in。
4. —Is that all? 就这些吗？（这就是全部吗？）—Looks like it. 看起来是这样的。
5. Well, actually, it looks like we don't have a choice. 事实上，看起来我们别无选择。相当于 It seems that we don't have any other choices。
6. Waste time deciding between the different methods 表示“浪费时间在决定不同的方法上”waste time doing sth.“浪费时间做某事”。
7. It's going to take ages. 这要花很长时间的。ages 指很长时间。等于 It's going to take a very long time。
8. I suppose you're right again. 我想你又对了。I suppose that… = I think/guess/believe that…。
9. 25 or under 表示“25 岁或小于 25 岁”，45 or over 表示“45 岁或大于 45 岁”。
10. We're on a roll now. 我们现在上了轨道了。on a roll 指经历了一系列的幸运事。
11. You mean like, do they buy it in music shops or department stores? 你是说“他们是在音乐店还是在百货商店买的”？ You mean like…用于猜想或者列举别人的观点。例如，—I wanna go to a place where we can buy everything. —You mean like a shopping mall?
12. —So, what's left to do? —That's it. 那么，还有什么要做的？就这么多了。

➲ 考题解析

Question 21 答案 entertainment industry
根据 one part of the 可以断定，此处应填名词或名词短语。文中谈到作业时，说道：We have to look at one area of the entertainment industry. 这里 one part of 替换成了 one area of，考生要特别注意填空题里，空格之前的量词在原文中常常会进行同义替换，做题时要灵活掌握。

Question 22 答案 telephone interviews
本题难度不大，但需要排除一些干扰信息，此处需要填一种收集数据的方式，文中提到很多种，questionnaire，face-to-face interviews，observations，最后说道：It looks like we don't have a choice. We have to do telephone interviews. 最终确定的方式为 telephone interviews。

Question 23 答案 30
根据题干里的 in total 可以预测出，此处应填数字，即调研的总人数。本题可以简单的乘法得出答案，因为他们需要做两组调查，每组 15 人，也可以根据随后文中的总结：That's thirty altogether then.

Question 24 答案 male and female
Lucy 提议说将 male 和 female 作为两组进行对比，但是被 Jack 否定了，因为"Most of my female friends like the same type of music as me"。所以提议将不同的年龄组进行对比。所以正确答案是 male and female。

Questions 25-26 答案 jazz, classical
就电话采访的具体内容设置。他们首先决定的是年龄组，然后就是喜欢的音乐种类，包括 pop, jazz, folk, easy listening, 以及 classical。所以答案是 jazz。

Question 27 答案 concerts
接下来是 the medium, 他们包括了 radio, CD, TV, 以及 Lucy 后来加上的 live music。

Question 28 答案 department stores
从音乐来源方面来说，包括 music shop, department store, 以及 Internet。

Questions 29-30 答案 club, opera house
Lucy 问 where do they go for that? Jack 的回答包括了 disco, pub, club, concert hall, Lucy 提议了两个：opera house 和 karaoke bar，但是后者因为太少而被否定了。所以答案分别是 club 和 opera house。

SECTION 4

谈话场景：爱尔兰新石器时代的讲座
人物关系：讲座人
谈话话题：介绍新石器时代的爱尔兰定居者的情况，包括他们的来源，饲养的牲畜，种植的谷物，农业技术，使用的农具以及手工艺等

词汇注释

gatherer *n.* 采集者
Neolithic *adj.* 新石器时代的
economy *n.* 经济
farming economy 农业经济
hypothesis *n.* 假说，假设（复数为 hypotheses）
origin *n.* 起源，来源
settler *n.* 移居者，定居者
considerable *adj.* 相当大（多）的
archaeological *adj.* 考古的，考古学的
theory *n.* 理论，学说
evidence *n.* 证据，根据
add up 说得通
practical *adj.* 实用的，切合实际的
continental *adj.* 大陆的，大洲的
sufficient *adj.* 足够的
transport *v.* 传送，运输
viable *adj.* 有活力的，能活下去的
beforehand *adv.* 预先，事先
base *v.* (on) 建在…的基础上
be based on 根据，依据
scatter *v.* 分散，散布
community *n.* 群落，团体，社会
tend *v.* 照管，护理
sustain *v.* 维持，供养
descend *v.* (from) 起源于
native *adj.* 土生土长的，本地的
species *n.* 物种
breeding stock 家畜
at risk 处境危险
assume *v.* 假定，假设
exceed *v.* 超过
herd *n.* 兽群，牧群
skin-covered *adj.* 覆盖着毛皮的
livestock *n.*（总称）家畜
severely *adv.* 严重地
range *n.* 幅度，范围
colonise *v.*（同 colonize）建立殖民地，殖民于
fleet *n.* 舰队，船队
sheer *adj.* 纯粹的，十足的
volume *n.* 体积，容量
cereal *n.* /*adj.* 谷物，谷物类的
wheat *n.* 小麦
barley *n.* 大麦
presence *n.* 存在
impression *n.* 印迹，压痕
pottery *n.* 陶器
grain *n.* 谷物，谷粒
accidentally *adv.* 偶然地
embedded *adj.* 深入的，嵌入的
identify *v.* 鉴定，认出
botanist *n.* 植物学家
plough *v.* & *n.* 犁，犁地
blade *n.* 刀刃
excavation *n.* 挖掘，出土
cultivation *n.* 耕作，培养
husbandry *n.* 饲养业，耕种
shelter *n.* 遮蔽处，住所
permanent *adj.* 永久的
dwelling *n.* 住处
axe *n.* 斧头
chop *v.* 砍，劈
superior *adj.* (to) 高级的
systematically *adv.* 有系统地，有组织地
exploit *v.* 开发，开采，利用
quarry *n.* 采石场
manufacture *n.* 制造
site *n.* 地点，场所
chip *v.* 削，切
grind *v.* 磨，碾
polish *v.* 磨光，擦亮
appropriate *adj.* 恰当的，合适的
ample *adj.* 足够的，大量的
coastal *adj.* 沿海的，沿岸的
indicate *v.* 表明，标示
innovation *n.* 革新，创新
coloniser *n.*（同 colonizer）殖民者
hollow *v.* 挖空，形成空洞
retain *v.* 保留，保持
glaze *v.* 上釉
fairly *adv.* 相当地
scale *n.* 规模，等级
fragment *n.* 碎片，碎块
decoration *n.* 装饰（品）
a series of 一系列
stitch *n.*（缝，绣等的）一针
imitation *n.* 模仿，仿制
vessel *n.* 容器，器皿
sew *v.* 缝纫 (sew, sewed, sewn)
eventually *adv.* 终于，最后

➲ 交际与语言表达

1. Across the Irish Sea from England. 与英格兰隔着爱尔兰海隔海相望。
2. There are considerable archaeological difficulties about the theory that they came from England. The evidence doesn't really add up. 他们来自英格兰这一说法有很多考古学上的困难，因为(考古学上的)证据讲不通。
3. For one thing“首先，一来”，常用于列举理由等。
4. The farming economy would almost certainly have required much larger communities to do all the work needed to plant and tend sufficient crops to sustain them through the year. 农业经济几乎肯定需要更大的部落团体来做所有的工作，即种植和照料足够的庄稼来维持他们一年的生活。
5. There's also evidence of pigs, but it is possible that these could have been descended from the native wild species. 也有猪存在的证据，但它们也有可能是起源于当地的野生物种。
6. The sheer volume of animal transport necessarily means it's unlikely that this livestock could have been brought from anywhere further than England. 光是动物运输的量就足够说明，这些家畜不可能来自比英格兰还远的地方。
7. Both in several varieties 表示两种都有好几个种类。
8. The main evidence for their presence consists of impressions on pottery, where a cereal grain accidentally became embedded in the surface of a pot before it was fired. 它们存在的主要证据是陶器上的印迹，这个印迹是由一粒谷粒恰好在陶罐烧制之前落到它的表面上而留下来的。
9. Brought about changes in people's lifestyle such as the type of shelters they made. 给人们的生活方式带来了变化，例如，他们的住所(就发生了变化)。
10. To make the axes, sources of suitable stone had to be found and systematically exploited. 为了制造石斧，必须有合适的石料来源，还必须能够进行系统的开采。
11. The pottery was probably made by shaping clay into a ball with the hand, and then hollowing it until the walls were the right thickness. 陶器很可能是用手将粘土做成一定的形状，然后将中间挖空，直到它的壁达到一定的厚度为止。
12. In the course of time“随着时间的推移，渐渐地”。
13. This could have been an imitation of earlier vessels which were made of leather sewn onto wood. 这可能是对早期容器的一种模仿，早期的容器是将动物皮毛缝到木头上做成的。

➲ 考题解析

Question 31 答案 C
引入 Neolithic period 这个题目之后，演讲人接着说对新石器时代定居者的来源有好几种假设，但是 most of these contain problems。有的理论说他们来自英格兰，有的说他们来自欧洲大陆，但是都有问题。所以答案是 C。

Question 32 答案 A
讲完了移居者来源之后，演讲人讲的是他们养的牲畜。从现代农业的角度可知，if the level of breeding stock falls below about 300 females, the future of the species locally is at risk。所以可以料想到从新石器时代一开始，the number of breeding sheep would have considerably exceed 300, and the national cattle herd must have been of a similar size，所以答案是 A。

Question 33 答案 A
通常以为，这些定居者用覆盖了动物皮毛的船只来运送牲畜，但是演讲人说“ this method would have severely restricted the range of the colonizing fleets”，即这种方法会严重影响殖民船队的范围，所以答案是 A。

Question 34 答案 B
然后讲到的是 crops。小麦和大麦都是在这个时期被引进爱尔兰的。The main evidence for their presence consists of impressions on pottery, where a cereal grain accidentally became embedded in the surface of a pot，主要根据是陶器上的印迹，所以答案是 B。

Question 35 答案 people
话题转到 farming technology。在谷物被种植之前，必须通过犁地来清除森林，已在 County Mayo 发现了犁的石制刀刃。The body of the plough would have been of wood and could have been drawn by people, but it's also likely that cattle were used，所以应该填 people。

Question 36 答案 water, sand/sand, water
在石斧的制作过程中，首先要将石斧 chipped into shape，然后 they need water and sand for grinding and polishing，答案中 water 和 sand 不分前后顺序。

Question 37 答案 Scotland
这些制造出来的石斧不仅 transported all over Ireland, 还到达了 Scotland 和 the south of England。

Question 38 答案 outside
定居者最有用的革新之一就是 pottery making。首先用手 shape clay into a ball，然后 hollow it until the walls were the right thickness。After firing, the outside was often polished, 目的是使这些水壶能盛水。

Question 39 答案 local
演讲人接着就说 Now we know that the clay used usually came from local sources, 所以导致制造规模特别小。

Question 40 答案 tops
在制陶的过程中逐渐出现了 decoration。在最初阶段，"this looked like a series of stitches and was just around the tops of the pots"。

READING

READING PASSAGE 1

➲ 文章结构

体裁	说明文
主要内容	本文从电影早期制作人卢米尔兄弟开始向公众放映电影说起，着重论述电影这个新生事物给当时的人们带来的冲击，以及电影给后世带来的影响。
结构	A 文章开头很简单，描绘出卢米尔兄弟在一百年前给公众放映电影的情景。
	B 虽然电影在今天看起来是司空见惯的，但它却是 20 世纪最具活力的艺术形式之一。这一段也是对第一段的补充，指出第一段那个看似平常的场景背后所蕴藏的深远意义。
	C 卢米尔兄弟早期的影片虽然只是一段很短的火车进站场景，但是在后来的电影大师们看来，这却给当时的观众带来了极大的震撼。
	D 电影的魔力就在于它能够使静止的图像按照时间顺序动起来。
	E 电影可以使人们足不出户便能了解到外面的世界，但是电影所给出的影像主要是美国式的。
	F 正是因为电影，我们这个时代的记忆才可以被大量详尽地保存下来。
	G 因为观众能够近距离观察电影明星，所以他们显得更为真实。

	H 电影也能使讲述故事这个想法重新焕发活力，但是在电影出现的早期，很多人对电影能否保持长久的吸引力抱有疑问。
	I 虽然早期的电影制作人担心观众不可能保持长久的注意力，但是电影长度为两个小时却成为了以后电影制作的惯例。
	J 总结全文：作者最后感叹电影在短短的一百年间发展如此迅速，有了电影，我们这个世界将会更加美好，更加真实。

词汇注释

A段	
cinematography n. 电影术 customer n. 顾客 stunned adj. 使…震聋，使…震惊	thrilled adj. 非常激动得，兴奋的，高兴的 audience n. 观众 photograph n. 照片
B段	
ordinary adj. 平常的，正常的，普通的 routine n. 常规，日常工作，惯例，例行公事 adj. 日常的，常规的 determined adj. 坚决的，决定了的 leap n. 跳跃，飞跃 imagination n. 想象，空想，想象的事物 grasp v. 抓住，抓紧，掌握，领会 impact n. 影响	initial adj. 最初的，词首的，初始的 extraordinary adj. 非常的，特别的，非凡的 magic n. 魔法，巫术，戏法 adj. 魔术的，有魔力的，不可思议的 unique adj. 唯一的，独特的 hypnotic adj. 催眠的，易被催眠的 dynamic adj. 动力的，动态的 effective adj. 有效的
C段	
platform n.（车站）月台，讲台，讲坛，平台 genius n. 天才，天赋 approach v. 靠近，走进	panic n. 惊恐，恐慌 confusion n. 混乱，混淆 crush v. 压碎，碾碎，压服，压垮，粉碎，（使）变形
D段	
familiar adj. 熟悉的，听惯的，亲近的，随便的 embrace v. 拥抱，互相拥抱，包含，收买，信奉 transport v. 传送，运输	whim n. 一时的兴致，幻想，反复无常，怪念头，奇想 objective adj. 客观的，中肯的
E段	
realism n. 现实主义 overwhelmingly adv. 压倒性地，不可抵抗地 fiction n. 小说 dominate v. 支配，占优势	imagery n. 肖像（总称），比喻，雕刻 primary adj. 第一位的，主要的，初步的，级的，原来的，根源的 globe n. 地球，世界

F段	
intimately *adv.* 密切地，紧密地 classical *adj.* 古典的，正统派的，古典文学的 massive *adj.* 大量的，厚重的，大块的	encyclopedic *adj.* 如百科辞典的，百科全书式的 preceding *adj.* 在前的，前述的
G段	
consequence *n.* 结果，[逻]推理，推论，因果关系，重要的地位 effectively *adv.* 实际上，有效地，有力地 personality *n.* 个性，人格，名人	inevitably *adv.* 不可避免地 magnify *v.* 放大，扩大，赞美，夸大，夸张 enduring *adj.* 持久的，不朽的 legacy *n.* 遗赠(物)，遗产(祖先传下来的)
H段	
give a new lease of life to... 使(某事物)重新焕发活力 pioneer *n.* 先驱，倡导者，先遣兵，先锋	gimmick *n.* 广告伎俩，销售花招 fairground *n.* 游乐场
I段	
documentary *n.* 纪录片，记录片，文献片 transfer *n.* 迁移，移动，传递，转移，调任，转账，过户，转让 narrative *n.* 叙述，故事 medium *n.* 媒体，方法，媒介	conceive *v.* 构思，以为，设想 concentrate *v.* 集中，专心 reel *n.* (磁带等的)一盘 convention *n.* 习俗，惯例
J段	
scream *v.* 尖声叫，尖声喊叫	astonishing *adj.* 惊人的，不可思议的

➲ 考题解析

Questions 1-5

● 题型归类：Short Answer Questions
此类题型属于细节题，注意题目的提问方式及问句中的定位信息。

➲ 题目解析

题目编号	题目定位词	答案位置	题　解
1	location, first cinema	A段 第1句	题目：最早的电影的出现地点。 该题不难。全文只有第一段提到了一个具体位置：巴黎卡皮欣14号大街，第一段完全是用简单的语言讲述了最早的电影出现的时间、地点和效果，考生只要稍加留意就能找出正确答案，这也再次提醒考生一定要认真阅读文章的第一段。

2	focus, stories	I 段 第 3 句	题目：电影是如何侧重于讲故事的？ 该题有一定的迷惑性，因为全文有两段提到电影与讲故事的关系，而且 H 段刚开始的第 1 句就出现了 story 这个单词，很多考生会误选 H 段。然而，H 段主要是为下一段 I 段打下铺垫，我们必须抓住 I 段转折的第 3 句，雅思阅读中，转折部分通常是出题点。此外，考生还要熟悉 overwhelmingly 这个词的意思才能做出正确选择。
3	speed, changed	J 段 第 1、2 句	题目：电影改变的速度。 最后一段的第 1 句已经点明题意，感叹电影的变化是如此迅速。作者在第 2 句又详细写出这个变化的时间段：短短 100 年，以及变化所带来的深远影响。
4	other cultures	E 段 第 1、2、3 句	题目：电影是如何教我们认识其他文化的？ E 段的首句其实就说明了题意：原文中的 educate 就相当于题目中的 teach，原文中的 educate the world about itself 就相当于题目中的 teach us about other cultures。E 段的第 2、3 句展开论述题目中 cultures 的含义。这道题提醒我们：1. 着重把握每段第 1 句；2. 注意题目对原文语句的变换说法。
5	attraction, actors	G 段	题目：电影演员的吸引力。 考生应该记得 G 段首句的 “star”，这是题目中 actors 的同义词，虽然作者在全文中没有用到 actors，但是只有 G 段是在说电影明星的影响力。

考题解析

Questions 6-9

● 题型归类：YES/NO/NOT GIVEN

Y/N/NG 类题考查考生对文章细节的把握与辨别能力，考查题目中细节信息和逻辑关系是否与文章中完全对应。因此在解题时，先要确保读懂题目，准确理解题目的意思，然后根据题目定位词回到原文相关内容后与题目进行对照判断。

题目解析

题目编号	题目定位词	答案位置	题 解
6	important, first audiences, reacted,	B 段 第 2 句	YES 题目：理解最初的观众对电影的反应是很重要的。该题稍微有些难度，因为文章中有几处谈到观众对电影的反应，但是指出观众对电影的反应归根结底还是为了说明电影带来的影响，在 B 段的第 2 句，作者用了一个转折连词 “but” 引出这个深层含义，指出理解这些反应就等于理解电影的非凡魅力，这是值得一试的。因此答案确定为 YES。

7	film about the train, the greatest films	C 段 第 3 句	NOT GIVEN 题目：卢米尔兄弟关于火车的那部电影是有史以来最伟大的一部电影之一。 相信很多考生会选择 YES，首先，很多人会有可能把 the greatest of all film artists 看成 the greatest film；其次，有人会将那个伟大导演的赞扬 "a work of genius" 理解成"伟大的作品"。一部构思奇巧的电影不见得就是一部伟大的作品，所以，作者并没有提到这部电影是否伟大，该题只是妄加猜测，故答案确定为 NOT GIVEN。
8	a biased view of other countries	E 段	NOT GIVEN 题目：电影在拍摄其他国家时有偏见。在 E 段中，作者确实指出电影中的景象大多都是美国式的，美国价值观念的生活方式通过电影传到了全世界，但是至于其他国家是否受到电影的偏见的影响，我们不得而知。这种题型最容易掉进出题人的陷阱，考生的逻辑不要发生偏移，不能根据自己的主观推测做题。答案为 NOT GIVEN。
9	storylines, early cinema	I 段 第 4 句	NO 题目：在早期电影中故事情节很重要。 在早期电影中，制作人担心的是观众能否在银幕前坚持很长时间，所以长篇大论的故事情节在那时并不重要，那时的电影只是像火车进站这样的简单场景，还没有深入到讲故事这个层面，尽管电影发展的方向就是讲述故事。

➲ 考题解析

Questions 10-13

● 题型归类：Multiple Choice

此类题型属于细节题型，解答此类题目时可以先不看选项，根据题干中的定位词找到答案，所在的句子后再查看选项判断正确答案，但在区分混淆选项时常常要继续浏览相关段落以确定最终答案。

➲ 题目解析

题目编号	题目定位词	答案位置	题　解
10	the film of the train	B 段 第 2 句	该题与上面的第 6 题出题思路类似，需要考生透过现象看本质，认清作者在描绘卢米尔兄弟第一次放映电影的情景时的真实目的。其实 B 段第 2 句说的很明白，理解观众在看电影时所作出的反应就是等于理解电影的非凡魅力，这就是作者为什么谈论火车进站那一幕电影的真实目的。故答案选 B。

11	Tarkovsky's opinion, attraction of the cinema	D 段 第 4 句	作者在 D 段说电影是有魔力 (magic) 的，有魔力的不就是 attraction 吗？该段第 4 句开头的 for Tarkovsky 就等于题目中的 in Tarkovsky's opinion，作者接下来说：这种魔力的关键在于电影能把一连串的事物连成一组运动中的图像，这正好符合选项 C 的说法。该段最后一句也印证了这个说法：而电影能捕捉到真实的、客观的时间流。
12	cinema first began	H 段 第 2 句	该题题干较短，包含的有效信息不多，所以考生必须从四个选项中提取信息，然后再一一定位，分别排除。H 段提到"当卢米尔兄弟和其他的先驱开始炫耀电影这个新发明时，怎么使用它大家却一点都不明了"，前半句对应题干的 when cinema first began，后半句的形式主语对应题干的 people thought that，而选项 D 说"电影的将来还不确定"正是印证了那个形式主语的说法。
13	Title		对于这种为全文选标题的题型，考生切忌一叶障目，抓住选项中某个词语，匆忙做出选择。选项 A、B、C 在文中都有论述，但都不是符合全文意思的标题。只有选项 D"大屏幕的力量"，符合文章中心思想 —— 电影的魅力，故为答案。

参考译文

一百多年前的1895年12月8日，卢米尔兄弟在巴黎卡皮欣14号大街向100位付费的观众放映了他们制作的电影。在这些目瞪口呆、惊喜若狂的观众面前，图像都动了起来，一张张飘过薄薄的银幕。

如今电影对我们来说已经是习以为常的事情了，所以我们要发挥极大的想象力才能了解这些早期的"移动图像"所带来的深远影响。但是这值得我们去试一试，因为要了解这些图像带来的冲击，就等于了解电影非凡的力量和魔力，正是这种独特的、令人眩晕的品质使电影成为20世纪最具活力、最为有效的艺术形式。

卢米尔兄弟最早的电影当中，有一段30秒的电影片段，以一角洒满阳光的火车站台为背景：一辆火车出现了，径直向摄像机驶来。这就是这个片段的全部场景，然而电影艺术大师安德烈·塔尔科夫斯基却把它称之为一件"天才作品"。他写道："列车驶进时，剧院中开始出现骚乱：人们跳出座位，跑了出去。这就是电影诞生时的情景。吓坏的观众无论如何也不能接受这样一个事实：他们只是在观看一段图像。图像是静止的，只有真实的东西会动；所以这些肯定是真实的东西。惊慌中，观众害怕一辆真实的列车就要冲过来碾碎他们。"

早期的电影观众经常在影院里惊慌失措。随着时间的推移，电影这个新事物逐渐变得不再陌生，人们也接受了这种魔力——电影一直都是有魔力的。电影从来没有失去它独特的魅力，吸引观众，将他们送到一个不同的世界去。对于塔尔科夫斯基卡来说，这种魅力的关键在于电影能把一连串的事物连成一组运动中的图像。一幅静止的图像只能显示出时间的存在，小说中的时间在读者眨眼之间便转瞬即逝。而电影却能捕捉到真实的、客观的时间流。

这种现实主义的效果之一就是让这个世界上的人们更加了解这个世界本身。因为电影使这个世界变小。远在人们去美国或别的地方旅行之前，他们已经了解了其他地方是什么样子的、那里的人们是如何工作和生活的。在很大程度上，记录下的生活——至少在电影中——是美国式的。从电影产业的早期开始，好莱坞就控制了整个世界电影市场。美国式的映像——汽车、城市、牛仔——成为电影中的主要映像。电影将美国式的生活和价值观念带到了全世界。

并且，正是因为电影，将来的人们对20世纪的了解将会比以前任何一个时期都更加深入。我们只能想象14世纪或古希腊时期的生活是什么样子的。但是当代生活已经被电影如百科全书式地详细记录下来。与我们的前辈相比，我们将更加为后人所知。

“电影明星”是电影另一项自然而然的产物。事实上，电影明星诞生于1910年。电影明星们能给观众一个直观的印象，所以不可避免的，他们变得超级真实。因为我们能够近距离观察他们，也因为所有人似乎都知道这些明星是谁，所以他们看上去比我们本身都真实。作为人性自身的放大，电影明星是电影最为离奇和持久的遗产之一。

同时，电影也使讲故事这个想法呈现出新生特点。当卢米尔兄弟和其他的先驱开始展示电影这个新发明时，将怎么使用它大家却一点都不明了。起初，最重要的只是电影能动起来这个奇观。当时确实有人这样说，一旦大家的新鲜劲儿不复存在，电影就将走向没落。它只不过是一个转瞬即逝的推销花招，一个露天游乐场吸引人的玩意儿。

例如，电影很可能成为一种纪录片的形式。或者它可能会像电视一样发展，将音乐、信息和叙事以一种古怪、喧闹的方式传送。但是，真实情况是，它已经势不可挡地发展成为了一种讲故事的媒介。最初，大家只是设想通过电影讲一些短篇故事——早期的电影制作人怀疑观众的注意力能否保持一卷胶卷的长度。随后的1912年，一部时长2小时的意大利电影取得了巨大的成功，好莱坞也决定采取这种小说长度的叙事方式，这也成为今天占主导地位的电影拍摄惯例。

这一切发生得都如此迅速。真是难以置信，就在短短的一百年前，那辆列车才刚刚驶进，观众惊叫着四处逃逸，被他们看到的恐怖事实吓坏的时候，他们或许突然间意识到这个世界已经不像从前那样了，或许，变得更好、更明亮、更让人称奇，也变得比现实更加真实了。

READING PASSAGE 2

➲ 文章结构

<table>
<tr><td>体裁</td><td colspan="2">说明文</td></tr>
<tr><td>主要内容</td><td colspan="2">本文主要论述了管理者应当如何在机构走下坡路时去有效地激励员工。作者一共列出六个要点来帮助管理者应付这一难题。</td></tr>
<tr><td rowspan="7">结构</td><td>THE CHALLENGE</td><td>点出主题：对于管理者来说，如何在一个衰败的机构里激励员工，这是一个挑战，士气和生产能力都会受到负面影响。但作者将在下面分别论述六种应对之道。</td></tr>
<tr><td>KEY POINT ONE</td><td>管理者应该将人才和岗位相匹配，这样才能有效地鼓励员工。不同的员工需求也不尽相同。</td></tr>
<tr><td>KEY POINT TWO</td><td>管理者应该在确保每位员工都有自己特定目标的同时，还要在必要时鼓励员工参与目标制定过程，这样才能确保目标被员工所接受。</td></tr>
<tr><td>KEY POINT THREE</td><td>管理者应该让员工相信他们的努力会有一个好的结果。</td></tr>
<tr><td>KEY POINT FOUR</td><td>因为员工要求不同，所以管理者应该使奖励能够体现出因人而异的个性化来。</td></tr>
<tr><td>KEY POINT FIVE</td><td>管理者应该让奖励和员工的表现相挂钩，并且应该使奖励过程更加公开化，这样才能使奖励更具有激励作用。</td></tr>
<tr><td>KEY POINT SIX</td><td>在奖励公开化的过程中，管理者应该注意到不同的员工在看待投入和结果方面有不同的标准。</td></tr>
</table>

➲ 词汇注释

文章	
challenge *n.* 挑战 motivate *v.* 激发 declining *adj.* 正在衰败中的 personnel *n.* 人员，职员 promotional *adj.* 增进的，奖励的 opportunity *n.* 机会，机遇 optimism *n.* 乐观主义，乐观 entice *v.* 诱惑，诱使 be prone to… 有…的倾向，易于	voluntarily *adv.* 自动地，自愿地，以自由意志 morale *n.* 士气，民心 redundant *adj.* 多余的，冗余的 productivity *n.* 生产力，生产能力 rumour *n.* 谣言，流言蜚语 retrenchment *n.* 节省，删除 outline *v.* 描画轮廓，略述 *n.* 要点，大纲，纲要
KEY POINT ONE	
abundance *n.* 丰富，充裕，丰富充裕 evidence *n.* 证据，根据 autonomous *adj.* 自治的，自主的 managerial *adj.* 管理的 bureaucratic *adj.* 官僚政治的 affiliation *n.* 联系，从属关系	inconsistent *adj.* 不一致的，不协调的，矛盾的 moderately *adv.* 适度地 feedback *n.* 反馈信息 variety *n.* 多样性，变化 responsibility *n.* 责任，义务
KEY POINT TWO	
literature *n.* 文学(作品)，文艺，著作，文献 specific *adj.* 专门的，特殊的 achievement *n.* 成就，功绩 minority *n.* 少数，少数民族 assign *v.* 分配，指派 in conjunction with 与…共同，连同	perception *n.* 理解，感知，感觉 resistance *n.* 反抗，抵抗，抵抗力，阻力 incongruous *adj.* 不调和的，不适宜的 manipulative *adj.* 操作的，操纵的，控制的 negatively *adv.* 否定地，消极地
KEY POINT THREE	
regardless of 不管，不顾 confident *adj.* 自信的 capability *n.* 能力	appraisal *n.* 评价，估价(尤指估价财产，以便征税)，鉴定 valid *adj.* 有效的，有根据的，正当的，正确的
KEY POINT FOUR	
reinforcement *n.* 增援，加强，加固，援军 personalise *v.* 使个人化，体现，使人格化	allocate *v.* 分派，分配 autonomy *n.* 自治

KEY POINT FIVE	
contingent *adj.*（正式）因情况而变的，视条件而定的 attainment *n.* 达到 advancement *n.* 晋升 specific *adj.* 专门的，特殊的 maximise *v.* 最大化，把…增加到最大限度，把…扩大到最大限度，找出…的最高值	visibility *n.* 可见度，可见性，显著，明显度，能见度 remuneration *n.* 报酬 bonus *n.* 奖金，红利 potentially *adv.* 潜在地

KEY POINT SIX	
outcome *n.* 结果，成果 equitable *adj.* 公平的，公正的 simplistic *adj.* 过分单纯化的 clerical *adj.* 文书的，事务上的，抄写员的 similarly *adv.* 同样地，类似地 involvement *n.* 卷入，牵连，包含	accomplishment *n.* 成就，完成 rate *v.* 估价，认为，鉴定等级 dramatic *adj.* 戏剧性的，生动的 finding *n.* 发现，发现物，决定，裁决 transparent *adj.* 透明的

考题解析

Questions 14-18

● 题型归类：List of Headings

此类题型属于结构题，考查考生对文章整体结构的把握和概括能力。解答此类题型首先要分析题目中给出的选项，确定各选项的主要内容和相似选项之间的区别，接着要了解段落基本构成方式，准确寻找段落的主题句（通常集中在段落的首句和末句），如果主题句较难寻找，则需要迅速浏览全段后总结段落中心思想。

题目解析

题目编号	段落主题句	题　解
14	The literature on goal-setting theory suggests that managers should ensure that all employees have specific goals and receive comments on how well they are doing in those goals.	KEY POINT TWO 段首句告诉我们管理者应当确保所有的员工都有具体的目标，都能收到对他们在努力实现目标时的表现的评价。在八个选项中，没有出现原文中的 goal，但是有两个选项（第 3 个和第 7 个）出现 goal 的同义词 target，但是该段并没有说到目标是否应当切合实际。所以只有选项 Vii 才是正确答案，它的两项内容：确定目标和给出反馈正是首句中表达的内容。有的考生不知道 feedback 就是原文中“给出评论”的意思，所以没有做出正确选择。

15	Regardless of whether goals are achievable or well within management's perceptions of the employee's ability, if employees see them as unachievable they will reduce their effort.	KEY POINT THREE 段的首句指出如果员工认为确立的目标是不可实现的，他们就会偷工减料。这就从侧面反映出目标是否合理、合乎实际是十分重要的。该段后面两句为管理者提出要求，应该根据员工的能力大小来确定合适的目标。所以选项 iii "确保目标是符合实际的" 为正确答案。
16	Since employees have different needs, what acts as a reinforcement for one may not for another.	KEY POINT FOUR 段开头指出不同的员工的需求也不尽相同，所以提醒管理者要根据员工的需求不同而做出个性化的奖励措施。选项 ii 意为 "将奖励与个人相匹配"，符合该段大意。
17	Managers need to make rewards contingent on performance.	KEY POINT FIVE 段的首句为该段的主题句，考生需要掌握关键词组 contingent on/upon，首句的意思是：管理者需要视员工的表现来论功行赏。选项 iv 的 achievement 其实就是原文中 performance 的同义词。
18	The way rewards are distributed should be transparent so that employees perceive that rewards or outcomes are equitable and equal to the inputs given.	KEY POINT SIX 段的首句有一个关键词 equal（公平），只有员工认识到自己得到的奖励是公平的他们才能得到最大的激励。该段下面几句都是在提醒管理者如何能够保持公平，要根据员工群的不同给与不同的奖励。所以只有选项 i "确保奖励系统公平" 符合题意。

➲ 考题解析

Questions 19-24

● 题型归类：YES/NO/NOT GIVEN

Y/N/NG 类题考查考生对文章细节的把握与辨别能力，考查题目中细节信息和逻辑关系是否与文章中完全对应。因此在解题时，先要确保读懂题目，准确理解题目的意思，然后根据题目定位词回到原文相关内容后与题目进行对照判断。

➲ 题目解析

题目编号	题目定位词	答案位置	题　解
19	shrinking organization, skilled employees	THE CHALL-ENGE 部分首段 后半部分	题目：一个日益衰败的机构容易流失技术较差的员工，而不是技术熟练的员工。 该题难度一般，因为首段后半部分指出当一个机构在走下坡路时，最好的和最有活力的员工往往选择自主跳槽，而留下来的只是那些相对较差的员工。该题与原文意思正好相反，所以答案为 NO。值得注意的是，原文中的 "be prone to" 和题干中的 "tend to" 是同义词组。

20	easier, small business, large business	KEY POINT ONE 部分第 2 句	题目：管理一个小企业要比管理一个大企业容易得多。 该题比较简单，因为作者在文章首句只是把在一个蒸蒸日上的企业激励员工和在一个日益衰败的企业激励员工进行比较，而 KEY POINT ONE 部分的第 2 句谈到大小企业也只是为了说明工作环境不同，并没有提到管理大、小企业哪个更难，所以，该题只是妄加猜测，文章中并未出现相关阐述，故答案确定为 NOT GIVEN。
21	high achievers, team work	KEY POINT ONE 部分第 5 句	题目：高层次的成功人士十分适合团队合作。 全文中只有 KEY POINT ONE 部分谈到了“high achievers”适合干哪些工作，指出这类人只有分配到那些难度适中、有独立权和反馈及时的岗位上才能干得最好。有独立权 (independence) 肯定不能与 team work 兼容，故答案确定为 NO。
22	manipulated, participate in goal-setting	KEY POINT TWO 部分最后一句	题目：当一些员工应邀参与制定目标的时候，他们会感到自己受别人的支配。 全文中出现关键词“manipulated”的地方只有一处：KEY POINT TWO 部分最后一句。虽然原文中是说员工视这种参与过程为暗箱操作，但还是感到自己受到别人的操纵。所以答案确定为 YES。另外，考生还要理解这句话里面的 participation 就是指“参与制定目标”的意思。
23	appraisal process	KEY POINT THREE 部分最后一句	题目：员工评估方法应当由员工来制定。 该题与 22 题一样，关键词 appraisal process 全文只出现一处：KEY POINT THREE 部分最后一句。根据句意，这种评估方法应该由管理者操作，员工需要做的只是被要求认同这种方法的合理有效性，并没有说这种评估方法该由哪一方制定，所以答案确定为 NOT GIVEN。
24	employees' earning, disclosed to everyone	KEY POINT FIVE 部分第 5 句	题目：员工的收入应该为同一机构内的其他同事所知晓。 KEY POINT FIVE 部分指出管理者需要视员工的表现来论功行赏，这种奖励制度应该加强透明化，所以作者建议通过公开交流员工报酬情况来消除这种不公开情况，这与题目的意思相符，所以答案确定为 YES，但考生要知道题目中的 disclose 是“暴露、泄露”的意思。

➲ 考题解析

Questions 25-27

●题型归类：Matching

需要提醒考生的是，不要将题干中的 the list of descriptions 错看成雅思阅读中常出现的 the list of headings. 这几道题实质上还是将正确选项与题干中出现的三类人相匹配。

➲ 题目解析

题目编号	题目定位词	答案位置	题　解
25	high achievers	KEY POINT TWO 部分第 2 句	要快速确定该题答案不是一件容易的事情，因为全文有好几处出现 High achievers 这个关键词，在 KEY POINT TWO 部分第 2 句，作者说到对于那些有着更高追求的人来说，外部目标不是那么重要，因为这些高层次的成功人士已经有了内部动力。这说明高层次的人并不十分需要外部目标。所以答案选 B。
26	clerical workers	KEY POINT SIX 部分	该题与下面一道题相互呼应，出处都在 KEY POINT SIX 部分。在文章的最后一段，作者将 clerical workers 和 production workers 相比较，分析两者对投入和结果这两个要素的侧重点有何不同。作者指出："the clerical workers considered…quality of work performed…near the top of their list"，把工作完成的质量放在首位无疑就是选项 C 所要表达的意思。故答案选 C。
27	production workers	KEY POINT SIX 部分	作者在这一部分不仅对比了 clerical workers 和 production workers 在投入上侧重点的不同，也举例说明二者同样倾向于不同的结果：production workers rated advancement very highly。句中的 advancement 等同于 promotion(晋升)，所以答案选 A。

➲ 参考译文

如何在逆境中激励员工

挑战

在一个不断发展壮大的机构里激励员工要比在一个日趋衰落的机构里激励员工容易得多。当一个机构不断扩张、不断招兵买马的时候，晋升机会、加薪、以及和一个不断发展的机构一起成长所带来的激情都可以创造出乐观向上的气氛。管理层能够利用这种增长的态势来激励员工。但是当一个机构在走下坡路时，最好的和最有活力的员工往往选择自主跳槽。不幸的是，这些员工是机构里最不能失去的员工，因为他们技能超群、经验丰富。而留下来的却往往都是些能力不足的员工，因为他们的工作机会不多。

在机构衰落的时候，士气也会受损。员工们害怕他们很可能就是下一个多余的人并且被解雇。机构的生产力也经常下降，因为员工们把时间都花在分享小道消息和彼此打气上面，再也无心工作了。对于那些能够捧牢饭碗的员工来说，加薪几乎是不可能的了。相反，以前在机构兴旺的时候闻所未闻的减薪倒是很有可能降临到头上。对于管理层来说，挑战在于如何在这种萧条时期鼓励员工。这种挑战的应对之道可以被泛泛地分为下面列出的六个关键点：

要点一

有充足的证据显示，仔细挑选合适的人到合适的工作岗位上，做到员工和其从事的岗位相匹配，这会带来激励作用。例如，如果这种工作只是要在一个大的商业机构里面经营一个小的机构或者一个自负盈亏的单位，应该挑选那种高层次的成功人士；如果这种工作是在一个官僚气息浓厚的机构里的一个管理层职位，应该选择那些渴望权力而又不需要联营的人。相应的，高层次的成功人士不应该被放到那些与他们需求不符的工作岗位上。只有把这种人分配到那些难度适中、有独立权和反馈及时的岗位上他们才能干得最好。但是，我们应该记住：并不是每个人都会被那些有高度自主性、灵活多样和需要承担责任的工作所激励。

要点二

那些关于如何设置目标的理论文献显示，管理者应当确保所有的员工都有具体的目标，都能收到对他们在努力实现这些目标时的表现的评价。对于那些梦想功成名就的人来说——他们在任何机构只占一少部分——外部目标的激励不是那么重要，因为这些高层次的成功人士已经有了内部动力。下一个要确定的因素是这些目标是被一个管理者还是一个与员工相关的集体单位指派。这个问题的答案依赖于人们对这些目标的接受程度和企业文化。如果事先预料到对这些目标会有抵触，那么鼓励员工参与目标制定会使这些目标变得更易于接受。但是，如果这种参与和机构文化不符，目标应该被指派下去。如果这种参与和机构文化不相容，员工很可能会将这种参与过程看成是暗箱操作，并且这种过程给员工带来的影响将是负面的。

要点三

不管这些目标是可以实现的还是管理层认为员工的能力足以实现这些目标，如果员工认为这些目标是不可实现的，他们就会偷工减料。所以，管理者必须确定员工对他们的努力一定会结出硕果充满信心。对于管理层来说，这就意味着员工必须有做这种工作的能力，而且必须认同这种评估方法的合理有效性。

要点四

既然员工有不同的需求，那么对于一个人合适的奖励并不见得一定适合另外一个人。管理者可以利用对每一个员工的了解来给员工不同的个性化的奖励，这些奖励他们完全可以控制。管理者可以支配的显而易见的奖励包括加薪、晋升、赋予自主权、拓展工作的广度和深度，以及有机会参与制定目标设置和决策。

要点五

管理者需要视员工的表现来论功行赏。奖励要素而不是奖励表现只会加强其他要素。诸如加薪或者晋升等关键性的奖励应当给与那些完成具体目标的员工。要与最大化这些奖赏的影响保持一致，管理者应当设法使这些奖励更加透明。要想使这些奖励更加显著、更加有潜在的激励作用，应该采取一些下面一些措施，例如，通过公开交流每个人的报酬情况来消除围绕在收入周围的秘密，公开奖金红利，一次性大量增加年薪，而不是一年中平均分配这些多出来的薪水。

要点六

奖金发放时应该透明，这样员工才能看到奖金或者收入是根据做出贡献大小而平等分发的。在最简单的层面上，经验、能力、努力和其他显而易见的付出都可以解释为什么收入、责任和其他显而易见的结果会有很大不同。但是，这个问题因为大量的付出和结果的存在而变得复杂，因为不同的员工群对这些付出和结果的重视程度不同。例如，一项对比办事员和生产部门的工人的研究找到了将近二十种不同的付出和结果。办事员们认为工作质量和工作知识是他们最先考虑的付出因素。生产部门的工人们则认为最重要的付出因素是智力和完成任务时的个人投入，而这两项因素是不怎么受办事员重视的。而且，在结果方面也存在一些重要的不同，尽管不是那么显著。例如，生产部门的工人们尤其重视晋升，而办事员则把晋升列为他们单子上的倒数第三位。这些研究结果表明一个人眼中的公正则是另一个人眼中的不公正，所以理想的做法是应该根据员工群的不同来衡量不同的付出和结果。

READING PASSAGE 3

文章结构

体裁	说明文	
主要内容	本文主要论述了科学家为寻找抗衰老药剂所作的实验及相关发现。文章分为三个部分，开头引出控制卡路里这一新的发现，中间段落论述控制卡路里的好处，结尾段说明这一做法是如何起作用的。	
结构	开头	点出主题：科学家已经尝试通过控制卡路里摄入量可以延缓生物体衰老过程，并且已有科学证据表明这样的做法对人类也是有效的。
	中间	作者通过两个典型实验：老鼠实验和两种猴子的实验说明控制卡路里带来的种种好处，而且我们有希望开发出这样的模拟控制卡路里化合物，造福人类。
	结尾	作者详细说明了这种控制卡路里模拟如何起作用，并提出了两个不同的解释说明。

词汇注释

标题	
laboratory *n.* 实验室 prolong *v.* 延长，拓展 vigor *n.* 精力，活力	lcaloric *adj.* 热量的 restriction *n.* 限制，约束
首段	
treatment *n.* 治疗，待遇，处理 build-up *n.* 积累，集结，储备 molecular *adj.* 分子的，由分子组成的 cellular *adj.* 细胞的 vulnerability *n.* 弱点，脆弱性 infirmity *n.* 虚弱，病身，疾病 intervention *n.* 干涉，介入 consumption *n.* 消费，消费量 calorie *n.* 热量，卡路里 nutritionally *adv.* 在营养上 longevity *n.* 长命，长寿，寿命 maximum *n.* 最大量，最大限度 intake *n.* 摄入量，吸入，吸入量 equivalent *adj.* 相等的，相当的，同意义的	mortal *n.* 凡人，人类 harsh *adj.* 粗糙的，荒芜的，苛刻的 regimen *n.* 养生法，养生之道 mimic *v.* (行为或运作)酷似，模仿 physiological *adj.* 生理上的，生理学的 mimetic *adj.* 模拟的，模仿的，拟态的 disorder *n.* 杂乱，混乱，无秩序状态 diabetes *n.* 糖尿病 arteriosclerosis *n.* 动脉硬化 chemical agent 化学试剂 rodent *n.* 啮齿动物 compound *n.* 化合物，复合物 informative *adj.* 提供大量资料或信息的 eventually *adv.* 最后，终于

中间段落	
desire *n.* 渴望，欲望 incidence *n.* 发生率 control group 对照人（组） lifespan *n.*（动植物的）寿命，预期生命期限 infection *n.* [医] 传染，传染病，影响，感染 replicate *v.* 复制 yeast *n.* [医] 酵母菌 hamster *n.* 仓鼠 genetic *adj.* 生殖的，遗传的 rhesus *n.* 恒河猴（一种猕猴，多用于实验） pancreatic *adj.* 胰腺的 hormone *n.* 荷尔蒙，激素	insulin *n.* 胰岛素 retain *v.* 保持，保留 triglyceride *n.* [化] 甘油三酸酯 glucose *n.* 葡萄糖 chronic *adj.* 慢性的，延续很长的 multitude *n.* 大批，大群，众多，大量 elixir *n.* 炼金药，不老长寿药，万能药 tout *v.* 赞扬，吹捧 alter *v.* 改变 underlie *v.* 构成…的根本原因 maintenance *n.* 维护，保持，维修
尾段	
prototype *n.* 事物之原始形态，原型 deoxy *n.* 脱氧，去氧 interfere *v.* 干涉，介入，干预 dose *n.* 剂量，（一）剂，（一）服 toxic *adj.* 有毒的，中毒的 adenosine *n.* [生化] 腺苷 triphosphate *n.* [化] 三磷酸盐 molecule *n.* [化] 分子 minimize *v.* 使缩到最小，减到最少 administer *v.* 给予，用（药） synthesis *n.* 综合，组织，综合体	retard *v.* 延迟，使减速，阻止，妨碍，阻碍 relate to *v.* 有关，涉及，与…直接相关 emission *n.*（烟、气）排放 thereby *adv.* 因此，从而 hypothesis *n.* 假设，假说 scarce *adj.* 缺乏的，不足的，稀有的，不充足的 induce *v.* 劝诱，促使，导致，引起 organism *n.* 生物体，有机体 luxury *n.* 奢侈，华贵

➲ 考题解析

Questions 28-32

● 题型归类：YES/NO/NOT GIVEN

Y/N/NG 类题考查考生对文章细节的把握与辨别能力，考查题目中细节信息和逻辑关系是否与文章中完全对应。因此在解题时，先要确保读懂题目，准确理解题目的意思，然后根据题目定位词回到原文相关内容后与题目进行对照判断。

➲ 题目解析

题目编号	题目定位词	答案位置	题　解
28	drug available today, delay the process of growing old	首段第 1 句	题目：研究表明今天可以买到的药物能够减缓变老的过程。 该题比较简单，因为答案位置醒目。但是出题者又使用"同义替换"这个方法：题目中的"drug available today"等于原文中的"treatment on the market today"，原文中说的很明白市面上没有药物能延缓衰老，所以答案为 NO。但请考生注意 slow 的用法，此处它是形容词活用为动词。

29	eating fewer calories, extend human life	首段 最后一句	题目：有科学证据显示，少摄取卡路里会延长人类寿命。 这道题的出处与上题同在一段，这有利于考生迅速定位题目。原文中的“caloric restriction”就等于题目中的“eating fewer calories”，而“increase longevity in humans”等于题目中的“extend human life”。在这道题中，作者同样使用了“同义替换”。因此答案确定为 YES。
30	a caloric-restricted diet, attractive	开头部分 第二段 第2句	题目：没有很多人会觉得限制卡路里食谱很诱人。 该题稍有难度，因为 1. 会有很多考生不知道原文中 mortals 的意思，2. 有些考生没有领会题目的意思是：很多人不喜欢这种食谱。原文说，很少有人能够坚持这一苛刻的养生之道，尤其是在一年内坚持不断。这也证实控制卡路里这种方法是没有多少人喜欢的。故选 YES。
31	diet-related diseases, common in older people	开头部分 第二段 第4句	题目：与食物有关的疾病在老年人中间很普遍。 在解题时，考生会觉得拿不准。在 YES/NO/NOT GIVEN 这类题型中，凡是考生第一感觉拿不准的题目，一般都是 NG。这也是一个做题技巧。 文章中没有提到摄取某些食物会诱发什么疾病，倒是说与衰老有关的疾病在老年人中很常见。故答案为 NOT GIVEN。
32	rats, a lower calorie diet	中间部分 第一段 第2句	题目：实验中，想吃什么就吃什么的老鼠比那些控制卡路里摄入的老鼠活得短。 提到老鼠实验细节的只有中间部分的第一段，研究人员为了弄清控制卡路里是否有用，把老鼠分为两类，一类是 rats fed on a low-calorie diet，一类是 free-feeding rats，题目中的 ate what they wanted，就是指文章中的后一类老鼠。对照原文，我们知道答案为 YES。

➲ 考题解析

Questions 33-37

● 题型归类：Matching
Matching 考查文章细节，此类题目通常难度不大，但由于需要在全文反复搜索相关内容而需要耗费大量时间，在解题时可以根据题目中某一组比较明显的定位词，先在文章中定位，然后在定位词附近迅速搜索正确答案。

➲ 题目解析

这组试题无非是考查考生是否把握住控制卡路里的猴子、对照组的猴子之间的不同表现，根据文章中间部分第四段描述的猴子实验细节做出选择。

题目编号	题目定位词	答案位置	题 解
33	monkey, diabetic	中间部分第四段 第 1 句	该题要求考生找出不太容易患糖尿病的猴子是上述哪一类猴子。文章指出控制卡路里的猴子血液中葡萄糖含量正常，因而患糖尿病的风险降低，因此答案选 A。注意括号里面的文字，它们起到解释说明的作用。
34	chronic disease	中间部分第四段 第 2 句	该题需要考生根据文中已知信息反推出正确答案，原文中只是说控制卡路里的恒河猴不太容易患上慢性病，那么我们可以得知对照组的猴子容易患上慢性病。故答案选 B。
35	longer than average life span	中间部分第四段 第 3 句	该题稍微有点难度，在文章中，作者提到能够证明活得比平均寿命更长的猴子还需要更长时间的观察 (must be followed still longer)，所以题目中的这种猴子，不属于实验中的任何一种，所以答案为 C。
36	heart disease	中间部分第四段 第 1 句	该题与 33 题出处一致，都是在第四段的第 1 句，都是在括号之内。心脏病几率减少是因为低血压和低甘油三酸酯水平，这都是控制卡路里的猴子的表现，故答案选 A。
37	insulin	中间部分第三段	该题和 34 题类似，都需要考生反推出答案。原文中提到控制卡路里的猴子体表温度和胰岛素水平较低，那么我们可以得知对照组的猴子胰岛素生成要高得多。故答案为 B。

➲ 考题解析

Questions 38-40

● 题型归类：Sentence Completion
该类题型考查考生对文章细节的辨别和掌握能力。在解题时，考生先要准确理解题意，根据关键词准确定位，而且需要特别注意空格处的语法成分以及题目中的字数限制。

➲ 题目解析

这组题与一般的 Sentence Completion 不太一样，它以图表的形式来考查考生对文章最后一部分的理解和把握，箭头的运用可以帮助考生迅速理清文章逻辑脉络。另外考生要注意题目要求：从文章本身的原词摘取答案。

题目编号	题目定位词	答案位置	题　解
38	CR mimetic, ATP	最后一部分 第二段 第 2 句	做题前先要把握图表中箭头所指代的逻辑关系，以及空白处上下的两个要点。在 CR mimetic 和 ATP 之间，缺少一个衔接步骤，就是要处理的葡萄糖数量减少 (minimize the amount of glucose)，所以空白处应该填上 "glucose"。
39	cell less damaged, emit	最后一部分 第二段 第 4 句	该题与最后一题考查重点相同，看考生是否能把握住针对上面所说现象的两种解释说明之间有何不同。但是这里还有一个重要的语法知识，很多考生已经定位了 emit 的位置，但是无法理解原文中 emission of free radicals 是什么意思，其实 of 后面的名词是前面 emission 的同位语，就是说 emit 出来的物质就是这种 free radicals，这也就是正确答案。
40	focus on, food is in short supply	最后一部分 第二段 最后一句	该题稍难，因为出题人把原文中的因果关系调换位置，而且还使用了多处 "同义替换"。考生要明白题目中的 focus on 就等于文章中的 emphasize，而 in short supply 等于原文中的形容词 scarce。原文中 emphasize 的宾语是 preservation，所以这应该是正确答案。

➲ 参考译文

寻找长生不老药

在政府实验室和世界各地，科学家们正在寻找一种能够延长生命和保持年轻活力的药剂。关于控制卡路里方面的研究正在开辟新局面。

最近致力于衰老方面的研究者指出，今天我们市面上所有的治疗手段当中，没有一种能够延缓人类衰老，衰老是指随着我们日趋年老，分子和细胞的损害慢慢积累，所以我们更容易受到疾病的困扰。但是一种干扰手段，即摄取一些低卡路里但营养均衡的食物，在多种动物身上有很好功效，增加了它们的寿命，让它们获得持久健康。这些研究发现表明利用控制卡路里的方法也能够延缓人类衰老，增加人类寿命。

但是不幸的是，为了获得最大的利益，人们可能会减少大约 30% 的卡路里摄入量，这大约等于每天减少 2500 到 1750 卡路里。很少有人能够坚持这一苛刻的养生之道，尤其是在一年内坚持不断。但是如果有人能够发明一种药剂，模拟出进食减少的生理效果，实际上又不逼迫人们少进食，那会发生什么事情呢？这种我们称之为 "模拟限制卡路里" 的方法能否使人们永葆健康、延缓与衰老有关的疾病（例如糖尿病、动脉硬化、心脏病和癌症等），使这些病直到生命末期才出现呢？研究者无意中发现存在于啮齿动物中的一种化学试剂似乎能够复制许多限制卡路里所带来的好处，在这之后，科学家首先在 20 世纪 90 年代中期提出上面的问题。虽然还没有发现任何化合物能够在人身上安全地达到这一功效，但是这项研究已经带来大量信息，让人们对模拟限制卡路里最终确实能够开发出来树立起信心。

限制卡路里带来的好处

"模拟控制卡路里" 源于人们渴望更好地了解控制卡路里给人体所带来的影响。早在 60 多年前，科学家就发现了这项实验的价值，当时他们发现进食低卡路里食物的老鼠的平均寿命要比自由进食的老鼠长，并且一些生命晚期会日益普遍的病况在它们身上出现的比例也要小很多。而且，一些接受实验的动物活得比那些对照组的老鼠中最年长的都要长久，这意味着寿命的上限（能达到的最长的寿命）—— 不单单是指正常寿命 —— 增加了。各种各样的干扰手段，例如抗感染药物等，能够增加人口平均寿命，但是仅仅是减缓人体衰老速度的方法就能增加寿命上限。

关于老鼠的这项实验后来重新被做过多次，并扩展到其他生物上，从酵母菌到果蝇、蠕虫、鱼、蜘蛛、田鼠和仓鼠等。直到最近这项研究还仅限于寿命比较短的物种，它们在基因上与人类隔得比较远。但是在两个和人类联系较紧的物种（恒河猴和松鼠猴）上进行的限制卡路里计划使科学家十分乐观，相信“模拟控制卡路里”能够帮助人类。

在猴子身上做的实验表明，与正常进食的对照猴子相比，那些控制卡路里的猴子们体表温度和胰岛素水平较低，它们也能使一些会随着年龄增长而衰减的荷尔蒙激素保持在更加年轻的水平。

控制卡路里的猴子患上与年龄有关的疾病的风险指数看起来也要小得多。例如，它们的血压比较低，甘油三酸酯水平也比较低（这预示着不大可能患上心脏病），而且它们的血液里葡萄糖水平也比较正常。而且，研究人员发现如果恒河猴持续进食控制卡路里的食物的时间比较长（将近 15 年），它们患慢性病的几率就比较小。但是，还要对这些猴子和其他猴子观察时间更长一些才能知道是否低卡路里摄入量不仅能够延长猴子的平均寿命，也能增加它们的寿命上限。与那些被吹捧为最新抗衰老良药的各式各样长寿药不同，模拟控制卡路里能够改变导致衰老的根本进程。我们旨在研制出能够欺骗细胞激活养护和维修的化合物。

模拟控制卡路里样本如何起作用？

可能成为模拟控制卡路里的化合物中研究最为透彻的 2DG（2 脱氧 D 葡萄糖）是靠介入细胞处理葡萄糖来起作用的。在给动物服用的剂量中，这种化合物被证明是有毒的，所以不能应用于人类。但是实验表明这种化学物质能够复制控制卡路里的效果；我们找到了合适的欺骗手段。

细胞利用血液中的葡萄糖生成 ATP（腺苷三磷酸盐），这种分子能够给肌体活动提供能量。通过限制食物摄取，控制卡路里使进入细胞的葡萄糖数量降到最低，这样就可以降低 ATP 生成。当给正常进食的动物使用 2DG 时，葡萄糖大量进入细胞，但是 2DG 使大多数葡萄糖免于处理，因此降低了 ATP 合成。为什么干预葡萄糖处理过程和 ATP 生成过程会延缓衰老，研究人员给出下列几种解释说法。一种可能性与 ATP 生成机器的排放物有关，人们认为，这些自由激进的物质会通过损害细胞而导致衰老和其他与衰老有关的疾病（例如癌症）。减少使用这些“机器”应当会限制 ATP 合成，从而限制对细胞的损害。另外一个可能性认为，降低葡萄糖处理过程会暗示细胞食物已经很缺乏了（即使真实情况不是这样子的），这样会诱导细胞自动转换到抗衰老模式上，这种模式重在保存机体，而不去追求例如生长繁殖等“奢侈”事情。

WRITING

WRITING TASK 1

The diagrams below show the life cycle of the silkworm and the stages in the production of silk cloth. Summarise the information by selecting and reporting the main features and make comparisons where relevant.

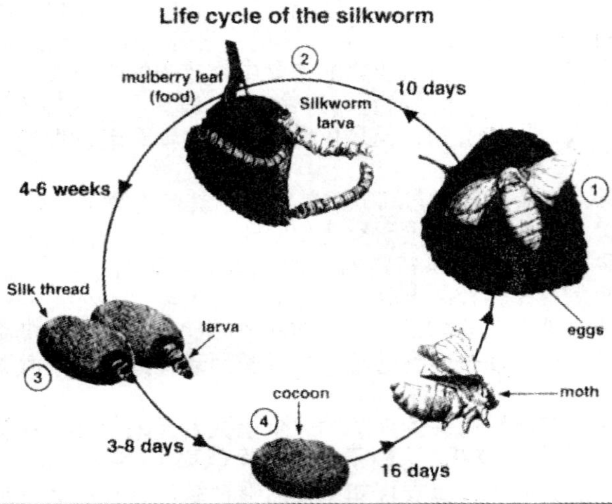

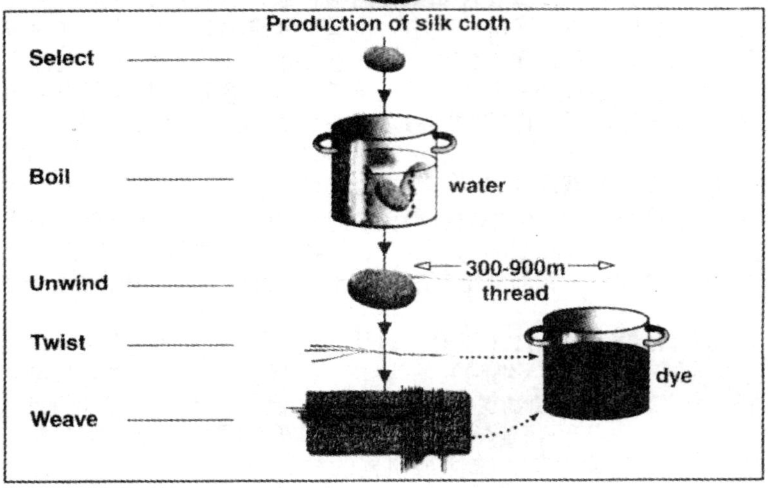

➲ **题目分析，包括写作中需要涉及的要点、对比以及考生可能对题目产生的错误理解。**

要点

1. 蚕的生命周期各阶段都按逆时针方向由数字标明。
2. 生产蚕丝的各阶段是从上到下的顺序。
3. 图中给出了相关单词，包括蚕的生命周期的名词以及蚕丝生产过程中的动词和名词。
4. 两幅图由蚕茧和制成丝线来连接。

考生可能产生的错误理解和问题

1. 图表很清楚，考生不应该对数据有任何误读。
2. 在描述第一幅图时，考生不要忘记写出各阶段之间的时间段。

➲ 建议采用的回答结构，对比此结构与考生有可能采用的不恰当结构。

以一个简短的介绍开始，介绍部分用自己的话把题目重写一遍，可以写成“The first/second diagram indicates/illustrates...”然后写两个段落，第一段描述蚕的生命周期，第二段描述蚕丝的生产。写作时用上两幅图中所提供的单词。

➲ 参考范文

The first diagram indicates the life cycle of silkworms whilst the second illustrates how silk is produced.

From the first diagram, we can see that silkworm moths lay eggs on mulberry leaves. These eggs take about ten days to hatch into silkworm larvae and thereafter eat mulberry leaves. After four to six weeks, the silkworm larvae create cocoons of silk thread. This process takes between three and eight days to complete. The larvae then remain inside the cocoons for sixteen days before emerging as fully developed moths.

The second diagram shows us that the first process in making silk cloth is to select the cocoons and boil them in water. Afterwards, the cocoons are taken out of the water and the silk thread is unwound, each cocoon producing 300 to 900 metres of thread. These threads are twisted together and woven together into silk cloth. The threads or the cloth can be dyed various colours as required.

(157 words)

第一个图表显示蚕的生命周期，而第二个图表说明丝是如何制做出来的。

从第一个图表我们可知蚕蛾在桑叶上产卵。这些卵经过大概十天孵化成蚕的幼虫，然后吃桑叶。四到六个星期后蚕幼虫吐蚕丝织成茧，这个过程需要三到八天完成。之后幼虫在茧里呆上十六天直到破茧而出成为发育完全的蚕蛾。

第二个图表向我们展示制做丝绸的第一步是采茧，然后把它们放在水里煮。之后把蚕茧从水里拿出来而蚕丝是完好无损的，每个蚕茧可以产300到900米的丝线。这些丝线被绕在一起然后被织成丝绸。丝线或丝绸可以按需要染成各种颜色。

➲ 参考范文中的词汇及结构分析，以及考生可能犯的错误。

1. “The first diagram indicates the life cycle of silkworms whilst the second illustrates how silk is produced.” 介绍部分按照要求把题目用自己的话重写一遍。
2. 生命周期这张图没有提供动词。因此考生必须使用恰当的动词以获得写作高分。在范文中，作者使用了数个恰当的动词，如“lay”、“hatch”、“eat”、“create”、“remain”和“emerge”。
3. 在描述蚕的生命周期时，注意时间短语的使用，如“take about ten days”、“After four to six weeks”、“ between three and eight days”和“for sixteen days”。特别要注意的是，作者并没有写“4-6 weeks”或者“3-8 days”，因为这样写仅仅只是照搬图中的信息。
4. 在描述蚕丝的生产过程时，注意作者正确使用了“unwound”和“woven”这两个不规则动词变位。

WRITING TASK 2

Some people believe that visitors to other countries should follow local customs and behaviour. Others disagree and think that the host country should welcome cultural differences. Discuss both views and give your own opinion.

➲ 题目分析，包括写作中需要涉及的要点以及考生可能对题目产生的错误理解。

1. 题目要求考生就两种观点展开讨论，所以考生需要写出双方的论点。
2. 任何一种观点都不可能完全正确，所以，一篇好作文要承认双方都有可取之处。
3. 题目说的是“visitors”，因此，作文不应该讨论移民到其他国家去的人。
4. 虽然题目并未做要求，但考生可以具体指出哪些“local customs and behaviour”应该被遵守。

➲ 建议采用的回答结构，对比此结构与考生有可能采用的不恰当结构。

作文需要一个简短的介绍部分和一个简短的结论。正文应该有两个或三个段落，每段分别阐述一个点。建议考生单独写一个段落来阐述与考生意见相反的观点，或者考生在正文各段中提及相反的观点。考生应该注意，不能把这篇作文写成完全同意或者完全反对题目说法的文章。

➲ 两篇观点不同的参考范文（250字—300字）

参考范文1——无需遵守当地风俗和行为

I think that visitors to other countries should not follow the customs and behaviour of the countries they visit. Many people disagree with my opinion. In this essay, I would like to look at both sides of the argument.

Many people believe that people should follow the customs and behaviour of the citizens of countries that they visit. They believe that this is necessary to show that visitors understand that they are guests in another country and that they accept that they must follow local norms. This could greatly reduce the possibility of conflict between the visitors and the local people and therefore contributes to international understanding.

On the other hand, many people, like myself, believe that one should behave in other countries as one would in his/her own country. This is considered good because people need to respect the fact that different countries and cultures have a variety of ways of doing things. In an increasingly interdependent world, this is important as it shows people that there is no one correct way of acting and that no one country's ways are better than another's. This is particularly important with regard to religious beliefs. If people from one religion are told that they must act like the local people in the countries they visit, they might be dissuaded from visiting rather than act in ways that may contravene their religious beliefs.

In conclusion, I think that it is unreasonable to ask people to change their behaviour when they visit another country. There are advantages in acting in accordance with local customs, but these are outweighed by the problems associated with it.

(271 words)

我认为到其它国家去的游客不需要遵循那些国家的风俗和行为方式。许多人不同意我的观点。在这篇论文里我将论述论题双方的观点。

许多人认为人们应该遵循他们所访国家公民的习俗和行为方式。他们认为游客有必要显示出他们了解自己是在另一个国家作客，他们赞成游客必须遵循当地的准则。这样做能大大减少游客和当地人发生冲突的可能性，因此有利于国家之间的相互理解。

另一方面，许多人像我自己认为你在其它国家的行为举止应该和你在自己国家的一样。这样做比较好的原因在于人们需要尊重一个事实，那就是不同的国家和文化做事情的方式是各不相同的。在一个愈加相互依存的世界里，这个道理很重要，因为它让人们知道不存在唯一正确的行为方式，也没有哪个国家的方式比另一个国家的好。涉及到宗教信仰时这个道理尤其重要。如果信仰某个宗教的人得知他们的行为举止必须跟他们所访国家的当地人一样，他们也许宁愿不去旅游也不会做和他们的宗教信仰有抵触的事。

结论是我认为让人们在另一个国家旅游时改变他们的行为方式是不合理的。与当地的习俗保持一致有一些好处，但由此产生的问题更多。

参考范文2——应该遵守当地风俗和行为

Should people follow local customs and behaviour when visiting other countries? I believe that they should, but many people disagree. In this essay, I will look at some of the points presented by both sides.

Many people suggest that by adapting to the local customs and behaviour, visitors show their respect for the local culture and this results in an understanding of different cultures. Certainly, local people are happy and impressed when visitors show this kind of understanding. By adapting to the local culture, visitors might also get more out of their visits. With luck, the local people might not regard them as strangers to be wary of, but rather as equals from another place. In addition, not adapting to the local culture could cause serious offence, particularly in highly religious societies.

However, adapting to the local culture could be misleading. The locals might believe that the visitors always behave like this, even in their own lands, when in fact they do not. This misunderstanding can be avoided quite easily through simple explanations of how things are in the visitors' countries. On the other hand, one could argue that it should not be the visitors who should change their customs and behaviour, but the visited. In order to show their respect for the visitors' culture, why shouldn't the locals change their ways when they are with them?

In conclusion, I do not think that it is necessary for visitors to follow local customs and behaviour, but I think that they should do this. I am confident that there would be increased mutual respect on the part of both locals and visitors.

(271 words)

当人们去其他国家旅游时应不应该遵循当地的习俗和行为方式呢？我认为他们应该，但许多人并不赞同。在这篇论文里，我将论述双方提出的一些论点。

许多人提出通过遵循当地的习俗和行为方式，游客表现出对当地文化的尊重，这可以引起对不同文化的理解。当然，当游客表现出这种理解时，当地人会很高兴且印象深刻。幸运的话，当地人可能不会把他们当成陌生人来防备，而是当成从另一个地方来的与他们相同的人。另外，不遵循当地文化可能会引起严重的冒犯，尤其在宗教很受重视的社会。

但遵循当地文化可能会引人误会。当地人可能认为游客的行为举止即使是在他们自己国家也都是这样的，实际上并非如此。只要简单地解释下游客来自的国家是什么情况，这样的误会是很容易避免的。另一方面，也可以说成不是访问者而是被访问者应该改变他们的习俗和行为方式。为了表示对游客所属文化的尊重，当地人和游客在一起时为什么不能改变他们的行为方式呢?

结论是我认为游客不一定必须遵循当地的习俗和行为方式，但是他们应该这样做。我想这会让当地人和游客双方更加互相尊重。

➲ 参考范文中的词汇及结构分析，以及考生可能犯的错误。

1. “local norms”替代了“local customs and behaviour”。只要有可能，尽量使用题目中单词的近义词。
2. “This could greatly reduce the possibility of conflict between the visitors and the local people and therefore contributes to international understanding.”注意作者用的是“greatly reduce”和“contribute to”，而没有用“eliminate”和“result in”这样绝对的词。
3. “If people from one religion are told that they must act like the local people in the countries they visit, they might be dissuaded from visiting rather than act in ways that may contravene their religious beliefs.”这是一个很明显的例子，说明并不一定总是可能让游客像其他国家的当地人那样行动。注意高级词汇的使用，如“dissuaded”和“contravene”。
4. “There are advantages in acting in accordance with local customs, but these are outweighed by the problems associated with it.”注意作者是如何承认双方观点均有可取之处的。
5. “In addition, not adapting to the local culture could cause serious offence, particularly in highly religious societies.”这是一个很好的例子，说明游客到其他国家时总是应该入乡随俗。要记住，这样的事情不局限于宗教盛行的国家如伊朗，在其他国家也适用。同时注意搭配“cause serious offence”和“highly religious societies”。
6. “The locals might believe that the visitors always behave like this, even in their own lands, when in fact they do not. This misunderstanding can be avoided quite easily through simple explanations of how things are in the visitors' countries.”注意作者是如何引入一个论点然后写出可以怎样来解决这种情况。
7. “In conclusion, I do not think that it is necessary for visitors to follow local customs and behaviour, but I think that they should do this.”注意作者是如何倾向于一方观点但又不是完全同意该观点的。

SPEAKING

➲ a) 题目分析，包括考生可能对题目产生的错误理解。

How do most people travel to work where you live?
注意这个问题不是问你个人用什么交通工具上班，而是问你所在的城市或社区的人。当然，你可以说你、你家里人和你的朋友们用什么交通工具上班（或者上学），但这不是题目要问的。

What traffic problems are there in your area?
最普遍的问题可能就是交通拥堵，你可以指出这个问题是如何出现的，怎么能够解决它。

How do traffic problems affect you?
想想你为交通问题付出的时间和金钱。你可以谈谈交通问题对其他人有什么影响。

How would you reduce the traffic problems in your area?
你可能已经回答过这个问题了，不要简单回答“Reduce the number of cars”，谈谈如何能够减少小汽车数量，实施这样的政策是否困难。

Describe a game or sport you enjoy playing.
谈谈你参加一种游戏的经验，例如，你从什么时候开始玩这个游戏，为什么喜欢它等。然后再谈谈游戏本身，包括它需要的参与人数、设备和几条基本的游戏规则或者游戏的目的。记住，必须谈你喜欢的游戏或者体育运动。

How have games changed from the time when you were a child?
如果你还比较年轻，回答可能是“not much”，谈谈不同游戏的普及程度。

Do you think this has been a positive change? Why?
你可以展开来谈谈这种变化的积极和消极影响。

Why do you think children like playing games?
虽然你之后可以谈谈成人，但是记住重点是儿童。你也可以说说为什么有些孩子（人）不喜欢游戏，例如：有些人玩游戏可能玩得好/不好，有些人可能喜欢/不喜欢竞争。

Do you think competitive games are good or bad for children? In what ways?
至少为正反双方想出一个理由，这样你的回答会显得更有思想也更平衡。

How can games sometimes help to unite people?
把这个问题放在小范围（在公园里进行游戏的几个人）和大环境（奥运会）下思考，你还可以想想游戏如何能把人们分隔开。

Why is competition often seen as important in today's society?
举例说社会各方面都有竞争，如职场。

➲ b) 考生可在回答中使用的实用词汇

How do most people travel to work where you live?
Forms of transport — car, bicycle, bus, train, light railway, subway/underground, on foot.
也可用“many”、“some”、“a few”、“the majority of”和“very few”来表明数字。

What traffic problems are there in your area?
traffic jams, traffic accidents, poorly-designed roads, lack of roads, lack of public transport, too few bus routes, infrequent bus services.

How do traffic problems affect you?
waste time, delay, waste money, punctuality, frustrated, angry, annoyed.

How would you reduce the traffic problems in your area?
reduce/restrict the number of cars, more/fewer parking spaces, higher taxes (on cars/fuel), better/more frequent public transport, build a subway/underground system.

Describe a game or sport you enjoy playing.
Sports: football, basketball, tennis, table tennis, volleyball, badminton.
Games: chess, Chinese chess, Mah Jong, Go!, poker, computer games.
for fun, to keep fit, spend time with friends, compete, team, teamwork, pair(s), individual, team member, ball, racket, shuttlecock, paddle, cards, tiles, pieces, net, goal, score points, win, lose, draw, play against, tired, energetic, feel.

How have games changed from the time when you were a child?
Measuring change — considerably, a little, hardly at all, very much, somewhat.
more competitive, less fun, wider range.

Do you think this has been a positive change? Why?
benefits, drawbacks, better, worse.

Why do you think children like playing games?
for fun, to keep fit, to be with friends, to make new friends, to socialise, to compete, to see who is the best, to show off, to learn/practise skills.

Do you think competitive games are good or bad for children? In what ways?
Good: develop skills, teach them about competition, encourage teamwork.
Bad: encourage them to be too competitive, games should be fun, children compete enough at school.

How can games sometimes help to unite people?
support a team/player, mutual enjoyment of sport/games, admiration for skill of players, sports/games cross international boundaries.

Why is competition often seen as important in today's society?
role of money, status, desire to be the best, influence of media.

➲ c) 参考回答（每个问题两个回答）

How do most people travel to work where you live?

In my city, most people go to work by bus. However, many people go to work by bicycle or by car. There is no subway or light railway in my city. I don't know anyone who walks to work, but there must be some people who do. The bus network is pretty good, so it's convenient for most people.

In my neighbourhood, most people go to work by car or by bicycle. The public transport is not very good — there are only a few bus lines. People usually go to work by bicycle if they work close to their homes and go by car if they work further away or are wealthier. I also see a few people walking to work.

What traffic problems are there in your area?

There are sometimes traffic jams during the rush hour, but the situation isn't very bad. As I said, the bus service is good, so many people don't use cars very often. One problem is that some intersections don't have traffic lights, so it can get a little confusing. However, those intersections usually have a traffic policeman on duty.

There are very often traffic jams in my area — not only during peak hours when people are travelling to and from work. It's not only the number of cars that is to blame — it is also the number of drivers who drive badly and are often impatient to get to their destinations.

How do traffic problems affect you?

They don't really affect me at all, because I walk from my home to my university campus. My parents sometimes get caught in traffic jams. They insist on driving to work, even though there is a bus that goes from near our home to their office building. I suppose I'm sometimes affected because my friends arrive late due to traffic jams.

I often get stuck in traffic jams when I go to work. I have to leave home earlier so as not to be late. Sometimes, there are traffic accidents, which delay traffic. I wish that people would drive more carefully!

How would you reduce the traffic problems in your area?

I would make cars more expensive to use by increasing taxes on cars and fuel. This would encourage people not to buy cars and to use cars less if they bought one. It would also improve the air quality! There's already enough public transport in the form of buses, so there's no need to improve that.

I would increase the number of bus routes and increase the frequency of the services. At the same time, I would charge drivers to go into the centre of the city, as they do in some other places, like Singapore and London. I think that making public transport more attractive whilst making cars less attractive would work well.

Describe a game or sport you enjoy playing.

My favourite sport is table tennis. It is played by two individuals against each other or by two pairs. There is a table, which is divided in half by a low net. Each player has a paddle to hit the ball across the net. Each time the ball is hit, it must go over the net and bounce on the opponent's side of the table. This sport is very popular in many countries, particularly in Asia and Europe. China is generally accepted as producing some of the best players in the world. I think that this is because so many Chinese people play the game. Therefore, there is always someone to play against, wherever you go.

The sport that I enjoy playing is football. It is a sport that is played all over the world. The best players and teams come from Europe and South America. In a proper game of football, there are eleven players on each team — strikers, midfielders, defenders and a goalkeeper. The goalkeepers are the only players who can use their hands at any time. The aim of the game is to get the ball into the opponents' net — usually by kicking it in. I like playing this sport because it is an energetic sport, with lots of running involved. I also prefer team sports to individual ones.

How have games changed from the time when you were a child?

I don't think they've changed very much at all. The only thing that I can think of is that they seem to have become more competitive. When I was a kid, we played much more for fun. When I see kids playing now, they seem much more serious about their games.

They are more competitive than when I was a child. Also, games are more hi-tech. The equipment is more advanced. Of course, nowadays there are many games on computer. When I was a child, we played football in the park. Now kids often play it on computer.

Do you think this has been a positive change? Why?

No. I think that it's a shame that people see everything as a competition rather than as a activity for fun or a way of spending time with friends. I think that it's also a pity that people who play games are viewed as winners or losers, according to the outcome, rather than as players.

I think that it's good that they are more competitive. It allows us to develop our skills better and encourages us to play better in the future. I think it's bad that there are so many computer games, because it means that kids go out less than before. They don't get much exercise.

Why do you think children like playing games?

I think that they like games because it gives them a chance to show what they can do. Some children like to show that they are better than other children. Other kids enjoy games simply because they are fun. Lots of kids find running around or chasing a ball to be fun.

I think that children like games because it's a break from schoolwork. They have to sit in class for long periods of time and welcome the opportunity to get out and use up some energy. Also, children are usually left to themselves to play games. They play without parents or teachers supervising them.

Do you think competitive games are good or bad for children? In what ways?

I generally think that they are bad. I don't think it's a good idea to give children the idea that they have to constantly compete with others. However, many games promote co-operation as well as competition. For example, football team members co-operate with each other, but compete against other teams.

I think it's good. The world nowadays is very competitive and children need to get used to it at an early age. When children — or any people — win, they feel good and when they lose they have an incentive to try to be better next time. However, children — and people generally — can become over-competitive, so they should also learn to control themselves.

How can games sometimes help to unite people?

Well, if the people are playing on the same team, it unites them by giving them a common goal. The same thing happens with sports fans — they are united by their support for their teams. Some sports events can also help to unite people through their love of sport — such as the Olympics for example.

People can be united by their mutual love of sport or by the fact that they want the same team to win. However, I think that very often games divide people, because they support different teams. For example, when there is an international football match, there is sometimes trouble between fans.

Why is competition often seen as important in today's society?

I think that people get this idea from the media — especially advertisements that constantly tell people that they need to be the best. I think it's a shame that competition is seen as more important than co-operation. In many ways, the media encourages people to be afraid. People are often told that they have to be the best to get certain jobs or to go to the top universities. As a result, people become afraid of what will happen if they aren't the best. They often believe that society will view them as failures. So, they become increasingly competitive.

In modern society, companies want to be seen as the best in their field, so they aim to employ the best people, enticing them with high salaries and good benefits. This makes people more competitive. They know that they need to be better than other people to get such jobs. It's not just about getting the job — it's also about the prestige of having a top job or working for a top company.

Test 4

LISTENING

SECTION 1

谈话场景：咨询参加会议的情况
人物关系：准备参加会议的人和会务工作人员
谈话话题：会费、食宿、怎么到达会议地点等

➲ 词汇注释

conference *n.* 会议 reservation *n.* 预定，预约 register *v.* 登记，注册 separately *adv.* 个别地，分开地 invitation *n.* 邀请 option *n.* 选项，选择权 credit card 信用卡 accommodation *n.* 住处，膳宿	available *adj.* 可利用的，有用的，有空的 delegate *n.* 代表 convenient *adj.* 便利的，方便的 reasonable *adj.* 合理的，通情达理的 guest house *n.* 宾馆，招待所 conference pack 会议资料袋 application form 申请表 otherwise *adv.* 另外，否则

➲ 交际与语言表达

1. Could I ask you a few questions about it? 我能问你一些相关的问题吗？这是咨询情况的时候经常用的一句话，口气比较直接。
2. Now, can I pay that by credit card? 我能用信用卡付费吗？注意付费方式英文的表达方式：用信用卡 — by credit card，用支票 — by cheque，用现金 — in cash。
3. …but we do have a few rooms available for delegates at the conference centre if you'd like. ……但是我们确实给代表在会议中心准备了一些房间，如果您愿意的话，（可以来住）。注意单词 available 的用法非常广泛，在不同的语境涵义不同，可以用来指人或物，此处指房间是空的，可以用的。
4. It would be about a ten-minute walk away from here. 从这里走路十分钟就到了。这是英文口语中经常用的一种表达，注意当有连接符"-"的时候，"ten minute"要用单数。后面还有 It's a ten-minute taxi ride from the station. 从车站坐出租车只要十分钟。
5. I'll get that in the post to you straight away. 我马上就把那个寄给您。注意此处 get 的用法。get 在口语中应用非常广泛，经常可以代替其他的动词，此处相当于 send。
6. You can take the bus which runs every half an hour from the station. 你可以乘公共汽车，从车站每半小时一趟。这是一句很有用的口语表达，注意汽车每……时间开出一趟，用动词 run。
7. Got that. （我）知道了，明白了。这是一个口语中经常使用的句子，并且经常省略主语。意思接近于 I see。

➲ 考题解析

Question 1 答案 75
这道题目还是比较简单的。当你听到how much will the fees be…? 应该知道接下来答案就要出现了。并且当男声说出 75 的时候，发音很清楚。

Question 2 答案 cheque/check
这道题目也很简单。当女声提到是否可以用信用卡支付的时候，男声说恐怕不行，you'll have to send a cheque to us, or…。即使在这个地方你没有听很清楚，那么接下来那个女声又重复一下，it's probably easiest if I pay by cheque. 所以答案是很容易写出来的，注意英国英语用cheque，美国英语用的check，但是给出的答案是两个都可以的。

Question 3 答案 15
这道题目也不难，因为当你听到信号词accommodation的时候，就要集中注意力听下面的内容。接下来谈到了会议中心提供的住房，当男声说这个价钱的时候，读得很重、很清晰，所以答案很容易写下来。

Question 4 答案 25
这道题目也很简单，因为和第3题提到的信息之间并没有出现其他的数字，所以下一个数字25出现的时候就是正确答案了。

Question 5 答案 10 minutes'/ a ten-minute
这道题目比较难。其实听力原文是 a ten-minute walk，但是从语法的角度讲10 minutes' walk也是正确的。但是如果你用了a，后面就必须写成ten-minute做定语。

Question 6 答案 conference pack
这道题目相对较难，因为答案出现在此段对话的第一句，并且题干中给出的提示信息 an application form是在需要填的信息之后，所以很容易把答案错过去。这是听力考试里需要大家克服的困难。另外是因为对短语conference pack不熟悉，所以有的考生写成了conference bag。

Question 7 答案 South
这道题目很简单，男人说到这个路的名字的时候，发音很清楚。但是要注意第一个字母要大写。

Question 8 答案 library
这道题目也很简单，因为和第7题先后出现，并且中间留出了足够的时间写下来，这道题做对的关键是单词的拼写。

Question 9 答案 5
这道题目比较简单，因为前面信号词taxi出现的时候并没有直接跟价钱，给留出了足够的准备时间听下面的cost，所以答案很容易写出来。

Question 10 答案 21A
这道题目比较难。其实大部分考生都能听懂21，但是会把后面的A丢掉，主要是因为中国的公共汽车没有这样的编号形式，但是相信大家做了这套题目之后，以后就不会再犯同样的错误了。

SECTION 2

谈话场景：展览中心的入职培训
人物关系：讲话人是人事经理，听众是新招募的员工
谈话话题：新员工被分组、各组的具体工作安排等

➲ 词汇注释

exhibition *n.* 展览会，展览品	chef *n.* 主厨，厨师
international *adj.* 国际的，世界的	monitor *v.* 监控
extra *adj.* 额外的，临时的	considerable *adj.* 相当大（或多）的，相当可观的
staff *n.* 全体职员	attendant *n.* 服务员，接待员
recruit *v.* 补充，征募	orientation *n.* 方向，定位
smoothly *adv.* 平稳地	temporary *adj.* 暂时的，临时的
identify *v.* 识别，认出	orient *v.* 使适应，确定方向
handle *v.* 处理，操作	security *n.* 安全，保障
regarding *prep.* 关于	arrangement *n.* 排列，安排
stamp *v.* 把…印在某物上，在…压印	exit *n.* 出口
entrance ticket 入场券	canteen *n.* 餐厅，内部食堂
publicity *n.* 宣传，推广	location *n.* 位置，场所
leaflet *n.* 传单	presentation *n.* 介绍，陈述
involve *v.* 与…有关，卷入	safety *n.* 安全，安全设备
distribute *v.* 分发，散布	workplace *n.* 工作场所，车间
booth *n.* 货摊，售货亭，棚	buffet *n.* 自助餐
hospitality *n.* 亲切招待，招待客人	delay *v.* 耽搁，延迟

➲ 交际与语言表达

1. 本段话是一个人事经理在新招募的员工培训会上的讲话，属于比较正式的场合。但是他是在具体地安排事情，以员工听懂明白为目的，所以尽管他用的句子都比较长，但是词汇都是口语中的词汇，听起来也不是很困难。
2. Now, we've also put the entrance staff on the red team and you'll be stamping the entrance tickets and giving out publicity leaflets, OK? 我们把入口处的工作人员也编入红队，你们要在入场券上盖章，散发宣传的小册子，好吗？注意此处的 stamp 用作动词，表"在…上盖章"。另外注意汉语里面的做宣传，要用"publicity"，而不是"propaganda"，后者一般是带有贬义的。
3. Those of you involved in distributing entrance tickets will be on the yellow team and we've also put those of you who'll be staffing the information booths around the conference centre on the yellow team. 负责分发入场券的人编入黄队，在会议中心周围的信息亭服务的工作人员也编入黄队。注意 involved in 本来的意思是"卷入，陷入…"，此处是它的引申义，相当于"负责"。
4. This year we've also employed a considerable number of attendants to direct the human traffic around the conference centre. 今年我们还雇佣了一定数量的服务人员来输导会议中心周围的人流。注意此处的 traffic 一般指车的交通或者交通量，但在此处指人。
5. …we'll get on with the orientation and training programme and first I'll run through the rest of today's programme, which you should have in front of you, so that you can get a general idea of what else is in store today. …… 接下来我们要看我们的活动定位和培训项目。首先来和大家一起浏览一下今天的其他安排，你们面前应该都有的，这样对于今天接下来做什么大家会有一个大致的了解。注意词组 run through 的用法，本义是"匆匆跑过"，此处相当于"浏览，很快地看"。get a general idea of/about 表示"对…有一个大致的了解"，在口语中经常使用。

6. Now, after the break we'll be moving to a different location for a video presentation, so instead of coming back here, we'd like you all to go to Lecture Room three-one-one. 好，休息之后，我们要到另外一个地方去看一个录像介绍，所以就不必回到这里来了，希望大家到时候去会议室 311 集合。

➲ 考题解析

Questions 11-13 答案 D A C
这一部分的内容虽然比较多，但是题目还是比较简单的。不过要注意第 12 题的题干里面出现的单词 refreshments 指的是"点心，饮料"，是和吃的东西有关的。整个讲话的第一部分是对这次展览的介绍，然后说明为什么招募这些新人，准备把他们分成 4 组。接下来才开始分派什么颜色的组队干什么样的工作。当说到红队的时候，前面的信号词 entrance staff 说得非常清楚，所以第 11 题很容易选出答案 D。接下来是黄队需要干的事情 —— 分发入场券和在信息亭提供服务，题目里面没有关于黄队的内容，所以 B 选项只是一个干扰项。接下来介绍关于招待问题，出现了信号词 hospitality（款待客人）、chef（厨师）和 kitchen hands（厨房帮手），即使你对单词 hospitality、chef 不敏感，但是对 kitchen 也应该是敏感的，所以知道蓝队是负责招待的，所以第 12 题选 A。接下来是关于绿队的工作，就是疏散停车场的交通，所以第 13 题选 C。

Questions 14-20 是属于表格填空题，因为有清晰的时间线索，可以充当信号词，并且所填的空是按照讲话的顺序进行的，所以相对比较简单。

Question 14 答案 tax
此处应填名词或形容词，修饰后面的 forms，听到 9.30，Anne Smith 等提示词之后，She also will be handing out your tax forms. 部分考生由于辨音的问题，可能会写成 task 或 text，注意根据上文 information about pay，这里应该跟税收相关，所以重点考虑 tax，避免写错。

Question 15 答案 security
本题为信息前置，考查考生的短期记忆能力，He will also go through the security arrangements with you and show you the fire exits. 听到并不难，难点在于 security 的拼写，部分考生因拼错而失分。

Question 16 答案 ground floor
这道题目很简单，因为题干里面所有的信号词 10:30、coffee break，staff canteen 都是按顺序出现的，接下来就出现了答案 on the ground floor。所以很容易填出来。

Question 17 答案 Lecture Room 311
这道题目也比较简单，因为听到信号词 video presentation 之后，接下来就出现了答案 Lecture Room three-one-one，并且女声在说到这个地点的时候故意放慢了速度，所以很容易写出来。但是要注意第一个字母要大写。

Question 18 答案 Safety at Work
这道题目相对来说难一些，因为题目里面的信号词没有了，不过女声说到名称的时候，速度是故意放慢的，大部分考生还是可以写出来的。此题也要注意第一个字母要大写，但是 at 不用大写。

Question 19 答案 Main Hall
这道题目相对来说难一些，因为大家对信号词 buffet lunch 不是太敏感，而说话的人在说到答案 Main Hall 的时候也比较快，所以很容易错过去。

Question 20 答案 team leaders
本题提前预测很重要，meet sb. 此处应填名词。After lunch you'll be divided up into your teams to meet your team leaders… 所听即所得，注意 leaders 为复数。

SECTION 3

谈话场景：咨询图书馆的借书情况
人物关系：学生和图书管理员
谈话话题：图书馆有哪些资料，怎样借书、还书，续借等

➲ 词汇注释

transfer *v.* 转移，转学 site *n.* 地点，场所 in terms of 按照，在…方面 access *n.* 通路，访问 database *n.* 数据库，资料库 reference *n.* 参考，参考书目 sociology *n.* 社会学 textbook *n.* 教科书，课本 subject *n.* 科目，学科 secondary *adj.* 二级的，中级的 primary *adj.* 初步的，初级的 familiarise *v.* 熟悉 resource *n.* 资源 mention *v.* 提及，说起 periodical *n.* 期刊，杂志 current issue 现期刊物 back issue 过期刊物	item *n.* 商品的一种单位，如个、袋、箱等 renew *v.* 使更新，续借 maximum *n.* 最大量，最大限度 overdue *adj.* 过期未付的，延误的 stamp *v.* 盖章于，压印于 theoretically *adv.* 理论上，理论地 recall *v.* 召回 request *v.* 请求，要求 print *n.* 版，印刷物 technical *adj.* 技术的，技术上的 workshop *n.* 专题学术讨论会 dissertation *n.*（学位）论文 academic *adj.* 学术的，理论的 convention *n.* 习惯，惯例 bibliography *n.*（有关一个题目或一个人的）书目，参考书目 refer to 参阅，提到

➲ 交际与语言表达

1. I've just transferred to the School of Education, and I'd like information about joining the library. 我刚转到教育学院，我想知道一些关于怎样利用图书馆的信息。注意此处单词 transfer 的用法，表示“转移，转学”。此处的 I'd like 相当于 I want，在口语中经常出现，表示想要某物，并且比 I want 更礼貌。
2. …the Internet is available at both sites and each site has a range of reference materials on education. 在两个地点都可以上网，并且每个点都有教育学方面的参考资料。注意此处 available 的用法，表示“可以得到的，可以利用的”。
3. …but of course, you'll need to familiarise yourself with both sites to make the most of our resources. 但是，当然，你需要先把两个地点都熟悉一下，才能充分地利用我们的资源。注意此处的 familiarise 的用法，即使大家对这个单词不熟悉，也能猜出它的意思，因为是从形容词 familiar（熟悉的）来的，但是要注意它是及物动词。后面的词组 make the most of 表示“尽量利用，充分利用”。
4. I'm living out of town, so I'm hoping I can borrow quite a few items, and cut down on the number of trips I have to make. 我不住在市中心，所以我希望能够多借几本书，少跑几趟路。注意此处 item 的用法，指的是某种物品的单位，在这里相当于 books。
5. …and how long can I hang on to them for? 我能借多长时间？注意此处词组 hang on to 本来的意思是“紧紧握住”，那么在这里相当于“拥有”，引申义为“借”。
6. …but you can't renew overdue books this way, only before or on the due date stamped in the book. 但是用这种方式不能续借过期的图书，只能在书里面盖过章的日期前或到期那一天使用这种方式。
7. …but if you need help getting started, this term we're running three study skills workshops. 不过

如果你不知道怎么开始借书，需要帮助的话，我们本学期有三次学习技能讨论会。注意此处的 workshop，指的是“专题讨论会”。

8. …it's more to do with academic writing conventions, you know—writing a bibliography and how to refer to sources in your text. 主要是关于一些学术写作的规范，你知道 —— 怎么写参考书目和怎样在文章里面注释参考来源。注意此处的 do with 表示“有关系”。

➲ 考题解析

Question 21 答案 reference
这道题目比较简单，因为题干里面的信号词 internet 是大家比较熟悉的单词，所以知道接下来就是答案了。并且在答案后出现的信号词 materials on education 是原文里面的，所以很好辨别前面的单词是 reference。

Question 22 答案 textbooks
这道题目也比较简单，因为题干里面出现的信号词 sociology 听得非常清楚，但是有的考生没有抓住这个填空的重点，许多人把前面的单词 collection 填在了这里，这是因为没有把题干看懂，正确答案当然应该是后面的 textbooks。并且要注意此处用复数。

Question 23 答案 secondary
此处应填名词或形容词，修饰 school。…teaching resources covering most of the subjects taught in secondary schools. 所听即所得，majority of 替换成为了 most of，考生要注意空格前的量词通常会有所替换。primary school 小学，secondary school 中学，middle school 中学，high school 高中。

Question 24 答案 primary
这道题目比较简单，因为女声先说到自己将来要当一位 primary teacher(小学教师)，然后男声说到他们有关于 primary education 的资料，并且后面出现的信号词 special needs 在题干里面出现了，所以此空很容易填出来。

Question 25 答案 back
题干当中的 although 尽管，表示让步，前后内容正好相反，考生如果对图书馆场景非常熟悉的话，该题的答案可以直接预测出来，periodical 期刊，current issues 现刊，与之相对的为 back issues 过刊。当然，即使预测不出来，听的时候也不难把答案听出。

Question 26 答案 overdue books/ones
这道题目本来是应该比较容易的，因为题干里面出现的信号词 renewed，telephone，email 都听得很清楚，但是好多考生对于单词 overdue 不敏感，结果就写不出来了。这就提醒大家一定要把听力场景出现的词汇尽可能多地记住。

Question 27 答案 7 working days
这道题目相对来说比较简单。因为信号词 recalled 被说话的人重点强调了，并进行了解释，然后说到了答案 7 working days (七个工作日)。

Questions 28-30 答案 C E F

A 对互联网的介绍
B 为了写论文怎样进行研究
C 充分利用图书馆的各种服务
D 做一个论文计划
E 写论文时一些标准的要求

F 在做研究的时候怎样使用互联网
G 哪些书和技术资源在图书馆是可以使用的

这段对话的内容听起来层次比较清楚，本来题目应该是容易做的。但是因为本题给出的答案都非常具有混淆性，所以有许多考生都选错了。很多考生一听到里面出现了 Internet 就把 A 选上了，其实对话里面说得很清楚对于 Internet 的初学者的讨论会是在上一个学期。答案 B 从常识判断也不应该选择，因为图书馆是不可能介绍怎么做研究的；答案 D 大部分考生都不会选择，因为对话里面没有涉及这个主题；答案 G 是很容易被误选的，因为对话里面专门提到了 print and technical resources，但是凡是选这个答案的考生都没有注意到前面的否定词 not just。所以正确答案 C 充分利用图书馆的各种服务，对应原文里面的 that includes everything；答案 E 写论文的时候一些标准的要求，对应原文里面的 it's more to do with academic writing conventions（主要是关于一些学术写作的规范），这句话里面比较难的是单词 convention，但是即使你听不懂这个词，对于后面的解释部分 writing a bibliography and how to refer to sources in your text.（怎么写参考书目和怎样在文章里面注释参考来源。）如果听懂了，也是可以判断的。答案 F 在做研究的时候怎样使用互联网，对应原文里面的 it's finding research materials online.（怎样在线查找研究材料）。

SECTION 4

谈话场景：演讲
人物关系：自然资源保护论者和听众
谈话话题：关于亚洲狮和非洲狮的区别，亚洲狮的来历、生活习性、保护等

➲ 词汇注释

forgive *v.* 原谅，饶恕
roam *v.* 漫游，闲逛，徜徉
vast *adj.* 巨大的，辽阔的
globe *n.* 球体，地球，世界
unfortunately *adv.* 不幸地
habitat *n.*（动植物的）生活环境，栖息地
remain *v.* 保持，残存
particular *adj.* 特殊的，特别的
sub-species *n.* 亚种
Asiatic *adj.* 亚洲的
split off *v.* 分裂，分离
band *n.* 带子
various *adj.* 不同的，各种各样的
museum *n.* 博物馆
coin *n.* 硬币
image *n.* 图像，肖像
decline *v.* 下倾，下降
steadily *adv.* 稳定地，有规则地
appearance *n.* 外貌，外观
mane *n.* 鬃毛
noticeably *adv.* 引人注目地，显著地
fold *n.* 折，折痕
sanctuary *n.* 避难所，动物保护区
establish *v.* 建立，设立
specifically *adv.* 特定地，明确地
square kilometre 平方公里
threaten *v.* 恐吓，威胁
survival *n.* 生存，幸存
particularly *adv.* 独特地，显著地
vulnerable *adj.* 易受攻击的，脆弱的
gene pool 基因库
descend *vi.* 下来，遗传
wealthy *adj.* 富有的，有钱的
die out *v.* 灭绝，逐渐消失
enormous *adj.* 巨大的，庞大的
vitality *n.* 活力，生命力
impressive *adj.* 给人深刻印象的
vulnerability *n.* 弱点，攻击
significant *adj.* 重大的，重要的
proportion *n.* 比例，部分
diet *n.* 通常所吃的食物
livestock *n.* 家畜，牲畜
attack *n.* 进攻，攻击
drought *n.* 干旱
ancient *adj.* 远古的，古代的
leadership *n.* 领导能力

➲ 交际与语言表达

1. But this hasn't always been the case. 但是事实不一定总是这样。这是一句非常有用的口语表达，有时候也可以说成 It is not necessarily the case.(事实未必如此)。
2. It's almost a hundred thousand years since the Asiatic lions split off and developed as a sub-species. 大约是在十几万年前，亚洲狮分离了出来，发展成一个亚种。这是一个非常典型的英语句型，it is +time + since 从句，表示自从从句里面的事情发生到现在已经 …… 时间了。上面这句话的字面意思是 " 自从亚洲狮分离出来，已经有十几万年了。" 但是翻译成上面的汉语，更符合它的本意。
3. So, how can you tell an Asiatic lion from an African lion, with which you're probably more familiar? 那么，怎样才能把亚洲狮和也许大家更熟悉的非洲狮区分开来呢？注意此处的 tell sth./sb. from sth./sb. else 的意思是 " 把 …… 和 …… 区分开 "。
4. India's lions are particularly vulnerable because they have a limited gene pool. 印度的狮子特别脆弱，因为它们的基因库很有限。
5. …it's because all of them are descended from a few dozen lions that were saved by a prince who took a particular interest in them. 因为所有的亚洲狮都是从几十个狮子传宗下来的，而最初的这几十个狮子，是被一个特别喜欢狮子的王子救下来的。注意此处的 descend 是及物动词，表示 " 遗传 "。
6. When you see the Asiatic lion in India, what you sense is enormous vitality. 当你看到印度的亚洲狮，你就会能感觉到巨大的生命力。注意此处的 what you sense 是一个主语从句。
7. A significant proportion of the lion's diet is made up of the livestock of these farmers—goats, chickens and so on—as much as a third, in fact. 这些狮子食物的很大一部分，实际上能达到三分之一，都是这些农民的牲畜 —— 山羊、鸡等等。这句话有点不太好理解，因为是在口语中，所以短语的位置比较随意。其实后面的 as much as a third 是解释前面的 a significant proportion 的。
8. I'm sure this is something that all of you will share concern for. 我敢肯定，这正是大家共同关注的问题。这是一句非常好的口语表达句型，注意当英语中表示与其他的人有共同的看法的时候，经常用动词 share。

➲ 考题解析

Question 31 答案 B
这道题目很简单，因为信号词 sub-species 在答案出现的前后都出现了，并且数字 100000 读得很清楚。但是有一部分考生误选为 A，因为讲话刚开始的时候出现了 10000，但是那个数字说的是狮子在地球上大部分地方都能看到，而不仅仅指亚洲狮。所以答案选 B。

Question 32 答案 A
这道题目相对较难，因为答案是以形容词 Greek 的形式出现的，很多考生反应不过来。

Question 33 答案 B
这道题目相对来说比较简单，因为信号词 Europe 很容易听得出来，然后就出现了答案 2000 years ago，所以选 B。

Question 34 答案 C
这道题目相对较难，是因为原文和题目里面的比较关系很容易弄混淆，结果有人就误选为 A。但是原文里的 The Asiatic lion's mane is noticeably shorter than the African lion's. 说明是亚洲狮的鬃毛更短，所以 A 不对。而答案 C a fold of skin on their stomach. 和原文里答案出现的那句话是对应的，Asiatic lions also have a long fold of skin on their undersides, whereas not many African lions have this. 所以选 C。

Question 35 答案 1,450
这道题目本来很简单，就是一个数字，但是因为说话的人速度较快，有相当一部分考生都记不下来。但是数字问题是雅思听力经常考的，所以大家一定要经常练习。

Question 36 答案 disease
这道题目也比较简单，因为答案出现之前有信号词 problems 出现，并且当讲话人说到答案 disease 的时候进行了特别强调。

Question 37 答案 (wealthy) prince
这道题目看似简单，实际上是比较难的。因为在题干里面找不到可以提示答案的信号词，并且讲话人说到 prince 的时候速度比较快，所以不太能听得出来。

Question38 答案 diet
这题目相对来说比较简单，因为答案 diet 说得很清楚，并且题干里面后面的信号词 animals 在原文里面是可以找到对应的。请参考交际与语言表达 7。

Question 39 答案 attack humans
这道题目比较难，因为当讲话人说到答案 attack humans 的时候有吞音，速度很快；并且题干里面的信号词 when water is short 在原文里只是一个单词 drought，所以听者还得进行转换。

Question 40 答案 leadership
这道题目相对简单一些，因为题干里面出现的信号词 In ancient India 在原文里面出现了。所以当你听到这个提示词，就知道后面答案出现了。稍微增加了点难度的就是答案 leadership 比信号关键词 fight a lion 出现得早，需要大家培养记忆储存能力，这也是我们一直强调的。

READING

READING PASSAGE 1

文章结构

体裁	说明文
主要内容	本文讨论了医院医生与医药公司，尤其是医药代表之间的微妙关系。一方面，医药代表有可能贿赂医生多开自家公司的药品；另一方面，医生在很大程度上通过医药代表了解最新医药信息。最后作者告诫医药代表的推销策略应当被仔细审查。
结构	A Introduction 通过描绘出一个医药代表和医生之间的交谈，引出这两者之间的特殊关系。
	B 医药代表提供给医生的回扣各种各样，数目惊人。
	C 医药代表推销药品给医生看上去无可厚非，但是代表们有些越界了。双方中是谁造成这个问题呢?

	D 作者欲抑先扬，先说医药代表给医生带来的有益方面，是医生最新医药消息的来源。
	E 医药代表还会使用不同的形式讨好医生，虽然有的医生不为所动。
	F 一项调查显示，医生在开处方时，还是会受到医药代表礼物的影响，开出后者推销的新药。
	G 作者总结说，病人最终还要为医药公司的礼物买单，最终损害的还是他们的利益，所以要严加审查医药公司的市场策略。

词汇注释

标题	
pharmaceuticals *n.* 医药品 profitable *adj.* 有利润的，有利益的，赚钱的	marketing strategies 市场战略
A段	
sales representative 销售代表 sample *n.* 货样，样品，样本 available *adj.* 可用的或可得到的	rep *n.* 代表 physician *n.* 医师，内科医师
B段	
musical *n.* 音乐片，音乐舞台剧 promotional *adj.* 增进的，奖励的 gadget *n.* 小配件，小玩意 budget *n.* 预算 prescribe *v.*[医]开处方	profile *n.* 概况 honoraria *n.*(专业服务的)酬金，谢礼 attendance *n.* 出席 lecture *n.* 讲座
C段	
ethical *adj.*[医]伦理的，道德的 prospect *n.*[经]可能的买主 bribe *v.* 贿赂，向…行贿	extravagance *n.* 奢侈，浪费 boundary *n.* 边界，分界线
D段	
glossy *adj.* 平滑的，有光泽的 brochure *n.* 小册子 reprint *n.* 再版，翻版，重印 primary *adj.* 第一位的，主要的，初步的，初级的，原来的，根源的	healthcare *n.*[医] 医疗保健，健康护理 essential *adj.* 本质上，最重要 specialist *n.* 专业工作者，专家 tremendous *adj.* 极大的，巨大的

E段	
flashy *adj.* 浮华的 pamphlet *n.* 小册子 inundation *n.* 洪水 emblazon *v.* 用纹章装饰，颂扬，盛饰	tablet *n.* 写字板，书写板，碑，牌匾，拍纸簿，便笺簿 recipient *n.*［经］接受者
F段	
comprehensive *adj.* 全面的，广泛的 investigate *v.* 调查，研究	availability *n.*（指物）可用或可得到的 dispense *v.*［医］调剂，配药
G段	
bottom line 底线 sky-rocketing *adj.* 急剧增长的 steak *n.* 肉排，牛排	grapple *v.* 抓住，系紧，掌握，与…扭打 scrutinize *v.* 细看，仔细检查，审查，细阅

➲ 考题解析

Questions 1-7

● 题型归类：List of Headings
此类题型属于结构题，考查学生对文章整体结构的把握和概括能力。解答此类题型首先要分析题目中给出的选项，确定各选项的主要内容和相似选项之间的区别，接着要了解段落基本构成方式，准确寻找段落的主题句(通常集中在段落的首句和末句)，如果主题句较难寻找，则需要迅速浏览全段后总结段落中心思想。

➲ 题目解析

题目编号	段落主题句	题　解
1		A段没有主题句，它只是一个引子，通过销售代表金·莎福尔与医院医生的接触引出这两者之间的微妙关系。从医生的言语中，我们可以清楚地看出，医生在向这个代表索要回扣。所以答案应该选 v：医生想从医药公司得到什么的例子。

2	But on any given day, what Schaefer can offer is typical for today's drugs rep—a car trunk full of promotional gifts and gadgets, a budget that could by lunches and dinners for a small country, hundreds of free drug samples and the freedom to give a physician $200 to prescribe her new product to the next six patients who fit the drug's profile.	该段其实主题句也不是很明显，因为作为一篇说明文，文章主要是通过罗列具体的例 子来让读者看明白背后的规律。从文章中可以看出，销售人员给医生提供的礼物中不仅包括一些促销小玩意，还有一些数目不等的现金。这样一来性质就大不一样了。所以答案选择vi：礼物中包括现金奖励。Incentive是"奖励，激励"的意思。
3	So are doctors to blame for the escalating extravagance of pharmaceutical marketing? Or is it the industry's responsibility to decide the boundaries?	C段开头指出医药公司的销售行为本来是符合伦理道德的，但是后面话锋一转，指出医生和销售人员的这种关系是一个chicken-or-egg的问题，难以决定究竟谁应该为此负责。考生如果明白这个关键短语就能作出正确选择，作者一再使用疑问句，旨在引起读者的思考。答案选择iii。
4	Salespeople provide much-needed information and education to physicians.	医药代表带给医生的只有负面影响吗？他们只知道贿赂医生吗？ D段指出这些代表还是有一些积极作用的：给医生提供必要的信息和培训，代表们本身就是某种药品的专家，等等。考生只要抓住本段的这个关键句，就能选出正确答案ix。
5	"I've been the recipient of golf balls from one company and I use them, but it doesn't make me prescribe their medicine. I tend to think I'm not influenced by what they give me."	E段前半部分都是在说明销售人员如何给医生好处，但是注意段中的转折句：Money well spent? It's hard to tell. 医药公司花费巨资来推销产品，是不是就起到作用了呢？这明显是一个否定的回答。作者引用一名医生的原话来证明有些医生并不受这些小恩小惠的影响。考生要学会从文中引用的话推测作者含义，这是阅读中的出题点。
6	Though few comprehensive studies have been conduced, one by the University of Washington investigated how drug sample availability affected what physicians prescribe.	上面一段指出有些医生不受推销的影响，该段又是对上面一段的转折，所以考生要把握好这篇文章的脉络发展，它不是一路顺承下来的，而是迂回曲折。从华盛顿大学的调查研究可以看出，还是有很多医生表示会受到销售代表的影响。所以答案选vii：研究表明推销起作用了。
7	And patients are the ones who pay for every pen that's handed out, every free theatre ticket, and every steak dinner eaten.	医药公司的这些所谓的"免费"礼物最后是谁来买单呢？作者说得很清楚：病人要为这一切买单。所以文章最后呼吁要对医药公司的销售策略严加审查。所以答案选择最后一个：谁应当为医生的免费礼物买单？

考题解析

Questions 8-13

● 题型归类：YES/NO/NOT GIVEN
Y/N/NG类题考查考生对文章细节的把握与辨别能力，考查题目中细节信息和逻辑关系是否与文章中完全对应。因此在解题时，先要确保读懂题目，准确理解题目的意思，然后根据题目定位词回到原文相关内容后与题目进行对照判断。

题目解析

题目编号	题目定位词	答案位置	题　解
8	kim Schaefer, limited budget	B 段第 2 句	题目：像金·莎福尔这样的销售人员工作时预算很少。关键词里的人名只在前面两段中出现过，而提到预算的只有 B 段中的第 2 句。原文中的预算看起来很庞大：可以为一个小国的吃饭问题买单了，所以绝不是一个小预算。题目与原文不符，因此答案确定为 NO。
9	marketing technique, moral grounds	C 段第 3 句	题目：金·莎福尔的市场策略很容易受到道德层面上的批评。该题仍然是我们常见的同义替换：题目中的 marketing technique 就是文章中的 marketing strategies，而 moral grounds 就是文章中的 ethical judgment。另外请考生注意的是，YES/NO/NOT GIVEN 题型的出题点一般不会在文章段落开头处，总是在每段的第 2、3 句话。该题出题位置在第 3 句话，原文几乎就是题目重现，所以答案为 YES。
10	information provided by drug companies	D 段第 3 句	题目：医药公司提供的信息对医生来说用处不大。D 段是说医药代表给医生带来的好处，作者给了具体的例子：比如在很多情况下，代表给医生的宣传册子是医生得到最新信息的 primary sources。既然是首要来源，肯定是很重要的，所以答案为 NO。
11	evidence of drug promotion	E 段第 3 句	题目：医药公司推销的证据在医疗机构很明显。该题稍难，因为很多考生难以找到题目定位词。确实题目中的 evidence of drug promotion, health environment 都是文章中没有出现过的，需要考生自己从文章中提炼。其实，evidence of drug promotion 就是指病人看见医生使用装饰着药品名字的笔，护士使用印着医药公司 logo 的便笺，health environment 就是医院了。根据原文意思，答案为 YES。

12	free drug samples, doctor's prescriptions	F 段 第 1 句	题目：医药公司可以在没有医生处方的情况下把免费的医药样品给病人。 相信很多考生看到这道题会下意识地选择 NO。在以前的阅读文章中我们谈过这类题，尤其是 NO 和 NOT GIVEN 之间的区别。原文只提到了医药公司把样品给医生和患者，但是并没有说医生的处方在这中间有什么作用，所以答案为 NOT GIVEN。
13	legitimate, make money	G 段 第 3 句	题目：医药公司挣钱是合法的。 虽然医药公司使用各种各样的推销手段，但作者承认医药公司 have every right to make a profit，make profit 就是 make money 的意思，只不过作者最后指出为了挣钱而采取的推销手段应该被严格审查。所以答案为 YES。

➲ 参考译文

医生的买卖

制药业是北美利润最高的行业之一。但是制药业的买卖和市场战略是不是走得太远了？

金·莎福尔是一家大型全球化制药公司的销售代表，几个月前，她走进纽约市的一个医疗中心，带去她公司最新产品的信息和免费样品。那一天她比较走运，见到了一个医生。"上一个医药代表可以让我去佛罗里达旅游一圈，你能给我什么？"那个医生问她。他的话也不是全在开玩笑。

那一天她能提供的是两张纽约音乐剧的门票。但是在任何特定的一天，莎福尔所能够提供的对于今天的医药代表来说非常典型：一车厢的促销礼物和小玩意，大得可以给一个小国家的人买午餐和晚餐的预算，数以百计的免费药物样品，还可以自由支付 200 美元给一个医生，让他把药开给接下来的六位符合她的药品功效的病人。并且，她还可以有一些 1000 美元面值的礼券，赠给能够出席她公司下一个教育讲座的医生们。

在道德层面上，推销药品每天都会发生。像莎福尔这样的销售人员行走在两种不同性质的行为分界线上：一方面是用免费午餐来购买可能买家的时间，这是一种惯例；另一方面是贿赂医生多开他们的药。他们在一个因为销售和市场策略而饱受批评的行业中工作，但是却发现自己陷入了鸡生蛋还是蛋生鸡这个古老的命题之中：商家不会使用那些不起作用的策略，所以医生就应该为医药销售策略带来的铺张浪费负责吗？或者要确定这些边界是不是医药行业的责任？

医药代表数量的激增，以及用来推销的资金数额，迫使人们仔细审视医药代表和医生之间的压力、影响和相互关系。医药代表给医生提供急需的信息和培训。很多情况下，精美的宣传册子，复印的文章以及他们送来的处方都是医疗保健工作者们最主要药品培训的资料来源。随着医药行业在面对面推销方面的重金投入，销售人员从根本上已经成为一种药或者几组药方面的专家，这些都是吸引那些忙碌着的医生注意力的优势所在，因为这些医生急需第一手信息。

但是销售策略不会单单停留在办公室。销售人员留下的精美宣传册后面接踵而至的是昂贵餐厅里的美食，在疗养胜地的会议，以及数不胜数的促销礼品。病人经常发现医生用装饰着一种药品名字的笔写字，发现护士使用打着一家制药公司标识的便签。制药公司花费巨资提供促销产品，例如咖啡杯、广告衫、雨伞和高尔夫球等。这笔钱花得值吗？还很难说。"我收过一家公司的高尔夫球，现在还在用，但这并不会买通我开他们家的药。"一个医生说道，"我想我不会被他们送我的东西所左右。"

新药贵药的免费样品可能是让医生和病人青睐一个医药产品最为有效的手段。销售人员每星期会派送出价值数百美元的样品——一年这样的花费就达到 72 亿美元。尽管这方面还缺乏详尽的研究，但是华盛顿大学的一项研究调查了获得的样品是如何影响医生的处方的。一共有

131 名医生说了自己的处方模式，结论是拿到的样品会使他们调配和开出不是他们喜欢的药。这种事情的底线是，整体而言医药公司在市场推销上面的花费已经超过在研发上面的花费。并且，病人要为急剧增长的处方价格买单，这些处方价格背后是送出去的每一支笔，每一张音乐会门票，每一顿牛排大餐。最后的事实是医药公司有权获取利润，并将不断挖掘新的方法来增加销售。但是当医药界在哪些应该收哪些不应该收之间痛苦挣扎时，很明显医药公司的销售和市场策略必须接受进一步的审查。

READING PASSAGE 2

文章结构

体裁	说明文
主要内容	本文主要论述了通过尼加拉瓜开展的一项“国民识字改革运动”，该国受教育的妇女人数增多，儿童的健康水平也在提高。作者最终回答了在文章开始的问题，母亲受教育会直接影响到子女的健康水平。
结构	A Introduction 点出主题：作者提出问题，女性受教育会直接影响到子女的健康水平吗?
	B 引出尼加拉瓜开展的一项长期研究，正面回答上段的问题。
	C 交代“国民识字改革运动”的时间及结果。
	D 与此同时，一支国际研究队伍展开深入调查，给出调查问题。
	E 交代调查结果和发现，着重展示运动前的对比数字，做出初步比较。
	F 交代这项运动结束后各项数字都发生了哪些变化，说明在运动中受过教育的母亲和相应子女的变化最大。
	G 为什么会发生这些变化，当时尚不能得出结论，引出下一轮调查及问题。
	H 尼加拉瓜开展的这项研究有深远的指导意义，交代指导意义一就是让人明白教育妇女的重要性。
	I 交代指导意义二是教育妇女有立竿见影的效果。
	J 研究人员提出告诫，尼加拉瓜开展的一项“国民识字改革运动”有其特殊性，别的国家照搬可能不会成功。

➲ 词汇注释

文章	
survive *v.* 幸免于，幸存，生还 literate *adj.* 有文化的 primary school *n.* 小学 indicate *v.* 指出，显示 Nicaragua *n.* [国名]尼加拉 eliminate *v.* 消除，清除，排除（尤指不必要或不需要的人或事物） otherwise *adv.* 另外，否则 literacy *n.* 有文化，有教养，有读写能力 crusade *n.* 改革运动，十字军东侵 Costa Rica *n.* [国名]哥斯达黎加 infancy *n.* 幼年，初期，幼儿期 tropical *adj.* [医]热带的 autonomous *adj.* 自治的 interview *v.* 面谈，访问 striking *adj.* 醒目的，惊人的 mortality *n.* 死亡率	significant *adj.* 有意义的，重大的，重要的 campaign *n.*（政治或商业性）活动 impressive *adj.* 给人深刻印象的，感人的 curriculum *n.* 课程 colleague *n.* 同事 clinic *n.* [医]诊所（门诊部） opt for *v.* 决定做某事，选择 merely *adv.* 仅仅是，不过是 implication *n.* 推断，含蓄之意，暗示 intervention *n.* 干涉，介入 recommendation *n.* 推荐，介绍 maternal *adj.* [医]属母的，母的，母性的 hygiene *n.* [医]卫生，卫生学 pay-off *n.* 使人得益，取得成功 bypass *v.* 绕过或避开（某人/某事物） notorious *adj.* 声名狼藉的，臭名昭著的 decade *n.* 十年

➲ 考题解析

Questions 14-18

● 题型归类：Summary

在做这类题时有一个诀窍：依据 summary 题型在试题中的位置确定答案在文章中的位置。如果 summary 位置靠前，那么答案一般会在文章的前面；如果 summary 位置靠后，则答案要么是对整篇文章的总结，要么是对文章后面某一部分内容的体现。具体到这几道题，因为它们是这篇阅读理解后面的习题，所以这个 summary 是对最后一段的总结。这个诀窍可以使考生尽快定位答案，提高做题速度。

➲ 题目解析

题目编号	题目定位词	答案位置	题 解
14	The Nicaraguan National Literacy Crusade, large numbers of illiterate	C 段 第 2 句	根据上文的说法，我们尽快回到文章前面寻找答案。第一次出现尼加拉瓜的“国民识字改革运动”是在 C 段，原文说这项运动旨在教育文盲 adults(成年人)，所以答案应该选 B。

15	Public heatlh experts, connection between child health and	A 段 第 1 句	该题的答案出处出乎一些考生的意料。第一次出现 Public health experts 的地方是 A 段。首句告诉我们，儿童健康直接依赖于母亲是否能读能写，后者需要我们去归纳，答案中只有 F 项“母亲识字”符合题意。
16	investigated, in Nicaragua	D 段 第 1 句	该题出处与上题相隔很远。题中的那个问题到底是谁在调查呢？ D 段的首句告诉我们，来自不同国家的不同院校、研究所共同派出研究人员调查这一问题，所以应该是一个国际化的团队，答案选 C。
17	factors, eliminated	B 段 第 2 句	这个 summary 的题目出处位置没有按照原文的逻辑，也给考生带来很大挑战，要求考生完全领会文中逻辑顺序。 所幸，这道题里面有个我们在文中见过的动词 eliminated，这提醒我们要牢牢把握住文中的关键词，包括动词。该动词出处为 B 段，排除的因素包括对孩子高度重视，这正是题目中的 attitude，那么第二个因素不就是 family wealth 吗？所以答案选 J。
18	improve infant health and survival	A 段 最后一句	该题属于对全文的一个总结，这篇文章旨在论证一个观点：母亲受教育能够提高儿童健康水平。其实这个问题在首段最后一句就已经提出了，只不过那时作者只是提出这一个假设命题，等待下文论证。题目的答案依然是 F，与 15 题答案一样，很多考生以为题中答案只能选择一次，其实不然。

➲ 考题解析

Questions 19-24

● 题型归类：YES/NO/NOT GIVEN

Y/N/NG 类题考查考生对文章细节的把握与辨别能力，考查题目中细节信息和逻辑关系是否与文章中完全对应。因此在解题时，先要确保读懂题目，准确理解题目的意思，然后根据题目定位词回到原文相关内容后与题目进行对照判断。

➲ 题目解析

题目编号	题目定位词	答案位置	题　解
19	women interviewed, had learnet to read when they were children	D 段 第 1 句	题目：研究人员调查的妇女中大约有一千名小的时候学过认字。 文章在 D 段提到研究人员对 3,000 名妇女进行调查，这些妇女被分成三个类型，其中小的时候学过认字的为第一类型，文章中用了 some 这个代词，并没有给出确切数目，该题属于偷换概念，因此答案确定为 NOT GIVEN。
20	illiterate women infant mortality, those who had learnt to read	E 段	题目：在“国民识字改革运动”之前，文盲妇女中的婴儿死亡率和那些上过小学的妇女的婴儿死亡率差不多一样。 该题需要考生准确把握三种不同类别的妇女中间婴儿死亡率的细微差异。原文指出，文盲妇女和后来去学认字的妇女是在一个水平，而原本都受过小学教育的妇女婴儿死亡率要明显低一些。所以答案为 NO。
21	Before and after the crusade, the child mortality rate for the illiterate women	E 段 F 段 第 1 句	题目：不管在“国民识字改革运动”之前还是之后，文盲妇女中的婴儿死亡率一直保持在每一千名中死亡 110 例。 该题需要对 E 段和 F 段综合把握，F 段第 1 句说，在这次运动结束之后，文盲妇女的婴儿死亡率保持不变 unchanged，再结合上一段，这个水平就是题目中的数字，所以答案为 YES。
22	The women who had learnt to read through the crusade	E 段 F 段	题目：对于那些通过“国民识字改革运动”学会认字的妇女来说，她们的婴儿死亡率变化最大。 该题可以结合上面一道题，上面是说文盲妇女没有变化，该题着重突出这次运动的功效，对于那些受益于这次运动的妇女来说，她们的变化是最大的。根据原文意思，她们的比率要比文盲妇女低 21 个点，所以答案为 YES。
23	The women who had learnt to read through the crusade	E 段 最后一句 F 段	题目：对于那些通过“国民识字改革运动”学会认字的妇女来说，她们的婴儿死亡率最低。 我们发现 20、21、22、23 这几道题其实都是相互关联的，着重把握这三组妇女的数据变化。对于那些受益于这次运动的妇女来说，她们的变化是最大的，但是这是不是就意味着她们的比率最低呢？我们有三组数字：110/1000，80/1000，84/1000，最低的是第二组，也就是那些小时候就上过小学的妇女，所以答案为 NO。

24	The children of the women who remained illiterate	E 段 最后一句	题目：在“国民识字改革运动”之后，文盲母亲的子女最为营养不良。 在对比“国民识字改革运动”前后的变化时，作者强调了婴儿死亡率的变化。同时，她们的孩子营养状况也做了一次对比，E 段最后一句说，刚学会识字的母亲的孩子营养状况也要比那些文盲母亲的孩子好，那是不是意味着后者的营养状况最差呢？文章中没有提及，所以答案为 NOT GIVEN。提醒考生特别注意这类题型的偷换概念。

➲ 考题解析

Questions 25-26

●题型归类：Multiple Choice
该题与一般的 Multiple Choice 还不太一样，它需要考生在五个选项中选出两个正确答案来。

➲ 题目解析

题目编号	题目定位词	答案位置	题 解
25/26	implications, the Nicaraguan study	H 段 第 1 句 J 段 最后一句	题目：尼加拉瓜研究中有哪两项重要指导意义是作者提到的? 对于这种题型，我们使用排除法最好。 A 选项说教育成年妇女比教育年轻女孩好。这与原文不符，因为文章 H 段说，教育年轻女孩需要花一代人的时间才能见成效，不如教育成年妇女立竿见影，所以错误。 B 选项说类似的（“国民识字改革运动”）运动在别的国家也会一样成功，而作者引用克利兰的警告说，尼加拉瓜的运动有其特殊性，别的国家不一定会奏效。所以错误。 C 选项说母亲识字教育的效果立竿见影。这句话作者没有明说，但是在 I 段最后一句作者说“尼加拉瓜的研究说明我们可以绕过这一点”，意味着通过教育成年母亲，我们可以不用等一代人时间就能见到成效。所以 C 正确。 D 选项说提高孩子健康水平能立即影响一个国家的经济。文章中都是在说提高母亲教育水平能够提高孩子健康水平，并没有说孩子健康水平与国家经济的关系，所以错误。 E 选项说花在女性教育上面的钱能够提高儿童健康水平。这应该是本文的中心思想，资助母亲受教育能提高儿童的健康水平，这是这篇文章一直在论述的观点，也是作者最后呼吁要做的事情，所以为正确答案。

➲ 参考译文

识字的女性是不是更合格的母亲?

如果发展中国家的儿童的母亲能读能写，这些儿童就能更健康，更有可能活过五岁。公共健康方面的专家几十年前就已经接受了这个观点，但是至今还没有人能够证实妇女识字本身真的能够提高孩子的幸存机会。

大多数的识字妇女在小学学会认字，妇女能接受教育这个事实就表明她的家庭更富有一些，或者这个家庭高度重视它的子女们。现在尼加拉瓜开展的一项长期研究表明教会那些穷人家的妇女识字——不然她们就会成为文盲，就会对她们孩子的健康和幸存机会产生直接影响。这项调查已经排除了上面所说的那些因素。

1979年，尼加拉瓜政府开展了一些包括“国民识字改革运动”在内的社会项目。到了1985年，全国各地大约有30万不识字的成年人已经学会了读、写以及使用数字，他们中有很多人从来没有上过小学。

在此期间，利物浦热带医药学校、尼加拉瓜中美洲健康研究所、尼加拉瓜国家独立大学、哥斯达黎加健康研究所共同派出研究人员，采访了将近3000名妇女，这些妇女中间有些小时候学过认字，有些在“国民识字改革运动”期间学会认字，有些从来就没学过。给这些妇女提的问题是：她们生过多少个孩子，这些孩子中有多少夭折了。研究小组同时还调查了幸存的孩子，看看他们的营养状况如何。

研究人员的发现使他们大吃一惊。二十世纪七十年代晚期，文盲母亲的婴儿死亡率大约是每一千名中死亡110例。在此期间，对于那些后来去学习认字的母亲，婴儿死亡率与前者大致相同(105/1000)。但是对于上过小学的母亲来说，婴儿死亡率显著降低，每一千名中死亡80例。

1985年，“国民识字改革运动”结束后，还处于文盲状态的母亲中间的婴儿死亡率，以及接受过小学教育的母亲的婴儿死亡率，与以前相比变化不大。对于那些通过这次运动学会认字的母亲来说，婴儿死亡率为每一千名中死亡84例，与那些仍然处于文盲状态的母亲相比，这个数字明显低了21点。刚学会识字的母亲的孩子营养状况也要比那些文盲母亲的孩子好。

为什么识字母亲的孩子更加健康呢？利物浦热带医药学校的彼得·山迪福指出，没人有确切的答案。儿童教育并不是这些妇女的课程安排，所以他和他的同事正在寻找别的原因。他们正在调查上面说过的同一群3000名妇女，试图发现识字的母亲是否更会利用医院和诊所，是否会选择少生孩子，是否会在家中更有权力，是否能更快地学会现代育儿技术，或者是否仅仅是对自己和孩子多了一份尊重。

尼加拉瓜的研究可能会对政府和救援机构有很好的指导意义，这些机构需要知道如何分配他们的资源。山迪福说，越来越多的证据显示任何年龄的妇女教育都是“很重要的健康指导”。这项调查的结果支持了世界银行的说法，即发展中国家的教育预算应当增加，不仅仅用来发展经济，也应该改善儿童健康。

“我们早就知道母亲教育很重要，”伦敦卫生与热带医药学校的约翰·克利兰说，“但是我们觉得即使我们今天开始教育女童，我们也要等上一代人的时间才能有回报。尼加拉瓜的研究说明我们可以绕过这一点。”

克利兰警告说，尼加拉瓜的“国民识字改革运动”在很多方面都是特殊的，其他地方的类似运动可能不会奏效。如果教给成年人的技术不能对他们的日常生活有立竿见影的效果，那么是很难教会他们学的，并且许多别的国家的识字运动并不是那么成功。克利兰指出：“尼加拉瓜的‘国民识字改革运动’只是一场大运动中的一部分，这场大运动旨在带给人民更好的生活。”对于发展中国家的工人来说，要在别的国家复制这些条件是一个巨大的挑战。

READING PASSAGE 3

文章结构

体裁	说明文
主要内容	本文阐述了恃强凌弱这个现象在英国学校里十分普遍，论述了它的危害以及学校采取的对应措施。但是文章的重点在于如何防范这一现象的出现。
结构	A Introduction 点出主题：恃强凌弱的表现形式有哪些？它在英国学校里面是很普遍的。
	B 恃强凌弱对涉及的儿童都有负面影响，不仅被欺负的儿童，而且挑起事端的儿童也受影响。
	C 学校对于"学校里面是否存在恃强凌弱"这个问题的态度发生转变。
	D 为什么会发生这种转变，校方又采取了哪些具体步骤呢?
	E 防范恃强凌弱最重要的手段是出台一个明确的政策，还应该有相应的补充手段及应付小范围人群的手段。
	F 作者最后对制止校园里面的恃强凌弱充满信心，呼吁大家都对这个问题加以关注。

词汇注释

标题	
persistent *adj.* 固执的，坚持的，持续的 bullying *n.* 恃强凌弱 psychology *n.*［医］心理学	intervention *n.* 干涉，介入 fund *v.* 资助
A段	
ariety *n.* 多样性，变化 verbal *adj.* 词语的，言语的，文字的 taunt *v.* 嘲弄，奚落 shove *v.* 推挤，猛推	conduct *v.* 指挥，管理，实施 secondary school *n.* 中学 recalcitrant *adj.* 不顺从的，桀骜不驯的

B段	
unworthy *adj.* 不值得的，不足取的 depressed *adj.* [医]抑郁的，阻抑的 suicide *n.* [法]自杀 rare *adj.* 希罕的，稀有的 victimize *v.* [法]使受害，使牺牲	interpersonal *adj.* 人与人之间的，关于人与人之间关系的 convict *v.* [法]定罪，证明有罪，宣判有罪 offence *n.* [法]犯法，罪过，过错
C段	
available *adj.* 可用的或可得到的 consequence *n.* 结果，[逻]推理，推论，因果关系，重要的地位	refrain *n.* 重复的话
D段	
awareness *n.* 意识，认识 severity *n.* 严肃性；激烈 council *n.* [经]委员会 package *n.* 一揽子 circulate *v.* (使)流通，(使)循环，(使)传播	counter *v.* 反对，打击 behavior *n.* 行为 guideline *n.* 指导路线，方针，指标 evaluation *n.* 评估，评价 monitor *v.* 监视，监听，监督
E段	
explicit *adj.* 详述的，清楚的 sanction *n.* 制裁，处罚，约束力 consultation *n.* 请教，咨询，磋商会 disseminate *v.* 散播，传播，宣传 curriculum *n.* 课程 in the light of [法]根据，按照 substitute *n.* 代用品，代替者，替代品	assertiveness training *n.* 自信训练 be liable to *adj.* 有…的倾向，易于… supervisor *n.* 监督人，管理人，检查员，督学 distinguish *v.* 区别，辨别 playful *adj.* 开玩笑的，嬉戏的 boredom *n.* 厌烦，厌倦，令人厌烦的事物 frustration *n.* 挫败，挫折，受挫
F段	
substantial *adj.* 数目大的，可观的 worthwhile *adj.* 值得花时间的，值得做的，有真实价值的	objective *n.* 目标，目的

考题解析

Questions 27-30

● 题型归类：List of Headings

此类题型属于结构题，考查考生对文章整体结构的把握和概括能力。解答此类题型首先要分析题目中给出的选项，确定各选项的主要内容和相似选项之间的区别，接着要了解段落基本构成方式，准确寻找段落的主题句（通常集中在段落的首句和末句），如果主题句较难寻找，则需要迅速浏览全段后总结段落中心思想。

➲ 题目解析

题目编号	段落主题句	题　解
27	A survey I conducted with Irene Whitney found that in British primary schools up to a quarter of pupils reported experience of bullying, which in about one in ten cases was persistent.	第一段的第 1 句只是介绍恃强凌弱的种类，目的是为了引出下文，指出恃强凌弱在英国学校里是很普遍的一种现象，不管小学中学都有这种情况发生。为此作者特地开展了一项调查研究。所以该题答案选 iv。
28	Bullying is clearly unpleasant, and can make the child experiencing it feel unworthy and depressed.	该段首句就点明主题，恃凌弱是一种不好的现象，会让深陷其中的孩子受到负面影响。这只是问题的一方面，那些实施恃强凌弱的孩子长大以后也有可能走上犯罪道路，所以对于涉及的孩子们都有负面影响。答案选 vi。
29	Schools would often deny the problem. Fortunately more schools are now saying…	这一段其实没有明确的主题句，主要展示了学校对学校里是否存在恃强凌弱现象的回答，我们可以看出，从不承认到有条件的承认，学校的态度还是有一定的进步。所以答案选择 v。
30	Three factors are involved in this change.	很多考生看到该段的第 1 句就以为应该选择 iii，因为该选项第一个单词为 reasons，考生误以为是 factors 的同义词。实际上，第 1 句的意思是：这种态度上的变化背后有三个原因，而不是为什么恃强凌弱会上升的原因。而且，作者举出原因主要目的还在于引出各个学校出台的一系列措施，正是这些措施有效地减少了恃强凌弱的数量。所以答案选择 vii。

➲ 考题解析

Questions 31-34

● 题型归类：Multiple Choice
此类题型属于细节题型，解答此类题目时可以先不看选项，根据题干中的定位词找到答案，但在区分混淆选项时常常要继续浏览相关段落以确定最终答案。

➲ 题目解析

题目编号	题目定位词	答案位置	题 解
31	A recent survey, British secondary schools	A 段末句	根据题目中出现的信息，我们定位到第一段的末句，文章告诉我们 there was less bullying in secondary schools，所以答案选 B。答案 A、C 都与原文不符，D 的后半部分是正确的，而前半部分原文中没有提及。
32	Children who are bullied	B 段第 3 句	可先找到 children who are bullied 在文章中的对应词 victimise pupils，即可选出正确答案，注意同义替换，不要误选 B。 该题没有明确的定位词，因为题干信息量太少，但是通过查看选项，我们知道这道题主要涉及 B 段内容。遇到这种题干短的选择题，我们最好使用排除法。A 项没有说自杀的人是否是两倍，只是说有这样极端的例子。B 项原文没有提及，只是说孩子成人之后不知道如何与人打交道。C 项看似正确，但是原文中依然没有提及，实施持强凌弱的孩子容易走向暴力，但被欺负的孩子没有说到会不会不暴力。所以答案选 D。
33	There is no bullying at this school	C 段 第 2 句	先找到直接引语，因为直接引语通常是论据，可向前找到其观点 not much was known about the topic 对应 lack of knowledge, little help 对应 lack of resources。 该题目容易定位，但是答案不容易定位。学校说这句话时的态度到底如何呢？ A 项说 no longer true 不正确，因为这个说法从一开始就是错误的。B 项与原文背道而驰，就是出自学校之口；C 项说这反映了学校缺乏关心，其实学校不是不关心这个问题，而是苦于不知道如何界定这个问题，以及当问题出现时如何解决。C 段首句已经把学校的困境说得清清楚楚，所以答案选 D。
34	research in Norway	D 段 倒数第 2 句	该题目容易定位，答案也比较好找。挪威的研究是在一场全国性的运动之后发生的，结果是 bullying was halved。有的考生不认识 halved 这个动词，其实它是名词 half 活用过来的。所以答案选 A。

➲ 考题解析

Questions 35-39

● 题型归类：Summary
从这篇 Summary 的标题可以看出，它主要是针对文章后半部分，也就是学校应该采取什么措施来应对。

➲ 题目解析

题目编号	题目定位词	答案位置	题 解
35	The most important step, clear	E 段 第 1 句	Summary 开头就提出“最重要的步骤”，而原文中的 a key step 就是它的对应说法。题目中说这样一个步骤能让学校对待恃强凌弱的态度明确，这也就是原文所说“规定清楚那些是恃强凌弱”，所以空白处填 policy。
36	detailed, how the school and its staff will react	E 段 第 1 句	该题还是使用了同义替换这个技巧，题目中的 detailed 实际上就是原文的 explicit，至于 how the school and its staff will react 就是原文中的 what will be done if it occurs。所以空白处填 guidelines。考生要注意名词的复数形式。
37	In addition, action	E 段 第二小段	第 1 句 当我们看到 in addition 时，就知道这是对上面措施的补充，E 段的第二小段开头说 other actions can be taken to back up the policy，而后面紧接着的措施就是通过 curriculum。
38	individual pupils and small groups, self-confident	E 段 第三小段	第 2 句 关于 individual pupils 部分的只有 E 段第三小段。题目中的 potential 乍一看没有出现过，但是如果知道原文中的一个重要短语 be liable to 就该会知道短语的后边所接的表语就是答案。
39	Playground supervision, the difference between bullying and	E 段 第四小段	第 2 句 原文中说，在操场上应该训练出一些巡视员，能 distinguish bullying from playful fighting。Distinguish 的意思就是题目中的 recognise the difference。

➲ 考题解析

Question 40

● 题型归类：Multiple Choice
此类题型属于细节题型，解答此类题目时可以先不看选项，根据题干中的定位词找到答案，但在区分混淆选项时常常要继续浏览相关段落以确定最终答案。

题目解析

题目编号	题目定位词	答案位置	题　解
40	crisis management, prevention		该题作为练习的最后一题，是对全文的总结。为全文起一个标题就意味着选择时不能片面，要从全文入手。选项 A、B 都是针对文中某个细节设计的，而 C 在文中根本没有出现过，只有 D 项才真正说明主题：从危机管理到预防。文章的前面一部分谈论了恃强凌弱的表现以及在学校的表现，但最为重要的是后面一部分，如何采取措施应对这样一个危机，这才是作者思考的问题。所以答案选 D。

参考译文

持续不断的恃强凌弱是孩子面临的最坏的经历。那么怎样制止它呢？谢菲尔德大学心理学教授彼得·史密斯主持的谢菲尔德反恃强凌弱项目是由教育司资助的。下面是他的调查报告。

恃强凌弱有许多种形式，从言语上被嘲弄或者被人辱骂到身体上的被踢打推搡；也有一些非直接的形式，比如被排除社会团体之外。我和艾琳·惠特尼共同开展的一项调查发现，在英国的小学里，有四分之一的小学生称曾经被恃强凌弱，其中有十分之一是持续不断的。中学发生的恃强凌弱情况会少一些，遭受持续不断的恃强凌弱的学生比例为二十五分之一，但是这些案例可能会非常桀骜不驯。

恃强凌弱当然不是一件好事，并且会让那些遭受恃强凌弱的儿童感到自已微不足道，变得十分沮丧，甚至会走极端走向自杀，谢天谢地，这种事情还是很少发生。受伤害的学生们在成年之后不能进行正常的人际交往，而那些持续不断地恃强凌弱的儿童长大以后则很有可能走向暴力和反社会的犯罪道路。

直到最近，我们对这个话题还知之甚少，老师们在对付恃强凌弱的时候也不知道从何处寻求帮助。学校常常否认这个问题的存在。“学校里没有恃强凌弱这种事”，这是老生常谈的一句话，不过肯定是假话。幸运的是，现在更多的学校会说：“学校里没有很多恃强凌弱现象，但是如果有的话，我们有明确的政策来应对。”

这种态度上的变化背后有三个原因。第一，人们对这个问题严重性的认识加强了；第二，在英国，已经有一些手段可以用来解决恃强凌弱这个问题。例如，1992 年夏天，苏格兰教育研究委员会印发了《制止恃强凌弱》这样一套材料，在英格兰、威尔士以及苏格兰的所有学校里传阅，次年，印发了第二套材料《支持学校反对恃强凌弱》。在爱尔兰，《反对小学以后的恃强凌弱行为行动纲要》于 1993 年印刷；第三，有证据显示，这些材料以及那些学校能够在这方面做出一些成就。这种说法来自对学校采取的干预措施之前之后对比的评估结果，这次评估是由一个研究小组监督的。挪威在开展一项全国性的干预运动之后，对 42 所学校进行评估，结果表明，两年间恃强凌弱的情况减少了一半。谢菲尔德调查计划在调查了 16 所小学和 7 所中学之后，发现大多数学校都成功地减少了恃强凌弱的情况。

有证据表明，关键的一步是出台一项针对恃强凌弱的政策，规定清楚哪些是恃强凌弱，给出明确的纲要说明当恃强凌弱发生时，应该怎么做，需要保留哪些记录，应该通知谁，应当采取什么样的惩罚措施。要制定这项政策应当事先通过协商，经过长时间的酝酿和准备，而不仅仅是从校长办公室发出的指令。学生、家长以及教职员工都应当觉得他们参与了这项政策，这项政策应当有效地加以宣传和实施。

还应当采取其他措施来支持这项政策。比如说通过课程安排、录像、戏剧和文章等，这些都有助于提高人们的认识，而且最好依附于恃强凌弱发展的早期，因为这时候学校才刚刚开始讨论恃强凌弱这个问题。上述这些措施也有助于为新学生更新这项政策，或者根据新形势进行修订。但是课程安排本身可能只会起到短期效益，它应当是这项政策的补充，而不是一个替代品。

同时也应该采取方法对个别学生做工作，或者是小部分的学生。对于那些容易被欺负的学生来说，自信训练非常值得我们去做，并且对于结成小组的恃强凌弱情况，一些例如“不责怪”的方法对于改变恃强凌弱的学生的行为非常有效，同时这样做也不会直接与这些学生发生冲突，不过我们还需要采取别的惩罚措施来制止那些持续不断恃强凌弱的学生。

在操场上做工作同样重要。一个非常有效的方法是训练出一些午间巡视员，把嬉戏和恃强凌弱区分开来，帮助他们化解冲突。另外一种方法是改善操场环境，这样学生们才不至于感到太过单调乏味而诉诸于恃强凌弱。

在采取这些手段之后，学校有理由期待，至少最严重的恃强凌弱很大程度上已经销声匿迹了。投入的精力越大，学校动员面越广，结果就可能越好。恃强凌弱情况的减少，以及随之而来的学生幸福度的提高，肯定值得我们去追求。

WRITING

WRITING TASK 1

The charts below give information about USA marriage and divorce rates between 1970 and 2000, and the marital status of adult Americans in two of the years. Summarise the information by selecting and reporting the main features, and make comparisons where relevant.

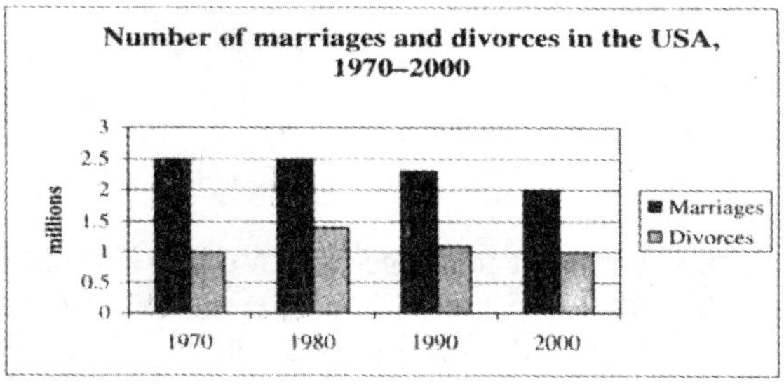

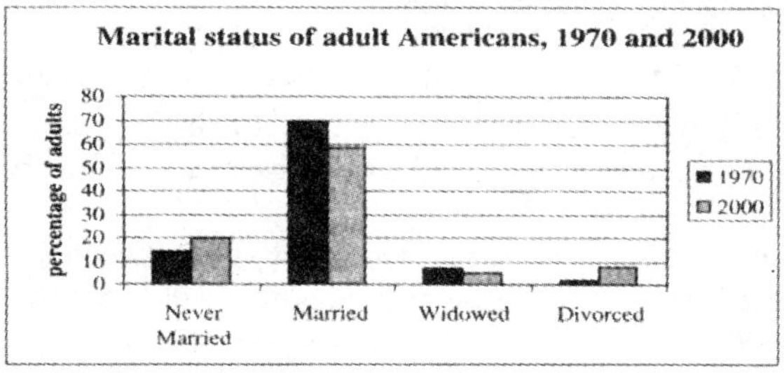

➲ 题目分析，包括写作中需要涉及的要点、对比以及考生可能对题目产生的错误理解。

要点

1. 第二张图只给了1970年和2000年的信息，而第一张图给出了1970年、1980年、1990年和2000年的信息。
2. 结婚率和离婚率从1980年到2000年的变化是同一种趋势。
3. 成年人结婚和寡居的百分比在2000年较低，而当年成年人未婚和离婚的百分比较高。
4. 第一张图的数字按百万来计算，而第二张图给出的是成年人的百分比。

考生可能产生的错误理解和问题

图表很清楚，考生不应该对数据有任何误读。一定要包含以上提到的四点，别混淆了数字。

➲ 建议采用的回答结构，对比此结构与考生有可能采用的不恰当结构。

报告需要一个简短的介绍部分，然后两个正文段落，每个段落各写一张图。最后，考生需要写出一个简短的结论，重复两张图的要点。

➲ 参考范文

One chart shows the number of marriages and divorces in the USA in 1970, 1980, 1990 and 2000. The other shows the marital status of adult Americans in 1970 and 2000.

The first chart indicates that the number of marriages in America (2.5 million) was the same in 1970 and 1980. This number then fell to 2.3 million in 1990 and fell further to 2 million in 2000. The number of divorces was 1 million in 1970 and rose to 1.4 million in 1980. It declined to 1.1 million in 1990 and fell slightly to 1 million in 2000.

70% of adults were married in 1970, but this declined to 59% in 2000. The percentage of widowed people fell — from 7% (1970) to 5% (2000). The percentage of single people was 15% in 1970 and increased to 20% in 2000. The percentage of divorced people also rose — from 2% (1970) to 8% (2000).

To summarise, the number of marriages in America declined between 1970 and 2000, whilst the number of divorces rose, then fell. A lower percentage of adult Americans were married or widowed in 2000 than in 1970, but the percentages of single and divorced adults were higher.

(199 words)

一个表格显示出美国在1970、1980、1990、2000年的结婚人数和离婚人数。另一个表格显示出美国成人在1970和2000年的婚姻状况。

第一个表格指出在1970年和1980年美国结婚人数(250万)是一样的。之后在1990年人数下降到230万，在2000年更是下降到200万。离婚人数在1970年是100万，而在1980年上升到140万。1990年人数下降到110万，而在2000年略微下降到100万。

1970年70%的成人已婚，但在2000年下降到59%。寡居的百分比下降：从7%(1970)下降到5%(2000)。单身的百分比在1970年是15%，而在2000年上升到20%。离婚的百分比也上升了：从2%(1970)上升到8%(2000)。

总的来说，在1970年到2000年之间美国的结婚人数下降而离婚人数先升后降。2000年美国成人已婚或寡居的百分比比1970年低，但单身和离婚的百分比要高。

➲ 参考范文中的词汇及结构分析，以及考生可能犯的错误。

1. "One chart shows the number of marriages and divorces in the USA in 1970, 1980, 1990 and 2000. The other shows the marital status of adult Americans in 1970 and 2000." 作者用两句话把题目重写了一遍，每句话对应一张图，同时增加了图中信息的年份。
2. "The first chart indicates that the number of marriages in America (2.5 million) was the same in 1970 and 1980." 作者把数字放在了括号内。
3. "It declined to 1.1 million in 1990 and fell slightly to 1 million in 2000." 注意作者如何描述不同的下降幅度，特别是"fell slightly"。
4. "The percentage of single people was 15% in 1970 and increased to 20% in 2000. The percentage of divorced people also rose — from 2% (1970) to 8% (2000)." 作者用两种不同的句子结构描述两个下降，一个使用括号，另一个没有括号。同时注意近义词的使用："increased"和"rose"。
5. 作者在结论部分使用短语 "To summarise..." 来重申他/她的观点。

WRITING TASK 2

Some people prefer to spend their lives doing the same things and avoiding change. Others, however, think that change is always a good thing. Discuss both views and give your own opinion.

➲ 题目分析，包括写作中需要涉及的要点以及考生可能对题目产生的错误理解。

1. 题目要求考生就两种观点展开讨论，所以考生需要写出双方的论点。
2. 任何一种观点都不可能完全正确，所以，一篇好作文要承认双方都有可取之处。
3. 注意第二种说法包含"always"，这是一个极端的立场，不可能是正确的。

➲ 建议采用的回答结构，对比此结构与考生有可能采用的不恰当结构。

作文需要一个简短的介绍部分和一个简短的结论。正文应该有两个或三个段落，每段分别阐述一个点。建议考生单独写一个段落来阐述与考生意见相反的观点，或者考生在正文各段中提及相反的观点。考生应该注意，不能把这篇作文写成完全同意或者完全反对题目说法的文章。

➲ 两篇观点不同的参考范文（250字—300字）

参考范文1——常规更好

Some people, including myself, enjoy routine and avoid change whenever possible, whilst others prefer to be more flexible and think that change is good. In this essay, I will look at both sides of the debate.

Those who think that change is a good thing point out that it allows a person to gain a wider range of experiences. For example, a person can change jobs frequently and thus see how things are done in different companies and organisations. They also have the opportunity to meet a wider variety of people and can benefit from their experience too. People who live in foreign countries have the chance to become familiar with different cultures, which benefits them both personally and in their professional lives.

However, the main problem with change is that it is often disruptive. A person who works for several different companies throughout their working life certainly gets to know how things are done differently in other companies, but they often forego the opportunity to build a career because many companies prefer to promote employees who have been working for them for a long time and are thus familiar with their practises, rather than putting new people into key positions, which could be problematic. This can also be seen in other spheres of life. It is generally considered bad to move children from school to school, since they have to get used to new teachers and make new friends.

In conclusion, change can be beneficial, but I believe that, in general, the disadvantages outweigh the advantages and that constant change leads to greater problems.

(265 words)

一些人包括我自己喜欢惯例，可能的话避免改变，而另外一些人喜欢灵活一些，认为改变较好。在这篇论文中我会论说争论双方的观点。

认为改变是件好事的人指出改变可以让人获得更广泛的经验。例如，一个人频繁地换工作可以知道不同的公司和机构是如何运作的。他们也有机会接触到更多各种各样的人，并能从他们的经验中获益。在国外生活的人有机会熟悉不同的文化，这对他们的私人生活和职业生涯都有好处。

然而随着改变出现的主要问题就是它常引起混乱。在职业生涯中为几个不同公司工作过的人肯定会知道其他公司的运作如何不同，但他们也失去了发展一份事业的机会，因为许多公司愿意提升为他们长期工作并熟悉其运作的职员，而不愿让新人担任重要职务，因为这样做可能会引起麻烦。这种现象也出现在生活中的其他领域。大家都认为让小孩转校是不好的，因为他们需要去适应新的老师和结交新的朋友。

结论就是改变是有好处的，但我认为总的来说坏处比好处多，而不停的改变会引起更大的问题。

参考范文2——改变更好

Some people embrace change and believe that it is good for a person, whilst others prefer routine and are wary of change. In this essay, I will look at both sides of the argument and say why I believe that change is a good thing in a person's life.

Some people avoid change. They might do this for a negative reason, such as out of fear of the unknown or an unwillingness to risk what they have. On the other hand, they might avoid change for a positive reason, such as satisfaction with what they have. Change can be a very frustrating and emotional experience. If a person is not prepared for it, change can cause many problems. For example, if a person moves to another country, they need to be ready for the differences that they will inevitably find there. If they are not prepared, they will probably view the country they move to with suspicion.

However, I believe that change is necessary and generally a good thing. Obviously, not all changes are good, but I think it is important for a person to experience it in their lives. A person who changes their job can get experience of how things are done in different companies. A person who lives in different places can see more of the world. A person who takes up different hobbies or sports can find out what he/she is best at or enjoys most.

To conclude, I think that change is usually good for a person, but that a person must be prepared for it in order to make the most of it.

(269 words)

有些人喜欢改变，认为它对人有益，而另一些人喜欢惯例唯恐改变。在这篇论文中我会论说辩论双方的观点，阐述为什么我认为在人的一生中改变是件好事。

一些人避免改变。他们这样做可能是因为某个消极的原因，如对未知的恐惧或不愿拿他们已有的东西来冒险。另一方面，他们这样做可能是因为某个积极的原因，比如对他们已有的感到满意。改变可能是一个让人很沮丧和情绪化的经历。如果没有做好要改变的准备，会引起许多问题。例如，如果一个人迁往另一个国家，对于在那儿不可避免会出现的不同之处他必须做好准备。如果他没有准备好，很有可能会用怀疑的眼光看这个国家。

然而我认为改变是必要的，一般来说是件好事。显然并不是所有的改变都是好的，但我认为在人的一生中去体验改变是很重要的。换工作的人可以体验到不同的公司是如何运作的。在不同地方生活的人可以看到更广阔的世界。培养不同爱好或参加不同体育活动的人可以找到他最擅长或最喜欢的东西。

结论是我认为改变通常对人有益，但为了充分利用它人们必须做好准备。

➲ 参考范文中的词汇及结构分析，以及考生可能犯的错误。

1. "Some people, including myself, enjoy routine and avoid change whenever possible, whilst others prefer to be more flexible and think that change is good." 这句话清楚地表明作者的态度，同时又承认对方观点的合理性。
2. "Those who think that change is a good thing point out that it allows a person to gain a wider range of experiences." 作者从反方观点开始谈起，在这一段里并没有批判反方的观点。实际上，作者用清晰的论据来支持反方的立场。
3. "However, the main problem with change is that it is often disruptive." 作者从这里引入他/她所认为的改变带来的主要问题，并给出了两个例子（就业和学习）
4. "In conclusion, change can be beneficial, but I believe that, in general, the disadvantages outweigh the advantages and that constant change leads to greater problems." 作者在结论里表明自己的立场，但同时指出双方观点都有合理之处。
5. 注意搭配的使用："embrace change"、"wary of change" 和 "avoid change"。雅思写作要得高分，搭配的使用很关键。
6. "They might do this for a negative reason, such as out of fear of the unknown or an unwillingness to risk what they have. On the other hand, they might avoid change for a positive reason, such as satisfaction with what they have." 作者把避免变化的原因分为两种，每种都给出了例子。这里作者用了一个很好的高级短语："frustrating and emotional experience"。
7. "If a person is not prepared for it, change can cause many problems." 作者用"If a person is not prepared for it," 来使他/她的论证更准确，表明如果有的人准备更充分，那么他们就会面临较少的问题。然后作者给出一个例子来支持论证："For example, if a person moves to another country, they need to be ready for the differences that they will inevitably find there. If they are not prepared, they will probably view the country they move to with suspicion."
8. 作者写道："Obviously, not all changes are good." 这是对应题目中的 "always"。
9. "To conclude, I think that change is usually good for a person, but that a person must be prepared for it in order to make the most of it." 结论部分简洁明了。

SPEAKING

a) 题目分析，包括考生可能对题目产生的错误理解。

Do you prefer to have one particular friend or a group of friends?
注意问题问的是"prefer to have"，而不是"have"。在你的回答中给出原因。

What do you like doing most with your friends?
说出一种以上的活动，这样你就能用到很多词汇。如果你的朋友交际圈广，你可能会跟不同的朋友做不同的事情。

Do you think it's important to keep in contact with friends you knew as a child?
说说为什么，再谈谈你是否真的和童年的伙伴还保持联系。

What makes a friend into a good friend?
一定要理解这个问题。你的一个朋友后来成为你很亲密的朋友，怎样发生的？为什么？是什么促成了这个结果？你还可以说说为什么有时候友谊会破裂。

Describe an important choice you had to make in your life.
详细谈谈你有过的选择，包括每种选择的利弊。说说你是如何作出最后决定的，你是否请教了他人，你是采纳了他们的建议，还是考虑了一下或者忽略他们的建议？为什么？

What are the typical choices people make at different stages of their lives?
问题问的是"typical choices"，所以你回答时给出的例子一定是许多人在人生中都会做的选择。谈谈大多数人，而不是你自己。不要忘了说不同年龄阶段的选择——年轻人、中年人和老年人。

Should important choices be made by parents rather than by young adults?
人们一般认为18—24岁的人为年轻人（在英美文化中）。在西方文化中，父母替年轻人做决定是罕见的，但在你所处的文化中，这可能是正常的事情。说说你认为哪些决定应该由父母来做，哪些应该由年轻人自己来做。

Why do some people like to discuss choices with other people?
举例说明，你还可以谈谈你认为这样做是否有用。

What kind of choices do people have to make in their everyday life?
注意这个问题问的是"everyday life"，举出人们经常需要做的选择，而不是他们一生才会碰到的一、两次抉择。想想人们怎样做出日常生活的选择。

Why do some people choose to do the same things every day? Are there any disadvantages in this?
给出原因，你可以以你认识的人（或者甚至是你自己）为例，但这一点不应该是你回答的重点。别忘了利弊两个方面。

Do you think that people today have more choices to make today than in the past?
你可以进一步谈谈你是否认为现在做出这些选择更难，甚至你可能认为人们现在比过去更擅于做出选择。

b) 考生可在回答中使用的实用词汇

Do you prefer to have one particular friend or a group of friends?
best friend, special friend, have something in common, share interests, enjoy similar things, a circle of friends, close friends.

What do you like doing most with your friends?
Activities: sports, shopping, socialising, clubbing, listening to music, dancing, chatting, playing games.

Do you think it's important to keep in contact with friends you knew as a child?
stay in touch, keep in contact, lose contact, people change, move away.

What makes a friend into a good friend?
good/bad/shared experience, special help, deeper understanding/friendship.

Describe an important choice you had to make in your life.
choosing a university/job/career, marriage, moving away from home/family, having a child.

What are the typical choices people make at different stages of their lives?
choosing a school/university/job/career, marriage (when/who/where), moving away from home/family, having a child/children, investments, retirement.

Should important choices be made by parents rather than by young adults?
maturity, mature enough, responsible, responsibility, legal age, law, immature, irresponsible, inexperienced, unwise, decision-making, make the right decision.

Why do some people like to discuss choices with other people?
Reasons — advice, inexperienced, unsure, get a second opinion,
People — advisor, counsellor, careers advisor, parents, relatives, grandparents, (close) friends, teachers/professors.

What kind of choices do people have to make in their everyday life?
food and drink, clothes, transport, spend time, free time activities, daily routine, eat meals, get up, go to bed, reply to emails.

Why do some people choose to do the same things every day? Are there any disadvantages in this?
routine, feel (un)safe, (in)secure, unadventurous, lack of experience, do the same thing over and over, (un)familiar, efficiency.

Do you think that people today have more choices to make today than in the past?
more possibilities/freedom, wealthier, better transportation/communications, overloaded with choices/ possibilities.

c) 参考回答（每个问题两个回答）

Do you prefer to have one particular friend or a group of friends?

I prefer having one or two particularly good friends. That way, I get to know them much better and we spend a lot more time together. Since we know each other so much better, we can share more with each other — our thoughts and feelings for example.

I prefer having a wide variety of friends. We might not be as close, but I prefer knowing a lot of different people from a variety of backgrounds. In this situation, you get to hear various perspectives on life rather than just a few. I think it's important nowadays.

What do you like doing most with your friends?

Most of all, I enjoy going for a coffee and chatting with my friends. We usually talk about our personal lives, but we also discuss things that are in the news. Recently, we've been talking a lot about environmental issues. That's something that is of increasing interest to young people nowadays.

We enjoy playing basketball together. We usually meet in the park near our homes in the evenings and play for an hour or so. Occasionally, we go for a beer afterwards. Basketball is the interest that unites us. Aside from that, I don't think we have anything that we all enjoy.

Do you think it's important to keep in contact with friends you knew as a child?

No, not really. People change and people also move to different places. It's not realistic to stay in touch with everyone. I think that it's better to be close friends with one or two people. A lot of people do keep in touch with their friends from their childhoods, but it's often just an email every few months rather than close contact.

Yes, I do. It's not always possible to keep in close contact, because people move to different cities or are busy with their work or families. However, people can easily stay in touch using email or the telephone. I think that maintaining friendships with people you knew when you were younger provides a kind of continuity in your life.

What makes a friend into a good friend?

I think that it's often a shared experience — an unusual experience that perhaps shows how much you can trust the person. Often, these experiences are bad things — maybe an accident or a problem at school or work. The friend becomes a good friend by helping you in a bad situation.

I think that it is the discovery of shared interests or a shared view of life. If you and friend enjoy the same things, you naturally become close friends. If you have the same view — or philosophy — of life, then you develop an affinity. This discovery of shared interests or views might happen soon after meeting or it might take longer.

Describe an important choice you had to make in your life.

An important decision that I had to make was whether to study abroad or not. In the end I decided that I would. When I was making my decision, I had to weight up several different factors, such as the cost, whether studying abroad would really be beneficial or not and whether or not I was personally prepared for study overseas — I mean, did I have the right personality. In order to help me make my decision, I consulted family members and friends. Most of them advised me to go, but a few thought that it would be better for me to stay in my own country. In the end, the deciding factor was the fact that I wanted to see more of the world.

I had to decide whether or not to go to university. Most people in my country would say that this is an easy choice because a university education is so useful. However, the problem for me was that my family did not have enough money to support my studies. I thought that I could work for a few years and save up enough money to go university later, but I realised that if I was out of the education system for a few years I might lose valuable study skills. A friend suggested that I get a loan from a bank. I decided to do this and go to university. I'm glad that I did as I believe that I will be able to get a higher paid job after graduation.

What are the typical choices people make at different stages of their lives?

Young people might need to decide which university to go to. When they are a little older, they need to decide who and when to marry. After that, they need to decide on whether and when to have children. Later in their lives, they need to decide on when to retire.

Young people may choose which subjects they want to study at university or whether they would prefer to get a job. At some point, young people have to decide what job they want to do. Later, they need to think about marriage and having children. They also need to consider their financial situation and make decisions about investments. This might affect other decisions later in life, such as when to retire from work.

Should important choices be made by parents rather than by young adults?

I think that most young people are able to make important choices themselves. I think that a lot of parents underestimate the maturity of their children or are overprotective of them. Even if the young people make mistakes, that's all part of growing up and becoming an adult.

I think that in most cases it is necessary for parents to make important choices for their children — even when those children are young adults. Many parents are very protective of their children, but this — in my opinion — is justified because so many young adults are very immature. They have very little experience of life and cannot be trusted to make correct decisions.

Why do some people like to discuss choices with other people?

Some people like to get a second — or even a third — opinion. If you ask a friend or family member about a choice you need to make, they might think of something that you didn't previously consider or they might see an advantage where you see a disadvantage. For example, you might see going to another city as bad because you know no-one there, whilst they might see it as good because you have the opportunity to make new friends.

I think that many people do this because they have limited experiences. This makes them uncertain, so they ask other people for advice. I know some people who often discuss choices with other people, but actually just want those people to confirm that their decision is the correct one, rather than to express their true opinion. They can get very annoyed if you disagree with the decision they want to make.

What kind of choices do people have to make in their everyday life?

People have to decide mundane things such as what to buy for meals. This might not just involve deciding which food to buy, but also which brand and which shop to buy the food from. They also need to decide which clothes to wear. At work, they might need to make choices about which people to make contact with. Of course, most people make these kinds of choices without really thinking about them, especially if they have often made the same choice before and it has become routine.

I think that a lot of the choices people make in their everyday lives are associated with how they spend their time. Some people might need to decide how to get to school or work. This might depend on the weather or how much time they have. If it's wet or if they got up late, maybe they will go by car rather than by bicycle. After work or school, people make decisions about how to spend their evenings. Some decide to study. Others choose to relax with friends or watch TV.

Why do some people choose to do the same things every day? Are there any disadvantages in this?

I suppose that some people do the same things each day because they like having a routine. Perhaps they don't like to do new or different things. I think that there are certain disadvantages of doing the same thing every day. First, life might get a little boring and repetitive. Another thing is that you might not experience many different things, which might put you at a disadvantage with people with a wider experience.

Some people enjoy having a routine. Perhaps it gives them a sense of security and gives their life a feeling of order. The big disadvantage, as far as I can see, is that their life may get a little boring — doing the same thing each day. On the other hand, I think that the advantages outweigh this. I think that having a routine is a good idea.

Do you think people today have more choices to make today than in the past?

Certainly. As I said in one of my previous answers, a lot of decisions have to do with buying products and services. Other decisions are associated with leisure time — how to spend it, where to go, who to spend it with, how much to spend. The fact that we have more choices to make is reflected in the fact that there are more activities and products and services available. Some people even find it impossible to make a choice as a result!

I think that it looks like people have more choices to make, but very often they don't have so many. A lot of choices are often made for you. For example, the products you buy. It looks like you have a big choice, but maybe you really don't because some of those products are not available near your home. Having said that, I think that people have more choices than in the past — just not as many as we think we have!

General training Test A

READING

SECTION 1 A

文章结构

体裁	说明文
主要内容	本文是一本为患者提供的须知手册，主要指导患者如何就诊，如何应对各种情况以及对他们提出的建议。
结构	题目直接点出本文的主要内容，具体内容按照类别进行说明，分七段对患者进行指导。七个类别从主到次依次排列，结构清晰。
	A 如何预约以及对预约患者的建议。
	B 在周末和晚上，即非工作时间，如何急诊及要求出诊。
	C 可以寻求帮助的中心护士。
	D 对新注册患者的建议。
	E 中心不涵盖的服务。
	F 接待员的作用。
	G 对更换住址患者的建议。

词汇注释

A段	
appointment *n.* 约定，预约 achieve *v.* 达到，实现	punctual *adj.* 准时的，守时的 avoid *v.* 避免，预防

B段	
addition *n.* 加，增加物 in addition to 除…之外（还） urgent *adj.* 急迫的，紧要的	emergency *n.* 紧急情况，急症 surgery *n.* 外科，外科手术 available *adj.* 可利用的，可获得的
C段	
daily *adv.* 每日地，日常地 dressing *n.* 包扎伤口的用品，敷药 syringe *v.* 注射 immunisation *n.* 免疫 removal *n.* 除去，消除，移动 stitch *n.* 缝线	administer *v.* 施行，给予（药） injection *n.* 注射，注入 pressure *n.* 压力，压强 check *n.* 检查，核对 clinic *n.* 诊所，门诊部
D段	
register *v.* 注册，登记 medication *n.* 药，药剂，药疗法	arrange *v.* 安排，准备
E段	
cover *v.* 覆盖，涵盖，包括 private *adj.* 私人的，个人的 certificate *n.* 证书，执照 insurance *n.* 保险，保险费 medical *n.* 体检 passport *n.* 护照，通行证	signature *n.* 签名，签字 prescription *n.* 处方，药方 recommend *v.* 推荐，建议 fee *n.* 费，手续费 association *n.* 协会，联盟 reception *n.* 接待，接待处，接受
F段	
receptionist *n.* 接待员 primary *adj.* 主要的，首要的，基本的 experienced *adj.* 有经验的，熟练的 fingertip *n.* 指尖 initial *adj.* 初步的，最初的，开始的 query *n.* 询问，疑问，问题	detail *n.* 细节，详情 symptom *n.* 症状，症候 enable *v.* 使能够，允许 assess *v.* 估定，评价 urgency *n.* 紧急，紧急之事，迫切
G段	
address *n.* 地址，住址	relocate *v.* 换一个地方，重新安置

➲ 考题解析

Questions 1–4

● 题型归类：Matching

➲ 题目解析

题目编号	题目定位词	答案位置	题　解
1	outside normal working hours	B 段 第 2 句	outside 与 in addition to 同义
2	first	F 段 第 1 句	primary 与 first 同义，basic information 即 general information
3	register	D 段 第 1 句	within 3 months of registering with the Center，接下来就是讲发生什么
4	cancel a doctor's appointment	A 段 第 3 行	If you can't keep your appointment…

➲ 考题解析

Questions 5–9

● 题型归类：TRUE/FALSE/NOT GIVEN

➲ 题目解析

题目编号	题目定位词	答案位置	题　解
5	must	A 段 第 2 句	try to see the same doctor whenever possible，不是 must，因此是 FALSE
6	a repeat prescription, make an appointment	A 段	A 段讲 appointment，但里面都没提 repeat prescription 的时候要不要预约

7	Helen Stranger	C 段 第 1 句和 第 3 句	...Helen Stranger are available daily...Helen Stranger will make a home visit. 并没提及 Helen Strauger 是 Heael Nurse
8	explain your problem	F 段最后一句	They may request brief details of your symptoms or illness.
9	new contact details, move house	G 段	原文 Please remember to let us know if you decide to relocate.

➲ 参考译文

Causton 健康中心

患者信息手册

A 预约

请拨打电话 826969 (周一至周五，上午 8: 30 至 下午 5:00)。 我们建议您尽量在同一个医生处就诊，因为您和医生相互了解对两方都有帮助。 我们会尽全力保证约定按时进行，并请您守时，帮助我们实现这一目标。如果不能如期赴约，请您尽快电话通知我们以保证这一时间段可以用于别的患者。请尽量避免约定在夜间。每次预约仅限一人。如果需要更多时间，请预约时特别指出。

B 周末和夜间

请拨打电话 823307，答录信息会告诉您本中心值班医生的号码。 请注意，此服务在我们工作时间之外，仅限于紧急呼叫。紧急手术可于周六上午 9:30 到 10:00 之间进行。要求出诊请于周末 10:00 之前致电。

C 中心护士

如需寻求敷药、耳朵注射、儿童免疫、拆针、验血等方面的帮助，可预约 Liz Stuart, Martina Scott 和 Helen Stranger 三位护士，她们每天都在。她们可提供出境旅游方面的建议，也可进行各种注射以及血压检查。

对于超过 75 岁不能前来就诊的老年人, Helen Stranger 可以出诊。

对于在本中心医生处就诊达三年的患者,三位中心护士都可以在工作时间内为其进行健康检查。

D 新患者

日常用药的所有新患者,在本中心注册满三个月后,本中心会建议您于医生处进行健康检查。其他患者可于本中心护士处进行此检查。

E 不涵盖的服务

有些服务是不包含在本中心服务范围之内的，包括私人证件，保险，驾驶和运动体检，护照签字，学校体检，出境旅游处方药等。对于以上服务，国家药物协会有建议收费价。具体情况请咨询接待处。

F 接待员

我们的接待员是您的初步接触对象：她们经验丰富，精通基本信息。她们能答复您众多初步咨询的相关问题，也是您与团队其他成员联系的纽带。她们可能会询问您症状或病情的简略详情，这可以帮助医生评定情况的紧急程度。

G 住址更换

如果您的住址更换，请记得及时通知我们。能保存您的电话对我们也是有帮助的。

SECTION 1 B

文章结构

体裁	说明文
主要内容	本文是一则员工须知，主要是对员工午饭休息时间的规定，以及对食品加工人员的特殊要求。
结构	A 开餐时间长度的具体安排。
	B 特别提示。
	C 对食品加工人员的特殊要求。

词汇注释

题目＋A段	
cater *v.* 提供饮食及服务 permanent *adj.* 永久的，长期的 temporary *adj.* 临时的，暂时的 staff *n.* 员工 break *n.* 休息，中断	minimum *adj.* 最小的，最低的 guideline *n.* 准则，指导方针 section *n.* 部门，科 board *n.* 黑板，宣传板
B段	
responsibility *n.* 责任，义务 check *v.* 核对，检查，确保 sheet *n.* 表，图 accurately *adv.* 准确地	reflect *v.* 反映 discrepancy *n.* 不一致，不符合 coordinator *n.* 协调人

C段	
handler *n.* 从业人员，处理者 concern *v.* 有关于，与…相关 unwrapped *adj.* 非包装的 instance *n.* 例子，情况 diarrhea *n.* 痢疾 upset *n.* 不适 personnel *n.* 员工，人员 infection *n.* 传染，感染 annual *adj.* 一年一次的，每年的，年度的	dental *adj.* 牙齿的，牙科的 dentist *n.* 牙医 alternatively *adv.* 非此即彼地，两者择一地 current *adj.* 当前的，现在的 fitness *n.* 健康，适合 apply *v.* 适用于 handle *v.* 处理，操作

➲ 考题解析

Questions 10 –14

● 题型归类：Matching

➲ 题目解析

题目编号	题目定位词	答案位置	题　解
10	3 hours	A 段 0 — 4 hrs	nil 是 zero 的意思
11	11 hours	A 段 8 — 12hrs	60 mins (taken as 2×30 mins)
12	when to have their breaks	A 段最后一句	Your section staffing board will show the times…
13	working with food	C 段 第 6 行	have an annual dental examination
14	who have been ill	C 段 第 2 句	should report any instance of sickness…experienced either while at work or during a holiday

➲ 参考译文

Bentley 医院饮食服务中心

所有长期和临时员工

重要信息

午饭休息

(最低公司准则)

已工作小时数	休息的时间
0 – 4 小时	无
4 – 6 小时	15 分钟
6 – 8 小时	30 分钟
8 – 12 小时	60 分钟 (2× 30 分钟)
12 – 24 小时	75 分钟 (2× 30 分钟 + 1×15 分钟)

请注意

员工有义务确保员工表上的总休息时间准确反映员工休息时间。出现任何不一致,都应该及时向员工协调人提出。

特殊要求 —— 食品加工人员

食品加工人员是指准备非包装类食品的人员。

食品加工人员如出现疾病,痢疾、或胃部不适,无论是在上班时间还是休假期间,都应该上报给人事管理组。任何耳、鼻、嘴、胸、或者皮肤方面的感染都应该上报给人事管理组成员。

食品加工人员需要每年接受公司牙医的检查。

或者,也可以由其本人的牙医出具当前的牙齿健康证明。

此规定适用于所有非临时的食品加工人员。

SECTION 2 A

➲ 文章结构

体裁	说明文
主要内容	本文主要说明 Bramley 学院针对国际学生颁发的七种奖学金。
结构	本文按照奖学金类别进行说明，第一段对所有类别进行总括，A 到 G 段分别是对每个类别的详细说明。层次清晰，结构分明。
	1 段 对所有奖学金类别进行总括。
	A 面向参加基础研究项目的学生颁发的奖学金。
	B 面向 SCE 学生颁发的奖学金。
	C 17 种面向下属各个学院的学生颁发的奖学金。
	D 面向通讯文凭学生的奖学金。
	E 9 种面向高级文凭课程的奖学金。
	F 面向艺术设计文凭学生的全额奖学金。
	G 面向新加坡分校学生的半额奖学金。

➲ 词汇注释

1段	
scholarship *n.* 奖学金 enroll *v.* 入学，招收 assist *v.* 帮助，协助 application *n.* 申请，申请书 category *n.* 类别，种类 automatically *adv.* 自动地，机械地	award *v.* 授予，颁发 credit *n.* 信用，荣誉，信任 semester *n.* 学期 subsequent *adj.* 随后的，后来的 state *v.* 陈述，说明

A段	
outstanding *adj.* 接触的，显著的 foundation *n.* 基础，基金会 Singapore *n.* 新加坡 Malaysia *n.* 马来西亚	Thailand *n.* 泰国 additional *adj.* 额外的，添加的 intake *n.* 吸入，纳入 basis *n.* 基础，根据
B段	
duration *n.* 持续，持续期间 state *n.* 国家，政府 certificate *n.* 证书，证明	diploma *n.* 学位，毕业文凭 previous *adj.* 早先的，前面的
C段	
applied *adj.* 应用的，实用的 communications *n.* 通讯，通讯系统	biomedical *adj.* 生物医学的 nursing *n.* 看护，护理
D段	
annum *n.* 一年	
E段	
commence *v.* 得学位，开始 advanced *adj.* 高级的，先进的	applicant *n.* 申请人 apply *v.* 申请，请求
F段	
photography *n.* 摄影，摄影术	
G段	
campus *n.* 校园 final *adj.* 最后的	Melbourne *n.* 墨尔本

考题解析

Questions 15–21

● 题型归类：Matching

➲ 题目解析

题目编号	题目定位词	答案位置	题 解
15	SCE exam	B 段 最后一句	on the basis of the previous year's SCE results
16	overseas branch	G 段 第 1 句	students of Bramley College's Singapore campus
17	not offered every year	F 段 第 2 句	offered every second year
18	apply for it	E 段 最后一句	apply for this scholarship on…
19	twice each year	A 段倒数 第 2 句	are offered on two dates
20	100%	F 段 第 1 句	100% 与 full-fee 同义
21	50 %	G 段 第 1 句	50 % 与 half-fee 同义

➲ 参考译文

Bramley 学院国际奖学金

Bramley 学院为入学的国际学生提供七种奖学金以帮助其课程花费。除 E 类奖学金外，所有新入学的国际学生都自动纳入这些奖学金的考虑范围之内。奖学金在学生入学第一年颁发，抵消第二学期的学费。随后几个学年，奖学金会颁发以抵消第一学期的学费。除非另作陈述，奖学金都是每年颁发一次。

奖学金分类如下：

A 2,000 澳元奖学金一个，授予参加基础研究项目并且来自以下国家的杰出学生：新加坡，马来西亚，泰国。来自其他国家的学生可申请另外 6 种奖学金。此奖学金分两个日期颁发，分别给三月和六月入学的学生。奖学金的颁发参照第一学期成绩。

B 三个奖学金，提供 25%的学费。颁发给三位参加国家教育证书 (SCE) 考试并要获取学位或证书的杰出学生。奖学金的颁发参照前一年的 SCE 考试成绩。

C 十七个奖学金，提供 25%的学费。颁发给每个 Bramley 下属学院并要获取学位或文凭的学生：商务和工程学院 3 个，应用科学学院两个，环境设计和建筑学院两个，艺术设计学院两个，社会科学和通讯学院两个，生物医学和健康科学学院 1 个，教育学院和护理学院各 1 个。奖学金的颁发参照第一学期成绩。

D 4,000 澳元奖学金每年一个，以辅助课程的进行。颁发给要获取通讯学位的杰出学生。

奖学金的颁发参照第一学期成绩。

E 3,000 澳元奖学金每年 9 个，以辅助课程的进行。颁发给要获取任何高级文凭的杰出学生。奖学金的颁发参照基本文凭考试成绩（非 SCE 成绩）。请注意：申请人需填写 Bramley 学院国际奖学金申请表来申请此项奖学金。

F 全额奖学金一个。颁发给参加艺术设计（摄影）学位的杰出学生。此奖学金每隔一年颁发一次，并参照设计文凭课程成绩予以颁发。

G 半额奖学金四个。颁发给 Bramley 学院新加坡分校要获取为期两年的商务文凭的学生，辅助他们在澳大利亚墨尔本完成最后一年的课程。奖学金的颁发参照第一年成绩。

SECTION 2 B

文章结构

体裁	说明文
主要内容	本文主要说明如何在 Bramley 学院图书馆使用因特网和 CD-ROM 数据库，指导学生如何应对各种情况。
结构	A 介绍图书馆的总体资源状况，引起学生兴趣。
	B 进行 CD-ROM 搜索如何收费及如何保存搜索结果。
	C 如何使用因特网。
	D 如何预定。

词汇注释

A 段	
electronic *adj.* 电子的 database *n.* 数据库	statistical *adj.* 统计的，统计学的 export *n.* 出口
B 段	
conduct *v.* 实施，进行 charge *n.* 收费，费用 printer *n.* 打印机	photocopy *v.* 复印，影印 format *v.* 格式化 floppy *adj.* 软（盘）的

C段	
workstation *n.* 工作站 broadband *n.* 宽带 access *n.* 使用权，通路 tutorial *n.* 学习指南，指导手册，教程 icon *n.* 图标	introductory *adj.* 介绍的，引导的 session *n.* 集会，会议 bulletin *n.* 公告，公报，电子布告栏 guarantee *v.* 保证，担保
D段	
maximum *n.* 最大（限度），最大值 receipt *n.* 收据，发票	enquiry *n.*（同 inquiry）询问 identification *n.* 身份，身份证明

➲ 考题解析

Questions 22–27

● 题型归类：Multiple Choice

➲ 题目解析

题目编号	题目定位词	答案位置	题 解
22	library printers	B 段 2 行	…on the library printers using your library photocopying card
23	floppy disk	B 段 3 行	again for no charge
24	library staff	B 段 4、5 行	we charge $20 for this service
25	the Internet	C 段 4、5 行	at any time convenient to you
26	efficient access	D 段 1、2 行	advised to book a workstation
27	at any one time	D 段 2、3 行	a maximum of one hour

参考译文

在图书馆使用因特网和 CD-ROM 数据库

Bramley 学院图书馆现有完备的电子信息资源帮助你学习。图书馆有 50 个 CD-ROM 数据库，包括数据统计资源。想知道东京的平均降水或者瓦努阿图的最大出口赢家吗？答案很容易就能找到。无论你是在商学院还是在艺术设计学院，这些资源都为你准备着。

你可以进行免费的 CD-ROM 搜索，还可以使用图书馆复印卡在图书馆打印机上打印你的搜索结果。或者，你可以将结果下载到光盘上，这也是免费的，但是你要自己携带格式化了的软盘或 CD-ROM。如果你不是很确定如何进行搜索，图书馆工作人员可以为你代劳，但是此项服务不管用时多少都得收费 20 澳元。

所有图书馆的电脑都可以上因特网，所以你可以快速便捷地找到你需要的网络信息。如果你对使用因特网不是很熟悉，可以从以下几个渠道寻求帮助。你可以从在线辅导 Netstart 开始，只要点击主菜单上的 Netstart 图标即可。此辅导可以在任何你方便的时候引导你学习使用因特网的基本步骤。如果你愿意，也可以向图书管理员寻求因特网的建议（最好在非周末上午 9 点到 11 点半的安静时段），或者参加每学期最初两周举行的入门小组讨论。建议你在图书馆公告栏上签名，确保能得到一个位置，因为这些会议很受欢迎。

警告：图书馆电脑需求量很高，所以强烈建议你提前预定电脑，我们也不得不限定你每次使用至多不超过 1 小时。你可以在服务台（你会收到一张收据）或者在媒体服务区（一层）的咨询台预定。另外，电脑的使用仅限于本学院学生，所以预定时或者使用电脑时，你可能必须出示学生证。

SECTION 3

文章结构

体裁	说明文
主要内容	本文主要论证对抗全球水危机的两个对策：经济性价格和节约用水。就每个方面，作者又用例子、数字等具体论证，如节水的几种有效方法，作者就用 E、F 两段，引用了许多国家的例子进行论证。
结构	A 引题，指出用水需求在快速增长，唯一的解决方法就是经济性价格和节约措施。
	B 农业和工业用水居前两位，改善的空间都很大。
	C 在富裕国家，由于价格提高，利用现代科技和再回收等，用水量已经缓慢下来。
	D 很多专家相信对抗用水量增长的最好方法就是经济性价格。
	E 节水的两种方法：防止漏水和废水回收再利用。
	F 节省水资源的另外一种方式是对总体环境更好的管理。
	G 全球变暖，很多国家都会受到影响，降水区域也会转移。

➲ 词汇注释

A段	
per capita 人均 upward *adj.* 向上的，上升的 industrialise *v.*（同 industrialize）工业化 prosperous *adj.* 繁荣的，昌盛的 individual *adj.* 个人的，个体的 withdrawal *n.* 提取，使用 cubic *adj.* 立方的 Ethiopia *n.* 埃塞俄比亚 renewable *adj.* 可更新的，可再生的 consumption *n.* 消费，消耗	practicable *adj.* 可行的，适用的 term *n.* 期 in the long term 长期 economic *adj.* 经济的，节省的，实用的 pricing *n.* 定价，标价 conjunction *n.* 联合，结合 in conjunction with 连同 conservation *n.* 保护，保存，节约 measure *n.* 措施
B段	
consume *v.* 消费，消耗 improvement *n.* 改进，改善 irrigation *n.* 灌溉 impact *n.* 影响，效果，作用 efficiency *n.* 效率，效能 irrigate *v.* 灌溉 substantially *adv.* 实质上地，大幅度地 unrealistic *adj.* 不切实际的，幻想的 chronic *adj.* 慢性的，长久的 lack *n.* 缺乏，不足 capital *n.* 资金	untrained *adj.* 未经训练的 workforce *n.* 劳动力 term *n.* 措辞，术语 in terms of 在…方面 liter *n.* 升 productive *adj.* 多产的，有生产力的 industrial *adj.* 工业的，产业的 aluminum *n.* 铝 intensive *adj.* 密集的，集中的 saving *n.* 节省，节约
C段	
fourfold *adj.* 四倍的 manufacture *v.* 制造 recycle *v.* 回收利用，再循环 sharply *adv.* 剧烈地	domestic *adj.* 国内的，家庭的 capacity *n.* 能力，容量 growing *adj.* 增长的 strain *n.* 紧张，过劳，压力
D段	
counter *v.* 对抗 impose *v.* 施加，强加于 incentive *n.* 鼓励，刺激 realistic *adj.* 现实的，实际可行的 virtually *adv.* 实际上，事实上 subsidise *v.*（同 subsidize）津贴，补助 pump *n.* 水泵 commodity *n.* 商品，货物	couple *v.* 连接，使成对，把…联系起来 concern *n.* 忧虑，关心，关切的事 costly *adj.* 昂贵的，代价高的 option *n.* 选择，可选择的事物 emphasis *n.* 强调，重点 bridge *v.* 架桥于，连接起来 gap *n.* 缺口，间隔

E段	
leak *n.* 漏水，泄露 estimate *v.* 估计，估量 dripping *adj.* 滴水的 tap *n.* 水龙头 installation *n.* 安装，装置 maintain *v.* 维持，保持 antiquate *v.* 废弃，使古旧 infrastructure *n.* 基础设施 addition *n.* 加，增加的人（或物） in addition 另外，加之	quantity *n.* 数量 sewage *n.* 脏水，污水 drain *n.* 排水 flush *v.* 冲水 discharge *v.* 排放，释放 approach *n.* 方法，方式 treatment *n.* 处理，处理方法 Israel *n.* 以色列 account *v.* 解释，说明 municipal *adj.* 市政的，城市的
F段	
involve *v.* 牵涉，涉及到，包含 interference *n.* 干预，干涉 ecosystem *n.* 生态系统 severe *adj.* 严重的，严峻的 local *adj.* 当地的，地方的 run-off *n.* 流走 associated *adj.* 与…有关的	phenomenon *n.* 现象，迹象 large-scale *adj.* 大规模的 vegetation *n.* 植物，草木 sponge *n.* 海绵 absorb *v.* 吸收 accelerate *v.* 促进，加速 erosion *n.* 侵蚀，腐蚀
G段	
bound *adj.* 一定的 considerable *adj.* 相当大的，可观的 penetration *n.* 渗透，穿透 major *adj.* 主要的	yield *n.* 产出，生产量 shift *v.* 转移，转换 deficit *n.* 亏空，不足，赤字 Mediterranean *n.* 地中海

➲ 考题解析

Questions 28–34

● 题型归类：List of Headings

此题型主要考查学生总结概括段落大意的能力，难度较高。做题时注意，一个 heading 只对应唯一一段，所以可以用排除法。

➲ 题目解析

题目编号	段落言旨句	题 解
28	Per capita water usage has been on an upward trend for many years.	A 段首句点出用水需求在增长，第 2 句就说出原因：工业化和人民富裕，而这两者都是由发展引起的。

29	Agriculture consumes about 70% of the world's fresh water, so improvement in irrigation can make the greatest impact; After agriculture, industry is the second biggest user of water, and…	B 段主要讲农业和工业用水居前两位，因此改善的空间都很大，正好对应 heading 中的 thirsty sectors。
30	In rich countries, water consumption has gradually been slowed down by price increases and the use of modern technology and recycling.	主旨句之后就是举了美国、日本和德国的成功例子，正好对应 heading 中的 successful measures。
31	Many experts believe that the best way to counter this trend is to impose water charges based on the real cost of supplies.	water charges 即是 pricing 的意思，提高水价又可以激励节水工序和再回收，因此有助于节水，因此是 economic。
32	One way to cut back on water consumption is simply to prevent leaks; In addition, huge quantities of water are consumed because used water… is merely flushed away…	本段主要讲了两种节水的方法：防止漏水以及合理利用废水。
33	Another way of conserving water resources involves better management of the environment generally.	主旨句之后讲了对生态系统的破坏会影响降水类型以及水流失，森林开垦会减少降水，以及草和其他植物在护水方面的作用，正好对应 heading 中的 interdependence of natural resources。
34	Global warming is bound to affect rainfall patterns …	由于全球变暖，很多国家都会受到影响，降水区域也会转移，"a grim prospect indeed" 对应 heading 中的 future。

➲ 考题解析

Questions 35– 40

● 题型归类 : Sentence Completion

➲ 题目解析

题目编号	题目定位词	答案位置	题 解
35	industrialized countries, increasingly	A 段 第 2 句	"citizens" 对应原文 "people", "increasingly" 对应 "increases rapidly"。

36	consumption per capita, bigger global,	A 段 5、6 行	meet demands of both larger total population and increased per capita consumption. "bigger" 对应 "larger", "global" 对应 "total"。
37	rich countries, price increases, recycling	C 段 第 1 句	Water consumption has gradually been slowed down by price increases and the use of modern technology and recycling. "use" 对应 "application"。
38	reduce water loss	E 段 第 1 行	One way to cut back on water consumption is simply to prevent leaks.
39	environmental	F 段 第 1 行	"improved environment" 对应 "better management of the environment generally"。
40	global warming, worsen	G 段 第 1 行，倒数第 2 行	"adding to the water deficit in Africa, the Middle East and the Mediterranean — a grim prospect indeed" 正好对应题目中的 "worsen, suffered, many countries"。

➲ 参考译文

水危机

为满足变化世界中日益增长的用水需求，更高的水利用率不可或缺

A 多年来，人均用水量一直呈增长趋势。随着国家的工业化和国民的日益富裕，他们的人均用水量快速增长。例如，美国的年人均用水量大约是 1,700 立方米，是中国水平的 4 倍，埃塞俄比亚的 50 倍。在 21 世纪，世界上有限的可再生淡水供应不得不满足两个方面的需求：更大的人口总数和增长的人均消费量。唯一可行的解决这一问题的长远办法就是经济的标价和节约措施。

B 农业消耗世界上约 70% 的淡水，所以灌溉的改善会产生最巨大的影响。当前，农业中灌溉水的平均使用效率只有 50%。简单的变化就可以大幅度的改善这一比率，虽然在很多发展中国家期望有高水平的用水效率是不切实际的。他们长期面临资金缺乏和大量农村劳动力缺乏培训的难题。在农业之后，工业用水位居第二。在每立方米用水附加值方面，工业的产值比农业多 60 倍。比如说，生产 1 千克的铝需要 1,500 立方米水。造纸也是水密集产业。虽然新工序已经大大减少了消耗，在工业用水方面仍然有很大的节约空间。

C 在富裕国家，由于水价的增长和现代技术以及回收的使用，水的消耗已经渐渐缓慢下来。在美国，工业制造从 1950 年起已经增长了 4 倍，而水的消耗已经下降了 1/3。日本和德国也同样改善了他们在制造工序中的用水。例如，日本工业现在 75% 以上的工业用水。但是，在发展中国家，工业用水消耗在持续大幅增长。伴随着家庭用水和农业需求的增长循环使用，水供应系统压力巨大。

D 很多专家认为，对抗此趋势的最好方法就是按照供应的实际花费来定水价。这对把消费者引入节水工序和回收将会是一个很好的鼓励机制。很少有政府按照实际水价收费，尤其是对农民。即使在富裕的加利福尼亚州，农民以不到实际供应花费的 1/10 得到供水。在很多发展中国家，实际上对灌溉用水不收费，能源价格也有高额补助（这意味着农民能够日夜开着水泵）。曾经被看作是上天免费赏赐的水，正在变成一种商品，必须在开放市场像石油一样买卖。在石油行业，在 20 世纪 70 年代冲击市场的价格增长，加上对供应降低的忧虑，引发了全球范围内的能源节约新措施。人们意识到，投资新资源的开支远远高于改善使用率。对于填补水供应和需求之间的缺口，类似的强调节约会是最好的、最便宜的选择。

E 减少水消耗的方法之一就是防止漏水。据估计，在第三世界的一些最大的城市，多于一半的进入供水系统的水由于水管漏水，水龙头滴水，和安装破损而流失。即使在20世纪90年代的英国，由于没能维护变旧的供水设施，据估算，损失达25%。另外，大量的水被消耗来自污水管，暴风雨排水和工厂中的废水都被一冲了之排放到河里或海里了。但是，现代的方法是将废水看作一种可以被好好利用的资源：用于灌溉，或者，在经过仔细处理之后，回收做家庭用水。例如，以色列在废水处理上花费巨大。很快，处理过的、回收的水就会被用于那里的大部分农业灌溉。在其他城市也有其他的例子，例如在佛罗里达的圣彼得堡市，所有的市政用水都被回收进入家庭供水系统。

F 节省水资源的另外一种方式就是对总体环境进行更好的管理。扰乱生态系统对当地降水类型和水流失都有着严重的影响。跟印度 Kabini 大坝项目相关的森林开垦使当地降水下降了25%。这一现象在世界上其他发生大规模森林砍伐的地方也可以看到。草和其他植物的作用相当于一块海绵，吸收存在植物中和地里的降水。清除这些植物意味着降水从地表流走，加剧了腐蚀，而不是逐渐进入土壤更新地下水。

G 全球变暖势必影响降水类型，虽然就其具体影响意见有很大差异。但是随着海平面的上升，处于低海拔临海地区的国家很可能会遭遇海水对地下水的渗透。其他国家会经历降水的变化，有可能会对农业生产产生很大的或好或坏的影响。概括的说，人们认为降水区域会向北转移，加剧非洲、中东和地中海地区的缺水问题 —— 前景不容乐观。

WRITING

WRITING TASK 1

You and your family are living in rented accommodation in an English-speaking country. You are not satisfied with the condition of some of the furniture. Write a letter to your landlord. In your letter: introduce yourself, explain what is wrong with the furniture, and say what action you would like the landlord to take.

➲ 题目分析，包括写作中需要涉及的要点、对比以及考生可能对题目产生的错误理解。

要点

1. 这封信应该写得有礼貌，不要咄咄逼人。想象这是你第一次给房东写信谈这个问题。想象房东会准备帮你解决问题。
2. 记住包含三个要点。
3. 记住写出家具的问题，要解决这些问题可能需要修理家具。

考生可能产生的错误理解和问题

1. 题目让你自我介绍，这不是让你谈自己的生活、工作或爱好，而是让你写信说明你和房东的关系。
2. 回答第二点（家具的问题）考查你使用动词的能力。
3. 在回答第三点（你希望房东采取的行动）时，要保证你的礼貌，写出房东有可能为你做什么，而不是命令房东必须给你做什么。

➲ 建议采用的回答结构，对比此结构与考生有可能采用的不恰当结构。

写信应该以 “Dear Mr./Ms./Mrs. ...” 开头，你给房东写信不可能用非正式的口吻，因此，信的结束语应该是 “Yours sincerely, ...”。

可以很简短地回答第一点和第二点，可以把这两点的回答写成一个段落。然后单独写一个段落解释第三点。但是，如果每一点写一个段落也是完全可以的。

➲ 参考范文

Dear Mr. Smith,

My family and I have been living in your property at 12 New Road for almost three years now. We are happy here and would like to thank you for all the help you have given us. However, recently we have noticed that the quality of the furniture has deteriorated. In particular, the sofa and armchairs are torn and should be repaired or changed.

Under the terms of our lease, this constitutes normal wear and tear and it is the landlord's responsibility to take care of the matter financially. We would therefore be grateful if you would either arrange to have the sofa and armchairs repaired or replaced. Alternatively, under the terms of the lease, I could buy some new replacement furniture and deduct the cost from the next rental payment. Either option is acceptable to us. Please inform me as soon as convenient which of these options you prefer.

Yours sincerely,

Mikal Brun

(157 words)

亲爱的史密斯先生：

我和我的家人在你新路12号的房子住了快三年了。我们在这儿很快乐，想要谢谢你一直以来给予我们的帮助。但最近我们注意到家具的质量变差了。尤其是沙发和扶手椅已破损，应该修理或换新了。

按照我们租约的条款这属于正常的磨损，出钱处理此问题是房东的责任。如果你能安排一下将沙发或扶手椅修好或换新，我们会为此非常感谢你。另一种做法是我可以自己买代替的新家具，花销从下一次要付的租金里扣除。任何一种做法我们都能接受。如果方便的话请尽快告知我你会选择哪种做法。

你的朋友：迈卡尔·布朗

➲ 参考范文中的词汇及结构分析，以及考生可能犯的错误。

1. "My family and I have been living in your property at 12 New Road for almost three years now." 这就解释了你是谁，回答了第一点。
2. "We are happy here and would like to thank you for all the help you have given us." 这句话为整封信定下友好的基调。
3. "However, recently we have noticed that the quality of the furniture has deteriorated." 这句话说明了主要问题
4. "In particular, the sofa and armchairs are torn and should be repaired or changed." 这句话指出具体的问题，同时也表明租户希望房东采取的措施。
5. "Under the terms of our lease,…" 这里给出了作者解决问题的依据。
6. 短语"normal wear and tear" 在租房合同中很常见。
7. "Either option is acceptable to us. Please inform me as soon as convenient which of these options you prefer." 这里给房东提供了选择，房东可以按此来回答租户。

WRITING TASK 2

Some people think it would be a good idea for schools to teach every young person how to be a good parent. Do you agree or disagree with this opinion? Describe the skills a person needs to be a good parent.

➲ 题目分析，包括写作中需要涉及的要点以及考生可能对题目产生的错误理解。

1. 题目问考生对这个说法的看法，所以不需要考生就正反两方面意见进行讨论，但是，一篇好的作文会就此论点的正反观点进行讨论。
2. 此外，还有一个关于成为好父母的技巧的问题，别忘了回答这个问题。因为"skills"用的是复数，所以要给出至少两种技巧。
3. 题目说的是学校，所以，这个题目的主要问题可以分为两方面来理解，即是否应该教年轻人如何做父母以及是否应该在学校教授这种知识。

➲ 建议采用的回答结构，对比此结构与考生有可能采用的不恰当结构。

作文需要一个简短的介绍部分和一个简短的结论。正文应该有两个或三个段落，每段分别阐述一个点。三段可能更好，因为应该有单独一个段落写做父母的技巧。建议考生单独写一个段落来阐述与考生意见相反的观点，或者考生在正文各段中提及相反的观点。考生可能要么同意要么反对题目的说法，因为要论证只有部分年轻人应该接受成为父母的教育是比较困难的。

➲ 两篇观点不同的参考范文（250字—300字）

参考范文1——不同意

In this essay, I will say why I disagree with the idea of schools teaching parenting and outline the skills a person needs in order to be a good parent, in my opinion.

I believe schools should focus on academic subjects, such as maths, languages, science and humanities, rather than on teaching non-academic subjects, such as parenting. There is limited amount of space in the school timetable and this means that a clear line needs to be drawn somewhere. In other words, it is unrealistic to expect schools to be able teach everything, meaning that certain things must be left to parents.

Since schoolteachers are almost always knowledgeable in their particular subject areas, they should focus on these. However, on issues such as parenting, it is generally accepted that much depends on parents' morals and opinions. Although teachers may make suggestions, they cannot present solutions to parenting problems without detailed knowledge of the situation within a specific family. For example, some children require strict discipline, but other children are self-disciplined and thus only require minimal supervision by parents.

As for the skills of a good parent, I think that the key ones are honesty and trust. Parents must be honest with their children. If children cannot believe their parents, then they are unlikely to believe teachers or other people. Parents need to be able to trust their children. Many parents do not believe their children and, while this is sometimes justified, it can lead to a breakdown in the parent-child relationship if it is not.

In conclusion, I believe that it is better to leave the development of parenting skills in children to parents rather than teachers and that honesty and trust are the most important things in the parent-child relationship.

(291 words)

在这篇论文中我将说明为什么我不赞同学校教授如何为人父母的课程，而且会概述我认为要成为好父母需要的技巧。

我认为学校应该把重点放在理论课程上如数学、语言、科学和人文，而不是放在教授像如何为人父母这样的非理论课程上。学校时间表上的空间有限，这表示在某个地方需要明确地划出一条线。换句话说，期待学校什么都能教是不现实的，这意味着有些事必须留给家长去做。

学校老师在他们各人的学科领域几乎都是知识渊博的，他们应该专注于此。关于如何为人父母这个问题，普遍认为多取决于父母的品行和想法。虽然老师可以提出建议，但如果不了解每个家庭的具体情况他们也不能在如何教育子女上提出解决办法。例如一些孩子需要严格管教，但另一些孩子自律性很强因此只需要父母稍微监督一下。

至于做好父母的技巧我认为关键是诚实和信任。父母必须对孩子诚实。如果孩子不能信任他们的父母，那么他们就不可能信任老师或其他人。父母要能够信任他们的孩子。许多父母不信任他们的孩子，虽然有时事出有因，但如果没有理由的话可能会导致亲子关系的破裂。

结论就是，我认为掌握教育子女的技巧问题应该留给家长而不是老师，诚实和信任是亲子关系中最重要的东西。

参考范文2——同意

Recently, there has been much debate over what schools should teach. Some people ask whether it would be good to teach students about parenting. I think this is a good idea. I shall outline my reasons below and also say what skills I believe a person needs in order to be a good parent.

Often, I hear parents say they do not know how to deal with their children. Parents constantly ask for advice from their parents or friends. It is clear to me that some kind of preparation before becoming a parent would be useful. Some people argue this training should take place in the home — that schools are for academic subjects. I disagree. Parents often lack time to teach their children at home. This means the children have to learn about parenting at school or they will not learn about it at all.

Some argue that teaching students about parenting at school would take time from more academic subjects, like physics. This is true, but ignores the fact that most students do not use what they learn in such subjects in their adult lives. Surely it is more useful to teach students the things they are more likely to need in their adult lives?

As for good parenting skills, I think the key ones are time management and the ability to deal with household finances. The former is necessary because parents have to do many things and need to prioritise. The latter is essential since parents need to be able to deal with things like property purchases, investments and taxes.

To conclude, I think teaching students about parenting in school is a good idea and that parents need many skills, particularly time management and the ability to deal with household finances.

(293 words)

近来关于学校应该教什么存在很大的争论。有些人想知道教学生如何为人父母好还是不好。我认为这是个好主意。下面我将概述我的理由，也将阐述我认为做好父母需要掌握的技巧。

我时常听到家长们说他们不知道拿孩子怎么办。家长们不断地向他们的父母或朋友询问意见。我认为在成为父母之前作一些准备显然是有用的。有些人争论说这种训练应该在家里做，学校是用来学习理论课程的。我不赞同。父母常常没有时间在家里教育他们的孩子，这就是说孩子必须在学校学习如何为人父母否则他们什么也学不到。

有些人认为在学校里教学生如何为人父母会减少像物理这样的理论课程的学习。这话没错，但却忽略了一个事实，那就是大多数的学生在他们的成人生活中是不会用到他们在这些课程中所学到的东西。想必教给学生成人后更可能会需要的东西会更实用些吧?

至于做好父母的技巧，我认为关键是安排时间和处理家庭财务的能力。前者很必要，因为家长要做很多事，需要安排好事情的先后顺序。后者最为重要，因为家长必须能够处理像置业，投资，缴税之类的事。

结论是我认为在学校教学生如何为人父母是个好主意，做家长需要掌握很多技巧，尤其是安排时间和处理家庭财务的能力。

➲ 参考范文中的词汇及结构分析，以及考生可能犯的错误。

1. “I believe schools should focus on academic subjects…rather than on teaching non-academic subjects, such as parenting.”这是简单而又清楚地提出论点的一个好例子，考生应该在写作中学会使用这种方法。
2. “There is limited amount of space in the school timetable and this means that a clear line needs to be drawn somewhere.” 这又是一个简单但有力的论点。
3. “Since schoolteachers are almost always knowledgeable in their particular subject areas, they should focus on these.” 作者在这段中接着解释即使能够安排这样的授课时间，为什么学校不是教学生做父母的好地方。
4. 注意使用这些很好的搭配：“generally accepted”、“present solutions”、“detailed knowledge”、“strict discipline” 和 “minimal supervision”。
5. “Some people argue this training should take place in the home — that schools are for academic subjects. I disagree. Parents often lack time to teach their children at home.” 考生在这里提出了反方的论点，然后给出一个该论点不充分的好理由。
6. “Surely it is more useful to teach students the things they are more likely to need in their adult lives?” 一些考生能够有效地使用问句来提出自己的观点，但不要在作文中过多地使用这个方法，一篇短作文中有一两个就够了，否则，文章看起来就像你问得比回答得还要多。
7. “The former is necessary…The latter is essential…” 注意作者是如何使用近义词的。

General training Test B

READING

SECTION 1 A

词汇注释

标题	
employment *n.* 工作，雇佣 daily *adj.* 每日的，日常的	selection *n.* 精选，精选品，挑选 position *n.* 职位，职务
文章	
academic *adj.* 学术的 staff *n.* 全体职员，员工 accountancy *n.* 会计工作 finance *n.* 金融，财政 hospitality *n.* 友好款待，好客 self-employment *n.* 自主经营，自我雇佣	rural *adj.* 农村的 casual *adj.* 临时的，偶然的 available *adj.* 可得到的，可使用的 highlight *n.* 最精彩部分，精华 local *adj.* 地方性的，当地的 vacancy *n.* 空缺，空位
题目	
administration *n.* 管理，管理部门，政府	temporary *adj.* 暂时的，临时的

考题解析

Questions 1–2

● 题型归类：Short Answer Questions

题目解析

题目编号	题目定位词	答案位置	题　解
1	jobs for teachers	B，C 段以及 Monday-Friday Job	Saturday Job Guide 中的 Academic Staff 是指教师，Monday-Friday Job Highlights 里 Tuesday 的 Education 也是指教师

2	jobs for nurses	D 段以及 Monday-Friday Job Highlights 中的 Thursday	medical staff 中包括 nurses, Hospital and Medical 中也包括 nurses

➲ 考题解析

Questions 3–8

● 题型归类：Matching

➲ 题目解析

题目编号	题目定位词	答案位置	题　解
3	university lecturer	B 段	higher education 高等教育中包括 unversity
4	your own business	H 段	self-employment 自营职业跟 your own business 同义
5	hotel	G 段	hospitality and kitchen staff 款待人员和厨师
6	public administration	A 段	government positions 政府职位
7	agricultural work	I 段	agricultural work 对应 farm work
8	temporary work	J 段	temporary 对应 casual

➲ 参考译文

招聘版 周六版

澳大利亚最大的每日精选工作广告——帮你找到适合你的完美职位

周六工作指南

A 政府职位（新南威尔士）
B 高等教育（学术职员）
C 中小学校（学术职员）
D 医院和医疗（医护人员）
E IT 和计算 机行业
F 会计和金融（私人）
G 款待人员和厨师
H 自主经营良机

I 农村职位 (包含农活)
J 临时工作

周一至周五工作精华

周二：教育
地方政府
周四：医院和医疗
政府医疗保健职位空缺 (新南威尔士)

SECTION 1 B

➲ 文章结构

体裁	说明文
主要内容	本文是 Stanfield 剧院的顾客须知，主要分三个部分指导顾客使用剧院：预定、折扣、以及代金券。三个部分又细分为各个小部分，层次分明，一目了然。
结构	A 概括指出预定票有四种方式。
	B 本人亲自订票。
	C 通过邮政订票。
	D 电话订票。
	E 在线订票。
	F 折扣分类中的第 1 种，即怎样可以获得“节省”折扣。
	G 折扣分类中的第 2 种，即怎样可以获得“超级节省”折扣。
	H 候补票的折扣。
	I 团体预订票可以享受到的折扣。
	J 学生可以享受到的折扣。
	K 关于换票及退票的注意事项。
	L 代金券的购买。

词汇注释

A 段	
performance *n.* 表演	
B 段	
Box Office 售票处，票房	
C 段	
cheque *n.*（同 check）支票	payable *adj.* 可支付的
D 段	
reserve *v.* 预定	
F 段	
discount *n.* 折扣 saver *n.* 节省	inclusive *adj.* 包含的，包括在内的 matinee *n.* 白天音乐会
G 段	
supersaver *n.* 超级节省 disability *n.* 伤残，残疾 companion *n.* 同伴，伴侣 advisable *adj.* 可取的，明智的	maximum *n.* 最大值，顶点 subject *adj.* (to) 受…支配的，取决于 availability *n.* 有效性，可用性
H 段	
standby *n.* 准备好随时可以听命或行动的人或事物 sale *n.* 出售	on sale 廉价出售 eligible *adj.* 合格的，有资格当选的
K 段	
refund *v.* 退款，退还 cancel *v.* 取消，废除 unforeseen *adj.* 未预料到的	circumstance *n.* 环境，形势，（*pl.*）境况，经济状况
L 段	
voucher *n.* 代金券	

➲ 考题解析

Questions 9 –14

● 题型归类：TRUE/FALSE/NOT GIVEN

➲ 题目解析

题目编号	题目定位词	答案位置	题　解
9	Internet	E 段	“Internet” 对应 “on-line”。
10	60-year-old	F 段末句	原文只说超过 60 岁可以打折，没有说要证明自己的年龄。
11	accompany, wheelchair	G 段首句	“someone accompanying a wheelchair user” 对应 “companion”。
12	standby tickets, 45 minutes	H 段首句	原文说演出之前 1 小时之内都可以买到 standby tickets，45 分钟在 1 小时之内，所以是 T。
13	10 adults, discount	I 段首句	对于成年人来说，必须是 12 个人以上 (包含 12 个人) 才可以享受折扣。
14	get their money back	K 段	只有在演出取消的情况下才可以退票。

➲ 参考译文

Stanfield 剧院

预定
预定观看席位有以下四种简便方式：

——亲自预定
售票处周一至周六早 10 点到晚 8 点开放。
——邮政预定
只要填写预定表，邮寄至 Stanfield 剧院售票处即可。地址为 55 街 6 GF Stanfield 220 号邮箱。所有的支票都应该是可支付给 Stanfield 剧院的。
——电话预定
拨打 01316753219 订票或者用信用卡支付 (Visa, MasterCard, 和 Amex 卡都可以接受)。
——在线预定
在网站 www.stanfildtheatre.com 填写在线预定表。

折扣
节省：任何提前预定从周一到周四（含周四）演出座位的，以及所有的白天音乐会，都可以享受每张票减两澳元的优惠。凡年龄低于16岁的孩子，年龄高于60的老人以及全职学生，都可以享受此优惠。
超级节省：任何残障人士及他的一个同伴都可享受半价优惠。建议您提前预定。最多有八个轮椅位置，还有一个轮椅位置保留到演出一小时前（取决于是否有此位置）。
候补票：对于有资格享受节省优惠和超级节省优惠的顾客，最好的座位优惠价格为6澳元，演出前1小时有售。对其他顾客，演出30分钟前有售。
团体预定：12人以上（包含12人）的团体可以享受9折优惠。
学校：学校10人以上（包含12人）的团体可以提前预定6澳元的候补票，而且每个第十张票可以免费。
注意事项：我们无法为您换票或退票，除非演出由于不可遇见的情况而取消。

代金券
任何面值的代金券都可以在售票处买到。

SECTION 2 A

➲ 文章结构

体裁	说明文
主要内容	本文是针对自学者提出的建议，从A段到H段平行排列，分8个类别给予自学者提示，层次明晰。
结构	A 制定时间表。
	B 对学习进行主次优先排列。
	C 创造适宜的学习空间。
	D 防止出现典型的学生疼痛病。
	E 按字母顺序排列参考材料。
	F 充分利用可以获得的资源。
	G 不能集中精力时，可以适当休息。
	H 跟别人讨论你要做的题目。

➲ 词汇注释

A段	
arrange *v.* 安排，筹划 pay off 取得成功，有所回报 run *n.* 运转，运转时间 in the long run 从长远看，终究 aside *adv.* 在旁边，到一边	set aside 留出，拨出（时间等），把…置于一旁 allocation *n.* 拨给，分配 recreational *adj.* 消遣的，娱乐的
B段	
schedule *n.* 时刻表，日程 advisable *adj.* 可取的，适当的，明智的 tackle *v.* 对付，交涉	significant *adj.* 意义重大的，相当数量的 urgent *adj.* 急迫的，紧要的
C段	
physical *adj.* 物质的 preferably *adv.* 更可取地，更好地	adjust *v.*（to）适应 mentally *adv.* 心理上，精神上
D段	
height *n.* 高度 guideline *n.* 指导方针，准则 posture *n.* 姿势 angle *n.* 角度 lightning *n.* 灯光，照明	consult *v.* 请教，咨询 typical *adj.* 典型的，有代表性的 ache *n.* 疼痛 pain *n.* 疼痛
E段	
essay *n.* 文章，随笔 detail *n.* 细节，详情 title *n.* 题目	log *v.* 正式记录 alphabetically *adv.* 按字母排序地
F段	
relevant *adj.* 相关的，切题的 comment *n.* 评论，意见	margin *n.* 页边空白，边缘
G段	
set *v.* 分配 concentrate *v.* 全神贯注，集中 air *v.* 通风	wonder *n.* 奇迹，惊奇 refreshed *adj.* 精神振作的

H段	
insufficient *adj.* 不足的 disorganized *adj.* 杂乱的，无组织的	refine *v.* 使完善，使优美
题目	
break *n.* 休息 timetable *n.* 时间表 create *v.* 创作，创建，创造 photocopy *v.* 复印，影印 material *n.* 材料，资料	catalogue *v.*（同 catalog）编入目录 reference *n.* 参考，索引 prioritise *v.*（同 prioritize）按优先次序列出，优先考虑 regularly *adv.* 有规律地，经常地

➲ 考题解析

Questions 15–21

● 题型归类：List of Headings

➲ 题目解析

题目编号	段落主旨句	题　解
15	...and make sure you tackle the most significant tasks first.	全段共一句，tackle the most significant tasks first 对应 heading 中的 prioritise
16	On a physical level, make sure that have an area or space for studying.	a working space 对应 an area or space for studying
17	Consult these and avoid the typical student aches and pains.	桌椅要放到合适自己的高度，要注意坐姿，角度，灯光等，对应 heading 中的 sit comfortably
18	无明显主旨句	将题目作者写在卡片上，将卡片按字母排序，对应 heading 中的 catalogue references
19	Make use of equipment that is available to you.	第 2 句中建议复印相关部分，以后可以用，对应 heading 中 photocopy important material
20	首句	take your mind right off it for a period of time 对应 heading 中的 take a break
21	首句	discuss your topic with other people 对应 heading 中的 talk about your work

参考译文

自学提示

A 无论你觉得安排自己的时间有多难，如果你能将一天中的一部分时间留出来学习，并且坚持下去，那么，终究会有所回报的。最好把你的时间按周分配，确保你有足够的时间做娱乐活动，或者仅仅跟自己"在一起"：读一本小说，或者看一个电视节目。

B 作为你每周时间表的一部分，建议你精确考虑你一周必须要做的事情，确保你首先处理最重大的任务，较简单的或不紧急的部分就安排在后面。

C 在物质层面，确保你有一个学习的区域或者空间。不要随便在一个地方学习。如果一直在一个地方学习，最好是你自己的房间，你会发现当你进入这个区域的时候，你很容易就能在心理上适应你的学习。把你需要的东西都放在手边。

D 确保你使用的所有物质设备，如书桌，椅子，都在适合你的高度。如果你使用个人电脑，政府有足够的关于姿势、角度、照明等方面的指导。咨询一下这些知识，防止出现典型的学生疼痛病。

E 如果你写的文章或研究论文涉及到图书馆的书或其他文章，那么，把文章题目和作者等细节写在小卡片上放到卡片盒里会有所帮助。按照字母顺序将它们排个序也是个不错的主意，这样，你很容易就可以找到它们，就像存放电话号码一样。我们读到什么东西，然后很容易就忘了是在哪里读到的了。

F 确保你充分利用你能获得的资源。如果你在图书馆找到一篇有用的文章，最好在离开之前把相关的部分复印下来。那么，当你回到书房的时候，你就可以在文章上做记号，在页边空白处写下你的评论了。

G 如果你在做老师留给你的题目，却发现很难集中精力，那么你要暂时不去想这个题目。"给大脑通风"有时候可以产生意想不到的效果。在远离这个题目一段时间不去想它之后，再重新回到这个题目，你会精神振奋，充满主意。

H 与此相同，跟别人讨论这个题目也会有所帮助，特别是你感到观点不充分或者是观点杂乱无章的时候。在吃饭聊天的时候，或者跟其他学生一起的时候，可以提起你的题目，看看他们有什么想法。不要抄袭他们的观点，但是倾听他们对某事的想法可以很好的帮助你完善自己的观点。

SECTION 2 B

词汇注释

A段	
paragraph *n.* 段落 relevance *n.* 关联，相关性	organizational *adj.* 组织的 final *adj.* 最后的，决定性的
B段	
communicate *v.* 交流，沟通 owning to 由于 popularity *n.* 流行，普及 repeat *n.* 重复，重做	notification *n.* 通知，通告 personal *adj.* 个人的，私人的 enclosure *n.*（信中的）装入物，（信的）附件

C段	
practical *adj.* 实用的，切合实际的	catalogue *v.*（同 catalog）编入目录
D段	
advanced *adj.* 高级的 voice *v.* 说话，表达意见	forum *n.* 论坛，讨论会
E段	
profit *v.* (from) 得益于 linguistically *adv.* 语言上地	essential *adj.* 必不可少的，重要的
F段	
venture *n.* 探险，冒险 adaptation *n.* 改编（剧本等）	pre-arranged *adj.* 预先安排好的
G段	
caught catch 的过去分词，被抓到 speeding *n.* 超速行驶 skim *v.* 浏览，略读 scan *v.* 扫读，扫描 selective *adj.* 选择的，选择性的	heading *n.* 标题 topic *n.* 主题 topic sentence 主题句 access *n.* 通道，入口 have access to 可以获得
H段	
quote *v.* 引用，援引 do's and don'ts 该做的和不该做的 incorporate *v.* 包含，（into）使并入	acceptable *adj.* 可以接受的 plagiarise *v.*（同 plagiarize) 剽窃，抄袭
I段	
apply *v.*（for）申请，请求 oral *adj.* 口头的，口语的	simulation *n.* 模拟 authentic *adj.* 真正的
J段	
break the ice 打破僵局	newcomer *n.* 新来的人
K段	
tone *n.* 语气，语调，音调	

L段	
tense *adj.*（about）对 … 紧张的 *n.* 时态 aspect *n.* 方面	poetry *n.* 诗歌

➲ 考题解析

Questions 22–27

● 题型归类：Matching

➲ 题目解析

题目编号	题目定位词	答案位置	题 解
22	letters of complaint	K 段	letters of complaint 对应 letters from customers
23	use the libraries	C 段	libraries 对应 sources of information, cataloguing systems
24	interviews	I 段	发现工作，应聘，以及得到工作，这一过程包含面试
25	acknowledging your sources	H 段	acknowledging your sources 对应 not to plagiarise other people's articles, books, etc
26	reading skills	G 段	G 段正是讲如何略读，扫读等阅读技巧的
27	grammar	L 段	tense 是语法的一个方面

➲ 参考译文

学习中心课程

A

从段落到文章

跟以下学生特别相关：想要改善自己组织技能的人；总觉得自己的最终作品不够清晰的人。

周四 10 点 — 12 点

Kiran Singh

B

通过邮件沟通

由于上学期课程很受欢迎，特此重新开课。信息咨询，个人详情告知以及信件附件我们都会受理。请注意，这不是商务课程。

周五 2 点 — 4 点
Celia Rice

C
引用材料
你是怎么搜集项目或论文的信息的呢？这是一个实用课程，将研究信息的出处，以及如何使用分类系统。

周一 10 点 — 11 点
Kiran Singh

D
表达你自己
高级课程，适用于即将迈入组织机构，需要在各种论坛发表自己观点的学生。

周一 12 点 — 2 点
Dave Parrin

E
媒体的使用
对所有学生开放。此课程侧重于我们如何能在语言上从电台和电视中获益。视频的使用至关重要。分组项目是课程的一部分。

周二 9 点— 11 点
Steven Ansell

F
短篇故事
对广受欢迎作家们的世界的一次探险。会选一个故事改编成短篇戏剧分组表演。欢迎预先安排的小组成员。

周四 11 点 — 1 点半
Mrs. Owen

G
超速被抓
对所有学生开放。简单的眼部运动，帮你略读和扫读。如何有选择性的阅读。利用标题，主题句和段落轻松掌握。

周三 11 点 — 1 点
Mrs. Owen

H
如果必须引用我的话
使用引用材料时该做的和不该做的。如何用可以接受的方式将引用材料加入你的文章。如何不抄袭别人的文章、书等。

周二 9 点 — 10 点半
Dr. Johnson

I
适合我的工作
发现适合你的工作，应聘，然后得到这个工作。到底是在哪里出错了呢？这是一门书面的和口头课程，有模拟练习，使用真正的报纸广告。

周五 10 点 — 11 点半
Fabbeh Al-Hussein

J
有什么可以帮你的吗？
针对那些想要改善自己电话通话技巧的学生的一门实用课程。为初来乍到者打破僵局。无需书面技巧。

周三 3 点 — 5 点
Mike Vas

K
顾客总是对的
有趣的角度 — 你是怎么答复顾客来信的？什么语气是最好的，何时使用？你如何取得结果？

周三 11 点 — 1 点
Celia Rice

L
对时态感到紧张
针对那些对个人用词担忧的人。通过诗歌和歌曲，研究时态以及语言的其他方面。好嗓音有所帮助，但不是最主要的！

周六 10 点 — 12 点
Steven Ansell

SECTION 3

➲ 文章结构

体裁	说明文
主要内容	本文主要说明恐龙的近亲翼龙的基本情况：其存在时间，围绕其归类及起源的种种争议，其对地球的成功统治等等。
结构	A 首段讲翼龙是大自然的巨大成功，以及翼龙在历史上的存在时间。
	B 之前翼龙被认为是没有飞行能力的爬行动物。
	C 过去 30 年，化石的发现证明它们是暖血的飞行动物。
	D 翼龙这个名字的来历。
	E 新的翼龙翅膀的印记证明翼龙能够飞行。
	F 关于翼龙起源的两种对立的观点。
	G 真双齿翼龙提供了翼龙能飞行的证据。
	H 风神翼龙是已知的最大的飞行动物。
	I 风神翼龙是翼龙进化的顶点，能够利用气流停留在空中。
	J 风神翼龙和滑翔机有形似点，能利用上升热气流飞行。
	K 总结全文：虽然翼龙最终消失了，但它们成功的统治地球是值得肯定的。

词汇注释

标题	
pterosaurs *n.* 翼龙 remains *n.* 残骸，遗址，废墟	dinosaur *n.* 恐龙 continent *n.* 大陆，洲
A段	
stand out 引人注目，清晰的显出 Triassic *adj.* 三叠纪的 thrive *v.* 兴旺，繁荣 extinct *adj.* 灭绝的 Cretaceous *adj.* 白垩纪	uncontested *adj.* 无竞争的，无争议的 colonise *v.*（同 colonize）建立殖民地，殖民于 evolve *v.* 进化，演变 array *n.* 序列，排列，大批
B段	
reptile *n.* 爬行动物 generation *n.* 一代，一世 creature *n.* 生物 cold-blooded *adj.* 冷血的 lizard *n.* 蜥蜴	awkward *adj.* 尴尬的，笨拙的，难操作的 lack *v.* 缺乏，不足 endurance *n.* 忍耐，持久，忍耐力 muscle *n.* 肌肉
C段	
decade *n.* 十年 fossil *n.* 化石 prompt *v.* 推动，激励，鼓动 re-examine *v.* 重新检查，重新调查 picture *n.* 描绘，画面 reveal *v.* 显示，展现，揭露 suspect *v.* 怀疑，猜想	resemble *v.* 相似，类似于 evidence *n.* 根据，证据，迹象 warm-blooded *adj.*（动物）暖血的 maintain *v.* 维持，保持 indeed *adv.* 的确，实在 gifted *adj.* 有天赋的，有才华的 air-borne *adj.* 空气（传播的）
predator *n.* 食肉动物，掠夺者 flight *n.* 飞行	controversy *n.* 争论，辩论 surround *v.* 包围，围绕
D段	
historian *n.* 历史学家 classify *v.* 分类，分级 anatomist *n.* 解剖学家	deduce *v.* 推论，推断 combine *v.* 使联合，使结合 adopt *v.* 采纳，采用
E段	
remarkable *adj.* 引人注目的，非凡的 specimen *n.* 标本，样本 light *n.* 光 come to light 显露，暴露，为人所知 confirm *v.* 证实，肯定，确认 deduction *n.* 推论，推断 delicate *adj.* 纤细的，娇弱的	impression *n.* 印记，压痕 definitely *adv.* 确切地，一定地 establish *v.* 确定，确立，证实 capable *adj.* 有能力的，能的 rare *adj.* 稀有的，罕见的 survive *v.* 幸存，活下来 fossilisation *n.*（同 fossilization）化石

F段	
conclude *v.* 推断，下结论 descend *v.*（from）起源，世代相传 dwell *v.* 居住 tree-dwelling 居住在树上的 branch *n.* 树枝，分叉 limb *n.* 四肢，臂 flap *n.* 拍打，摆动 attach *v.* 连接，附加，依附 land *v.* 着陆	enable *v.* 使能够，使可能 glide *v.* 滑动，滑行 farther *adv.* 更远地（far-farther-farthest） meanwhile *adv./n.* 与此同时 compete *v.* 竞争，比赛 argument *n.* 争论，辩论 balance *n.* 平衡 resolve *v.* 解决
G段	
transform *v.* 把…转换成，变换 species *n.*（植物或动物的）种类 skilful *adj.*（同 skillful）熟练的，巧妙的 flier *n.* 飞行者 proof *n.* 证据，证明	Eudimorphodon *n.* 真双齿翼龙 microscope *n.* 显微镜 scale *n.*（鱼）鳞 abdomen *n.* 腹部
H段	
impressive *adj.* 印象深刻的 sight *n.* 情景，景观 life-size *adj.* 与原物一样大小的 Quetzalcoatlus *n.* 风神翼龙，披羽蛇翼龙	stare *v.* 盯，凝视 beak *n.* 鸟喙 exhibit *v.* 展览，展出
I段	
epresent *v.* 代表，象征 height *n.* 顶点，高度 evolution *n.* 进化 current *n.*（气，电）流 continuously *adv.* 连续不断地	raeronautical *adj.* 航空的 benefit *n.* 益处，利益 hollow *adj.* 空的 ideal *adj.* 理想的，完美的
J段	
beneath *prep.* 在…下 similarity *n.* 相似，相似点 sailplane *n.*（轻型）滑翔机 slender *adj.* 修长的，苗条的 routinely *adv.* 日常地，常规地，例行地	sun-baked *adj.* 晒干的，受太阳照射的 thermal *n.* 上升热气流 *adj.* 热的，热力的 undoubtedly *adv.* 无疑地，必定地 circle *v.* 盘旋，循环 delta *n.*（河流的）三角洲

K段	
triumphant *adj.* 胜利的，得意洋洋的 reign *n.* 执政，统治 meteorite *n.* 陨石 comet *n.* 彗星 slam *v.* 砰然撞击，砰然关上 calamity *n.* 灾祸，不幸事件 event *n.* 事件，大事 wipe *v.* 擦，揩，消灭	wipe out 消灭 roughly *adv.* 粗略地，约略地 unequalled *adj.* 无敌的，不能比拟的 vertebrate *n.* 脊椎动物 sail *v.* 航行 strength *n.* 力量，力气 fragile *adj.* 脆弱的，易碎的 glorious *adj.* 壮丽的，光荣的
题目	
mechanical *adj.* 机械的，机械(制造)的， identification *n.* 识别，鉴别，身份确定 conflicting *adj.* 冲突的，相矛盾的	widespread *adj.* 分布（或扩散）广的 concrete *adj.* 实在的，具体的

➲ 考题解析

Questions 28–34

● 题型归类：Matching

➲ 题目解析

题目编号	题目定位词	答案位置	题　解
28	similarities	J 段 3 行	mechanical flight 就是指 sailplanes
29	identification	D 段 3 至 6 行	这是对翼龙最早的分类及命名，之后的发现都证明了这一分类是正确的
30	conflicting theories	F 段 1 句	But how pterosaurs learnt to fly remains a matter for disagreement.
31	cause	K 段 2 至 7 行	That calamity…wiped out roughly 3/4 of all species….widespread 对应 3/4，destruction 对应 wipe out
32	all over the world	A 段 7、8 行	all over the world 对应 all continents
33	first clear proof	E 段 2 句	establishing definitely that the extinct reptile was capable of flight.

34	evidence	G 段倒数第 2、3 句	there is evidence that they were skilful fliers, capable of catching fish over open water.

➲ 考题解析

Questions 35–38

● 题型归类 : Matching

➲ 题目解析

题目编号	题目定位词	答案位置	题　解
35	difficulty, evolved	G 段首句	difficulty 对应 difficult, evolved 对应 changed over time
36	failed	D 段首句	failed 对应 unable
37	give an appropriate name	D 段第 3 句	He named the fossil Pterosaurs…
38	take advantage of the environment	I 段第 2 句	It could use natural currents to stay in the air…

➲ 考题解析

Questions 39 and 40

● 题型归类 : Sentence Completion

➲ 题目解析

题目编号	题目定位词	答案位置	题　解
39	a total of, discovered	E 段倒数第 2 句	over a thousand pterosaur specimens are known today, discovered 对应 known
40	wings, Quetzalcoatlus	H 段末句	This pterosaur had wings over 11 meters wide.

➲ 参考译文

翼龙
恐龙的同族——翼龙的残骸在各大洲都有所发现
Richard Monastersky 报道

A 翼龙作为大自然的伟大杰作之一，备受瞩目。他们最初出现在2亿1500万年前的三叠纪，繁荣了1亿5000万年，然后就在白垩纪末期灭绝了。翼龙在天空无人能敌，曾经统治着所有的大洲，进化成各种形状和大小。

B 直到最近，大部分科学家都不会按照飞行能力把翼龙和鸟归为一类。因为翼龙是爬行动物，代代研究者都以为这些生物肯定是冷血动物，就像现在的蛇和蜥蜴一样。这会使飞行很难进行，因为它们缺乏能够长时间支撑肌肉的耐力。

C 但是，在过去30年，众多化石的发现推动着研究者重新审视自己的观点。这幅新画面显示它们不同于任何现代的爬行动物。从一个在哈萨克斯坦发现的翼龙化石，科学家怀疑翼龙有一层类似于皮毛的覆盖物。如果是这样的话，这一细节就能证明它们是暖血动物，具有持续停留在空中的能力。实际上，科学家现在相信很多翼龙是有天赋的能飞行的捕食者，具有在飞行中捕食的能力。事实上，从翼龙在18世纪第一次被发现时开始，这种争议就围绕着它们。

D Cosimo Alessandro Collini 是研究和描述化石的第一个自然历史学家，但是他不知如何将翼龙归类。直到1791年，伟大的法国解剖学家 Georges Cuvier 才推断说翼龙是一种飞行的爬行动物，它用第四个趾支撑着翅膀。他将此化石命名为翼龙，取希腊语里的翅膀和趾合起来的意思。几十年之后，翼龙或者带翅爬行动物这个名字被用来描述越来越多的类似的化石。

E 1873年，一个显著的翼龙样本的发现证实了 Cuvier 的推断。跟先前的化石不同，这一在 Solnhofen 的 Bavarian 镇附近的新发现包括纤细的翅膀印记，明确证实这一已灭绝的爬行动物能够飞行。虽然现今已发现超过1,000个翼龙样本，这种翅膀印记仍然很罕见。正常情况下，只有骨头从石化过程中保存下来。

F 但是就翼龙如何学会飞翔这一问题仍然意见不一。大部分研究者断定翼龙起源于一种栖身于树上的并在树枝间蹦跳的小爬行动物。这种动物伸展其四肢，通过拍打连接在四肢和身上的外皮来帮助轻轻降落。经过很多代，每个前“臂”上的第四个趾慢慢变长，使表皮表面变大，使它有能力滑动得更远。同时，对立方的论点认为，翼龙起源于两条腿的爬行动物。它们在陆地上跑动，或许会伸展胳膊来保持平衡。通过逐渐生长，前臂进化成翅膀。这一难题只有通过发现更早形式的翼龙才能得以解决。

G “很难说翼龙是怎么随着时间变化的，因为我们拥有的最早的翼龙化石的第四个趾已经转化成翅膀了。”意大利的研究者 Fabio dalla Vecchia 说。事实上，已知的最早的翼龙化石来自意大利北部山脉，Vecchia 在那里搜集飞行爬行动物多年。这些物种的翅膀比它们后来的进化形式的翅膀要短，但是有证据显示它们是熟练的飞行者，能够在开阔的水上抓鱼。这种证据已经在一个真双齿翼龙化石中找到。它是一种在意大利的 Bergamo 附近发现的距今2亿1500万年的翼龙。在显微镜下，可以在其腹部看到几条鱼鳞，这是这只翼龙最后一餐的残骸。

H 另一个不同但同样让人印象深刻的景象是一个跟实物同样大小的风神翼龙的模型。它在加利福尼亚州的 Santa Monica 的飞行动物博物馆里注视着参观者。它有着跟人一样大小的喙，翅膀要比在旁边展出的好多飞机的翅膀还要宽。这一翼龙的翅膀宽于11米，是已知的最大的飞行动物。

I 风神翼龙代表着翼龙进化的顶点。“跟较小的翼龙不一样，它不用连续拍打翅膀就可以利用气流停留在空中，”航空工程师 Paul MacCready 说。“随着翼龙变大，它们发现了利用气流滑动的好处，可以使用免费的能量来源。它们的骨头是中空的，所以它们的构造很轻，是飞翔的理想条件。”

J 当我们走在 Santa Monica 的风神翼龙模型下面的时候，MacCready 给我们指出它跟滑翔机（即最高效率的飞机）的相似之处。两者都有又长又细的翅膀，专为用最小的力量飞行而设计。在飞行中，滑翔机驾驶员例行地寻找太阳照射，有热气升起，产生上升热气流的地方。毫无疑问，风神翼龙也利用上升热气流，慵懒地盘旋在曾经覆盖德克萨斯部分地区的河流三角洲。

K 翼龙的胜利统治随着这一巨大飞行者的结束而结束了。在6500万年前的白垩纪的末期，一颗陨石或者彗星撞击了地球。这一灾难，加上其他事件，大约消灭了所有物种的3/4，包括所有的翼龙和恐龙。但是在他们消失之前，翼龙享受到了无可比拟的胜利。它们在所有的脊椎动物之前飞向了灿烂的天空。在长达 1 亿 5000 万年期间，它们用一个纤弱的趾在风中翱翔。它们的飞行是多么的壮观。

WRITING

WRITING TASK 1

You have just moved into a new home and are planning to hold a party. You are worried that the noise may disturb your neighbour. Write a letter to your neighbour. In your letter: introduce yourself, describe your plans for the party, and invite your neighbour to come.

➲ 题目分析，包括写作中需要涉及的要点、对比以及考生可能对题目产生的错误理解。

要点

1. 这封信应该写得有礼貌，你可以决定信件的正式程度，但如果你刚搬进去，那么你写这封信可能应该采取较正式的口吻。
2. 记住要包含题目所说的三点，其中第二点（聚会的计划）可能会比其他两点占更多的篇幅。

考生可能产生的错误理解和问题

1. 题目让你自我介绍，这不是让你谈自己的生活、工作或爱好，而是让你说明你是新入住的邻居。
2. 回答第二点（聚会的计划）能让你很好地展示你的词汇水平。记住用一般将来时描述你的计划。
3. 不用完全按照题目中三点的排列顺序来依次回答。

➲ 建议采用的回答结构，对比此结构与考生有可能采用的不恰当结构。

应该以“Dear Mr./Ms./Mrs. …” 开头，或者如果你假设自己在较短的时间内就与邻居们相处较好，那么开头可以不用如此正式，可以用“Dear John/Mary”。这两个开头也决定了这封信的结尾：“Yours sincerely, …” 或者 “Best wishes, …”。

第一点和第三点可以简短地回答，所以这两点的回答可以合为一个段落，也可以给出聚会的原因（最可能是温居，但也可以是庆祝生日等）。然后单独写一个段落回答第二点，即聚会的详细情况。

➲ 参考范文

Dear Mr. Black,

It was very nice to meet you briefly when my family and I moved in next door to you last week. I am writing to tell you that we will be holding a small housewarming party and we would like to invite you and your family.

The party will be held on Saturday during the late afternoon and early evening, starting at around 5 p.m. We do not intend for the party to continue late into the evening as we are concerned that this might disturb you and other neighbours. As we are new to the neighbourhood, we certainly would not like to get off on the wrong foot with our neighbours.

We will be having a barbecue in the garden and are expecting about a dozen guests. If you decide to join us, it is not necessary to bring anything with you. We look forward to seeing you on Saturday and sincerely hope that, if you do not, the party will not disturb you in any way.

Yours sincerely,

Mikal Brun

(175 words)

亲爱的布莱克先生：

我和我的家人搬到你隔壁时与你的短暂见面很愉快。我写信想告诉你我们将举办一个小型的乔迁晚会，我们想要邀请你和你的家人参加。

晚会将在星期六的晚下午到早傍晚举行，下午五点左右开始。我们没有打算让晚会持续到太晚，因为考虑到可能会打扰你们和其他邻居。因为对街坊邻里不熟，我们当然不希望一开始就把邻里之间的关系搞僵。

我们会在花园搞个烧烤，预计有十来位客人。如果你们要参加的话，什么都不用带。我们期待你们星期六能来，如果不能来的话也真地希望这个晚会无论如何不会打扰到你们。

你的朋友：迈卡尔·布朗

➲ 参考范文中的词汇及结构分析，以及考生可能犯的错误。

1. "It was very nice to meet you briefly when my family and I moved in next door to you last week."作者自我介绍。
2. "I am writing to tell you that we will be holding a small housewarming party and we would like to invite you and your family." 作者用一句话写出了聚会这件事、聚会的原因和邀请。
3. "The party will be held on Saturday during the late afternoon and early evening, starting at around 5 p.m." 作者给出了聚会的具体时间。
4. "We do not intend for the party to continue late into the evening as we are concerned that this might disturb you and other neighbours." 作者这里提出了题目中的一点，但这一点并不是题目要求的。
5. 作者给出了一个常用的习语"to get off on the wrong foot"，雅思写作中恰当使用习语能得高分。

6. “We will be having a barbecue in the garden and are expecting about a dozen guests.” 作者接着写出聚会的细节——食物和客人数。
7. “We look forward to seeing you on Saturday and sincerely hope that, if you do not, the party will not disturb you in any way.” 作者再次提出邀请以及对噪音饶邻的担忧。注意“sincerely” 的使用，表示“真正的、真诚的”。

WRITING TASK 2

Using a computer every day can have more negative effects than positive effects on young children. Do you agree or disagree?

➲ 题目分析，包括写作中需要涉及的要点以及考生可能对题目产生的错误理解。

1. 题目要求考生就这种说法谈谈自己的观点，所以考生无需讨论正反双方的论点。
2. 题目说的是 “Using a computer every day”，并未给出两个重要信息，即每天使用电脑多长时间（5分钟？5小时？）和用电脑做什么（学校的作业？玩电脑游戏？）。这就意味着考生需要仔细作答，特别要避免极端的观点。

➲ 建议采用的回答结构，对比此结构与考生有可能采用的不恰当结构。

作文需要一个简短的介绍部分和一个简短的结论。正文应该有两个或三个段落，每段分别阐述一个点。建议考生单独写一个段落来阐述与考生意见相反的观点，或者考生在正文各段中提及相反的观点。题目的说法不是非常精确（参考上面的第二点），所以考生应该仔细作答，注意自己的遣词造句和论点。

➲ 两篇观点不同的参考范文（250字—300字）

参考范文1——同意

Nowadays, computers are being used by an increasing number of people for more diverse purposes. However, I believe that if young children use computers every day, it has more negative effects than positive ones. In this essay, I shall outline my reasons for believing this.

Young children are extremely impressionable. Computers give people the opportunity to do a great number of things. This can have the effect of encouraging young children to overuse computers. On very basic levels, it could make them very good at using computers for basic calculations, but leave them with the idea that they do not need to be able to such calculations in their heads. Computers could develop useful typing skills, but this might come at the expense of clear handwriting.

Another disadvantage of allowing children to use computers every day is that they might not get out as often. As a result, they might not get enough exercise or might not make as many friends (or spend as much time with friends) as they should. This is already being seen in some societies where children are becoming less physically active and less sociable.

Young children should certainly get used to using computers. I am not against that. However, parents should realise that computer skills are not the only ones that are necessary in modern society and should not allow their children to overindulge in computer-related activities. I believe that it is best if young children are not allowed to use computers every day — or for a long time.

(254 words)

现今越来越多的人使用电脑出于越来越多样的目的。但是我认为小孩子每天用电脑的话，负面的影响会比正面的多。在这篇论文中，我将概述我这样认为的理由。

小孩子是极易受影响的。电脑给人们提供做很多事情的机会，结果可能会鼓励小孩子过度使用电脑。处于很基础的水平时，它能让小孩子善于用电脑做基础算术，但这会让他们觉得在脑子里做算术没有必要。电脑能发展出实用的打字技巧，但代价可能是再也看不到清楚的手写了。

另一个允许孩子每天用电脑的坏处是他们常会沉溺其中。结果他们可能会运动不够和交不到他们应该交的那么多朋友(或没能度过应与朋友相处的那么多时间)。我们已经发现在一些社会里小孩子变得越来越不爱运动和不善于交际了。

当然小孩子应该习惯于用电脑。对此我并不反对。但是父母应该认识到电脑技术并不是现代社会唯一必须的，他们不该让小孩子过度沉迷在与电脑相关的活动里。我觉得最好不要让小孩子每天或长时间使用电脑。

参考范文2——不同意

Computers have become an important aspect of life in the modern world. Clearly, children need to learn how to use them in order to enhance their prospects in later life. However, some people believe that using computers every day can have more negative effects on a young child than positive ones. I disagree and will outline my reasons below.

Using computers has many beneficial effects on young children. Firstly, it familiarises them with these machines, so that, when they meet them later at school or at work, they learn more and faster. A second point is that using computers to search for information on the Internet allows children to search for information. Children are naturally inquisitive and, through the Internet, their curiosity can be partially satisfied. Thirdly, although many parents are concerned about their children using computers to play games, it has been shown that certain games help children to develop useful skills. Some games help to develop hand-eye co-ordination. Others develop linguistic or logic skills.

Some people point out that young children show a tendency to overuse computers. This is true, but it is not so much a problem of computers as an indication that the parents are not able to exercise control over their children's activities. I see nothing wrong with a young child using a computer every day for an hour or two. Clearly, children of any age should not be allowed to use computers for hours on end. They need to do other things too, such as physical exercise and playing with friends.

In conclusion, I believe that it is beneficial for young children to use computers for a little while each day, for there are benefits in the short and long term.

(287 words)

在现代社会电脑已经成为生活中很重要的一部分。很明显，为了扩展往后人生的前景小孩子需要学习如何使用电脑。然而一些人认为每天用电脑对小孩的负面影响多过正面影响，我并不赞同，我会在下面概述我的理由。

使用电脑对小孩子有很多有利的影响。首先，它让小孩子熟悉这些机器，以便他们后来在上学或工作时能学得更多更快。第二点是用电脑在网上查找信息让孩子们学会查找信息。孩子们天生好奇，通过因特网他们部分的好奇心能够得到满足。第三，虽然许多家长担心孩子用电脑玩游戏，但结果表明某些游戏能帮助孩子掌握一些有用的技巧。有些游戏有利于眼和手的配合。另一些游戏可以培养语言或逻辑方面的技巧。

有人指出小孩子有过度使用电脑的趋势。此话不假，但是这跟电脑没有多大关系而是说明家长对他们孩子的活动没能加以控制。我觉得小孩子每天玩一两个小时的电脑没有什么不好。当然任何年龄的孩子都不能让他们无休止地使用电脑。他们也需要做一些其它事情，像体育锻炼和与朋友玩耍。

结论就是，我认为让小孩子每天用一会儿电脑是有益的，因为有短期和长期的好处。

➲ 参考范文中的词汇及结构分析，以及考生可能犯的错误。

1. "Computers give people the opportunity to do a great number of things. This can have the effect of encouraging young children to overuse computers." 作者谈到了过度使用电脑，表明他/她不是完全反对儿童使用电脑，这一点也有之后的例子支撑——计算和打字/书写。
2. "Another disadvantage of allowing children to use computers every day is that they might not get out as often." 这是一个很常见的论点，但注意作者用的 "they might not get out as often" 而不是采用绝对的口吻 "never go out"。
3. 注意高级词汇 "overindulge in"。
4. "I believe that it is best if young children are not allowed to use computers every day — or for a long time." 作者观点明确，同时也指出除了使用频率，还应该关注使用电脑的时间。
5. 注意搭配"enhance their prospects"。雅思写作中使用恰当的搭配可以加分。
6. 大多数考生都会使用"familiar",但作者在范文中表明他/她会用这个单词的动词形式"familiarise"。
7. "Children are naturally inquisitive and, through the Internet, their curiosity can be partially satisfied." 注意搭配 "naturally inquisitive" 以及 "satisfy curiosity" 的使用。
8. "Some games help to develop hand-eye co-ordination. Others develop linguistic or logic skills." 大部分考生会拿电脑游戏这个例子来证明使用电脑会给儿童带来负面影响，但作者在这里说明电脑游戏可以带来益处。
9. "This is true, but it is not so much a problem of computers as an indication that the parents are not able to exercise control over their children's activities." 作者从表面问题出发去挖掘深层次的问题。
10. "I see nothing wrong with a young child using a computer every day for an hour or two. Clearly, children of any age should not be allowed to use computers for hours on end." 作者提出儿童应该使用电脑的时间和频率。

剑桥雅思
真题全解 7

Test 1

LISTENING

SECTION 1

谈话场景：咨询场景，电话交谈
人物关系：乘客和交通路线信息咨询员
谈话话题：机场到市内交通方式的咨询

➲ 词汇注释

Toronto *n.* 多伦多 southwest *n.* 西南方；*adj.*西南的 as far as *adv.* 和…一样远 a number of 许多的 option *n.* 选择 public transport 公共交通 cab *n.* 出租车 (be) available *adj.* 可用的 budget *n.* 预算 one-way (ticket) *n.* 单程的（车票），也可以说成single (ticket) return (ticket) *adj.* 双程的（车票） whereabouts *adv.* 在何处 bear in mind 记住，牢记 departure *n.* 出发，离开 shuttle *n.* 往返汽车	Airport Shuttle 机场巴士 take somebody straight to somewhere 将某人直接送到某地 arrive on 到达 baggage *n.* 行李 land *v.* 降落 flight details 航班详细信息 fare *n.* 费用（通常指交通费，如火车费、机票费等） ticket *n.* 票 provided *conj.* 倘若 in advance *adv.* 预先 London Heathrow 伦敦希思罗机场 distance *n.* 距离 car hire *n.* 汽车租赁 (car rent)

➲ 交际与语言表达

1. 这是一篇机场到市内交通方式信息的咨询，采用电话的形式。文章开头部分以常见的打电话方式开头，This is Land Transport Information at Toronto Airport. How may I help you? 接着就进入对话的主题，询问 Toronto Airport 到 Milton 怎么走，Could you tell me how I can get there?
2. 男士告诉女士机场与 Milton 之间的距离，以及所需要花费的时间，In fact it's 147 miles to be exact, so it'll take you at least, say, three to four hours by road. 这里的say没有实际的意思，属于口语当中的一个过渡词。By road 指的是走公路的意思，暗指坐车。
3. 男士向女士推荐了几种交通方式，But you have a number of options to get you there. 第一种便是 rent a car，租车；也可以说成 hire a car。
4. 女士表示不想自己开车，Well, I don't really want to drive myself. 接着她又询问了一些关于 public transport 的信息。
5. 男士介绍 cab 是一种最快也是最舒适的交通方式，But it'll cost you. 这里的 cost you 相当于中文里的大出血，太贵的意思。

6. 女士很委婉地表示了拒绝，Hmmm, I think for that kind of distance a cab would be way beyond my budget. 这里 for that kind of distance 意思是对于如此的距离；beyond one's budget 指的是超出某人的预算，言外之意 too expensive。
7. 男士又为女士推荐了一些其他的交通方式，you can also take a Greyhound bus or there's an Airport Shuttle Service to Milton. 这里的 Greyhound bus 指的是灰狗巴士。Greyhound 是美国最主要大巴士公司之一，提供相当水准的服务，并在价格上很有竞争性。Airport Shuttle Service 指的是机场巴士服务。
8. But whereabouts does it stop in Milton? 女士询问 bus 停在 Milton 的什么地点。whereabouts 指大概的地点，不要求太具体。
9. 女士又询问了男士关于 Airport Shuttle 的信息，男士回答道：It's a door-to-door service. 机场巴士提供"门到门"的服务。door-to-door service 物流、快递等行业的术语，指送货上门；这里特指送乘客到其指定地点。
10. 女士最终选定了机场巴士，is it possible to make a booking right now? 现在可以预定了么? Through you? 是不是通过你?
11. 男士帮助女士预定机场巴士，并登记了一些相关信息，And you said your expected time of arrival was 11:30? 这里的 expected time of arrival 指的是预计到达时间。…12:30：that should give you plenty of time to, you know, collect your baggage, maybe grab a coffee? 十二点半可以给你留出足够的时间，取行李，或者喝杯咖啡。grab 在美式口语里有吃、喝的意思，常表示赶时间的情况下，匆匆吃上一口或喝上一杯。
12. 男士询问女士的姓名，Is that Thompson spelt with a 'p'? 名字里有"p"字母么?

➲ 考题解析

Question 1 答案 (a) cab / taxi
听前预测：提示词：Car hire, Greyhound bus, Airport Shuttle，本题空格里应填一种交通工具。
题目解析：男士推荐 rent a car，女士说 I don't really drive myself. 她需要一些 public transport information，紧接着男士介绍了一种交通工具，即 the quickest and most comfortable is a cab. 文章里出现最高级的时候，通常为出题的考点。
PS：美式英语的 cab 相当于英式英语的 taxi，出租车的意思。

Question 2 答案 city centre / center
听前预测：Greyhound bus 方面谈了三点，其中第二、三点分别为 2、3 两题。提示词：direct to the（直接到达……），本题应该填一个地点名词；定位词：$15 single，$27.50 return。
题目解析：听到介绍 Greyhound bus 的价格之后，应该集中注意力听清：It goes directly from the airport here to the City Centre.
PS：centre 为英式拼写；center 为美式拼写。

Question 3 答案 wait
听前预测：提示词：long，形容词 + 名词，此处应填名词。
题目解析：本题填写的单词不难，但需要考生对所听到的内容有一定的理解能力。男士询问了女士预计到达的时间之后，说道 too bad, the bus leaves at 3:45, so you would have quite a wait—more than 4 hours. 等巴士的时间太长了，得 4 个多小时。

Question 4 答案 door-to-door
听前预测：定位词：Airport Shuttle，提示词：service，形容词 / 名词 + 名词，本题应填一个名词或形容词，修饰 service。
题目解析：本题从听觉上来看，难度不大，door-to-door service 很容易听到，但是在书写的时候，要注意加上连字符号，否则容易造成失分。

Question 5 答案 reserve (a seat)
听前预测：定位词：$35 single, $65 return；提示词：need to + *v.*（原形）
题目解析：男士介绍完价格之后，很快就对女士说道：You do need to reserve a seat. 西方社会很多服务都是需要提前预定或预约，类似常考的词汇还有：make an appointment，book in advance 等。

Question 6 答案 (the) 17th (of) October
听前预测：提示词：date，此处应填日期。
题目解析：这是一道典型的“信息更正”题，解题时注意正确答案一般靠后；录音当中的 16th October 是一个干扰信息，注意更正后的真正日期为 17th；月份最好写成英文单词。

Question 7 答案 12:30
听前预测：提示词：bus time，pm，此处应填具体时间，即几点几分。
题目解析：注意排除录音中的一些干扰信息，抓住最终确定的时间，口语对话中，确定信息前会用一些标志词，例如 Let's say / You know 等。本题说道女士预计到达的时间为 11:30，男士替她预定 12:00 以后的机场大班，最后说道：let's say 12:30，所以 12:30 为本题所需时间。

Question 8 答案 Thomson
听前预测：提示词：name，此处应填姓，通常情况下，录音中会给出拼写。
题目解析：跟着录音所给拼写，迅速记录下单词，注意人名的首字母必须大写。

Question 9 答案 AC 936
听前预测：提示词：flight No.，此处要求填入航班号，航班号通常为数字和字母的组合。
题目解析：注意书写的规则，即当数字和字母混合在一起的时候，字母必须大写。

Question 10 答案 3303 8450 2045 6837
听前预测：提示词：credit card No.，visa，此处填写信用卡号码，即数字。
题目解析：这是目前为止听力考试中出现的最长数字，一共 16 位，不仅考查考生对数字的敏感程度，而且还强调书写的速度。里面女声的话还是很清楚的，you can only use the facilities between 10 a.m. to 4:30 p.m.

SECTION 2

谈话场景：产品介绍
人物关系：某度假公司代表
谈话话题：露营度假产品推荐

➲ 词汇注释

audience *n.* 听众	upgrade *v.* 升级
background *n.* 背景	original *adj.* 最初的，原始的
retail chain 零售连锁店	three-star rating 三星级
camping *n.* 野营，露营	superb *adj.* 优质的
equipment *n.* 装备	occupy *v.* 占用
campsite *n.* 野营地，露营地点	take advantage of 利用
continental *adj.* 大陆的	well-qualified *adj.* 高质量的
exclusive *adj.* 专有的	enthusiastic *adj.* 热情的
majority *n.* 多数	kick off *v.* 开始
expand *v.* 延伸	drama *n.* 戏剧
mountainous *adj.* 多山的	mime *n.* 哑剧
Picos de Europa 欧罗巴山（位于西班牙北部，著名旅游名胜之一），该词来源于西班牙语，相当于英语里的Peaks of Europe	poster competition 海报比赛
	child-friendly *adj.* 关爱儿童的
	tent *n.* 帐篷

insure *v.* 给…保险 reservation *n.* 预定 regular customer 老客户 luxury *adj.* 奢侈的 in return *adv.* 作为回报 high-quality *adv.* 高质量的 essential *adj.* 重要的 oven *n.* 烤箱 cooking ring 烹饪密封环 fuel *v.* 加燃料，供以燃料	barbecue *n.* 烧烤架；烤肉 picnic blanket 野餐垫 hire *v.* 租用 chilled *adj.* 冷冻的 mop *n.* 拖把 bucket *n.* 桶 café *n.* 咖啡馆 dine *v.* 吃饭 request *v.* 要求，请求

➲ 交际与语言表达

1. 本文为某度假公司代表对自己公司产品的一个介绍，简短的开场白过后，开始介绍公司的历史，然后详细介绍公司的度假产品。
2. 公司最初是一家专门销售野营装备的零售连锁店。It actually opened as a retail chain selling camping equipment. 后来公司陆续推出野营度假服务，并发展迅速，在过去 15 年间，为整个欧洲大陆提供度假服务。The company grew rapidly and has been providing holidays in continental Europe for the last fifteen years.
3. 公司可以为客户提供超过 300 个度假地点的选择。In Italy we now have some 64 sites that we either own, or have exclusive use of. 在意大利目前有 64 个度假地点，均属于公司自有或专用。其中，either...or 任选其一；have exclusive use of 有使用某物的专有权。
4. 目前，公司有一个项目已经延伸到了瑞士。we currently have project to expand into Switzerland. 在西班牙北部也有一些公司的地点，特别是在欧罗巴山一带。We also have a number of sites in Northern Spain, particularly in the mountainous region of Picos de Europa. 其中 Picos de Europa 指的是欧罗巴山，西班牙北部一个非常著名的旅游度假胜地。
5. 公司的度假产品将会为全家人都提供完美的施设。Each day kicks off with a sports match, perhaps football, or volleyball, followed by an hour of drama for everyone. 其中，followed 表示“随后，紧接着”。
6. What's more, our sites are truly child-friendly, and, with this in mind, we operate a no-noise rule in the evenings. 做题时，从听觉上抓住 what's more 这样的表示递进关系的连接词非常重要，有助于理解文章的层次，对做题很有帮助。常考到的类似词汇还有：furthermore, firstly, secondly, last, another 等。
7. When it comes to our tents, these are equipped to the highest standard. 这个句子里的 when it comes to 是一个固定用法，表示“当提到……的时候”；We really do think of every essential details, ... 该句是一个强调句，do 突出、强调了 think 这个动词，这种表达方式在听力当中经常出现，特别注意 do 和 don't 在听觉上的差别。
8. All tents have a fridge, ..., which will keep your food and drinks chilled. 这里的 fridge 有电冰箱的意思，多用于口语；而 refrigerator 常用于书面语；另外，冰箱一般分为两层：保鲜层叫 fridge，冷冻层叫 freezer；短语 keep sth. chilled 表示让某种东西保持冰冻。
9. All sites have a café and/or a shop for those who's rather 'eat in' than dine at a local restaurant. 所以营地都设有咖啡馆或者小商店，主要是为了那些不喜欢在当地饭馆用餐的人而准备的。短语 would rather A than B 意思为“宁可……不愿意……”，这里的 'eat in' 打了引号，特指在帐篷里吃饭；另外，要注意该短语强调 A，而不是 B，所以解题时，正确答案应该在 A，不在 B。类似常考的短语还有：A, rather than B; prefer A to B; although B, A, 等。（横线为强调之意）

➲ 考题解析

Question 11 答案 B
听前预测：定位词：PS Camping / organising holidays

题目解析：本题考点在于时间段的区分：公司开始于 25 年前，从经营露营装备的零售连锁开始，而提供 camping holidays 开始与 20 年前，后来公司发展迅速，为整个欧洲大陆提供度假产品 15 年。题干问题问的是 PS Camping 组织度假多少的时长，所以应该为 20 年。

Question 12 答案 A
听前预测：定位词：most camping sites
题目解析：本题考点在于地点的区分：公司在 Italy 有 64 个度假点，而 the majority of sites 位于 France，有一个项目已经延伸到了 Switzerland。注意题干 most（最多的）与原文中的 majority（大多数）相对应。

Question 13 答案 B
听前预测：定位词：every day
题目解析：本题考点在于活动项目的区分：每天孩子们做的 sports match 有 football or volleyball，一个小时的 drama，下午有一些艺术类的活动，poster competition or model making。题干的 every day 与文中的 each day 相对应；其次，A、C 选项里的项目在文中都有另外一个可替代的项目，只有 drama 每天必做。

Question 14 答案 C
听前预测：定位词：'no noise' rule
题目解析：本题考点在于时间点的区分。文中谈到 no-noise rule 的时候，提到孩子们晚上的活动一般情况下 9:30 结束，偶尔到 10 点；从 10:30 起，度假的人期望能够有一个安静的环境，言外之意，no-noise rule 从 10:30 开始。

Question 15 答案 C
听前预测：定位词：holiday insurance
题目解析：根据题干的 insurance，在原文中以 insured 的形式出现，从而能够迅速找到文章当中的出题之处。正确选项和原文之间的同义替换：booking（选项）=reservation（原文）。

Question 16 答案 A
听前预测：定位词：customers / recommend / friends
题目解析：根据题干定位词找到答案在文章中的位置，然后注意正确选项和原文之间的同义替换：gift（选项）=present（原文）。

Questions 17-20
听前预测：在做这几道 Matching 题时，应注意用题目当中的关键词进行定位，分别为 barbecues，toys，cool boxes，mops and buckets，然后分别找出各个选项的关键词：all tents，central areas，available on request，然后听到题干定位词，注意后面的信息与选项关键词相对应即可。

Question 17 答案 C
听前预测：定位词：barbecues
题目解析：If you don't want to cook indoors, you can borrow a barbecue if you ask in advance for one to be made available. 这里的 ask in advance 指的是提前要求，与 request 相对应。

Question 18 答案 A
听前预测：定位词：toys
题目解析：谈到 toys 时，在帐篷里提供一盒游戏和玩具，相比较三个选项而言，A 为最佳答案。

Question 19 答案 C
听前预测：定位词：cool boxes
题目解析：...ask for a specially designed PS Camping cool box,... 该句里的 ask for 有请求的意思，

对应 C 选项里的 request。

Question 20 答案 B
听前预测：定位词：mops and buckets
题目解析：该题相对简单，只需根据题干定位词，听到 ...in the central area, along with mops and buckets... 就可以找出正确答案。

SECTION 3

谈话场景：课堂讨论
人物关系：老师与两名学生
谈话话题：工作场所的个性差异性

➲ 词汇注释

workplace *n.* 工作场所	asset *n.* 资产
behaviour *n.* <英>行为，举止	identify *v.* 识别，鉴别
be due to 由于	utilize *v.* 利用
diversity *n.* 差异，多样性	neglect *v.* 忽视，忽略
conflict *v.* 冲突	notion *n.* 想法，观念
uncooperative *adj.* 不合作的，不配合的	conformity *n.* 一致性
applicant *n.* 申请人	tension *n.* 紧张，压力
demonstrate *v.* 表明，示范	personnel department 人事部
incentive *n.* 动机	mould *n.* 模具
satisfaction *n.* 满意	psychological *adj.* 心理的 psychology *n.* 心理学
cope with *v.* 应对	problem solver 问题解决者
amounts *n.* 数量	convince *v.* 使确信
individual *n.* 个人 individualism *n.* 个人主义，利己主义	overrate *v.* 对…过高估计
multinational *adj.* 跨国的	get around 到处走动
contribute to 贡献	recruit *n.* 新成员，新员工
personality *n.* 人格，个性	recognition *n.* 赏识，赞赏
variation *n.* 变化	creativity *n.* 创造性
exposure *n.* 暴露	tricky *adj.* 机敏的
	priority *n.* 优先权

➲ 交际与语言表达

1. Well, you've both been looking at different styles of managing individuals in companies and the workplace. How's the research going, Philip? 你们俩都研究了公司和工作场所管理员工的不同风格，Philip 结果怎么样？ well 在口语中没有实质的意思，仅为了让说话者有简短的时间，整理自己的讲话思路而已，下文出现很多次。
2. When you think about any organization, be it a family business or a multinational company, they are all fundamentally a group of people working together. 当你观察任何企业时，不管是家族企业还是跨国公司，他们的本质都是一群人在一起工作。be it A or B means whether it is A or B，也就是：不管它（it）是（be）A，还是 B，是一种倒装用法，it 是形式主语。这里不指代具体某个词，某件事。
3. It's a well known fact that men and women do lots of things in different ways, and the workplace is no different. 一个众所周知的事实就是男人和女人做事的方式大不相同，而工作场

所却没有任何差别。It's a well known fact that... 这里的 it 是形式主语，真正的主语是 that 之后的句子。

4. Thanks, Philip. So now I guess the two main things to remember here are to identify individual talent and then to utilize it. 谢谢 Philip，我认为要记住两件事：确定个人天赋，并加以用之。So 属于口语中的语气词，有承上启下的作用。通常针对某个话题，当一个人表述完自己的观点之后，聆听者会对其听到的内容做一个简单的小结，然后重新开启一个新的话题。
5. Yes, that may be true but... 西方人表示否定的时候，特别喜欢用让步的语气，即先表赞同，然后再说出自己真实的观点，通常用 but，however 等词语转折，考试时考点一般就设置在 but 之后。
6. Well, it has to start from the very beginning when companies are looking for new employees. 公司在寻找新员工时，必须从头开始。the very beginning 指的是从一开始，从最初开始。
7. To come back to you, Philip. You're saying that... 回到你这，Philip 刚才你说……
8. In fact, for some organizations creativity and individuality may be the last thing they want to see during working hours! 事实上，对一些企业来说，创造性和个性可能是他们在工作时间当中最不希望看到的事情了。the last thing they want to see，固定表达，意思是：他们最不想看到的事情。

➲ 考题解析

Question 21 答案 attitude(s)
听前预测：定位词：different；提示词：ideas，learning experiences，本题应填一个名词或名词短语。
题目解析：根据题干的设置可以看出，本题的答案应该和 ideas，learning experiences 呈现出并列或递进的关系。本题的出题句为：Of course they bring different ideas, but it's also their attitudes and their experiences of learning. 因此听题时，一方面要特别注意定位词的出现，另一方面要注意并列或递进关系的词语，例如：and，or，then，also，too，as well as，another 等。

Question 22 答案 gender/sex
听前预测：定位词：behaviour differences；提示词：personality，本题应填名词。
题目解析：本题的考点设置与题干的预测和上一题非常相似，答案和 personality 保持并列或递进的关系。So why do people behave so differently from one another at work? There are lots of reasons but research has shown a lot of it comes down to personality. And the other factor is gender.

Question 23 答案 creativity/creativeness
听前预测：定位词：effect of diversity，advantage；提示词：develops，根据句子所缺成分，本题应填一个名词或名词短语作为句子的宾语。
题目解析：多样性对公司的影响，有正面和负面，本题重点考查正面影响，出题句为：Did you look at the effects of this variation on companies? On the positive side, exposure to such diversity helps encourage creativity which is generally an asset to a company. 多样性有助于鼓励 creativity，特别注意 advantage，常会用到同义替换的方式，例如 positive，benefit 等。

Questions 24-27 答案 A B A B
这四道题的题干上有一个共同特点，均为 Janice thinks / suggests / believes，说明答案都在 Janice 所表达的观点当中；除此之外，找好题干的定位词，听录音时，找准出题处；另外，要特别注意题干、原文和正确选项三者之间的同义替换的关系。例如：potential leaders（选项）— take the lead，balance conflicting needs（选项）— consider...on one hand and...on the other，think independently（选项）— think for themselves 等。

Question 28 答案 culture
听前预测：定位词：managers，recognise；提示词：company's，本题应填名词。

题目解析：听好定位词，找准提示词，Managing people means you not only have an understanding of your employees, but you also recognise the culture of the organization. 短语 not only A，but also B，既强调 A 也强调 B，两者为递进关系。

Question 29 答案 profit(s)
听前预测：定位词：managing change，increasing；提示词：company's，本题应填名词。
题目解析：本题相对难度稍大，不仅需要考生找准出题点，而且还需一定的理解能力。And at times like these managers may have to give priority to profit rather than individual staff needs. 其中短语 A rather than B，强调 A，因此答案在 A 里面找。

Question 30 答案 stress/strain
听前预测：定位词：periods of change，cope with，amounts of；提示词：amounts of，本题应填名词。
题目解析：由于定位词在原文中进行了一定的同义替换，所以主要考查考生的理解和应变的能力。What's important is that managers are able to deal with quite high levels of personal stress. During times of change they should be thinking not only about the strain on their staff but take time out to think of themselves. 特别提示：句子填空题中，空格前面的动词和量词，在原文中经常会被同义替换。

SECTION 4

谈话场景：讲座授课
人物关系：老师的独白
谈话话题：学生实地考察前的准备以及注意事项

词汇注释

seminar *n.* 研讨会 fieldwork trip （学生）实地考察旅行 engraving *n.* 雕刻 disrespectful *adj.* 无礼的，失礼的 fragile *adj.* 易碎的，脆弱的 archaeological *adj.* 考古学的 archaeology *n.* 考古学 Namibia *n.* 纳米比亚（非洲西南部国家） partial *adj.* 部分的，局部的 participation *n.* 参与 contemporary *adj.* 当代的，同时代的 do's and don'ts 能做的和不能做的事 interpretation *n.* 解释 surface *n.* 表面 cut out *v.* 切掉 footprint *n.* 脚印，足迹	track *n.* 足迹，轨迹 scholar *n.* 专家，学者 giraffe *n.* 长颈鹿 mystery *n.* 神秘的事情 illustration *n.* 说明，图解 accurate *adj.* 正确的，精确的 identifiable *adj.* 可以确认的 unrealistic *adj.* 不真实的，不切实际的 damage *n.* 破坏，损伤 unintentional *adj.* 无意识的，不故意的 destroy *v.* 毁坏，破坏 precious *adj.* 宝贵的 heroics *n.* 豪言壮语 intact *adj.* 完整的 fascinating *adj.* 迷人的，优质的

交际与语言表达

1. 本篇文章为教师上课的独白，分为开头、中间和结尾三个部分。非常符合西方人讲话的风格，一开始为讲话的目的和注意内容；接着依次详细叙述，最后留出一些提问时间。所以在听录音的时候，要特别留意 first，second，then，another 等一些表示文章递进关系的词汇，有助于把握文章的整体结构。

2. This is the first seminar in preparation for our archaeological fieldwork in Namibia. 这是去纳米比亚考古学实地考察准备的第一堂研讨会。fieldwork 实地考察，西方教育多以体验式教学为主，所以学生会有大量实地考察的机会，正应了中国的一句话"要想知道梨子的滋味，你必须亲口尝一尝。"
3. ..., so shall I expect 200% attention and participation from you all. 讲话之前先吸引听众的注意力，然后介绍讲话的主要内容。First in this seminar, I'm going to give a brief introduction to contemporary research on rock art, and in the second part I'm going to give you some do's and don'ts for our fieldwork trip in April. 主讲内容分为两个部分，前部分主要是对 rock art 当代研究的一个简介，后半部分交代实地考察时，哪些事情该做，哪些事情不该做。first 和 second 两个副词将文章的脉络清晰的展现了出来。
4. Why are some of the engravings of animals very accurate as you'd expect — all clearly identifiable — and others quite unrealistic? 这里疑问句的目的并不是为了提出问题，而是让听众能够积极主动的接收信息，老师在授课中经常会用提问的方式引出下文，同时还有可能借助语气的改变，配合上一些特殊的语音和语调，从而使听众的注意力始终高度的集中，这是授课场景里的一大特点。
5. Well, that's about all I want to say before today's discussion, but if you have any questions please ask them now. 通常讲话结束之前会留出一点自由提问的时间，对之前讲解的内容有任何问题都可以进行发问。That's about all I want to... 为结束语的固定套路，练习时应该多加注意。

➲ 考题解析

Question 31 答案 April
听前预测：定位词：preparation，fieldwork trip，Namibia；提示词：in，后面一般跟时间。
题目解析：集中精力听定位词，找出实地考察的时间。... and in the second part I'm going to give you some do's and don'ts for our fieldwork trip in April. 月份最好写出英文的全称。

Question 32 答案 children
听前预测：定位词：engraving，animal footprints；提示词：help somebody (to) do something。
题目解析：... this rock art was like a school book with pictures to teach children about tracks. 这里很容易就听出教 children 一些足迹的事。

Question 33 答案 repeated
听前预测：定位词：tracks；提示词：but 之后有三个并列或递进关系的 why。空格里缺少一个形容词。
题目解析：First, ..., you see the tracks are repeated... 遇到并列情况，first，second 等表示递进的词非常重要，把握好文章整体结构。

Question 34 答案 human
听前预测：定位词：unrealistic animals；提示词：half，空格里应填名词。
题目解析：本题为所听即所得，找准定位词，And another mystery — some of these unrealistic animals — that's in the engravings — seem to be half human.

Question 35 答案 magic
听前预测：定位词：wise men，control wild animals；提示词：with，后面跟名词。
题目解析：本题采用的是信息前置，需要考生有一定的理解能力，特别考查短期记忆能力。Many researchers now think that these were pictures the wise men engraved of themselves. They believed they could use magic to control the animals. 聪明的人会使用 magic 来控制动物。

Question 36 答案 distance
听前预测：定位词：look at a site；提示词：a，后面跟名词单数形式。

题目解析：找准定位词，所听即所得。Whenever you do go to a site, don't forget you can learn many things from observing at a distance instead of walking all over it. 短语 instead of 后面为干扰信息，重点关注前面。

Question 37 答案 culture
听前预测：定位词：disrespectful；提示词：from 后面跟名词。
题目解析：本题的出题句为：It may be disrespectful to the people of that culture, ... 对于生活在这种文化中的人来说，可能是无礼的。雅思听力考试中基本都是所听即所得，考查信息定位能力，然后迅速记录下来。

Question 38 答案 fire(s)
听前预测：定位词：undiscovered material，damaged；提示词：by，此空应填名词。
题目解析：... don't make fires, ... and you can easily burn priceless undiscovered material by doing so. 该题考查考生的短期记忆能力，这里的 doing so 指代前面出现的 make fires。

Question 39 答案 touching
听前预测：定位词：fragile；提示词：avoid，此处应填动名词或名词。
题目解析：避免做某事，原文中用了不要做某事来进行替换。... NEVER by touching it or even tracing it. Rock art is fragile and precious. 首先，要提前熟悉 fragile 的读音，另外，本题考查考生一定的理解能力，never touching 意味着 avoid touching。

Question 40 答案 intact
听前预测：定位词：aim；提示词：leave sth. *adj.* 本空缺少一个形容词。
题目解析：本题为所听即所得，You should leave the site intact. 很多考生都能听到该题的答案，但最终要么是因为单词不认识而丢分，要么是因为拼写不正确而失分。

READING

READING PASSAGE 1

文章结构

体裁	说明文
主要内容	本文主要描写蝙蝠如何在黑暗中听声辨位。
结构	A 段：蝙蝠为何昼伏夜出。
	B 段：许多其他动物也需要黑暗中辨向。
	C 段：对大多数动物而言，照明辨向是不现实的。
	D 段：听声辨位的原理以及人类对其应用。
	E 段：雷达和声呐有所差别，“回声定位”涵盖两者。

➲ 词汇注释

A 段	
obstacle *n.* 障碍 creature *n.* 生物 occupy *v.* 占有，占据，占用 nocturnal *adj.* 夜的，夜间的 mammal *n.* 哺乳动物 mammalian *adj.* 哺乳动物的 survive *v.* 生存，幸存，残存 mysterious *adj.* 神秘的 emerge *v.* 出现，显现	exploit *v.* 开发，利用，开拓 alternative *adj.* 另一的，两者择一的 natural selection 自然选择 ancestry *n.* 祖先，始祖 dinosaur *n.* 恐龙 dominate *v.* 支配，统治，占优势 scrape a living 勉强维持生活 extinction *n.* (生物)灭绝 substantial *adj.* 大量的，实质上的
B 段	
engineering *n.* 工程（学），工程技术 insect *n.* 昆虫 somehow *adv.* 设法 extremely *adv.* 极其，非常 obstruct *v.* 阻隔，妨碍，阻挡 dirt *n.* 污垢，尘垢	obviously *adv.* 显然，明显地 prey on 捕食，掠夺 dolphin *n.* 海豚 muddy *adj.* 泥泞的，污的，肮脏的 scatter *v.* 散开，散射，散布
C 段	
manoeuvre *v.*（主英国英语）操纵，控制，演习 lantern *n.* 灯笼 bacteria *n.* (*pl.*) 细菌（复数） attract *v.* 引诱，吸引 prohibitive *adj.* （价格，费用等）高的；令人望而生畏的 expose *v.* 使暴露；使面临 bounce off 从（表面）弹回，跳回 headlight *n.* 大灯，头灯 weird *adj.* 古怪的，怪异的	manufacture *v.* （大规模）制造，加工 searchlight *n.* 探照灯 consume *v.* 消耗，用掉，浪费 mate *n.* 配偶 pinprick *n.* 针孔，小孔 fraction *n.* 部分，碎片 immensely *adv.* 极大地，无限地 illuminate *v.* 照明，照亮 apart from 除了…之外，且不说
D 段	
uncanny *adj.* 神秘的，不可思议的 facial vision 面感视觉 referred pain 牵涉性痛，不在痛源的疼痛 echo *n.* 回声 submarine *n.* 潜水艇 codename *n.* 代号 sonar *n.* 声呐 RDF （radio detection finder）无线电测向器	obstacle *n.* 障碍，阻碍 sensation *n.* 感觉，感觉能力 phantom limb 幻肢（被截肢者感到肢体依然存在的感觉） adapt *v.* 使适应，使适合 device *n.* 设备，装置，发明物 Asdic（anti-submarine detection investigation committee）超声波水下探测仪

E 段	
feat *n.* 壮举，功勋，丰功伟绩 strike sb. dumb （使）愣住，目瞪口呆 underlying *adj.* 在下面的，相关的 coin *v.* 制造，发明，杜撰（新词） cover *v.* 包括，涉及，覆盖	navigation *n.* 航行，导航 admiration *n.* 钦佩，赞赏，羡慕 zoologist *n.* 动物学家 echolocation *n.* 回声定位

题目	
wildlife *n.* 野生动物 navigate *v.* 航行，导航 so-called *adj.* 所谓的，号称的 comparable *adj.* 有类似之处的，可比较的 calculate *v.* 计算，核算 wartime *n.* 战时 sophisticated *adj.* (系统、流程、技术等)极其复杂的，精密的，尖端的，高度发达的	result in 引起，结果是 vision *n.* 视觉，视力 particular *adj.* 特别的，个别的 sensation *n.* 感觉 perceive *v.* 察觉，认知，领会，理解 seabed *n.* 海底，海床 application *n.* 应用 inaccurate *adj.* 不准确的

➲ 考题解析

Questions 1-5

● 题型归类：Matching
题目解析：题目要求中出现提示“you may use any letter more than once.”暗示至少有一个字母要重复使用。

➲ 题目解析

题目编号	题目定位词	答案位置	题　解
1	examples of wild life , not rely on vision	B 段第 2 行开始	题目中有“许多野生动物的例子”字样，意味要出现许多具体的动物名称。本段第 2 句提到，“不是只有蝙蝠面临如何在黑暗中辨别方向和寻找猎物的问题”，此后便开始举出具体动物的例子如深海鱼，鲸，海豚等。最后一句话更直接总结：“许多现代动物仍生活在难以或完全不能视物的环境里。” 本题答案为 B。
2	early mammals, avoided dying out	A 段倒数第 4 行	通常，学术性文章的写作会按时间或发展顺序展开。“早期哺乳动物”在时间上比较靠前，应先在文章的前部找。A 段中倒数第 4 行中“our mammalian ancestors”与题目中“early mammals”对应，“managed to survive”与“avoided dying out”对应。 本题答案为 A。

3	why, bats, hunt, in the dark	A 段第 4 行	本文说的是蝙蝠及其夜间捕食原理在科学上的应用。说明文的展开顺序通常会先描写现象，提出理论，然后分析理论，最后才是应用。夜间捕食是其习性，应该在文章前部描写部分先交待。既然说的是原因，应该尝试到文章中找关于原因的关系词。如：because，since，so，thus 等。在 A 段第 4 行可以找到两个信号词“given that”，其所引导的句子便是是问题的答案。 本题答案为 A。
4	a particular discovery, understanding bats	E 段倒数第 2 行	题目是问哪一段讲了“一项特殊发现如何有助于我们对蝙蝠的理解”，题目中心在“有助于我们对蝙蝠的理解”，因此不可能是 D 段，因为 D 段中根本没有提到有关“对蝙蝠的理解”的字眼。而 E 段文中直接提到，提出“回声定位”一词的动物学家对于蝙蝠声呐的发现贡献颇大。而将在潜在的数学理论方面与声呐十分相似的“雷达理论应用在蝙蝠身上后，人类对它们的具体行为才有了更科学的了解”。 本题答案为 E。
5	early military uses, echolocation	D 段倒数第 4 行和倒数第 3 行	按照说明文“描写——分析——应用”的写作顺序，“应用”应该在文章后部。同时因为“军事”一词相对意义比较狭窄，即使同义替换后也很明显，所以大致在文章后部先关注与“战争，战斗”有关的词。本段倒数第 3 行正好出现“武器设计”和“二战”关键词，而且根据句意可推出本段为应选段落。请注意在题目“回声定位的早期军事应用”中，“军事应用”才是主体，而不是 E 段中以原词形式出现的“回声定位”。 本题答案为 D。

➲ 考题解析

Questions 6-9

● 题型归类：Summary

题目解析：通过 summary 的标题“facial vision”可以先定位到文章 D 段。

➲ 题目解析

题目编号	题目定位词	答案位置	题 解
6	pain，arm or leg	D 段第 6、7 行	“pain”一词在 D 段第 7 行以原词形式出现，“arm or leg”被替换成“limb”，所以前面的修饰词“phantom”就是答案。如果不清楚“limb”的汉语意思”肢体”，也可以先假设“arm or leg”前面的不定冠词“a”没有变化。此时在文章中先找到“pain”，然后在其周围找到“a”，则它与它所修饰的单数可数名词中间的形容词就是答案。 本题答案为 phantom。
7	perceiving, through the ears	D 段第 8、9 行	根据“ears”定位到 D 段第 8 行，紧随其后的句子进一步说明了如何通过耳朵来感知障碍物，即盲人利用回声来感知障碍物的存在。题目中的“perceiving”与句中的“sense”对应，又由于盲人感知障碍物的存在要通过感知回声这一过程，因此此处既可填入“echoes”也可填入“obstacles”。 本题答案为 obstacles 或 echoes。
8	design, instruments, calculated, the seabed	D段倒数第6行	先通过“seabed”定位到倒数第5行，然后在其周围依序找到每个单词的同义替换词：design 对应build, instruments原词出现，calculated 对应measure, the seabed 对应sea, 所以measure的对象“depth”就是答案。 本题答案为depth。
9	wartime, finding	D段倒数第4行	先找到“wartime”的对应“weapon”和“Second World War”，再找到“finding”的同义替换“detection”，则“发现”的对象“submarines”就是答案。 本题答案为submarines。

题目解析

题目编号	题目定位词	答案位置	题 解
10	before radar, result in, sophisticated system in bats	E段第2行	由句子结构判断可知，本句中缺少主语。可先找到“resulted in sophisticated system in bats”的对应词，再向前找到主语即可。 在E段第二行找到同义替换词“perfected the system”，则发出动作的主语“natural selection”就是答案。 本题答案为natural selection。
11	radar, inaccurate, not used	E段第4行	“inaccurate”换成了“incorrect”，再找到“do not use”，其宾语“radio waves”就是答案。 注意：文中使用的主动语态“do not use”，而题目中使用的是被动语态“are not used”，这里涉及到主动与被动的转换。 本题答案为radio waves或echoes。
12	radar and sonar, similar	E段第5行	关键词“雷达和声呐”以及“相似”在文中都没有变化，所以“mathematical theories”就是答案。 本题答案为mathematical theories。
13	echolocation, first used, someone working as	E段倒数第3行	“work as”表明后面需要填入一个人的职业名称。可以找到引号中的“echolocation”再找到“first used”的替换词“coined”，在本句中找到的职业名称“zoologist”就是答案。 本题答案为zoologist。

参考译文

与蝙蝠同行

对蝙蝠来说，黑暗中辨别方向是个难题。因为它们要在夜里捕食，所以无法借助日光来发现猎物或者避开障碍。看起来蝙蝠像是在自讨苦吃，因为如果它们改在白天猎食，问题自然迎刃而解。然而实际情况是，其他的多数，比如鸟类，它们已经将白天的资源开发殆尽了。在物竞天择的自然选择的作用下，蝙蝠鉴于白昼已被捷足先登，为了生存，只有在黑夜里寻找活路，幸运的是，它们成功实现了夜间狩猎的转型。这种夜行方式，也许能追溯到所有哺乳动物的祖先。当时，恐龙曾是白日里的霸主，原始的哺乳动物受其压制，只好昼伏夜出，努力求生，苦苦挣扎，才得以幸免于难。直到六千五百万年前，恐龙神秘大灭绝后，它们方可在光天化日下进行大规模活动。

对于蝙蝠而言，还有个很实际的操作问题，那就是：如何在一片漆黑之中能成功地辨认方向和找到食物？事实上，并非只有它有此困扰，显然，它们的猎物——夜行性昆虫也在一直设法寻求对策。还有长期居住在深海的无论昼夜都几乎见不到光的鱼类和鲸类。其他鱼类和海豚生活的地方相对处于浅海，虽然有些光，但由于水质极其混浊，水里的污物阻碍或散射了光线，因此它们依然什么也看不到。可以说，在许多现代动物的生活环境里，能见度都是极低的，或者干脆为零。

现实中，技术人员会考虑采取哪些具体措施来保证人在黑暗中的行动呢？他首先想到的也许是用灯笼或者探照灯来照明。虽然这可以借鉴萤火虫和某些鱼类（在细菌参与下）所具备的发光生理机能，但这过程似乎要消耗大量能量。萤火虫发光是为了求偶，这个发光过程是不需要大量的能量的。在黑夜雄性萤火虫发出针尖大小的光是能够被一定距离内的雌性萤火虫看到的，因为雌性萤火虫的眼睛是直接面对光源的。但是照明用来探路，那就需要更庞大的能量了，这是由于光在任何物体的表面都会发生散射，而我们的眼睛只能捕捉到其中极小的一部分。因此，照明用的大灯的光源要比传递信号用的信号灯的光源亮得多。无论如何，不管是不是出于节约能量的考虑，事实都是，可能除了某些怪异的深海鱼类，人类以外的其他动物都不会自己造光来探路。

技术人员还有哪些问题要考虑呢？有时候盲人似乎可以以一种不可思议的方式觉察到路上的障碍物。因为据盲人描述，说这很像有什么东西在脸上碰触的感觉，所以人们称之为“面感视觉”。有报道显示，一个完全失明的男孩，曾凭借该感觉，以全速骑着三轮车绕行了他家附近的街区。不过实验证明，虽然脸上有感觉，但“面感视觉”和触觉或面部完全无关，就像幻肢上的牵涉痛（已经不存在的肢体却依然觉得痛）跟痛觉和肢体无关一样。真正起作用的其实是耳朵。盲人不知道，他们实际是靠自己的脚步声和其他声响的回音察觉到存在的障碍物。在这被发现之前，工程师们开发的许多设备就已应用了该项原理，比如用以测量船底以下海水深度的装置。该项技术面世后，武器专家将之改良，从而使探测潜艇的问世变得水到渠成。二战时期，双方都曾大量使用了这些设备，如英国的超声波水下探测器或美国的声纳，以及美国的雷达或英国的无线电测向器。当然，后两者利用的是无线电回声而非声音回声。

当时研究雷达和声呐的先驱们或许有些懵懵懂懂，但今日已经无人不晓。蝙蝠，更确切说是作用于蝙蝠身上的物竞天成，早在数千万年前便已完善了“回声”系统。蝙蝠身上的“雷达”装置在探测和导航方面所取得的壮举，足以令任何工程师钦佩得无以言表。不过严格说来，因为蝙蝠并不使用无线电波，所以称之为“雷达”系统不够精确，应该说它们使用的是声呐。但两者潜在的数学理论十分相似，并且在将雷达理论应用在蝙蝠身上后，人类对它们的具体行为才有了更科学的了解。蝙蝠声呐的发现极大程度归功于美国动物学家 Donald Griffin。他提出的“回声定位”概念，同时涵盖了雷达和声纳，无论是长在动物身上还是用在人类的仪器上。

READING PASSAGE 2

文章结构

体裁	议论为主
主要内容	水是人类文明的血脉。人类一直在修建各种水利工程，进步的同时也带来了严重的问题。人类正在积极着手解决这些问题。
结构	A段：水与人类文明发展密切相关。以古罗马复杂的取水和排水系统为实，说明水利工程随着文明一同进步。
	B段：详细说明人类建造水利工程来实现对水的需求，利用和控制。
	C段：以具体数字说明缺乏清洁饮用水和卫生设施严重影响人类健康甚至导致死亡。
	D段：人类水政不当导致的其他问题：水库移民被迫迁居，淡水物种濒临灭绝，土地质量下降，地下水开发超过补给，水源争端引发暴力。
	E段：水政规划发生变化：专家呼吁充分利用现有水利设施，而非重复修建。
	F段：水需求放缓，一些地区不升反降。
	G段：承接上段，以具体数字和详细实例解释水需求放缓的原因：个人通过节水技术实现高效用水，群体反思用水优先权。
	H段：未来修建的水利设施需提高标准，并对当地居民和环境承担更多责任。

词汇注释

A段	
civilisation *n.* 文明 manipulate *v.* 操作，利用 remote *adj.* 遥远的，远程的 engineering *n.* 工程，工程技术 aqueduct *n.* 水渠，沟渠 innovative *adj.* 革新的，创新的 sewer *n.* 下水道，阴沟	entwine *v.* 使缠绕，使交织 expand *v.* 膨胀，扩张 sophisticated *adj.* 复杂的，高度发达的 dam *n.* 水坝 empire *n.* 帝国 layout *n.* 布局，安排，设计 occupant *n.* 占有者，居住者
B段	
explosion *n.* 爆炸，爆发 unprecedented *adj.* 空前的，前所未有的 irrigation *n.* 灌溉 benefit *n.* 好处，利益 soaring *adj.* 激增的，剧增的 generate *v.* 产生，发生 turbine *n.* 涡轮，汽轮机 dramatically *adv.* 戏剧性地，引人注目地	monumental *adj.* 纪念碑似的，巨大的，不朽的 hydropower *n.* 水力，水能，水电 keep pace with 跟上，与…同步 artificial *adj.* 人造的，人工的，人为的 worldwide *adj.* 世界范围的，世界性的 spin *v.* 使旋转，旋转
C段	
inferior to 次于，级别低于，不如 adequate *adj.* 足够的，充足的 estimated *adj.* 估计的，预计的	reiterate *v.* 重申，反复地说 preventable *adj.* 可防止的，可预防的
D段	
consequence *n.* 后果，结果，影响 jeopardize *v.* 使遭遇危险，危及，危害 reservoir *n.* 水库，蓄水池 threaten *v.* 威胁，对…构成威胁 withdrawal *n.* 提取 ecosystem *n.* 生态系统 degrade *v.* 使减少，使削弱，使退化 aquifer *n.* 含水土层，蓄水层 replenish *v.* 重新装满，补充	tension *n.* 紧张，张力，紧张局势 extend *v.* 扩充，延伸，伸展，扩展 compensation *n.* 补偿，赔偿 species *n.* 物种，种类 endanger *v.* 危及，危害 free-flowing *adj.* 自由流动的 thrive *v.* 兴旺，繁荣 productivity *n.* 生产能力，生产率 pump *v.* 用泵…抽取 dispute *n.* 争论，争端，争执

E段	
outset *n.* 开端，开始 shift *v.* 改换，变动 infrastructure *n.* 基础结构，基础设施 option *n.* 选择，选项 philosophy *n.* 哲学，原理，见解，观点 opposition *n.* 反对，对立 address *v.* 处理，对付	millennium *n.* 一千年，千禧年 priority *n.* 优先，优先顺序，优先权 facility (facilities *pl.*) *n.* 设备，设施 resort *n.* （凭借的）手段，方法 universally *adv.* 普遍地，一般地 nevertheless *conj.* 然而，不过 pressing *adj.* 紧迫的，紧急的

F段	
fortunately *adv.* 幸运地，幸亏 predict *v.* 预计，语言，预知 decade *n.* 十年	unexpectedly *adv.* 意外地，出乎意料地 diminish *v.* 减少，变小 output *n.* 生产，产量，产品

remarkable *adj.* 显著的，不同寻常的 efficiently *adv.* 效率高的，收效大的 on average 平均 quadruple *v.* （使）成四倍 approximately *adv.* 近似地，大约 commercial *adj.* 商业的 inflation *n.* 通货膨胀	turn of events 形势的变化 consume *v.* 消耗，消费 tenfold *adv.* 十倍地，十重地 conserve *v.* 保护，保存 gallon *n.* 加仑(液量单位) account for inflation 按币值调整的会计核算 peak *n.* 顶点，最高点

H段	
on the other hand 另一方面，但是 specification *n.* 规格，规范，具体规划 region *n.* 地区，地域，地带 ecological *adj.* 生态的，生态学的 budget *n.* 预算，专款	particularly *adv.* 特别，尤其 accountability *n.* 负有责任，应作解释 warrant *v.* 授权，批准，认可 criteria *n. pl.* （批评，判断的）标准，尺度，准则；（单数形式为：criterion）

题目	
revision *n.* 修订，修改 concern *n.* 有关的事，利害关系 trend *n.* 趋势，倾向 primarily *adv.* 首先，主要地 domestic *adj.* 国内的，家庭的 ownership *n.* 所有权	relevance *n.* 关联，相关性 downward *adj.* 向下的，下行的 standard *n.* 尺度，标准 Greek *n.* 希腊人 maintain *v.* 维持，坚持，捍卫

➲ 考题解析

Questions 14-20

● 题型归类：List of Headings

题目解析：这种题型考察考生对于文章的整体结构的把握。做题时应先看题目中所给出的选项，划出选项中的关键词。然后阅读文章，按照主题句——关键词——同义替换的步骤解题，即：找出段落中主题句，再找出主题句中的关键词，然后到所给选项中选择正确答案。由于70%的学术性写作采用演绎法，即先陈述观点，再加以详细证明，故主题句往往出现在段首。若段首未见主题句，此时文章可能采取归纳法写作，则可去段尾寻找。若段落中皆为具体细节描写，不见主题句，则需在选项中寻找其对应的抽象概括词。主题句中的关键词往往是去掉修饰限制的细节的句子主干。但是多数关键词要经过同义替换后才是正确选项。除非特殊情况如无法替换的具体名词或专有名词，否则正确选项中通常很少出现文章中的原词。

➲ 题目解析

题目编号	段落主题句	题　解
14	第1句	从写作角度看，一篇学术性文章如果讨论一个问题，通常按照“提出问题，分析问题，解决问题”的顺序来展开文章。提出问题部分通常会出现描写现象，或者阐述概念等。本文讨论的是水利工程带来的问题，大致会在文章首先简述水利工程，并按照发展顺序由古而今描写。第1句提到人类取水由来已久，第2句详细展开说明，第3句出现具体地名，乃是例子。选项xi中“water supplies”与文中“manipulate water resources”对应，同时“ancient”与“history”对应；而“描写”又应当出现在文章前部。 本题答案为xi。
15	half of the world's population still suffers	本段第1句是主题句。第2句和第3句中均出现具体数字，是用来支撑观点的论据。主题句中关键词是“population”和“suffers”。与之相关的选项只有vii和viii，但是viii中的“人口扩张”文中并未提到，故非答案。vii中“health”与“suffers”对应，同时第2，3句中提到的“安全饮用水”，“卫生设施”和“与水有关的疾病”都体现了“suffers”的具体细节。故选项vii是正确答案。 注意：本题容易误选viii，但选项中出现“population”是文章原词，没有同义替换，应该警惕。同时，在做下一道题阅读下一段时，会直接在该段主题句看到承上词“beyond jeopardizing human health”，证明上段主要说明与“人类健康”有关。 本题答案为vii。
16	第1句	第1句为主题句，其关键词为“consequences”，与选项v中“effects”对应。后面句子详细以“水库移民”、“淡水生物濒危”、“土壤退化”、“地下水抽取速度过快”说明水政不当带来的环境影响。 本题答案为v。

17	第 1 句	“resource planners”与“scientists”对应，“revision”与“shift”对应，“policy”与“the way… think about water”对应。第2句交待变化的方向，第3句交待科学家提出的变化的具体内容。第4句交待此变化的现状，第5句交待趋势和重要性。每一句都是围绕科学家所提出的水政变化展开。 本题答案为i。
18	第1句	文章中“demand for water”并未变化，“not rising as rapidly as some predicted”对应选项ix中“surprising downward trend”。 本题答案为ix。
19	第1、2句	文章中出现问句时，后面的回答通常是作者的观点。且其他句子中出现具体地名和数字，是用来证明主题句的论据。其中问句中“what explains”对应“explanation”，“turn of events”在上段已经提过，对应选项ii中“reduced water use”。 本题答案为ii。
20	第2句	当文章中出现表示强转折含义的关系词时，表示“但是”意义后面的内容通常比较重要。主题句中关键词“higher specifications and with more accountability”是选项x中“raise standards”的具体体现。 注意：类似强转折词：but, yet, however, nevertheless等。 本题答案为x。

➲ 考题解析

Questions 21-26

● 题型归类：Summary

题型解析：此种题型考察对于文章细节的掌握。因为是根据文章内容出题，所以答案为NO和NOT GIVEN的题目应该是由文章原有句子加以修改：将句中某个细节改为错误或者相反，此时句子与文章矛盾，答案则为NO。或完全删除该细节，此时句子与文章无关，答案为NOT GIVEN。所以解题时，只需先划出题目中容易变化的词语，即为出题点，然后凭借题目中最容易定位的词（如不易同义替换的数字或专有名词），找出该句子在文章位置，再核实该句划出的出题点有无变化。若只是同义替换而无根本性质变化，则答案为YES；若有一个词是原词的错误表达或意义相反，则为NO；若完全找不到该细节，则答案为NOT GIVEN。此种题型按照文章顺序出题，可以按序答题。也可先找出最容易定位一题，沿其答案所在向前或者向后解题。

➲ 题目解析

题目编号	题目定位词	考点	答案位置	题 解
21	industrial world, Ancient Rome	water use per person, higher,	A段倒数第2行	当题目考察两者的比较时，只需找出比较的对象和比较级，然后回文章核实比较的顺序和比较级有无变化即可。本题中比较对象industrial world 是原词出现，而Ancient Rome 文中体现为Roman Empire。题目中比较级higher则与文中as much as water per person矛盾。 本题答案为NO。
22	feeding increasing populations	primarily, improved irrigation	B段倒数第4句	feeding increasing populations在文中对应food production has kept with soaring populations; primarily 对应mainly; improved irrigation 则对应 expansion of artificial irrigation。逻辑关系没有发生变化，完全是原文的同义改写。 本题答案为YES。
23	Greeks and Romans	modern water systems, imitate	C段第2行	通过题目中的专有名词定位到文章C段第2行。在该句中找不到imitate的对应。故答案为NOT GIVEN。 注意：文章只提到“不如”，与“模仿”即非意思相反，也非其错误表达，与“模仿”完全无关。 本题答案为NOT GIVEN。
24	industrial growth, demand for water	increase	F段倒数1、2句	通过industrial growth在文章中的对应词industrial output...continued to soar定位到本段倒数第2句，increase在文中变成相反的slowed; demand for water在段首段尾都提及，段尾更直接说出demand ...fallen。本句表达的意思与文章相反。 本题答案为NO。

25	modern technologies, domestic water consumption	reduction	G段第6行	通过modern technologies定位到文章G段第7行new technologies；domestic water consumption则对应water in homes；reduction在文章中对应conserve。题目是文章的逻辑关系一致，是原文意思的改写。 本题答案为YES。
26	water infrastructures	maintain ownership	H段	通过water infrastructures定位到文章H段第1句。但是本段既找不到government 的对应，也找不到 maintain ownership的对应。文章并没有提到上述两点。 本题答案为NOT GIVEN。

➲ 参考译文

珍惜每一滴水

人类用水史与人类文明史密不可分。城镇化日益扩大，水源变得越来越远，工程技术随之进步，人类建造了水坝和水渠。罗马帝国鼎盛时期有九条主要供水系统，其管道布局新颖独特，污水渠建造精良。当时罗马供给居民的人均水量并不逊色于今天许多发达工业国家。

19 世纪和 20 世纪，伴随工业革命和人口膨胀，水的需求量激增。为控制洪涝，保护清洁饮用水，提供农业灌溉和利用水力发电，人们设计建造了数以万计的庞大的工程项目，这些前所未有的水利工程给数亿人带来了福音。扩大人工灌溉系统实现世界粮食大幅增产 40%，从而使不断攀升的人口得以自给自足。利用水位落差推动涡轮旋转发电已约占全球总发电量的 20%。

不过形势并不容乐观。虽然已取得以上进展，半数世界人口仍为缺水所困，他们的水利设施甚至落后于当年古希腊和古罗马。2001 年 11 月，联合国世界水资源开发报告重申，超过 10 亿人缺乏清洁饮用水，约 25 亿人基本卫生条件不足。估计每天有 1 至 2 万名儿童死于与水相关的可预防疾病。最新证据显示，要解决这些问题，现有的努力还远远不够。

水政不当，远不只危及人类健康。为了修建与大坝配套的水库，千百万人被迫出让土地，背井离乡，通常他们得不到提前通知，也没有事后补偿。而建造水坝和抽取河水又破坏了自由流动的河流生态系统，曾经种群繁荣的淡水鱼类有五分之一以上正受到威胁或濒临灭绝。某些灌溉设施导致土壤退化，降低了农业生产率。在印度，中国，美国和其他国家的部分地区，地下蓄水层的自然补充速度远远赶不上人类的抽取速度。同时，因争夺水资源而不断引发的暴力冲突激化了部分国家或地区形势，甚至造成国际紧张局势。

幸好在新千年初，水资源规划的思路发生转变。其重心和首要任务逐渐转回到满足人类和环境的基本需求上。与其事倍功半，不如物尽其用。一些水利专家强烈呼吁，应充分利用现有水利基础设施，修建新设施乃是最终手段，并非首选。但此种观念转变并未被广泛认可，甚至许多官方的水利组织也表示强烈反对。然而，人类需要清洁的饮用水，同时既要预防与水相关的疾病，又要确保灌溉用水保证粮食生产，要解决这些迫切问题，唯一的对策也许就是转变观念。

出人意料的好消息是，世人的水需求量并非如预想一样加剧上升，因此过去 20 年中新水利设施的建造压力得到一定缓解。有些发达地区，即使其人口数量、工业生产和经济产值都持续上扬，但地下水开采和河流湖泊的取水速度已经放缓，有些地区的需求甚至下降。

两点原因导致这一不同寻常的形势变化：一是人们有意识提高水利用率，二是社会正重新考虑用水优先权。20 世纪前 75 年，人均消耗淡水翻了一番。此间，美国的人口增长了四倍，取用水量却增长了十倍。但 1980 年后，由于在家庭和工业中广泛推广使用了节水技术，人均耗水量实际上是降低了。又如在 1965 年日本创造了 100 万美元的商业产值大约耗水 1300 万加仑，但在 1989 年，创造同样商业产值却只耗水 350 万加仑。水利用率提高了近 4 倍。美国在 1980 年达到用水高峰后，取水量开始下降，其降幅超过 20%。

虽然建造水坝、水渠和其他水利基础设施仍势在必行，发展中国家尤其亟需它们满足本国居民基本生活需求。但这些工程应规格更高，规范更严，为当地群众和环境承担更多的责任和义务。即使是已获批准且在筹建中的水利设施，人类依然应该予以改进，在满足自身需求的同时，力求占用更少资源，花费更小预算，尊重自然规律，关爱自然生态。

READING PASSAGE 3

➲ 文章结构

体裁	说明文
主要内容	本文主要介绍罗扎诺夫（Lozanov）的暗示教学法。
结构	第1段：由Bernie Neville的书《教育心理》引出本文即将介绍的罗扎诺夫（Lozanov）的暗示教学法。
	第2段：举例说明暗示教学法的事实基础。
	第3段：解释现象原因及暗示教学法应用的理论基础。
	第4段：详细介绍最新的1980年暗示教学法试验的第一阶段课程。
	第5段：交待试验前的一些相关准备。
	第6段：介绍试验的第二阶段并分析其与传统教学法的不同之处。
	第7段：分析教学法中的有效因素。
	第8段：分析该教学法未能广泛推广的原因。

➲ 词汇注释

第 1 段	
psyche *n.* 灵魂，心灵，精神，自我 approach *n.* 途径，方法 unconscious *adj.* 无意识的，无知觉的 focus on 集中在，聚焦于	radical *adj.* 激进的，极端的 emotion *n.* 情感，情绪 propose *v.* 提出，提议 suggestion *n.* 暗示

第 2 段	
instructional *adj.* 指导的，教育的 be based on 以…为根据 non-specific *adj.* 不明确的，非特定的 reactivity *n.* 反应，反应度 conscious *adj.* 有知觉的，有意识的 recall *v.* 回想起，记得 typeface *n.* 字体，字样 concentrate *v.* 集中，专心于 appearance *n.* 外表，外貌，外观，仪表 auditorium *n.* 礼堂，会堂，讲堂 elusive *adj.* 难懂的，易忘的 hypnosis *n.* 催眠，催眠状态 imaginatively *adv.* 想象上地	technique *n.* 技术，技巧 process *v.* 加工，处理 mental *adj.* 精神的，脑力的 durable *adj.* 耐久的，持久的 peripherally *adv.* 不重要的，外围的 binding *n.* 装订 content *n.* 内容，目录，含量 lecture *n.* 讲演，讲座，讲课 mannerism *n.*（说话，举止）的习性，癖性 air-conditioning *n.* 空调，空调系统 readily *adv.* 迅速地，轻易地 relive *v.* 重温，再体验 psychodrama *n.* 心理剧，心理表演疗法
第 3 段	
phenomenon *n.* 现象 counterproductive *adj.* 产生相反效果的，事与愿违的，帮倒忙的 tense *v.* 使绷紧，使拉紧 induce *v.* 引起，导致，招致 reflect *v.* 显示，表明，反映 suggestopedia *n.* 暗示教学法	reserve capacity 备用能力，储备功率 attributed to 归咎于，归因于 memorise *v.* 记住，熟记 muscle *n.* 肌肉 fatigue *n.* 疲乏，疲劳，疲倦 function *v.* 运行，起作用 curriculum *n.* 课程，全部课程
第 4 段	
illustration *n.* 例证，实例，说明，阐明 consist of 由…组成 solemnly *adv.* 严肃地，庄严地 baroque *adj.* 巴洛克风格的	variant *n.* 变异体，不同版本 classical *adj.* 古典的，古典音乐的 dynamics *n.*（音乐）力度的变化 passive *adj.* 被动的，消极的
第 5 段	
beforehand *adv.* 预先，事先 preliminary *adj.* 序言的，开端的，预备的 likewise *adv.* 同样地，也，而且	staff *n.* 职员，工作人员 cover *v.* 涉及，包含，论及
第 6 段	
follow-up *adj.* 紧接的，后续的 improvise *v.* 即席创作，即兴表演 distinctive *adj.* 有特色的，出众的 automatic *adj.* 自动的，无意识的 paraconsciously *adv.* 意识之外地，非意识地 conventional *adj.* 习惯的，常规的 stimulate *v.* 刺激，激励，鼓舞	dramatisation *n.* 戏剧化，戏剧性表现 assume *v.* 承担，假定 accomplish *v.* 完成，实现 accessible *adj.* 可得到的，可接近的，可理解的 idiom *n.* 成语，习语

第 7 段	
trance *n.* 精神恍惚，出神，发呆 yoga *n.* 瑜伽 religious ceremony 宗教仪式 essential *adj.* 必要的，重要的，本质的 placebo *n.* 安慰剂 maintain *v.* 坚持，主张 authority *n.* 权力，劝慰，当局 precisely *adv.* 精确地 categoric(al) *adj.* 无条件的，绝对的 accredit *v.* 确认…达到标准，鉴定…为合格	procedure *n.* 程序，步骤，手续 Silva mind-control 西尔瓦精神控制 faith healing 信仰疗法 ritual *n.* 仪式，固定程序 acknowledge *v.* 承认（为真的或说过） dispense *v.* 分发，分配，调剂 autocratic *adj.* 独裁的，专制的 capsule *n.* 胶囊 designate *v.* 指定，选定
第 8 段	
notoriety *n.* 远扬的名声，恶名 spectacular *adj.* 惊人的，突出的 attribute…to… 归因于，归咎于 inadequate *adj.* 不充分的 mind set 心态，思维定势	emulate *v.* 效法，尽力赶上 associate *n.* 同伴，伙伴 mediocre *adj.* 平庸的，平凡的 appropriate *adj.* 合适的，恰当的 motivate *v.* 刺激，激发…的积极性
题目	
valid *adj.* 有效的，正当的 variable *adj.* 可变的，多变的 aware *adj.* 知道的，意识到的 retain *v.* 保持，保留	overload *v.* 使…超载，使…负荷过重 prior to 在…之前 demanding *adj.* 吃力的，要求高的 convince *v.* 说服，使…相信

➲ 考题解析

Questions 27-30

● 题型归类：Multiple Choice
题目解析：题目要求中出现提示“you may use any letter more than once.”暗示至少有一个字母要重复使用。

➲ 题目解析

题目编号	题目定位词	答案位置	题　解
27	book, Educating Psyche	第1段第1、2行	题目中问及这本书关于什么内容。可先通过斜体的书名定位，然后在该句中得知，这本书讨论的是radical new approaches to learning，与选项D直接对应。其中radical new 与 not traditional对应，approaches to learning 与 ways of learning 对应。 本题答案为D。

28	Lozanov's theory, when we try to remember	第2段前2句话	因为本种题型按照文章顺序出题，所以可以沿上道题答案继续向后，也可以通过29题答案所在向前定位。第1句中Lozanov's instructional technique 对应Lozanov's theory, 第2句中what we have perceived peripherally 对应选项A中的unimportant details. 注意：本题中D选项中出现原文原词peripheral，但其与vision共同构成的“周边视觉”并非文中内容。因同义替换是雅思考试阅读部分主要测试原则，所以当原文原词在选项中出现时，应警惕该选项是否为混淆选项。 本题答案为A。
29	examples of a book and a lecture	第2、3段	根据题目中book和lecture找到第2段第6行。其后整段都在描述两个例子。第3段开头总结，根据例子中体现的现象，Lozanov制定其教学法的中心思想。对应选项B中“其对学习方法的理论有据可依”。 或可利用排除法：选项A中的developing concentration, 选项C中的than listening, 选项D中的under hypnosis例子附近均无对应。尤其应警惕选项D，其中出现原文原词。 本题答案为B。
30	teachers train students	第6段倒数第5行	可通过teachers train students 定位到文章第6段倒数第5行teacher's task, 句中to apply what they have learned paraconsciously 与选项C最为接近。 选项A可通过第6段第3行not focus... on trying to remember排除。 选项B中indirect instructions是教学法的中心思想，而不是开发学生自己的。 选项D是混淆项，文中在teachers附近并未提到。 本题答案为C。

➲ 考题解析

Questions 31-36

● 题型归类：TRUE/FALSE/NOT GIVEN

先划出题目中定位词和容易变化的词即出题点，然后回文章找其同义替换后的对应词。如果全部找到，则为TRUE；如果有词发生错误或相反，即找到其反义词或性质错误，则为FALSE；如果有词消失，则为NOT GIVEN。

题目编号	题目定位词	出题点	答案位置	题　解
31	fourth paragraph	only variable, changes, music	第4段第3行到第7行	学术性文章写作比较严谨，即使证明理论也多数附加条件，较少使用意义绝对的词语如：only, all, every, any, impossible 等。题目中如果出现这类词，多数由出题人后来添加，因此TRUE的几率比较小。 由文中可知，在两部分课程中，发生变化的不但有music (从classical 到baroque)，还有教师的阅读(从slowly and solemnly 到normal speaking voice)。 因此本题答案为FALSE。
32	prior to… class, students, language experience	demanding	第5段第3行	通过定位词在文章第5段首找到beforehand，然后找到students … aware that 的对应develop the expectation that, 最后发现题目中的demanding在文章中恰好是相反意思的easy and pleasant。 注意：句中的learning experience与文中的并非相同。观察时态即可知道，题目中将来时的learning experience指代文中第5段第3行中的learning, 而非第一段中的原文原词。应警惕同义替换。 本题答案为FALSE。
33	follow-up class, teaching activities, conventional classes	similar	第6段第4、5行	通过follow-up class定位到第6段，然后有意识寻找similar的同义词或者反义词，在第4、5行找到对应同义词not unusual，并找到teaching activities 的对应词language teaching。 注意：在本段第5行和倒数第3行分别提到distinctive和difference from conventional teaching, 容易误判断成FALSE。但题目中similar的主语是teaching activities, 而distinctive和difference描述的并不是teaching activities。且后者更使用了句子中原词，注意同义替换。 本题答案为TRUE。

34	indirect benefit, students, improvements in their memory		第6段倒数第5行	从上道题答案所在第6段第5行向下找到students，分别在倒数第5行和倒数第3行出现，但是其他的词indirect benefit, improvements in their memory则完全消失。 注意：因为这种题型按照文章顺序出题，所以建议先做36题，然后沿其答案向前找本题答案会比较节省时间。 本题答案为NOT GIVEN。
35	teachers, suggestopedia, traditional	prefer		在第6段倒数第5行找到teachers，在倒数第3行找到conventional teaching, 但是并未与suggestopedia相比较，同时prefer在文中找不到对应词。建议先做36题。 注意：在文章最后1段第2行提到few teachers are able to emulate the spectacular results of Lozanov and his associates，容易误判为FALSE。但此句说明极少教师有此能力用此教学法，并未提到他们喜好。 本题答案为NOT GIVEN。
36	students, in a suggestopedic class, retain, than ordinary	more new vocabulary	第6段最后1句	通过不容易同义替换的students定位到第6段倒数第1行。找到in a suggestopedia class的对应a suggestopedic session; retain 对应regularly learn; ordinary classes对应conventional teaching; more new vocabulary对应1000 new words. 注意：文章中没有直接比较，但说到与传统教学不同，该教学法可使学生每堂课常规学到1000生字，同时文章又正面肯定了教学法在语言教学方面的成就（最后一段总结suggestopedia has gained some notoriety through success in the teaching of modern language），可知每堂课记忆1000生字是传统教学难以做到的，故其较之传统教学，学生通过该教学法学到更多生字。 同时，前两道题34，35的答案已经接连是NOT GIVEN，本题是NOT GIVEN可能性不大。 本题答案为TRUE。

➲ 考题解析

Questions 37-40

● 题型归类：Summary

这种题型考察细节。可遵循“找什么——上哪找——先找谁”的原则。即先判断空白处的词性，然后在文章中定位，因为要找的词在题目中缺失，所以需在空白处周围，通过最不容易替换，或者最直接跟空白处的词发生关系的词（如与空白处是主谓关系或者动宾关系）在文中查找。

➲ 题目解析

题目编号	题目定位词	答案所在位置	题　解
37	Lozanov admits that	倒数第2段第5行	本题需要填入一个名词。先定位在文章倒数第2段，因为上一道题答案在倒数第3段结尾处。然后在倒数第2段中找到Lozanov admits that 的对应词Lozanov acknowledges that, 其后面的名词ritual 就是答案。也可先做38题，沿其答案向前，与定位词之间唯一的名词即是答案。 本题答案为F。
38	a	倒数第2段第6行	本题需要填入一个名词。因为空白处前面有不定冠词a, 而雅思阅读一般不会考到冠词，可先假设其在文章中并未变化，沿上道题的答案所在向后在本段第5行结尾找到不定冠词a，则它后面的名词placebo就是答案。 本题答案为H。
39	although, Lozanov's method	倒数第一段第1行	本题需要填入一个形容词。通常summary题型是文章的压缩，而此过程中，逻辑关系不会发生变化。可以在倒数第1段开头先找到关系词although 的对应词while，然后找到Lozanov's method的对应词suggestopedia。则其发出的动作gained some notoriety就是空白处缺失的词。回到所有选项中，找出对应的同义替换well known即答案。 本题答案为K。
40	results	倒数第1段第3行	本题需要填入一个形容词。可通过results定位到第3行，前面的mediocre在选项中同义替换后即得出正确答案unspectacular。 注意：本题易误选成E。因为易定位到第2行。但该句说到few teachers与题目中most other teachers相反，应该将其答案变为否定，方可得出正确答案。 本题答案为G。

➲ 参考译文

教育心理

Bernie Neville在他的《教育心理》一书中研究了许多全新的教学法，并描述了情感、想象力和潜意识对于学习的影响。其中便提到了George Lozanov的暗示学习法。

试验证明，人脑通过无意识处理（Lozanov称为非特定心理反应）所建立的联系，比起有意识处理所建立的要更为持久。这也正是Lozanov教学法的理论基础。我们自身的经验也能证明这一点。我们经常遗忘努力要学会的知识却在很久之后还记得无关痛痒的一些外围枝节。试着回想一下几个月或者几年前读过的书就会发现，所有无足轻重的细枝末节，如那本书的颜色、装订、字体、甚至读它时坐的那张图书馆的桌子，都记得一清二楚，但我们曾如此专注过的内容，却被抛诸脑后。还有讲座，我们当时曾多么全神贯注的聆听，但现在可以轻松记起教授的外貌和招牌动作，礼堂中自己当时的位子，连空调的毛病也还记得，却很难回忆出当时讲座的主题。而且即便这些不重要的外围细节再难以把握，只要我们想回忆，也能在催眠辅助下轻易找回。但讲座的具体内容则恰好相反，似乎一去不返。

这种现象部分是由于传统学习方法（不顾一切的全力背诵，导致肌肉紧张，筋疲力尽）起了反作用，同时也反映了大脑的工作方式。据此Lozanov将间接指令（暗示）作为他的教学法的中心思想，并称之为暗示教学法。这种教学法将学生意识从课程有意转为外围感知，使课程内容变为次要，改由大脑的备用机能出面处理。

暗示教学法的功效在外语教学中得到了很好的验证。最新一次试验是在1980年，内容包括学生听音乐同时教师在旁读单词和课文。课程由两部分内容构成。第一部分倾听古典音乐如莫扎特，贝多芬和勃拉姆斯的音乐，教师阅读课文时则用缓慢庄严的声音，注意力侧重于音乐力度的变化上。与此同时，学生看教材。第一部分结束后会有几分钟的沉默，然后开始第二部分。这次学生改听巴洛克风格的音乐如巴赫、科雷利和亨德尔等的作品，教师则改用正常语音语调阅读课文。此间，学生不看教材。整个课程中，学生的注意是消极的，他们主要留意音乐，并不试图记住课文。

此前，学生已经对这次语言学习有了充分的心理准备。他们事先见过工作人员和对课程满意的老学员，并得知自己将在轻松愉快的氛围中学会数百个外语单词。教师也会跟学生预先谈话，介绍一些课上用到的材料，但不会进行具体讲解。学生还被告知，不要试图背诵材料内容。

两部分都结束后会间隔几小时才进行后续课程。这时，学生会被鼓励回忆此前的课程内容。同样采取间接的方法，即不着重于努力背诵单词上，而是应用语言进行交际，可采用游戏或即席剧本改编的形式。以上方法在传统教学方法中并不少见，但暗示教学法的独到之处在于，所有方法完全致力于辅助记忆。学生在听音乐的同时自动轻松完成学习任务。这些于不自觉中所学到的知识，学生在教师的辅助下应用，从而实现更便捷地理解吸收。每期常规课程后，学生可掌握1000个左右外语生词，还包括语法和成语。这也是暗示教学法与传统教学的不同之处。

Lozanov也曾试验过学生在睡眠、催眠和恍惚状态下进行暗示教学，但结论是以上步骤是多余的。催眠、瑜伽、西尔瓦心灵控制、宗教典礼和信仰愈合都伴随有成功暗示，但其中并无一种手段不可或缺。以上程序安排等同于安慰剂。Lozanov承认，暗示教学法中的程序安排也是种安慰剂，但他坚称，若缺少这些必要的程序，人们或许不能或不敢启用大脑的备用机能。医生会通过嘱咐病人，务必每日三次饭前定量准时服用白色胶囊，实行权威暗示，从而建立不容怀疑的威信。可见任何安慰剂都需与权威结伴而行才能见效，暗示教学法也不例外。Lozanov明确坚持，暗示学习法的课程必须完全按照指定的程序进行，教师必须训练有素并获得认证资格。

虽然暗示教学法在现代语言教学中名声大噪，但几乎再没有教师能够重现Lozanov及其助手昔日的辉煌。也许这应归咎于安慰剂效应不足。学生还没有调整合适的心态，不能够积极主动通过这种方法学习。他们对这种方法心存疑虑，尤其这种方法不像已知的任何学习方法一样与“刻苦”如影随行，因而被看作不是真正的学习。

WRITING

WRITING TASK 1

The table below gives information on consumer spending on different items in five different countries in 2002. Summarise the information by selecting and reporting the main features, and make comparisons where relevant.

Percentage of national consumer expenditure by category-2002

Country	Food/Drink/Tobacco	Clothing/Footwear	Leisure/Education
Ireland	28.91%	6.43%	2.21%
Italy	16.36%	9.00%	3.20%
Spain	18.80%	6.51%	1.98%
Sweden	15.77%	5.40%	3.22%
Turkey	32.14%	6.63%	4.35%

➲ 题目分析，包括回答中需要涉及的要点、对比以及考生可能对题目产生的错误理解。

要点

1. 各个类别中国家的顺序。
2. 在食物 / 饮料 / 烟草上的花费比在衣物 / 鞋袜上的高，而在衣物 / 鞋袜上的花费比在休闲 / 教育上的高。
3. 数字是按照国民消费支出的百分比给出的。
4. 可以使用现在时和 / 或过去时。
5. 一些或者所有数据都可以简单地放在括号里。

考生可能产生的错误理解和问题

1. 因为题目要求进行对比，考生最好按照各个分类而不是按照国家来看数据。
2. 在对比时最好用“relatively”，因为表中并没有给出确切数据。

➲ 建议的写作结构，对比此结构与考生有可能采用的不恰当结构。

介绍部分应该重写题目，写出三个消费类别和五个国家。正文需要三个段落，每个段落写一种消费类别。在给出数字时一定要写“%”。在结论部分注意“要点”中的第二点。

➲ 参考范文

The table compares spending on three categories — food/drinks/tobacco, clothing/footwear and leisure/education — in Ireland, Italy, Spain, Sweden and Turkey in 2002, as a percentage of total consumer spending.

People in Turkey (32.14%) and Ireland (28.91%) spend relatively high amounts on food/drinks/tobacco, whilst consumers in Spain (18.80%), Italy (16.35%) and Sweden (15.77%) spend roughly half that proportion.

The percentages for spending on clothing/footwear differ to a lesser degree. Consumers in Turkey (6.63%), Spain (6.51%) and Ireland (6.43%) spend around 6.5% of their household expenditure on clothing/footwear. People in Sweden spend a lower proportion (5.40%) and people in Italy spend relatively more (9.00%).

Spending on leisure/education is relatively low in all five countries, though there are marked differences. People in Turkey spent the highest percentage on this item (4.35%). Those in Sweden and Italy spent almost exactly the same percentages (3.22% and 3.20% respectively). In Ireland, the figure was 2.21% and in Spain it was 1.98% — less than half the figure for Turkey.

Overall, we can see that spending on food/drinks/tobacco was always greater than spending on clothing/footwear, which in turn was always higher than expenditure on leisure/education.

表格比较了2002年爱尔兰、意大利、西班牙、瑞典和土耳其五个国家在食物/饮料/烟草、衣服/鞋袜和休闲/教育三个类别上的花费占消费总开支的百分比。

土耳其（32.14%）和爱尔兰（28.91%）的人在食物/饮料/烟草上的花费比较多，而西班牙（18.80%）、意大利（16.35%）和瑞典（15.77%）的消费者在这方面的花费约占前两者百分比的一半。

各国在衣服/鞋袜上的花费差别不如在食物/饮料/烟草上的花费差别大。土耳其（6.63%）、西班牙（6.51%）和爱尔兰（6.43%）的消费者将家庭支出的6.5%用在了衣服/鞋袜上，瑞典的消费者在这方面的开支比较低（5.40%），意大利的人相对较高（9.00%）。

这五个国家在休闲/教育上的花费相对较低，虽然各个国家之间的差别很大。土耳其的人在这方面的花费最高（4.35%），瑞典和意大利的人百分比几乎一样（分别为3.22%和3.20%）。爱尔兰是2.21%，西班牙是1.98%——比土耳其百分比的一半还低。

总体来看，我们可以看到各国在食物/饮料/烟草上的花费都比在衣物/鞋袜上的高，而在衣物/鞋袜上的花费比在休闲/教育上的高。

➲ 参考范文中的词汇及结构分析，以及考生可能犯的错误。

1. 在介绍部分，作者用“The table compares spending on three categories”替代“The table below gives information on consumer spending on different items”。
2. 作者使用了如“relatively”和“proportion”这样的词来表示表格给出的是百分比，而不是总的金额。
3. 作者使用“whilst”和“though”来作句子的连接词。
4. 作者使用“roughly half”，这个短语比较口语化，但仍然是合适的。
5. 作者使用“consumers in Turkey”和“people in Turkey”。不能写“Turkey spends”。
6. 注意“marked differences”和“almost exactly the same percentages”的使用。

WRITING TASK 2

It is generally believed that some people are born with certain talents, for instance for sport or music, and others are not. However, it is sometimes claimed that any child can be taught to become a good sports person or musician. Discuss both these views and give your own opinion.

➲ 题目分析，包括写作中需要涉及的要点以及考生可能对题目产生的错误理解。

1. 虽然你只同意一方的观点，但是作文需要讨论双方的观点。
2. 有可能出现极端的观点（如可以把任何一个孩子教成任何一个领域的高手）。

➲ 建议的回答结构，对比此结构与考生有可能采用的不恰当结构。

此篇作文需要一个简短介绍和结论。正文应有两到三个段落，每段阐述一个要点。考生可以选择把论点的正反两方面都单独写一个段落，或者考生在一段里阐述正反两个方面，两种写法都是可以的。

➲ 两篇观点不同的参考范文（250字—300字）

参考范文 1——孩子可以通过教学成才

Are children born with certain talents or can they be taught them? I believe children may be born with certain predispositions towards certain talents, but given enough time, patience and reasonable intelligence and basic ability, all children have the opportunity to be good at anything.

We can point to certain examples and claim a few children are born with talent, e.g. Mozart. These examples are usually flawed. Mozart is hailed as a child who was writing music when very young. Actually, there is now overwhelming evidence that he didn't write most of that music — his father did. He certainly wrote great pieces of music later in life, but by then it was teaching that had produced such talent.

In *Outliers*, Malcolm Gladwell states that it takes around 10,000 hours of practice to become "one of the best" at anything from playing ice hockey to playing the violin. Other factors can have an influence on whether a child is good at a particular sport. An obvious example is geography. If a child is born in Jamaica, the chances of him becoming a top ice hockey player are far lower than if he had been born in Sweden. China produces great table tennis players because table tennis is extremely popular there and the level of competition is correspondingly higher. It would be dubious to claim that Jamaicans cannot be taught ice hockey or that the Chinese are genetically better at table tennis.

Since there is little evidence that children are born with certain talents and given that even people with great talents point to training and hard work as the sources of their success, I believe that any child can be taught to be talented at something — so long as that child is prepared to put in time and effort.

(299 words)

儿童是天赋异禀还是通过教育可以把儿童教成某方面的天才？我认为儿童有可能天生就具有某方面的潜质，但是，只要有充足的时间、耐心和正常的智力和基本能力，所有孩子都有机会在任何事情上有优秀表现。

我们可以说出某些天才的例子，如莫扎特。但这些例子通常是有漏洞的。人们对莫扎特在年幼时就谱曲赞颂不已。但现在已有充分证据证明那些所谓他年幼时谱写的音乐大多数都不是莫扎特而是他父亲谱写的。当然，莫扎特在之后的人生中谱写了很多伟大的乐章，但他有这样的才华正是因为他所接受的教育。

在 *Outliners* 一书中，Malcolm Gladwell 说，一个人要花大约 10，000 个小时的训练才能成为某一方面的高手，无论是打冰球还是拉小提琴。还有其他因素可能影响一个儿童能否擅长某种体育运动。一个显而易见的例子就是地理因素。如果一个儿童出生在牙买加，那么他成为顶级冰球运动员的机会就比他出生在瑞典要低得多。中国出现许多伟大的乒乓球运动员是因为乒乓球在中国非常流行，所以竞争水平较高。但也不能肯定地说无法教会牙买加人打冰球或者中国人天生就比别人更会打乒乓球。

由于几乎没有证据证明儿童一出生就是某种天才，而且甚至那些很有才能的人也指出训练和刻苦是他们成功的原因，所以我认为只要孩子愿意付出时间和努力，任何一个孩子都可以通过教学而成为某方面的天才。

参考范文 2——孩子的才能是天生的

Are children born with talents or are all children capable of being taught them? I believe that children are born with talents and any teaching is only going to have a minimal effect on them.

Children are the products of their parents and are therefore a result of the genes of those parents. There are many cases of people who are good at mathematics having parents who are also good at that subject. The connection is clear. Sometimes, children do not seem to have the talents that their parents have, but I think this is because they do not take the opportunity to use their talent. Of course, it is a pity that such talent is then lost to humanity.

As I said, teaching could have a minimal effect on children. All children can learn something, but children without natural ability will be behind those who have it. If we look at schools where students are divided according to ability, we can see that the student roll in the highest class in any given year is almost identical to that in the roll in any other given year for that year group. In other words, few students move up or down.

This does not mean that we should forget about teaching. Instead we should focus teaching efforts on those students who already have a predisposition towards particular subjects.

In conclusion, children are essentially born with talents and those talents should be developed whilst we should not waste resources on those who have little or no talent in given areas.

(259 words)

孩子的才能是天生的还是所有儿童都可以通过教学成为天才？我认为有孩子的才能是天生的，教学对孩子的作用微乎其微。

孩子来自其父母，遗传了父母的基因。有的父母对数学很在行，他们的孩子也很擅长数学，这样的例子有很多，这其中的联系很明显。有时候，有的孩子看起来不具备其父母所拥有的才能，但我认为这是因为这些孩子没有抓住展示他们才能的机会。而这样的才能最终归于平庸，这是很可惜的。

我认为教学对孩子的作用很小。所有孩子都能学点东西，但没有天资的孩子会落后于天生聪慧的孩子。如果我们看看那些按能力来区分孩子的学校，我们就会发现，同年的班级中，最好的班级任意一个年份的学生名单和另一任意年份的名单几乎一样，换句话说，很少有学生表现波动较大。

这并不是说我们应该丢掉教学。相反，我们应该把教学集中在那些已经具有某学科潜质的学生身上。

结论就是，孩子的才能与生俱来，他们的才能应该得到发展。相应的，我们不应该把资源浪费在那些在某一领域里具有很少或者没有才能的孩子身上。

➲ 参考范文中的词汇及结构分析，以及考生可能犯的错误。

1. “certain predispositions towards”这个短语表明考生能够正确使用并不常用的词汇。
2. “flawed”也不是一个常用单词。
3. “is hailed as”是不常用的短语。
4. “overwhelming evidence”这个短语表明证据很充分，但不是百分之百的肯定。
6. “In ‘Outliers’, Malcolm Gladwell states that”作者提到他 / 她看过的书作为参考，读者就有可能查看这个参考。
7. “the chances of him becoming a top ice hockey player are far lower than if he had been born in Sweden”作者在这里进行了对比，用了一个条件复合句。
8. “correspondingly high”是一个不常用的搭配。
9. “dubious”也不是常用单词。
10. “Since there is little evidence that”作者并没有完全摒弃反方观点，而是就已有的证据进行评价。
11. “I believe that any child can be taught to be talented at something — so long as that child is prepared to put in the time and effort”作者给出了他 / 她认为的孩子成为天才的关键条件。
12. “minimal effect”是一个不常用的搭配。
13. “There are many cases of people who are good at mathematics having parents who are also good at that subject”作者给出了他 / 她的主要论点。
14. “Sometimes, children do not seem to have the talents that their parents have, but I think this is because they do not take the opportunity to use their talent”作者给出了例外的情况。
15. “In other words, few students move up or down”这是论证教学几乎不起作用的论据。
16. “Instead we should focus teaching efforts on those students who already have a predisposition towards particular subjects”作者给出了对教育体系的建议。

SPEAKING

➲ a) 题目分析，包括考生可能对题目产生的错误理解。

How do you usually contact your friends?
至少给出两种方式。如果你的交流方式需要使用某种仪器，你要说“by”。可以说说你使用这些方式的频率。

Do you prefer to contact different people in different ways?
回答这个问题时你可能要分朋友和家人来说或者分你常联系的人和偶尔联系的人。

Do you find it easy to keep in contact with friends and family?
展开来回答，说说为什么你会有这种看法。

In your country, did people in the past keep in contact in the same ways as they do today?
回答这个问题最重要的一点就是在谈到过去的时候使用过去时。

Describe a party that you enjoyed.
想想聚会上的食物和饮料，这样回答你就可以很好地使用一些简单英语。记住使用过去时。

What are the main reasons why people organise family parties in your country?
至少给出两个理由，然后你可以对比一下这两个理由，记着，你现在回答的是与你的国家相关的问题，而不是具体指你的家庭。

In some places people spend a lot of money on parties that celebrate special family events. Is this ever true in your country? Do you think this is a good trend or a bad trend?
这个问题的回答几乎是肯定的，你要给出例子和原因。在谈你的观点时，需要给出支撑你观点的论证。

What kinds of national celebration do you have in your country?
注意这个问题与国家的庆祝活动相关，所以你不应该谈家庭或者地区的庆祝活动。大多数国家都会庆祝国庆日，也有几个在全国范围进行的文化庆祝活动。至少给出两个例子。

Who tends to enjoy national celebrations more: young people or old people?
给出你的回答之后再谈谈为什么。

Why do you think some people think that national celebrations are a waste of government money? Would you agree or disagree with this view?
给出你的回答，你可以建议一些可能的使用政府经费的替代渠道。当谈到你的观点时，需要给出支撑的论证。

➲ b) 考生可在回答中使用的实用词汇

How do you usually contact your friends?
Telephone, email, SMS, letter, post, postal system, easier, faster, cheaper, more expensive, convenient.

Do you prefer to contact different people in different ways?
Family, friends, workmates, classmates, business, personal.

Do you find it easy to keep in contact with friends and family?
Simple, difficult, time-consuming.

In your country, did people in the past keep in contact in the same ways as they do today?
Used to, nowadays, many years ago, in the recent past.

Describe a party that you enjoyed.
Drink, eat, alcohol, cake, make new friends, chat, play loud music, meet old friends, dance, relax.

What are the main reasons why people organise family parties in your country?
Weddings, engagements, births, birthdays, national celebrations.

In some places people spend a lot of money on parties that celebrate special family events. Is this ever true in your country? Do you think this is a good trend or a bad trend?

More/less common, expensive, waste of money/time/energy, fun, get together.

Are there any differences between family parties and parties given by friends? Why do you think this is?
More/less relaxing/fun/interesting, longer/shorter, formal/informal, clothes, speeches.

What kinds of national celebration do you have in your country?
National Day, New Year, Spring Festival, Mid-Autumn Festival, parade.

Who tends to enjoy national celebrations more: young people or old people?
Usually, often, remember, forget.

Why do you think some think that national celebrations are a waste of government money? Would you agree or disagree with this view?
Finance, businesses, individuals, donate, donations, spend on other things, health, education, infrastructure.

➲ c) 参考回答（每个问题两个回答）

How do you usually contact your friends?

I usually contact my friends using SMS because it's very cheap and they can answer in their own time. I also use email, especially if my friends are further away from me.

I usually contact my friends by telephone. It's a little more expensive than using email or sending an SMS, but you can never be sure of when someone has read your email or SMS.

Do you prefer to contact different people in different ways?

If I don't know a person very well, I tend to call them on the phone. If I have a complaint to make, I prefer to see them in person so that I can better explain what I want.

No, I don't. I just prefer to use the phone, regardless of who I'm contacting. I have a mobile phone, so it's easy for me to call people who also have one.

Do you find it easy to keep in contact with friends and family?

Yes, because most of my friends and family use mobile phones and email. If they didn't use these technologies, it would be impossible to keep such close contact because we are often in different places.

No, because many of the members of my family and my friends do not have a mobile phone or they sometimes switch it off. The fact that they switch their mobiles off doesn't bother me, because I know that they must be busy.

In your country, did people in the past keep in contact in the same ways as they do today?

In the more recent past, they used the postal system and telephones. Using telephones is still very common, but the postal system is used less for letters and more for parcels. Of course, people have always used face-to-face communication.

I think that the old ways — telephones and the post — are still frequently used, but that other means of communication have come into use, especially email. Of course, there is much more communication now than in the past.

Describe a party that you enjoyed.

When I was eleven, I went to a friend's birthday party. I remember it well, because his parents hired a clown to entertain us. The clown did magic tricks and some juggling. There were about fifteen children there and five or six adults to supervise us and keep us happy with drinks and food. We had some hamburgers, followed by sweets and, of course, birthday cake. We also sang some songs, including 'Happy Birthday'. To be honest, I don't know why I remember this party more than other birthday parties from my childhood. There was nothing really amazing about it.

Recently, I went to a party organised by the company I work for. I remember it precisely because it was so recent. There were about fifty people there, mainly people from the company but also some clients. It was quite formal, so there were no jeans in view. It lasted from about 6 p.m. to 9 p.m. There was a buffet with a good selection of food and there was beer, wine and soft drinks. I enjoyed the party because it was a great chance to chat to people from different departments that I know but don't often speak with. I hope that such parties are organised more regularly by my company.

What are the main reasons why people organise family parties in your country?

I think there are two main reasons. The first is to celebrate national holidays and the second is to celebrate birthdays of family members. National holidays are a convenient time for people to get together with friends and family because most people have a few days' holiday. Birthdays are a good reason to get together, but if your birthday is not on a Friday or Saturday, it might not be a good time to celebrate, as you may have to work the following day.

I think they do it to cement family relations. Nowadays, many families live in different places. For example, many graduates stay in large cities to find work, but their parents still live in the rural areas. By organising a family party, family members can get together. I think that another reason is that they want to celebrate something like a birthday or a wedding.

In some places, people spend a lot of money on parties that celebrate special family events. Is this ever true in your country? Do you think this is a good trend or a bad trend?

It is becoming much more common for people in my country to do this. There are even reports of people stealing large sums of money to pay for such celebrations. I think it's a bad trend and people should spend money on more important things like education, rather than trying to impress others with lavish parties.

I think it happens, but not as often as some people think. I would like to see more of these expensive parties because people see less and less of their families and it is one way that family members can remain close.

Are there many differences between family parties and parties given by friends? Why do you think this is?

I don't think there are many differences. In my experience, parties tend to be very similar, whatever the occasion. There's lots of food and drink. There are decorations — perhaps a banner. People mingle and chat. There are usually one or two speeches — hopefully not too long!

I think that family parties are not as much fun as parties with friends. At family parties, you often have a duty to go around and talk to each person. Also they are more structured — first everyone does something, then they do something else — depending on the head of the family. You also have to be better behaved, whereas with your friends, you can be a little crazier.

What kinds of national celebration do you have in your country?

Well, the only one I can think of is certainly National Day. There are big military parades and communities often organise local parties. During the rest of the year, there may be smaller celebrations, but these are not usually national.

There are some celebrations depending on the calendar — New Year, for example. People seem to enjoy celebrating these cultural celebrations more than celebrations connected with history or politics.

Who tends to enjoy national celebrations more, young people or old people?

To be honest, I don't think it depends on age — I think it depends on whether the members of your family have some connection with the celebration. For example, government and military people are much more likely to be involved with the National Day celebration than office workers.

I think old people enjoy them more. Perhaps it's b[illegible]se they have been celebrating them for a longer time! It might also be because younger pe[illegible]e more interested in modern culture than traditional culture. Young people have so many new w[illegible]s to spend their free time that national celebrations seem less important to them.

Why do you think some people think that national celebrations are a waste of government money? Would you agree or disagree with this view?

I think they believe the money could be better spent on health or education — particularly in poorer areas. I tend to agree with them. I think there should be some kind of national celebration on National Day, but there's no need to spend much money on it.

Some people would like to see the government spend the money on health and education in particular, but I think that we need the government to spend money on national celebrations so that we can remember who we are and spend some time thinking about our culture.

Test 2

LISTENING

SECTION 1

谈话场景：汽车保险场景
人物关系：保险公司代表和客户
谈话话题：汽车保险的相关事项

词汇注释

insurance *n.* 保险 engine *n.* 发动机，引擎 manufacturer *n.* 生产商 model *n.* 样式，车型 claim *v.*（根据权力）要求 detail *n.* 细节	daytime *n.* 白天，日间 occupation *n.* 职业，占有 presume *v.* 假定，假设 social *adj.* 社交的，社会的 quote *n.* 报价，引用 bet *n.* 担保，赌注

交际与语言表达

1. 本文为保险公司代表和客户之间的一段对话，一问一答，以题号顺序作为文章的叙述顺序。一般电话的开头会自报家门。Hello, motor insurance department. 你好，这里是……
2. I'd like to ask about insurance for my car. 我想咨询一下汽车的保险信息。固定的咨询句型，I'd like to ask about sth.
3. And what's your daytime phone number? 你的日间电话号码是多少？ daytime 白天，日间。
4. What size is the engine? And the make and model? 引擎是多大的？哪个厂家，什么型号？make 和 model 在描述汽车时分别表示生产商和型号。
5. ...Ah yes... 为口语中的过渡词。
6. 由于本文是一个对话形式，所以要注意问题的递进词，例如：...anything else? finally 等。

考题解析

…stion 1 答案 27 Bank Road
…测：提示词：address，此处应填地址。
…英文地址由小到大，通常为：门牌号＋路名＋区域名。牢记该模式，听录音之前，
…确预测的目的。

…tion，此处应填职位。
题目解析…所得，很多考生由于对 dentist 这个单词不熟悉而失分。

Question 3 答案 Sable
听前预测：提示词：model，此处为汽车的牌子。

题目解析：按照拼写记录下来即可得分，注意大写首字母。

Question 4 答案 Northern Star
听前预测：提示词：insurance company，此处需填公司名称。
题目解析：注意本题答案为专有名词，要注意大写首字母。

Question 5 答案 stolen
听前预测：定位词：1999；提示词：car was，本题缺少一个形容词。
题目解析：其中一人问道：What was the problem? 另一人回答道：It was stolen. 汽车出现什么问题？被偷了，所听即所得。

Question 6 答案 Paynter
听前预测：提示词：name，Simon，此处应填姓。
题目解析：按照拼写记录下来即可得分，注意人名的首字母必须大写。

Question 7 答案 brother-in-law
听前预测：提示词：relationship，此处应填亲戚关系。
题目解析：所听即所得。

Question 8 答案 (travel (ling/ing) (to))work
听前预测：定位词：social。
题目解析：听到定位词 social 之后，集中注意力听好汽车的另外一个用途。Social use. Will you be using it to travel to work? Yes.

Question 9 答案 Red Flag
听前预测：提示词：name of company，此处应填公司名称。
题目解析：所听即所得。

Question 10 答案 450
听前预测：提示词：$，此处应填价格，即数字。
题目解析：所听即所得。注意 50 与 15 在读音中的区别。

SECTION 2

谈话场景：旅游场景
人物关系：旅游信息介绍人员
谈话话题：为游客介绍旅游景点的事项

词汇注释

palace *n.* 宫殿 Entertainment Complex 娱乐中心 bowling alley 保龄球场 arcade *n.* 拱廊 attraction *n.* 旅游景点 residence *n.* 住处，居住	refreshment *n.* 点心，饮料，精力恢复 commercial *adj.* 商业的 banking *n.* 银行业 invade *v.* 入侵，侵略 shallow *adj.* 浅薄的 commentary *n.* 解说词，脚注

➲ 交际与语言表达

1. 本文为旅游景点的介绍，特别注意空间发展顺序：Stop A，B，C，D；旅游的路线以及联系的方式。
2. Now you can enjoy every corner of the superb residence. 现在你可以欣赏这个华丽建筑物的每个角落了。every corner 意为“每个角落”，可以引申为“一点一滴”。
3. How about a city trips by boat？如何能够坐船游城呢？这里的问句属于说话者估计涉及的问题，通常为听众非常关心的问题，后面会直接给出相应的回答。
4. This is a hop-on hop-off service and tickets are valid for 24 hours. 此处的 hop-on hop-off service 为“跳上跳下”公共游览车服务。执行此种服务的车辆，不设车门，因在市区行驶缓慢，乘客可直接跳上跳下，故而得名。此种观光车最早出现于英国。为了安全起见，现在，这种公交车也可能备有车门。

➲ 考题解析

Question 11 答案 City Bridge
听前预测：定位词：boat trip，STOP B；提示词：Green Banks，Roman Landing，本空应填写一个名词或名词短语。
题目解析：本题难度不大，要求考生听到定位词之后，做好快速书写的准备，答案首字母要大写。

Question 12 答案 Newtown
听前预测：定位词：STOP D；提示词：Green Banks，Roman Landing，本空应填写一个名词或名词短语。
题目解析：注意答案首字母要大写。

Question 13 答案 6:30
听前预测：定位词：STOP A，last boat；提示词：p.m. 此处应填具体时间，即几点几分。
题目解析：时间信息题，听到定位词之后，注意 first boat 及其时间。集中注意力，快速写下答案。考生要熟悉时间的读法。

Question 14 答案 (formal) garden
听前预测：定位词：Palace；提示词：lovely，形容词加名词，所以本空需要一个名词。
题目解析：题干上的 lovely 在原文中用 beautiful 进行替换，你能参观到一个 16 世纪的宫殿，是用国王的花园改建而来的。

Question 15 答案 (Tower) Restaurant
听前预测：定位词：STOP B；提示词：Palace，Museum，Entertainment Complex，此处应填地点名词。
题目解析：听到 STOP B 之后，要注意地点名词，并且大写首字母。

Question 16 答案 view(s)
听前预测：提示词：good，形容词加名词，本空需要一个名词。
题目解析：题干中的 good 在原文中用了 wonderful 进行替换，这位于城市的商业和银行业中心，一个能坐下来欣赏绝佳风景的地方。

Question 17 答案 history
听前预测：定位词：Museum；提示词：in the 后面需要一个名词。
题目解析：本题有一定难度，考查考生一定的理解能力。当地有一个博物馆和一个巨大的商店，店里有很多当地历史的书籍。从 a good range of local history books 当中找出 history。

Question 18 答案 7 screen
听前预测：定位词：Entertainment Complex；提示词：bowling alley，video games arcade，此处需要一个名词。
题目解析：考查考生对文章的听觉定位，以及一定的短期记忆能力。seven-screen cinema 与 bowling alley，video games arcade 存在并列关系。

Question 19 答案 every 20 minutes
听前预测：定位词：Top Bus Company；提示词：How often 旅行社发团的频率。
题目解析：所听即所得。Top Bus Company tours 上午 8 点半开始，每 20 分钟一次。

Question 20 答案 (from/the) Central Station
听前预测：定位词：Number One Sightseeing Tour；提示词：Where，此处应为地点名词。
题目解析：地点信息题，重点在于集中注意力，定位答案的出处，听到所需地点信息写下即可，注意专有名词需要大写首字母。

SECTION 3

谈话场景：学术话题讨论场景
人物关系：教授与采访者
谈话话题：南极中心和南极条约的介绍与讨论

➲ 词汇注释

Antarctic Centre 南极中心（靠近克赖斯特彻奇机场不远的一个景点）	warehouse *n.* 仓库
Christchurch *n.* 克赖斯特彻奇（新西兰第三大城市，南岛第一大城）	airforce base 空军基地
Antarctic Treaty 南极条约	specialist *n.* 专家
geographically *adv.* 地理学上，地理方面	atmosphere *n.* 大气
expedition *n.* 探险队，远征	mock *adj.* 模拟的，假的
equipment *n.* 装备	showcase *n.* 陈列橱
relevant *adj.* 相应的，相关的	occasion *n.* 时机，场合
accommodation *n.* 住宿	magnificent *adj.* 华丽的
session *n.* 会议	unique *adj.* 独特的，唯一的
tourist *n.* 游客	dome *n.* 圆屋顶
continent *n.* 大陆，陆地	slope *n.* 斜坡
surround *v.* 包围	fossil *n.* 化石
frozen *adj.* 冻结的，冰冷的	sign *v.* 签订，签名，署名
evidence *n.* 证据	achievement *n.* 成就，成绩
polar *adj.* 极地的，南极的，北极的	prohibit *v.* 禁止
historic *adj.* 历史的	explosion *n.* 爆炸
nuclear *adj.* 原子能的，核子的	disposal *n.* 处理，配置
complementary *adj.* 补充的，充足的	territory *n.* 领土
	marvellous *adj.* 了不起的
	run out of 用完，耗尽

➲ 交际与语言表达

1. 本文为一段教授接受采访的学术话题性对话，主要围绕南极中心和南极条约展开，文中涉及到很多难度很大的专业性词汇，考生在听录音时，应注意对文章整体结构的把握，避免陷入到个别的细节当中。按照对话的习惯：一问一答，有问必答；此外，还要多注意文中的一些表示递进的连词。

2. ...who has come along to talk to us about the role of the Centre and the Antarctic Treaty. 文章开头直接点明了对话的主题：南极中心和南极条约的角色。然后依次从不同方面展开讨论南极中心。Now my first question is about the choice of location for the centre. Why Christchurch? Was it because of the climate? 第一个问题是关于南极中心的地点选择，为什么会选在克赖斯特彻奇？是因为气候的关系么？
3. So tell us — what is the main purpose of the centre? 这里的 tell us 为引出问题的方式，和下文的 tell us something about 作用一样。
4. One is as a scientific base for expeditions and research and the other is as an information centre. 一是可以作为探险和研究的科学基地，二是作为信息中心。One is...and the other is... 一方面是……，另一方面是……
5. Well, since very few people will ever experience the Antarctic first hand. 由于很少有人能够亲身到南极体验一下。这里的 first hand，题意为“第一手”，此处可以理解为“亲身，亲自”的意思。
6. Now let's just have a look at the Antarctic Treaty. 南极条约：阿根廷、澳大利亚、比利时、智利、法国、日本、新西兰、挪威、南非、美国、英国和苏联等 12 国代表于 1959 年 12 月 1 日签署了《南极条约》。美国为南极条约的保存国。条约的主要内容是：南极洲仅用于和平目的，促进在南极洲地区进行科学考察的自由，促进科学考察中的国际合作，禁止在南极地区进行一切具有军事性质的活动及核爆炸和处理放射物，冻结目前领土所有权的主张，促进国际在科学方面的合作。
7. How far back does the idea of an international treaty go? 多久之前产生了有设立一个国际条约的想法？ How far “多久”的意思；Well, as far back as the 19th century, ... 这里的 as far back as 意思为“远在，早在”。
8. Yes, but not as important as Article 5... 不如条款 5 重要。Article 除了有“文章”的意思之外，在和约，条约当中意为“条款”。

➲ 考题解析

Question 21 答案 B
听前预测：定位词：Antarctic Centre，established，Christchurch，because。
题目解析：录音里问道：南极中心的地点选择为什么是在 Christchurch？是不是气候原因造成的？教授回答道：New Zealand is the second closest country to Antarctica and Christchurch is often used on Antarctic expeditions. 新西兰是第二接近南极洲的国家，此处表明了南极中心地点的选定是因为地理位置，而并非气候。所以选择 B，geographically well positioned，排除 C。

Question 22 答案 A
听前预测：定位词：role，Antarctic centre。
题目解析：文中南极中心的角色有两个方面，其中一方面为探险和研究的 scientific base，另一方面为 information centre，所以选择 A，为探险提供合适的装备。选项 B 和 C 原文都没有提到，故不能选择。

Question 23 答案 C
听前预测：定位词：purpose，visitor's centre。
题目解析：根据定位词，找到文章出处：the visitors' centre aims to recreated the atmosphere of Antarctica. 游客中心旨在再现南极洲的氛围，言外之意就是让游客更好的了解真正的南极洲。而选项 A，提供住宿；选项 B，开设培训课程；都不是游客中心开设的目的。

Question 24 答案 B
听前预测：定位词：Dr. Merrywhether，Antarctica。
题目解析：题干定位词，明确表明该题考察 Dr. Merrywhether 对南极洲的印象，答案应在 Dr. Merrywhether 话语当中寻找。先说道：他去过南极洲好几次，被那里迷人的景色给震住了。I'm struck by the awesome beauty of the place. 其中 be struck by 为"被……震惊了"；awesome 为口语词汇，常表示"了不起，太棒了"。选项 B 里的 extremely beautiful 和原文意思一致。

Question 25 答案 A
听前预测：定位词：cold，because。
题目解析：南极洲寒冷的原因是：Antarctica is a land mass shaped like a dome, ... 南极洲是一个形状像圆屋顶的大陆块。所以选择 A；而选项 B 说的是 North Pole 寒冷的原因；选项 C 则不是南极洲寒冷的原因。注意定位的精准性。

Question 26 答案 B
听前预测：定位词：part of another continent，because。
题目解析：南极洲属于另一大陆的一部分的原因，because fossils and rocks have been discovered in Antarctica which are the same as those found in places such as Africa and Australia. 南极洲发现的化石和岩石跟非洲与澳洲找到的一模一样。只有选项 B 里 geological evidence（地质学的证据）和原文意思一样。

Question 27 答案 1882(to/-)(18)83
听前预测：定位词：1st International Polar Year；根据上下文提示，本题应填写两个数字年代。
题目解析：录音说完 Polar Research Meeting 后，就谈到 the First International Polar Year，紧接着通过一问一答的方式把本题的答案引出来了。And that took place when exactly? Over two years from 1882 to 1883. 听到 from...to... 引导的年代时，快速记录下来即可。

Question 28 答案 signed
听前预测：定位词：1959；提示词：proposed，此处应填一个动词的分词形式。
题目解析：所听即所得。根据上一个栏目的 proposed（提议），本空应该填写一个类似的词。听好年代定位词 1959，答案 signed 就不难写出了。

Questions 29-30 答案 A D
听前预测：定位词：achievements of Antarctic Treaty。
题目解析：文中 what do you see the main achievements of the treaty? 和题干基本重合，重点注意回答者的语句，特别注意递进的词汇。Well, firstly it means that the continent is reserved for peaceful use, ..., which prohibits any nuclear explosions or waste disposal. 一方面为了和平的目的，另一方面禁止一切核爆炸或垃圾处理。正好对应 A D 选项；而 BCE 在文中都没有谈到，属于干扰选项。

SECTION 4

谈话场景：授课场景
人物关系：老师
谈话话题：左右撇习惯的研究

词汇注释

handedness *n.* 用右手或左手的习惯	investigation *n.* 调查，研究
value *n.* 价值	persuade *v.* 劝说，说服
left-handedness *n.* 左撇	beneficial *adj.* 有益的
weakness *n.* 弱点	strategy *n.* 策略
aid *v.* 帮助，援助	reluctant *adj.* 勉强的，不情愿的
tactics *n.* 战术，策略	insight *n.* 洞察力，见识
coach *n.* 教练，指导	flexibility *n.* 机动性，弹性
underestimate *v.* 低估	equally *adv.* 平等地，相等地
string instrument 弦乐器	examine *v.* 检查，调查
ape *n.* 猿	variables *n.* 变数
proportion *n.* 比例	keyboard player 键盘手
hockey *n.* 曲棍球	cellist *n.* 大提琴家
laterality *n.* 对一侧面的偏重，偏向一侧状态	violinist *n.* 小提琴家
gymnastics *n.* 体操	vary *v.* 改变，变更
performance *n.* 表演，成绩	dominant *adj.* 占优势的
approach *n.* 方法，步骤	refer to 提到，谈到
psychologist *n.* 心理学家	

交际与语言表达

1. 文章开门见山，直击主题：My topic is handedness — whether in different sport it is better to be left- or right-sided or whether a more balanced approach is more successful. 我的话题是用手习惯，是否在不同的运动中左撇更有利或右撇更有优势，还是一个更加平衡的方式会更加的成功。
2. Researchers examined a number of variables, e.g. type of instrument played, regularity of practice undertaken and length of time playing instrument...and found the following: keyboard players had high levels of mixed-handedness, whereas string players like cellists and violinists strongly favoured one hand. 研究人员经过测试了一些变量，如：乐器的类型、练习的规律性以及练习时间的长度等，于是有了以下发现：键盘手混合用手的比例较高，而弦乐手，如大提琴演奏者和小提琴演奏者非常喜欢固定用某一只手。
3. By the way, he uses 'handedness' to refer to the dominant side for feet and eyes as well as hands. 值得一提的是，他用“左右撇”来指代用脚、用眼以及用手习惯。as well as 表示并列，相当于 and。
4. Anyway, his team measured the hands, feet and eyes of 2,611 players and found that there were really three main types of laterality: mixed — you work equally well on both sides — both hand and eye; single — you tend to favour one side but both hand and eye favour the same side; and cross-laterality — a player's hands and eyes favour only one side but they are opposite sides. 无论如何，他的团队对 2611 个演奏者从手、脚、眼三个方面进行了测试后发现，主要分为三种类型：混合式——手和眼的两边都使用自如；单一式——手和眼都只擅长用某一边；交叉式——手和眼都只擅长一边，但所擅长的边正好相反。

➲ 考题解析

Question 31 答案 C
听前预测：定位词：Matthews article，value。
题目解析：the speaker 看了 Matthews 的文章，but what I soon became struck by was the sheer volume of both observation and investigation... 她就被文章中观察和调研的数量所震撼了……选项 C 中 impressive size of his research project（令人印象深刻的项目研究量）；其余选项均没有提到。

Question 32 答案 B
听前预测：定位词：findings on handedness，value。
题目解析：注意题干的 value 在原文中进行了替换，I think Matthew's findings will be beneficial, not so much in helping sportspeople to work on their weaker side, but more that they can help them identify the most suitable strategies to use in a given game. 特别注意 not A，but B 的结构，强调 B 而非 A，答案应该在 B 里寻找。选项 A 里出现了 weaknesses，因此错误。选项 B 的意思和原文一致，帮助运动员计划比赛的战术。C 选项在文章没有提到，故不能选。

Question 33 答案 C
听前预测：定位词：most coaches。
题目解析：根据定位词，找到原文：Although most trainers know how important handedness is, at present they are rather reluctant to make use of the insights... 尽管大部分教练都知道用手习惯的重要性，但是目前他们还是非常不愿意接受科学家们研究的结果。make use of "使用，利用"的意思；句型结构：Although A，B 特别强调 B；选项 A，教练员对用手习惯的影响毫不知情，与原文相矛盾；选项 B 原文没有提到；选项 C，低估了科学家为运动提供的信息，与原文意思一致。

Question 34 答案 A
听前预测：定位词：German study，mixed handedness，musicians。
题目解析：定位后原文 Also those who started younger were more mixed-handed. 那些学得早的人更多习惯混合用手。与选项 A 的意思一致；选项 B，拉弦乐器，例如小提琴等，原文中说道：小提琴家习惯固定用某一只手，whereas string players like cellists and violinists strongly favoured one hand. 意思正好相反。选项 C 原文没有提到。

Question 35 答案 A
听前预测：定位词：studies on ape behaviour。
题目解析：That studies show that apes, like humans, show handedness – though for them right- and left-handedness is about equal, whereas about 85% of humans are right-handed. Studies showed that apes consistently using the same hand fished out 30% more ants than those varying between the two. 研究显示猿类和人类一样都分左右撇，虽然猿类左右撇的数量大概持平，但人类有 85% 都是右撇。研究还表明坚持用同一只手的猿猴比来回换手的猿猴能够多掏出 30% 的蚂蚁。选项 A（总是用同一只手获取食物的猿猴是最成功的）与原文最接近；选项 B（猿类左撇和右撇的比例与人类一样）、选项 C（左撇猿比右撇猿多）和原文意思有出入。

Question 36 答案 2 directions
听前预测：定位词：hockey，hockey stick；提示词：in 后面跟名词。
题目解析：文中先综述了三种习惯的运动员，let's start with hockey 标志着本题的开始。This is because a hockey stick must deployed in two directions. 这是因为曲棍球棒必须从两个方向展开。

Question 37 答案 confident
听前预测：定位词：mixed-handed player；提示词：much more 后面跟形容词。
题目解析：本题相对简单，所听即所得。根据 An interesting finding is that mixed-handed hockey players were significantly more confident than their single-handed counterparts. 注意书写时不要写成 confidence。

Question 38 答案 vision
听前预测：定位词：tennis；提示词：of 后面跟名词。
题目解析：听到 tennis 时，本题即将开始，应集中注意力，题干的 a larger relevant field of 在原文中替换成了 a bigger area of，只需写出后面的名词 vision 即可。

Question 39 答案 corrections
听前预测：定位词：cross-lateral player；提示词：make 后面跟名词。
题目解析：所听即所得。听到定位词之后，原文 it means that they can only make corrections much later. 几乎跟题干一模一样，corrections 为复数，请特别注意录音中的读音。

Question 40 答案 balance
听前预测：定位词：gymnastics；提示词：gymnasts'，根据所有格加名词的模式，此处应填名词。
题目解析：本题难度较大，需要考生对所听到的内容有一定的理解能力，定位词 gymnastic 出现在文章的结尾部分，the predominant reason for this is because it aids balance... 主要的原因是能够提供平衡，而平衡在体操表演中尤其的重要。

READING

READING PASSAGE 1

文章结构

体裁	说明文
主要内容	历久不倒的日本宝塔的独特设计。
结构	第1段：日本宝塔即使经历地震仍然屹立不倒，原因何在?
	第2段：直到现代，人们仍不理解其中奥妙。
	第3段：日本工匠掌握了什么技巧修建了五重塔?
	第4段：日本塔来源于中国，日本工匠为适应本国国情加以改良。
	第5段：日本塔顶的独特设计。
	第6段：日本塔具有弹性并非是通心柱的功劳。
	第7段：揭示通心柱的真实作用。
	第8段：日本塔设计上另外的神奇之处。
	第9段：超宽飞檐的用处。

➲ 词汇注释

第 1 段	
sweep *v.* (swept, swept) 席卷 seemingly *adv.* 表面上，看上去 wooden *adj.* 木制的，木头的 collapse *v.* 倒塌，崩溃，瓦解 disastrous *adj.* 灾难性的 topple *v.* 推翻，使倒塌 highway *n.* 公路，大路 office block 办公大楼 Kobe 神户 five-storey *adj.* 五层的 nearby *adj.* 附近的 unscathed *adj.* 受影响的，未受伤的	typhoon *n.* 台风 flimsy *adj.* 易坏的，脆弱的 pagoda *n.*（东方国家的）塔，宝塔，佛塔 lightening *n.* 闪电 Hanshin earthquake 阪神大地震 elevate *v.* 举起，抬起 flatten *v.* 使平，打倒 devastate *v.* 毁坏，摧毁 magnificent *adj.* 壮丽的，宏伟的 Toji temple 东寺 Kyoto 京都 level *v.* 夷平，推倒，摧毁
第 2 段	
scholar *n.* 学者 slender *adj.* 细长的，苗条的 erect *v.* 竖立，使…直立，建筑 concrete *n.* 水泥，混凝土 dampen *v.* 减少，降低 Kasumigaseki 霞之关 skyscraper *n.* 摩天大楼	masterpiece *n.* 杰作 mystify *v.* 使费解，使困惑 stable *adj.* 稳定的，安定的 reinforce *v.* 加强，加固 shock absorber 减震器，缓冲装置 sideways *adj./adv.* 向旁边的，侧向，斜地 Tokyo 东京
第 3 段	
peg *n.* 木钉，椿 upright *adj.* 竖立的，直立的 majestic *adj.* 宏伟的，庄严的 carpenter *n.* 木匠 sway *v.* 摇晃，摇动	wedge *n.* 木楔 master builder 建筑师，总营造师 soar *v.* 高耸，屹立 trick *n.* 技巧，技艺，绝技 settle *v.* 解决
第 4 段	
multi-storey *adj.* 多层的 attach *v.* 附属于，隶属于 watchtower *n.* 瞭望塔 typically *adv.* 代表性地，作为特色地 art object 艺术品 extend *v.* 扩充，延伸，伸展，扩展 gush *v.* 使涌出，迸出	Buddhism *n.* 佛教 staircase *n.* 楼梯 adapt *v.* 修改，使适应 be dispensed with 省去，无须 batter *v.* 连续猛击，持续击打 eave *n.* 屋檐 overhang *n.* (房屋楼层的)悬挑部分；飞檐
第 5 段	
porcelain *adj.* 瓷的，瓷质的 earthenware *adj.* 陶的，陶质的	tile *n.* 瓦，瓷砖

第 6 段	
resilience *n.* 弹力，弹性，回弹能力 massive *adj.* 巨大的 pillar *n.* 柱子 startling *adj.* 令人吃惊的 entirely *adv.* 彻底地，完全地	pine *n.* 松树 trunk *n.* 树干 flex *v.* 弯曲，折曲 suspend *v.* 悬，挂，吊 column *n.* 柱，支柱
第 7 段	
structural engineer 土建结构工程师 enormous *adj.* 巨大的，庞大的 pendulum *n.* 摆，钟摆 principle *n.* 原则，原理 error *n.* 错误，过失 slither *v.* 滑动，滑行 consecutive *adj.* 连续的，连贯的 constrain *v.* 限制，约束 bang into 撞上，碰撞	passion *n.* 激情，热情 stationary *adj.* 固定的，稳定的，静止的 craftsman *n.* 工匠，手艺人 trial *n.* 尝试，努力 stack *n.* 堆 to and fro 往复，来回 opposite *adj.* 相对的，对面的 individual *adj.* 个别的 transmit *v.* 传输，传送，传递
第 8 段	
feature *n.* 特点 successive *adj.* 接连的，连续的 vertical *adj.* 垂直的 counterpart *n.* 地位相同的人或物	taper *v.* 逐渐变尖细 floor plan *n.* 建筑平面 corresponding *adj.* 相应的，对应的
第 9 段	
tightrope walker 走钢丝的人 respond to 对…起反应，回应 graceful *adj.* 优雅的 anticipate *v.* 提前使用，预先考虑	balancing pole 平衡杆 jolt *v.* 摇动，颠簸 abrupt *adj.* 突然的，出其不意的
题目	
absorb *v.* 消减，缓冲 observation post 观测哨，观测站 dynamics *n.* 动力，动态，动力学，动态分析	interior *adj.* 内部的，室内的 religious *adj.* 宗教的

➲ 考题解析

Questions 1-4

● 题型归类：YES/NO/NOT GIVEN

本题型可先看题目，将其中关键词划出，回文章查找。如果关键词只是同义替换，逻辑未变，则句子为YES；如果关键词中有一个性质错误或者意义相反，则为NO；如果关键词有一个消失，则为NOT GIVEN。

➲ 题目解析

题目编号	定位词	考点	答案位置	题 解
1	1400 years	only two, collapsed	第1段第3行	通过数字定位到文章第1段第3行，题目几乎是文章的重现。 本题答案为YES。
2	Hanshin earthquake, 1995, Toji temple	destroyed	第1段最后1句	通过数字定位到第1段倒数第4行。再通过Toji temple定位到最后一句。题目中提到destroyed，而文章中则提到unscathed，与题目意义相反。 本题答案为NO。
3	last 30 years, Toji pagoda	other buildings, built	第2段	只在第2段第2行看到thirty years，但其他细节均未出现。 如果不能迅速定位，可先做下一题，沿其答案向前。 本题答案为NOT GIVEN。
4	builders	know, how to absorb power	第3段倒数第2行	builders of pagodas 对应文章中Japanese carpenters，know对应文章中knew a few tricks，absorb power对应文章中sway and settle itself，severe weather conditions 对应nature's forces。 所有关键词全部找到，且逻辑关系未变。 注意：文章中第2段第4行出现absorber，与题目中absorb相似，容易错误定位。注意同义替换和其他关键词的寻找。如果定位错误，可先确定下道题位置在第4段，则本题答案应在之前。 本题答案为YES。

➲ 考题解析

Questions 5-10

●题型归类：Matching

本题可先划出题目中关键词。通过上道题目答案的位置和选项中的专有名词定位到文章中第4段。然后回到文章中找划出的词或其对应的同义替换后的词。再在其周围寻找国名。本题型不按顺序出题，解题时应注意。

➲ 题目解析

题目编号	题目定位词	题目句意	题　解
5	interior access	第4段第3行 第4段第6行	文章中inner staircases 对应题目中interior access。在本句中找到专有名词Chinese。第6行则提到staircase was dispensed with, 该句中找到专有名词Japanese。 本题答案为B。
6	tiles on eaves	第5段最后1句	通过tiles和eaves定位到第5段最后1句。本句中提到不像Chinese pagodas用porcelain tiles, Japanese pagodas用的是earthenware tiles来覆盖其eaves。说明两国均用到tiles on eaves。 本题答案为A。
7	observation post	第4段第4行	文章中watchtowers对应题目中observation, 本句中出现专有名词Chinese。 本题答案为B。
8	eaves, half the width of the building	第5段第1句	文章中fifty per cent or more of the building's overall width对应题目中half the width of the building。eaves对应 the roof of a…temple building。本句中出现专有名词Japanese. 注意：第4段最后1句已经提到，中国和韩国宝塔中均无类似飞檐结构。 本题答案为C。
9	religious purpose	第4段第2句	文章中introduced with Buddhism对应题目中religious purpose。本句中出现专有名词China, 并提到as in China, 说明日本也如此。本句中they即指代前文中提到的pagoda…to Japan from China。 本题答案为A。
10	floors, loosely over each other	第 8 段 倒 数 第 2、3句	文章中storeys对应题目中floors, are stacked one on top of another对应loosely over each other。在本段倒数第3句中找到专有名词Japanese。 本题答案为C。

➲ 考题解析

Questions 11-13

● 题型归类：Multiple Choice

题目编号	题目定位词	答案所在位置	题　解
11	shinbashira	第7段最后1句	观察四个选项可知，本题考查shinbashira的作用。可先通过第7段第1句的问题定位到该段。本段中出现shinbashira只有第4句和倒数第2句。第4句是比喻，倒数第2句中constrained对应选项D中的stops。 本题答案为D。
12	Shuzo Ishida	第7段第4行	通过人名定位到本段。题目中performs experiments对应本段中第4行test...in his laboratory。本句中提到的shake-table对应选项C中的the dynamics of pagodas。 本题答案为C。
13	storeys, Japanese pagoda	第8段倒数第2、3句	本题可与第10题结合。 在做第10题时已经找过答案。当时文章出现的就是本题题干，可直接选与第10题完全一致的答案。 本题答案C。

➲ 参考译文

为什么日本宝塔不会塌?

日本经常台风肆虐，且地震频发，但其现存最高的古建筑——那些500年前修建的木制塔，虽看起来十分脆弱，却历经数百年始终屹立不倒。这其中奥妙何在？记录显示，过去1400年间，这些塔中只有两座消失，是毁于由闪电或内战引起的火灾。1995年阪神地震使日本损失惨重，有6，400人丧生，许多高架公路轰然塌落，无数办公大楼被夷为平地，神户港几乎毁于一旦。附近的京都内有许多建筑物也受到波及，纷纷倒塌，但京都东寺中著名的五重塔，却庄严依旧，毫发无损。

这些高耸纤细的建筑为何如此稳固？数百年来日本学者一直对此表示困惑。要知道30年前日本建筑业才有足够信心建起12层以上的钢筋混凝土结构的办公楼。1968年在日本东京市中心建起的36层的霞关大厦，是日本第一座摩天大厦。它具备减震机制，可有效缓冲地震导致的突如其来的扭力。当时被誉为现代建筑史的杰作。

在公元826年，主持建造的空海大师，只凭木钉和木楔，大胆竖立起这座东寺木制宝塔。塔高55米，庄严雄伟，高耸入云。后来建起的霞关大厦只有它的两倍高，建造时间却晚了1100多年。显而易见，当时的日本木匠师傅已具备些许高超技艺，允许建筑物出现些许摇晃但屹然挺立，而非与自然之力正面对抗。奥妙在哪里呢？

公元6世纪，多层宝塔建筑技术由中国传入日本。同中国一样，塔作为佛教象征，通常建在寺院内。中国塔多以砖石为材，内部修有楼梯，后世常用做瞭望台。不过在传入日本后，为适应当地情况，宝塔建筑风格发生了改变。塔高降低，通常由9层变为5层，多为木制。塔内不再修楼梯，因为在日本，塔已成为艺术品，失去了实用价值。由于每年夏天，台风都会侵袭日本，日本工匠便将屋檐修得伸出墙壁很远，可以防止雨水倾泻而下。中国和韩国的塔建筑中都看不到类似的飞檐。

日本寺庙的屋顶有时会突出外壁很远，通常超过其整体建筑宽度的一半甚至更多。因此，建塔的日本工匠在飞檐上铺以重量更大的陶瓦，代替了中国塔顶常铺的瓷瓦，以大大增加其重量。

但这并不能完全揭秘日本塔杰出的弹性。日本塔有根巨大的中心柱，称为通心柱，会不会就是它起着与树干相同的功能，使日本塔在台风和地震中，象松树一样只弯曲，摇晃，却挺立不倒？几百年来，人们一直这样认为。但答案没这么简单，因为人们惊奇发现，通心柱根本不承重。有些塔在设计时，通心柱甚至不落地，而是悬于塔的顶部，松松的垂于建筑中间。整座建筑完全靠 12 根外柱和 4 根内柱支撑。

位于塔内中心位置的通心柱到底有什么功用？解惑的最好途径是观看京都工大的土建工程师石田修三所拍的录像。因为对日本塔的狂热，石田被学生称为“宝塔教授”。他曾建造一系列模型，并在实验室中检验其摇晃程度。简言之，通心柱如同一个静止的巨大钟摆。古代工匠不会高等数学，却已掌握了其原理。千年之后，人们正是受此启发建成日本第一座摩天大楼。工匠们在反复实践中摸索出，塔的楼层如果松松堆在一起，在受到外界压力时，便会来回晃动，且不会互相碰撞影响。侧面看去，宝塔仿佛一条跳舞的蛇。层叠的楼层中，每一层都与上下相邻的楼层运动方向相反。当单个楼层晃动幅度过大，超出一定距离时，就会撞上直立在建筑中心的通心柱，从而沿着柱身将力度分散。

日本塔另一令人称奇之处在于，由于塔身逐渐向上变细，各层会依次向上变小，因此支撑塔身重量的各层立柱不可能与相邻上层立柱相接。换句话说，五重塔所有立柱中，没有一根是贯穿全塔，承载全部结构负荷的。更出人意料的是，与世界任何地方的塔都不相同，日本塔的各个楼层彼此并不连接。它们只是松松的一层堆在另一层上，就像一顶又一顶帽子摞在一起。有趣的是，类似设计已为现在的日本建筑规程所禁止。

超宽的飞檐有什么用处？可以把它们比作走钢丝的人手里拿的平衡杆。杆两端越重，人就越容易在钢丝上保持平衡。同理也适用于建塔。“塔各边翘出的飞檐就像平衡杆，”石田说：“即使地震中最大的晃动，塔也只报以优雅的摇摆，而非骤然的抖动。”千年前的工匠又一次超越时代，提出了现代工程学的理念。

READING PASSAGE 2

➲ 文章结构

体裁	议论为主
主要内容	粮食价格不只体现在金钱上，还包括粮食生产带来的一系列破坏行为以及为此付出的善后代价。因此，要想真正降低粮食价格，首先要解决集约农业生产带来的问题。
结构	A段：粮食价格并非只是眼前可见的金钱数字，还包括粮食生产中的间接环境损失。
	B段：集约农业带来的恶果。
	C段：粮食隐性成本被忽视的原因。
	D段：粮食隐性成本数字惊人。
	E段：粮食隐性成本具体构成及粮食价格的真正构成。
	F段：降低粮食成本的英国可行性措施。
	G段：学者建议推广“绿色粮食标准”应对问题。

词汇注释

A 段	
immediate cash 直接现金，立即付现 collateral damage 间接伤害，附带损害 welfare *n.* 福利，社会保障	in relative terms 相对而言，按相对价值计算 enervation *n.* 削弱，虚弱，无力

B 段	
mechanisation *n.* 机械化 pesticide *n.* 杀虫剂 battery rearing 笼养 genetic engineering 基因工程 intensive farming 集约农业，集约耕作 yield *n.* 生产，产量，收益 farmland *n.* 农田，耕地 grey partridge 灰山鹑 corn bunting 黍鹀 stretch *n.* 延伸，连绵 pond *n.* 池塘 faecal *adj.* 排泄物的，渣滓的 salmon *n.* 鲑，大马哈鱼 loch *n.* 湖，海湾 algae （*pl.*）水藻，海藻	chemical fertiliser 化学肥料 monoculture *n.* 单一栽培 livestock *n.* 家畜，牲畜 onward *adj.* 前进的 unstoppable *adj.* 无法停止的， 止不住的 colossal *adj.* 巨大的，庞大的 skylark *n.* 云雀 lapwing *n.* 田凫，凤头麦鸡 vanish *v.* 消失 hedgerow *n.* 灌木篱墙 landscape *n.* 景色，景观 filth *n.* 污秽，污物 farming *n.* 养殖 fertility *n.* 肥沃，丰饶，生产力 run-off *n.* 排泄

C 段	
battlefield *n.* 战场 transaction *n.* 交易，处理	externality *n.* 外部性，外部经济效果 aesthetic *adj.* 美学的，有美感，审美的

D 段	
quantify *v.* 定量，称量，量化 staggering *adj.* 巨大的，大的惊人的 equivalent *adj.* 等价的，相等的 arable *adj.* 可耕的 conservative *adj.* 保守的	amount to 总共达到，总计 sum *n.* 金额，总数 hectare *n.* 公顷 permanent pasture 稳定草场，永久牧场 estimate *n.* 估计，估价

E 段	
removal *n.* 清除，去除 phosphate *n.* 磷酸盐 habitat *n.* 栖息地，（动植物的）产地 emission *n.* 发出，散发 organic carbon 有机碳 threefold *adj.* 三倍的，三重的 counter *n.* 柜台 prop up 支撑，支持	nitrate *n.* 硝酸盐 cryptosporidium *n.* 隐孢子虫 dry stone wall 干砌墙 erosion *n.* 腐蚀，侵蚀 memorable *adj.* 值得纪念的，值得注意的 supposedly *adv.* 想象上，据称 subsidy *n.* 补助金，拨款

F 段	
solution *n.* 解答，解决办法 sustainable *adj.* 能保持的，能持续的 diverse *adj.* 不同的，多种多样的 contribute to 有助于，促成 rural economy 农村经济	feasible *adj.* 可行的，可能的 competitive *adj.* 竞争的，经得起竞争的 sector *n.* 部门，区域 thriving *adj.* 兴旺的，繁荣的

G 段	
replace *v.* 代替，替代 organic *adj.* 有机的 out of … reach 为…力所不及 norm *n.* 标准，规范 comprise *v.* 包括，包含	viable alternative 可行的选择 premium *n.* 加价，溢价 recommend *v.* 建议，推荐 commitment *n.* 介入，投身 agrochemical *n.* 农业化肥

➲ 考题解析

Questions 14-17

● 题型归类：Matching
本题题目要求中出现NB，则必然有一个字母重复使用，即有一个段落出现两个句子的答案。可先划出题目中的关键词，然后迅速回到文章寻找其同义替换后的对应词。其间可大致通过题目猜测其在文章的位置与段落特点。

题目编号	题目定位词	答案位置	题　解
14	cost, purifying water	E段第3行	根据题目中的cost一词可推测，该段落中可能含有通常以数字形式出现的金钱。文中E段数字和金钱符号最多，可根据water一词迅速定位在第3行。 本题答案为E。
15	stages, development, farming	B段第1句话	根据题目中的stage一词可知，该段落中可能会出现具体步骤，即有可能出现表示先后顺序的关系词如序数词或then, next, another等。 本文属议论一个问题的学术性文章，因此大致会按照提出问题，分析问题和解决问题的顺序写作。“农业发展的各个阶段”应属描写，大致会在提出问题阶段出现，因此应从文章前部找起。 文章中B段首出现序数词。接连出现表现后顺序的关系词then。同时文章本句中onward march of intensive farming对应题目中development of the farming。 本题答案为B。

16	term, describe hidden costs	C段第3行	由题目中term一词可知段落中会出现术语。通常学术性文章力求易懂，因此会加以解释说明。应注意寻找某些引出概念的词语如known as, named, called。在C段第3行有refer to as字样，同时后面的冒号证明开始解释说明。文章中outside the main transaction对应题目中的hidden costs。 本题答案为C。
17	effect, chemicals, on water sources	B段最后1句	根据题目中NB的暗示，应在前3题的答案中选择，故应有意识在E，B，C三段中寻找答案。 B段最后一句industrial fertilizer and pesticide对应题目中chemicals，natural soil fertility和growth of algae is increasing则是具体说明effect。 本题答案为B。

➲ 考题解析

Questions 18-21

●题型归类：YES/NO/NOT GIVEN
题目解析：本题型可先看题目，将其中关键词划出，回文章查找。如果关键词只是同义替换，逻辑未变，则句子为YES，如果关键词中有一个性质错误或者意义相反，则为NO，如果关键词有一个消失，则为NOT GIVEN。

➲ 题目解析

题目编号	题目定位词	考点	答案位置	题　解
18	wildlife, British countryside	declining	B段第5行	可先通过题目中British定位到B段第5行。文章中的farmland对应题目中的countryside; birds对应wildlife; vanished对应declining。 所有的关键词全部找到，且逻辑关系没有变化。 本题答案为YES。
19	taste, recent years	deteriorated		本题解题时可先做20题，沿其答案向前。题目中taste of food始终没有出现。 本题答案为NOT GIVEN。

20	financial costs, environmental damage	recognised	C段第1、2句	通过定位词定位到文章C段。文中第1句里强转折词but后直接用否定副词rarely和make the connection否定了recognised。第2句则详细解释了connection的对象。 本题答案为NO。
21	costs, calculated Professor Pretty	illness caused by food	E段第6行	题目中出现costs，则文章中多会出现金钱或数字，而calculated出现则更肯定这点，题目中的one of，则证明会同时出现多个数字。因此可迅速定位到许多数字和金钱符号并列的E段。也可通过人名定位到D段，然后继续寻找关键词。 文章中food poisoning对应题目中illness caused by food。 本题答案为YES。

➲ 考题解析

Questions 22-26

● 题型归类：Summary

➲ 题目解析

题目编号	题目定位词	答案位置	题　解
22	Professor Pretty, concludes, higher than	E段第7行	本题需填入名词。 上一题的答案在E段第6行，可先沿着其位置继续向文章后部找。在本行找到人名Professor Pretty，第7行找到conclusion对应题目中的concludes；threefold对应higher than。则句中的名词food bills为答案。 此处food bills在结论中出现。该结论是由前文具体出现的costs总结而来。故此处food bills可指代前文提到的costs。 本题答案为food bills或costs。

23	Britain, reduce reliance on	F段第2句	本题需填入名词。 可先通过Britain定位到文章F段第2行。在本句中强转折词but之后才是描写Britain的情况，该词之前出现some countries，描写其他国家与英国无关，故直接向后寻找答案。剩余只有三个名词：immediate need, food, intensive farming在形式上少于题目要求的3个字。因为要找"降低依靠"的对象，所以不可能是前两个。同时句中又提到intensive farming成本高，危害大，与题目中"应该降低依赖"逻辑吻合。 本题答案为(modern) intensive farming。
24	farmers, unable to adapt to	G段第2行	本题需填入名词。 可先通过farmers定位到G段第2行。然后在本句中找到unable to adapt to的对应too big a jump。 本题答案为organic farming。
25	Pretty, refers to as, a	G段第4、5行	本题需填入单数可数名词。 可先通过Pretty定位到第2行，再通过He定位到第4行，在本句中找一单数可数名词。也可假设不定冠词a并未发生变化，先找到a，其后的名词即是答案。 本题答案为Greener Food Standard。
26	change, both… and…	G段最后1行	本题需填入两个名词。 由题目中的attitude和both…and…可判断，本题需填入两个表示人或者集体的名词。可有意识寻找表示并列关系的关系词如and, or, together with等，然后在其周围寻找同时出现的两个名词。 在文章最后一句中找到both…and…的对应词表示并列关系的关系词as well as。文章中的shift对应题目中的change。 本题答案为consumers和farmers。并列关系，顺序不分先后。

➲ 参考译文

粮食的真正价格

粮食价格四十年来持续走高。越来越多人觉得现在粮食价格过高，认为 21 世纪的重大使命之一就是降低粮食价格。不过，这价格并非仅眼前的金额。相对 1960 年而言，现在的西方国家绝大部分粮食便宜了很多。人类想方设法增产，于是粮食价格下降。但同时造成许多间接损害：水源污染、土壤贫瘠、野生动物灭绝、动物福利受损、工业化农业威胁人类健康。隐藏在这一切之后的，才是真正的粮食价格。

人类首先实现了机械化，随即大量使用化肥和杀虫剂，然后开始单一栽培，接着扩大家庭畜牧，直至发展到今天的基因工程——过去的半个世纪，集约农业似乎一直大步前进，永不停息，与之齐头并进的是农业收益。然而，人类在取得成就同时，也造成了一些无法挽回的损失。以英国为例，曾深受喜爱的农庄鸟类，云雀，灰山鹑，凤头麦鸡，黍鹀，都已从广袤绵延的农村消失。许多野花和昆虫也逃脱不了同样的宿命。这就是我们过去四十年生产粮食的直接后果。从视野中消失的还有数千英里的灌木篱墙和千百片池塘。随着大规模人工养殖鲑鱼，粪便等污物污染了水源，野生鲑鱼从此不再涉足苏格兰的大小河流和海湾。无休止使用工业肥料和杀虫剂，导致大量土壤自然肥力下降，而化肥随后直排水中，使水体富营养化，又导致湖水藻类急剧猛增。

上诉的林林总总已使地球千疮百孔，但餐桌旁的消费者却很少将之与粮食直接联系起来。因为一切损失并未正面现身，它们游离于主交易如小麦耕种和出售之外，不与生产者和消费者切身相关。经济学家称之为外部经济效果。大多数人甚至完全不认为这是经济问题，而是审美问题——现状令人羞耻，但与金钱无关。毕竟，他们只消费了食物，没必要为一切买单，不是吗？

但是当社会的总成本真正被量化并且汇总时，数字令人瞠目。有人已经做了统计。他就是埃塞克斯大学环境与社会中心主任 Jules Pretty 教授，思考农业未来的领军人物。Pretty 教授和同事计算了某一相关年份里英国农业的外在因素。他们累计了农业带来的损失的修复成本，总数高达 23 亿 4300 万英镑，相当于平均每公顷可耕田和永久牧场要花 208 英镑。几乎等于同年全部政府财政和欧盟的英国农业投入。Pretty 教授指出，这还只是保守估计。

开销中包括：降解杀虫剂需 1 亿 2 千万英镑；净化残留硝酸盐需 1 千 6 百万英镑；净化残留磷酸盐需 5 千 5 百万英镑；供水公司清除饮用水中的隐孢子虫需 2 千 3 百万英镑；修复野生物种栖息地、绿篱和干砌墙需 1 亿 2 千 5 百万英镑；应对气体排放产生的气候危机需 11 亿 1 千 3 百万；缓解水土流失和有机碳损需 1 亿 6 百万英镑；治疗食物中毒和病牛分别需 1 亿 6 千 9 百万和 6 亿 7 百万。Pretty 教授的结论言简意赅却发人深省：真正的食物开销是现实的三倍。看似便宜的食物背后，人们正通过三种不同的途径付费：其一是硬币，其二是税收，提供庞大的拨款支撑现代密集农业；最后一种用以收拾现代农业留下的烂摊子。

粮食价格真会下降吗？因为饥荒，许多国家不能完全脱离工业化农业生产。但英国可以做到：它当前并无急需解决的粮食供给问题，且集约农业造成的损失有目共睹。政府应提供可持续并具备竞争优势的多种经营农业和食品工业。这将持久振兴农村经济，并实现一系列环保、经济、健康和增加动物福利等目标。

但一旦取消工业化农业生产，有没有后备的可行性选择？Pretty 教授认为，绝大多数农民不可能在思想上和实践中立刻接受有机农业，而价格增加会使贫困地区的消费者买不起粮食。他建议，当前与其积极推广有机农业，不如大力普及“绿色粮食标准”，比起现行准则，它将推动市场走向更环保的可持续发展方向。标准中的细则将由农业各方共同协商，达成意见一致后实行。具体内容涵盖农业化肥的使用、土壤健康、土地管理、水与能源利用、食品安全和动物健康等。Pretty 教授说，彻底转变农民和消费者意识，向可持续发展农业前进，距离那一刻还有很长的路要走。

READING PASSAGE 3

文章结构

体裁	说明文
主要内容	描述非洲坦桑尼亚马科特地区的道路交通整合计划。
结构	A部分：马科特地区的道路交通整合计划的起因及目标。
	B部分：马科特地区的道路交通整合计划的第1阶段：调研。
	C部分：马科特地区的道路交通整合计划的第2阶段：具体实施。
	D部分：马科特地区的道路交通整合计划的第3阶段：完善和制度化。
	E部分：马科特地区的道路交通整合计划的经验教训。
	F部分：马科特地区的道路交通整合计划的影响与未来推广。

词汇注释

A 部分	
disappointing *adj.* 令人失望的 strategy *n.* 战略，策略 tackle *v.* 着手处理，解决，应付 availability *n.* 有效，有用，可利用率 remote *adj.* 遥远的 opportunity *n.* 机会 concept *n.* 概念，观念 adopt *v.* 采用，采纳，采取 objective *n.* 目标，目的 access *n.* 通路，进入，使用之权 underlying *adj.* 在下面的，基本的 co-ordinate *v.* 配合，调和，与…协调	conventional *adj.* 传统的，习惯的，常规的 rural *adj.* 农村的 request *n.* 请求，要求 transport *n.* 交通，运输 present *v.* 提出，呈现 approach *n.* 方法，方式 integrate *v.* 整合，使成整体 household *n.* 家庭，户，一家人 obtain *n.* 获得，得到 essential *adj.* 必要的，重要的 assumption *n.* 假定，设想

B 部分	
virtually *adv.* 几乎，差不多 extremely *adv.* 极其，非常 alternative *adj.* 二者选一的 primarily *adv.* 首先，主要地 solution *n.* 解决办法 phase *n.* 阶段，时期 indicate *v.* 指出，表明 regarding *prep.* 关于，至于 firewood *n.* 木柴，薪柴 mill *n.* 磨坊，制造场	isolated *adj.* 分离的，孤立的 rare *adj.* 稀罕的，罕见的 restrict *v.* 限制，约束 slippery *adj.* 滑的，致使打滑的 propose *v.* 计划，打算，提议 socio-economic survey 社会经济调查 on average 平均 locality *n.* 所在地，当地 grind *v.* 研磨，碾磨

C 部分	
determine *v.* 决定，确定 burden *n.* 负担，重载 mobility *n.* 移动性，可动性 import *n.* 进口 labour *n.* 人工，工作，劳动，辛苦 mechanical *adj.* 机械的，机器操纵的 hillside *n.* (小山)山腰,山坡 make sense 说得通；有意义 footbridge *n.* 人行桥，行人天桥 technologically *adv.* 技术上地 motor vehicle 汽车，机动车 lack *n.* 缺乏，无，不足 appropriate *adj.* 合适的，适当的 in terms of 在…方面，就…来说；关于… willing *adj.* 情愿的，愿意的 manufacturable *adj.* 可制造的	identify *v.* 识别，认明，鉴定 implement *v.* 实现，执行，使…生效 road network 公路网 export *n.* 出口 in addition to 除…以外，除…之外还 short-cut *n.* 捷径，近路 arduous *adj.* 费力的,辛勤的;险峻的 handrail *n.* (楼梯等的)扶手,栏杆 efficient *adj.* 效率高的,有能力的 advanced *adj.* 高级的，先进的 constrain *v.* 压制，遏制，抑制，约束 spare part 备件，零件 inhabitant *n.* 居民,住户,常住居民 afford *v.* 负担得起，买得起 promotion *n.* 促进，提升，推广 wheelbarrow *n.* 独轮手推车，小车

D 部分	
refinement *n.* 精练，提纯，改进 accompanying *adj.* 伴随的，附属的 fluctuate *v.* 波动，起伏 impress *v.* 使…留下印象，影响 break down (机器等)发生故障，出毛病 poverty *n.* 贫困，贫穷 carpenter *n.* 木匠 nevertheless *conj.* 然而，不过 contribute *v.* 有助于 local breeding 地方品种 initiative *n.* 积极性，主动性 investment *n.* 投资 income *n.* 收入，所得 supplementary *adj.* 辅加的，补充的	institutionalisation *n.* 制度化，体制化 maintenance *n.* 维护，保持，维修 participate *v.* 参加，分享，参与 motorise *v.* 机动 resource *n.* 资源，物力 modification *n.* 修改，修饰，修正 respond to 响应，对…起反应 shilling *n.* (坦桑尼亚的)先令；一先令硬币 in particular 尤其，特别 meanwhile *adv.* 同时 rent *v.* 出租 average *adj.* 平均的，一般的，通常的 illustrate *v.* 阐述，说明 measure *n.* 措施，办法

E 部分	
criticise *v.* 评论，评价 official *n.* 官员	top-down *adj.* 自上而下的 governmental authorities 政府当局
F 部分	
argue *v.* 提出（理由），表示（意见） in charge of 负责，主管 reference *n.* 参考，参照	dedicated *adj.* 专注的，专用的 awareness *n.* 认识，了解，知道
题目	
identify *v.* 识别，认明，鉴定 motorise *v.* 机动化，动力化 initial *adj.* 开始的，最初的 prior to 在…之前 consist of 由…组成 hinder *v.* 妨碍，阻碍	preference *n.* 偏爱，优先 vehicle *n.* 交通工具，车辆 mobility *n.* 机动性，可动性 inaccessible *adj.* 难解近的，难达到的 lend a hand 帮助，帮忙

➲ 考题解析

Questions 27–30

● 题型归类：List of Headings
可先找出段落中的主题句，再找出其句子中的关键词（多为句子的主干），含有该词的选项即为正确，但应注意同义替换，如果选项中与文章中使用完全相同的词，则多为混淆选项。

➲ 题目解析

题目编号	定位词	答案位置	题解
27	identify, problems	B部分中第2自然段第1句	本文目的是介绍一种道路交通的改良项目。因此大致会按照其发展顺序介绍：即项目实行之前的问题，项目实行中的详情，项目实行后的结果。本部分在文章前部，应属项目发生之前，时间上属于过去。 第1段中描写过去该地区面临的困境，第2段提出调查具体问题及调查结果。 主题句中problems未发生变化，to be understood对应选项中identifying。 本题答案为ii。

28	initial improvements	C部分第2句	本部分第1句承上提到“确定需求后”，随即应进入项目的具体实施阶段。第2句是下文具体细节的总述。 主题句中approaches对应题目中improvements，mobility and access to transport对应选项中mobility and transport modes。 本题答案为v。
29	co-operation, district officials	E部分第2句	本部分第1句第2行中出现强转折词but，通常此类词后面才是作者真正要表达的观点和看法，比起前半句更为重要。应重点关注其中内容。 该句中关键词为governmental authorities of the district，对应选项中的district officials。 第2句从反面具体说明其重要性。 注意：选项iv中提到government authorities’，但该选项中的instructions在文中并无体现。该段第4行第2句中的the support and understanding对应选项中的co-operation。 本题答案为x。
30	a future model	F部分第2段	本部分第1段对项目实施的效果进行了肯定，下一段接着对此项目的意义进行了阐述。第2段最后一句中出现的关键词为a reference for future work,对应选项中的a future model。 本题答案为i。

➲ 考题解析

Questions 31–35

● 题型归类：YES/NO/NOT GIVEN

➲ 题目解析

题目编号	定位词	考点	答案位置	题解
31	MIRTP	five phases	B部分第二段、C、D部分首段	建议先完成后面的题目，最后解本题。 文章中并未直接出现任何具体说明该项目阶段组成的数字。但全文中使用过去时态写作，证明该项目已经完成，因此作为项目的具体报告的本文中会将每一阶段分别体现，而不可能只描述其中某个阶段。section B、C、D分述了三个不同阶段，section E、F则为总结，说明该项目只有三个阶段。与题目中five phases相矛盾。 本题答案为NO。
32	prior to the start of MIRTP, Makete, rainy season	inaccessible	Section B第1句	题目中prior to the start of MIRTP对应文章中的when the project start; rainy season则未发生变化。题目中totally isolated对应inaccessible。所有细节全部找到，且逻辑关系并未变化。 本题答案为YES。
33	phase I of MIRTP, a survey	consist of, household expenditure on transport	Section B第2段	可先通过题目中的phase I of MIRTP定位到B部分第2段。 由该段第2行transport demands和第三行中socio-economic survey的暗示，以及以下所给具体数字可知该阶段调查并非只有一项，还有其他调查。题目中却说只有一项“关于居民交通开支的调查”，与文章内容矛盾。 本题答案为NO。
34	one-fifth or 20% of the household, transport requirement	outside the local area	Section B第2段倒数第2行	可先通过数字定位。在Section B第2段倒数第2行出现80%。 文章提到80% was within the locality，则剩余20%应该与之相反，即为outside the locality。与题目中outside the local area相符。 本题答案为YES。

35	movement of goods	from Makete district to the country's capital		在文章section C中第3行只提到improve mobility，并未提到from Makete district to the country's capital。 本题答案为NOT GIVEN。

考题解析

Questions 36–39

● 题型归类：Matching

题目解析

题目编号	题目定位词	答案位置	题解
36	construction, footbridges, steps and handrails	C部分第3段最后1句	文章中improve the paths没有发生变化。选项中up and down hillsides则在本段中第1句中已经提过。 本题答案为D。
37	frequent breakdown, buses and trucks	D部分第4段第1句	文章中efforts to improve the efficiency of the existing transport services were not very successful直接是选项I的改写。 本题答案为I。
38	secondary roads and paths	D部分第3段第1句	文章中at the request of communities对应题目中at the request of local people；文章中who were willing to participate in对应选项G中who were willing to lend a hand。 本题答案为G。
39	isolation, part of the year	D部分第2段第1句	题目中的isolation...part of the year是文章中accessible throughout the year的反面角度的表达，因此应在选项中寻找具有否定意义的表达。同时文章交待其原因乃是road improvements，与选项E中the roads had been improved相符。 注意：在section B中曾出现isolation一词，容易误选。但32题已经在该处出题，而雅思阅读考试每一考点只出一题，极少重复出题。同时在其周围并不能找到任何与选项相关信息。 本题答案为E。

➲ 考题解析

Question 40

● 题型归类：Multiple Choice

题目编号	题解
40	由前面解题过程中已对文章大体内容有所了解，故可用排除法选出最为概括和抽象的选项。选项A只在文章最后提及，选项C是文章中一个细节，选项也只在文章最后提及。最全面的只有选项B。本文详细描叙了MIRTP的起因，实施经过和结果影响。 本题答案为B。

➲ 参考译文

马科特农村交通整合工程

非洲许多旧道路交通规划的效果都不如人意，这引起专家们重新思考制定其实施方案。该方案始于 20 世纪 80 年代初，旨在解决农村交通运输问题。坦桑尼亚西南部的边远地区马科特，此时发出求助，希望能提高当地道路利用率，则为新方案的实施提供了实验机会。

在调查该地区农村居民的交通需要时，提出了“整合农村交通”的概念。其目标是改善农村交通运输系统，减少获取必要物资和服务所需时间和精力。相关设想则是，节余时间可用于加快当地社会和经济发展。1985 年，马科特农村交通整合工程启动，由瑞士开发公司提供资金支持，坦桑尼亚政府提供辅助，进行合作。

项目开展初期时，马科特地区在雨季几乎完全与世隔绝。地方公路状态极其恶劣，去往主要城镇的道路，一年中有 3 个月是完全不通的。地区内几乎没有公路交通，北部地区的运输方式仅限于毛驴。人们出行主要依靠小路，雨天路滑，危险频发。

了解问题才能对症下药。当时关于农村居民的交通运输需求的相关资料不足，所以在工程第一阶段，即 1985 年 12 月到 1987 年 12 月间，整个工程的工作重心主要放在调研上。对于当地 400 多户居民的社会经济调查显示，马科特平均每户居民每天花费 7 小时在交通和物资运输上。在非洲其它农村地区的相关调查，也得到了相同惊人的数字。关于马科特的交通运输事实，有些比例很有趣：步行时间占 95%；区域内交通运输时间占 80%；取水、拾柴和去磨坊时间占全部交通运输时间的 70%。

当主要交通需求确定后，就开始制定具体可行措施，以减少时间和负担。在第二阶段，即 1991 年 1 月至 2 月，项目采取若干方法，努力提高机动性和交通工具的使用率。

为确保商品出入该地区，公路网改造势在必行。由于进行改造时采用的方法均严重依赖劳动力。因此，在改造道路的同时，也培训了机修车间人员以及公共汽车和卡车驾驶员。然而，与传统做法不同，这次改造还考虑到了公路网以外的当地交通其他需要。

大多数货物的运输一直都走上下山坡的捷径，但这些捷径都是小路，安全风险极大，步行则更为艰巨。所以有必要为道路添加梯阶和扶手，并建造过街天桥。

很难再找到比步行有效但比机动车的技术性略低的交通方式了。因为成本高又缺乏配件，自行车在当地使用受限。北部地区一些居民根本不使用牛，而是代之以毛驴。MIRTP 重点关注当地居民最适合的交通方式。从有效方式，经济负担程度和居民意愿等不同角度进行综合考虑。

经慎重研究，因为毛驴的成本低于自行车，项目选择推广毛驴的使用。同时推广的还有本地生产制造的独轮车。

在第二阶段末，为解决马科特地区交通问题所选择的解决方式已明显取得不同程度的成功。所以在第三阶段，即1991年3月至1993年3月，工作重点放在完善和制度化具体活动的操作上。

随着道路和配套维护设施的改善，中心区可全年通行。区域外的必需品进入当地市场显得更加容易，价格也不像此前一样频繁波动。

起初，MIRTP正是应一些愿意参与修建和维护的当地居民的要求，才改善了道路和二级公路。然而，改善后的道路给居民留下深刻印象，于是尽管只有少量道路改善刚施工结束，类似的请求数量却开始大大增加。

因为大多数机动车在该地区发生故障，根本没有办法修理，所以想努力提高现有交通设施利用率并不十分成功。再加上当地普遍贫穷，推广低成本运输方式甚至也比较困难。本地制造的独轮车价格过高，只有少数家庭负担得起。一些当地木匠对原始设计进行了改动，降低了一定的生产时间和成本。其他木匠也针对新设计做了培训，一定程度上满足了不同需求。然而值得注意的是，当地木制的独轮车虽然只要5,000坦桑尼亚先令左右（不到20美元），而且只有金属独轮车成本的四分之一，但对于大多数人来说，仍然显得很贵。

毛驴是引进物种，现在已更加普遍，在运送作物和商品到市场时尤为重要。但只有富裕家庭买得起毛驴。不过本地繁殖育种供应正在增加，毛驴价格将为大多数人负担得起。与此同时，当地开始主动促进现有毛驴出租。

值得注意的是，即使一只毛驴比一辆自行车便宜20，000坦桑尼亚先令，买一只毛驴依然要花去一户家庭平均年收入的四分之一。这清楚表明，如果想帮助农村贫困人口，补助措施是必要的。

本来评价MIRTP是很容易的，因为它在早期阶段使用了"由上至下"的方法，先由专家和官员做出决议，然后再传递到地方执行。但其实有必要由地方政府机构组织实施整个工程的进程。如果没有地区当局的理解和支持，很难对当地村民和其他农村居民的要求予以答复。

今天，没有人再质疑改善道路和提供廉价交通方式的重要性。但这是长期专注奉献工作的结果。尤其是负责社区发展人员，在提高农村居民的认识和兴趣方面，他们起着举足轻重的作用。

农村综合运输的概念现在在坦桑尼亚已被广泛接受，在那里一个农村运输的主要项目即将开始。马科特地区的经验将有助于其实施，并将为今后类似工作提供参考。

WRITING

WRITING TASK 1

The graph below shows the consumption of fish and some different kinds of meat in a European country between 1979 and 2004. Summarise the information by selecting and reporting the main features, and make comparisons where relevant.

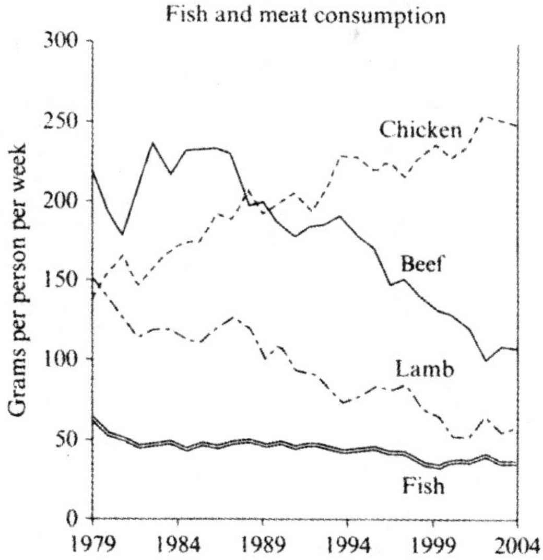

➲ 题目分析，包括回答中需要涉及的要点、对比以及考生可能对题目产生的错误理解。

要点

1. 数字是按“每人每周多少克”给出的。
2. 牛肉和羊肉消费的趋势相似。
3. 注意这一段时期的开始和结束时的总消费数。
4. 可以用现在时或者过去时。

考生可能产生的错误理解和问题

1. 不要把每样东西每一年的数字都写出来。
2. 不需要写出每一个年度的发展变化。

➲ 建议的写作结构，对比此结构与考生有可能采用的不恰当结构。

介绍部分应该简短，把题目用自己的话重写一遍。
正文应该每样食品写一段，这样比把所有食品写在一个段落里要清楚。
结论部分应该简要地总结主要趋势，包括总消费量。

➲ 参考范文

The line chart shows consumption of fish, lamb, beef and chicken in a European country in grams per person per week (G/P/W) from 1979 to 2004.

Fish consumption is 60 G/P/W in 1979, dropping to slightly below 50 G/P/W by 1982 and thereafter fluctuating between 40 G/P/W and 50 G/P/W.

Lamb consumption is 150 G/P/W in 1979, falling to about 65 G/P/W in 2004. However, the fall is not continuous or even. For example, there is a rise from 110 G/P/W in 1985 to 130 G/P/W in 1987.

Consumption of beef follows a similar pattern to that of lamb. Overall, consumption drops from 220 G/P/W in 1979 to 110 G/P/W in 2004. Again, the fall in consumption is not even or continuous. Consumption falls significantly from 220 G/P/W in 1979 to 175 G/P/W in 1981, then rises dramatically to 240 G/P/W in 1983, remaining relatively steady for the next few years.

Chicken consumption is the only one that has risen, from 140 G/P/W in 1979 to 250 G/P/W in 2004. The rise is neither continuous nor even. Chicken consumption overtakes lamb consumption in 1980 and beef consumption in the late 80s.

In summary, beef and lamb consumption decrease significantly over the period, fish consumption drops slightly, while chicken consumption rises. Total meat consumption drops from about 570 G/P/W in 1979 to 470 G/P/W in 2004.

这张表显示了一个欧洲国家从 1979 年到 2004 年每人每周的鱼肉、羊肉、牛肉和鸡肉的消费克数。

鱼肉消费在 1979 年是每人每周 60 克，到 1982 年时略微下降为每人每周 50 克，之后，这一消费量在每人每周 40 克到 50 克之间波动。

羊肉消费在 1979 年是每人每周 150 克，到 2004 年下降为约每人每周 65 克。但是，这一消费并非持续下降或等量下降，如 1985 年上升到每人每周 110 克，1987 年上升到每人每周 130 克。

牛肉消费的趋势和羊肉消费相似。总的来说，牛肉消费从 1979 年的每人每周 220 克下降为 2004 年的每人每周 110 克。同样，这一消费并非等量或持续下降。该消费从 1979 年的每人每周 220 克大幅下降到 1981 年的每人每周 175 克，然后急剧上升到 1983 年的每人每周 240 克，在接下来的数年中保持相对稳定。

鸡肉消费是唯一一个呈上升趋势的，从 1979 年的每人每周 140 克上升到 2004 年的每人每周 250 克。该消费的上升也不是持续或等量的。鸡肉消费在 1980 年超过羊肉消费，在 80 年代后期超过了牛肉消费。

总的来说，牛肉和羊肉消费在这段时期里大幅减少，鱼肉消费略有下降，而鸡肉消费上升。总消费量从约每人每周 570 克下降为 2004 年的每人每周 470 克。

➲ 参考范文中的词汇及结构分析，以及考生可能犯的错误。

1. 在介绍部分，作者把“grams per person per week”缩写为“G/P/W”，从五个单词缩短为一个单词。这样作者就有更多的时间写出图表中的相关信息。
2. 作者使用“slightly below”和“about”而没有给出确切的数字，因为图标不够细致，看不清这个信息。
3. 作者使用“the fall is not continuous or even”来对信息做一个总述。因为答案较长，所以这样做是可以接受的，而且作者紧接着给出了一个例子“For example, there is a rise from 110 G/P/W in 1985 to 130 G/P/W in 1987”。
4. 作者使用如“falls significantly”、“relatively steady”、“drops slightly”这样的搭配，这在雅思第一个写作题目中有助于获得高分。
5. 作者使用“in the late 80s”来表明一系列年份。

WRITING TASK 2

Some people believe that there should be fixed punishments for each type of crime. Others, however, argue that the circumstances of an individual crime, and the motivation for committing it, should always be taken into account when deciding on the punishment. Discuss both these views and give your own opinion.

➲ 题目分析，包括写作中需要涉及的要点以及考生可能对题目产生的错误理解。

1. 题目要求考生讨论双方观点，所以考生需要写出双方的论点。
2. 你只能同意其中一方的观点，不可能同时同意双方观点。

➲ 建议的回答结构，对比此结构与考生有可能采用的不恰当结构。

作文需要一个简短的介绍，最有可能的介绍就是把双方的观点重说一遍。介绍部分不需要给出作者的观点。考生在正文要写几段都可以，但最少要写两段，正反观点各写一个段落，或者写两段来讨论两个主要点。在这种长度的作文中，五段以上就是不合适的，因为如果写五段，每个段落就会很短。考生不需要把论点的每一个方面都各写一段。驳斥的论点可以写在一个段落里。结尾也要简短，要包含作者的观点。

➲ 两篇观点不同的参考范文（250字—300字）

参考范文 1——反对固定的惩罚

Determining appropriate punishments for crimes is something that must have been debated since the earliest human societies. Should there be fixed punishments for each crime or should the circumstances and motivation for committing the crime decide the sentence?

Having fixed punishments for crimes would clearly be the simplest solution. In particular, it would put an end to questions of why one transgressor received one particular sentence whilst another received a different sentence for the same transgression. However, whilst this neat simplicity has its attractions, I think most people would agree that there is a need for a system that takes other factors into account.

One such factor could be the circumstances of the crime. Was the criminal forced into committing it? Was the criminal fully aware of the situation? Was the criminal a child? These questions create a strong case for allowing some leeway in sentencing. Since the circumstances surrounding each crime differ, there is a strong case for varying sentences.

Another factor that may need to be taken into account is the motivation for committing the crime. All over the world (in the past and/or at present) people are sentenced to harsh prison terms or worse for stealing food to feed their families. Theft is wrong, but many cases of theft would not occur if people had enough to eat. On the other hand, an already wealthy person who steals is likely doing so because of greed, and is therefore much less likely to elicit any sympathy.

To conclude, I strongly believe that having fixed sentences for crimes would be a mistake. Whilst two crimes may break the same law, it is unlikely that the circumstances and motivations are identical. Therefore, establishing minimum and maximum punishments for each crime is, in my opinion, best.

(295 words)

决定犯罪的恰当惩罚肯定从人类社会初始阶段就已经争论过了。每种犯罪都应该有一个固定的惩罚还是应该根据犯罪的条件和动机来决定判决呢?

给犯罪确定特定的惩罚肯定是最简单的解决办法，有了量刑，就不会有人再问为什么犯了同样的罪的罪犯却得到不一样的判决。但是，尽管这样量刑简单方便，但我认为大多数人都同意还需要一个制度把其他因素考虑在内。

其中一个因素就是犯罪的背景。罪犯是不是被逼无奈才犯罪? 罪犯是否完全了解情况? 罪犯是否为儿童? 这些问题都可以在判刑时有回旋的余地。因为每起犯罪的背景不同，所以判决很有可能就会不同。

另一个需要考虑的因素是犯罪动机。无论过去还是现在，在全世界都有人为了养家糊口去偷盗食物而被判重刑。偷窃是不对的，但人们如果三餐不愁，许多盗窃案件就不会发生。另一方面，一个已经很富裕的人如果偷窃就很可能是出于贪婪，因此不太可能得到同情。

总的来说，我认为给犯罪设置固定的判决是错误的，尽管两起犯罪可能触犯了同一条法律，但它们的犯罪背景和动机不可能完全一致。因此，我认为给每一种犯罪制定一个最低和最高的惩罚是最佳做法。

参考范文 2——支持固定的惩罚

In most countries, there are flexible punishments for each type of crime, because the circumstances and motivations for those crimes are taken into account in sentencing. I would argue that this is wrong and that each type of crime should have a fixed sentence.

If there are flexible sentences for each type of crime, then criminals are going to try to find ways of getting the minimum sentence if they are found guilty. This means that they are likely to twist the circumstances and present motivations that make them appear guilty to the least extent. As a result, some of the worst criminals could easily escape with light sentences.

The problem for the judges passing sentence on criminals is that they need to be able to see evidence of the exact circumstances of each crime. Many criminal cases are already complex enough without this extra evidence. It is likely to slow the criminal justice system.

A further problem is that some criminals are bound to complain that they have been badly treated by the justice system if they get sentences that are harsher than they would like or expect. Alternatively, they might claim that favouritism has been shown to some other criminals.

To summarise, I believe that it is fairer and far simpler to have fixed sentences for each particular crime. As a result, everyone will know exactly what to expect if they commit a crime and there will be no issues surrounding evidence for motivation or claims of inconsistency.

(250 words)

在大多数国家，每种犯罪都有灵活的惩罚，因为在量刑时会考虑犯罪的条件和动机。我认为这样做是不对的，每种犯罪都应该有一个固定的判决。

如果每种犯罪都有灵活的判决，那么罪犯一旦被判有罪就会想方设法获取最轻的判决。这就意味着他们有可能扭曲犯罪条件和动机来减轻罪行，这样的结果就是一些重罪犯可以轻易地逃脱重罪惩罚，得到轻判。

当法官给罪犯定罪判刑时遇到的问题是，他们要能够看到每起犯罪具体条件的证据。很多刑事案件在不涉及犯罪具体条件的证据时就已经很复杂了，再加上这一点就有可能减慢刑事司法程序。

另一个问题就是，如果一些罪犯获刑比他们想要的或预期的更重，他们肯定会投诉司法制度对他们不公。他们也有可能投诉司法制度对其他罪犯偏袒。

总的来说，我认为给每一种犯罪都制定固定的判决更公正，也更简单。这样的话，如果有人犯罪，他就会清楚地知道会得到怎样的判决，也不会有动机证据的问题和未做到一视同仁的投诉。

➲ 参考范文中的词汇及结构分析，以及考生可能犯的错误。

1. “Determining”远比“deciding”正式，更适用于学术写作。
2. “Having fixed punishments for crimes would clearly be the simplest solution.”作者在一个句子里使用了不止一种结构。
3. 短语“put an end to”有一点口语化，但仍可接受。作者也表明他/她有能力在一篇学术写作中很好地使用这样的短语。
4. 单词“transgressor”和“transgression”很明显是高级词汇。把这两个词用在一起突出考生能够使用一个基本单词的不同形式。
5. 注意搭配“neat simplicity”的使用。
6. “ A system that takes”考生在“take”后面加上了“s”，大部分考生都会忘记这一点。
7. “Was the criminal forced into committing it? Was the criminal fully aware of the situation? Was the criminal a child?”作者没有直接陈述，而连用三个问句。大多数考生都会用陈述句。
8. “leeway”是高级词汇。
9. 注意搭配“strong case”、“harsh prison terms”和“elicit sympathy”，后一个搭配是高级词汇的使用。
10. “If there are flexible sentences for each type of crime, then criminals are going to try to find ways of getting the minimum sentence if they are found guilty.”注意在同一个句子中不同结构的使用。
11. 注意搭配“twist the circumstances and present motivations”、“appear guilty”和“least extent”出现在一个句子里。
12. 搭配“light sentences”和“passing sentence”表明作者熟悉法律术语。
13. 短语“criminal justice system”和单词“favouritism”和“inconsistency”是高级词汇。

SPEAKING

➲ a) 题目分析，包括考生可能对题目产生的错误理解

What kinds of things make you laugh?
你可以大概地回答（喜剧、笑话等），或者还可以说具体的东西（由孩子主演的喜剧、关于动物的笑话等），你说的越具体，越需要具体的词汇，这也能有助于你得高分。最重要的是，不要回答“Funny things make me laugh”，这样的回答毫无意义。

Do you like making other people laugh?
回答是或不是，然后说出为什么。

Do you think it’s important to make people laugh?
不要仅回答“yes”或“no”，说说为什么和/或你认为这有多重要（very, quite）。

Is laughing the same as feeling happy, do you think?
这个问题较难，你的回答可能很简短，如果上一个问题你已经回答得很充分，这个问题简短的回答是完全可以的。最好给你的回答举出一个具体的例子。

Describe an idea you had for improving something at work or college.
记住你一开始回答时就说这个改善到底是什么，不要从很远的地方谈起，然后才说这个改进，因为你只有两分钟，如果你不及时进入主题，你的回答就会不清楚。尽可能描述这个想法的细节，不要简单地说“I had an idea to improve my studies/work efficiency”。这个问题也不是要求你说那些被他人接受的想法，可以说别人反对的想法。

Some people think that education should be about memorising the important ideas of the past. Do you agree or disagree?
说说你是否同意和为什么。想想记住过去的重要想法有什么好处或者坏处。还可以比较一下记住其他东西的重要性，或者不去记忆的重要性。

Should education encourage students to have their own new ideas?
回答你认为应不应该和鼓励可能产生的效果（积极的和/或消极的）。你也可以想想你的观点是否取决于教育水平（小学、中学和高等教育）。

How do you think teachers could help students to develop and share their own ideas?
这个问题涉及教学方法论，听起来有些难度。但是，即使你不是教师，你肯定在过去或现在是一名学生，所以你对这个问题应该有一些想法。你的回答可以根据涉及的学科不同有所区别。

Should employers encourage their workers to have new ideas about improving the company?
说你是否同意和为什么。然后你可以谈谈如何做到这一点。如果员工对于公司改进有很多不同的想法怎么办？如果员工的想法开始被接受，这对领导和老板们意味着什么？

Do you think people sometimes dislike ideas just because they are new?
人们普遍认为年长的人不喜欢新想法，年轻人喜欢新观点，这种看法是否完全正确？想想为什么有些人不喜欢新想法。年轻人看起来像愿意接受新技术，但这和接受新想法是不一样的。

What is more difficult, having new ideas or putting them into practice? Which is more important for a successful company?
给出回答并给出理由和/或例子。你是否有这方面的经验？你是否知道这样的例子？

➲ b) 考生可在回答中使用的实用词汇

What kinds of things make you laugh?
Comedies, comedy programmes, funny dialogues, facial expressions, gestures, joke books, cartoons, videos, tell jokes.

Do you like making other people laugh?
Start laughing, family, friends, neighbours, laugh at somebody/something, self-conscious.

Do you think it's important to make people laugh?
Very/quite important, the funny side, serious matters.

Is laughing the same as feeling happy, do you think?
Not always/often the case, embarrassed, nervous, circumstances.

Describe an idea you had for improving something at work or college.
Process, system, capacity, ability, customer service, library, filing system, previous situation/

system, suggest, advice, advise, divide, combine, group, maximum, minimum, available, check, find, search, introduce, feedback, communications, coordinate, departments, organise, meetings, boss, colleagues, manager, implement, technical issues, sort out.

Some people think that education should be about memorising the important ideas of the past. Do you agree or disagree?
Learning, the future, focus, lose sight of, happen, solutions, solve, current problems.

Should education encourage students to have their own new ideas?
Creative thinking, inventive ways, use, lack/gain experience, make mistakes, pass on ideas.

How do you think teachers could help students to develop and share their own ideas?
Classroom discussion, ideas, difficult, subject, find out answers, discussion, write essays, make presentations.

Should employers encourage their workers to have new ideas about improving the company?
Workplace, procedures, benefit, costs, decision-making, evaluate, time, resources, yield advantages, improvement, organise, structure, problems.

Do you think people sometimes dislike ideas just because they are new?
Some/many/a few/most people, true/false, frighten, fear, unknown, familiar with, purpose, pointless.

What is more difficult, having new ideas or putting them into practice? Which is more important for a successful company?
Think, thought, possibilities, different ways, demonstrate success, methods, system, efficient, efficiency, problematic.

➲ c) 参考回答（每个问题两个回答）

What kinds of things make you laugh?

I enjoy watching comedy programmes on TV. I enjoy the dialogues and the facial expressions of the actors. Yes, that's what makes me laugh most. Some of my friends are similar to those actors and they say funny things and make funny faces.

The things that make me laugh most are funny videos posted on the Internet. Often, these videos feature babies and pets. Of course, my friends and family members also tell some funny jokes on occasion.

Do you like making other people laugh?

Yes, I do. However, I don't make people laugh very often. My friends usually make me laugh much more. Some of my friends say that when I laugh, they just start laughing too — simply because I'm laughing!

Actually, I don't. The reason is that I'm never absolutely sure whether the other people are really laughing at the joke I have made or at me personally. Perhaps I'm just too self-conscious about it.

Do you think it's important to make people laugh?

Yes, I do. People need to be able to see the funny side of life rather than just focus on serious matters. If you can make people laugh, they are more likely to see you as a pleasant person, so they'll probably want to spend time with you.

I don't think it's very important. That's not to say that it is completely unimportant, just that there are other things that are more so. If you make people laugh too often, they might not think you are serious at all.

Is laughing the same as feeling happy, do you think?

Yes, I think it is. I can't think of a situation where you would laugh without being happy.

I think that it can be, but is not always the case. For example, some people laugh when they are embarrassed or nervous. It's important to consider the circumstances before deciding on why somebody has laughed.

Describe an idea you had for improving something at work or college.

When I was at college, I had an idea for improving the use of computers at the library. The previous situation was that people could just go to the library and use the computers for as long as they wanted. It wasn't a good system because a few people would end up using the computers for several hours and most people wouldn't get a chance. I suggested that the library divide the computers into two groups. One group would be of computers that you could use for a maximum of three hours. This would give you enough time to do a lot of work on an assignment. The other group of computers would be available to people for a maximum of thirty minutes, giving you enough time to check your email, read the news or find a few important pieces of information on the Internet. The library introduced my suggestion for a month and the feedback from most students was positive, so they kept the system permanently.

At work, I once had an idea for improving communications between managers at the company. The managers often had to have meetings to coordinate work between different departments. This was often very difficult to organise because the managers were frequently away on business. My suggestion was that we hold meetings using the Internet. This way, people could talk and even see each other without being in the same room or even the same building. I made the suggestion to my boss, who liked it and implemented it a few weeks later, after the technical issues had been sorted out.

Some people think that education should be about memorising the important ideas of the past. Do you agree or disagree?

I disagree, because I think that education should be more about learning about now and the future. There are things we can learn from the past, but if we keep focussing on that, we might lose sight of what is currently happening and what could happen in the future.

I agree, because we can learn a lot from what happened in the past. Perhaps we can find solutions to some of our current problems by looking at how people in the past solved their problems.

Should education encourage students to have their own new ideas?

Yes, I think it should. If we want to create a better world in the future, we need to encourage creative thinking. We need to try to think of inventive ways to use what we have and what we will make in the future.

I don't think it's a very good idea, because students are not very experienced and they are more likely to make mistakes than elder, more experienced people. I think it's better if the teachers focus on passing on ideas that have already been developed.

How do you think teachers could help students to develop and share their own ideas?

I think that they could encourage more classroom discussion. It's a bit difficult to do that in some classes, like maths, but in most subjects it should be quite easy. It would be interesting to see students finding out answers through discussion rather than just being told by teachers.

Well, I don't agree with this, but I suppose they could ask students to write essays and make presentations about their ideas. Then teachers could tell students where they are right and where they are wrong.

Should employers encourage their workers to have new ideas about improving the company?

Yes, they should. It's just like at school. If workers are encouraged to have new ideas, they will probably think more about their work and how to improve the workplace, procedures and the company. All this will benefit the company and employees.

No, I don't think this is a good idea, because the ideas will have to be evaluated, which would take a lot of time and resources, and they may not yield any advantages or improvements. Also, companies are organised with ordinary workers at the bottom and bosses at the top. If this structure is not followed, it could lead to problems.

Do you think people sometimes dislike ideas just because they are new?

I think that this is true for most people. I think that most people don't want much change — it frightens them. Change means going into the unknown. They prefer methods that they are familiar with.

I don't think so — at least for most people. I think the majority of people like new ideas and want to use them — but only if they have clear advantages. Most new ideas don't, so they are pointless.

What is more difficult, having new ideas or putting them into practice? Which is more important for a successful company?

I think that having new ideas is more difficult and more important. Well, having new good ideas is difficult — anyone can have an idea. Most people tend to think using only limited possibilities — they don't think in different ways. This means that most new ideas can't work.

I think putting them into practice is more important and more difficult. Putting the new ideas into practice is more important for a successful company because it needs to be able to demonstrate the success of its methods to its employees, stockholders, business partners and clients. If a company can demonstrate such success, others would like to work with them.

Test 3

LISTENING

SECTION 1

谈话场景：工作咨询场景
人物关系：学生和职业辅导员
谈话话题：学生到职业中心寻找工作与辅导老师之间的对话

词汇注释

receptionist *n.* 接待员，前台人员 assistant *n.* 助理 clerical *adj.* 文书的，办公室人员的 enquiry *n.* 询问，咨询 Student Job Centre 学生职业中心 available *adj.* 有空的，可用到的 registered student 在册学生 take off 取消，离开 reception desk 接待处，前台 Sports Centre 运动中心 Child Care Centre 儿童护理中心	Computer Lab 电脑教室 shelf *n.* 书架 fill in 填写 application form 申请表 Halls of Residence 学生公寓 administrative *adj.* 管理的，行政的 deal with 处理，涉及 handle *v.* 处理，操作 arrange *v.* 安排 work out 可以解决

交际与语言表达

1. 学生找工作的咨询，见面先是一些常规的、礼貌性的问候，然后进入主题。How can I help you?
2. I'm looking for a job — a part-time job. Do you have anything available at the moment? 我想找一份兼职工作，目前有空缺么？ available 指“空缺的”；at the moment 指“此时此刻”。
3. Six o'clock in the morning! Oh, that's far too early for me, I'm afraid. I'd never make it that early in the morning. 早上六点！对我来说，实在太早了，我从来没这么早起来过。make it 有“做到，成功”的意思。
4. We'll fill in the personal details on this application form first, if that's OK? 我们先在申请表里填写一些个人信息，行么？ personal details 指“个人信息，个人细节”，通常为一些姓名、家庭住址等简单信息。
5. Do you have any other skills? Typing, languages, that sort of thing? 你有其他一些技能么？打字，语言等。that sort of thing 表示“这一类的事情”。
6. I was hoping to have Saturday free. But I need the work so... can you tell me what the job involves? 我曾想周六休息，但我非常需要这份工作，你能告诉我工作的内容么？ involve 表示“包括，包含”的意思；另外，注意 was hoping 为过去时，意味着现在的想法和过去不一样。
7. Would you like me to arrange an interview for you? Say, Friday morning, around ten? 你愿意我替你安排一场面试么？周五十点左右怎么样？ Say 在这里属于语气词，没有特殊的含义。

➲ 考题解析

Question 1 答案 business

听前预测：提示词：studying，后面应该填名词，特别是学科名称。
题目解析：所听即所得，根据题干得知，这里考查学生正在学习什么专业或科目。原文中的 I'm doing a degree in Business Studies. 正是此处需要的答案。

Question 2 答案 third

听前预测：提示词：year of the course，此处应该填写第几年。
题目解析：该处问学生学习该课程多少年了，注意文中的干扰信息，I've been at uni for four years but I'm in the third year because I took last year off. 我在大学 4 年了，但是去年我休学，所以现在是第三年。所以应该写 Third，而非 Four。另外，此处的 uni 是 university 的缩写，这是一种口语中常用的表达方式，例如：Oxford Uni 等。

Question 3 答案 Sport(s) Centre

听前预测：定位词：Receptionist；提示词：此处应填与 Child Care Centre 类似的地点名词。
题目解析：随后开始讨论工作的空缺情况，根据职务的词汇定位，对应 reception desk 的工作地点在 Sports Centre。特别注意英文的表达模式：工作职务 + 介词 + 工作地点，working at the reception desk at the Sports Centre.

Question 4 答案 (a) cleaner

听前预测：定位词：Child Care Centre；提示词：此处应填与 Receptionist，Clerical Assistant 相类似的职位名词。
题目解析：所听即所得，There's a position for a cleaner at the Child Care Centre. 此处的 cleaner 正是本题所需的职位名词。

Question 5 答案 Library

听前预测：定位词：Clerical Assistant；提示词：此处应填与 Child Care Centre 类似的地点。
题目解析：注意文中的干扰信息，there was a position going in the Computer Lab for three days a week that might be OK. Ah, here it is! No, it's in the Library. 此处的 Computer Lab 为干扰信息，真正的答案为文中后半部分的 Library，信息更正在听力当中会经常出现，正确答案通常靠后。

Question 6 答案 International House

听前预测：此处需要填写一个具体的地址名词。
题目解析：所听记所得，And your address? 之后，本题的答案随即给出。

Question 7 答案 B659

听前预测：此处要求填入房间号码，有可能是数字加字母的组合。
题目解析：特别注意干扰信息，重点在更正后的正确答案。当数字和字母混和在一起的时候，字母必须大写。

Question 8 答案 (an) office assistant

听前预测：定位词：English Language Centre；提示词：position，此处要填写职位名称。
题目解析：所听即所得，文中谈到工作职务时，在英语语言中心有一个 office assistant 的职位空缺。

Question 9 答案 answer (the) phone

听前预测：定位词：Respond to enquiries；提示词：A and B 的结构，此处需要填写一个与

Respond to enquiries 相类似的动词短语。
题目解析：工作的职责为 deal with student enquiry and answer the phone，注意并列关系的合理利用。

Question 10 答案 11:30
听前预测：提示词：a.m.，此处需要填写面试的具体时间，即几点几分。
题目解析：注意信息干扰，Friday morning, around ten? 10 点为干扰信息，听到 Unfortunately. 知道肯定不行，会有新的时间，How about eleven thirty? 真正的答案随之给出。通常情况下，更正一次就能得到答案。

SECTION 2

谈话场景：度假场景
人物关系：假期徒步旅行项目负责人
谈话话题：介绍假期徒步旅行项目

词汇注释

charity *n.* 慈善	tent *n.* 帐篷
sponsorship *n.* 赞助	weave *v.* 编织
trek *v.* 艰苦跋涉	blanket *n.* 毯子
belongings *n.* 所有物，财产	wood carving 木头雕刻品
tradition *n.* 风俗，传统，惯例	deliberately *adv.* 故意地
donate *v.* 捐赠	minimize *v.* 最小化
require *v.* 要求，需要	disruption *n.* 中断，分裂
deposit *n.* 押金	landscape *n.* 风景
expense *n.* 费用，开支	leaflet *n.* 传单
guarantee *v.* 保证	itinerary *n.* 路线
region *n.* 区域	acclimatize *v.* 使适应新环境
pupil *n.* 学生，小学生	foothill *n.* 丘陵地带
daunt *v.* 沮丧	highlight *n.* 精彩场面
rucksack *n.* 帆布背包	culminate *v.* 达到顶点
spectacular *adj.* 引人入胜的，壮观的	gorgeous *adj.* 华丽的
plenty of 许多	timetable *n.* 时间表

交际与语言表达

1. 文章开门见山，直接讲述本文主题，...talk about our Charity Sponsored Walking Holiday for Education Aid. ……介绍关于教育慈善捐款假期徒步旅行的事项。First of all let me explain what we mean by 'sponsored' here. This is where people promise to donate money to the charity if you achieve your goal, in this case to walk a certain number of miles. 我先解释一下这里用"赞助"一词所表达的意思：有人承诺为某慈善机构捐款，如果你挑战某一目标成功的话，这里主要是指徒步行走一定长度的距离。
2. We require you to raise sponsorship money of at least $3,200, paying $250 of it up front as a deposit and the rest in stages throughout the year. 我们要求你至少筹到 3200 美金的赞助款，先付 250 美金作为押金，剩余的在全年中逐步付清。这里的 up front 有"预先"的意思；in stages 表示"逐步"。
3. Age limits. This is the second time we have run this kind of holiday and um, on the first we even had an eighty-year old, but we found it was wise to establish limits this time. 年龄限制，

这是我们第二次举办这样的假期，第一次时，我们居然有个80岁高龄的选手，最后我们发现：这一次限制年龄还是比较明智的。

4. We deliberately keep the parties small in size to minimize disruption to people and landscape. 我们有意识地控制活动的规模，尽量避免对周边居民及环境造成不良影响。
5. I will be distributing leaflets at the end where you can find out more information, but just for the moment I'll outline the itinerary, the main high points of the holiday. 在最后的时候，我会发给大家一些小单页，你可以了解到更多的信息。现在，我把这次假期的路线做一个概述。

➲ 考题解析

Question 11 答案 B
听前预测：定位词：holiday，walking。
题目解析：根据题干定位词以及选项得知，此处需要 walking 的时间，Basically we are organizing a ten-day holiday, from the sixth to the sixteenth of November, with eight days actual walking, trekking in the Semira Mountains. 注意时间信息的干扰，这次假期一共 10 天，实际徒步跋涉的时间为 8 天。

Question 12 答案 C
听前预测：定位词：sponsorship money，charity。
题目解析：弄懂选项很重要，选项 A 为 1/3 左右；选项 B 为 1/2 左右；选项 C 为 2/3 左右。Out of this about thirty-five per cent will go on your expenses, and that leaves sixty-five per cent guaranteed to go to the charity. 除去大约 35%作为费用之外，剩余 65%肯定能够捐给慈善机构。根据题干问题，多少比例的钱会捐给慈善机构？所以答案为 65%，而非 35%。

Question 13 答案 A
听前预测：定位词：each walker's sponsorship money。
题目解析：所听即所得，本题听到：Each of the walkers' sponsorship money will go to help an individual special needs pupil in one of the mountain schools. 这里的 an individual pupil 指“一个学生”，而不是老师，也不是学校。

Question 14 答案 C
听前预测：定位词：start the trek，must。
题目解析：本题答案出处为：However, you will need to be extremely fit if you aren't now and you're interesting in coming with us. 然而，假如你有兴趣加入我们，你需要异常的健康（即使现在还不足够健康）。注意选项 B 和 C 的区别，quite fit 表示“很健康”；very fit 表示“非常”。相对于文中的 extremely 而言 quite 的程度不够，所以只能选择 C。

Question 15 答案 B
听前预测：定位词：walk，carry。
题目解析：We ask that you only walk with a small rucksack with needs for the day. 行走时，你只需携带一个小背包，装上一天的所需即可。注意三个选项的区别，分别为 all，some，none，即全部，一些还是没有。a small rucksack 表明，答案对应 some，所以选 B。

Question 16 答案 A
听前预测：定位词：Semira Region，long tradition。
题目解析：The area has been famous for centuries for making beautiful carpets, although... 这个地区几个世纪以来，以制作精美的毯子而著名。言外之意，该地区有制作毯子的风俗。注意 A，although B 的结构，重点强调 A。

Question 17-20 答案 forest, temple, waterfall, village
本表格要特别注意对字数的要求为 ONE WORD ONLY，另外，这四道题的空格前面都有一个 a，所以空格里应填一个名词（单数）。听题时，注意文章按时间顺序发展，以第几天为定位词，集中精力，快速写下答案即可。

SECTION 3

谈话场景：课堂讨论场景
人物关系：老师与学生
谈话话题：老师就漂浮物项目对海洋研究的话题对学生进行讲解以及讨论

➲ 词汇注释

robotic *adj.* 自动的，机器人的	surface *n.* 表面
float *n.* 漂浮	automatically *adv.* 自动地，机械地
device *n.* 装置，设备	Meteorological *adj.* 气象的，气象学的
cigar *n.* 雪茄	map *v.* 绘制地图
equipment *n.* 装备，设备	mechanics *n.* 力学，机械学
profile *n.* 侧面，轮廓	depletion *n.* 损耗
undertake *v.* 承担	ongoing *adj.* 正在进行的
launch *v.* 开始，发射	prevailing *adj.* 主要的，流行的
activate *v.* 使活动	navy *n.* 海军
sink *v.* 下沉	yachtsmen *n.* 游艇，快艇
salinity *n.* 盐度	sustainable *adj.* 足可支撑的
variation *n.* 变化，变更	legislation *n.* 立法
underwater *adj.* 水下的	drought *n.* 干旱
balloon *n.* 气球	contribution *n.* 贡献
beam *v.* （光线）传播	

➲ 交际与语言表达

1. Thanks to all of you for coming along today to hear about how the robotic float project is helping with ocean research. 感谢各位的光临，今天主要讲解自动漂浮项目是如何有助于海洋的研究的。
2. More importantly it's full of equipment that's designed to collect data. 更重要的是，它（漂浮物）装满了一些用来收集数据的装备。full of 充满……
3. It stays at this depth for about 10 days and is carried around by the currents which operate in the ocean at this level. 它位于这个深度大约在 10 天左右，随波逐流，就是在这样海洋的这样一个水平上展开工作的。
4. Well the information is transferred direct to onshore meteorological stations...like one in Hobart...and within four hours the findings can be on computers and they can be mapped and analysed. 信息直接传送到海岸气象站……就像霍巴特的那个……四小时之内，结论就能出现在电脑上，并可以进行展开定位和分析。be transferred to 传送到……
5. If we were aware of what the weather would be like, say, next year, we could make sure that the farmers planted appropriate grain varieties to produce the best yield from the available rainfall. 假设能提前知道明年的天气情况，我们就指导农民种植一些合适的农作物产品，以确保在可用的雨水下，获得最好的产量。be aware of 知道；make sure 确定，证实。
6. That sounds a bit like science fiction, especially when now we can't even tell them when a drought will break. 这听上去有点像科幻小说，特别是目前我们还无法识别干旱何时会停止

的时候。sound like 听上去像…… ; tell 断定，识别。

➲ 考题解析

Question 21 答案 cigar

听前预测：定位词：float，shaped；提示词：a，此处应填名词。
题目解析：根据题干得知，本题考查 float 的形状，文章开头说道：It looks a bit like a cigar. 看上去像一根雪茄。look like 看上去像……, look a bit/lot like like…看上去很像 / 有点像……

Question 22 答案 13 (different) countries

听前预测：定位词：scientists，提示词：from，此处应填地点名词。
题目解析：所听即所得，文章提到这是一个大工程，任何一个国家很难独立完成，所以需要国际合作，Over the last five years scientists from thirteen countries have been taking part in the project. 在过去的 5 年间，来自 13 个国家的科学家们参与到了该项目当中。

Question 23 答案 activated

听前预测：定位词：the operational cycle，satellite；提示词：dropped，and，此处应填动词过去式。
题目解析：本题和以下几题都属于地图题，划出定位词，按照顺序解题即可。根据地图的 title 得知，该图为 operational cycle 运作周期。The operational cycle goes like this. Each of the floats is dropped in the ocean from a boat at a set point and activated from a satellite. 整个运作周期如下，每一个漂浮物从定点的船上放进海中，通过卫星激活。重点注意听和 dropped 相并列的动词短语即可。

Question 24 答案 50 km(s)

听前预测：提示词：average distance，此处应填数字长度。
题目解析：本题要注意一些数字的干扰，2000 米为漂浮物下沉的深度，不能作为答案。此处需要一个平均的距离，During this time it's possible for it to cover quite large distances but the average is fifty kilometres. 在这段时间里，虽然有可能覆盖的距离很广，但是平均为 50 公里。所以，50 公里的距离才是本题的答案。

Question 25 答案 temperature

听前预测：定位词：float records，changes，salinity；提示词：salinity，and，此处应填名词。
题目解析：So what is it actually recording? 提示即将引出本题的所需答案，Most importantly variations in salinity, that's salt levels, and the changes in temperature. 更重要的是，在盐度方面会有变化，同时温度也会改变。特别注意 A and B 的并列结构。

Question 26-30 答数 A C A B C

题目解析：这几题为 matching 题，根据题干得知，主要考查对漂浮物项目中获取的数据在哪个时间段对以下的事情有帮助。题干是一些具体的事情，选项为三个时间段，分别是：目前，不久的将来，还是长远的未来。重点要画出题干的关键词，例如：El Nino，climate change，naval rescues，fishing practices，crop selection。同时，要注意文中表示时间的短语与选项之间的同义替换，例如：26 题我们对 El Nino 形成原因的理解通过漂浮物的数据得到了确认。言外之意，这种影响是"At present"；27 题 a long way off 对应 in the long-term future；28 题 right now 对应 at present；29 题 quite soon 对应 in the near future；30 题 a long way in the future 对应 in the long-term future。

SECTION 4

谈话场景：授课场景
人物关系：老师
谈话话题：老师对酒店行业的分析

➲ 词汇注释

overlook *v.* 忽视，眺望 exotic *adj.* 异国的 effect *n.* 影响 stylish *adj.* 时髦的 permanent *adj.* 永久的 routine *n.* 例行公事 cosmetics *n.* 化妆品 hospitality *n.* 好客，盛情 module *n.* 模块，课程 luxury *n.* 奢侈 scenario *n.* （游戏的）关卡，某一特定情节 disoriented *adj.* 无判断力的 jet lag 时差 dispiriting *adj.* 使沮丧 contemporary *adj.* 同时代的，当代的 opulent *adj.* 富裕的，丰富的 underestimate *v.* 低估 situate *v.* 使处于 external *adj.* 外部的 chain *n.* 链条 chic *n.* 别致的款式 boutique *n.* （专卖流行衣服的）小商店	downtown *adj.* 市区的 mansion *n.* 大厦 tropical *adj.* 热带的 palm *n.* 手掌 idyllic *adj.* 生动逼真的 revelation *n.* 显示 subjective *adj.* 主观的 come up with 提出，拿出 slogan *n.* 口号 dispense *v.* 分发，配置 maximize *v.* 最大化 sleek *adj.* 圆滑的 entertain *v.* 娱乐，款待 underpin *v.* 加强，巩固 entrust *v.* 委托 exploit *v.* 开发，开拓 predictability *n.* 可预测 indulge *v.* 纵容 pamper *v.* 纵容 shampoo *n.* 洗发香波 pillow *n.* 枕头，枕垫

➲ 交际与语言表达

1. 教师上课时，开头总是会快速回顾上次所讲内容，总述本次课程重点，然后依次展开讲解。Today's lecture forms part of the Hospitality and Tourism module. Last week I looked at the economy end of the hotel business; this week I'm going to discuss the luxury end of the market. 今天的讲座属于接待观光课程的一部分。上周我们探讨了酒店行业节约的消亡，这周我们一起来探讨奢侈的消亡。
2. You have paid a great deal of money to stay in this first-class hotel with its contemporary technology, but according to recent research carried out by an international travel and public relations company, all is not well. 你付了一大笔钱住进拥有最新科技的一流酒店，根据近期的一家国际旅行公共关系机构研究发现，事情并不是很理想。a great deal of 大量；first-class 一流的。
3. Do these findings, however, apply only to hotels situated in particular areas? Is it possible that the external environment can affect a guest's well-being? 然而，这些发现仅能应用到特定区域的酒店么？外部环境有没有可能影响客人的安宁？ apply to 应用，运用；apply for 申请。
4. What can the hotel industry do about it? And is the very idea so subjective that it's impossible to do anything about it on a global basis? 酒店业对此能有何作为？同时这是个极为主

观的想法，是否在全球层面上几乎无法有所作为呢？

5. Now, finally I want to consider the psychology underpinning the traditional holiday hotel industry. 最后，我想讨论一下支撑传统假日酒店的心理层次的问题。
6. As a hotelier, how do you go about attracting people to give up the security of their own home and entrust themselves to staying in a completely strange place and sleeping in an unfamiliar bed? 作为一名酒店经营者，如何才能吸引客人，让他们撇开自己家中的安全舒适，放心地住在一个完全陌生的地点，睡在一张陌生的床上？
7. Next week, I'm going to look at eco-hotels, a fairly new phenomenon but increasing popular... 下周我们将探讨经济型酒店，一种非常常见的新现象……授课场景的结尾要么是总结本讲的重点；要么是展望下次课程的主要内容。

➲ 考题解析

Question 31 答案 B
听前预测：定位词：guest，luxury hotel。
题目解析：本题考查躺在奢华酒店里宾客的感觉。You wake up in the middle of the night in a strange hotel miles away from home, disoriented most probably from jet lag, when even the most expensive surroundings can seem empty and dispiriting. 半夜醒来，发现自己躺在一个陌生的酒店，远离家园，由于时差的缘故，分不清方向，这时，即使是最昂贵的环境看上去也是空空如许、令人沮丧。这里既没有提到设施的豪华，也没提到价格的高昂，只有感觉沮丧、空虚。所以只能选 B。注意 depressed 与 dispiriting 为同义替换。

Question 32 答案 B
听前预测：定位词：recent research，luxury hotel overlook the need。
题目解析：The research suggests that even the most opulent, luxurious hotels seem to have underestimated the most basic needs of their customers — be they traveling for working or pleasure: the need to feel at home in surroundings which are both familiar and inviting. 研究表明：即使最繁华、最奢侈的酒店也低估了客户最基本的需求，这种需求就是他们旅行是为了工作或是为了追求愉悦，熟悉而亲切的环境可以提供一种宾至如归的感觉。

Question 33 答案 A
听前预测：定位词：the company，research。
题目解析：文中说道：The company's research covered a whole range of different hotel types, both independent hotels and those which are part of large chains. 公司的研究包括了一系列不同类型的酒店，既有私人酒店，也有大型连锁。所以选 A，注意 a wide variety of 与 a whole range of 为同义替换。选项 B 内容片面，不全；选项 C 文中没有提到，为干扰选项。

Question 34 答案 C
听前预测：定位词：outside environment，impact。
题目解析：三个选项分别为：很大影响、有限影响和没有影响。根据文中 The research concluded that what was outside the hotel building simply didn't matter. 研究得出结论：酒店的外部环境几乎没有任何影响。答案一目了然，其中，whatsoever 表示"无论什么"。

Question 35 答案 business
听前预测：定位词：luxury serviced apartment，cater for；提示词：travellers，此处应填名词或形容词。
题目解析：所听即所得，公司提供奢侈服务的公寓专门满足什么类型的游客。business 是考生非常熟悉的一个单词，本题难度不大。

Question 36 答案 kitchen
听前预测：提示词：a stylish，此处应填名词（单数）。
题目解析：For example, not only sleeping and living accommodation, but also a sleek modern

kitchen that allows guest to cook and entertain if they wish, at no additional cost. 不仅仅睡觉和生活居住，而且还有个现代化的厨房，客人不用额外的花费就能做饭和娱乐。not only...but also... 不仅，而且 stylish 与 modern 为同义替换。

Question 37 答案 world
听前预测：定位词：trend；提示 throughout the，此处应填名词。
题目解析：所听即所得，听到 to establish a trend all over the world 应该马上反应出 throughout the world，遍及全世界。

Question 38-40 答案 escape, baby, chocolate
题目解析：根据题目要求，每到题的答案只能填写一个单词，题干上的一些提示，可以得知：38 题 offering the chance to，应填动词（原形）。39 题的 a，暗示应填名词（单数）。40 题的 cosmetics or，应填名词。这几题主要讨论的是传统的假日酒店吸引人的几点原因，听的时候要特别注意并列或递进的提示词，例如文中的 firstly，secondly 等，根据这些这么递进词，可以很准确地找到每道题的答案出处。特别注意 40 题里 miniscule bottles of shampoo 小瓶洗发水；tiny bars of soap 小块肥皂表示 cosmetics 化妆品。

READING

READING PASSAGE 1

文章结构

体裁	说明文为主
主要内容	蚂蚁远比人类想象得更聪明。它们发展农业，建造城市，通讯发达。它们的智慧足令人类刮目相看。
结构	第1段：蚂蚁是有智慧的生物。
	第2段：与人做比较，蚂蚁与人的行为多有相似之处。
	第3段：看上去人类比蚂蚁文明进步。
	第4段：蚂蚁的农业优势。
	第5段：蚂蚁养殖真菌。
	第6段：调查证明蚂蚁改良真菌品种。
	第7段：都市生活促进文明，蚂蚁先行一步。
	第8段：举例描述蚂蚁的城市。
	第9段：与蚂蚁相比，史前人类十分落后。
	第10段：调查显示，蚂蚁的方向判断证明它们具有学习能力。
	第11段：蚂蚁可以传递复杂信息。
	第12段：喜欢蚂蚁请爱护它们。

词汇注释

第1段	
intelligent *adj.* 聪明的，智能的 spring to mind 使人突然想起 insect *n.* 昆虫 complex *adj.* 复杂的，难解的 considerable *adj.* 相当的，可观的 lately *adv.* 近来 spark *n.* 火花，事故的直接原因 reject *v.* 拒绝，驳回，丢弃 investigation *n.* 调查	creature *n.* 生物，动物，人 ape *n.* 猿 sufficiently *adv.* 十分地，足够地 a hint of 微量，点滴 scrutiny *n.* 研究，推敲，详细审查 demonstrate *v.* 示范，演示，证明 cognition *n.* 认识，认知， involve *v.* 使卷入，牵涉
第2段	
store *v.* 存储，贮藏 attacker *n.* 攻击者 contact *v.* 联系 in case of 以防 visual *adj.* 视觉的 channels（*pl.*）路径，途径，系统 chant *n.* 圣歌，歌曲 image *n.* 形象，影像 slogan *n.* 口号，标语 arouse *v.* 唤醒，鼓励，引起 mood *n.* 情绪，心情 embarrassment *n.* 困窘，困难 aphid *n.* 蚜虫 launch *v.* 发动，发起，开始 alarm *v.* 警告，使…惊慌 capture *v.* 抓住，抓取 child labour 童工 ceaselessly *adv.* 不停地	repel *v.* 击退，驱逐，抵挡住 chemical signal 化学信号 one another 彼此 be compared to 把…比作 auditory *adj.* 听觉的 religious *adj.* 宗教的 advertising *adj.* 广告的 jingle *n.* 丁当声，轻松而有节奏的声音 martial *adj.* 军事的，战争的 propagate *v.* 传播，宣传，传送 attitude *n.* 态度 fungi（*pl.*）真菌 livestock *n.* 家畜，畜牲 spray *n.* 散发，喷射 confuse *v.* 使迷惑，使混乱 engage in 从事，参加，忙于 exchange *v.* 交换
第3段	
transmission *n.* 传输，传送 gene *n.* 基因 opposite *adj.* 相反的，对面的，相对的 continuity *n.* 连续性，连贯性 craft *n.* 工艺，手艺 overtake *v.* 赶上，超过，压倒	encode *v.* 编码 whereas *conj.* 然而，却，反之 instinct *n.* 本能，天性 herd *v.* 放牧，使…成群 sophisticated *adj.* 极其复杂的，高度发达的 agribusiness *n.* 农业综合企业
第4段	
sustainable *adj.* 可持续的，能维持的 enormous *adj.* 巨大的，庞大的 adaptable *adj.* 能适应的，可修改的	ruin *v.* 毁掉，毁灭 moreover *adv.* 此外，再者，加之

第5段	
digest *v.* 消化 cultivate *v.* 培养，耕作，栽培 secrete *v.* 分泌 weed *n.* 杂草	cellulose *n.* 纤维素 nest *n.* 巢，窝 antibiotic *n.* 抗生素，抗菌素 fertilise *v.* 施肥，使…丰饶
第6段	
distant *adj.* 遥远的 screen *v.* 甄别；筛选；测试 domesticate *v.* 驯养，驯化 impressively *adv.* 令人难忘地 modify *v.* 修改，更正，修饰 strain *n.* 品种，类型	genetically *adv.* 遗传上地 diverse *adj.* 不同的，多种多样的 species *n.* 物种，种类 analysis *n.* 分析，解析 swap *v.* 交换，做交易 colony *n.* 群体，聚居区
第7段	
prehistoric *adj.* 史前的 urban *adj.* 城市的，都市的 setting *n.* 周围，环境 tunnel *n.* 隧道，地下道	exposure *n.* 显露，公开，曝光 forcing house 温床 chamber *n.* 室，房间
第8段	
survey *v.* 调查，全面考察 accomplish *v.* 完成，达到 megalopolis *n.* 特大都市 territory *n.* 领土，版图，领域，范围	amaze *v.* 使吃惊，使惊讶 magnificent *adj.* 宏伟的，宏大的 compose *v.* 组成，构成
第9段	
enduring *adj.* 持久的，忍耐的 meshed *adj.* 网状组织的 ancestor *n.* 祖先 masterpiece *n.* 杰作 primitive *adj.* 原始的，简单的	intricately *adv.* 杂乱地，错综复杂地 outstrip *v.* 超过，胜过 hail *v.* 向…欢呼，为…喝彩 date back 追溯回 albeit *conj.* 虽然，尽管
第10段	
forage *v.* 觅食，搜寻粮食 bearings (*pl.*) 方向感，方位，对自身方位的认识 combine *v.* 结合，联合 framework *n.* 框架，结构	navigate *v.* 导航，为…指引方向 update *v.* 更新 landmark *n.* 地标，路标 consult *v.* 咨询，商讨，向…请教
第11段	
transmit *v.* 传送，传输 maze *n.* 迷宫 session *n.* 聚在一起的一段时间，时段 spot *n.* 地点，场所 precaution *n.* 预防，留心，防备 sequence *n.* 顺序，序列	scout *n.* 侦查员 mobilise *v.* 调动，动员 proceed *v.* 进行，前进 elaborate *adj.* 精心的，详尽的 odour *n.* 气味，嗅觉 compass *n.* 罗盘，指南针

第12段	
exhaustive *adj.* 详尽无遗的，彻底的	attached to 对…依恋
题目	
calculation *n.* 计算，演算 sense of smell 嗅觉 convert...into 把…转换成… upgrade *v.* 更新，补充最新资料 fertilizer *n.* 肥料	position *n.* 位置 edible *adj.* 可食用的，能吃的 weed-killers 除草剂 exchange *v.* 交换，交易 secretion *n.* 分泌，分泌物

➲ 考题解析

Questions 1-6

● 题型归类：TRUE/FALSE/NOT GIVEN

➲ 题目解析

题目编号	定位词	考点	答案位置	题　解
1	channel of communication, humans	the same	第2段第2句	可先定位到文章第2段第2句。题目中的human一词并未替换。channel of communication在文章中变化也不大。此时可变化的词只有the same。在文章中并未找到其同义替换的对应词。但文章中具体说到蚂蚁使用的是chemical communication，人类使用visual和auditory channel。且文章中be compared to与题目中the same不符。 本题答案为FALSE。
2	city life, intelligence	encourage	第7段第1句	可通过city life一词定位到文章第7段第1句。句中urban lifestyle是该词的对应。破折号后面的the forcing house对应encourage。Intelligence未发生变化。 关键词全部找到，且逻辑关系未变化。 本题答案为TRUE。

3	large cities	more quickly than humans	第8段第3句	沿上题答案向后，在第8段提到megalopolis与large cities有关，但该句周围只详细介绍其规模，并未提到建设速度，也未与人类比较。more quickly than humans并未在文章中提到。 注意：第9段中出现了与人类的对比，但是从时间先后和技术手段比较，与速度无关。不可自行联想错误推断。 本题答案为NOT GIVEN。
4	find their way; calculation	based on distance and position	倒数第3段第1句	通过making calculation定位到该段。题目中的distance在文章中未替换，题目中position在文章中替换成bearings。Integrating则对应文章中的calculation。 所有的细节全部找到，逻辑关系并未变化。 本题答案为TRUE。
5	foraging teams，sense of smell	able, find food	倒数第2段倒数第2句	通过foraging teams定位到该段。然后通过smell一词定到该句。smell对应句中的odour. 在该句文章中找到prevent…using…，与题目中的were able to use相矛盾。 本题答案为FALSE。
6	the essay "In the company of ants"	explore ant communication	文章最后1句	通过引号中的论文题目定位到最后1句。本句只说到该作者的建议，并未提到ant communication。 本题答案为NOT GIVEN。

➲ 考题解析

Questions 7-13

●题型归类：Summary
可先通过summary的题目定位到文章第5段。

➲ 题目解析

题目编号	定位词	答案位置	题 解
7	fungi, digest	第5段第2句	本题需填入名词。 通过digest定位到本句。然后根据convert…into…得知，“转换”后既为“它们可以消化的”，则转换前应为“不可消化的”。第2句中提到蚂蚁不能消化纤维素，则cellulose即为答案，为选项中的原词。 本题答案为C。
8	their own, weed-killers	第5段最后1句	本题需填入名词。 通过weed一词可定位到本句。本句文章中control other fungi…as “weeds”对应题目中的weed-killers，则antibiotics为答案，在选项中同义替换为secretions, 通过antibiotics前面的动词secrete亦可判定本题正确选项。 本题答案为M。
9	and also, unwanted materials	第5段最后1句	本题需填入名词。 通过and also可判定，本题与上题的答案是并列关系。在雅思阅读考试summary题型中，文章与题目的逻辑通常不会发生很大变化。所以可有意识在文章中寻找表示并列关系的关系词并找到and。文章中的waste对应题目中的unwanted materials。则to fertilise the crop与答案相关。在选项中找出其对应词fertilizers。 本题答案为F。
10	upgrade…fungi, developing new species, neighbouring ant colonies	第6段最后1句	本题需填入现在分词。 按照英语中保持句式平衡的原则，关系词and前后所连接的词在形式上也多为一致。由题目中and前的by developing…可判断，and之后也应该是现在分词形式。 可根据题目中的upgrade…fungi定位。文章中improve or modify the fungi是其对应。neighbouring ant colonies在文章中未发生变化。则regularly swapping and sharing strains则与答案有关。在仅有的三个动名词选项exchanging, growing, interbreeding中可找到其对应词exchanging。 本题答案为D。

11	farming methods, more advanced	第4段第2句	本题需填入形容词。 上题的答案已到段尾，下一段的内容开始讨论人类与城市，根据summary的题目ants as farmers可知，第7段内容与题目无关，所以可向前寻找定位词farming methods。定位到第4段后可寻找对其farming methods的描写。第2句中的形容词sustainable就是答案。 注意：本题不再按照文章顺序依次出题，应注意通过关键词定位节省时间。 本题答案为N。
12	do not affect, and, do not waste	第4段第3句	本题需填入名词。 本题可结合13题一同寻找答案。根据表示并列关系的关系词and判断本题答案与13题答案可能同时出现，并以关系词连接，且关系词前后都是表示否定意义。在文章内找到and的对应词or。文章中do not ruin对应题目中do not affect，则其后面的词environments就是答案。选项中并未同义替换。 本题答案为O。
13	do not affect, and, do not waste	第4段第3句	本题需填入名词。 根据12题答案和关系词or可知，or后面的内容即是答案。文章中do not use enormous amounts of 对应 题目中do not waste，则energy即是答案。选项中并未同义替换。 本题答案为E。

➲ 参考译文

蚂蚁的智慧

提及动物世界里的高智商成员，人们会首先想到猿和猴子。但事实上许多昆虫的社会生活相当复杂难解，这意味着它们的才智绝非只有一点点。其中蚂蚁的生活近来引起了广泛的关注和研究。许多参与调查的专家都表示，蚂蚁已显示出具有认知能力的迹象。

蚂蚁会储存食物，会驱逐敌人，遇袭还会使用化学信号进行通讯。这种化学通讯可以看成是人类使用视觉或听觉通道（如宗教音乐，广告形象和歌曲，政治口号或军乐等）来激发情绪，表达立场。生物学家刘易斯·托马斯写道，“蚂蚁的确太像人了，这真让人尴尬。它们培养真菌，喂养蚜虫，出兵作战，以化学喷雾警告和迷惑敌人，捕捉奴隶，使用童工，不断交流信息。它们什么都干，就差看电视了。”

蚂蚁没有文化传承，一切都靠其基因中携带的编码资讯，人类则反其道行之。新生儿只有本能，其他技能则通过在成长过程中向社会其他成员学习得来。这种文化连续性似乎使人类与蚂蚁比起来具有压倒性优势。蚂蚁到现在也不会使用火，也不能与时俱进。它们的真菌养殖和蚜虫放牧或许可以与五千年前的人类农业技能相提并论，却完全无法与现代人的农业商业同日而语。

真的如此吗？无论如何，蚂蚁的农业方式是可持续的，既不破坏环境也不会大量耗能。此外，最新证据显示，蚂蚁的种植业比人类想象的更复杂，适应性也更强。

比起人类，蚂蚁早在5000万年前就开始务农了。因为自身无法消化叶子中的纤维素，所以蚂蚁开始在蚁穴里培养某些具备消化功能的真菌作为食物来源。蚂蚁会采来叶子饲养它们，还会分泌出抗生素像农民控制杂草一样控制其他种类真菌生长，甚至会用排泄物为自己的“庄稼”施肥。

人们一直以来认为蚂蚁始终培养同一种真菌，且自远古起，实质并无改变。恰恰相反。马里兰的 Ulrich Mueller 和他的同事根据遗传基因筛选了蚁穴中的 862 种不同的真菌。它们具有极高的多元性：似乎蚂蚁从未停止过开发新品种真菌。还有一点更加惊人：DNA 分析显示，蚂蚁经常与相邻蚁群交流交换真菌品种，以对其进行促进和改良。

都市生活使智力进步。史前人类还从没有接触都市时，证据显示蚂蚁已经在都市环境里生活了将近 1 亿年了。它们的地下城市配备有专门的房间和隧道，始终运作繁忙，不断发展壮大。

当眺望墨西哥城，东京，洛杉矶等城市时，我们震惊于所见的人类成就。但还是读一读 Hoelldobler 和 Wilson 为蚂蚁爱好者写的宏伟巨作《蚂蚁》吧。书中描写了北海道的石狩湾的石狩红蚁建起的超级种群。这座“超级都市”有 3 亿 6 千万工蚁和 1 百万蚁后，分住在 4，500 个彼此连通的蚁穴中，总占地面积达 2.7 平方公里。

能建起如此持久和复杂的网络，就其技术成就而言，蚂蚁远远胜过人类远祖。当法国南部等地发现 20，000 年前的洞穴壁画时，我们为之欢呼，称其为人类史上的杰作。可 7 百万年前，蚂蚁就已经建立起现代的社会形式，更别提史前人那原始落后的技术。也许视角不同，但这算不算智慧呢？

牛津大学，苏塞克斯大学和苏黎世大学研究证实，当沙漠蚁搜寻粮食归来时，它们会采用综合自身位置和距离的方法来定向，同时会在头脑中不断更新相关信息。它们会将视觉地标与记忆中的本地情况结合，而且其记忆模式可随时提取和更新。因此可以说，蚂蚁具备学习能力。

在一项 12 年的研究项目中，Ryabko 和 Reznikova 发现的证据足以证明蚂蚁可以传递非常复杂的信息。研究显示，侦察蚁会把食物先藏起来，然后回去调动运粮队伍。当双方交换信息完毕，实验人员将侦察蚁移走，并经过精心布置，以防运粮的蚂蚁可以闻到气味作为线索，然后观察运粮队伍的可能动作。通常结果是，运粮的蚂蚁会继续前进，并准确无误的到达食物所在地。现在，讨论的焦点在于，侦察蚁指示路线时，到底是通过一系列的“左右”动作呢，还是直接是说明“方向和距离”的信息。

在漫长详尽的研究过程里，Reznikova 与她实验室里的蚂蚁建立了深厚感情。即使它们身上不做人为标记，她也能一一辨认出来。所以，Edward Wilson 会在他的论文《与蚂蚁为伍》中，向那些不知该如何与自己厨房里蚂蚁相处的读者建议“留心脚下。爱惜这些小生命。”也在情理之中。

READING PASSAGE 2

➲ 文章结构

体裁	说明为主
主要内容	通过人类基因研究，确定早期古印第安人的迁移路线。
结构	A段：关于早期人类迁移，其研究方法不断演变。
	B段：在人类进入美洲大陆问题上，长久以来一直有争论。
	C段：血样分析测定不同种群的联系。
	D段：血样分析的研究结果。
	E段：遗传证据证明三次迁移浪潮的存在。
	F段：牙齿分析也提供了证据。
	G段：遗传学以外的其他证据与三次迁移浪潮理论相矛盾。

词汇注释

A段	
origin *n.* 起源，源头 archaeological *adj.* 考古的 sound *adj.* 可靠的，合理的 footing *n.* 立足点，立场 genetic *adj.* 遗传的，起源的	distribution *n.* 分布，散布 fossil *n.* 化石 objective *adj.* 客观的 clue *n.* 线索，提示
B段	
Siberia 西伯利亚 Bering Strait 白令海峡	migration *n.* 迁徙，移居
C段	
anthropologist *n.* 人类学家 allotype *n.* （遗传学），别型，异型（生物学）异模式标本 immunoglobin *n.* 免疫球蛋白 portion *n.* 部分，份 generation *n.* 代 compare *v.* 比较	indication *n.* 象征，迹象，指示，表明 variant *n.* 变体，变种 particular *adj.* 特别的，独有的 fluid *n.* 流体，液体 drift *v.* 漂流，偏移 interbreed *v.* 使杂交繁殖 calibrate *v.* 标定，定…的刻度
D段	
sample *v.* 抽样，抽样检查 Inuit 因纽特人 Aleut 阿留申人 Paleo-Indian 古印第安人 Na-Dene 纳德内人 Apache 阿帕切人	correspond to 和…相符合 Eskimo 爱斯基摩人 deduce *v.* 推论，演绎出 ancestral *adj.* 祖先的 Navajo 纳瓦霍人
E段	
mitochondrial *adj.* 线粒体的 Papago Indian 帕帕戈印第安人 Maya Indian 玛雅印第安人 predict *v.* 预测，预计，预言	Pima Indian 皮马印第安人 Arizona 美国亚利桑那州 Yucatan peninsula 尤卡坦半岛 descend *v.* 遗传，由…传下来

F段	
throw light on 阐明，有助理解 component *n.* 组件，成分 specimen *n.* 标本，样本 incisor *n.* 门牙 scoop *v.* 铲，掏，挖 dental *adj.* 牙齿的，牙科的	tooth crown and root 牙冠和牙根 minimally *adv.* 最低限度地，最低程度地 trait *n.* 特征，特点 shovel *v.* 铲，挖 tie in with 与…一致，符合 evolution *n.* 进化
G段	
give credence to 相信，以…为可信 fellow *adj.* 同事的，同类的 favour *v.* 支持，证实 account for 解释，引起	minority *n.* 少数 linguist *n.* 语言学家 notion *n.* 观念，想法，主张 backing *n.* 支持物
题目	
linguistic *adj.* 语言学的 long-standing *adj.* 长期存在的，经年累月的 closeness *n.* 接近，紧密度	relate to 与…有关，涉及 conflict *v.* 冲突，矛盾，对立，分歧

➲ 考题解析

Questions 14-19

● 题型归类：List of Headings

➲ 题目解析

题目编号	段落主题句	题 解
14	第2句	本段第1句提到过去的研究人类迁移的研究方法，是铺垫；第2句提到一系列技术进步改变研究方法；第3句提到当前所用的方法。可见本段主要说明人类迁移的研究方法。在所有选项中，提到研究方法的只有选项iv。同时其描述并未确定在某一时期，而是从过去到现在，故其主要说明研究方法的发展过程。 选项中的developments in the methods对应文章中的a number of techniques developed； to study early population movements对应前文提到的study of the origins and distribution of human populations。 本题答案为iv。

15	第1句	第1句直接提出问题关于“人类进入美洲大陆的时间”，后文具体提出都有哪些相关问题。 选项中prehistoric migration to America对应文章中people first entered the Americas。Questions则以具体形式出现。 注意：提到问题的选项还有ix，容易误选。但是其后提到问题的内容乃是关于“史前人类迁移进入美洲的原因”，与文章内容不符。 本题答案为vii。
16	最后1句	本段主要详细描述一种测定血样的分析方法。 选项中的analysis of blood-variants对应文章中comparing the Gm allotypes；选项中establish...genetic “distance” 对应文章中the closeness of the relationship between different populations。 注意：本题中主要描述测定方法及其原理，并非结果。故虽然选项i中也提到血样研究，却并非正确答案。 本题答案为x。
17	第4句	主题句前是承上段详细说明实施步骤，主题句说明其结果，以下说明具体结果内容。 本题答案为i。
18	第1句	本段第1句提出问题，以下则为具体回答。由文章中these conclusion可知，本段讨论的依然是上文提到的美洲三次人类迁移浪潮，同时下文全部是遗传学家的研究成果。 文章中other research对应选项中further...evidence。 本题答案为vi。
19	第1句	本段第1句总述有另两种研究方向：牙齿和语言学。下文全部是具体牙齿研究的例子。 本题答案为ii。

➲ 考题解析

Questions 20 and 21

●题型归类：Table
题目解析：通过表格中数字可迅速定位到文章D段。然后在其周围找到对应的路线描述，再回到下面图中找出字母即可。

➲ 题目解析

题目编号	题目定位词	答案位置	题　解
20	15, 000	D段倒数第3句	先通过数字确定本句。根据句中to all Central and South American Indians可在图中找到 E, F两条线路。再根据该句上一句总括中提到across the Bering Strait断定，答案为E。

21	600, 700	D段倒数第2句	先通过数字定位到本句。根据句中migrated south from Canada可确定答案为D。

➲ 考题解析

Questions 22-25

●题型归类：Matching
可根据选项A，B，C定位到文章D段。再根据选项前面的专有名词定位到具体句子，然后根据文章提供的类别选出正确答案。

➲ 题目解析

题目编号	题目定位词	答案位置	题　解
22	Inuit	D段最后1句	文章直接提到the third wave。 本题答案为C。
23	Apache	D段倒数第2句	文中直接提到the second wave。 本题答案为B。
24	Pima-Papago	E段第5、6行 E段最后1句	因本题型多按文章顺序出题。可由上题答案向下寻找答案。通过定位词定位到E段第5行。本句中并未直接提到A、B、C任何选项。但在本段最后1句提到，Pima-Papago是Paleo-Indian的后裔，而在D段可知，Paleo-Indian属于the first wave。 本题答案为A。
25	Ticuna	E段最后1句	同上。 本题答案为A。

➲ 考题解析

Question 26

● 题型归类：Multiple Choice

➲ 题目解析

题目编号	题目定位词	答案位置	题 解
26	Christy Turner's research, examination	F段第4句	可先根据题目中出现的人名定位到F段。本段第4句提到studies对应题目中提到的examination。 文章中specimens对应题目中teeth；文章中both ancient and modern对应题目中both prehistoric and modern；文章中New and Old World对应题目中Americans and Asians。 本题答案为A。

➲ 参考译文

基因与人口迁移

过去研究人类群体的起源和分布，通常以考古证据和化石证明为依据。但自二十世纪五十年代以来，技术的不断进步，为相关研究提供了更加牢固客观的基础。现在，关于早期人类迁徙的最佳信息，来自"活体考古学"，以遗传物质作线索。

在确定早期人类进入美洲大陆的时间时，其最新研究进展极好的体现了新技术的价值。长久以来，一直公认早期人类从东北亚和西伯利亚开始登陆新大陆。但是不是越过白令海峡进入美洲？是一次还是多次？如果是真的，具体时间又是什么时候？近年来遗传学的相关研究为解答上述问题提供了新的线索，这其中就包括对现代美洲印第安人基因标志分布状况的研究。

生物人类学家 Robert Williams 领导了一个重要项目，集中研究一种特殊蛋白质（位于血浆中的免疫球蛋白 G）的变异体（Gm 异源型）。蛋白质都会"漂变"，或产生变异体，经过数代人之后，异血缘交配繁殖的人类成员将共享一系列此类变异体。因此如果比较不同种群（例如两个印第安部落）的 Gm 异源型，就可确定它们间的基因"距离"，通过这个固定因素，就可断定这两个种群最后一次进行异种交配的时间。

Williams 和他的同事采集了 5000 名以上北美西部印第安人 20 年间的血样。他们发现，这些人的 Gm 异源型可分为两组，其中一组符合中南美洲印第安人的遗传分型。其他实验将因纽特人（爱斯基摩人）和阿留申人列为第三组。由以上证据不难推出，主要有三部分种群迁徙穿过了白令海峡。第一群是超过 15,000 年前的古印第安人，即今天中南美洲印第安人的祖先。第二群为大约 14,000-12,000 年前的纳德内猎手，他们是今天纳瓦霍人和阿帕切人的祖先。直到 600 或 700 年前，阿帕切人才向南迁徙到加拿大。第三群人于 10,000 或 9,000 年前来自东北亚，他们是今天爱斯基摩人和阿留申人的祖先。

其他持同样观点的相关研究发展程度如何？遗传学家 Douglas Wallace 对血样中的线粒体 DNA 做了调查。血样来自三个彼此相距甚远的美洲土著群体：亚利桑那的皮马 - 帕帕戈印第安人，墨西哥尤卡坦半岛的玛雅印第安人和巴西亚马逊河上游地区的土库那印第安人。与 Robert Williams 预测的相同，三个种群继承了共同的祖先古印第安人的血脉。

另外两项研究也为美洲印第安种群起源提供了帮助。它们分别是牙齿和语言研究。生物人类学家 Christy Turner 是专门研究分析人类牙齿物理特征变化的专家。他提出，牙冠和牙根具有高度遗传因素，受到环境和其他因素的影响最小。他研究了数以千计的新大陆和旧大陆标本，并比较了古代和现代牙根和牙冠特点如门齿铲型（牙齿一面或者两面的铲型痕迹），上颚单根第一前臼齿和下颚三根第一臼齿，结论是，大部分史前美洲人与北亚种群有关系。

Turner 说，这与古印第安人迁出北亚理论相符。通过校准牙齿微观进化律，他将迁徙时间定在 14000 年前。牙齿分析同样可证实其后的两次迁徙：纳德内人和爱斯基摩 - 阿留申人。

二十世纪五十年代起，语言学家 Joseph Greenberg 就提出，除纳德内语和爱斯基摩 - 阿留申语，所有的美洲土著语言同属一种“美洲印第安”语系。这种观点证实了三次重要迁移理论。但 Greenberg 的观点在同行中属于少数，大部分语言学家倾向于赞同美洲印第安人的多次迁移导致了曾经出现过的 1000 多种语言。但毫无疑问，新的遗传学证据和牙齿证据有力证明了 Greenberg 的观点。不过除非有翔实的考古学证据支持，否则要给出这些迁移的具体日期，还需谨慎从事。

READING PASSAGE 3

➲ 文章结构

体裁	说明为主
主要内容	欧洲森林状况堪虞，为解决现状，欧洲国家在斯特拉斯堡举行保护森林会议并提出具体举措。
结构	第1段：斯特拉斯堡高峰林会的召开原因。
	第2段：欧洲视角：森林的三大基本功能。
	第3段：会议的总宣言。
	第4段：会议的6项详细举措。

➲ 词汇注释

第1段	
element *n.* 成分，要素 decline *n.* 衰微，降低 imbalance *n.* 失衡，失调 threat *n.* 威胁，恐吓 deterioration *n.* 恶化，降低，退化 co-ordinate *v.* 协调，整合 host *v.* 主持，主办 combat *v.* 奋斗，争斗 ecosystem *n.* 生态系统 undertake *v.* 从事，承担 joint action 联合行动 border *v.* 邻接，毗连，与…接壤 Nordic 北欧的 ignore *v.* 忽视，忽略	heritage *n.* 遗产，遗留物 decade *n.* 十年 concerned *adj.* 关心的，关切的 frontier *n.* 边境，国界 woodland *n.* 林地，森林地 policy *n.* 政策，方针 ministerial *adj.* 部长的，公使的 extension *n.* 延长，扩充，范围 preparatory *adj.* 预备的，初步的 initial *adj.* 开始的，最初的 confine *v.* 限制，限定范围 Mediterranean 地中海的 discard *v.* 丢弃，抛弃

第2段	
triple *adj.* 三重的，三方的，三倍的 lung *n.* 肺 oxygen *n.* 氧气，氧 solar energy 太阳能 immense *adj.* 巨大的，广大的 constantly *adv.* 经常地，不断地 condemn *v.* 责难，谴责 unwind *v.* 展开，放松 hiking *n.* 远足，步行 fuel *n.* 燃料 threaten *v.* 威胁	recreational *adj.* 修养的，娱乐的 photosynthesis *n.* 光合作用 transformation *n.* 改变，转化 fulfill *v.* 完成，履行 raw material 原材料 renew *v.* 更新，重新开始 unrivalled *adj.* 无匹的，无对手的 leisure activities 休闲活动 dawn *n.* 黎明 aspect *n.* 方面
第3段	
myth *n.* 神话 effectively *adv.* 有效地 artificial *adj.* 人工的，人造的 vital *adj.* 至关重要的 inevitable *adj.* 不可避免的 scale *n.* 等级，规模	survive *v.* 生存，生还 primary *adj.* 主要的，初期的，根本的 exploit *v.* 利用，开发 transcend *v.* 超越 hence *adv.* 因此，所以，今后 coherent *adj.* 连贯的，一致的
第4段	
accompany *v.* 伴随，带有 systematisation *n.* 组织化，系统化 monitor *v.* 监视，监听，监督 needle *n.* 针，针叶 cumulative *adj.* 累积的 pollutant *n.* 污染物 culprits（*pl.*）罪犯，犯人，肇事者 nitrogen *n.* 氮 accentuate *v.* 强调，重读 soil acidification 土壤酸化 genetic diversity 遗传的多样性 to the same extent 同等程度地 databank *n.* 数据库，资料库 scattered *adj.* 分散的 skiing *n.* 滑雪 biochemical *adj.* 生物化学的 doctoral thesis 博士学位论文 priority *n.* 优先权，优先顺序，优先 participant *n.* 参加者，参与者 commit *v.* 付诸 representative *n.* 代表	resolution *n.* 解决方式 surveillance *n.* 监督，监查 proportion *n.* 比例，均衡，部分 entire *adj.* 全部的，整个的 atmospheric *adj.* 大气的 principal *adj.* 主要的，首要的 compound *n.* 合成物，化合物 sulphur dioxide 二氧化硫 drought *n.* 干旱 preserve *v.* 保护，维持 reserve *v.* 保留，预定 establishment *n.* 确定，制定，创立 preventative *adj.* 预防性的 permanent *adj.* 永久的，持久的 physiology *n.* 生理学 scholarship *n.* 奖学金 harmonise *v.* 使协调，使和谐 motivation *n.* 动机，积极性 represent *v.* 代表，表现 on-going *adj.* 持续的，在进行中的

题目	
identify *v.* 识别，认明，鉴定 motorise *v.* 机动化，动力化 initial *adj.* 开始的，最初的 prior to 在…之前 consist of 由…组成 hinder *v.* 妨碍，阻碍	preference *n.* 偏爱，优先 vehicle *n.* 交通工具，车辆 mobility *n.* 机动性，可动性 inaccessible *adj.* 难解近的，难达到的 lend a hand 帮助，帮忙

考题解析

Questions 27–33

● 题型归类：TRUE/FALSE/NOT GIVEN

题目解析

题目编号	定位词	考点	答案位置	题　解
27	Mediterranean,	to be discussed, next meeting	第1段倒数1、2句	由第1段倒数第1句可知，未来有可能讨论，但并未说明是next meeting。该细节在文章中并未具体体现，也无对应词。 本题答案为NOT GIVEN。
28	Nordic countries,	excluded, outside the European Economic Community	第1段倒数第1、2句	由第1段倒数第2句可知Nordic countries被排除在外的原因是geographical，而非题目当中提到的European Economic Community原因。故欧洲经济共同体代表经济或政治原因，而非地缘原因。 题目信息与文章信息矛盾。 本题答案为FALSE。
29	raw material	renewable	第2段第5行	文章中raw material在题目中并未发生变化；文章中constantly renewed production of wood对应题目中renewable。 题目中信息全部在文章中体现，且逻辑关系未变。 本题答案为TRUE。
30	biological functions	only in the twentieth century	第2段倒数第3行	文章中other aspects对应题目中biological functions，但题目中only in the twentieth century与文章该句中only for a few centuries矛盾。 本题答案为FALSE。

31	natural forests, Europe	still exist	第3段第1、2行	通过natural forests一词可定位到文章第3段第1句，但文章中提到是“myth”，同时后半句提到no remaining “primary” forests in Europe。第2句更直接说到欧洲森林全部为人工林。由此判断题目中“天然林仍然存在”说法与文章矛盾。 本题答案为FALSE。
32	forest policy,	limited by national boundaries	第3段第3行	通过forest policy一词定位到文章第3段第3行。题目中limited by national boundaries与文章中must transcend national frontiers矛盾。 本题答案为FALSE。
33	Strasbourg conference, forest policy	possibility of change	第3段第4行	通过题目中专有名词Strasbourg conference定位到第3段倒数第4行。文章句中的this conclusion指代上文提到的inevitable changes that take place in the forests，对应题目中的the possibility of change。题目中信息在文章中全部找到，且逻辑关系未变。 本题答案为TRUE。

➲ 考题解析

Questions 34–39

● 题型归类：Matching

上题的答案出现在第3段结尾，本题可继续阅读。同时根据6个题目中均出现的resolution一词和第4段第1行six detailed resolutions可确定，答案应出现在本段。做题时可有意识在文章中寻找表示顺序的关系词或数字。

➲ 考题解析

题目编号	题目定位词	答案位置	题　解
34	resolution 1	第4段第2行	通过题目中数字1对应到第4段第2行first。选项J中information is to be systematically gathered对应文章中systematisation of surveillance sites，选项J中any decline in the condition of forests对应文章中forest decline。 注意：选项F中extensively与monitored均与原文出入较小，容易误选。但句中loss of leaves from trees只是forest decline的现象之一，“监测”的主题对象仍是forest decline。该选项中一再出现原文原词，乃是混淆项。选项I亦是如此。容易误选。 本题答案为J。

35	resolution 2	第4段第9行	通过题目中的2对应文章中的second可定位到第9行。文章中的preserve在选项A中并未发生变化；文章中的genetic diversity对应选项A中的all kinds of species。且其他选项中均未提到“生物多样性”。 本题答案为A。
36	resolution 3	第4段第12行	在本段通过third定位到本句。后半句中的the subject即指代前半句提到的forest fires。所有选项中只有选项E提到forest fires。 文章中的databank对应选项E中的information...collected and shared。同时下一句也做了详细解释：all information...generally available。 本题答案为E。
37	resolution 4	第4段第15行	通过fourth定位到本句。全部选项中提到mountain forest的只有选项 B。 注意：选项H中的skiing在文章中只作为例子被提及，并未详细说明，且该选项中encouraged也与文章意思相悖。该选项中出现多个原文原词，是混淆项，容易误选。 本题答案为B。
38	resolution 5	第4段第20行	通过fifth定位到本句。文章中European research network对应选项G中resources...research。文章中physiology of trees对应选项G中tree diseases。且在其下一句详细解释中直接出现该词。选项中提到tree diseases的只有选项G。 注意：本题容易误选D。注意通过细节辨析。 本题答案为G。
39	resolution 6	第4段第24行	沿上题答案定位到本句中finally。文章中提到建立research network，所有选项中只剩下选项D中提到research。 注意：选项C中出现priority，是文章中原词，容易误选。但句中的surviving natural forests并未出现，应注意主体与细节的区分。 本题答案为D。

➲ 考题解析

Question 40

● 题型归类：Multiple Choice

考察文章题目的选择题通常在一篇文章全部题目中最后出现。此时已完成大部分题目，对文章内容有大致了解，故无需再返回阅读文章。可通过排除法选择答案。能够充当文章题目的，多为抽象的，概括的句子或词语，可排除掉出现具体词句的选项。同时，文章的题目应涵盖文章的绝大部份内容，只提到其中某一部份内容的选项，则不是正确答案。

➲ 题目解析

题目编号	解　析
40	选项A在文章第2段出现，选项C在文章第3段，选项D在文章最后1段出现，都分别只是具体说明文章论点的某一部份。只有选项B从文章开始便提出，且“保护森林”贯彻文章始终，乃是文章的主旨。 本题答案为B。

➲ 参考译文

森林是自然遗产的重要组成部分。过去 15 年中，欧洲森林数量大幅减少，使得人们逐渐认识和理解到生态严重失衡所带来的威胁。欧洲国家开始日益关注威胁森林的因素。不同于地理和气候条件，空气污染、土壤恶化、频繁的森林火灾和对森林和林地资产的管理不善这些威胁因素是无远弗届的。各国为此达成共识，必须团结合作，制定共同方针。1990 年 12 月，斯特拉斯堡举行了第 1 届部长级会议，旨在保护欧洲森林。会议汇集了来自东欧和西欧的 31 个国家。讨论的议题包括联合调查森林毁坏，抗击森林火灾，以及扩大对欧洲森林生态系统的研究项目。会议筹备期举行了两次专家会议，初步任务是确定哪些森林问题涉及和关注的国家数目最多，以及可能的联合行动。限于特定的地理区域，某些地中海沿岸国家和北欧国家没有出席，但并不意味它们将来也不参加。

总的来说，欧洲国家认为森林执行三重功能：生物的，经济的和消遣的。首先，作为我们星球的“绿肺”，森林通过光和作用转化太阳能，产生氧气。对于人类来说，森林仿佛一个巨大的无污染的电站，起着至关重要的作用。其次，森林不断更新，生产木材，为人类活动提供原料。最后，对于那些一周五天不得不待在城市的人来说，森林为他们提供了无与伦比的放松和自由环境。他们可以参加一系列休闲活动如打猎，骑马或远足。自从人类之初，人类将木材作为最早的燃料起，森林的经济重要性已被广泛认可，其他方面价值发现尽管只有几百年，但它们正变得越来越重要。因此，整个欧洲真正关切森林环境的破坏给这三项基本功能带来的威胁。

天然林的说法依然存在，但事实上欧洲的原始天然林已不复存在。欧洲森林全部都是人工栽培，已被人类所改造和利用达数千年之久。这意味着，森林政策极为重要，它必须超越国界，跨越几代人，同时考虑到需求方面不可避免的变化，它必须与时俱进。同规模的会议中，斯特拉斯堡会议是第一次得出此结论的大会。会上制定了总宣言：“任何协调生态环境的森林政策必须重点优先考虑一段时间内的连续性，以及不可预知事件的可能影响，以确保维持这些森林的充分可能性。”

总宣言伴随有 6 项详细决议，以协助国家制定政策。第 1 项提出将检测森林衰退的检测点系统化和扩大化。人们对森林衰退依然知之甚少，但其使树木大量落叶却是有目共睹。30%~50% 的树木都深受其害，其影响遍及整个大陆和绝大部分物种。这种情况似乎是一系列因素累计影响所致，大气污染物是主要元凶。氮化合物和二氧化硫须特别加以注意。然而，很有可能使之进一步恶化的是气候因素，如干旱，冬季严寒，或土壤不平衡——土壤酸化会损害植物的根。第 2 项决议的重点在于维护欧洲森林的遗传多样性。其目的在于扭转树种下降数量，或至少保持它们的全部“遗传物质”。虽然森林火灾影响欧洲各国的程度不同，但考虑到其带来的损失数量，与会专家还是将之列为第 3 项决议内容，即考虑建立关于森林火灾的数据库。用于发展国家预防政策的一切信息都将被普遍使用。第 4 项决议讨论了山林。在欧洲，毫无疑问山地生态系统改变最为迅速，面临危险最大。常住人口稀少，以及休闲活动如滑雪，都对当地生态系统造成长期重大改变。拟议发展包括山林项目的优先研究。第 5 项在欧洲重新启动名为 Eurosilva 的树木生理学研究网络。它将支持关于树木疾病，树木生理生化方面的欧洲联合研究。每个有关国家都将为此领域的研究项目和博士论文提供奖学金和其他财政支持。最后，会议确定了森林生态系统欧洲研究网络的框架，既协调与会各国行动，又确定了保护森林的优先研究课题。斯特拉斯堡会议的中心议题是提供美好未来。这也是最初的动机，现在已为与会的 31 个国家代表所接受。大会最终决议政府代表将进一步讨论对森林的责任。

WRITING

WRITING TASK 1

The chart below shows information about changes in average house prices in five different cities between 1990 and 2002 compared with the average house prices in 1989. Summarise the information by selecting and reporting the main features, and make comparisons where relevant.

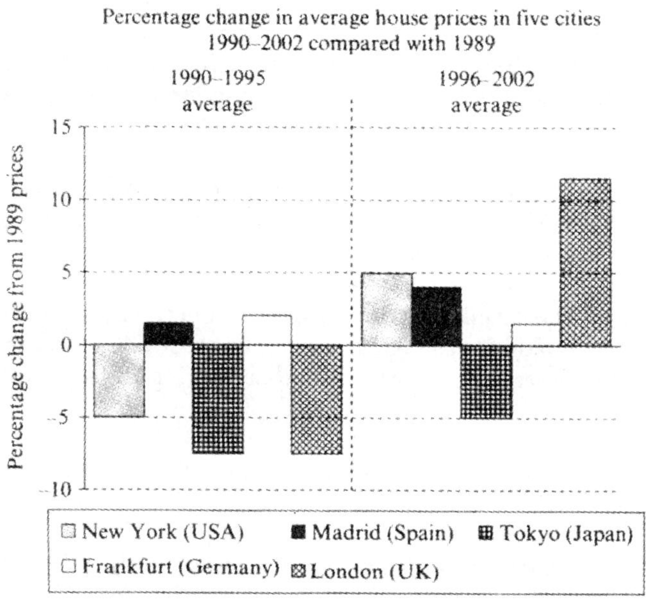

➲ 题目分析，包括回答中需要涉及的要点、对比以及考生可能对题目产生的错误理解。

要点

1. 两部分图表显示的是不同时期房价的平均变化，不是具体某些年份的变化。
2. 这些变化是和 1989 年相比的。
3. 先看看变化趋势，如果有的城市变化趋势相同，就把这些城市放在一起讨论，这样做更简单，也有助于进行对比。

考生可能产生的错误理解和问题

1. 具体的房价并没有显示，因此就不可能知道哪些城市的房价更高，哪些更低。
2. “average”是指图中显示的一段时期的平均值，而不是说房价在这些时间段里每年的变化是一样的。

➲ 建议的写作结构，对比此结构与考生有可能采用的不恰当结构。

介绍部分应该简短地把题目重述一遍。纽约和伦敦的变化趋势是一样的，所以可以把这两个城市放在一段里。马德里和法兰克福也是同样的趋势，放在一段里。东京由于其特殊情况应该自成一段。这样写的话就比写出五个短很多的段落要好得多，因为如果有五段，句子结构和词汇就会重复，也无法对比得出相似之处。结论部分应该简短地概括一下图表。

➲ 参考范文

The charts show how average house prices have changed in five cities. One shows the change from 1990 to 1995 compared with 1989 and the other shows the change from 1996 to 2002 compared with 1989.

We can see that house prices in New York and London followed the same pattern — falling during the first period (by 5% and 7.5% respectively) and rising during the second (by 5% and 12% respectively), in comparison with 1989.

House prices in Madrid and Frankfurt rose during both periods in comparison with 1989, though the increase in Frankfurt was greater during the first (2%) than the second (1.5%). On the other hand, the increase in Madrid was higher during the second period (4%) than the first (1.5%).

Tokyo was the only city where house prices fell in both periods compared to 1989. Between 1990 and 1995, they fell by 7.5% and between 1996 and 2002 they decreased by 5%.

To summarise, there was no consistent factor in house prices in the five cities, though prices, compared to 1989, seemed to be better in the period 1996-2002 than 1990-1995.

这两张图表显示了五个城市房价的平均变化。一张表给出了房价在 1990 年到 1995 年间与 1989 年相比的变化，另一张表显示房价在 1996 年到 2002 年间与 1989 年相比的变化。

我们可以看到，纽约和伦敦的房价变化呈相同趋势。和 1989 年相比，房价在第一个时期内有所下降（分别下降 5% 和 7.5%），在第二个时期内有所上升（分别上涨 5% 和 12%）。

马德里和法兰克福在这两段时期内的房价与 1989 年相比都有所上扬。法兰克福的房价在第一段时期内的增长（2%）比第二段时期的高（1.5%）。而马德里的房价在第二段时期内的增长（4%）比第一段时期的高（1.5%）

只有东京的房价在这两段时期里与 1989 年相比有所下降，在 1990 年到 1995 年间下降 7.5%，在 1996 年到 2002 年间下降 5%。

结论就是，五个城市的房价在这两段时期当中都没有一个常数。但是，与 1989 年相比，1996 年到 2002 年间的房价似乎好于 1990 年到 1995 年间的房价。

➲ 参考范文中的词汇及结构分析，以及考生可能犯的错误。

1. 作者在分别说两件事情的时候用了“respectively”。
2. 作者没有重复使用“period”，而是用了“falling during the first period…and rising during the second”。
3. 作者在对比时用了短语“in comparison with”，这个短语就告诉阅卷者接下来要进行对比。
4. 作者用了对比性的描述，如“was greater during the first…than the second”和“was higher during the second period…than the first”。
5. 作者用“there was no consistent factor in house prices in the five cities”来说明五个城市房价的变化模式都不同。

WRITING TASK 2

As most people spend a major part of their adult life at work, job satisfaction is an important element of individual well-being. What factors contribute to job satisfaction? How realistic is the expectation of job satisfaction for all workers?

➲ 题目分析，包括写作中需要涉及的要点以及考生可能对题目产生的错误理解。

1. 题目共问了两个问题，但是考生可能会把大部分篇幅放在回答第一个问题上。
2. 第一个问题是开放性的，考生可以探讨很多因素。

➲ 建议的回答结构，对比此结构与考生有可能采用的不恰当结构。

作文以一个简短的介绍开始，指出需要探讨的因素有很多，但在作文中只会讨论几个因素。考生无需在介绍部分把这些因素列出来（有可能在你写介绍部分时还没有想到有哪些因素）。考生可以选一些很具体的因素来具体讨论，也可以选择一些不太具体的因素，然后大概地说一下。可以用单独的一段来回答第二个问题，或者可以在结论部分回答第二个问题，在结论部分说明涉及的因素太多，因此要让所有就业者都满意自己的工作是极不现实的。

➲ 两篇观点不同的参考范文（250字—300字）

参考范文 1

If people are asked to list the factors in their lives that influence their well-being, I think it is fair to say that the vast majority of people would place their job near or at the top of the list. There are so many factors contributing to job satisfaction (or dissatisfaction) that only a few can be examined here. In addition, is job satisfaction for everyone realistic or will there always be people who are dissatisfied?

One key factor contributing to job satisfaction is whether people are doing something that they want to do. If someone has been forced into taking a job, perhaps for financial reasons, they may not really be satisfied. On the other hand, many people take low-paid jobs because that's the job they want to do.

Another important factor is who you work with — not just your colleagues, but your customers and/or other people you deal with on a day-to-day basis. If they are pleasant, positive people, you are more likely to be happy in your job.

Related to this is the company you work for. If it is a well-run enterprise that treats its employees well — perhaps involving the "ordinary" workers in planning and decision-making — those employees are more likely to have higher job satisfaction. In addition, some employees may prefer to work for a small organisation whilst others might prefer a large one. Of course, organisations that are doing well are more likely to have satisfied employees than those doing badly.

In conclusion, we can see that the factors influencing job satisfaction are varied and it is precisely this interplay of factors that makes it unrealistic to expect everyone to be satisfied with their jobs.

(281 words)

如果要人们列出生活中影响他们幸福的因素，我想绝大部分人都会把工作放在前列。影响工作满意度（或者不满意度）的因素有太多，本文只讨论其中几个。此外，期待每个人都满意自己的工作是否现实，还是总会有人对自己的工作感到不满意？

工作满意度的一个关键因素就是人们是否从事他们想做的工作。如果有的人可能因为经济原因而被迫从事一份工作，他们可能就不会真正对工作感到满意。另一方面，许多人接受低薪的工作，因为那就是他们想做的事情。

另一个重要因素就是你和谁一起工作，不只是和你的同事，还有你的客户和其他那些你每天都要打交道的人。如果他们人很积极，也好相处，那么你就更可能对你的工作感到满意。

另外就是你所服务的公司。如果这是一家运营良好，善待员工的企业——这可能涉及制定计划和做出决策的“普通”员工——那么这家企业的员工就更可能对他们的工作有更高的满意度。此外，可能一些人喜欢就职于小机构，而另一些人可能更喜欢大的机构。当然，身在好机构的员工比身在较差机构的员工更有可能对工作感到满意。

总的来说，我们可以看到，影响工作满意度的因素是不同的，而正是各种因素的相互影响才使得我们不可能期望每个人都满意自己的工作。

参考范文 2

It is important to be satisfied with your job, mainly, but not only, because you are likely to spend a substantial part of your time doing it. Many factors contribute to job satisfaction and I will outline a few. Also, I will consider whether it is realistic to expect all workers to be satisfied with their jobs.

Of course, many people associate job satisfaction with the number on their pay cheque. They may take their salary as an indication of how much they are valued by the organisation they work for. Many people claim that their salary does not influence how satisfied they are, but I suspect that they would be less satisfied if their salaries were cut.

Another factor is where the person works. Some people prefer to be close to their homes (or even at home) whilst others don't mind if their job involves a lot of travelling or is far from where they live. This might depend on their family circumstances — perhaps they have to look after a family member — or whether travelling to and from work is a chore because of traffic jams or lack of convenient transport.

I think it is unrealistic to expect everyone to be satisfied with their jobs, simply because there are so many people with so many demands. If many people demand the same kind of work, employers will be able to reduce salaries or pick those who they consider to be the best.

To conclude, job satisfaction for everyone is unrealistic and there are many factors that contribute to job satisfaction.

对自己的工作感到满意是很重要的（但不是唯一重要的），因为你人生大部分时间都花在工作上。许多因素会影响工作满意度，我在文中会列出几条。同时，我会谈谈期望所有的员工都满意自己的工作是否现实。

当然，许多人会把工作满意度和工资多少联系起来，他们可能把薪水高低作为他们所在机构衡量他们价值的标准。许多人宣称他们的薪水高低不会影响他们的满意度，但我猜如果这些人的薪水被降低，他们的满意度也会降低。

另一个因素就是人们的工作地点。一些人喜欢在离家近的地方工作（或者就在家里工作），而其他人不介意自己花很多时间在上下班的路上或者到离自己住地很远的地方上班。这就取决于他们的家庭条件——可能有的人需要照顾自己的家人——或者取决于上下班是否会因为交通堵塞或缺少便利交通工具而成为一件麻烦事。

我认为，要让每个人都满意自己的工作是不现实的，原因很简单，人们的需求各不相同。如果许多人都要求同一种工作，那么雇主就可以降低工资或者挑选那些他们认为最好的人。

总的来说，让每个人都满意自己的工作不现实，而构成工作满意度的因素有很多。

➲ 参考范文中的词汇及结构分析，以及考生可能犯的错误。

1. 注意介绍部分的“the vast majority”。
2. “There are so many factors contributing to job satisfaction (or dissatisfaction) that only a few can be examined here.”作者表明他／她只探讨几个因素。
3. “key factor”这个搭配的意思是“main influence”。
4. 作者用的是“for financial reasons”，而不是简单地用“for money”。
5. “Another important factor is who you work with — not just your colleagues, but your customers and/or other people you deal with”作者没有把不同的人单独列出来作为不同的因素，而是把他们放在一起讨论，这样就节约了时间来说其他因素。
6. 作者正确使用了“on a day-to-day basis”这个高级短语。
7. “If they are pleasant, positive people, you are more likely to be happy in your job.””作者并没有说这样你就会（will）满意，只是说这个因素会增加可能性。
8. “a well-run enterprise”也是一个高级短语。
9. “In conclusion, we can see that the factors influencing job satisfaction are varied and it is precisely this interplay of factors that makes it unrealistic to expect everyone to be satisfied with their jobs.”作者在结论部分回答了第二个问题，回顾了他／她已经写过的内容。注意“interplay”这个高级词汇的正确使用。
10. “Many factors contribute to job satisfaction and I will outline a few.”这是另一种方法，表明作者只看其中几个因素。
11. “Of course, many people associate job satisfaction with the number of their pay cheque.”注意像“associate”和“pay cheque”这样的高级词汇的正确用法。
12. “They may take their salary as an indication of how much they are valued by the organisation they work for.”注意在一个句子里不同结构的使用。
13. 注意单词“chore”的使用。
14. “I think it is unrealistic to expect everyone to be satisfied with their jobs...”这个作者单

独用一段来回答第二个问题。

15. “To conclude, job satisfaction for everyone is unrealistic and there are many factors that contribute to job satisfaction.” 一个非常简单但有力的结论。

SPEAKING

➲ a) 题目分析，包括考生可能对题目产生的错误理解。

Have you ever been in very cold weather?
虽然这个问题问的是非常寒冷的天气，但你可以另外谈谈寒冷的天气。你可以说说当时你在哪里，你做了些什么。

How often is the weather cold where you come from?
说说寒冷的天气有多少个星期 / 月，有可能的话给一个大概的温度。

Are some parts of your country colder than others?
在中国的话，这个问题的回答肯定是“yes”。举例说说国内不同地方的天气，有可能的话给出温度。

Would you prefer to live in a hot place or a cold place?
说说为什么愿意或者为什么不愿意，然后举例说明你会做些什么，你会穿什么衣物。

Describe a competition that you took part in.
选择一项比赛时，记住要根据“competition”这个单词的英文意思来选。这项比赛并不包含考试，问题也没有说比赛举行的时间，所以你可以说最近或者数年前的事情。你也不必选一项你获得过胜利的比赛。

Why do you think some school teachers use competitions as class activities?
不管你是否同意老师们使用比赛作为课堂活动，问题只问了为什么有的老师会这样做。你可以根据自己的经验举出几个课堂上的比赛做例子。记住，题目是具体地问老师在课堂上进行这些活动。

Do you think it is a good thing to give prizes to children who do well at school?
说你是否这么认为然后给出原因。再次注意，问题问的是学校。

Would you say that schools for young children have become more or less competitive since you were that age?
说说为什么会变成这样以及这样的影响，可能的话给出例子。

What are the advantages and disadvantages of intensive training for young sportspeople?
注意问题具体问的是“intensive training for young sportspeople”，所以你不应该谈每周进行几个小时体育运动的大部分年轻人。问题关注的是那些投身于（或者希望进入）如奥林匹克一样的国际体育竞赛的年轻人。

Some people think that competition leads to a better performance from sports stars. Others think it just makes players feel insecure. What is your opinion?
你不必同意一种说法而反对另一种说法，你也可以两种说法都同意或者都反对。试着给出整个体育界的例子，而不要以个别人为例。记住，你认为对的可能在大的范围来看或者在竞技体育中并非如此。

Do you think that it is possible to become too competitive in sport?
在回答这个问题时，你应该能给出体育界的例子，而不是以个别人为例。说说在体育方面竞争过头可能导致的问题。

➲ b) 考生可在回答中使用的实用词汇

Have you ever been in very cold weather?
Snow, ice, slippery, windy, winter, ice festival, extremely cold, temperature, minus, degrees.

How often is the weather cold where you come from?
For … months, the rest of the year, all year round.

Are some parts of your country colder than others?
North, south, east, west, centre, climate, seasons.

Would you prefer to live in a hot place or a cold place?
Sunny, cool, T-shirt, shorts, sandals, gloves, scarf, coat, hat, sunbathing, swimming, skiing.

Describe a competition that you took part in.
Sport, chess, singing, dancing, play against, win, lose, draw, beat, score, goal, matches, successful, have a great time, PE teacher, select, players, team, fun, join the team, prize, annual event, play competitively, national (regional/provincial/local) championships, disappointed, happy, delighted, opponent, practice hard.

Why do you think some school teachers use competitions as class activities?
Develop, compete, encourage, use, familiar, adult life, fun, interesting, enjoy, learn.

Do you think it is a good thing to give prizes to children who do well at school?
Target, aim, academic study, music, sport, handicrafts, demonstrate, competitive, arguments, feel, feelings, discouraged, unhappy, proud, success, happiness.

Would you say that schools for young children have become more or less competitive since you were that age?
Trend, focus, equality, promote competition, parents, teachers, attitude, push children, pressure, unfair, enormous.

What are the advantages and disadvantages of intensive training for young sportspeople?
Improve, succeed, success, international competition, focus, get/become injured, injury, sports career.

Some people think that competition leads to a better performance from sports stars. Others think it just makes players feel insecure. What is your opinion?
Reach a high standard, desire to win, respond, concerned, worried, perform, nerves.

Do you think that it is possible to become too competitive in sport?
Cheat, take drugs, honest, talents, improve performances, foul other players, fans, coaches, managers.

➲ c) 参考回答（每个问题两个回答）

Have you ever been in very cold weather?

Yes, I have. Last winter, I visited Harbin in the north-east of China. I went to see the ice festival and had a great time, but it was extremely cold. I don't know exactly how cold it was, but people told me its regularly minus thirty degrees there in winter.

No, I haven't. I'm from the south of China where it is warm all year round and I have not had the opportunity to travel to cold places. I have only seen snow in pictures and on TV!

How often is the weather cold where you come from?

I live in Beijing, where the winters are always cold. However, that's only three months each year and the rest of the year is hot.

As I said, where I live it is warm all year round. I have some friends who live in places where it is sometimes cold.

Are some parts of your country colder than others?

Oh yes. China's a very big country. The far north is cold for half the year. The far south is rarely cold though.

No. My country is very small, so the climate is almost the same all over.

Would you prefer to live in a hot place or a cold place?

I'd prefer to live in a hot place. I like sunny weather and wearing a T-shirt and shorts. I like being outside, so being in a cold place is not such a good idea for me.

I'm not sure. I've never lived in a cold place. I generally enjoy living in a warm place, but sometimes it is extremely hot in summer and I don't like that at all.

Describe a competition that you took part in.

When I was at school, I took part in a basketball competition. We played against several other schools. We lost most of our matches, so we weren't very successful, but we had a great time. I found out about the competition from our PE teacher. He selected the best basketball players from the school and created the team. I thought it would be fun, so I agreed to join the team. I think the prizes in the competition were basketballs and basketball clothing — I can't really remember. Anyway, we didn't win anything. The competition is an annual event, so I hope that subsequent teams from our school have done better.

In my free time, I play chess. I've played competitively since I was a child. I'm quite good at it, but I've never won a competition. Last year, I took part in the national championships, but was beaten in the first round. Of course, I was disappointed, but I have to admit that my opponent was far better. I'm glad that I at least made the game last a long time by thwarting some of his moves. I will certainly try to get into the competition again this year and I have been practicing hard.

Why do you think some school teachers use competitions as class activities?

I think that they want to develop children's natural tendency to compete in the classroom. They also want to encourage children to use what they know. Perhaps they also want the children to become more familiar with competition, because it will play an important part in their adult lives.

I think that the students usually find competitive activities in class fun, so the teachers do them to make the classes more interesting. If students are enjoying a class activity, they are more likely to learn from it.

Do you think it is a good thing to give prizes to children who do well at school?

Yes, I do. It gives children a target to aim for in their studies. If prizes are given for a variety of things — academic study, music, sports — then it gives all the children a chance to show what they can do.

I'm not sure that it is a good idea. If the children become too competitive, it could lead to arguments. Children who do not do so well might feel discouraged or unhappy. Giving prizes could also lead the winning children to become too proud.

Would you say that schools for young children have become more or less competitive since you were that age?

I would say they have become less competitive. There seems to be a trend for schools to focus on equality rather than on promoting competition. I think this is wrong because the real world is very competitive and people are not equal or treated equally in it.

I think that they have become much more competitive. I think that this is mainly due to parents rather than the children or the teachers. In recent years, parents have been pushing their children to be the best, not just at one thing, but at everything. The pressure on the children is enormous.

What are the advantages and disadvantages of intensive training for young sportspeople?

I think the advantage is that the more training they have, the faster they can improve. The main disadvantage, in my opinion, is that they will have less time for other things. If they cannot succeed at the highest level, then all the training might be for nothing.

I think that the main advantage is that they can focus on one thing and aim for success at it. The biggest disadvantage is that they will be much more likely to get injured and this could affect their whole sports career.

Some people think that competition leads to a better performance from sports stars. Others think it just makes players feel insecure. What is your opinion?

I think that it leads to better performances from sports stars. I don't think that people at that high level of competition will feel insecure. If they felt insecure, they would not be very likely to reach such a high standard. The desire to win, in my opinion, means that the more important the competition, and the better the opponent, the better the performance.

I think that it does both. If there is a higher standard of competition, sports stars are likely to respond by giving their best performances. On the other hand, if they are concerned about losing or worried that they might not perform well, they are likely to perform worse because of nerves.

Do you think that it is possible to become too competitive in sport?

I think it is unlikely. The only example I can think of is when a sportsperson becomes so competitive that they start cheating, perhaps by taking drugs. Of course, there are many examples of this, but the vast majority of sportspeople are honest and try to win by using their talents.

I think that it happens a lot. We can see many sportspeople take drugs to help improve their performances. Others, for example in football, foul other players and perhaps even intentionally try to hurt them. Of course, it's not only the sportspeople who become too competitive — it's also the fans.

Test 4

LISTENING

SECTION 1

谈话场景：租房场景
人物关系：学生和房屋信息员
谈话话题：学生申请寄宿家庭

词汇注释

homestay *n.* 寄宿家庭 sex *n.* 性别 nationality *n.* 国籍 length *n.* 长度，时间的长短 enroll in 登记，参加 preference *n.* 偏爱，优先选择 objection *n.* 妨碍，拒绝 mode *n.* 方式，模式 transport *n.* 交通，运输	pet *n.* 宠物 veterinarian *n.* 兽医 vegetarian *n.* 素食主义者 requirement *n.* 要求 seafood *n.* 海鲜 hobby *n.* 爱好 handball *n.* 手球 public transport 公共交通工具

交际与语言表达

1. 本文是国际学生去申请寄宿家庭的对话，包括登记一些基本的个人信息。开头以 what can I do for you？引出话题。听录音时，由于学生是 international student，而非 native English speaker，所以在口音、用词和表达方面有自己的一些特色。
2. Okey, so let me get some details. What's your name? 好了，我需要一点你的个人信息。你叫什么名字？ family name，surname，last name 都表示姓；first name，given name 表示名。
3. Do you have any preference for a family with children or without children? 你喜欢有孩子的家庭还是没有孩子的家庭？
4. Are you familiar with the public transport system? 你熟悉公共交通系统么？ be familiar with 对……熟悉。
5. I'm not really because I have been living on campus...I've been to the city a few times on the bus, but they are always late. 我不是很熟悉，因为我住在校内，我坐过几次公交车去城里，但是几乎每次都晚点。Living on campus 住在学校里；与 off campus 相反。

考题解析

Question 1 答案 Keiko
听前预测：提示词：first name，此处应填写名字，常见的人名应该会拼写；不常见的录音通常会给出拼写。
题目解析：跟上对话节奏，And your first name? 按拼写把人名写下即可得分，特别注意：人名首字母必须大写。

Question 2 答案 JO6337
听前预测：提示词：passport number，此处要求填入护照号码，护照号码通常为数字和字母的组合。
题目解析：本题考查考生对数字和字母的敏感程度，your passport number is...，听到答案时，应集中注意力，快速记录下来，特别注意：当数字和字母混和在一起时，字母必须大写。

Question 3 答案 4 months
听前预测：提示词：length，此处要求填入希望居住在寄宿家庭的时间长度。
题目解析：所听即所得，抓住答案出处是做对本题的关键，and how long are you planning on straying with homestay? 回答就是所需答案。特别注意：此处的时间单位 month 不能省略。

Question 4 答案 (Advanced) English (Studies)
听前预测：提示词：course，此处要求填入学习的课程名称。
题目解析：And what course are you enrolled in? 回答即答案。特别注意：课程名称为专有名词，首字母必须大写。

Question 5 答案 (young) children
听前预测：定位词：preferences；提示词：no，此处应填入名词。
题目解析：注意问题：Do you have any preferences for a family with children or without children? 提示本题答案即将给出，I like...but 表示让步，重点在 but 之后，对有孩子的家庭给予了否定。

Question 6 答案 pets
听前预测：提示词：no objection to，此处应填入名词。
题目解析：What about pets？学生回答道：I'm a veterinarian so that's fine. 此处的 veterinarian 作为一个难词，无需听懂，只需根据 that's fine 来断定她对 pets 没有拒绝之意即可。

Question 7 答案 seafood
听前预测：提示词：what，like to eat，此处应填入喜爱的食物名称。
题目解析：谈到食物的话题时，回答者 but 之后是重点。But I don't eat a lot of meat. I really like seafood. 表明说话者不喜欢吃肉，但喜欢 seafood。

Question 8 答案 tennis
听前预测：提示词：what sport，play，此处应填入学生从事的运动项目名称。
题目解析：Do you play any sports? 该问题引出本题的答案。注意干扰信息 handball，之后用 but 给予否定，在此之后说出真正从事的运动。

Question 9 答案 trains/(the) train
听前预测：提示词：what，mode of transport，prefer，此处应填入交通工具的名称。
题目解析：所听即所得，What about the trains? 回答者表示自己愿意做火车，I like catching the train…因为速度快。

Question 10 答案 this/that afternoon
听前预测：定位词：homestay address；提示词：when，此处应填入学生能够看到寄宿家庭地址的时间。
题目解析：所听即所得，I'll give you details this afternoon. 今天下午就能给她详细的细节。

SECTION 2

谈话场景：旅游场景
人物关系：导游
谈话话题：导游对 Bicentennial Park 旅行的介绍

➲ 词汇注释

original *adj.* 原始的，最初的 resident *n.* 居民 Bicentennial Park 两百周年纪念公园 stadium *n.* 体育馆 arena *n.* 竞技场，舞台 pond *n.* 池塘 boardwalk *n.* 木板路 tour *n.* 旅行，旅游 background *n.* 背景 demolition *n.* 破坏，毁坏 derelict *adj.* 被抛弃的 property *n.* 所有物，财产 recreation *n.* 消遣，娱乐	outdoor activity 户外活动 gymnastics *n.* 体操 track and field 田径 synchronise *v.* 同步 train lines 火车线路 circular *adj.* 循环的 ornamental *adj.* 装饰性的 wetland *n.* 沼泽地 accessible *adj.* 易接近的，可到达的 sheltered *adj.* 受保护的，受庇护的 estuary *n.* 河口，江口 binoculars *n.* 双筒望远镜

➲ 交际与语言表达

1. Welcome to all of you…can everybody see and hear me? 欢迎各位，大家都能看见我么？能听清么？本文为一次 tour 的介绍，特别注意方位词的运用，例如 east, west, north, south, in front of, down 等。
2. The idea of building a public park here was first discussed when a property developer proposed a high-rise housing development, but the local community wasn't happy. 当一位物业开发商打算建立一座高楼时，修建一个公共公园的想法就被首次提出来了，可是当地的居民对此并不高兴。propose，提议；high-rise，高楼的。
3. It has two areas, a nature reserve and a formal park with man-made features and gardens. 这里有两个区域，一个是自然保护区，另一个是拥有人造特色以及花园的公园。nature reserve，自然保护区；man-made，人工的，人造的。
4. There's an indoor arena for gymnastics, a stadium for track and field and a swimming pool for races and synchronised swimming and also diving. 这里有一个室内体育馆、一个田径场以及一个比赛型的游泳馆，可以游泳和跳水。track and field，田径。
5. The formal park has some specially-created features. 该公园拥有一些特殊创造的特色。
6. You can watch a variety of water birds, but most visitors expect to see black swans when they come to the shelter. 尽管你能看到多种多样的水禽，但是大多数游客来到这片受庇护之地时，都希望能够看到黑天鹅。a variety of 多种多样的；expect to do sth. 期望做某事。

➲ 考题解析

Question 11 答案 C
听前预测：提示词：Sally，leading。
题目解析：本题考查考生一定的理解能力，文章开头 Sally 先自我介绍，紧接着引出她带队的

tour，I hope that you're all wearing your most comfortable shoes and that you can keep up the pace. 我希望大家穿上自己最舒适的鞋子，跟上我们的步伐。所以这个 tour 既不坐 bus，也不坐 train，是一个 walking tour。

Question 12 答案 B
听前预测：定位词：original building。
题目解析：most of the exciting park space all around you was originally warehouses and storehouses. 公园的大部分区域最初都是仓库和库房。本题选项 A 和 C 干扰性极强，很多考生听到 warehouses 误选 A；听到 storehouses 误选 C，原文是 warehouses and storehouses 仓库和库房，而非房子或商店，所以只能选 B，industrial buildings 工厂厂房。

Question 13 答案 A
听前预测：定位词：local residents。
题目解析：本题有一定迷惑性，重点听到 they wanted to use the site for recreation... 即可选出答案 leisure 休闲。注意 A rather than B 的结构，强调 A，而非 B。选项 B 和 C 均为 rather than 之后的内容，故为干扰选项。

Question 14 答案 B
听前预测：定位词：Tower。
题目解析：本题难度不大，...is called The Tower and is the centre point for the formal gardens. 找准答案出处，所听即所得。

Question 15 答案 car park
听前预测：提示词：stadium，swimming pool，indoor arena，station，此处为地点名词。
题目解析：地图的右上角有一个方向标，表明了"上北下南左西右东"，文中由 Out to east 开始，依次介绍与本题相关的信息，由上到下依次为：stadium，swimming pool，indoor arena 和 Station，之后引出本题的名称：There is also a car park, but it only holds a limited number of cars. 有一个停车场，不过容量有限。

Question 16 答案 rose garden
听前预测：提示词：benches，此处应填入一个名词。
题目解析：重点注意一些表示方位的句子：If you look out here to the south... And around to the west，... 文中就把本题的答案引导出来了，you can relax and sit on a bench to smell the flowers in the rose garden,... 你能坐在长凳上休息一下，并且还能闻到玫瑰园里的花香。benches 为"长凳"。

Question 17 答案 café
听前预测：提示词：island，lake，此处应填入一个名词。
题目解析：...and finally up to the north,... but if you look through the trees, you can see the café,... 通过表示方位的句型，文章逐渐过渡到本题的答案，说完了 island、lake 等几个图中已有的信息后，本题的答案 café 也就随之出来了。

Question 18 答案 cycling
听前预测：定位词：Mangroves，boardwalk；提示词：activity，bird watching，此处需要一个名词或名词短语。
题目解析：本题需要考生找准出题点：You'd think that people would come here to look at the unusual plant life of the area, but in fact it's more often used for cycling and is very popular with the local clubs. 通常你会认为人们会来这观看这里的不同寻常的植物，但事实上，这里更多用来骑脚踏车，这一活动风靡当地的俱乐部。所以在 Mangroves 举办的活动为 cycling。

Question 19 答案 biology lesson
听前预测：定位词：Frog Pond，outdoor classroom；提示词：activity，bird watching，此处需要一个名词或名词短语。
题目解析：本题和上一题解题思路一致，找准出题点：The area is now most often used by

primary schools for biology lesson. 这一区域现在主要用于小学的生物课程。Frog Pond 举办的活动多为 biology lesson。

Question 20 答案 viewing shelter
听前预测：定位词：Waterbird Refuge；提示词：facility，boardwalk，outdoor classroom，此处需要一个与设施相关的名词或名词短语。
题目解析：本题需要考生有一定的理解能力，而且答案中出现的 shelter 对很多考生来说，不太熟悉，就造成了本题的难点之所在。谈到 Waterbird Refuge 之后，根据 This area is in a sheltered part of the estuary, that's why the park's viewing shelter is a favourite spot for bird watchers who can use it to spy through binoculars. 所以答案为 viewing shelter。

SECTION 3

谈话场景：作业讨论场景
人物关系：同学之间
谈话话题：两名学生讨论如何准备 presentation

词汇注释

presentation *n.* 介绍，陈述 geography *n.* 地理 brochure *n.* 小册子 historical *adj.* 历史的 visual *adj.* 视觉的 plenty of 大量的，许多	assess *v.* 评估，评定 overhead *adj.* 高架的 encyclopaedia *n.* 百科全书 up-to-date *adj.* 最近的，新式的 embassy *n.* 大使馆 enthusiastic *adj.* 热心的，热情的

交际与语言表达

1. 本文为学生之间的对话，讨论如何准备 presentation，口语词汇居多，并且注意口头表达的一些语气词，如 nope、well、all right、oh yeah 等。
2. Remind me, how long is the presentation? 提醒我一下，这个 presentation 需要多长时间？
3. Well, do you think we ought to give some historical background? Oh no...definitely not...we won't have time! 你觉得咱们应该弄点历史背景的资料么？恩，不用，绝对不用，我们没有那么多时间！ definitely not 在口语中，经常会用到这样的结构：副词＋否定词，例如，absolutely not，absolutely impossible 等。
4. Shouldn't we say something about the economy...you know agricultural produce...minerals and so forth? 我们应该说点经济方面的内容么？例如农业产品、矿业等等。say something about... 讲点内容关于……；so forth 等等，相当于 so on。
5. Are you sure? Positive. 口语中回答问题时可以多种多样，这里的 positive 相当于 yes。
6. Oh...someone's enthusiastic! 哦，某人好有热情啊！此处表示两层含义：一、同意上面的决定；二、赞扬这个主意不错。
7. Well...if something's worth doing... 有的事值得一做。be worth doing 值得做某事。
8. Look, Julie, it's almost time for our tutorials...we can meet again on Monday...but we need to prepare some stuff before then... 上课的时间快到了，我们周一再碰一下，但那之前，我们得做一些准备。look 口语当中没有具体意思，引起注意，或引出话题。

➲ 考题解析

Question 21 答案 5
听前预测：定位词：15 minutes，questions；提示词：minutes，此处应填数字。
题目解析：本题难度不大，只需要听清所需数字即可。听到 it'll be fifteen minutes per presentation. 后，做好准备，答案随即给出，and five minutes for questions. 写阿拉伯数字即可。

Question 22 答案 assessed
听前预测：定位词：presentation；提示词：will not be，此处应填形容词或动词分词。
题目解析：本题为信息前置，考生需要有一定的短期记忆能力。And is this one going to be assessed? No... 这次算分么？不算……两名学生通过一问一答的方式将本题的题干引了出来。the presentation 是不需要 assessed 的。

Questions 23-26 答案 A B A C
题目解析：这几题为 matching 题，选项分别为：必须包括该话题、包不包括都行、不包括该话题；4 道题的题干分别为四个话题，如果有生词出现，听题之前要熟悉其读音。文章按题干顺序依次引导出相应话题，听到一个选一个，注意肯定或否定的语句。23 题谈到 Geographical Location 时，回答为：Yes；24 题谈到 Economy 时，两名同学发生了争论，最后决定过后再讨论，let's think about that one later shall we?；25 题谈到 OK，so general overview of education. 时，回答为 of course；26 题问道 the role of English language 时，回答为：Nope。

Question 27 答案 media room
听前预测：定位词：overhead projector；提示词：where，此处应填地点名词。
题目解析：projector 投影仪。听清对话中的提问：Well, the most important thing is the overhead projector. 另一同学接着回答道：No problem, we'll get that from the media room. 答案很容易听到。

Question 28 答案 resources room
听前预测：定位词：Map of West Africa；提示词：where，此处应填地点名词。
题目解析：所听即所得，听到谈论 map of West Africa，集中注意力听地点名词即可。Well, the West African one is no problem. There's one in the Resources Room.

Question 29 答案 embassy
听前预测：定位词：Literacy figures；提示词：where，此处应填地点名词。
题目解析：本题要注意干扰信息，谈到 Literacy rates 时，一名同学问道：how about the encyclopaedia? 随后被另一同学否定了，not up-to-date enough! 真正的答案在后面，why don't we call the embassy? 这次这位同学表示赞同：Oh, someone's enthusiastic! 所以答案为 embassy。

Question 30 答案 statistics/stats
听前预测：定位词：school places，as above 特指 29 题的地点。
题目解析：所听即所得，we can find out statistics on school places from them as well. 这里的 them 指代上面提到的 embassy，本题的关键在于 statistics 的拼写，必须加上 s。

SECTION 4

谈话场景：授课场景
人物关系：老师讲座
谈话话题：味精在烹饪当中扮演的角色

词汇注释

manufacture *n.* 制造 protein *n.* 蛋白质 monosodium glutamate 味精 flavour *n.* 香味 cuisine *n.* 烹饪 enhance *v.* 提高，增强 seaweed *n.* 海藻，海草 improvement *n.* 改进，进步 commercially *adv.* 商业上地 extraction *n.* 抽出，取出	sodium *n.* 钠 amino acid 氨基酸 potato crisps 炸薯条 taste *n.* 味道，味觉 sour *adj.* 酸的 carbohydrate *n.* 碳水化合物 toxin *n.* 毒素 sourness *n.* 酸味 spoilage *n.* 损坏

交际与语言表达

1. In today's lecture, I'm going to talk about Monosodium Glutamate, or MSG, as it's more commonly known. Now, MSG as you probably know, is a flavour enhancer which is used particularly in Chinese and Japanese cooking. 在今天的讲座中，我们主要谈一谈味精。味精在中国和日本的烹饪中经常作为鲜味增强剂使用。MSG 为 Monosodium Glutamate 的简称。
2. For many thousands of years the Japanese have incorporated a type of seaweed known as kombu in their cooking, as they discovered it had the ability to make food taste better. 数千年前，日本人做饭时加入了一种海藻，他们发现这种被称为 kombu 的海藻能够把食物味道变得更好。kombu 日语当中的词汇。
3. From 1908 until 1956, glutamate was produced commercially in Japan by a very slow and expensive means of extraction. 1908 至 1956 间，日本开始对味精进行商业性开发，当时是以一种既缓慢又昂贵的提取方式获得味精。
4. It is widely known that Chinese and Japanese food contains MSG but many people don't seem to be aware that it is also used in foods in other part of the world. For example it is found in commercially made Italian pizzas, in American fast food and in Britain MSG is used in things like potato crisps. 众所周知，中国和日本菜中使用了味精，但是很少有人意识到在世界其他地区的食物中味精也被广泛使用了，例如：意大利的比萨、美国的快餐、英国的炸薯条等。It is widely known that… 固定句型，意思为“众所周知”。
5. Well, in Western world, we commonly talk of four "tastes", and I'm sure you're all familiar with the concepts of sweet, sour, bitter and salt. 在西方世界，我们通常会说四种味道，即甜、酸、苦、咸。
6. It is thought that MSG intensifies this naturally occurring "taste" in some food. 味精很自然地加强了一些食物的味道。It is thought that 固定句型，it 为形式主语，真正的主语为 that 之后的句子。

考题解析

Question 31 答案 B
听前预测：定位词：main topic。

题目解析：本题考查讲座的主题，根据西方人说话的习惯，文章开头往往会概述主题，然后再依次进行详细讲解。Today I am going to explore why it is so popular in these cuisines and, more importantly, how does it enhance the flavour of food? 今天我将探讨一下味精为什么在烹饪中如此的盛行，更重要的是，它是如何提升食物的味道的？本题的重点在于 how，往往答案对应 way，means 方式，所以 B 选项最为贴切；A 和 C 都为片面选项，选项 A 为文章的前半部分，选项 C 为文章的后半部分。

Question 32 答案 C
听前预测：定位词：1908，scientist in Japan。
题目解析：But it wasn't until 1908 that the ingredient in kombu which was responsible for the improvement in flavour was actually discovered to be glutamate by scientists working there. 直到 1908 年，能够提升味道的 kombu 的有效成分才被科学家确定为谷氨酸盐。选项 A，生产味精是发生在 1908 至 1956 年间的事情；选项 B，开始使用 kombu，发生在 thousands of years；选项 C，确认了 glutamate 与本句意思相近，为正确答案。

Question 33 答案 A
听前预测：定位词：1956，change，manufacture of glutamate。
题目解析：本题难度不大，注意干扰选项，答案出处为：It was in 1956 that the speed of the process was improved, and industrial production increased dramatically and still continues to increase to this day. 在 1956 年时，提炼过程速度有所提升，工业生产的速度大大加快，一直保持到今天。选项 A 与该句意思重合，on a large scale 大规模;选项 B 和 C 发生的时间为 1908 到 1956 之间，故为干扰选项。注意单选题题干当中的时间词，通常都是及其有效的定位词。

Question 34 答案 water
听前预测：定位词：9.6%，提示词：glutamate，sodium，此处应填名词。
题目解析：本题难度不大，所听即所得，Monosodium Glutamate contains seventy-eight point two per cent glutamate, twelve point two per cent sodium and nine point per cent water. 注意小数中的点，读音为 point，百分数的百分号，读音为 per cent。

Questions 35-36 答案 meat, cheese
听前预测：定位词：protein；提示词：such as，此处应填两个并列名词。
题目解析：本题难度不大，考查考生的反应速度以及书写的速度。首先，熟悉 protein 的读音，然后听到 ...that can be found naturally in all protein-containing foods, so this includes food such as meat and cheese. 快速记录下两个所需名词。

Question 37 答案 5th / new taste
听前预测：定位词：1908，Kikunae Ikeda；提示词：a，此处应填名词。
题目解析：本题为所听即所得，熟悉 Kikunae Ikeda 的大致读音，找准答案的出处是关键，注意本题答案中的数字为 fifth 而不是 five。

Question 38 答案 common
听前预测：定位词：detect，because；提示词：it is so，naturally，此处应填形容词。
题目解析：...because it is the amino acid which is most common in natural foods. 其中 common 作为形容词，在文中进行了重读。听力当中如果出现重读或停顿的时，多为出现考点的提示，考生应从听觉上多熟悉这一特点。

Question 39 答案 bitterness
听前预测：定位词：John Prescott，toxins；提示词：sweetness，sourness，saltiness，此处应该名词。
题目解析：本题难度不大，所听即所得，听到 sweetness 之后，集中注意力，通常都不会丢分，除非不认识 bitterness 这个单词，特别注意 bitterness 的拼写，双写 t。

Question 40 答案 minerals
听前预测：定位词：sourness，saltiness；提示词：carbohydrates，toxins，此处应填名词。

题目解析：本题与 39 题解题方法基本一致。Saltiness signals the presence of minerals. 注意 minerals 为复数，必须加 s。

READING

READING PASSAGE 1

文章结构

体裁	说明文
主要内容	介绍了用风筝搬运大石块建造金字塔的构想、原理及实验。
结构	第 1 段：由一个象形文字探索建造金字塔的形式
	第 2 段：提出利用风筝建造金字塔的设想
	第 3 段：一次用风力提起石柱的实验构想
	第 4 段：风力提起石柱的具体实验
	第 5 段：实验的原因分析
	第 6 段：反对实验的结果
	第 7 段：赞成风筝提起巨石的其它依据
	第 8 段：实验在现代的实际用途

词汇注释

第1段	
pyramid *n.* 金字塔 conventional *adj.* 传统的，常规的 sledge *n.* 雪橇 consultant *n.* 顾问，咨询者 peruse *v.* 细读	hieroglyph *n.* 象形文字 odd *adj.* 奇怪的，不寻常的 posture *n.* (身体的)姿势 via *prep.* 通过，经由 mechanical *adj.* 机械的，机械制造的
第2段	
intrigue *v.* 激起…的兴趣 contact *v.* 联系，接触 aeronautics *n.* 航空学 fascinate *v.* 吸引，使着迷 keen *adj.* 强烈的，激烈的	spark *v.* 鼓舞，引起，激发 apparently *adv.* 显然地 investigate *v.* 调查，研究 lifter *n.* 升降机，起重机

第3段	
column *n.* 圆柱，柱状物 horizontal *adj.* 地平线的，水平的 vertical *adj.* 垂直的，直立的 initial *adj.* 最初的，初始的 calculation *n.* 计算，考虑 scale-model *n.*（按比例）模型 wind-tunnel *n.* 风洞 convince *v.* 使确信，说服 modest *adj.* 适度的，适中的	sustain *v.* 支撑，撑住，承受住 pulley *n.* 滑轮，滑车 magnify *v.* 放大，扩大 rig up *v.* 临时搭建，赶造 scaffold *n.* 脚手架，支架 suspend *v.* 吊起，悬挂 apex *n.* 顶点，最高点 trolley *n.* 滚轮，手推车
第4段	
square *n.* 平方，正方形 rectangular *adj.* 矩形的，直角的 nylon *n.* 尼龙	stun *v.* 使目瞪口呆，使大吃一惊 instant *n.* 即刻，即时 generate *v.* 产生,发生
第5段	
reckon with *v.* 解决，处理 steady *adj.* 稳固的，稳定的 jerk *n.* 急拉，突然的猛烈动作	massive *adj.* 又大又重的 construction *n.* 建设，建造 brute force *n.* 蛮力
第6段	
specialist *n.* 专家，行家 unconvinced *adj.* 不信服的	existent *adj.* 存在的，现存的 associate professor *n.* 副教授
第7段	
harness *v.* 利用，控制 accomplished *adj.* 熟练的，精通…的 bear *v.* 负荷，负重，负担 ancient *adj.* 远古的，古代的 artefact *n.* 人工制品 uncannily *adv.* 惊异地，神秘地 glider *n.* 滑翔机	sophistication *n.* 复杂，精致 civilisation *n.* 文明 deliver *v.* 递送，递交 dump *v.* 倾倒，丢下 debris *n.* 碎片，残骸 foe *n.* 敌人，仇敌
第8段	
practical *adj.* 实际的，实践的 access *n.* 进入，通道，接近 machinery *n.* 机器，机械（总称） principle *n.* 原理，原则 adobe *n.* 砖坯,土砖	concrete *n.* 混凝土 arch *n.* 拱门 horizontally *adv.* 地平地，水平地 hint *n.* 暗示，线索 sensible *adj.* 切合实际的，明智的
题目	
previously *adv.* 以前，先前	resemble *v.* 像，类似

考题解析

Questions 1-7

● 题型归类：TRUE/FALSE/NOT GIVEN
此类题型属于细节题，是雅思阅读中难度较大的题目。此类题目考查题目中表述的信息与原文相关信息的关系。在解题时，根据题目的定位词回原文找到相关的语言，如果原文与题目表述的信息一致，答案为 TRUE；如果原文与题目表述的信息矛盾，答案为 FALSE；如果从原文的信息不能确定题目中所表述的信息，答案为 NOT GIVEN。

题目解析

题目编号	题目定位词	答案位置	题　解
1	large numbers of people	第1段第2句	题目：普遍认为，修建金字塔需要大量的人力。 原文：传统的说法是，成千上万的奴隶用雪橇运送石头。题目与原文表达的信息是一致的，因此答案为TRUE。
2	hieroglyph on the wall	第1段第5句	题目：克莱蒙在一个埃及纪念馆的墙上发现了一个奇怪的象形文字。 原文：当她仔细读一本有关埃及历史遗迹的书时，她发现一个象形文字。因此答案为FALSE。
3	experiments on bird flight	第2段	原文此处提到了加里卜的研究工作，但没有提到bird flight。因此答案为NOT GIVEN。
4	tested theory before applying it	第4段第1句	题目：加里卜和格拉夫在应用他们的理论前，对该理论做了检验。 原文：年初，他们将克莱蒙的设想投入了检验。题目与原文表达的信息是一致的，因此答案为TRUE。
5	success, high speed of the wind	第5段第1句	题目：实验的成功是由于强劲的风速。 原文：当时的风速仅为１６至２０公里／小时，只比他们预想风速的一半多一点。题目与原文表达的信息矛盾，因此答案为FALSE。
6	wind force got stronger	第5段	题目：他们发现当风筝飞得越高，风力越强。 原文描述了风筝飞起的情形，但没有提到“风筝飞得越高，风力越强”，因此答案为NOT GIVEN。

7	possible, raise, heavy stones	第5段第6句	题目：这个小组认为用风筝搬运非常重的石块是可能的。 原文：因此，克莱蒙的设想是正确的：金字塔的建造者们可以利用风筝将大块的石料搬运到位。题目与原文表达的信息是一致的，因此答案为TRUE。

➲ 考题解析

Questions 8-13

●题型归类：Summary
这类题型属于细节题，考查考生在文章中提取相关信息的能力。同时，由于题目是对整篇文章或者文章中部分内容的总结，把握文章的叙述脉络对于解题也有很大帮助。具体到解题方法时，应尤其关注空格前后的信息在原文的重现。

➲ 题目解析

题目编号	题目定位词	答案位置	题　解
8	Egyptians, lift large pieces of	第7段第3句	本题和第9题可以一起找到答案，根据第8题空格后面的信息定位到第7段第2句，再根据空格前的Egyptians had，确定答案为(wooden) pulleys。
9	lift large pieces of	第7段第3句	接着上面第8题，原文的massive blocks of即为题目large pieces of的重现，因此确定答案为stone。
10	use the energy of wind, skill	第7段第2句	原文harnessing the wind即为题目use the energy of wind的重现，再根据skill确定(accomplished) sailors为答案。
11	object, resemble	第7段第5句	根据题目的object一词，找到原文的a wooden artefact，再根据题目的resemble找到原文的uncannily like，从而确定答案为modern glider。
12	experiment	第7段第6句	本题根据题目中的experiment能找到原文developing ideas of，确定答案为flight。
13	China, sending	第7段最后一句	本题较为简单，根据题目的China找到第7段最后一句，再找到和weapons并列的deliver messages，确定答案为messages。

参考译文

拽着绳子建金字塔

无人确切知晓古埃及人如何修建金字塔的。马克斯·楚恩猜想答案可能会“悬在空中”。

埃及金字塔建于几千年前，但无人知道它是怎样建成的。传统的说法是，成千上万的奴隶用橇运送石头，但这一说法并没有证据。现在，莫莉恩·克莱蒙，一个来自加州的软件工程师，提出设想：古埃及人可能在建造过程中借助了风筝。她在仔细阅读一本关于埃及历史遗迹的书籍时，注意到了一个象形文字。该象形文字描绘了一排人以一种奇怪姿势站立着。他们手中握着绳索之类的东西，并通过某种机械装置与空中的一只大鸟相连。她设想：这只大鸟可能是一个巨型风筝，这些人在用它来提升重物。

迷惑不解的莫莉恩·克莱蒙与加州理工学院的航空学教授莫尔塔扎·加里卜取得了联系。他也被克莱蒙的想法吸引了。他说，“自从从伊朗回来后，我就对中东科学产生了浓厚的兴趣”。看到那个引起克莱蒙兴趣的象形文字后，他也感到困惑。显然，就鸟类而言，空中的那个物品的翼翅过于短，且太宽了。“是风筝的可能性的确存在，”他说。鉴于他需要为他的学生艾米里欧·格拉夫准备一项暑期项目，探讨用风筝提升重物的可能性看起来是个不错的主意。

加里卜和格拉夫为自己布置了一项任务，只靠风的力量将一块4.5米的石柱从水平提升到垂直位置。他们通过初步计算以及比例模型的风洞实验，确信提起33.5吨重的石柱不要太强的风。只要持续时间久，即便风力强度一般，照样可以完成。关键是使用滑轮系统放大外力。他们在平卧的石柱一端上方装配了一个帐篷形状的脚手架，脚手架的顶端悬挂有滑轮。他们设想当石柱的一端提起后，底基就会随滚轮在地上滚动。

年初，他们将克莱蒙的设想进行了检验，用一个40平方米大的长方形尼龙翼帆，“风筝”将石柱完全提离了地面。加里卜说：“我们完全被惊呆了。翼帆张开的一刹那产生了一股强大的力量，仅４０秒钟，石柱就被提升到了笔直位置。”

当时的风速仅为１６至２０公里／小时，只比他们预想风速的一半多一点。他们没有料到的是风筝打开时的力量。加里卜说：“当时立即产生了一股巨大的力量，５倍于稳定状态下的力量。”加里卜意识到，这股力量意味着风筝的确可以提起重物。有４０个左右的人再加上四五个风筝，即使是３００吨的石柱也可以被提至垂直。因此，克莱蒙的设想是正确的：金字塔的建造者们可以利用风筝将大块的石料搬运到位。“当然是否确有其事则另当别论”，加里卜说。没有资料图片展示金字塔修建的过程，因此，没有人知道当时确切的情况。加里卜说：“使用风筝搬运石料的证据与蛮力搬运法的证据差不多，难分优劣”。

其实，加里卜的实验并未让业内人士信服。加州大学洛杉矶分校的埃及学副教授，威莉可·文德里希就认为，“不存在利用风筝搬运的证据”。

其他人则认为这一理论有其依据。埃及人中有众多熟练水手，驾驭风力应该不成问题。同时，埃及人也会使用木制滑轮，这些滑轮可能被加固到足以承受巨石的总量。另外，有物证表明古埃及人对飞行感兴趣。塞加拉附近的阶梯金字塔上曾发现一个木制的古器物，看起来与现代滑翔机惊人地相似。虽然这件物品的年份在建造金字塔数百年之后，但其复杂结构表明埃及人可能对飞行的探索由来已久。而其他文明显然对风筝有所了解；早在公元前1250年，中国人就利用风筝送信，向敌营投掷燃烧物。

这些实验在现代也有实际用途。世界上有许多地方大型机械无法到达，但人们懂得如何控制风力，放飞的技巧和一些基本的机械原理。尼加拉瓜的一个民用建筑师已经联系上了加里卜。这个建筑师想在重型设备无法到达的场所，修建由混凝土支撑土砖屋顶的房子。他设想先水平修建土拱，然后用风筝将其提升至竖直位置。加里卜说：“我们已经给他提供了一些设计建议，正等着他的回复。”因此，不管古埃及人修建金字塔时是否利用了风筝，在21世纪的今天，风筝似乎依然可以成为实用的建筑工具。

READING PASSAGE 2

➲ 文章结构

体裁	说明文
主要内容	介绍了阿拉斯加鲑鱼渔业的发展情况
结构	第1段：阿拉斯加名称的由来
	第2段：介绍阿拉斯加的地理情况
	第3段：阿拉斯加繁荣的渔业
	第4段：阿拉斯加渔业曾面临的危机和后来的改善
	第5段："季节丰富度管理模式"的介绍
	第6段：海洋管理委员会的环保认证
	第7段：阿拉斯加鲑鱼渔业的瘫痪
	第8段：危机的原因分析及政府采取的措施
	第9段：阿拉斯加鲑鱼渔业获得资格认证

➲ 词汇注释

第1段	
volcanic *adj.* 火山的，火山引起的 archipelago *n.* 群岛，列岛	inhabitant *n.* 居住者，居民
第2段	
mainland *n.* 大陆，本土 combine *v.* (使)联合，(使)结合 coastline *n.* 海岸线 nutrient *adj.* 有营养的 species *n.* 种类，类别 shellfish *n.* 贝类	crustacean *n.* 甲壳类动物 mollusc *n.* 软体动物 bounty *n.* 慷慨，恩惠 commercial *adj.* 商业的，贸易的 fishery *n.* 渔业

第3段	
tonne *n.* 吨 herring *n.* 鲱鱼，青鱼 groundfish *n.* 底栖鱼(指生活于海底的鱼) cod *n.* 鳕鱼 sole *n.* 鳎鱼 perch *n.* 鲈鱼 pollock *n.* 青鳕 salmon *n.* 鲑鱼，大麻哈鱼 pump *v.* (用泵)抽水，抽吸 rhythmic *adj.* 有节奏的，有韵律的 circulate *v.* (使)循环，流通 nourishment *n.* 营养，滋养	predictable *adj.* 可预知的，可预报的 abundance *n.* 丰富，充足，充裕 flourish *v.* 繁荣，兴隆 spawner *n.* 产卵鱼 chinook *n.* 王鲑鱼 chum *n.* 狗鲑鱼 coho *n.* 银鲑鱼 sockeye *n.* 红鲑鱼 humpack *n.* 粉红鲑鱼 catches *n.* 捕捞量 exceed *v.* 超过，超出 ex-vessel *n.* [商]船上交货价
第4段	
crash *n.* 凋蔽，崩溃 severe *adj.* 严重的，严峻的 federal *adj.* 联邦的，联合的 disaster *n.* 灾难，灾祸 onset *n.* 开始，肇端	constitution *n.* 宪法 mandate *n.* 命令，要求 sustainable *adj.* 可持续发展的 harvest *n.* 收获，收成 excess *n.* 超过，超出
第5段	
primary *adj.* 主要的，首要的 biologist *n.* 生物学家 constantly *adv.* 经常地，不断地 monitor *v.* 监控 streamside *n.* 河边，河滨 sonar *n.* 声纳 pre-set *adj.* 事先定好的	approximate *adj.* 近似的，大概的 particular *adj.* 特殊的，特别的 halt *n./v.* 停止，暂停 mechanism *n.* 机制 accordingly *adv.* 相应地，从而，因此 prosper *v.* 发达，繁荣 threaten *v.* 威胁，预示(危险)
第6段	
commission *v.* 委任，任命 certify *v.* 证明，授与合格证书 standard *n.* 标准 label *n.* 标签，标志 recognise *v.* 承认，认可，识别 responsibility *n.* 责任，职责 establish *v.* 建立，设置 criteria *n.* 标准	potential *adj.* 潜在的，可能的 identify *v.* 识别，鉴别 approach *v.* 接近，靠近 certification *n.* 证明 committee *n.* 委员会 compose *v.* （由…）组成，构成 panel *n.* 小组 representative *n.* 代表
第7段	
decision *n.* 决定，决心 collapse *v.* 崩溃，倒塌 subsistence *n.* 生存，生计	region *n.* 地区，地域 priority *n.* 优先，优先权 devastate *v.* 毁灭，摧毁

第8段	
crisis *n.* 危机，难关 impact *n.* 影响，效果 contend *v.* 争论，声称 climatic shift *n.* 气候变换 prompt *v.* 促使，激起	cumulative *adj.* 累积的，渐增的 phenomenon *n.* 现象 culminate *v.* 达到极点 harsh *adj.* 严厉的，残酷的 concern *v.* 涉及，关系到
第9段	
announce *v.* 宣布，宣告 qualify *v.* 使合格，使具有资格 grant *v.* 准予，准许	permission *n.* 准许，允许，许可 logo *n.* 标识，标志 ensure *v.* 确保，保证
题目	
sharp decrease 锐减	sufficient *adj.* 充分的，足够的

➲ 考题解析

Questions 14-20

● 题型归类：TRUE/FALSE/NOT GIVEN

此类题型属于细节题，是雅思阅读中难度较大的题目。此类题目考查题目中表述的信息与原文相关信息的关系。在解题时，根据题目的定位词回原文找到相关的语言，如果原文与题目表述的信息一致，答案为TRUE；如果原文与题目表述的信息矛盾，答案为FALSE；如果从原文的信息不能确定题目中所表述的信息，答案为NOT GIVEN。

➲ 题目解析

题目编号	题目定位词	答案位置	题　解
14	inhabitants, rename, 'Aleyska'	第1段第2句	题目：阿留申群岛的居民重命名他们的岛为"阿利斯卡"。 原文：岛屿上的土著居民称之为阿利斯卡，意即"伟大的土地"，也就是现在的阿拉斯加。因此答案为FALSE。
15	owned, world's largest companies	第4段第3、4行	题目中表述的"阿拉斯加的渔业由世界最大的几个公司所拥有"，在原文找不到"世界最大的几个公司"的信息，答案为NOT GIVEN。

16	dependent on salmon	第3段第2句	题目：阿拉斯加的生活依赖于鲑鱼。 原文：阿拉斯加的鲑鱼如同心脏中流动的血液，给这里的土地、动物和人类带来了脉动、流通和繁荣。题目与原文表达的信息是一致的，因此答案为TRUE。
17	ninety percent, sockeye or pink salmon	第3段第5句	题目：太平洋里90%的鲑鱼是粉红鲑。原文只是表述"所有的五种太平洋鲑鱼——王鲑、狗鲑、银鲑、红鲑、粉红鲑——都在阿拉斯加水域产卵，北美捕捞的90%的太平洋鲑鱼都来自这里。"因此答案为NOT GIVEN。
18	320,000 tonnes, in 2000	第3段最后一句	题目：2000年在阿拉斯加阿捕获了超过320,000吨鲑鱼。 原文：2000年一年里，阿拉斯加商业渔业打捞了超过320,000吨的太平洋鲑鱼。题目与原文表达的信息是一致的，因此答案为TRUE。
19	between 1940 and 1959, sharp decrease	第4段第2句	本题较为简单，题目：在1940到1959年期间，阿拉斯加的鲑鱼产量锐减。 原文：1940至1959年间，过度捕捞导致了鲑鱼数量急剧下降。题目与原文表达的信息是一致的，因此答案为TRUE。
20	1990s, average number, 100 million	第4段最后一句	题目：在二十世纪九十年代，鲑鱼的平均年捕获量为一亿。 原文：到二十世纪九十年代，鲑鱼的年捕捞量远超过1亿条。因此答案为FALSE。

➲ 考题解析

Questions 21-26

●题型归类：Sentence Completion
这种类型的题目属于细节题，重点考查提取、归纳信息的能力。解答此类题目的关键是先据题目中的定位词确定答案在原文的范围，再提取、归纳出相关信息，依据此信息再回选项中找到相符的语言，从而确定答案。

➲ 题目解析

题目编号	题目定位词	答案位置	题 解
21	check on adult fish	第5段最后一句	根据题目中的adult fish找到原文第5段第2句，因为题目的to do表示目的，进而找到第5段最后一句，从而确定G选项的信息与其相符为答案。
22	authority	第5段第6句	根据题目的authority一词，先找到本段第5句的biologists can put a halt to fishing，进而找到第6句的sport fishing can be brought to a halt与E选项的信息一致，确定答案。
23	In-Season Abundance-Based Management, allowed	第5段最后一句	根据题目的In-Season Abundance-Based Management找到第5段，根据allowed找到最后一句，原文的stocks to prosper与B选项的信息一致，确定答案。
24	Marine Stewardship Council	第6段第2句	本题较为简单，根据Marine Stewardship Council找到第6段，题目是要求找到建立的目的，在第2句的"certifies fishers that meet..."找到相关信息，与A选项一致，确定答案。
25	collapse in 1999, state	第8段最后一句	根据题目中的collapse in 1999找到第7、第8段的原文，再根据题目中的state decided找到第8段最后一句，从而找到closing down all fisheries与K选项的信息一致，确定答案。
26	September 2000, seven companies	第9段第2句	本题较为简单，根据题目的September 2000很容易定位到第9段，再根据seven companies定位该段第2句话中to display the MSC logo on their products与F选项一致，确定答案。

➲ 参考译文

收获不竭

两百多年前，俄国探险者和皮毛猎人登陆位于北太平洋的火山群岛—阿留申群岛，获悉由此向北有一片陆地。岛屿上的土著居民称之为阿利斯卡，意即"伟大的土地"，也就是现在的阿拉斯加。

阿拉斯加是第四十九个加入美利坚合众国的州（1959 年），足有本土四十八个州面积总和的五分之一。北美第二大河系流经阿拉斯加和加拿大，美国一半以上的海岸线位于阿拉斯加境内。境内的河流流入白令海和阿拉斯加湾，河水寒冷，富含养分，养育了成百上千万的海鸟和超过 400 种的鱼、贝类、甲壳类动物和软体动物。凭借上天慷慨的恩赐，阿拉斯加商业捕鱼业发展到位居世界前列。

据阿拉斯加渔业和狩猎部的资料，2000 年，阿拉斯加商业捕捞的贝类和鲱产量达到了数十万吨，底栖鱼（如鳕鱼、鳎鱼、鲈鱼、青鳕）产量则远超过百万吨。然而，鲑鱼才是阿拉斯加渔业的真正文化内核和实质所在。苏珊·尤因在《大阿拉斯加自然百科》一书中提到，"阿拉斯加的鲑鱼如同心脏中流动的血液，给这里的土地、动物和人类带来了脉动、流通和繁荣。""稳定的鲑鱼数量带来了当地养殖业的繁荣"，"垂死的产卵鱼成为熊、老鹰或其它动物的美味，给这片土地带来了生机。"所有的五种太平洋鲑鱼——奇努克或王鲑、狗鲑、银鲑、红鲑、粉红鲑又称驼背鲑——都在阿拉斯加水域产卵，北美捕捞的 90% 的太平洋鲑鱼都来自这里。事实上，如果阿拉斯加是个独立的国家，它将成为世界上最大的野生鲑鱼出产国。2000 年一年里，阿拉斯加商业渔业打捞了超过 320,000 吨的太平洋鲑鱼，交易额超过 2 亿 6 千万美元。

捕鱼业并非一贯如此健康地发展。1940 至 1959 年间，过度捕捞导致了鲑鱼数量急剧下降，以至于 1953 年联邦政府宣布阿拉斯加为受灾地区。然而，随着阿拉斯加成为联邦一州后，渔业被州政府接管，在州宪法的指导下，确定了以可持续方式管理阿拉斯加自然资源。当时，全州的鲑鱼捕捞量大约在 2500 万条左右。接下来的几十年里，得益于可持续性的管理，平均捕捞量稳步上升，到二十世纪九十年代，年捕捞量远超过 1 亿条，有时可达 2 亿条之多。

取得如此的增长主要是由于实行了"季节丰富度管理模式"。遍布全州的生物学家长期监测将要产卵的成鱼。他们坐在河边的观测塔中，研究声纳，从飞机上观察，与渔民交谈。阿拉斯加没有预设鲑鱼的捕捞期。渔民们清楚一年之中可以捕捞的大概时间，但是，任何时候野外生物学家都可以让捕捞暂停，即使是游钓（消遣性垂钓）也不例外。正是这个管理机制使得阿拉斯加的鲑鱼数量增长，鲑鱼渔业也因而得以繁荣，即便此时在美国其它地区，鲑鱼数量被越来越认为已经受到威胁甚至濒临灭绝。

1999 年，海洋管理委员会委托对阿拉斯加鲑鱼渔业作了一次回顾。海洋管理委员会成立于 1996 年，该委员会对符合严格环境标准的渔业实行认证，允许他们使用一种标志来确认对环境负责。海洋管理委员会建立了一套标准来评判商业渔业。渔业界认识到被标注环境负责可能给他们带来好处，他们纷纷要求委员会对其进行认证。于是，海洋管理委员会指定一个认证委员会，由一个渔业专家小组组成，他们从渔民、生物学家、政府官员、产业代表、非政府组织和其他地方收集信息和观点。

在海洋管理委员会做出最后决策的数个月中，阿拉斯加西部的鲑鱼洄游全部陷入瘫痪，一些观察人士以为阿拉斯加鲑鱼渔业可能失去了认证的机会。育空河和卡斯科奎姆河的奇努克鲑鱼和狗鲑洄游可能是自阿拉斯加成为美国一州以来最差的时候；通常优先于商业捕捞的生计渔业在这个地区受到严重打击。

这场危机完全出乎意料，但研究者认为危机对捕捞业没有影响。相反，他们认为，这几乎肯定是气候变化所致，某种程度上起因于厄尔尼诺和拉尼娜现象对太平洋水温带来的累积影响，最终导致冬季严寒，大量鲑鱼卵被冻死。就认证过程而言，这种观点有可能意味着终结。然而，阿拉斯加州迅速做出反应，关闭了所有的渔场，连生计渔场也不例外。

2000 年 9 月，海洋管理委员会宣布阿拉斯加鲑鱼渔业有资格获得认证。随即，七个生产阿拉斯加鲑鱼的公司获得许可在他们的产品上标注海洋管理委员会的标示。首次认证有效期为 5 年，需要年审确保渔业能够达到所要求的标准。

READING PASSAGE 3

文章结构

体裁	说明文
主要内容	介绍了不同形态噪音对人类影响的差异及后果
结构	第1段：人们能适应持续时间较长的噪音
	第2段：人们对噪音适应的局限
	第3段：噪音的可预测性对人类适应能力的影响
	第4段：不可预测的噪音较使人产生更强的疲惫感
	第5段：噪音的可控制性所带来的影响
	第6段：长期噪音环境对人们的影响

词汇注释

第1段	
plausible *adj*. 好像有道理的，似是而非的 adjust to 调整，调节 adapt to 适合，适应于 expose *v*. 使暴露，受到 burst *n*. 爆发，突然破裂	physiological *adj*. 生理的，生理学的 disruptive *adj*. 破坏性的，分裂性的 subject *n*. 受试者 physiological arousal *n*. 生理刺激，生理激发
第2段	
adaptation *n*. 适合，适应 troublesome *adj*. 麻烦的，困难的，棘手的 interfere with 干扰，妨碍 monitor *v*. 监控	dial *n*. 刻度盘，表盘 track *v*. 追踪，跟踪 steer *v*. 驾驶，掌舵
第3段	
significant *adj*. 有意义的，重大的 predictability *n*. 可预测性 tune out 停止收听，关掉 chronic *adj*. 慢性的，长期的 circumstances *n*. 环境，情形 intrusion *n*. 侵入，闯入	occur *v*. 发生，出现 random *adj*. 任意的，随意的 interval *n*. 间隔，间隙 portion *n*. 一份，一部分 after-effect *n*. 后效 proofread *v*. 校正，校对

第4段	
apparently *adv.* 显然地 fatigue *n.* 疲乏，疲劳	take one's toll on 影响，造成损害
第5段	
variable *n.* [数]变数，变量 eliminate *v.* 排除，消除 negative *adj.* 负面的，否定的，消极的	individual *n.* 个人，个体 option *n.* 选择，选择权 sufficient *adj.* 充分的，足够的
第6段	
transient *adj.* 短暂的，片刻的 realistic *adj.* 现实的，实际的 elementary *adj.* 初步的，基本的 blood pressure 血压	distract *v.* 使分心，分散注意力 investigator *n.* 调查人员 comparable *adj.* 可比较的，可比拟的 ethnicity *n.* 种族划分
题目	
intense *adj.* 强烈的，剧烈的 manifest *v.* 显示，出现 associate with *v.* 同…联系在一起	high-pitched *adj.* 高音调的 low-pitched *adj.* 低音调的

考题解析

Questions 27–29

● 题型归类：Multiple Choice
这类题型属于细节题型，解答此类题型可以直接根据题目中的定位词找到原文的范围，再归纳出相关信息，根据此信息在选项中排查，确定正确答案。当题干较短时，考生可以运用排除法，得出答案。

题目解析

题目编号	题目定位词	答案位置	题　解
27	difficulty sleeping in the mountains	第1段第2句	根据题目中的difficulty sleeping in the mountains定位到原文第1段第2句。原文的意思是人们是有能力去适应各种程度的噪音的。D选项能反映同样的信息，故为答案。

28	noise experiment	第1段第5句	本题可以用排除法解决。题目是要求表述试验的结果。A选项的意思是“在安静的环境下，解决问题要容易得多。”而原文的信息是“一开始的时候，噪音对实验者的干扰是相当大的，但是大概四分钟之后，这些人的任务完成情况就和那些被置于噪音环境下的参照实验者所完成的一样好”，因此可以排除。B选项的意思“生理刺激会阻挠工作。”在原文没有相关的信息。D选项的意思是“受控试验者的生理刺激下降很快。”而原文相关的表述是“人们对噪音的生理刺激也很快就下降到和那些参照实验者一样的程度”，故也可排除。只有C选项和原文“大概四分钟之后，这些人的任务完成情况就和那些未被置于噪音环境下的参照实验者所完成的一样好”的信息是一致的。
29	not to interfere with	第2段第1句	根据题目的not to interfere with定位到原文第2段第1句话“尤其当一个人要同时专注于不止一个任务时，高分贝噪音的就会造成较多麻烦。”A选项的意思与其一致。

➲ 考题解析

Questions 30–34

● 题型归类：Summary

这类题型属于细节题，考查考生在文章中提取相关信息的能力。同时，由于题目是对整篇文章或者文章中部分内容的总结，把握文章的叙述脉络对于解题也有很大帮助。具体到解题方法时，应尤其关注空格前后的信息在原文的重现。

➲ 题目解析

题目编号	题目定位词	答案位置	题　解
30	intense noise, less effect on	第3段第2句	根据题目中的intense noise和less effect on这个比较关系，可以定位到原文第3段第二句的quite loud, than to work…从而确定答案为unexpected noise。因而，答案为B。
31	all groups, expo-sed	第3段第4句	根据题目中的all groups找到原文的For some subjects…; others…因而原文的信息the same amount of noise overall即为答案。因此答案为D。

32	the predictable noise group, the unpredictable noise group	第3段第5句	根据题目分析是比较the predictable noise group和the unpredictable noise group找到原文的信息是performed at about the same level，即为答案。 因此答案为F。
33	check written material for errors, unpredictable noise, predictable noise	第3段最后一句	根据题目的check written material for errors找到原文的proofread written material，再根据unpredictable noise produced more errors确定答案。 因此答案为I。
34	produces fatigue	第3段	原文第4段就一句话，较容易确定答案为unpredictable noise，需要注意的是B选项被选了两次，这在题目的说明中也明确指出了“一个选项可能被选不止一次”。 因此答案为B。

➲ 考题解析

Questions 35–40

● 题型归类：Matching

这种类型的题目属于细节题型，重点考查提取信息的能力。遇到人名和观点的配对，可以先把选项中的人名在文章中划出，然后根据题目中的定位词回文章划线处的上下文仔细比对，从而确定答案。

➲ 题目解析

题目编号	题目定位词	答案位置	题　解
35	difficult at first	第1段第5句	根据题目中的difficult at first to concentrate去找原文人名重现处的信息，确定了the noise was quite disruptive at first为出处，从而确定A选项为答案。
36	a year later	第6段第8句（倒数第2句）	根据题目中的a year later去找原文人名重现处的信息，确定了one year later为出处，从而确定D选项为答案。
37	make it stop	第5段第4句	根据题目中的make it stop去找原文人名重现处的信息，确定了turn the noise off为出处，因此A选项为答案。
38	high-pitched noise		根据题目中的high-pitched noise去找原文人名重现处的信息，找不到对应的信息，所以答案为E选项none of the above。

39	three tasks at the same time	第2段第2句	根据题目中的three tasks at the same time去找原文人名重现处的信息，确定了monitor three details at a time为出处，故B选项为答案。
40	repeat numbers	第2段最后一句	本题较简单，根据题目中的repeat numbers去找原文人名重现处的信息，找到repeat numbers同样的表述，从而确定C选项为答案。

➲ 参考译文

噪声的影响

总体而言，我们可以有理由去推断，相对于噪音，人们更喜欢平静安宁的环境。然而大多数人却都有过这样一种经历，当我们住在大山或是乡村里时，刚开始总要花些时间调适自己，才能进入睡眠，因为那儿实在是"太安静"了。这种感受表明，人们是有能力去适应各种程度的噪音。这一观点同样得到了科学研究的支持。例如，在 1972 年，格拉斯和辛格两人把实验者置于短暂且突然出现的极大的噪音环境下，同时去衡量他们解决问题的能力及对噪音的生理反应。一开始的时候，噪音对实验者的干扰是相当大的，但是大概四分钟之后，这些人的任务完成情况就和那些未被置于噪音环境下的参照实验者所完成的一样好。而且他们对噪音的生理刺激也很快就下降到和那些参照实验者一样的程度。

但是，人们的这种适应能力还是有限的。尤其当一个人要同时专注于不止一个任务时，高分贝噪音所带来的麻烦更大。比方说，一个实验者要同时监控三台刻度表，当然这活儿跟飞行员或空管所做的没两样，这种时候，高分贝的噪音就会干扰到他的行为（布劳德本特，1957）。与此类似的是，尽管噪音不会影响到实验者监测方向盘上那条移动的轨迹，但它的确会干扰到一个人一边盯着一边报数的能力（芬克曼和格拉斯，1970）。

也许在这份关于噪音的研究中最有意义之处在于，噪音的可预测性远比其分贝高低重要得多。我们可以"屏蔽"那些一直持续的背景噪音，哪怕它的分贝再高。然而换到在那种时不时突然出现的噪音的环境下工作，我们的"屏蔽"能力要小。在格拉斯和辛格的研究中，实验者被置于一种突然迸发的噪音环境下完成一个任务。实验中，一部分人听到的是一种巨大的噪音，另一部分人听到的则是一种柔和的噪音。一些实验者听到的噪音是精确到每隔一分钟出现一次的（可预测的噪音）；另一些实验者听到的噪音总量和前者一样多，然而这些噪音出现的间隔却是随意的（不可预测的噪音）。实验者均反映，不管是可预测的噪音还是不可预测的噪音，都一样地令人不悦，而且，在出现噪音的实验部分，所有实验者的表现都大致相当。但是，实验结束后，当他们被要求在无噪音的环境下校对书面材料时，不同的噪音环境组表现出了相当不同的后效。正如表 1 所示，在之后的校对任务中，相比于可预测的噪音环境下的实验者，不可预测的噪音环境下的实验者犯了更多的错误。柔和但不可预测的噪音与巨大却可预测的噪音环境相比，前者犯的错误较后者稍多。

	不可预测噪音	可预测噪音	平均
巨大的噪音	40.1	31.8	35.9
柔和的噪音	36.7	27.4	32.1
平均	38.4	29.6	

表 1：校对与噪音

显然，不可预测的噪音较可预测的噪音让人产生更强的疲惫感，只是这种疲惫感需要一些时间才对人的表现造成不利影响。

预测性并不是减少甚至消除噪音副作用的唯一变量。另外一种变量是人对噪音的控制。如果我们知道自己可以操控噪音，这似乎能帮助我们同时消除噪音当时产生的副作用和之后产生的影响，哪怕我们从未真选择关闭噪音(格拉斯和辛格，1972)。我们只需知道自己可以操控，这就够了。

目前所讨论的研究都仅是短暂地将人置于噪音环境下，而且研究的也只是短期的影响。然而，关于噪音环境的主要担忧却是，长期生活在噪音环境下，可能会对人产生严重而且持久的影响。有个研究是对比两组小学生，第一组小学生的学校紧靠洛杉矶最繁忙的机场，而第二组小学生的学校则位于很安静的地段，该研究表明，上述担忧已经成为现实(科恩等，1980)。研究发现，跟那些在安静的校园念书的小学生相比，在喧闹的学校上学的孩子，不仅血压高，而且也更容易分心。另外，没有证据表明他们对噪音有适应能力。事实上，小孩子在喧闹的学校呆得越久，他们就变得更易分心。而且，这种影响可能会持续很长一段时间。跟踪研究表明，这些孩子哪怕是转到安静一点的教室上课，在一年之后，他们依然比那些一直呆在安静的校园里的学生更易分散注意力(科恩等，1981)。需要注意的是，调查者在此之前已经对两组小学生进行了仔细的筛选匹配，以确保他们的年龄、民族、种族及社会阶级相似。

WRITING

WRITING TASK 1

The pie charts below show units of electricity production by fuel source in Australia and France in 1980 and 2000. Summarise the information by selecting and reporting the main features, and make comparisons where relevant.

Units of electricity by fuel source in Australia

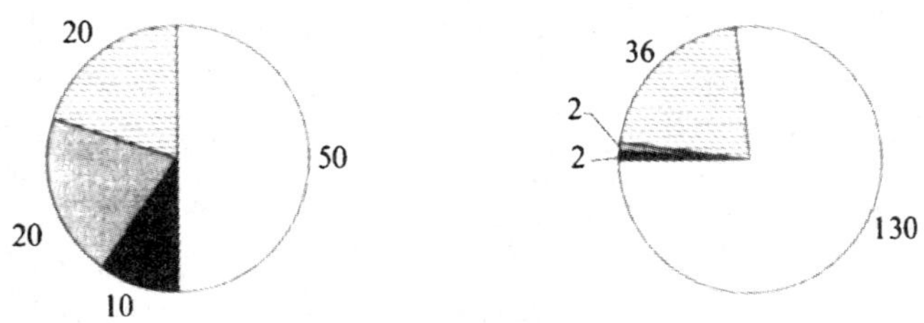

1980
Total Production:
100 units

2000
Total Production:
170 units

Units of electricity by fuel source in France

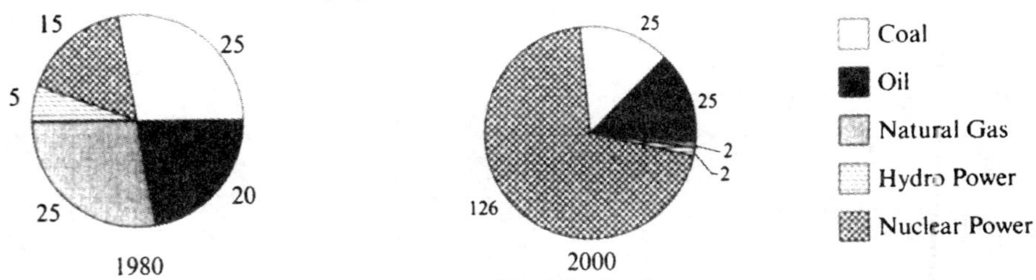

1980
Total Production:
90 units

2000
Total Production:
180 units

➲ 题目分析，包括回答中需要涉及的要点、对比以及考生可能对题目产生的错误理解。

要点

1. 澳大利亚没有使用核能。
2. 从饼状图中可以看到大概的比例和发电量的总数。
3. 在结论中要指出澳大利亚 2000 年主要依靠煤来发电，而法国主要依靠核能发电。

考生可能产生的错误理解和问题

1. 注意每个国家发电量总数在增加。这意味着随着总量的增加，一种能源的发电量所占的百分比有可能下降，如法国的煤和石油所占的百分比。
2. 最好是挨着讲每个国家，不要去对比发电的能源。

➲ 建议的写作结构，对比此结构与考生有可能采用的不恰当结构。

报告应该有一个简短的介绍部分，每个国家写一段，然后有一个简短的总结。主要段落应该包含1980年和2000年的燃料源对比。总结部分应该指出2000年每个国家的主要燃料源。

➲ 参考范文

The charts illustrate how Australia and France produced electricity in 1980 and in 2000, by fuel source.

In Australia, electricity generation rose from 100 units (1980) to 170 units (2000). In 1980, coal accounted for half of production (50 units), but this had increased to three quarters (130 units) in 2000. Hydro-electric power production almost doubled from 20 units to 36 units. Meanwhile, production of electricity from natural gas and oil declined from 20 units and 10 units respectively to 2 units each. Australia did not use nuclear power for generating electricity.

In France, electricity generation doubled from 90 units (1980) to 180 units (2000). In 1980, no source was dominant, but this changed by 2000 when nuclear power generated three quarters (126 units) of the country's electricity, compared with 15 units in 1980. Coal use remained unchanged at 25 units, though the doubling of electricity generation reduced its proportion. Oil use increased from 20 to 25 units. Again, the proportion fell. Natural gas and hydro-electric power accounted for 25 units and 5 units in 1980, but these had fallen to 2 units each in 2000.

In summary, over the period 1980–2000, Australia came to rely mainly on coal for electricity generation whilst France came to rely mainly on nuclear power.

图表表明1980年和2000年里澳大利亚和法国发电的燃料源。

在澳大利亚，发电量从100单位（1980年）增加到170单位（2000年）。在1980年，煤炭发电量占总发电量的一半（20单位），到2000年增加到三分之二（130单位）。水力发电几乎增加一倍，从20单位增加到36单位。同时，天然气和石油发电量分别从20单位和10单位下降到2单位。澳大利亚没用使用核电。

法国的发电量从90单位（1980年）增加一倍到180单位（2000年）。在1980年，没有一种能源占主导地位，但这种情况到2000年有所变化，核能发电占了法国总发电量的四分之三（126单位），而1980年只有15单位。煤炭发电保持不变，为25单位，其所占比重的减少是由于总发电量增加了一倍。石油发电量从20单位增加到25单位，同样，石油发电所占的比重有所下降。天然气和水力发电在1980年分别为25单位和5单位，但到2000年分别下降为2单位。

总的来看，在1980年到2000年间，澳大利亚的电力生产变为主要依赖煤炭，而法国变成主要依靠核能。

➲ 参考范文中使用的词汇及结构分析，以及考生可能犯的错误。

1. “The charts illustrate how Australia and France produced electricity in 1980 and in 2000, by fuel source.”一个简单但有力的介绍。
2. “In Australia, electricity generation rose from 100 units (1980) to 170 units (2000).”作者给出发电总数作为每个正文段落的开始。
3. “In 1980, coal accounted for half of production (50 units), but this had increased to three quarters (130 units) in 2000.”作者还用了比例，而不只是图中给出的数字。
4. “Oil use increased from 20 to 25 units. Again, the proportion fell.” 注意简单句的使用。许多考生试图在整篇文章中都用复杂句子，结果降低了整体的语法准确度，造成语法上得低分。

WRITING TASK 2

Some people think that universities should provide graduates with the knowledge and skills needed in the workplace. Others think that the true function of a university should be to give access to knowledge for its own sake, regardless of whether the course is useful to an employer. What, in your opinion, should be the main function of a university?

➲ 题目分析，包括回答中需要涉及的要点、对比以及考生可能对题目产生的错误理解。

1. 题目没有要求讨论双方观点，但一篇好作文应该就此进行讨论。
2. 什么是“the knowledge and skills needed in the workplace”？对这个问题的不同看法会产生不同的回答。

➲ 建议的回答结构，以及此结构与有可能采用的不恰当结构的比较。

因为题目比较长，所以这篇写作的介绍部分可能会比以往的要长一些。正文可以有两段到五段，取决于要探讨的要点的数量和长短。结论应该简短，但必须给出作者的观点。

➲ 两篇观点不同的参考范文（250字—300字）

参考范文1——总体的知识和技能

Some people believe that universities should provide students with the knowledge and skills they will need in the workplace whilst others think that it does not matter what kind of knowledge students gain during their time at university. In my opinion, universities should certainly focus on providing students with the knowledge and skills that will be applicable to their future jobs, but not exclusively.

Many university students do not study a subject at university and then go on to get a job directly related to that subject. A brief review of leaders of major countries reveals that not all them have only studied politics. For example, Hu Jin Tao, leader of China, is an engineering graduate. As an English teacher, I know that most of my colleagues do not have an undergraduate degree in teaching or English. Other people may study a particular subject at university, then get a job directly related to that subject, but then make a career change later in life.

My second point is that many subjects are not even available at degree level at university, such as policing or being a DJ. This is because, for many jobs, the required knowledge and skills cannot easily be put into a degree course or can be learnt by anyone wishing to put in the required time and effort. In addition, it should be noted that most employers find it better to hire people with the demonstrated capacity to learn new skills and train them on specially-designed courses or 'on the job' rather than to only look at graduates who have studied particular courses.

To conclude, I strongly believe that universities should provide the knowledge and skills that a variety of workplaces need, meaning that some things students learn may not be directly related to a particular job.

(298 words)

一些人认为大学应该教学生工作所需要的知识和技能，而另一些人认为大学期间究竟获得哪种知识并不重要。在我看来，大学应该教学生在未来的工作中可以应用的知识，但不仅仅只是这些知识。

许多大学生并没有在大学里学一门专业然后就找一份与这门专业直接相关的工作。一份对主要国家的领导人的调查显示，并非所有国家领导人都只学习了政治。例如，中国领导人胡锦涛就是工程专业毕业。作为一名英语教师，我知道我的大部分同事都没有教学或者英语专业的本科学位。另一些人可能在大学学习一门专业，然后找了一份与这门专业直接相关的工作，但后来也转行做了其他工作。

我要说的第二点是，许多学科在大学里甚至还没有开设相关学位，如治安或者成为一名DJ。这是因为很多工作所要求的知识和技能无法轻易放到学位课程当中，或者只要有人愿意付出时间和精力，他们就可以学会这些知识和技能。此外，还应该注意的是，大多数雇佣单位都发现，聘用那些表现出有能力学习新技能的人然后对他们进行特制的课程培训或者在岗培训，这比选择那些在大学里学过具体课程的毕业生要好。

总的来看，我坚决认为大学应该教各种工作都需要的知识和技能，也就是说学生学到的可能并不与某一份工作直接相关。

参考范文2——为工作而教学

Some people think that universities should provide students with knowledge for its own sake, but others, including myself, believe that they should provide students with the knowledge and skills that they will use in the workplace.

First of all, university education clearly costs a lot of money. Therefore, students should have lectures and seminars which are directly related to the jobs they will do after graduation. They should not waste university resources on learning other things that will probably be of no use to them in their field of work.

Not only is university education expensive, but it also requires a lot of time to learn the knowledge and skills for jobs in the modern world. Modern jobs requiring university qualifications need people who have much greater knowledge than before. The extra time needed to learn this means that only relevant information should be taught, rather than spending time on things that will not be necessary.

Some people think that universities should teach things from outside the field a student is studying. My opinion is that if students wish to learn something from other fields, they can easily do this in their own time when they have completed any studies related to the course they are taking.

In conclusion, it is my opinion that universities should provide their students with the knowledge and skills they will need in the workplace, rather than using their resources for the provision of knowledge in general. This way, we can maximise the efficiency of higher education.

(251 words)

有些人认为大学应该为了让学生学到知识而教学，但有的人，包括我在内，认为大学应该教给学生那些他们能在工作中用到的知识和技能。

首先，大学教育会花很多钱，因此，学生应该参加那些与他们毕业后从事的工作直接相关的课堂和研讨会。他们不应该把大学资源浪费在学习其他将来可能对他们的工作毫无用处的东西。

不仅大学教育费用高，而且要学会现代社会的工作所要求的知识和技能还需要很多时间。现代工作要求员工具有大学资历，还需要员工比过去有更多知识。要学会这些知识就需要付出额外的时间，这就意味着大学应该只教相关知识，而不是把时间花在那些将来没用的东西上。

一些人认为大学应该教学生所学专业之外的东西，我认为如果学生愿意学习其他领域的东西，他们可以在完成专业学习之后自己的时间里学习。

总的来说，我认为大学应该教在工作岗位中需要的知识和技能，而不是把资源用在教大体上的知识。这样的话，我们就能够把高等教育的效率最大化。

➲ 参考范文中使用的词汇及结构分析，以及考生可能犯的错误。

1. “In my opinion, universities should certainly focus on providing students with knowledge and skills that will be applicable to their future jobs, but not exclusively.”作者在介绍部分给出了他/她的观点，虽然这并不是主要观点。
2. “A brief review of leaders of major countries reveals that not all them have only studied politics. For example, Hu Jin Tao, leader of China, is an engineering graduate.”作者用一句话给出了一个普遍的例子，然后展开具体来讲。
3. “This is because, for many jobs, the required knowledge and skills cannot easily be put into a degree course.”作者指出，大学不应该教所有东西。
4. “Therefore, students should have lectures and seminars which are directly related to the jobs they will do after graduation.”作者在这里很好地使用了与大学教育相关的简单语言（lectures、seminars、graduation）。
5. “My opinion is that if students wish to learn something from other fields, they can easily do this in their own time.”作者给那些想充电的学生提出了一个简单的解决办法，让他们可以学习除工作需要的知识之外的东西。
6. 注意短语 “provision of knowledge in general” 和 “maximise the efficiency”。

SPEAKING

➲ a) 题目分析，包括考生可能对题目产生的错误理解。

How do you usually travel to work or college?
题目用了“usually”，但你可以展开来回答，谈谈你不那么常用的交通方式，还/或者谈谈你可以使用但并没有采用的交通方式。你还可以提一下需要花多长时间。

Have you always travelled to work/college in the same way?
如果你过去常常使用但现在不用的一种交通工具，就说“used to”。

What do you like about travelling to work/college this way?
说出你的原因，可能谈到出行方式的速度和/或便捷度。

What changes would improve the way you travel to work/college?
你必须谈你现在采用的出行方式的改变，而不是谈改变你的出行方式。

Describe a piece of electronic equipment that you find useful.
这个问题应该很好回答。谈谈你怎么使用它，多久使用一次，以及别人是否也觉得这个设备好用。

What kinds of machine are used for housework in modern homes in your country?
不要简单地列出这些机器，多说一些，谈谈分别有多少人使用这些机器等。

How have these machines benefited people? Are there any negative effects of using them?
谈一两点好处和一两点坏处。每一点都展开来说。

Do you think all new homes will be equipped with household machines in the future?
给出你的答案的原因。注意问题用的是“all new homes”。

What kinds of equipment do most workers need to use in offices today?
问题问的是办公室里“most”员工，但你可以谈谈以后不那么常用的设备。在回答问题时，总要先直接回答问题，然后再谈谈别的。

How have developments in technology affected employment in your country?
这个问题应该很简单，因为中国在这方面有很多技术进步。谈谈你认为这些发展是好是坏，以及为什么。

Some people think that technology has brought more stress than benefits to employed people nowadays. Would you agree or disagree?
展开你的回答，说说你答案的原因。用恰当的例子来支撑你的回答。

➲ b) 考生可在回答中使用的实用词汇

How do you usually travel to work or college?
By bike/bicycle, bus, train, subway/underground, car, motorbike, moped, on foot.

Have you always travelled to work/college in the same way?
Used to, convenient, fast, quick, summer, winter, hot, cold, windy, sweaty, short/long distance, far.

What do you like about travelling to work/college this way?
Faster, easier, more convenient, cheaper, logical choice.

What changes would improve the way you travel to work/college?
Bus stop, closer, better, special lanes for buses, avoid traffic jams, even faster.

Describe a piece of electronic equipment that you find useful.
Computer, communicate, office, home, email, documents, graphs, presentations, play games, lunch hour, laptop, desktop, flat-screen monitor, hard drive, keyboard, mouse, portable hard drive, back up, files, store, pocket translator, translate from/to, pronunciation, push a button, play a recording, small, light, pocket-sized, check words.

What kinds of machine are used for housework in modern homes in your country?
Microwave ovens, washing machines, appliances, cookers, dishwashers.

How have these machines benefited people? Are there any negative effects of using them?
Quicker, faster, more convenient, electricity, energy, power grid, resources, water.

Do you think all new homes will be equipped with household machines in the future?
Want, desire, need, require, homebuyers, brand, colour, design, change, property developers, fit, install.

What kinds of equipment do most workers need to use in offices today?
Computers, desktop, laptop, telephone, function, modern world, fast communication, essential, non-essential, coffee machines, fax machines, air-conditioning units, make life easier.

How have developments in technology affected employment in your country?
Economy, develop, introduction, introduce, production lines, produce goods, export, low(er) prices, manufacturing, service industries, agriculture, farming, development.

Some people think that technology has brought more stress than benefits to employed people nowadays. Would you agree or disagree?
Make contact, old methods, if something goes wrong.

➲ c) 参考回答（每个问题两个回答）

How do you usually travel to work or college?

I always go to and from work by bus. It's very convenient because a new bus service has started that goes from very near my home to the building where my office is located.

I walk to my classes. I live in a dormitory on campus, so it only takes ten minutes at most.

Have you always travelled to work/college in the same way?

I used to go by bicycle, but in the summer it's too hot and I was sweaty by the time I got to the office. In winter, it was sometimes too cold, especially with the wind blowing strongly.

Yes, I have. Some of my classmates ride a bicycle, but I don't see the point of cycling such a short distance.

What do you like about travelling to work/college this way?

I like the fact that it is much faster than going by bike. The buses in Beijing are very cheap now. Also, I don't have to worry about my bike being stolen while I'm at work!

I've never really considered whether I like it or not. Since the distance is so short, it just seems to be the logical choice.

What changes would improve the way you travel to work/college?

I suppose the bus stop could be a little closer to my home. It might be better if there were special lanes for buses, then they could avoid the worst of the traffic jams and I could get to work even faster.

I don't think there's anything that could improve it for most of the year, but when it snows in winter, ice sometimes forms and the path is slippery. Perhaps it could be cleared sooner.

Describe a piece of electronic equipment that you find useful.

The piece of electronic equipment I find most useful is my office computer. I can use it in several ways. First, I can use it to communicate with other people via email. I can also use it to prepare written documents, graphs and presentations associated with my work. I can also use it to play games during my lunch hour or when I have finished all my work on a Friday afternoon. My office computer is a desktop, consisting of a flat-screen monitor, a hard drive, a keyboard and a mouse. I also use a portable hard drive for backing up my most important files or storing games, which I don't think I should store on the office hard drive.

The piece of electronic equipment that I find useful is my pocket translator. It allows me to translate from Chinese to English and vice versa. It shows how the English words should be pronounced and you can push a button and it plays a recording of the word, so you can hear it too. I like this electronic translator because it is useful and small enough and light enough to be carried in my pocket, so I can take it everywhere. If I see new words or if I'm chatting with my English-speaking friends, we can check words immediately.

What kinds of machine are used for housework in modern homes in your country?

I think that most modern homes in China have microwave ovens and washing machines. People living in older homes might not have them, especially if the electrical wiring in their homes is not so good.

Most modern homes have appliances like cookers. Some modern homes also have dishwashers, though these aren't as popular as in some Western countries. Most modern homes have electrical appliances that are not related to housework, like TV sets, DVD players and air conditioning units.

How have these machines benefited people? Are there any negative effects of using them?

I think that they help people to do their housework quicker. That's the main benefit that people are looking for when they decide whether to buy such appliances. A disadvantage is that they use a lot of electricity, which can put strain on the power grid.

Aside from allowing people to do their housework faster, the main benefit of some electrical items — like dishwashers, for example — is that you can leave them and go and do something else. The disadvantage is that some of these items use more resources, like electricity or water.

Do you think all new homes will be equipped with household machines in the future?

Yes, I do. Almost all people want them nowadays, so I think they will be included in new homes. Homebuyers will probably choose from a selection, according to which brand and colour they prefer.

No, I don't. In China, most homebuyers make changes when they move into a new home. They change things like the bathroom fixtures and the tiles on the floors. I think that property developers will not fit new homes with such machines because there is a good chance the homebuyers would change them.

What kinds of equipment do most workers need to use in offices today?

In offices, most workers need to use computers — either desktops or laptops. They also use telephones. I think that without these pieces of equipment, an office would not be able to function very well in the modern world.

Aside from computers, they use telephones for fast communication. There are many other items that most office workers have, but do not find essential, like coffee machines, fax machines and air-conditioning units. These items make life easier for workers, but they are not really necessary for their work.

How have developments in technology affected employment in your country?

China's economy has developed very quickly largely because of the introduction of production lines that allow workers to produce goods for export at very low prices — lower than developed countries can produce them at. This means that employment in manufacturing has risen whilst the proportion of people employed in farming has fallen.

New technological developments have allowed China to move from agriculture to industry and are now allowing it to move more people into service industries which use technology like computers to allow people to do things for other people much faster and at lower costs.

Some people think that technology has brought more stress than benefits to employed people nowadays. Would you agree or disagree?

As an employee who uses computers and other bits of technology at work, I can say that technology has brought more benefits than stress. I can communicate with people faster and thus make more contacts for my company. Most people I know much prefer using modern technology to the old methods.

I think that technology has brought more stress to employees. They have to work faster and get more things done. If something goes wrong with the technology they are using, it can cause them a lot of stress.

General training Test A

READING

SECTION 1 A

文章结构

体裁	应用文
主要内容	电力燃气公司的业务说明及顾客指南

词汇注释

query *n.* 问题，询问 occupant *n.* 居住者，占用人 interrupt *v.* 打断，妨碍 be held responsible for 被认为应为对…负责 range from 从…到…范围 digital *adj.* 数字的 complain *v.* 抱怨，控诉	meter reading 仪表读数，收费表度数 household *n.* 家庭，户 contact *v.* 接触，联系 various *adj.* 各种的各样的，不同的 dial *n.* 刻度盘 enquiry *n.* 询问，咨询 handle *v.* 处理

考题解析

Questions 1-7

● 题型归类：TRUE/FALSE/NOT GIVEN
G类文章的TRUE/FALSE/NOT GIVEN题型更注重应用性，因此要求对文章内容有所掌握，并根据文章内容核实题目所描述具体情况。定位时可借助文章中黑体字标注的小标题。

题目解析

题目编号	题目定位词	答案位置	题　解
1	inform, on arrival	第2段第1行	文章中if you are moving home表明需要顾客在搬家前即通知公司。 题目中on arrival则表示顾客一搬完家立刻通知。题目与文章表达信息矛盾。 本题答案为FALSE。

2	customers, read their…meters	第2段第3行	文章中we are happy to accept your meter reading明确指出公司允许顾客自行读表。与题目中customer…read their own…meters一致。 本题答案为TRUE。
3	cheaper, use gas, than electricity		文章中未曾提到价格，也未曾进行使用两类能源的价格比较。 本题答案为NOT GIVEN。
4	supplies, throughout the country	第2段倒数第2句	文章中anywhere in the UK明确指出公司可提供电、气供应至英国境内任何地方。与题目中throughout the country表达一致。 本题答案为TRUE。
5	Energy Efficiency Line, handle, energy supply	第4段	文章中advice on the efficient use of energy以及do not use this number for any other enquiries明确指出该热线不受理题目中提到的energy supply问题。文章与题目表达矛盾。 本题答案为FALSE。
6	all complaints, should…by phone	倒数第2段	文章中contact…at PO Box 220, Stanfield, ST55 6GF证明投诉也可通过书面信件，与题目中all complaints…should…by phone矛盾。 本题答案为FALSE。
7	not charged, call, report a fault	倒数第1段	文章中call free on 0600 7838 836证明消费者拨打该热线不收费。与题目not charged表达一致。 本题答案为TRUE。

➲ 参考译文

东方动力公司

我们竭诚为您提供有关天然气和电力供应收费以及其他相关事宜的咨询帮助。

搬家

如果您要搬家，请尽可能提前48小时通知我们，以便我们有足够充裕的时间，为您的天然气和电力供应做好必要的安排。烦请您致电我们的24小时热线01316 753219，告知您搬家的详细情况。通常我们乐于接受并认可您搬家当日提供的抄表读数。同时，也请您告知下一位即将入住者，东方动力公司为其提供能源，以免服务中断带来不便。请记住，我们现在可以为您在英国的任何新地址提供电力和天然气供应。但如果您没有及时联系我们，您搬家之后所产生的电力使用费则有可能由您自己承担。

读表

东方动力公司使用不同类型的计数表，既包括传统的刻度盘式表，也包括新式的数字显示表。读表时请从左至右读数，红色刻度不读。若您需要帮助，请拨24小时热线0600 7310310联系我们。

能源效率热线

如果您需要咨询有关高效率能源利用的问题，请致电我们的能源效率热线 0995 7626 513。本电话不受理其他咨询。

特别服务

密码：您可以选择设定密码。以便当我们登门拜访时，您可立即得知。欲知更多详情，请致电我们的帮助热线 0600 7310310。

帮助与建议

如果您需要其他咨询或帮助，请拨 01316 440188 和我们联系。

投诉

我们不希望您在使用中有任何麻烦或不满，但如果您需要投诉，请通过以下地址联系我们的投诉处理小组：邮政信箱 220，斯坦菲尔德，邮编 ST55 6GF；或请拨打电话 01316 753270。

供应中断

如果您遇到在电力供应方面存在的其他任何问题，请拨打免费电话 0600 7838 836，我们每周 7 天都将全天候为您服务。

SECTION 1 B

➲ 文章结构

体裁	应用文
主要内容	微波炉使用说明书

➲ 词汇注释

microwave oven 微波炉 recommend *v.* 推荐，建议，劝告，介绍 pastry *n.* 面点心，酥皮点心 non-porous *adj.* 无孔的 pierce *v.* 刺穿，刺透 beverage *n.* 饮料，酒水 emit *v.* 发出，放出 wipe out 擦净，擦掉 grease *n.* 油脂 essential *adj.* 必要的，重要的	exceed *v.* 超过，超出 processed *adj.* 加工过的，处理过的 casing *n.* 盒子 sauce *n.* 调味汁，酱汁 bubble *v.* 冒泡 stir *v.* 搅动，拨动 squeeze *v.* 挤压 interior *n.* 内部，里面 unplug *v.* 不插电，拔去插头

➲ 考题解析

Questions 8-14

● 题型归类：List of Headings

本题题目较短，同时文章结构清晰，只需迅速阅读文章，寻找该段中心句及句中关键词语，再回到题目中寻找对应答案即可。

➲ 题目解析

题目编号	题　解
8	A段中重点为主句第2行。其中关键词语为cooking time，not exceeded，所有题目中提到时间的只有iv和v，其中v中rapid cooking times指快速蒸煮时间，符合文章not exceeded。而iv中standing time指闲置时间，与文章不符。 本题答案为v。
9	B段中重点为第1句。Small amounts of food非常明确对应选项vii。 本题答案为vii。
10	C段中重点为第1句。“dry”对应选项ix中的low in moisture。 本题答案为ix。
11	D段中重点为第1句。Non-porous casings对应选项ii中的skins。 本题答案为ii。
12	E段中重点为第1句。soup, sauces and beverages被概括为选项x中的liquids。 本题答案为x。
13	F段中重点为第1句。a second time对应选项i中的re-heating。 本题答案为i。
14	G段中重点为第1句。it is wiped out regularly对应选项iii中keep...clean。 本题答案为iii。

➲ 参考译文

微波炉初次使用注意事项

A 微波炉烹调食物时间较其他烹调方式所需时间短，因此务必先对食品进行检查，以免烹饪超时。

B 当对少量食物进行加热时，应设定较短烹饪时间，并注意勤加查看。因为如果过度加热，少量的食物易被烤干，烤焦，甚至烧着而酿成火灾。

C 当对相对“干燥”的食物，如各种面包、巧克力和糕点进行加热时，要格外注意。如果它们的烹饪时间过长，这些食物很容易烤焦，甚至起火燃烧。

D 当对某些经过加工后的肉类食物如香肠等，由于肠衣上并无孔、洞，因此为防止加热时它们突然膨胀爆炸，应事先用叉子在食物上扎出孔或洞穿。完整的水果和蔬菜应采取类似方法。

E 当对汤类、酱汁和饮料等进行加热时，注意不要过度加热，因为即使在加热中它们并未出现明显起泡现象，但事实上可能已经达到或超过其沸点。

F 当对已做好的菜肴进行二次加热时，食物“滚烫”程度至关重要，即要确保食物任何一部分都有蒸汽溢出，且酱汁起泡。如果比萨等不能搅拌的食物，应用刀子划开中心部分，确保加热彻底。

G 坚持经常性消毒，确保微波炉运行安全。消毒时，首先要保证微波炉处于断电状态，之后使用常温肥皂水，将抹布浸湿后并将多余水分挤干，然后对炉内壁残挂的油脂和食物进行擦拭。

SECTION 2 A

文章结构

体裁	应用文
主要内容	新公司选址指南

词汇注释

premises *n.* 楼宇，单位，处所
priority *n.* 优先，优先权，优先顺序
temptation *n.* 诱惑，诱惑物
decade *n.* 十年
promising *adj.* 有希望的，有前途的
firm *n.* 公司，商行，事务所
commit oneself to 使自己承担，致力于
outlay *n.* 费用，经费，支出
enormously *adv.* 巨大地，庞大地
rent *n.* 租金，租费
manufacture *v.* 制造
access *n.* 通路，进入，使用权
lorry *n.* 大卡车，大货运汽车
restriction *n.* 限制，约束
crucial *adj.* 关键的，决定性的
allow for 考虑到
prospect *n.* 希望，展望
flexibility *n.* 灵活性，适应性
internally *adv.* 在内（部）
outwards *adv.* 向外地
expand *v.* 使膨胀，扩张，扩大，扩充
obviously *adv.* 明显地，显然地
charge *v.* 收费，索价
authority *n.* 权力，权威，当局
density *n.* 密度
housing *n.* 房屋，住宅
exceed *v.* 超过，超出
processed *adj.* 加工过的，处理过的
casing *n.* 盒子
sauce *n.* 调味汁，酱汁
bubble *v.* 冒泡
stir *v.* 搅动，拨动
squeeze *v.* 挤压，
interior *n.* 内部，里面
unplug *v.* 不插电，拔去插头
dominate *v.* 支配，占优势
overwhelming *adj.* 势不可挡的，压倒的
property *n.* 财产，房地产，不动产
rectify *v.* 纠正，调整，矫正，修订
ironically *adv.* 具有讽刺意味地
swing *v.* 摇摆，动摇
initial *adj.* 开始的，最初的
vary *v.* 变化，改变，不同
high street 主要（商业）街道
via *prep.* 通过，经由
storage *n.* 仓库，储藏
van *n.* 货车，载重汽车
staff *n.* 员工
tighten *v.* 变紧，更严格
guidance *n.* 引导，指引
aim to 目的在于，旨在
obstruct *v.* 阻碍，妨碍，阻塞
alter *v.* 改变，变动
extend *v.* 扩充，扩展，伸展，延伸
spare *adj.* 多余的，备用的
landlord *n.* 地主，房东
contract *n.* 合同，契约
alteration *n.* 改变，变更
rigid *adj.* 严格的，严密的，严厉的
conservation *n.* 保护，保存

考题解析

Questions 15-20

● 题型归类：Sentence Completion
根据题目中定位信息回到文章寻找答案即可。可先根据空白处前后词判断出缺失词的词性。定位时可借助文章中黑体字标注的小标题。本题型通常按照文章叙述顺序出题。

➲ 题目解析

题号	题目定位词	答案位置	题　解
15	expensive premises	第2段第1句	由题目可知本题需填入单数可数名词。 根据定位词可找到文章第2段第1句中的heavy initial outlay。句中唯一的单数可数名词即为正确答案。 本题答案为image。
16	principal shopping areas	第3段第1句	本题需填入名词。 根据定位词找到文章第3段第1句中的high street premises。文章该句中rely on是题目中depend on的改写，则文章中该词后面所接宾语就是题目depend on后面缺失的词。 本题答案为passing trade。
17	produce goods, delivery vehicles	第4段第1、2句	由题目可知，本题需要填入一个名词，同时由空白处后面的“to the premises”可知，该名词应为“premises”的一部分。 根据定位词找到文章第4段第1句中的manufacturing，同时文章第2句中的vans and lorries, deliver and collect goods对应题目中的delivery vehicles。两句话中后面可以接介词“to”表示“…的”意义的名词只有一个。 本题答案为access。
18	removed to create more room	倒数第2段第3行	可先由题目中的create more room定位到黑体字标注的小标题Growth部分。 再根据定位词找到文章倒数第2段第3行中的knocking down。则该句中表示knocking down的动作对象的名词即为答案。 本题答案为walls。
19	building alterations… permitted	D段第2句	可先由题目中的states判断应填入单数名词。 根据定位词找到文章倒数第1段第1句中的changes…details of what will be allowed…alteration。本句中为单数名词，同时可以发出state动作的只有一个。因为冠词很少进行同义替换，本题也可根据定冠词the寻找答案。本句中只有一个单数名词前面出现the。 本题答案为contract。

20	extensions...not be allowed	倒数第1段最后1句	根据定位词找到文章倒数第1段最后1句中的much more difficult to consider changes。然后再根据题目中的located close to找到文章中的near。则该词后面的词即为空白处缺失的词。 本题答案为housing。

➲ 参考译文

新公司选址

需求

小企业设立最初，在决定选址时，有三大主要因素需优先考虑：费用，费用，还是费用。没有企业在起步时就已经具备了足够的选址经费，因此许多企业为形势所迫，就选择了最便宜的地产。它们为此将付出惨痛代价。严重时甚至会影响公司本已看好的未来前景和发展，带来的损失往往需要数十年后才能得以挽回或弥补。

具有讽刺意味的是，与此相反，还有些企业因矫枉过正，结果却走向了另一个极端。它们一开始便投入大笔资金，因为它们坚信形象问题至关重要——当然，这绝不便宜。事实上，选准选好地址，对企业来讲其实大有玄机。不同企业的选址观点或遵循的原则可能千差万别，但涉及具体实施环节，有些普遍性规则适用性还是相当强的。

位置

对于经营往来贸易的商家来说，繁华商业街的铺位很重要，但通常价格会较贵。而距离主街仅几米之遥的铺位，租金一般会相对显著下降。公司的办公室不必一定要位于中心地段，尤其对于那些绝大部分业务都是依靠电话或电子邮件往来的公司则更是如此。

制造类和仓储类企业有对人车出入保持持续畅通的需求。对这类企业，应重点考虑所选择的地址能确保卡车和面包车从公司配送货物时始终保持快速便捷。附近的停车场有无或远近对员工影响也很大，考虑到交通管制也许会收紧，公交车可能更重要。

规模

这是至关重要的决定。《健康安全法》详细规定了办公桌或生产操作需要的具体空间，但选址时，也应该为公司未来经营拓展和科学发展留有余地。

扩张

每个小企业都希望成长为大企业，但如果早期决策有误，美好前景有可能受到阻碍。企业创业伊始便应考虑灵活变通性。对建筑用址而言，可以事先考虑将来是否能够对其进行内部物理性改建等问题，例如通过推倒墙壁进行向外扩大，甚至能否增加新的楼层？若因企业发展有新的需求，邻近处是否有备用土地以便实现其扩张？

如果合同中包括此类允许性条款，包括重建和改建收费之外的其他收费项目等细节，房东就不得不同意企业所决定的任何变动。当然，对于规划，也是应当加以考虑的内容之一。要知道，地方当局并不总是乐于讨论区区一个小公司占地的未来。对于增加发展密度，他们有着更严格的规定。如果公司位于保护区内或靠近居民区，任何改动都将难上加难。

SECTION 2 B

文章结构

体裁	应用文
主要内容	加州州立大学员工工作条件和福利的相关说明

词汇注释

department *n.* 部，部门
exempt *adj.* 被免除(责任、义务、税收等)的，被豁免的
approve *v.* 同意，批准，赞同，核实
compensation *n.* 补偿，赔偿
deduction *n.* 扣除，减除额
license *n.* 特许，许可证，执照
ticket *v.* 加以标签，标明
automatic *adj.* 自动的
duplicate *n.* 副本，复制品
release *n.* 发行，开出
temporary *adj.* 暂时的，临时的
calendar year 日历年度，历年
schedule *n.* 时间表，计划
annually *adv.* 每年，年年
authorize *v.* 授权与，批准
span *n.* 跨度，跨距，范围
overtime *n.* 加班时间
supervisor *n.* 监督人，管理人
excess *n.* 超过，过度
payroll *n.* 工资单
present *v.* 提出，提供
cashier *n.* 出纳员，收银员
fine *n.* 罚金，罚款
issue *v.* 发行，发放
prior to 在…之前
paycheck *n.* 工资
approximately *adv.* 大约
prorate *v.* 比例分配，分派
initiate *v.* 开始，创始
grant *v.* 授予，同意，承认
entitle *v.* 使有权利，使有资格
grace period （行动，责任）等的宽限期

考题解析

Questions 21–27

● 题型归类：Short Answer Questions
根据题目中出现的疑问词判断词性，再根据题目中出现的定位词定位，即可找到正确答案。文章出现黑体字形式的小标题，可帮助定位。

题目解析

题号	题目定位词	答案位置	题　解
21	most employees, collect…wages	第1段第2行	根据题目中where一词可知，本题回答应为地址。 根据定位词可找到文章中第1段第2句中，generally, employees pick up the paychecks，则该句中出现的地址即为答案。 本题答案为their department。

22	authorize any overtime	第2段第3行	根据题目中who一词可知，本题回答应为人。 根据定位词可找到文章中第2段中approve all overtime，则发出该动作的人即为答案。 本题答案为 (the) supervisor。
23	not paid extra	第2段最后1句	根据题目中who一词可知，本题回答应为人。 根据定位词可找到文章中第2段中receive no additional compensation，则发出该动作的人即为答案。 本题答案为exempt employees。
24	parking charge taken off their salary	第3段第2句	根据题目中parking一词可将范围缩小至第3段。 根据题目中where一词可知，本题回答应为地址。 根据定位词可找到文章中第3段第2句中payroll deduction。则该句中的地址即为答案。 本题答案为Human Resources/HR。
25	calculate part-time employees' holidays	第5段第2行	根据题目中的holidays一词可将范围缩小至第5段。 根据题目中what method一词可知，本题答案应为指代“方式”的名词。 根据定位词可找到文章中第5段第2行中par-time employees will receive holiday benefits worked out，则该句中using后面指代“方式”的名词即为答案。 本题答案为 (a) prorated system。
26	documents, employee fill in, Personal Holiday	倒数第2段倒数第2句	根据题目中的Personal Holiday可将范围缩小至倒数第2段。 根据题目中which documents…fill in可知，本题答案应为某种表格。 根据定位词可找到文章中倒数第2段倒数第2句中complete…forms。则本句中的表格名称即为答案。 本题答案为Leave Request forms。
27	name of special entitlement, birthdays in the second half of December	倒数第1段最后1句	根据题目中的birthdays可将范围缩小至倒数第1段。 由题目中name of the special entitlement可知本题答案应为一个名字。 根据定位词可找到文章中倒数第1段倒数第1句中的whose birthday fall between December 16th and the end of the year。该句中known as一词后面所接名词即为所需名字。 本题答案为 (a) grace period。

➲ 参考译文

美国加州州立大学员工工作条件与福利

发薪日

通常为每隔周五。如该天恰逢节假日，则发薪日改为其下一周的周一。员工一般都是在其工作部门领取支票，只有在特殊情况下，才可以到财务室领取。

加班费

每天 8 小时、每周 40 小时之外的工作时间，以及每周第七个工作日的前 8 小时均视为加班时间。加班必须履行程序，并经主管提前批准。每周第七个工作日内 8 小时之外、每天超过 12 小时之外的工作时间，加班费均需按双倍支付。豁免员工不适用该规定，其加班均不领取加班费。

停车

员工须持有停车许可证，方可将车停放到员工停车区。员工办理许可证，需要到人力资源处办理，费用将从其每月税前工资中自动扣除。如果员工选择付现，则需提交其身份号码及驾照号码，并交至收费处备查。如果员工没有许可证而在停车区停车，则其车辆号码将被大学安全部记录在册，并进行罚款处理。

员工身份卡

在岗期间，所有员工都要佩戴身份卡。若该卡不慎丢失，需付 5 美元补办新卡。离职时，员工必须在结算工资前将身份卡交回并注销。

节假日

通常，正式员工及全职临时工每年都有 13 天带薪假期。兼职员工将采用按比例管理制度获得假期福利。大学每年举行一次员工带薪假期的组织安排工作。

个人假期

除节假日外，每年每位员工在雇用期内都额外享有一天的个人假期，但在执行中需要员工一次完成（全职员工按八小时执行，兼职员工基于该员工实际时间按比例执行）。每年员工在申请个人假期时，都需填写“休假申请表”，经批准授权后享有假期。

生日假期

全体员工都享有生日假期，无论是长期还是临时工作，也无论是全职还是兼职工作，都可在其生日当天带薪休息。员工有权选择其生日前后 15 天时间跨度内的任意 1 天，作为生日假期。生日介于 12 月 16 日和年底之间的员工，可获宽限至 1 月 15 日。

SECTION 3

文章结构

体裁	说明文
主要内容	澳大利亚缉毒犬的培养及其未来科学应用价值。
结构	第1段：澳大利亚机场使用缉毒犬。
	第2段：缉毒犬发现精心掩饰的毒品。
	第3段：澳大利亚海关的新型缉毒犬。
	第4段：缉毒犬计划有可能对神经生物学做出贡献。
	第5段：澳大利亚缉毒犬种培育计划。
	第6、7段：合格缉毒犬的6种特性。
	第8段：评估犬只注意力的方法。
	第9段：评估人类注意力的方法。
	第10段：人类对于缉毒犬的期望。
	第11段：缉毒犬研究对于人类自身疾病研究的意义。

词汇注释

第1段	
conveyor belt 传送带，运输带 annexe *n.* 附加物，别馆 air vent 排气道，通气孔 generator *n.* 发电机 sleek *adj.* 膘肥体壮的，油光发亮的 wag *v.* 摇摆	baggage reclaim 行李提取处 roar *v.* 吼，咆哮，轰鸣 grind *v.* （声音刺耳地）摩擦 bark *v.* 吠，叫 Labrador 拉布拉多犬 tail *n.* 尾巴
第2段	
cavalcade *n.* 行列，一系列，一串 nondescript *adj.* 难以名状的，无特征的 *n.* 难以名状 styrofoam *n.* 聚苯乙烯泡沫塑料 pepper *n.* 胡椒 freezer paper 冷冻纸 plastic 塑料	hashish *n.* 印度大麻 beneath *prep.* 在…底下 suitcase *n.* 手提箱 pack *v.* 包装，捆扎 wrap *v.* 裹，包 heat-seal *v.* 热封，熔焊 kilogram *n.* 公斤，千克

第3段	
conceal *v.* 隐藏 persistent *adj.* 固执地，坚持地 alert *v.* 使警觉，使警惕 breed *v.* 育种，饲养 solely *adv.* 独自地，单独地 customs *n.* 海关	sniff *v.* 嗅 scratch *v.* 抓，挠 handler *n.* 警犬训练员 dedicate *v.* 献出 detect *v.* 发现 make the grade 达到规定目标，成功
第4段	
illegal *adj.* 违法的，不合法的 sphere *n.* 范围，领域 esoteric *adj.* 隐秘的，秘传的 unswerving *adj.* 始终不渝的，绝不动摇的 trait *n.* 特征，品质，特性 flip side 另一方面，反面 incidence *n.* 发生，影响 controversial *adj.* 引起争论的，有争议的	entirely *adv.* 完全地，彻底地 comparatively *adv.* 比较地，相当地 neurobiology *n.* 神经生物学 concentration *n.* 集中，专心 mechanism *n.* 机制，原理 Attention Deficit/Hyperactivity Disorder(ADHD) 专注力亏损多动症，注意力缺损多动障碍 diagnosis *n.* 诊断
第5段	
pound *n.* 牲畜栏，(走失牲畜的)待领场 doctoral *adj.* 博士的	feed up with 对…厌烦，对…厌倦 set up 建立
第6段	
define *v.* 规定，限定 instinct *n.* 本能，天性，直觉 taxing *adj.* 繁重的，费力的 ideal *adj.* 理想的，完美的 cargo ship 货船，货轮	disposal *n.* 处置权，控制权，支配权 stamina *n.* 精力，体力，持久力，耐力 rate *n.* 速度，速率 jam-packed *adj.* 拥挤不堪的
第7段	
cognitive *adj.* 认知的，认识的 distraction *n.* 分心，分心的事物 selective *adj.* 选择的，选择性的 persevere *v.* 坚持，不屈不挠 sustain *v.* 承受，经受，支持，维持	focus on 集中在 dockside *n.* 码头前沿，坞边 potentially *adv.* 潜在地，可能地 maintain *v.* 维持，维修，保养，坚持
第8段	
assess *v.* 估定，评定 scale *n.* 衡量 patch *n.* 碎片，碎屑，残余 feeble *adj.* 虚弱的，无力的 phenomenal *adj.* 不寻常的，出众的	mark *v.* 打分数，评等级 toss *v.* 投掷，摇荡， score *v.* 得分 paddock *n.* 围场，小牧场 obsessive *adj.* 着迷的，着魔的

第9段	
overlap *v.* 与…重叠，与…一致 spot *v.* 发现，找到，认出 cue *n.* 线索，提示 military *adj.* 军事的 clutter *v.* 弄乱，混乱	subject *n.* 对象，经受者 visual *adj.* 视力的，视觉的 vigilance *n.* 警戒，警觉心 blip *n.* 光点，标志 interval *n.* 间隔，间距
第10段	
odour *n.* 气味 routine *adj.* 常规的，例行的 heroin *n.* 海洛因 sack *n.* 袋子	molecule *n.* 分子 line *v.* 排成一行 bulge *v.* 装满，塞满
第11段	
current *adj.* 现在的，最近的，流通的	component *n.* 组成，元件，成份
题目	
impressive *adj.* 给人深刻印象的 alteration *n.* 改变，变更 genetic *adj.* 遗传的，基因的 willingness *n.* 自动自发 reflex *n.* 反射，反映	principal *adj.* 主要的，首要的 repel *v.* 逐退，击退 differ *v.* 不一致，不同 smelly *adj.* 臭的，有难闻气味的

➲ 考题解析

Questions 28–32

● 题型归类：Multiple Choice
此类题型多按照文章写作顺序出题。可先根据题干中定位词定位，然后在其周围寻找正确答案。注意同义替换。

➲ 题目解析

题号	题目定位词	答案位置	题　解
28	drugs, suitcase	第2段	根据题干中定位词可直接定位至第2段第3行。该段第2句是选项B的改写。 本题答案为B。

29	most dogs, not good at finding drugs, because	第3段第4行	根据题干中定位词可直接定位至第3段第4行。 文章中提到普通犬只有0.1%几率成为缉毒犬，但新型育种计划成功几率高达50%以上。可知是育种提高了成功率。与选项D一致。 注意：本题容易误选B。应注意同义替换，breed与genetic qualities有关。如果B是正确答案，则文章应提到训练计划，而非育种计划。 本题答案为D。
30	Florence, good drug detector, because	第4段第2句	根据题干中定位词可直接定位至第4段第4行中的top drug dog。文章中的unswerving concentration对应选项B中的not easily distracted。 本题答案为B。
31	dogs, Florence, help scientists understand	第4段第5行	根据题干中定位词可直接定位至第4段第5行中的Florence could help neurobiologists to understand。由文章中可知，科学家从缉毒犬身上受益有两方面：注意处理过程与注意力相关疾病。前者并未在选项中提及，后者对应选项C。 本题答案为C。
32	1993, the Australian Customs	第5段	根据题干中数字可直接定位至第5段。重点关注数字出现的第二句，句中关键词语即句子的主干部分明确指出，澳大利亚海关与墨尔本大学的一位博士生联手建立育种计划。则选项A，D明显错误。文章中只提到1993年项目始创，并未涉及成功与否，故选项B并未提及。 本题答案为C。

➲ 考题解析

Questions 33–36

● 题型归类：Multiple Choice
雅思阅读中的多项选择题的特点为：答案通常集中出现。所以可以先通过题干中关键词定位，然后可在附近寻找正确答案，同时排除错误答案。解题过程中应注意同义替换。

➲ 题目解析

题号	题干定位词	答案位置	题 解
33-36	important qualities, detector dogs must have	第6、7段	可根据题干中关键词定位到文章第6段第1句中six essential traits that make a detector dog。注意所有表示顺序的关系词。 第6段第2行中first之后第1特性中must love praise对应选项I中的desire for people's approval。 第6段第3行中but之后第2特性中still be able to work for long periods without it对应选项F中without constant encouragement。 第6段倒数第2行中also之后第4特性中fearless enough to deal with jam-packed airport crowds and the roaring engine rooms of cargo ships对应选项D中的noisy conditions。 第7段倒数第2行中第6特性中persevere and maintain focus for hours at a time对应选项E中maintain concentration。 注意：本题容易误选H，因文章第6段第4行中then之后的第3特性提到hunting instinct，与选项H中hunters接近。但文章中该处主体为instinct，选项中主体则为experience。做题时应注意分清主次关系。 33-36题答案为：D、E、F、I。顺序不分先后。

➲ 考题解析

Questions 37–40

● 题型归类：TRUE/FALSE/NOT GIVEN
可先划出题目中关键词，再回到文章中核实。如果关键词只发生同义替换，逻辑关系并未变化，则答案为TRUE；若关键词性质或逻辑关系发生变化，则为FALSE；若关键词消失不见，则为NOT GIVEN。解题过程中应注意同义替换，以及依靠原文。

➲ 题目解析

题号	定位词	考点	答案位置	题 解
37	child has ADHD	methods, widely accepted	第4段最后1句。	因专有名词通常不发生同义替换，可根据定位词直接定位至该句。文章中diagnosis is often controversial与题目中methods of determining… widely accepted矛盾。 本题答案为FALSE。

38	five minutes, after vigilance test	some subjects, still, notice some blips	倒数第3段最后1句。	可根据题目中定位词定位到该句。文章中one in ten will still be able to spot nearly all of them与题目中some subjects still notice some blips一致。 注意：题目中出现some等相对折中的词语时，答案多为正确。 本题答案为TRUE。
39	vigilance test	help concentration		TRUE/FALSE/NOT GIVEN题型按文章顺序出题，可继续向文章后部寻找答案。解题至此只剩两段，但剩余部分均并未提到vigilance test help concentration。 本题答案为NOT GIVEN。
40	drug, well concealed	best dogs, miss	倒数第2段最后1句。	文章该句中even a postcard lined with 0.5 grams of heroin and hidden in a bulging sack of letters是题目a few grams of a drug are well concealed的改写。题目中miss与文章中not... escapes detection矛盾。 本题答案为FALSE。

➲ 参考译文

上午八点十五分，一架航班稳稳地降落在墨尔本的图拉玛瑞那国际机场，几百件行李被工作人员匆忙地从机舱提运到行李传送带上。佛罗伦斯——一条皮毛柔滑光亮的黑色拉布拉多雌犬，正摇着尾巴，汪汪地叫个不停，它的叫声甚至盖过了引擎的轰鸣声、通风口呼呼的气流声和发动机刺耳的摩擦声。

行李持续不断地从佛罗伦斯无所不查的鼻子下通过，这其中有一个毫不起眼的硬皮手提箱。箱子里有一个用聚苯乙烯泡沫塑封的包装，里面散放着一些胡椒和咖啡，其中杂带着一个热塑封的冷藏纸包装物，内藏 18 公斤的大麻制剂。

巧妙隐藏的毒品并不能瞒过超级缉毒犬佛罗伦斯。它不停地抓挠着手提箱，这动作引起了训犬员的警觉。佛罗伦斯绝对是一个新犬种：它或许是世界上唯一的专门培育缉毒犬种计划的产物。一般而言，对于普通犬来说，将其训为缉毒犬的成功概率只有 0.1%。而由澳大利亚海关负责的新犬培育计划极其成功，用这种方法对普通狗进行缉毒犬训化，超过 50% 的能够达标。

最初，这完全出于一种实用性训练的目的，即通过缉毒犬把非法毒品拒之于澳大利亚国门之外，但实际更可能发挥作用的，却在另一个完全不同的领域——相对更为神秘的神经生物学领域。研究结论是，使佛罗伦斯成为一条顶级缉毒犬的，不是它的鼻子，而是它不懈的专注，以及其他一些重要特性。佛罗伦斯可以帮助神经生物学家们了解他们所谓的“注意力处理过程”——一种决定一个人的专注对象以及时长的大脑机制——以及其相对面，如注意力缺乏／多动症（ADHD）类似的问题。要知道，美国多达 3%-5% 的孩子被认为患有这种疾病，是发生率最高的国家，尽管这样的诊断经常会引起争议。

澳大利亚海关服务部自 1969 年起就用狗来缉毒。传统方法是从走失犬监管处或私人养犬者那里挑选狗来训练。但通过这种方法寻觅到优秀缉毒犬的成功率很低，侦探犬训练部高级教官约翰·凡德鲁迫于无奈，于是在 1993 年，与凯斯·钱伯尼斯——当时她还是墨尔本大学的博士生——合作建立了一个培育计划。

钱伯尼斯首先定义了缉毒犬的六种特性。第一，优秀的缉毒犬必须喜欢受到夸奖，因为这是训练者主观上唯一可以使用的手段，但即使长时间不被夸奖，它也依然能正常工作；其次它要有强烈的搜寻本能；第三，还要有体力，能完成每分钟约 300 次的繁重的嗅查任务；第四，理想的侦缉犬还能毫无畏惧地应对来自于机场内水泄不通的人群、货船发动机舱的噪音干扰。

剩下的两种特性相互紧密联系，本质上是认知性的。一条出色的侦缉犬，无论机场或码头的喧嚣如何对其干扰，必须能始终专注于搜寻毒品任务。这就是神经生物学家所称的“选择性注意力”。最后，就是面对可能有上万个潜在隐匿之处的毒品，侦缉犬必须能连续保持专注数小时之久。神经生物学家称之为“持续性注意力”。

为评估狗的专注能力，凡德鲁和钱伯尼斯做了个小实验，他们把一个玩具扔入杂草丛生的一块田地，根据不同狗对玩具保持注意力的不同，给他们打一到五分。伊凡得了一个糟糕的分数。它跟嗅着玩具，但半路上却受其它狗到过的地方或围场中花朵散发的味道影响，而分散了注意力。罗伊娜却相反，它表现出罕见的专注力，简直可以认为它对这任务已经着迷。因为，当凡德鲁扔出玩具后，搜寻中没有任何事物能让罗伊娜分心，包括来自其他狗的干扰，甚至美味的食物也没能让它动摇。即使没有人在一边为它鼓劲，她照样会找个不停。罗伊娜为此得了五分。

和狗的专注力相仿，人的专注力也取决于一些互相交叉重叠的认知行为，包括记忆和学习——即神经生物学家所谓的注意处理过程。测试人类的注意力可以通过下列方法：让试验对象辨识屏幕上的颜色而忽略形状，或者辨别声音而忽略视觉提示，或者进行“警觉测试”。做警觉测试，就如同一名操作雷达的军事人员，面对一个有着杂乱回波的监视器上会出现的零落的、彼此时间间隔和空间间隔毫无规则而言的光点时，必须迅速发现所有的光点才能得高分。试验约五分钟后，研究人员发现在试验对象中，有十分之一的会漏掉大部分光点，有十分之一的能够发现几乎所有的光点，剩下的则介于二者之间。

发现警觉测试中偶然出现和不定的信号正是人们希望缉毒犬做到的。它们要在空气中嗅到很少的气味分子，然后就直奔气味源头。在可能耗时数小时的例行邮件检查中，缉毒犬高度专注，即便混在鼓鼓的一大麻袋信件中的一张夹带着 0.5 克海洛因的明信片也不会逃脱它们的发现。

随着人们日益关注注意处理过程以及一些伴有注意力缺陷的人类疾病——如注意力缺失多动症（ADHD），很快超级缉毒犬的特殊潜能将引起寻找上述疾病对策的神经生物学家的兴趣。

WRITING

WRITING TASK 1

You have recently started work in a new company. Write a letter to an English-speaking friend. In your letter

- **explain why you changed jobs**
- **describe your new job**
- **tell him/her your other news**

➲ 题目分析，包括回答中需要涉及的要点、对比以及考生可能对题目产生的错误理解。

要点

1. 注意写作的对象是你的朋友，不需要十分正式。
2. 你的回答需要涵盖题目中的三个要点。
3. 回答第一个问题时要注意“changed”，也就是说现在是在新单位 (new company) 工作。

考生可能产生的错误理解和问题

忽略了题目设定的背景（新换工作），写成毕业后的第一个工作或者其他。

➲ 建议采用的回答结构，对比此结构与考生有可能采用的不恰当结构。

写信应该以“Dear ...”开头，直接加上你朋友的名字即可。
开头段需要交代“我”刚换了工作，然后给出原因，可以把对新工作的描述也放到同一个段落里，之后用另一个段落来给“你”的朋友一些新消息。当然也可以每个段落分别谈论一个问题。

➲ 参考范文

Dear Fred,

It's been a long time since I wrote to you last time in May. I've got a piece of big news to tell you — I have recently quitted my job in Nanjing and taken on some new responsibility as a journalist in Beijing. The routine life in the former position really sucked so I decided to try something new to refresh myself. Still, another crucial factor leading to my quick decision is that my parents moved to Beijing last month, where it is not as frustratingly sticky in summer as in Nanjing.

My new responsibility is to report local cultural news in English for the renowned *China Daily*, for which I am not required to work on a 9-to-5 routine, but rather on a more flexible basis. In other words, I often roam around the city to pick up some fresh stories instead of fixing my eyes on the screen in the office all day long. It is so fantastic!

By the way, I've got another piece of big news, that is, my baby girl was born last Sunday. Next time we meet each other, you can expect a lovely niece!

Hope everything's going well with you, buddy.

Yours,

Rex

(200 words)

亲爱的弗雷德：
　　我上次给你写信是五月，到现在已经过了很长时间。我有一件大事要告诉你——我最近辞掉了南京的工作，开始在北京作记者。之前那个工作循规蹈矩，这样的生活实在没意思，所以我决定试着做点新的东西来让自己恢复精神。另一个让我这么快就决定换工作的重要原因是我父母上个月搬到了北京，南京的夏天黏糊糊的，让人很难受。
　　我的新工作是用英语为著名的《中国日报》报道当地文化新闻。现在我不用每天朝九晚五，工作时间更灵活。换句话说，我常在城市里走动，找一些有意思的故事，而不用整天都在办公室里盯着电脑屏幕。实在是太好了！
　　我还有一件大事要告诉你，上个星期日我的女儿出生了。我们下次见面时你就能见到一个可爱的侄女了！

祝你一切都好！

你的朋友：雷克斯

➲ 参考范文中的词汇及结构分析，以及考生可能犯的错误。

1. 跟工作有关的表达：responsibility, position, job, career, routine, a 9-to-5 routine.
2. “The routine life in the former position really sucked, …” suck这个单词，在此用在很亲密的朋友之间，是一种很不正式的表达。
3. “My new responsibility is to report local cultural news in English for the renowned *China Daily*, for which I am not required to work on a 9-to-5 routine, but rather on a more flexible basis.” 该句中使用了not…but…的结构，“不是……，而是……”。此外，应注意两个习惯搭配：on a 9-to-5 routine, on a more flexible basis。
4. “I often roam around the city to hunt for some fresh stories instead of fixing my eyes on the screen in the office all day long.” 注意这几个短语的使用：roam about/around, fix one’s eyes on…

WRITING TASK 2

Some people prefer to live in a house, while others feel that there are more advantages to living in an apartment. Are there more advantages than disadvantages of living in a house compared with living in an apartment?

➲ 题目分析，包括回答中需要涉及的要点、对比以及考生可能对题目产生的错误理解。

要点

1. 题目要求考生就住在房子或是公寓的优缺点发表自己的观点，不管你的观点如何，一篇好作文都需要谈论你的选择的正反两个方面，或者指出跟你相反的观点。
2. 题目中有“compared with living in an apartment”，写作过程中需有对两者的比较，作文应该恰当使用比较级。

考生可能产生的错误理解和问题

1. 部分中国同学需要注意：house 指的是单门独户的房子；apartment 指的是公寓，一般不是单门独户，会有好多家庭住在一个楼上。
2. 有些同学只会阐述住房子 (house) 的好坏，没有跟住公寓 (apartment) 作比较。

➲ 建议采用的回答结构，对比此结构与考生有可能采用的不恰当结构。

作文需要一个简短的开头和结论。正文应该有两个或三个段落，每段分别阐述一个分论点。考生可以在同一个段落里阐述与自己相反的观点，或者对比另外一个选择（住房或住公寓）。当然也可以另起一段来写上述内容。

➲ 两篇观点不同的参考范文

参考范文1——住房子更好

Nowadays, more than 80% of residents choose to live in various apartments instead of houses in most big cities across China. In spite of this, I tend to believe that living in a house brings far more advantages.

This is partly because a house provides more space than an apartment in a high building, by which I mean the ceiling height of a normal house is usually between 3 meters to even 4.5 meters whilst that of a common apartment is somewhere less than 2.5 meters. Consequently, living in a house would be to a larger extent more comfortable.

Furthermore, the main concern is that people who live in an independent house tend to have more privacy since houses have a reasonable distance apart. On the contrary, if you live in a block of flats, there may be five or eight neighbors totally strange to you on the same floor, which sometimes means you can even overhear some quarrels from them, and vice versa, thus leading to certain unavoidable inconvenience and annoyance.

Some opponents may claim that house dwellers would have less communication with each other and thus a worse neighborhood, for they are not as physically close as those living in the apartments. I can hardly find myself in agreement with this opinion. It is certainly true that apartment residents are not miles away from each other but it is also evident that in China house owners are not thousands meters far away from their neighbors, either. What is more, a shorter distance does not necessarily mean a closer neighbourhood or more quality communication.

Overall, I firmly believe space and privacy count more when choosing a residence and a house serves this purpose more than a flat, in spite of the fact that the costs and expenses to live here are usually higher than the alternative choice.

(307 words)

现在中国的大部分大城市里，80%以上的居民选择住在公寓里，而不是住在单门独户的房子里。尽管如此，我个人还是认为住在单门独户的房子里有更多好处。

其中一个原因就是，单门独户的房子比高楼里的公寓更宽敞。一所普通的单门独户的房子房顶高度通常在3米到甚至4.5米之间，而一间普通公寓的房顶一般低于2.5米。因此，住在单门独户的房子里更加舒适。

还有一个主要原因是，住在单独房子里的人有更多隐私，因为每户之间有一定的合理距离。相较之下，如果你住在公寓里，跟你同一楼层的完全陌生的邻居总共就有五到八家，有时候你甚至能听到邻居们的吵架声，邻居们也能听到你们的吵架。这就因此带来某种无法避免的不便和烦恼。

一些跟我持相反观点的人会说，住单门独户的人相互之间交流较少，邻里关系比较差，因为和住公寓的人相比，他们之间的有形距离没有那么近我很难同意这种看法。当然，住公寓的人相互间并非隔着好几里地那么远，但很明显，中国这些单门独户的人之间也并非相隔几千米远。此外，挨得近并非一定意味着邻里关系就更亲近或者邻里沟通就更好。

总的来说，我坚决认为，在挑选住所时宽敞和隐私更重要，单门独户的房子比公寓更满足这两个条件，尽管住在单门独户的成本和花费通常比住公寓要高。

参考范文2——住公寓更好

Nowadays, there are more than 80% of residents living in various apartments instead of houses in most big cities across the country. Personally, I agree that this is a better choice for most people and I think this shared tendency has its deep foundation which will be analyzed in this essay.

First of all, the merits of an apartment lie in its low cost for both individuals and the society. It is generally accepted that an apartment is much less expensive than a house. Take Beijing for example, it costs you about 10,000 yuan/m^2 to buy an apartment around the north 5th ring, but a neighboring house will claim more than three times that price. This is also true for the maintenance fees. As a result, living in an apartment would massively ease one's financial burden and still allow for a quality life for ordinary white-collars even if they buy one on installment. Moreover, a high apartment building will definitely accommodate more population than even a terraced house, which is ideally economical for a crowded community or society concerning the finite land resources.

It is imaginable that some people would not like to choose an apartment because there are usually several different families sharing the same floor; they claim that they consequently have less privacy and are worried about their neighborhoods. This is true. But as far as I am concerned, the same fact gives justification to choosing a flat, for there are probably more opportunities for the dwellers to communicate with each other and enjoy the benefits of a harmonious community, which otherwise may be hampered by a fairly long distance.

In conclusion, I firmly believe that living in apartments makes a more reasonable choice for most people, with less financial burden but more proximate neighborhood than a house tends to bring. It is also well advised that governments should encourage real estate companies to develop more quality apartment buildings rather than costly properties like grand mansions and villas.

(330 words)

现在在国内大多数大城市里，80%以上的居民住在公寓里，而不是单门独户的房子里。就个人而言，我认为这对大多数人来说是一个更佳的选择。同时，大家都做出这样的选择也有它的深层基础，本文将就此进行分析。

首先，公寓的优点在于它对个人和社会来说成本低。大家普遍都知道公寓比单门独户的房子便宜很多。以北京为例，在北五环附近买一套公寓大约需要每平方米一万元，但附近地段的一栋单门独户的房子的价格是公寓的三倍，其维护费用也是公寓的三倍。因此，住在公寓里就能大幅减轻居住者的经济负担，对于普通白领来说，就算他们用分期付款的方式购买一套公寓也能过上较好的日子。此外，一栋高高的公寓楼肯定比联排的单门独户的房子容纳更多人，这对于人多的社区或者土地资源有限的社会都是十分经济的。

可以想象一些人不愿意住在公寓里是因为同一楼层通常有好几家不同的住户，因此他们说自己的隐私就少了，而且也要顾虑邻里，这是事实。但据我所知，这也正是有些人选择公寓的理由，因为公寓住户之间可能有更多机会相互交流，也能享受和谐社区的好处，而这些优点可能会因单门独户之间较远的距离给破坏。

总的来说，我认为住在公寓里对大多数人来说是一个更合理的选择，与单门独户的房子比起来，经济负担少，邻里关系更近。也建议政府鼓励房地产开发商去开发更多的好公寓楼盘，而不是如豪华大厦和别墅之类成本高昂的地产。

➲ 参考范文中的词汇及结构分析，以及考生可能犯的错误。

1. 表示居民的相关词汇: residents, dweller, property owners。
2. 表示房屋的相关词汇: house, terraced house, detached house, villa, mansion, a block of

flats。

3. "If you live in a block of flats, there may be five or eight neighbors totally strange to you on the same floor, which sometimes means you can even overhear some quarrels from them, and vice versa, thus leading to certain unavoidable annoyance and inconvenience."
   本句中应注意这三点：
   1) 句型"which means…",可用来表示某种结果，"这意味着……"。
   2) "and vice versa"表示反之亦然
   3) "leading to"作结果状语。
4. "As a result, living in an apartment would massively ease one's financial burden and still allow for a quality life for ordinary white-collars even if they buy one on installment." 短语"ease one's burden"，"allow for "，"buy on installment"为惯用搭配。在写作的时候能恰当使用惯用搭配，也是语言能力强的体现。

General training Test B

READING

SECTION 1 A

➲ 文章结构

体裁	应用文
主要内容	电信公司手机收费三种套餐的介绍

➲ 词汇注释

executive *n.* 管理人员，主管 moderate *adj.* 适度的，中等的，温和的 off-peak *adj.* 非高峰的，非尖峰的 budget *n.* （收支）预算 extremely *adj.* 极其，非常 minimum *adj.* 最低的，最小的 arise *v.* 上升，升高，形成，出现 convenience *n.* 便利，方便 overheads *n.* 一般费用，日常开支 discount *v.* 打折，折扣 critical *adj.* 关键性的，决定性的 increment *n.* 增加，增加额 be subject to 以…为准，取决于 book *v.* 预定，预订 campsite *n.* 营地	highflier *n.* 高飞的人 high-volume 高容量 strain *v.* 拉紧，过度使用 fee *n.* 费用 competitive *adj.* 经得起竞争的 client *n.* 客户，顾客，委托人 value *v.* 珍视，重视 keep an eye on 留意，注意，留神 slightly *adv.* 轻微地，少量地 on the move 在活动中，在忙碌中 billing *n.* 开账单，开发票 round up 把（数字）调高为整数，上舍为 additional *adj.* 另外的，附加的 guarantee *v.* 保证，确保 due *adj.* 适宜的，应有的

➲ 考题解析

Questions 1-7

● 题型归类：Matching
题目解析：本文文体为应用文，表格中类别一目了然，可根据题目中关键词回到文章寻找并分别归类。题目中数字较多，容易定位。

➲ 题目解析

题号	题目定位词	答案位置	题　解
1	monthly access fee, highest, call rates, lowest	表格第1行 第4段最后1句	句中出现形容词最高级，证明只可能是三者其一。 根据题目定位词定位至表格第1行，由数字可知highflier的monthly access fee最高。 本题答案为C。
2	charged, short-distance or long-distance rates	第1段第2行。	由句中each plan可知，三个计划全部适用。 本题答案为D。
3	NOT…for…work	第2段第1句	由定位词定位至第2段第1句中for personal use。 本题答案为A。
4	just over $100 a month on calls	表格第6行	表示金钱的数字在表格中最多。可直接去表格内查找。通过定位词可找到表格中第6行best if you spend this amount a month on call。与题目中over $100最为接近的即EXECUTIVE的费用$95-$180。 本题答案为B。
5	21 cents, 30-second long-distance call, 2 p.m.	表格第5行	因为题目中继续出现金钱数字，故继续查找表格。先通过long-distance找到表格第5行，再通过21 cents找到答案HIGHFLIER. 本题答案为C。
6	connection fee, $30	表格最后1行	通过connection fee定位到表格的最后1行。既然未分别沿上面表格按名称分列并列举钱数，则可知该条款应用于全部三项计划。 本题答案为D。
7	minimum amount for calls each month	第2段最后1句。	通过定位词找到该句中a monthly minimum call charge applies。 本题答案为A。

➲ 参考译文

国内随意拨打只需支付低廉短途费用

您可在 SUPAFONE 数字移动公司的以下三个使用计划中任选其一：休闲时光，业务经理和空中飞人。它们的推出是为了分别满足客户的低、中、高三种不同通话时间长度需求。每种计划只有两种收费标准：短途和长途。如果您选择非高峰时间通话，还可大大节省您的开支。

休闲时光

最适合个人使用：您平日使用手机主要是为联系家人和朋友，并且不想每月产生较大的通话费用支出。

使用该计划的客户可享受最低月租（入网费），以及极具竞争力的资费优惠。不过，每月将限定最低话费消费。

业务经理

最适合商务人士：您时刻需要使用手机与公司、客户保持联系，但使用中也比较在意日常费用开支。

享受该计划的客户需缴纳的月租（入网费）略高，但可享有话费折扣带来的实惠。

空中飞人

最适合经常旅行：您游走世界各地，通讯必不可少，而且需要能随时与世界保持电话联系。

作为高用量用户，您只需月租费（入网费）60 美元，话费更低。

	休闲时光		业务经理		空中飞人	
月租费（入网费）	35美元		46美元		60美元	
	高峰期30秒为单位	非高峰期节省50%	高峰期30秒为单位	非高峰期节省50%	高峰期30秒为单位	非高峰期节省50%
短途	21.0美分	10.5 美分	16.8美分	8.4美分	15.1美分	7.6美分
长途	31.5美分	16.8美分	25.2美分	12.6美分	21.0美分	11.4美分
每月最佳金额	95美元		95-180美元		180美元以上	
高峰时段：周一至周六，早7点至晚7点						
非高峰时段：除高峰时段其他任何时间，包括周日全天。计费增量以30秒为单位。话费四舍五入至最近美分。非高峰时段最小收费两个30秒单位。						
一次性通信线路收费：30美元，另收35美元智能卡费用						

SECTION 1 B

文章结构

体裁	应用文
主要内容	露营营地行为规范与注意事项

词汇注释

consideration *n.* 考虑，体贴
dispose *v.* 处理，清除
bin *n.* 垃圾箱，废纸篓
ensure *v.* 确定，担保
disturb *v.* 打扰，扰乱，妨碍
disorderly *adj.* 妨碍治安的，违反公共秩序的
tolerate *v.* 容忍，忍受
opposite *prep.* 在…对面，对着
reserve *v.* 保留
whilst *conj.* 当…的时候
litter *n.* 垃圾，杂乱
shower *n.* 淋浴器，淋浴室
obstruct *v.* 隔阻，妨碍，阻塞
bark *v.* 吠，狗叫
behaviour *n.* 行为，举止，表现
prohibit *v.* 禁止，不准
portable *adj.* 便携的，轻便的
admittance *n.* 入场权，准入

考题解析

Questions 8-14

● 题型归类：TRUE/FALSE/NOT GIVEN
因题目是将文章中某些词语加以变化然后出题，故可先找出题目中的考点即比较容易变化的词。回到文章中寻找该词，核实其是否发生变化。若仅意思发生同义替换，逻辑未变，则答案为TRUE；若意思与文章相反或矛盾，则为FALSE；若该词完全消失，则为NOT GIVEN。本文可借助黑体字形式出现的小标题定位。

题号	题目定位词	考点	答案位置	题　解
8	open,	all year round	第1行	题目中all year round与文章中April-September矛盾。 本题答案为FALSE。
9	busier times of the year	book ahead	第2行括号中	题目中book ahead...busier times of the year是文章中booking...in July and August的改写。 本题答案为TRUE。
10	minimum stay	2 nights		文章中完全未曾提到有关入驻营地的最短时限。 本题答案为NOT GIVEN。

11	entrance, locked	after 10 p.m.		文章唯一提到10 p.m.是在第12行，但其内容是规定晚10点后不得喧哗，"锁门"并未提到。 本题答案为NOT GIVEN。
12	dogs	no dogs are allowed	倒数第8行	可根据dogs一词迅速定位到第4个黑体字小标题。从该标题"狗务必严加看管"即可得知，题目中"禁止带狗露营"是错误的。 本题答案为FALSE。
13	cook food, open fires	not allowed	倒数第5行	可根据fires一词迅速定位到第6个黑体字小标题。由该标题即可知，"营地禁止明火"，与题目表达一致。 本题答案为TRUE。
14	owner,	may not allow, camp there	最后1句	题目是文章最后1句的改写。 本题答案为TRUE。

➲ 参考译文

西风农场露营

开放期：4 月至 9 月
（7 月和 8 月假期期间建议提前预定以确保预留位置）
Jim and Meg Oaks 营地欢迎您来此露营。我们衷心希望您在此度过快乐时光。
请每位露营者露营期间给予应有的配合，保持责任心，并遵守以下营地规则：

保持营地整洁

—将垃圾丢至提供的垃圾箱内
—淋浴，厕所和盥洗区保持原貌
—离开时确定营地清洁无垃圾

不要阻碍道路交通

道路禁行、禁放自行车，汽车等车辆。
保持营地夜间安静
夜间 10 点至凌晨 7.30 间请勿喧哗。

妥善看管宠物

夜间犬吠如打扰他人，犬主人将被要求离开营地。

不得有不检行为

严禁烟火

营地禁止球类游戏

营地对面公园内有足够空间进行球类游戏。

收音机，可携带式音乐设备等一律不得高声播放。

否则，营地管理者有劝拒绝您的进入权。

SECTION 2 A

➲ 文章结构

体裁	应用文
主要内容	国家最低工资标准相关规定

➲ 词汇注释

entitle *v.* 给…权利，使…有权利 engage in 从事，参加 applicable *adj.* 合适的，适用的 accommodation *n.* 住处，膳宿 payroll *n.* 工资单 bonus *n.* 奖金，红利 tip *n.* 小费	amongst *prep.* 在…之中，在…之间 specify *v.* 明确说明，详细说明 nationwide *adv.* 在全国范围内；*adj.*全国的 gross *adj.* 总的，毛的，未打折扣的 overtime *n.* 加班费，加班时间 commission *n.* 佣金，回扣，手续费 gratuity *n.* 酬金，赏金

➲ 考题解析

Questions 15-21

● 题型归类：Sentence Completion
根据题目中定位信息回到文章寻找答案即可。可先根据空白处前后词判断出缺失词的词性。定位时可借助文章中黑体字标注的小标题。本题型通常按照文章叙述顺序出题。

➲ 题目解析

题号	题目定位词	答案位置	题 解
15	not cover, volunteer	第1段第2句	根据题目中working in your可知，空白处应填入表示工作地点的名词。 因题目和文章的逻辑关系不会变化，即题目应是文章的改写。可先找到否定词NOT，再找到volunteer在文章中的对应unpaid work，则与其并列的名词就是答案。 本题答案为family business。
16	under £5, receive, at the start of a job	第2段第4行	本题需填入名词。 根据题目中出现的金钱数字直接定位。低于£5的只有第4行和第5行。提到at the start of a job的在第4行。该句中getting对应题目中的receive，则其后面所接的名词即是答案。 本题答案为training。

17	different rules, are provided with	第2段倒数第4行	本题需填入名词。 根据定位词different rules找到文章中的special provisions，该句中唯一符合题意的名词即为答案。 本题答案为accommodation。
18	extra money, tips, via	第2段最后1句	本题需填入名词。 题目中的via对应文章中的through，则其后面所接名词即为答案。 本题答案为 (the) payroll。
19	below the National Minimum Wage, speak to their	第3段第2行	由题目中speak to their可知本题需填入指代人或机构的名词。 根据定位词迅速定位至第3段。speak to对应文章中的talk directly with，则其后面所接名词即为答案。 本题答案为employer(s)。
20	look at, boss's	倒数第6行	由题目中出现所有格形式可知本题需填入名词，且该名词应为文件之类。可先找所有格或带有表示所属关系的词如of等。 根据定位词定位至该句。文章句中inspect 对应look at；employer's 对应boss's，则其后面所接名词即为答案。 本题答案为pay records。
21	complain, boss... not cooperate, within the specified period of time		即是题目中的not co-operate；文章中14-day notice period则是题目中的specified period of time。 该句中出现的指代一段时间的名词即是答案。 本题答案为3/three months。

➲ 参考译文

最低工资法

最低工资适用人群

凡年满 16 周岁及以上所有劳动者，其中包括兼职劳动者，均有权享有国家最低工资。不适用人群包括从事义务工作者及在家庭企业中就业的家庭成员。

最低工资标准

全国工资法明确规定，最低工资适用于全国范围之内。自 2007 年 10 月 1 日起，22 周岁及以上的成年劳动者，每小时最低工资为 5.25 英镑。18 至 21 周岁的劳动者以及前 6 个月为实习期的劳动者，每小时最低工资为 4.60 英镑。16-17 周岁的劳动者，每小时最低工资从 3.40 英镑计起。某些劳动者享有特殊条款，如工作同时提供住宿。最低工资包括全部薪酬及工资单显示的全部款项如加班费、红利、佣金、小费及酬金。

若工资低于国家最低工资标准如何投诉

若雇主所付工资确实低于国家最低工资标准,劳动者可选择以下处理方式:

· 直接与雇主面谈。这是劳动者的合法权益,雇主如拒不按照国家最低标准支付员工工资将被罚款。

· 工会成员可直接与工会联系。

· 若以上方式均不适用,可写电子邮件至英国税务海关总署网站或直接拨打其帮助热线进行咨询。

若劳动者有合理理由确信其雇主所付工资低于国家最低标准,则劳动者具有合法权利要求查看雇主的工资给付记录。雇主必须在 14 天内向劳动者出示该记录,且提交地点必须在劳动者工作地点或其他合理地点。若雇主未能向劳动者出示该记录,劳动者可能需将此事提交就业法庭。投诉需在 14 天通知期结束后的三个月内进行。

SECTION 2 B

➲ 文章结构

体裁	应用文
主要内容	有效处理工作中的电子邮件

➲ 词汇注释

complain *v.* 申诉，控告
legal *adj.* 合法的，法定的
trade union 工会
via *prep.* 经由，通过
customs *n.* 海关
inspect *v.* 监查，检查，审察
efficiency *n.* 效率，实效
indicate *v.* 指出，指明
an average of 平均
spam *n.* 垃圾邮件，垃圾信息
virus *n.* 病毒
prioritise *v.* 把…区分优先次序
sphere *n.* 范围，领域
initial *adj.* 开始的，最初的
prompt *adj.* 迅速的，立刻的
brief *adj.* 简洁的，简短的
follow-up *n.* 后续行动，后续回信
complicated *adj.* 复杂的，难懂的
recipient *n.* 接受者，收信人
various *adj.* 各种各样的
fine *v.* 处以罚款或罚金
appropriate *adj.* 适合的，适当的
revenue *n.* 财政收入，税收，税务局
helpline *n.* 热线服务电话
tribunal *n.* 法庭，裁决
statistics *n.* 统计，统计数字，统计学
wade through 艰难地通过，费力地做完
unsolicited *adj.* 未经请求的，主动提供的
clutter up 堆满，使散乱
guidance *n.* 引导，指导
identify *v.* 识别，认明，鉴定
forward *v.* 转交，转递，转寄
scan *n.* 扫描，审查
in stages 分阶段地
acknowledgement *n.* （对收到来信的）确认通知，回条，回执，回复，回音
advisable *adj.* 明智的，适当的，可取的
rushed *adj.* 匆忙的，贸然的
definite *adj.* 明确的，清楚的，确切的

➲ 考题解析

Questions 22–27

● 题型归类：Flow Chart
该题型题目的先后顺序鲜明，可根据题目空白处前后的词帮助定位。

➲ 题目解析

题号	题目定位词	答案位置	题　解
22	delete	第2段第3行	题目中第一个方块中的三个黑点显示分隔符与文章第2部分中的三个黑点显示分隔符后面所引导的内容逻辑关系相同，表达事物也应相同。可迅速定位至文章第2部分第2段，沿其向文章前部寻找本题答案。 delete在第2部分第3行以原词形式出现，其对象即是正确答案。 本题答案为 (obvious) spam。
23	sender, subject	第2部分倒数第3行	迅速定位至文章中第3个黑点显示分隔符处，找出与sender, subject在表达意义和作用上接近的名词。 本题答案为message time。
24	need	第2部分倒数第2行	由题目中的所有格形式可知本题需填入名词。 题目中need对应文章中的require，则其后面所接的名词即为答案。 本题也可先寻找所有格your或表示从属关系的介词如of等。 如定位较难，可先做下一题，再沿其答案向文章前部寻找本题答案。 本题答案为prompt attention。
25	easy to deal with	倒数第1段第1句	由题目中you should可知本题需填入具体动作动词。 通过题目中定位词可找到文章中倒数第1段第1句中的uncomplicated，则该句中的动作动词即为答案。 本题答案为reply immediately。
26	complex, first send a	倒数第2段第1句	由题目可知本题需填入单数可数名词。 通过题目定位词找到倒数第2段第1句中的first，则句中不定冠词a后面所接的名词即为答案。 本题答案为brief acknowledgement。

27	give the sender a, answering…fully	倒数第2段最后1句	由题目可知本题需填入单数可数名词。题目中give the sender对应文章中倒数第2段最后1句中的tell the recipient，该句中不定冠词a后面所接的单数可数名词即为答案。 注意：本题容易误填detailed follow-up。注意题目中的定位词give the sender。 本题答案为 (definite) date。

➲ 参考译文

办公室电子邮件处理

电子邮件为人们提供许多便利，同时彻底改变了今天人们的工作方式。但只有妥善使用，这个出色的工具才能提高工作效率。若管理不当，电子邮件将浪费人们的宝贵时间。统计数据表明，办公室白领们平均每天要应付 30 封左右电子邮件。即使尽了最大努力，还是有不请自来的电子邮件或干脆是垃圾邮件出现。它们堆满了原本安排有序的收件箱，有的甚至会携带病毒感染计算机系统。本文将为您提供一些自我保护的建议与指导。

区分所收邮件的优先次序

如果您经常收到大量信息，需将其按重点排列先后次序，以确定那些真正重要的信件。如果是明显的垃圾邮件，您不必阅读，立刻删除它们，然后按以下步骤处理其他每封邮件：

· 检查电子邮件的寄件人：确定该信件是否正是您期待已久的，以及对方是否希望您迅速回复。

·检查电子邮件的主题：确定该信件是否紧急。信件主题是否体现您专有，还是应转交他人。

· 检查电子邮件的时间：防止信件在信箱内的滞留时间过长。

上述初期信件审查可帮助您确认真正需要优先处理的信件。其他信件可留待您时间方便时再行阅读。

答复信件

确定信件先后顺序后，答复可分阶段进行。如果信件内容涉及复杂问题，不宜匆忙回复。您可先简要确认，再提供详细的后续行动。可告知对方一个明确的具体答复日期，并尽可能实现。如果信件内容涉及问题不复杂，只需一句简短答复，可立即作答。如“我可以安排 10:00 会面”，或“谢谢，正是我需要的信息”。如果当时不能答复或不想答复，可告知发件人您已收到他的信件并会尽快与他联系。

SECTION 3

文章结构

体裁	说明文
主要内容	英国的煤溪谷 (coalbrookdale) 有一座铸铁桥梁，历史悠久，被誉为工业革命的象征，但其具体建造过程并未有资料记载。画家的一幅水彩素描揭开了真相，试验证实了画中描述的正是真正的建造过程。
结构	A段：简要介绍铁桥。
	B段：塞文河的重要性。
	C段：煤溪谷（coalbrookdale）修起炼铁熔炉，后被威廉达比一世买去。
	D段：威廉达比二世计划修建铁桥，威廉达比三世实施修建。
	E段：大桥施工并通车。
	F段：一幅水彩素描描述了大桥的具体修建过程。
	G段：为验证画中描述的过程的真实性，人们进行实验。
	H段：实验证明，大桥的确是按照画中描述的方法建造的。
	I段：唯一悬而未决的问题：画家所画同样题材的其他素描身在何处?

词汇注释

A段	
cast-iron *adj.* 铸铁的	erect *v.* 竖立，建立，使…直立
B段	
equivalent *adj.* 相同的，相等的，等同的 extensively *adv.* 广泛地，广阔地 eventually *adv.* 最后，终于 ideal *adj.* 理想的，完美的，典型的 cider *n.* 苹果汁，苹果酒 luxury *n.* 奢侈，豪华	motorways *n.* 高速公路 transportation *n.* 运输，运输系统 navigable *adj.* 可航行的，可通船的 purpose *n.* 目的，意图 upstream *adv.* 向上游，逆流地 wharf *n.* 码头

C段	
patent *v.* 取得…的专利权（证） furnace *n.* 炉子，熔炉 refer to 提及，提到 apprenticeship *n.* 学徒的身份（年限） derive… from 用…制造，由…炼出 abundant *adj.* 丰富的，充裕的	steel-making 炼钢 property *n.* 资产，财产 distinguish *v.* 区分，辨别 coke *n.* 焦炭 alternative *n.* 替换物，选择的余地 limestone *n.* 石灰石
D段	
pioneer *v.* 提倡，做先锋，开辟 ferry *v.* 运送，渡运 considerable *adj.* 相当的，可观的	manufacture *n.* 制造，产品，制造业 stores of 丰富的，大量的 architect *n.* 建筑师
E段	
section *n.* 部分 span *n.* 跨距，跨度，范围 feat *n.* 壮举，功勋，丰功伟绩 approach road 引道，引路，接驳道路 commission *v.* 委托，委托制作 estimate *n.* 估计，估量 flourish *v.* 繁荣，活跃	cast *v.* 铸造，铸成 remarkably *adv.* 显著地，非常地 civil engineering 土木工程 fund *v.* 资助，为…提供资金 engraving *n.* 雕刻，雕版 massive *adj.* 巨大的 pedestrian *n.* 行人，步行者
F段	
mystery *n.* 秘密，神秘 account *n.* 叙述，解释 shed light on 照亮，阐明，把…弄清楚 watercolour *n.* 水彩画 numerous *adj.* 为数众多的，许多的	eye witness 目击者 survive *v.* 生存，生还，幸存 assumption *n.* 设想，假设 sketch *n.* 素描，草图
G段	
assume *v.* 假定，设想 unimpeded *adj.* 不妨碍的，畅通的 contradict *v.* 与…矛盾，与…抵触 depict *v.* 描述，描写	tilt *v.* 使…倾斜 barge *n.* 驳船 fake *n.* 赝品，假货
H段	
casting *n.* 铸件 bolt *v.* 用螺栓安装(或紧固)	weld *v.* 焊接，熔接
I段	
apparently *adv.* 显然地，明显地	

➲ 考题解析

Questions 28–31

● 题型归类：Short Answer Questions

➲ 题目解析

题号	题目定位词	答案位置	题　解
28	when, furnace, originally constructed	C段第1句	由题目中when可知，本题答案应为时间。由定位词可定位至本句。 因时间通常以阿拉伯数字形式出现，而很少以拼写形式出现，故本题也可先找表示时间的阿拉伯数字，然后在其周围寻找furnace和其他定位词。 本题答案为1638。
29	roads leading to the bridge, completed	E段第5行	由题目中when可知，本题答案应为时间。 文章中approach roads对应题目中的roads leading to the bridge。故该句中时间即为正确答案。 本题答案为1781。
30	closed to traffic	E段倒数第3行	由题目中when可知，本题答案应为时间。 本题型按文章顺序出题，可继续向文章后部寻找答案。题目中closed to traffic对应文章中open only to pedestrians。该句中时间即为正确答案。 本题答案为1934。
31	model, built	G段第6行	由题目中when可知，本题答案应为时间。 根据model一词可定位至该句。句中时间即为答案。 本题答案为2001。

➲ 考题解析

Questions 32–36

● 题型归类：TRUE/FALSE/NOT GIVEN

可先划出题目中关键词，再回到文章中核实。如果关键词只发生同义替换，逻辑关系并未变化，则答案为TRUE；若关键词性质或逻辑关系发生变化，则为FALSE；若关键词消失不见，则为NOT GIVEN。解题过程中应注意文章与题目之间的同义转换。

➲ 题目解析

题号	题目定位词	考点	答案位置	题 解
32	how… bridge was constructed	no written evidence	F段第2句	文章中F段第2句中no eye-witness accounts与no plans对应题目中no written evidence。 题目与文章逻辑关系一致。 本题答案为TRUE。
33	Elias Martin, when it was new	the only…of the bridge,	F段最后1句	根据人名可迅速定位至F段倒数第4行。该段最后1句中a wealth of early views of the bridge by numerous artists与题目中the only…of the bridge矛盾。 本题答案为FALSE。
34	picture shows, bridge was constructed, banks	two banks	G段第3行	根据定位词picture shows可迅速定位至G段第3行。文章中sections of the bridge being raised from a barge in the river与题目中was constructed from the two banks矛盾。 本题也可根据关系词but判断。G段第1句提到assumed…built from both banks，然后强转折词but出现，暗示事实并非如此。 本题答案为FALSE。
35	original bridge, model,	took equally long		可根据model定位至文章G段第6行。但文章并未提到其建造所需时间，也并未与大桥真品进行比较。 本题答案为NOT GIVEN。
36	Elias Martin	other paintings	I段第2句	本题型按照文章顺序出题，应继续向文章后部而非向前寻找答案。可根据人名定位至I段第3行。 文章I段第2句中similar sketches对应题目中other paintings。文章与题目表达一致。 本题答案为TRUE。

➲ 考题解析

Questions 37–40

● 题型归类：Matching

根据题目中的关键词定位，从写作角度考虑，尽可能分析题目句子所在段落特点及在题目应在文章中出现的位置。

➲ 题目解析

题号	题目定位词	答案位置	题　解
37	why, require, River Severn	D段第1句	从写作角度考虑，本文讨论的是铁桥及其具体修建过程，则其修建原因多数会在文章前部交待。同时应有意识寻找表示原因的关系词如because, for, as, so等。 D段第1句第2行中关系词as之后即是原因。 本题答案为D。
38	method, raise money	E段第6行	根据写作顺序，为铁桥集资应在修建铁桥之前，修建原因之后。同时应关注有关金钱的词语或数字。 E段第6行funded the bridge by commissioning paintings and engravings对应题目中的method…to raise money。 本题答案为E。
39	why, Coalbrookdale, attractive, iron makers	C段最后1句	Coalbrookdale是铁桥的所在地，由写作顺序推断，对该地的介绍应出现在铁桥修建之前。同时有意识寻找定位词iron makers。 C段中最后1句话即是原因。 本题答案为C。
40	how，sections, connected	H段第3行	将铁桥各个部分连接起来应属于铁桥的建造过程的一部分。应在文章的后部。前3题的答案排名中最后是E，则本题可从F段开始向后寻找。同时注意寻找connected的同义替换。 H段第3行中was fitted together对应connected。该句交待了具体连接方式。 本题答案为H。

➲ 参考译文

铁桥
欧洲首次业内之尝试，公认工业革命之象征

在英格兰西部的煤溪谷(Coalbrookdale),有一座铁桥横跨在塞文河上。它是欧洲第一座架设成功的铸铁桥,也是欧洲工业时期最早的大型铸铁结构,尽管几百年前的中国人才是铸铁制作专家。

在过去,河流对于交通运输所起的重要作用,相当于现在的高速公路。塞文河发源于威尔士

山脉，最终在卡迪夫和布里斯托之间入海，是英国最长的通航河流，其水域上航行着各种特殊建造的船只，是满足交通运输需求的完美典范。18 世纪中叶，塞文河曾是欧洲最繁忙的河流之一。河边处处是货运码头，经常挤满了装货和卸货的过往船只。通过这条河，商人们源源不断地将当地的煤、铁制品、羊毛、谷物和苹果酒等货物运送出去，并从河流上游运回来各种奢侈品，如糖、茶叶、咖啡和葡萄酒

1638 年，巴泽尔布鲁克（Basil Brooke）申请了炼钢专利。他在煤溪谷（Coalbrookdale）造了一座熔炉，后来被亚伯拉罕达比一世（Abraham Darby I）买去。亚伯拉罕达比一世起初在伯明翰当学徒，后来在布里斯托经商。1710 年亚伯拉罕达比一世搬到了煤溪谷。他认为煤炼制的焦炭更为经济，可以替代煤炭作为炼铁的燃料。当地丰富的煤，铁和石灰石资源使炼铁成本降低，同时效益更高。

作为铸铁制造行业的先行者，他的儿子亚伯拉罕达比二世（Abraham Darby II）希望在塞文河上修建一座桥。因为用渡轮运送各种货物过河，尤其是运往煤溪谷的熔炉及其周边钢铁厂的燃料，需要相当可观的费用，同时还时有延误。不过这个愿望是由亚伯拉罕达比二世的儿子，出生于 1750 年的亚伯拉罕达比三世（Abraham Darby III）完成的。他在 1775 年组织会议立项修桥。设计桥梁的当地工程师托马斯普里查德（Thomas Pritchard）产生了用铸铁造桥的念头。

1778-1779 年间，铁桥开始分部分进行铸造。桥宽设计 7 米，跨度 31 米，河面以上的桥身高 12 米。1779 年夏天大桥开始施工，历时三个月，期间并无人员伤亡，这一壮举即使在现代大型土木建筑工程项目的施工中也算得上奇迹。此后两年间进行了引道工程建设，大桥最终于 1781 年胜利通车。亚伯拉罕达比三世将其投资绘画和艺术品所获利润都用于提供大桥施工所需资金，但是工程结束后，实际花费几乎是预算的两倍，令他损失颇多。亚伯拉罕三世于 1789 年去世，年仅 39 岁，却留下了庞大的债务。十九世纪和二十世纪初，煤溪谷的一些工厂纷纷倒闭，该地区未能实现长久繁荣。1934 年以来，大桥只是对行人开放。现位于铁桥峡谷世界遗产中心的这座铸铁大桥，已被公认是工业革命的象征。

关于大桥是如何建造的，一直以来疑团重重。尽管其技术领先，但并没有目击者对其建造过程的描述，当然也没有工程计划书保留下来。然而，最近的一些研究发现和实验对此提供了一些解释，同时也对人们近几十年的假设提出了挑战。1997 年，在瑞典首都斯德哥尔摩，伊莱亚斯马丁（Elias Martin）的一幅小型水彩素描惊现于世人面前。这是唯一一幅真正记录大桥施工过程的作品，此前众多的艺术家描绘的都不过是大桥初期的样子。

直到不久前人们仍然假定大桥从两端同时施工，到达河面中心上方时内部支架开始向上翘起，以使河流交通运输在大桥施工期间仍能畅通无阻。但是，这幅图画清晰展示了，大桥的各个部分是在河面上的一艘驳船上被缓缓吊起。这就推翻了历史学家关于大桥施工的全部早期设想。因为并未有类似作品曝光，有人甚至怀疑它是伪造的。因此在 2001 年，为了验证大桥是否真的按照图中所描述的方式建造，人们按照与真桥 1:2 的比例修建了一个模型。同时，铁桥峡谷博物馆信托基金会开展了一项详细的考古，历史和摄影调查，英国遗产委员会也使用 3D CAD 技术（计算机辅助设计）建造了模型。

实验显示的结论比人们想象的内容还要丰富。现在已知的是，大桥的各个大型铸件部分是分别铸造的，因为它们并不是如出一辙，而是略有出入。大桥并非像今天的金属桥一样焊接连接或由金属螺栓连接，而是由一个通常用于木结构建筑的复杂系统连接，不过在当时也是铸铁结构常采用的传统方式。模型建造证实，素描画中显示的建桥方法完全行之有效，并极有可能就是当时采用的方法。

现在，围绕大桥建设还有一个谜团尚未揭开。那副瑞典水彩素描显然是从一本书上撕下来的，而书上应该还有类似的素描。画作者是一位旅居伦敦 12 年的瑞典艺术家，他环游英国，描绘了其沿途所见风光。没有人知道那本书的其余部分去了哪里，也许其他的素描还存在于这个世界的某个角落。如果它们有一天现身，将会为世人提供更多更有价值有关建造铁桥的证据。

WRITING

WRITING TASK 1

Last month you had a holiday overseas where you stayed with some friends. They have just sent you some photos of your holiday. Write a letter to your friends. In your letter

- **thank them for the photos and for the holiday**
- **explain why you didn't write earlier**
- **invite them to come and stay with you**

➲ 题目分析，包括回答中需要涉及的要点、对比以及考生可能对题目产生的错误理解。

要点

1. 写信的对象是你朋友，不需要十分正式。
2. 理解好本题的背景：你上个月去度假，地点在国外（可以想象为英国、美国等），在那里你跟朋友（很可能是当地的外国朋友）一块玩并且拍照留念，并受到了他们的热情接待。
3. 你的朋友有多个，因为题目中使用了 friends。
4. 涵盖题目三个要求。

考生可能产生的错误理解和问题

1. 有的考生对题目背景理解有误，认为是自己和几个朋友结伴而去外国旅行度假。
2. 有的考生没有注意到题目中 friends 的复数形式。

➲ 建议采用的回答结构，对比此结构与考生有可能采用的不恰当结构。

写信应该以“Dear …”开头，但是要有多个朋友的名字。正文部分写三个段落，即将题中三个要求分别写一段。最后以“Yours, …”结尾。

➲ 参考范文

Dear Frank, Fred and Mike,

How have you been doing these days? I have just received the terrific pictures we'd taken during the holiday last month. It is for your warm hospitality and comprehensive guide that I've enjoyed a most wonderful journey, without which, I should say, it would never have been possible. It's so kind and considerate of you to send me the photos and they will be my sweet memory for ever.

I have to say sorry for not writing to you for this long time. Piles of files were awaiting me when I returned from abroad so I buried myself in dealing with the delayed tasks and even forgot to write to you! What a leaky memory!

Yet I remember well that you had ever mentioned a possible journey to China. October is the best season for trips to many places of interest across this magic land. So write to tell me about your plan or schedule, and let me know if you have any questions or difficulties. I hope we'll meet soon!

Best wishes!

Yours,

Rex

(179 words)

亲爱的弗兰克、弗雷德和麦克：

你们最近好吗？我刚收到上个月度假时我们拍的照片，拍得太好了。正是有你们的热情款待和全面介绍，我才度过了一段最好的行程。你们给我寄来照片真是太好太周到了，这些照片会是我永远的美好回忆。

这么长时间没给你们写信，很抱歉。我从国外回来时，一大堆文件等着我处理，所以我就埋头苦干，处理被耽误的工作，甚至都忘了给你们写信，真是太没记性了！

但我清楚地记得你们提到有可能来中国旅游。来参观中国这片神奇土地上的许多名胜，十月是最好的季节。所以，写信告诉我你们的行程或安排，如果有什么问题或困难就告诉我。我希望我们能很快再见！

祝好！

你的朋友：雷克斯

➲ 参考范文中的词汇及结构分析，以及考生可能犯的错误。

"It is for your warm hospitality and comprehensive guide that I've enjoyed a most wonderful journey, without which, I should say, it would have never been possible." 本句中"it is… that…"为强调句型；"I should say"为插入语；"without which it would…."，从虚拟语气的角度强调对方的hospitality and guide的重要性。

WRITING TASK 2

Some people feel that entertainers (e.g. film stars, pop musicians or sports stars) are paid too much money. Do you agree or disagree? Which other types of job should be highly paid?

➲ 题目分析，包括回答中需要涉及的要点、对比以及考生可能对题目产生的错误理解。

要点

1. 本题有两个问题，第一个要求考生探讨娱乐行业是否收入过高的问题。
2. 第二个问题中 types 为复数，也就是说考生需要给出至少两个应该高收入的工作，并给出一定的原因。

考生可能产生的错误理解和问题

1. 没有回答第二个问题。
2. 回答第二个问题时只给出了一种工作。

➲ 建议采用的回答结构，对比此结构与考生有可能采用的不恰当结构。

考生需要一个简短的开头来引入主题，你可以选择在开头表明自己的观点——大多数中国考生选择这样做，当然你也可以不这样做，而是在结尾段表明自己的看法。主体段落可以写2-3段，每段写一个分论点。一篇好的作文应该阐述你的反面观点。本文的结尾段可以来回答第二个问题，注意跟前文的连贯性。

➲ 两篇观点不同的参考范文（250字—300字）

参考范文1——不同意

Nowadays, it is not surprising to note many entertainment pop stars are paid an incredibly high amount of money and most of them wear luxuries like LV and drive extravagant cars such as Hammer and Porsche.

Some people strongly argue that these pop stars are paid too much. They base their argument on the fact that these so-called celebrities do nothing more than offer some form of recreation, whether it is a pop song with some hackneyed lyrics about romantic love or a motion picture, which seems to have, if any, a minimal contribution to the social development, especially compared with the technical innovation of a scientist or the medical advances made by those extinguished doctors, or the persisting efforts of some respectful political leaders to reform and improve the life of their people.

However, I think those opponents to the high income of entertainers fail to realize that their high payment is also the result of the market mechanism. The famous figures in the showbiz win the attention of thousands of people through their hard-working and some successful campaign strategies. It is by this popularity or attention received that they are valued and paid, rather than the same way of a scientist or economist or politician. What is more, they also sacrifice much of their privacy due to much exposure under the spotlight. Maybe for these losses and pains they are rewarded a seemingly super salary, which therefore would be understandable for most people.

Reaching the conclusion that the entertainment celebrities can be justified to be highly paid does not mean other professions should be devalued. Instead, some fundamental but crucial occupations should also be given enough attention. For example, experts in the food engineering industry and some medical scientists contribute greatly to the food safety and well-being of the humanity, so jobs in such fields should be well paid.

(311 words)

如今，很多娱乐明星收入惊人，大部分明星都穿戴如LV这样的奢侈品牌，开着如悍马和保时捷这样的名车，看到这种现象并不让人吃惊。

一些人强烈认为这些明星收入过高，他们认为这些所谓的名人只不过是提供了某种形式的娱乐，无论是一首关于爱情的陈词滥调的流行歌曲还是一部动作片，这看起来几乎对社会发展没什么贡献，特别是和科学家的技术创新、杰出医生的医学进步或者一些值得尊敬的政治领导人试图改革和改善人民生活的不懈努力比起来。

但是，我认为这些反对明星高薪的人没有意识到这种收入也是市场机制的结果。娱乐界的名人通过他们的努力和一些成功的宣传策略而赢得数以千万人的注意，衡量他们的价值和薪酬的是他们得到的这种知名度或者关注度，而不是以衡量科学家或经济学家或政治家相同的标准。此外，由于经常暴露在聚光灯下，这些明星也牺牲了很多隐私。可能，由于这些失去的东西和痛苦，明星们得到看起来高昂的薪酬作为补偿，因此，大部分人也对此表示理解。

结论就是，娱乐明星的高薪是有理由的。但这并不是说其他职业的价值应该被贬低。恰恰相反，一些基础但关键的工作也应该被给予足够的关注。例如，食品工程业的专家和一些医学工作者为食品安全和人类幸福作出了巨大贡献，所以这些领域的工作也应得到高薪。

参考范文2——同意

In the recent decades, many successful entertainment pop stars, be it popular singers or musicians or movie actors, are paid an amazingly high salary; the annual income of some can even hit a 9-to-10 digit number, which is somewhat equivalent to the annual revenue of an medium-sized company. Personally, I tend to believe they are paid too much.

This argument results from a sharply contrastive fact that some experts contributing a lot in the fundamental sciences such as food engineering, medicine or mathematics are normally paid at most tens of thousands yuan a month, far less than that of a famous entertainer whose role is largely limited to entertaining or amusing his/her audience. This comparison inevitably leads to the conclusion that the super incomes of some figures in the showbiz are neither reasonable nor justifiable.

Yet there are some people firmly holding that a 10-digit income of a pop star can be fully justified in that he or she does not gain everything from nothing. In other words, he/she has paid countless and persistent efforts on his/her way to the ultimate success, which would never be easy, nor imaginable for ordinary people. I would not deny the endeavor made by any successful entertainment celebrities. What I want to point out is some professionals and experts in other fields have paid no less efforts but never earned as much money as the popular stars have.

To conclude, I firmly agree that some entertainers are paid too huge a salary. It is well advised that some professionals which carry the responsibility of promoting the social development technically or politically, including medicine scientists, renewable energy researchers, or dedicated politicians, should be highly paid, because their contributions largely sustain our life today and will guarantee a better sustainable future for the human race.

(299 words)

最近几十年中，许多成功的娱乐明星的收入高得惊人，无论是流行歌手还是音乐家或者电影演员。有些明星的年收入甚至达到九位或者十位数，这几乎相当于一家中小企业的年收入。我个人认为这些明星收入过高。

我之所以有这样的看法是因为，一些对如食品工程、医学或者数学等基础科学作出重要贡献的科学家每月的工资通常是几万块，远少于娱乐名人的月收入，而娱乐明星的作用局限于娱乐或取悦他/她的观众。这个比较必然得出这样一个结论，娱乐界一些名人的天价收入既不合理也没有正当理由。

但是有一些人却坚持认为，一位娱乐明星十位数的收入有充分的理由，那就是他/她不是空手套白狼。换句话说，他/她在迈向成功的路上付出了不懈努力，这并不轻松，也是普通人无法想象的。我不否认成功的娱乐明星付出的努力。我要指出的是，其他领域的一些从业者和专家付出了同样的努力，但挣得却不如娱乐明星多。

结论就是，我坚决认为一些娱乐明星的工资过高。我的建议是，一些肩负用技术或政治手段推动社会进步的从业者，包括医学家、可再生能源研究者或兢兢业业的政治家，应该得到高薪，因为他们的贡献极大地改善了我们今天的生活，也确保人类能有一个更好的可持续的未来。

➲ 参考范文中的词汇及结构分析，以及考生可能犯的错误。

1. "They base their argument on the fact that these so-called celebrities do nothing more than offer some form of recreation, whether it is a pop song with some hackneyed lyrics about romantic love or a motion picture, which seems to have, if any, a minimal contribution to the social development." 本句能很好地体现出9分作者的语法驾驭能力。有以下三点值得考生关注：
   1）在议论文的写作里面，我们经常讨论别人的观点及论据，句型they base their argument on the fact that...非常有用；
   2）句型whether it is a or b, 译为不管它是a还是b，一般可以用来对前面的某一个较抽象名词进行举例，非常有用；
   3）which引导非限定性定语从句，指代some form of recreation，同时注意if any的固定用法。
2. "I think those opponents to the high income of entertainers fail to realize that..." 在议论文写作中，我们会对别人的观点进行评价，这是一个非常有用的句型。
3. "Reaching the conclusion that the entertainment celebrities can be justified to be highly paid does not mean other professions should be devalued. Instead, ..." 此句话起承上启下的作用，尤其可以用来对自己前文的观点进行补充说明，澄清可能存在的错误认识。
4. "... experts paid no less efforts than the pop stars." 强调专家付出的很多。而"no more than ..." 强调的是少。比如: He gave me no more than 50 dollars. 他只给了我50美元（说话人觉得50美元少）。He gave me no less than 50 dollars. 他给了我50美元呢（说话人觉得50美元多）。

剑桥雅思
真题全解8

Test 1

LISTENING

SECTION 1

谈话场景：休闲度假
人物关系：两个朋友交谈
谈话话题：讨论参加“夏日音乐节”的具体信息

➲ 词汇注释

loads of 许多	spoil *v.* 宠爱，溺爱
secretary *n.* 秘书	anyway *adv.* 总之；无论如何
come across 遇见	postcode *n.* 邮编
brochure *n.* 手册，小册子	write down 记下
festival *n.* 节日，庆典	book *v.* 预订 *n.* 书本
Spanish *adj.* 西班牙的 *n.* 西班牙，西班牙人	persuade *v.* 劝说
video *n.* 录像；影像	free *adj.* 免费的；自由的
highlight *n.* 最显著部分 *v.* 加亮；使显著，使突出	refreshment *n.* 点心；（精力上的）恢复
stand *n.* 看台；架子 *v.* 站立	drink *n.* 饮料 *v.* 喝（酒、茶等）
lobby *n.* 大堂；大厅	bargain *n.* 特价商品 *v.* 讨价还价
instrument *n.* 仪器；乐器；器具	keen *adj.* 热切的；渴望的
drum *n.* 鼓	pianist *n.* 钢琴家
flute *n.* 笛	senior citizen 老年人
guitar *n.* 吉他	discount *n.* 打折

➲ 交际与语言表达

1. 本段对话发生在两个学生之间。一开始 Nina 就冲 George 喊“你终于回来了呀，不知道多少人打电话给你了”（Glad you're back. Loads of people have phone you）。glad 之前省略了 I am，口语一般不说 I am glad，比如“很高兴见到你”可以直接说 Glad to meet you。loads of sth. 是英式英语，不太正式，口语中常用，相当于 a lot of sth.。
2. George 耐心给 Nina 解释说“我去图书馆看报纸了，回来的路上遇见了有趣的事情——夏季节日演奏的西班牙音乐”。Nina 说“听起来不错哦（sounds great）”，George 建议说“要不我们去看看，给自己放松一下（Shall we go then? Spoil ourselves?）”。spoil 一般意为“宠爱，溺爱”，但是此处 spoil 意为“友好地对待”。spoil oneself 意为“善待自己”（to look after someone in a way that is very kind or too kind）。
3. Nina 积极响应了 George 的提议，不过 George 又提出了一个问题，票价不便宜。于是 Nina 说“如果那样的话我们就坐在正前方，到时候就看得比较清楚（in that case we could

sit right at the corner—we'd have a really good view)"。in that case 意为"在那种情况下"。case 做名词，有"案件，事实，例子"之意，关于 case 的短语有：a case in point 意为"例证，恰当的例子"；as is often the case 意为"这是常有的事"；in any case 意为"无论如何，总之"；in case 意为"如果，万一，假如"；in case of 意为"如果发生……"；in no case 意为"绝不"；just in case 意为"以防万一"。have a good view 意为"清楚地看到"，have a good view of sth. 还可表示"对……有很好的看法"的意思。

4. Nina 与 George 一起填表，George 说他不擅长数字（I'm really bad at numbers）。be bad at 意为"不擅长……"，而 be good at 意为"擅长……"。
5. George 问 Nina 对那些歌手的看法（how do you feel about the singer）。how do you feel about... 意为"认为……怎么样"，还有两个句型也表达同样的意思，用于征询别人的意见：How do you think of ... ? / How do you like... ?
6. Good heavens 意为"天哪"，感叹词，用于口语中，表示惊讶或生气。相似的短语有：Heavens (above)。
7. $10.50 对 Nina 与 George 来说有点贵，所以 George 才会发出 Good heavens 的感叹。Nina 说"真希望我们是学生，因为学生与老人是半价"。George 说"要是我们是学生多好啊（if only...)"。if only 表示由于客观条件限制，为某事不太可能或完全不可能实现而感到惋惜或遗憾的复杂情绪，常用虚拟语气。如：If only I were as clever as you.（要是我像你一样聪明该多好啊）。if only 还可引导条件句，通常用来表示说话人对某事所寄予的某种强烈愿望，相当于 as long as。英语中还有 only if，一般用来引导条件状语从句，表示"只有……才，唯一的条件是……"的意思。

➲ 考题解析

Question 1 答案 C

听前预测：题干定位词为 lobby，特别要注意题干动词 saw 的时态（一般过去时）；三个选项的关键词分别为 group、display 和 video。
题目解析：该题难度不大，video 属于原词重现。

Question 2 答案 B

听前预测：题干定位词为 sit at the back，三个选项的关键词分别为 see、hear 和 pay。
题目解析：该题难度不大，hear the whole thing better 和 hear clearly 的同义替换很容易就可以听出来。

Question 3 答案 48 North Avenue

听前预测：提示词为 address，此处应填数字 + 街道。
题目解析：本题所填单词不难，但考查考生对 address 结构的熟悉程度以及对数字的敏感度，由于地址为专有名词，故需要大写首字母。

Question 4 答案 WS6 2YH

听前预测：提示词为 postcode，答案有两种可能性，即数字与字母混合或纯数字。
题目解析：本题属于听觉难点，W 很容易听成 double u，从而造成失分；另外，在书写英国邮政编码时，两个数字中间通常空一个格。

Question 5 答案 01674 553242

听前预测：提示词为 telephone。
题目解析：这是一道常规的电话号码题，总长度为 11 个数字，只读一遍，测试考生对数字的敏感度和反应度。注意：这里的 0 读成 zero；两个 5 读成 double five。另外，雅思听力中电话号码里的 0 通常还可以读成字母 O。

Question 6 答案 (free) drink(s) / refreshment(s)

听前预测：定位词为 17 June、Singer，提示词为 Event、includes，此处应填名词。
题目解析：本题根据题干 price includes 可以得知，该题的答案和 free 是有关系的。男生问 What's that then? 女生回答 free refreshments，这里的 refreshments 相当于 snacks and drinks；

同时，定位词 17 June、Singer 随后依次出现，includes drinks 很容易就听到了。

Question 7 答案 (the/a) pianist / piano player

听前预测：定位词为 22 June，提示词为 Event，此处应填名词。
题目解析：通过原文 How about the pianist on the 22nd of June 可知，该句型中的核心名词为本题答案。

Question 8 答案 10.50

听前预测：定位词为 Spanish Dance & Guitar Concert，提示词为 Price 和 £，此处应填数字。
题目解析：注意 £10.50 的读法为 ten pounds fifty。

Question 9 答案 4

听前预测：提示词为 No. of tickets，定位词为上一题的英镑数，此处应填数字。
题目解析：本题很简单，但需要集中注意力，否则 We'll need to book four 很容易听丢了。

Question 10 答案 50%

听前预测：定位词为 Children、Students 和 Senior Citizens，提示词为 discount，此处应填写百分比。
题目解析：本题难度不大，测试考生对 15 和 50 的辨别度。在书写时 percent 最好用 % 替代，从而提高做题速度。

SECTION 2

谈话场景：旅游
人物关系：博物馆人员
谈话话题：介绍恐龙博物馆的基本情况

➲ 词汇注释

basic *adj.* 基本的	accidentally *adv.* 偶然地，意外地
except *prep.* 除…之外	knock *v.* 敲，打，击
a guided tour 有导游陪伴的旅行	handout *n.* 印刷品；传单
remain *v.* 保留；剩余	quiz *n.* 随堂测验，小考 quizzes (*pl.*)
brief *v.* 作简报 *adj.* 简短的，短暂的 *n.* 摘要	take photography 拍照片
exhibition area 展览区	visual *adj.* 看的；视觉的；形象的
a minimum of 至少	add to 增加
coach *n.* 长途公共汽车；车厢；教练 *v.* 指导；训练；辅导	theatrette *n.* 剧院
seat *v.* 有…座位；容纳…人；使就座 *n.* 座位	continuous *adj.* 连续的
reserve *v.* 预订	documentary *n.* 纪录片
crowded *adj.* 拥挤的	used to 过去常常
in the open air 在户外	interactive *adj.* 互动的
foyer *n.* 门厅；剧场休息室	model *n.* 模型
backpack *n.* 背包	storm *n.* 暴风雨
cloakroom *n.* 衣帽间；盥洗室；行李暂存处	have access to 可以使用
strict *adj.* 严格的	habitat *n.* 栖息地
fragile *adj.* 易碎的；脆弱的	survive *v.* 存活
	threat *n.* 威胁，恐吓

➲ 交际与语言表达

1. 本段文章是独白形式，我们可以把说话人当做是博物馆的工作人员，他参加教师会议的目的是介绍恐龙博物馆，便于老师安排学生参观。首先自然是介绍基本信息，博物馆的开放时间具体是：周二到周日，博物馆全天开放，从 9.00 am 到 8.00 pm；周一的开放时间是 9.00 am 到 1.30 pm（in regard to opening hours, we're open every day of the week from 9.00 am to 8.00 pm except on Monday when we close at 1.30 pm）。in regard to 意为"关于"，with regards to / regarding to 也表示"关于"的意思。
2. As far as the amount of time you'll need goes …（就时间而言……）。as far as sth. goes 意为"就……而言"，相当于 as far as sth. is concerned。as far as 也可作短语介词或连词，后跟从句或名词，意为"像……那样远，远到……，直到……"，如：You can see as far as the coast.（极目远眺，你可以看到海岸）。
3. 工作人员介绍说"博物馆里面有两个咖啡馆，可以容纳 80 人。如果想在那里吃饭，需要预定座位，因为午餐时间那里很拥挤"（There are two cafes in the museum, with seating for 80 people. If you want to eat there you'll need to reserve some seating, as they can get quite crowded at lunch time）。其中，第一个 seating 是 seat 的动名词形式，seat 在此处为动词，意为"容纳"；第二个 seating 是名词，意为"座位"。as 在此处是引导词，意思是"因为"，they 指代那两个咖啡馆（two cafes）。
4. For students who are doing projects it's useful to make some kind of visual record of what they see that they can add to their reports."对那些正在做项目的学生来说，用眼睛去记录那些可以增加到他们报告的东西，这点很有用。"it 是形式主语，不定式 to 后面的部分才是真正的主语。what 引导宾语从句，在从句中做主语，that 引导定语从句，修饰 what they see。
5. In the theatrette on the ground floor there are continuous screenings of short documentaries about dinosaurs which they can see at any time."在剧院的一楼，有银幕连续播放关于恐龙的短小纪录片，供学生随时观看。"ground floor 意为"一楼"，这是英式英语，美式英语中用 first floor 表示一楼，而 first floor 在英式英语中就是"二楼"。at any time 意为"随时，在任何时候"。
6. 在最后结尾之时，工作人员说"如果你们有什么不明白的地方可以随便提问，不需客气"（Please feel free to ask any questions if you would like to know anything else…）。feel free to do sth. 意为"可以随意做某事；准许做某事；做某事不要客气"。

➲ 考题解析

Question 11 答案 1.30

听前预测：定位词为 closes、Mondays，提示词为 at、p.m.，本题应填数字（时间）。
题目解析：本题难点在于原文中出现多个时间进行干扰，如 9.00 am、8.00 pm 等，考生要注意这些时间之前的动词是 open，而非 close，所以不要急于下笔，待 close 和 Mondays 出现后，1.30pm 才是本题真正的答案。

Question 12 答案 25 December / Christmas Day

听前预测：定位词为 not open，提示词为 on，本题应填具体的时间（date）。
题目解析：本题难度不大，题干中的 not open 在原文里替换成了 close，只要预测准确，后面的答案一定能听到。

Question 13 答案 car-park / parking lot

听前预测：定位词为 school groups、tour guides，提示词为 in the，本题应填地点名词。
题目解析：本题考点设置干扰性不强、答案的难度也不大，而且题干和原文中的形式基本没有太大变化，考生很容易听到本题的定位词 school groups、tour guides，以及点明答案的 in the car park。

Question 14 答案 45

听前预测：定位词为 90 minutes、guided tour，提示词为 minutes，本题应填数字。

题目解析：本题考点在于区分多个时间，如 15 minutes 是乘车时间、30 minutes 为参观之后的活动时间，45 minutes 的参观时间才是本题的答案。

Question 15 答案 (some) tables

听前预测：定位词为 behind the museum、have lunch，提示词为 there are，本题应填名词。
题目解析：本题有一定难度，原文中与 lunch 相关之处提到了 cafés，但根据题干的 behind（在原文中以 at the back 的形式出现），随后的名词 tables 才是本题答案。

Questions 16-18 答案 C F G (IN ANY ORDER)

听前预测：注意题干中 THREE things 的提示，本题应选出 3 个学生可以 have with them 的东西。选项均为一个单词，原文中极有可能出现同义替换。
题目解析：本题难度很大，既出现了明显的干扰信息，答案也用了同义替换。一开始说要检查 backpacks，books、lunch boxes 是不让带进博物馆的东西，属于干扰信息。后来说 But we do provide…，but 之后用助动词 do 强调真正能提供的东西，均用了强烈的同义改写：(1) 原文中的 handouts with questions and quizzes 对应选项中的 worksheet；(2) 原文中的 write with for these 对应选项中的 pen；(3) 原文中的 take photographs 对应选项中的 cameras。

Questions 19-20 答案 B E (IN EITHER ORDER)

听前预测：题干定位词 after the tour，要特别关注时间状语 at present，选项关键词分别为 model dinosaur、films、draw dinosaurs、dinosaur eggs、computer games。
题目解析：本题难度不大，要注意 making model dinosaurs、drawing、hunting for dinosaur eggs 之前的 used to，表示过去的活动，和题干的 at present 不符，均为干扰信息；选项 B 中的 films 在原文中表现为 short documentaries，选项 E 中的 computer games 在原文中用 dinosaur games 替换。

SECTION 3

谈话场景：作业讨论
人物关系：老师与学生
谈话话题：实地考察旅行提案的反馈

➲ 词汇注释

feedback *n.* 反馈（on）	bullet point 文件中的点句，项目符号
proposal *n.* 计划；建议；求婚	cowboy *n.* 牛仔
submit *v.* 提交，呈递	be subjected to 受到影响
competition *n.* 竞争	epic *n.* 史诗 *adj.* 史诗的
outline *n.* 大纲，概要	be/feel familiar to 感到熟悉
typo *n.*排字排版错误	awesome *adj.* 神奇的，不可思议的；可怕的；令人敬畏的
layout *n.* 布局	graphically *adv.* 通过图表；轮廓分明地；生动地
content *n.* 内容 *adj.*满足的	visually *adj.* 视觉的；外表上的；形象化的
sequence *v.* 排序 *n.* 顺序	comprehensive *adj.* 全面的；广泛的
as for 关于，至于	relevant *adj.* 相关的
annotate *v.* 注解，给…作注解	perspective n. 看法；远景；透视
inclusion *n.* 包含	sandstone *n.* 砂岩
at times 时而，不时	plateau *n.* 高地；高原（复数为plateaus或plateaux）
formatting *n.* 格式	cliff *n.* 悬崖,绝壁
header *n.* 页眉	
footer *n.* 页脚	

tower up 耸立	penetrate *v.*渗透；看穿；穿透
flat *adj.* 平坦的 *n.* 平地；公寓（英式）	factual *adj.* 事实的；实际的
landscape *n.* 风景；景象	draft *n.* 草稿 *v.* 起草
surrounding *adj.* 包围的	monolith *n.* 巨型独石；庞然大物；整块石料
erode *v.* 腐蚀,侵蚀	spire *n.* 尖顶；尖塔
outcrop *n.*（岩石的）露头	tribal park 部落公园
plain *n.* 平原 *adj.* 简单的，明了的	accommodation *n.* 预定住宿；调节
agree with 同意	trading past 交易站；商栈
hardship *n.* 艰难，苦难；辛苦	recommend *v.* 推荐
endure *v.* 忍受	appreciate *v.* 欣赏
invade *v.* 侵略，侵袭	instead *adv.* 作为代替；抵作
consideration *n.* 需要考虑的事物；体谅	trek *v.* 艰难跋涉；缓慢行进 *n.* 牛车
indication *n.* 指出；迹象；指示	private *adj.* 私人的
expand *v.* 扩张	vehicle *n.* 交通工具，车辆；传达媒介
presumably *adv.* 据推测，大概；假定上	track *n.* 小径，小道 *v.* 跟踪
invasion *n.* 侵袭	rough *adj.* 崎岖的，不平的
shallow-rooted *adj.* 浅根的	cave *n.* 山洞
baked *adj.*烤的	look into 观察；浏览

➲ 交际与语言表达

1. 本段对话是在导师与学生 Sandra 之间进行，导师对 Sandra 的小组计划给出反馈信息。导师首先指出 Sandra 应该避免排字排版以及格式错误。关于写作本身，导师也提出了意见，总体来说，他觉得 Sandra 经常为使用复杂结构和长句而使用它们。结果呢，即使文章中有分段、副标题，要跟上 Sandra 的想法还是有点困难（Generally speaking, I feel you've often used complex structures and long sentences for the sake of it and as a consequence… although your paragraphing and inclusion of subheadings help… it's quite hard to follow your train of thought at times）。generally speaking 意为"总体来说"，相似的表达方式还有 frankly speaking，意为"坦率地说"。for the sake of 意为"为了……"，如：for the sake of convenience 意为"为了方便起见"。as a consequence 意为"因此，结果是"，相当于 as a result。train of thought 意为"一连串的想法"，train 在此意为"一系列"。
2. Sandra 问导师觉得她的计划是否全面了（Do you find it comprehensive enough?），导师回答说还好（yes and no）。yes and no 用来表示你无法就某个问题给出一个确切的答案。后面导师给出了解释，Sandra 的确在内容方面涉及了好几个不同的话题，但是它们并不都是密切相关的。
3. Sandra 有点惊讶，她以为从实地考察的角度出发，只需要考虑砂岩高原和悬崖（I thought from the perspective of a field trip, one thing I needed to focus on was the sandstone plateaux and cliffs themselves）。from the perspective of 意为"从……的角度来看"，focus on 意为"聚焦"。
4. it's hardly surprising that tourists flock to see the area（成群的旅游者都去参观这个地区一点都不值得惊讶）。hardly 意为"几乎不"，表否定意义，表达同一意思的词语还有 rarely。flock 在此处为动词，意为"成群地去，聚集"，如果说人们 flock to a place 表示"许多人都去那个地方，因为那个地方很有吸引力"。有一句谚语叫做 Birds of a feather flock together.（物以类聚，人以群分）。flock 还可作名词，意为"羊群，（飞禽、牲畜等的）群"，a flock of 意为"一群"，如：A flock of customers waited for the store to open.（一群顾客等着商店开门。）
5. The hardships they endured trying to save their territory from the invading settlers.（他们

经历的苦难使他们保护了自己的领土免受殖民者入侵。）save…from… 意为“防止；避免”，表达类似意思的短语还有 keep/protect/preserve… from…。

6. Sandra 介绍纳瓦霍族的一些值得参观的风景、特色。最后导师问“还有什么值得参观的（what else is worth visiting there）”。be worth (doing) sth. 意为“值得做某事”，相似的短语还有 be worthy to do sth. / be worthy of sth. 另外，it is worthwhile to do sth./it is worthwhile doing sth. 也表示同样的意思，意为“值得做某事”。

➲ 考题解析

Question 21 答案 A

听前预测：定位词为 tutor、Sandra's proposal，选项关键词分别为 re-order、content page、more information。
题目解析：由于题干中有 the tutor thinks，所以本题答案应重点关注 tutor 的观点，出题句为 I've made a few notes on the proposal about things which could have been better sequenced（我已经在需要重新排序的地方做了一些批注）。此处 sequence 为“排序”的意思，对应 A 选项里的 re-order。

Question 22 答案 C

听前预测：定位词为 easer to follow，选项关键词分别为 subheadings、more paragraphs、shorten sentences。
题目解析：出题句为 …it's quite hard to follow your train of thought at times. So cut them down a bit, can you?（有时很难跟上你的思路，最好能缩减一些，行么？）hard 对应题干的 easier，cut down 对应选项 C 里的 shorten。

Question 23 答案 A

听前预测：定位词为 problem、formatting，选项关键词分别为 points…not identified，heading…not clear，page numbering…not…appropriate way。
题目解析：根据题干中的定位词 formatting，本题不难定位，出题句为 you've remembered to include headers and footers, which is good, but listing ideas clearly is important.（有页眉页脚非常好，但清晰地把观点罗列出来更重要。）headers and footers 为“页眉页脚”的意思，而 but 之后往往才是表达的重点。

Question 24 答案 B

听前预测：定位词为 Navajo National Park，选项关键词分别为 articles、movies、photographs。
题目解析：本题不难定位，出题句为 My father was a great fan of cowboy films and the Wild West so I was subjected to seeing all the epics…（我父亲是牛仔电影的超级粉丝，我深受其影响，因此也看了很多这类的经典电影）。be subjected to 意为“受到影响”，epics 指“史诗般的作品”，原文中的 films 对应 B 选项中的 movies。

Questions 25-27 答案 B C F (IN ANY ORDER)

听前预测：题干定位词为 agree to include。
题目解析：由于是多项选择题，要重点关注以下三个方面：（1）说话者意思表达的层次，即并列或递进的关系；（2）特别注意干扰项，有些是提出来被否定的，有些是不必要的；（3）正确答案与原文之间有可能出现同义替换。只有注意到这三点才有可能把正确答案挑选出来。原文的 the sandstone plateau and cliffs 对应 C 选项的 geographical features，原文的 what the students on the trip could actually do 对应 B 选项的 activities，原文的 wildlife 对应 F 选项的 plant and animal life。

Question 28 答案 12,000

听前预测：定位词为 tribal park，提示词为 hectares，本题应填数字。
题目解析：本题难度不大，容易定位，hectares 意为“公顷”，要特别注意英文中数字的读法，12,000 读为 twelve thousands。

Question 29 答案 horses

听前预测：定位词为 share、transport，提示词为 the，本题应填名词。
题目解析：本题要注意干扰信息的辨析，jeeps、biking 等均属干扰信息，出题句为 I think the best way to appreciate the area would be hire horses（骑马是欣赏该地区风景的最佳方式）。

Question 30 答案 caves

听前预测：定位词为 explore，提示词为 local，本题应填名词。
题目解析：本题难度不大，出题句为 There are several caves（有一些洞穴）。注意名词单复数的辨别。

SECTION 4

谈话场景：讲座授课
人物关系：老师的独白
谈话话题：学生实地考察前的准备以及注意事项

➲ 词汇注释

introductory *adj.* 介绍性的	cartography *n.* 地图制作，制图
geography *n.* 地理学，地理	summarise *v.* 总结
process *n.* 过程	practicality *n.* 实际；实例；实用性
surface *n.* 表面	conduct *v.* 实施，进行
far more than 何止；远不止	census *n.* 人口普查，户口普查
inform *v.* 告知，通知；报告	image *n.* 形象；画像 *v.* 想象
relationship *n.* 关系	satellite *n.* 人造卫星
environment *n.* 环境	relay *n.* 接替赛跑；中转 *v.* 传播
branch *n.* 分支；树枝；支流	exploration *n.* 探测
physical *adj.* 物理的	sail *v.* 航行，起航 *n.* 帆
feature *n.*特征；特色 *v.* 是…的特色	geographer *v.* 地理学者
look like 看起来像	analyse *v.* 分析
impact *n.* 影响	pattern *n.* 样式；花样 *v.* 模仿；仿造
planet *n.* 行星	predict *v.* 预测
carbon *n.* 碳	resolve *v.* 分解；解决
fuel *n.* 燃料	confidential *adj.* 秘密的，机密的
in turn 依次；轮到	publish *v.* 公开；出版
throughout this semester 整个学期	finding *n.* 发现
bio-physical *adj.* 生物物理	fold *v.* 折叠
topography *n.* 地形学	a great store of 大量，许多
political geography 政治地理学	reference *n.* 参考,参照；参考书目,参考文献
social geography 社会地理学	collect *v.* 收集
economic geography 经济地理学	atlas *n.* 地图集（Atlas 巨神阿特拉斯）
historical geography 历史地理学	depict *v.* 描述，描写
interact *v.* 互相作用，互动，互相影响	drawback *n.* 缺点
urban *adj.* 城市的，都市的	replicate *v.* 复制
aspect *n.* 方面	three-dimensional *adj.* 三维的
location *n.* 位置，场所	distortion *n.* 扭曲
migration *n.* 迁徙	avoid *v.* 避免

aerial *adj.* 航空的；空气的 *n.* 天线 altitude *n.* 高度；海拔 geographic *adj.* 地理学的 illustrate *v.* 图解；举例说明 landsat *n.* 地球资源卫星	circle *v.* 包围；环绕 *n.* 圆周；循环；社交圈 transmit *v.* 传输 weather *n.* 天气 *v.* 使受风吹雨打 presentation *n.* 介绍；陈述 tool *n.* 工具

➲ 交际与语言表达

1. 本段文章的主题是地理讲座的介绍性部分。开始介绍是基本知识（we'll begin with some basics）。begin with… 意为“以…开始”，同时 start with 也表示同样的意思。basic 在此为名词，相当于 rationale，意为“基础知识，基本原理”，basic 还可作形容词，意为“基础的，初步的”。
2. we learn a great deal about all the processes that have affected and that continue to affect the earth's surface（关于影响以及继续影响地球表面的所有过程我们已经学了很多知识）。a great deal 意为“大量的”。affect 是动词，意为“影响”，它还表示“（病）侵袭；假装”等意思，如：Her kidneys had become affected.（她的肾脏受到了感染。）He affected not to see her.（他假装没看见她。）affect 的名词形式是 effect，常用短语有 have an effect on/upon sth.，意为“对……产生影响”。effect 还可以作动词，不过作动词时它就不是“影响”的意思了，而是“造成，产生，招致；达到（目的）”的意思。
3. 在介绍了几种不同的地理学之后要进行小结：studying this subject is important because without geographical knowledge, we would know very little about our surroundings and we wouldn't be able to indentify all the problems that relate to them. So, by definition, we wouldn't be in an informed position to work out how to solve any of them（学习地理学很重要，如果没有地理学知识，我们对我们生活的环境就所知甚少，自然也无法发现与环境相关的问题。因此，很显然我们也就无法处在一个见多识广的状态去解决那些问题了）。此句使用了虚拟语气（would know），表示与现在的情况相反。实际情况是我们学习了地理，了解地理学知识，对我们生活的环境就不是所知甚少了，那么我们也能够发现与环境相关的问题了。relate to 意为“与……相关”。by definition 意为“按照定义地；当然地；明显地”，其中 definition 是名词，意为“定义”；其动词形式是 define，意为“下定义；详细说明”。
4. We also need images of the earth's surface which we can produce by means of computer-generation technology or with the help of satellite relays.（我们还需要通过使用电脑生成技术或者借助人造卫星中转器得到的地球表面的图像。）by means of 意为“用，以，依靠”，表方式；with the help of 意为“在……帮助下，借助于”。
5. We've come a very long way from the early exploration of the world by sailing ships when geographers only had pens and paper at their disposal.（早期对世界的探索是地理学者驾着帆船，手里拿的也只有纸和笔，而现在我们已经取得了长足的进步）。come a long way 意为“取得很大的进展，有长足的进步”，相当于于 make a great progress。at sb.'s disposal 意为“任……处理”；其中 disposal 是名词，意为“处理，支配；排列”；它的动词形式是 dispose，意为“布置，排列；处置，处理”；形容词形式是 disposable，意为“可任意处理的，一次性的”，如：disposable chopsticks 意为“一次性筷子”。
6. 不是所有的信息都是保密的，我们需要公开我们的发现，这样一来其他人可以使用这些信息，从而变得见多识广。而这些信息会以地图的形式出版。接下来从地理学者的角度上考虑地图的优势（let's consider the benefits of maps from a geographer's perspective）。consider 意为“思考，考虑”，它的名词形式是 consideration，take…into consideration 意为“将……考虑在内”；considerate 是形容词，意为“体贴的；周到的”；considerable 意为“相当多的；重要的，值得考虑的”。benefit 在此处为名词，意为“利益，优势”，benefit 也可作动词，意为“有助于，有益于”，常有搭配为 benefit from，意为“从……中获益”。

➲ 考题解析

Question 31 答案 surface

听前预测：定位词为 effects of different processes，提示词为 on the，本题应填名词。
题目解析：本题为信息后置，出题句为 We learn a great deal about all the processes that have affected and that continue to affect the earth's surface.（我们学习一些变化的过程，这些过程已经影响或继续影响地球的表面。）

Question 32 答案 environment

听前预测：定位词为 dynamic、population，提示词为 between…and…，本题应填名词。
题目解析：本题有点难度，出题句为 But we learn far more than that, because studying geography also informs us about the different kinds of relationships that develop between a particular environment and the people that live there. 其中 different kinds of relationships 对应题干中的 dynamic，people that live there 对应题干中的 population。解题时要注意以下两点：（1）字数要求为 ONE WORD ONLY；（2）并列结构词为 also，与 31 题为并列关系。

Question 33 答案 impact(s) / effect(s)

听前预测：定位词为 main branches、physical features、human lifestyles，提示词为 and，本题应填名词或名词性短语。
题目解析：根据定位词找到本题的大致出题句，重点关注并列连词 and，题干中的 human lifestyle 对应原文中的 the ways in which we choose to live，故 impact 为本题答案。

Question 34 答案 urban

听前预测：定位词为 biophysical、topographic、political、social、economic、historical，提示词为 and，本题应填形容词。
题目解析：本题难度不大，所听即所得，注意之前出现的一系列并列关系的定位词，很快能听到 urban 为本题答案。

Question 35 答案 problems

听前预测：定位词为 understand our surroundings，提示词为 associated，本题应填名词。
题目解析：本题难度不大，定位容易，出题句为 because without geographical knowledge, we would know very little about our surroundings and we wouldn't be able to identify all the problems that relate to them.（因为没有地理知识的话，我们就无法了解我们的环境，我们也无法发现与之相关的问题。）特别注意该题答案为复数形式。

Question 36 答案 images

听前预测：定位词为 conduct censuses，提示词为 the form of，本题应填名词。
题目解析：本题难度不大，注意答案为复数形式。根据题干定位词，很容易找到出题句，同时注意利用并列关系连接词 also，听清文章层次。

Question 37 答案 patterns

听前预测：定位词为 analyse data，提示词为 identify，本题应填名词。
题目解析：本题难度不大，注意答案为复数形式。出题句为 We need to look for patterns, most commonly those of causes and consequences.（我们需要寻找模式，特别是原因和结果。）

Question 38 答案 distortion(s)

听前预测：定位词为 two-dimensional map，提示词为 some，本题应填名词（复数）。
题目解析：根据题干定位词，本题出题句为 …because paper has only two dimensions, and that means there'll always be a certain degree of distortion on a map.（因为纸张仅仅是二维的，所以通常在地图上会有一定程度的扭曲。）由于题干中有 some，所以本题答案可以写成复数形式。

Question 39 答案 traffic

听前预测：定位词为 aerial photos、vegetation problems，提示词为 density，本题应填名词或形容词。

题目解析：本题出题句为 you can easily illustrate areas of diseased trees or how much traffic is on the roads at a given time or information about deep sea beds. 其中 diseased trees 对应题干中的 vegetation problems，故本题答案为 traffic。

Question 40 答案 weather

听前预测：定位词为 landsat pictures，提示词为 conditions，本题应填名词或形容词。
题目解析：本题难度不大，容易定位，注意信息后置，出题句为 you'll all be familiar with the information they give us about the weather. 核心名词 weather 为本题的答案，注意该词的拼写。

READING

READING PASSAGE 1

➲ 文章结构

体裁	说明文
主要内容	由古及今介绍计时的历史。
结构	A 段：介绍古巴比伦人的计时方法。
	B 段：月亮对于历法计时的社会重要性。
	C 段：介绍古埃及人的计时方法。
	D 段：形形色色的计时器陆续出现，尽管并不完美。
	E 段：机械计时器引发各国最终统一校准开始时间。
	F 段：介绍最早的重力驱动机械钟。
	G 段：机械钟的进一步改良，并成为最早的座钟。
	H 段：今天的计时器。

➲ 词汇注释

A 段	
archaeological *adj.* 考古的，考古学的 co-ordinate *v.* 使…一致 communal *adj.* 公共的，公社的 rotate *v.* 旋转，循环 orbit *v.* 绕…轨道而行 accompany *v.* 陪伴，伴随	advent *n.* 到来，出现 Babylonian *n.* 巴比伦人 shipment *n.* 装货，装载的货物 axis *n.* 轴，轴线 define *v.* 定义，使明确，规定
B 段	
artificial *adj.* 人造的，仿造的 wax and wane 月圆月缺；盈亏 latitude *n.* 纬度 clime *n.* 气候；地方 activity chart 行为图，活动示意图	equator *n.* 赤道 conspicuous *adj.* 显著的，显而易见的 lunar cycle *n.* 月运周期 crucial *adj.* 重要的，决定性的
C 段	
municipal *adj.* 市的，市政的 decan *n.* 黄道十度分度 all-important *adj.* 非常重要的，首要的 the Nile *n.* 尼罗河 cosmic *adj.* 宇宙的（等于cosmical） temporal *adj.* 暂时的，当时的 equinox *n.* 春分，秋分，昼夜平分点 disseminate *v.* 宣传，散布，传播	approximate *v.* 接近，近似 Sirius *n.* 天狼星 annual *adj.* 年度的，每年的 span *v.* 跨越，持续 interval *n.* 间隔，间距 duration *n.* 持续 adopt *v.* 采取，接受
D 段	
sundial *n.* 日晷 basin *n.* 水池，水盆 denote *v.* 表示，指示 Mediterranean *n.* 地中海	counterpart *v.* 对手，对应的人或物 drip out 滴下，漏下 inscribe *v.* 题写，铭刻，雕刻
E 段	
adjust *v.* 调整，使…适合 evolve *v.* 发展，进化，逐渐形成 supersede *v.* 代替；紧接着…而到来 commence *v.* 开始，着手	arose *v.* (arise的过去式) 引发，出现 astronomical *adj.* 天文的，天文学的 split *v.* 分离，劈开

F 段	
mechanical *adv.* 机械的，手工操作的 descend *v.* 下降，下去 escapement *n.* 擒纵机构棘轮装置 spring *n.* 弹簧 gear wheel 齿轮 pendulum clock 摆钟 arc *n.* 弧（度）	revolutionary *adv.* 革命的，大变革的 transfer *v.* 转移，传递 coiled *adj.* 盘绕的，卷成圈的 fusee *n.* 均力圆锥轮 mainspring *n.* 主发条 swung *v.* (swing过去式和过去分词) 摇摆
G 段	
variation *n.* 变化 lever *n.* 杠杆 escape wheel [仪]擒纵轮	anchor escapement [钟表学]锚式擒纵机构 motion *n.* 运动，移动 precise *adj.* 精确的；明确的；严格的
H 段	
quartz *n.* 石英 Global Positioning System 全球定位系统 grid *n.* 输电网	beam *v.* 发送，发射 calibrate *v.* 校正，调整 integral *adj.* 完整的，整体的
题目	
chronicle *n.* 编年史，年代记；记录 civil calendar [天] 民用历	simultaneous *adj.* 同时的，同时发生的 cabinet *n.* 柜

➲ 考题解析

Questions 1-4

● 题型归类：Matching
本题解题时可先划出题目中的关键词，然后迅速回到文章寻找其同义替换后的对应词。其间可大致通过题目中的关键词猜测其在文章的位置与段落特点。

➲ 题目解析

题目编号	题目定位词	答案位置	题　解
1	early timekeeping, cold temperatures	D 段最后一句	答案 D　题目中出现 early timekeeping 字样，按照文章写作顺序，应在文章前部或中部寻找答案。D 段最后一句中的 freezing weather 与题目中的 cold temperatures 相对应。
2	geography, calendar, farming	B 段倒数第 2 句	答案 B　B 段倒数第二句中的 northern climes 与题目中的 geography 相对应，farming 与 agriculture 相对应。

3	origins, pendulum clock	F 段最后一句	答案 F 由文中 F 段最后一句中的 a pendulum clock had been devised 可直接得出答案。
4	simultaneous efforts, different societies, uniform hours	E 段第 3 句	答案 E E 段第 4 行中的 24 equal parts 与题目中的 uniform hours 相对应，本段中提到的各具体国家对应题目中的 different societies。

➲ 考题解析

Questions 5-8

● 题型归类：Matching
本题为两部分匹配题。可先划出句子中关键词，然后根据题目中需进行匹配的第二部分所出现的国家名称，在其周围寻找所划关键词的同义替换。

➲ 题目解析

题目编号	题目定位词	答案位置	题　解
5	civil calendar, months were equal in length	C 段第 1 句	答案 B 题目中的 months were equal in length 对应文章中的 12 months of 30 days，题目中的 civil calendar 对应文章中的 municipal calendar，这项发明是 Egyptians 完成的。
6	divide the day, two equal halves	E 段最后一句	答案 F 题目中的 divide the day into two equal halves 对应文章中的 split the day into two 12-hour periods，具体指的是 French hours。
7	new cabinet shape	G 段最后一句	答案 D 题目中的 new cabinet shape 对应文章中的 new...case design，这种新设计发生在英国。
8	calendar, organize public events and work schedules	A 段第 1 句	答案 A 题目中的 organize public events 对应文章中的 co-ordinate communal activities，题目中的 work schedules 对应文章中的 the shipment of goods 及 planting and harvesting，这些都是 Babylonians 的所作所为。

➲ 考题解析

Questions 9-13

● 题型归类：Diagram

➲ 题目解析

通过题目中的时间标志（1670 年）可迅速定位到文章 G 段。

题目编号	题目定位词	答案位置	题　解
9	escapement, resembling	G 段第 2 行	题目中的 resembling 对应文章中的 like，则其宾语即为所需答案。本题答案为 (ship's) anchor / (an/the) anchor
10		G 段第 4 行	由图可知，本题要求找到该圆盘状物体的名称，故应有意识地寻找与该形状有关的词汇；另外此物体上有齿轮，这也可以作为答题线索。根据 ...release each tooth of the escape wheel 可知，本题答案为 (escape) wheel。
11	/	G 段第 4 行	由图可知，本题要求找到圆盘物体的支出部分的名称。通过解答第 10 题，可以很容易地判定本题答案为 tooth。
12	a, beat	G 段最后一句	由图可知，本题要求找到长形物体的名称，且应发出 beat 的动作。同时，本题答案应为一个单数可数名词，可通过冠词帮助找到答案。通过 G 段最后一句中的 a long pendulum which could beat once a second 可以确定本题答案为 (long) pendulum。
13	beat	G 段最后一句	通过解答第 12 题，同时可以确定本题答案为 second。

➲ 参考译文

计时器的发展

A 考古证据显示，至少在 5000 年前，罗马帝国连一点影子都还没有的时候，巴比伦人就已经开始测算时间了。他们制定历法，用以统筹组织公共事务活动、安排货物装载发送，甚至用来统一播种和收割的时间。巴比伦人的日历遵循三个自然循环：太阳日、太阴月和太阳年。地球自传所形成的昼夜划分被标记为日，月球绕地球旋转的周期沿袭为月，地球绕太阳公转所形成的四季更替则被定义为年。

B 人工照明出现以前，月亮对于社会的影响力要更大一些。而且，对于住在赤道附近生活的人们来说，与季节的更替相比，月亮的盈亏要更加明显。因此，低纬度地区的历法更多受到月亮周期的影响，而非太阳周期。然而在北部气候区，由于季节和农业密切相关，太阳周期则显得更加重要。在罗马帝国向北扩展的过程中，大部分组织活动就是按照太阳周期来安排的。

C 其实早在罗马帝国建立前数百年，埃及人已制定了民用历法。他们把一年分成 12 个月，每月有 30 天，每年之外再加上 5 天，与一年太阳周期相吻合。同时以 10 天为一单位，用一组天空出现的星群来标记，称为“星宿”。每年当尼罗河要开始泛滥时，天狼星就会在日出前升起，同时有 12 个星宿横跨天穹。这一发现具有宇宙学深义，埃及人依此发明了一种系统：将黑夜等分成 12 份（后来白昼也同样等分），这些时段被称为“日光时”，因为它们的长度可根据由季节交替而产生的昼夜变化而调整。夏季时较长，冬季时较短，只有在春分和秋分时，白天和黑夜的“日光时”是相等的。首先采用“日光时”计时的是希腊人，随后是罗马人，后来，罗马人又把它传遍欧洲，持续使用超过了 2500 年。

D 为了研究“日光时”在白天的变化，发明家们创造了日晷，它利用太阳阴影的长度或者位置来计时。相对的，在晚上则用水钟来测量时间。第一个水钟，就是一个脸盆，在盆底下打个小洞，水可以从小洞慢慢地漏出，盆内部刻有小时线，通过水位的下降即可知道时间。虽然这些发明在地中海地区发挥出色，但在多云寒冷的北欧地区，它们往往不那么可靠。

E 虽然机械钟的出现意味着“日光时”也可以进行调整了，不过还是维持同等长度的好。然而，又一个新问题产生了：应该从什么时候开始起测算一天的时间？为解决这个问题，14 世纪初衍生出了好几种测算系统。它们都把一天分成 24 个小时，只是起算时间不同：“意大利时”从日落开始算起，“巴比伦时”则从日出开始算起，“天文时”从正午开始算起，德国某些大型公共时钟所采用的“大钟时”则从午夜开始算起。不过最终，它们都被“小钟时”，或“法国时”所取代。“法国时”从午夜算起，将一天分成两个 12 小时的等份。

F 最早有记载的重量驱动机械钟于 1283 年始建于英国贝德福德郡。这架新的计时器的革命性因素既不在于提供了其动力的下垂砝码，也不在于用来传输动力的齿轮（都出现至少 1,300 年了），而是叫做擒纵装置的部分。早在十五世纪，螺旋弹簧或均锥轮就已经出现，用以维持计钟表齿轮的恒力，虽然主发条施力还不那么均匀。到了 16 世纪，摆钟终于制造出来了，但钟摆摆动的圆弧过大，因此不是很有效。

G 为解决这个问题，在 1670 年的英国，人们对原有的擒纵装置作了改良。这是一个以杠杆为基础的装置，样子像船锚，被称为锚擒纵装置。通过钟摆的运动震荡该装置，以便它捕获然后释放每一个擒纵轮的轮齿，从而达到精准的控制。与早期的摆钟所用的原始形式不同，锚擒纵装置的钟摆摆动弧度很小。这一发明使每秒一拍的长摆得以使用，从而带动了新的落地式方形设计，史称老爷钟。

H 今天，高度精确的计时装置为绝大多数电子设备设定时间。几乎所有的计算机都包含一个石英钟为其运作计时。此外，从全球定位系统卫星传来的时间信号不但为精密的导航设备提供校准功能，也见诸于移动电话、即时股票交易系统和全国电网。这些基于时间的高科技与我们的日常生活如此密不可分，以至于除非它们无法正常运作，否则我们很难意识到自己有多么依赖它们。

READING PASSAGE 2

➲ 文章结构

体裁	说明为主
主要内容	介绍美国空中交通管制制度。
结构	A 段：美国联邦航空局（FAA）建立的原因。
	B 段：早期的空中交通管理制度。
	C 段：通讯和喷气引擎的改良使空中交通管制势在必行。
	D 段：关于空中管制的片面的看法。
	E 段：飞行区域的高度划分。
	F 段：根据天气情况制定飞行规则。
	G 段：管控飞行区域的具体类别。

➲ 词汇注释

A 段	
Grand Canyon （科罗拉多）大峡谷 aircraft *n.* 飞机，航空器 procedure *n.* 程序，手续，步骤	Federal Aviation Administration (FAA) 美国联邦航空总署 congest *v.* 充塞，拥挤
B 段	
rudimentary *adj.* 基本的，初步的 vicinity *n.* 临近，附近，近处 flashing light *n.* 闪光灯 route *n.* 路线	manually *adv.* 手动地，用手 beacon *n.* 灯塔 cross-country *adj.* 横越全国的 metropolitan *n.* 大城市，都市
C 段	
full-scale *adj.* 全面的，完全的 jet engine [航] 喷射发动机	fortuitous *adj.* 偶然的，意外的；幸运的

D 段	
consist of 由…组成 screen *n.* 屏幕 incomplete *adj.* 不全面的，不完整的	radar *n.* 雷达 depart *v.* 离开，出发，启程 accommodate *v.* 容纳；使适应，调节

E 段	
element *n.* 因素，元素 virtually *adv.* 事实上，实质上；几乎 extend *v.* 延伸，扩大，伸展 recreational *adj.* 娱乐的，消遣的 impose *v.* 强加	put into effect 实施，执行 blanket *v.* 覆盖，掩盖 be bound by 受…约束 restriction *n.* 限制，约束

F 段	
meteorological *adv.*气象的，气象学的 reliance *n.* 信赖，信任 maintain *v.* 维持，继续 Instrumental Flight Rules (IFR)仪表飞行规则 panel *n.* 仪表盘，面板 instrument rating 仪表等级	Visual Flight Rules (VFR)目视飞行规则 cue *n.* 提示，暗示，线索 necessitate *v.* 使成为必需，需要 navigational *adj.* 航行的，航运的 possess *v.* 控制，使掌握，持有

G 段	
designate *v.* 指定，指派，标出 stem from 来自于 turboprop *n.* 涡轮螺旋桨发动机 license *v.* 许可，特许，发许可证给 govern *v.* 统治，控制 municipal *adj.* 市政的，市的 encompass *v.* 包含，包围，环绕 explicit *adj.* 详述的，清楚的，明确的 cruise *v.* 巡航，巡游	alphabet *n.* 字母表 commercial *adv.* 商业的 realm *n.* 领域，范围 instrumentation *n.* 仪表化，使用仪器 correspond *v.* 符合，一致，相应 respectively *adv.* 分别地，各自地 rigorous *adj.* 严格的，严厉的 clearance *n.* [航空学]飞机许可 risk *v.* 冒…的风险

题目	
disobey *v.* 违反，不服从 coincidental *adj.* 巧合的，一致的 zone *n.* 区 category *n.* 种类，分类	prompt *v.* 促使，激起 altitude *n.* 高度，海拔 oversimplified *adj.* 过于简单化的 crash *n.*（飞机的）坠毁

➲ 考题解析

Questions 14-19

● 题型归类：List of Headings

这种题型考查考生对于文章段落整体结构的把握。建议读文章时以句子为单位进行阅读，而非以单词为最小阅读单位。

阅读文章，并按照主题句→关键词→同义替换的步骤解题，即：找出段落中主题句，再找出主题句中的关键词，然后到所给选项中选择其同义替换后的答案。

由于 70% 的学术性写作采用演绎法，即先陈述观点，再加以详细证明，故主题句常常出现在段首。若段首未见主题句，此时文章可能采取归纳法写作，则可去段尾寻找。若段落中皆为具体细节描写，则选项多为其对应的抽象概括词。

主题句中的关键词往往是去掉修饰限制的细节的句子主干。但是多数关键词要经过同义替换后才是正确选项。除非特殊情况如无法替换的具体名词或专有名词，否则正确选项中通常很少出现文章中的原词。原文中原词出现过多的选项则往往是用作干扰的错误选项。

➲ 题目解析

题目编号	题目选项句意	段落主题句	题　解
14	ii 飞机失事灾难促进采取行动	A 段第 1 句	答案 ii　本段第 1 句讲述飞机失事是美国联邦航空总署成立原因，第 2 句简述其建立的结果影响。文章中的 an accident 与选项 ii 中的 disaster 对应；文章中的 result in 与选项 ii 中的 prompt 对应；文章中的 the establishment of the Federal Aviation Administration (FAA) 被抽象概括成选项 ii 中的 action。
15	iii 两个巧合的事件	无明显主题句	答案 iii　本段通过两句话具体说明空中管制得以实施得益于通讯的变革，同时喷气引擎带来的飞机机型变革也需要空中管制措施。文章中的 fortuitous 对应选项 iii 中的 coincidental，选项 iii 是本段两句话的抽象总结。 注意：本题较难，容易误选，可先阅读其他段落解题，将本题留到最后选项较少时再进行解答。
16	v 一个被过度简化的观点	D 段第 2 句	答案 v　D 段第 2 句为该段的主题句，其关键词为 incomplete，与选项 v 中的 oversimplified 对应。本段第 1 句详细说明了 oversimplified view 的具体内容，第 3 句则是以真实情况推翻该不成熟观点。
17	iv 设立具体的高度区域	无明显主题句	答案 iv　本段通过具体数字详细说明具体的 airspace 的分设高度及该高度的实施措施，对应题目选项 iv 中的 altitude。
18	viii 根据天气情况设立两种不同的规定	F 段第 1 句	答案 viii　本段中第 1 句概括说明空中管制有两种操作环境。后面的句子加以具体解释说明。本段第 2 句中的 good meteorological conditions，第 3 句中的 poor visibility，第 4 句中的 a clear day 均可判断对应选项 viii 中的 weather conditions。

19	vii 定义管制空域的种类	G 段第 1 句	答案 vii 文章中的 types 与选项 vii 中的 categories 对应。

➲ 考题解析

Questions 20-26

● 题型归类：TRUE/FALSE/NOT GIVEN

此种题型考查对于文章细节的掌握。因为是根据文章内容出题，所以答案为 FALSE 和 NOT GIVEN 的题目应该是由文章原有句子加以修改：将句中某个细节改为错误或者相反，此时句子与文章矛盾，答案则为 FALSE。或增加某些细节，或改成与文章无关的细节，此时句子与文章无关，答案为 NOT GIVEN。

解题时，请先划出题目中容易变化的词语，即为出题点，然后凭借题目中最容易定位的词（如不易同义替换的数字或专有名词），找出该句子在文章位置，再核实该句划出的出题点有无变化。若只是同义替换而无根本性质变化，则答案为 TRUE；若有一个词是原词的错误表达或意义相反，或将唯一因素变动，则为 FALSE；若完全找不到该细节，则答案为 NOT GIVEN。

正确答案往往要加以同义替换，以考查英语意义，不正确选项往往是文章原词，以增加混淆程度。

此种题型按照文章顺序出题，可以按顺序答题。也可先找出最容易定位一题，沿其答案所在向前或者向后解题。

➲ 题目解析

题目编号	题目定位题	考　点	答案位置	题　解
20	FAA, created as result of	jet engine	A 段第 1 句	FALSE　本题考查逻辑关系。文章中第 1 句明确说 FAA 成立的原因是空难，题目中却说是由于喷气式引擎出现，题目表述与文章矛盾。
21	Air Traffic Control, the Grand Canyon crash	started after	B 段第 1 句	FALSE　文章中明确说是 ATC existed well before the Grand Canyon disaster，与题目中 started after 直接相反。
22	beacons and flashing lights	are still used, today	B 段第 3 行	NOT GIVEN　通过题目中的具体名词定位到文章 B 段第 3 行。在该句中找不到关于 are still use 和 today 的任何对应信息，所以题目表述正确与否不能判定。
23	radio communi-cation, during World War II	improvements	C 段第 1 句	TRUE　通过大写的专有名词 World War II 定位到文章 C 段第 1 句。其中 radio communication 作为具体名词没有发生变化，题目中的 improvements 对应文章中的 improved。 注：题目中如含有意义折衷的词语如 some，答案为正确的几率比较大。

24	Class F airspace, 365m	below 365m, not near airports	G 段第 2 句，E 段第 3-4 句和最后 1 句	TRUE 通过 Class F 定位到 G 段第 2 行，但该句中只提到另一概念 uncontrolled airspace，故应回前文继续寻找 uncontrolled airspace 与题目中 below 365m 和 not near airports 之间的关系。 在 E 段第 2 行找到 365m，文章中说到 365m 之上称为 controlled airspace，与之相对则为 uncontrolled airspace，同时从 E 段最后 1 句中 uncontrolled airspace 后跟的同位语 below 365m 中也可得出答案。 在 E 段第 4 句中可知，near airports 的地方的 controlled airspace 扩大至 215m，in the immediate vicinity of an airport 的地方更是全部属于 controlled airspace，故 uncontrolled airspace 必定不在机场附近（not near airports）。题目与文章的逻辑关系一致，是原文意思的改写。
25	Class E airspace, IFR	all aircraft, must use IFR	G 段	FALSE 通过 Class E 和 IFR 定位到 G 段第 9 行。该句中的 difference between Class E and A airspace is that in Class A, all operations are IFR 明确指出 Class E 与 Class A 不同，那么题目中 all…must use IFR 势必不能成立。 注：题目中出现意义绝对的词语，该题表述正确的几率不会很高。
26	pilot, Class C	average-sized city	G 段倒数第 8 行	TRUE 通过题目中 Class C 定位到文章中 G 段倒数第 9 行。文章倒数第 8 行中的 medium-sized metropolitan 对应题目中的 average-sized city。

➲ 参考译文

美国空中交通管制

A 1956 年，在美国科罗拉多大峡谷上空发生了空难，该事件最终促使美国成立了联邦航空管理总署（FAA），以规范和监管美国上空的飞行操作，因为当时美国空中交通十分拥堵，极不畅通。空中交通管制架构的形成大大增加了美国的空中飞行安全，同时在世界其他地方也采取了类似的措施。

B 其实在科罗拉多大峡谷空难发生前，基本的空中交通管制（ATC）就已经实施了。早在 20 世纪 20 年代初，空中交通管制员就在机场附近使用灯光和旗帜手动引导飞机，而在全国则沿航空飞行路线修建灯塔并安置闪光灯设备。然而，这种单纯依靠视觉的系统在恶劣的天气里无法发挥作用。到了 20 世纪 30 年代，ATC 开始使用无线电通讯。纽约是第一个实行类似今天空中管制制度的城市，其他城市在不久以后也相继跟进。

C 在 20 世纪 40 年代，第二次世界大战带来雷达和无线电通讯的迅猛发展，ATC 中心也因此受益，但系统仍然比较原始。在 FAA 成立后，美国领空开始实施全面管制，巧合的是，喷气式引擎的发明导致大量速度奇快的飞机的生产，降低了飞行员的误差幅度。为确保空中安全飞行，出台一系列空中管制措施势在必行。

D 很多人认为所谓空中管制就是一群空管员坐在机场雷达屏幕前，指挥飞机的抵港及离港交通，这是相当片面的看法。FAA 十分清楚，美国领空内随时有许多飞机飞行，飞机机型不同，飞行目的不同，飞行天气情况也不同，需要有一种管制架构能够同时应付以上所有情况。

E 要迎接这一挑战得满足许多因素。首先，整个国家必须全部服从空中交通管制。一般来说，地面 365 米以上全部划为空中管制区。在某些地区，主要是靠近机场的区域，管制空域扩展到地面 215 米以上；紧邻机场的区域，地面以上全部属于管制区域。管制区域实施 FAA 的管理条例。非管制区域内飞行员则几乎不受任何限制。如果是为了消遣娱乐的飞行，飞行员可在低于 365 米限制高度的非管制区域内飞行，不受任何 FAA 管理条例限制，不过飞行员如果希望由 ATC 提供保护，也可以很容易地进入管制空域飞行。

F 其次，FAA 规定两种类型的操作环境。气象条件良好时，飞行应用目视飞行规则（VFR），主要依靠视觉线索来维持可接受的安全水平。能见度低时，则应用仪器飞行规则（IFR），此时飞行员依靠仪表盘提供的飞行高度安全飞行。天气晴朗时，飞行员在管制空域内可以随意选择应用 VFR 规则或 IFR 规则，FAA 也容许在同一飞行领域内同时使用 VFR 和 IFR。然而如果飞行员的仪表飞行等级超越了其所持有的飞行驾驶执照的标注，飞行员只能选择仪表飞行。

G 管制空域划分为不同类别，用英文字母标注。非管控空域划为 F 类。低于海拔 5490 米，又不处在机场附近的管控空域划为 E 类。5490 米以上的管控空域划为 A 类。之所以划分 E 类和 A 类空域，是因为在其空域内飞行的飞机类型不同。一般来说，E 类空域内飞行的多为通用航空飞机（几乎不能飞上 5490 米）和商业涡轮螺旋桨飞机。5490 米以上是大型喷气式飞机的天下，因为喷气式发动机在高空地区发挥要更出色。E 类和 A 类之间的差别在于，A 类空域全部实施 IFR 操作，飞行员必须遵守仪表导航飞行，即在仪表导航飞行方面能够熟练飞行并持有许可证。因为整个空域由 ATC 控制是至关重要的。其他类型的三种空域：D 类、C 类和 B 类，主要覆盖机场附近，它们分别对应小城市、中等城市和大城市的机场，其间实施一系列日益严格的规定。例如，要进入 C 类空域，VFR 飞行员必须与 ATC 进行双向无线电联系。进入时无需 ATC 的明确许可，但飞行员必须始终遵守 VFR 飞行的所有管理条例飞行。进入 B 类空域，如主要城市的机场附近时，则需要明确的航空许可。私人飞机如未经许可即进入该空域，则可能被吊销执照。

READING PASSAGE 3

文章结构

体裁	说明讨论为主
主要内容	本文主要介绍关于心灵感应的研究。
结构	第 1 段：学者针对心灵感应进行科学试验。
	第 2 段：不同意见都认为 ganzfeld 实验可提供证据。
	第 3 段：详细介绍 ganzfeld 实验。
	第 4 段：ganzfeld 实验仍不能真正证明心灵感应的存在。
	第 5 段：介绍另一种实验——应用高科技的 autoganzfeld 实验。
	第 6 段：autoganzfeld 实验也有其不足之处。
	第 7 段：主流学术界对于心灵感应的态度。
	第 8 段：研究者不再致力搜寻证据，转而寻求心灵感应的原理。

词汇注释

引言	
spark *v.* 触发，激发 controversy *n.* 争论，辩论	bitter *adj.* （争论、争吵）激烈的，剧烈的 academics *n.* 学者，学术界人士
第 1 段	
parapsychologist *n.* 超心理学家 institute *n.* 学会，协会，学院 skeptical *adj.* 怀疑的，怀疑论的 rigorous *adj.* 严格的，严厉的 uncover *v.* 发现，揭露	leading *adj.* 领导的，主要的 derision *n.* 嘲笑，取笑 claim *n.* 声称，主张 implication *n.* 含义，暗示

第 2 段	
constitute *v.* 组成，构成 genuine *adj.* 真实的，真正的 collapse *n.* 倒塌，失败 sceptic *n.* 怀疑论者；疑虑极深的人 concur *v.* 同意，一致 ganzfeld [德语]超感知觉全域测试法 meditation *n.* 冥想，沉思 faint *adj.* 感觉昏晕的 detect *v.* 发现，察觉	compelling *adj.* 引人注目的，令人信服的 brink *n.* 边缘 definitive *adj.* 决定性的，最后的 advocate *n.* 支持者，提倡者 so-called *adj.* 所谓的，号称的 term *n.* 术语，词语 suspect *v.* 怀疑，猜想 swamp *v.* 使陷入，淹没，覆没 tranquility *n.* 宁静，平静
第 3 段	
recreate *v.* 再创造 reclining chair 躺椅；活动靠背扶手椅 filter *n.* 过滤器 image bank 影像银行，图库 beam *v.* 发送，发出 identify *v.* 确定，识别 statistical *adj.* 统计的，统计学的	participant *n.* 参与者 sealed *adj.* 密封的 random selection 随机选择，随机抽样 attempt *v.* 尝试，试图 session *n.* 聚集在一起的一段时间 hit-rate 命中率 put down to 归因于
第 4 段	
reveal *v.* 显示，透露 routinely *adv.* 例行公事地；老一套地 conventional *adj.* 传统的，常见的 range from…to 在…范围内变化 leakage *n.* 泄露 outright *adj.* 完全的，彻底的 in response 作为回答 draw up 起草，拟定	flaw *n.* 瑕疵，缺点 overlook *v.* 忽略，忽视 rule out 排除；取消；划去 sensory *adj.* 感觉的，知觉的 accidentally *adv.* 意外地，偶然地 fraud *n.* 欺骗，诡计 issue *v.* 发布，放出
第 5 段	
switch *v.* 转换 variant *n.* 变体，转化 involvement *n.* 牵连，牵涉 outcome *n.* 结果，结局	automated *adj.* 自动化的，机械化的 minimise *v.* 使缩到最小 meta-analysis 荟萃分析；元分析 impressive *adj.* 给人以深刻印象的
第 6 段	
disturb *v.* 打扰，妨碍 consistency *n.* 一致性，相容性 sample *n.* 样本，例子	apparent *adj.* 显然的，表面上的 mainstream *n.* 主流 plausible *adj.* 合理的

第 7 段	
attitude *n.* 态度 reject *v.* 拒绝，抵制 mechanism *n.* 机制，原理	mainstream *n.* 主流 plausible *adj.* 合理的

第 8 段	
put forward 提出 theoretical *adj.* 理论的，假设的 atom *n.* 原子 demonstrate *v.* 证明，展示，论证 prompt *v.* 促进，激起 eventually *adv.* 最后，终于	esoteric *adj.* 秘密的；难懂的 quantum entanglement 量子纠缠 instantly *adv.* 立即，立刻，马上 transform *v.* 转化，改变 probe *v.* 探查，探测 seek *v.* 寻求，探索

题目	
alter *v.* 改变，更改 solution *n.* 解决方案，解答 subject to 使服从；使遭受	drastically *adv.* 彻底地，激烈地 pose *v.* 造成，形成；提出…讨论

➲ 考题解析

Questions 27-30

● 题型归类：Matching
本题按文章顺序出题。

➲ 题目解析

题目编号	题目定位词	答案位置	题 解
27	researchers, differing attitudes, agree on	第二段第 3 句	答案 E 通过题目中定位词找到文章中的具体表达：第二段第 3 句。题目中的 differing attitudes 对应文章中的 skeptics and advocates，题目中的 agree on 对应文章中的 do concur on。由本句名词性从句的主干 evidence…come from…experiments 即可得出答案。所有选项中提到 experiment 的只有一个。
28	meditation	第二段倒数第 1 句	答案 B 通过题目中定位词 meditation 找到文章中第二段倒数第 5 行。题目中要求找到实验的启示，答案出现在下一句中，其中 in a relaxing 'whole field' of light, sound and warmth 是题目中的 suitable environment 的具体表现。

29	attitudes, alter drastically	倒数第二段	答案 A 通过题目中定位词 attitude 和 alter 找到文章中倒数第二段第 1 句 change in attitude。第 1 句中说主流科学家不改变态度，第 2 句中则说，其中原因在于 lack of…mechanism。
30	recent autoganzfeld trails, success rates	最后一段倒数第 2-3 句	答案 F 通过题目中定位词 success rates 找到文章中最后一段倒数第 5 行。文章中提到 creative and artistic people 表现尤为出色，故成功率与实验对象相关。

➲ 考题解析

Questions 31-40

● 题型归类：Table

解答表格题目时，如题目表格中所给字数较多，可先用半分钟的时间仔细观察表格，待清楚表格大致内容及所需信息后，再行解题。

以本表格为例，按照一般表格制表规律，先从左向右，再从上向下，表格各列分别标明实验时间、实验过程、实验结果、及实验不足之处。分为两行，则表明表格由两个不同时间的实验构成。

➲ 题目解析

通过表格中数字可迅速定位到文章第三段和第五段，然后再根据表格中空格处前后的逻辑关系寻找答案。

题目编号	题目定位词	答案位置	题　解
31	1982，four	第三段第 5 行	由空格前冠词和空格后的定语从句引导词 who 可知本题需填入一个指代人的单数可数名词。 通过题目中数字 1982 迅速定位至文章第三段。再通过数字 four 定位至该段第 5 行。本题答案为 sender。
32	one, four	第三段第 6 行	本题需填入一个单数可数名词。本题答案同上题答案出现在同一句中。由题目中逻辑关系 one…of four 即可得出答案。本题答案为 image/picture。
33	identify	第三段第 6 行	本题需填入一个指代人的单数可数名词，由其动词 identify 找到主语即可。本题答案为 receiver。
34	flaw, positive results	第四段第 5 行	由题目中 flaw 一词定位至第四段第 2 行，由 positive results 进一步定位至第四段第 4-5 行。由题目中 such as 可知本题需填入具体例子，所以本题答案为 sensory leakage。

35	or	第四段第 6 行	由题目中 or 一词可知本题与上题是并列关系，确定了上一题的答案后，再通过文章中的 from sensory leakage ... to outright fraud 便可以很容易地确定答案。本题答案为 outright fraud。
36	1987, key tasks	第五段第 2 行	由题目中的 1987 迅速定位至文章第 5 段，再由题目中的 key tasks 定位至该段第 2 行。根据 which used computers to perform many of the key tasks such as... 可以确定本题答案为 computers。
37	limit	第五段第 3 行	由题目中 limit 定位至文章中第五段第 3 行 minimising。因该句中出现两 minimising，由空格后面的定语 in carrying out the tests 可排除掉后面的 the risk of flawed results，也可通过题目要求 NO MORE THAN THREE WORDS 进行排除。本题答案为 human involvement。
38	results, subjected to a	第五段倒数第 2 行	由冠词 a 可知，本题需要填入一个单数可数名词。沿上道题答案继续向后在第 4 行找到 results。通过文中的 In 1987, results...were studied by Honorton in a 'meta-analysis' 可以确定本题答案为 meta-analysis。
39	flaw, different test results	第六段第 1 行	由 flaw 一词定位至第六段第 1 句。段首的强转折词 yet 表明本段与上文所表达意思相对或相反。题目中的 between different test results 对应文章中的 between individual ganzfeld studies，从而可以确定本题答案为 lack of consistency。
40	fact, sample group, not	第六段第 3 行或倒数第 3 行	本题需填入形容词。通过题目中的 sample groups were not 直接找逻辑关系即可在第 6 段倒数第 3 行中的 the group is just not big enough 找到答案 big enough；或在本段第 3 行找到 fact，根据句子 it takes large samples to detect small effects 确定本题还可以填 large enough。所以本题答案为 big/large enough。

➲ 参考译文

心灵感应

人类可否只通过思想进行沟通交流？一百多年来，关于心灵感应的话题在科学界产生很大意见分歧，时至今日，它依然在学界精英中引起激烈辩论。

自上个世纪 70 年代以来，在世界各大高校和科研院所，超心理学者们冒着被同行嘲笑和怀疑的风险，将关于心灵感应的各种不同说法进行严格的科学实验，其结果及其启示即使在研究者本身中，也引发了很大争议。

有些科学家认为，实验结果提供了强有力证据，可以证明心灵感应是真实存在的。另一些超心理学家则相信，该研究虽试图用科学证据证明心灵感应存在，却并未取得成功，相关研究也都处在失败的边缘。不过无论是怀疑者还是倡导者都同意一点，即：迄今最有力的证据来自于“ganzfeld”实验。该实验名称来自德语，意思是“全域”。通过冥想心灵感应实验者的报告，超心理学家怀疑，可能因为人们之间传递的“信号”过于模糊，以至于很容易被正常的脑波活动所覆盖。如果这样的话，当人们身处一个伴有灯光和音响的温暖轻松的环境，经历冥想般的宁静，会更容易感知此类信号。

该实验几乎满足了所有的条件。参加者待在密封的房间里，坐着柔软的躺椅，听着轻松的音乐，眼睛被特殊的过滤器覆盖，只看见柔和的粉色光。早期的实验主要涉及选图。先从一个大型图库中任意选出四张图片，再让实验者指认其中一张。具体操作步骤是，作为“发送人”的实验者努力将一张图通过思维传给密封房间内的“接收人”。当传送结束后，“接收人”需从四张图中选出哪一张才是刚刚被传送的图。如果是随便猜测，可达到 25% 的命中率。然而，如果心灵感应真的存在，命中率就应该更高。1982 年，心灵感应研究的先行者之一，美国超心理学家查尔斯 · 荷诺顿（Charles Honorton）分析了这些早期实验的结果。结果证明典型的命中率要高于 30%，虽然比例高不了多少，但统计测试表明，结果已不完全是偶发几率。

“ganzfeld”实验似乎可以证明心灵感应是真的存在。但是在这个论据本身有个不足之处，在很多传统科学领域中也常常被忽视：不能因为排除了偶然几率的存在，就能证明心灵感应就是真实存在的。很多其他方法也可以得出正向的结果：既有图片线索偶然传递给接受者的感官泄露，也有彻底的欺骗。作为回应，研究人员回顾了截至 1985 年的全部 ganzfeld 研究，结果显示 80% 的研究提供了重要的统计数据。不过，他们也同意，实验中太多的因素都可导致正向结果，因此他们制定了清单，希望在未来研究中可采用新的标准。

此后，许多研究人员转向 autoganzfeld 测试。这种自动化技术使用电脑来完成关键任务如随机选择图像。通过最大限度地减少人为参与，尽量降低错误结果出现的风险。1987 年，荷诺顿（Honorton）使用了“荟萃分析”，这是一种可以从系列研究中找出整体结果的新型统计方法。他对数以百计的 autoganzfeld 实验结果进行了分析，虽然没有以前那样引人注目，结果依然令人印象深刻。

然而，单独的 ganzfeld 实验研究彼此间缺乏一致性，这让一些超心理学家感到十分困扰。心灵感应拥护者们指出，如果要求每一项研究都得出满意结果，起码忽略了一个基本的统计学事实：需要大量的样本才能得出少量的结果。如果像目前的结果显示那样，偶然几率是 25%，而心灵感应存在的几率只略高于它，真正的证据就不可能由一个典型的约 40 人参加的 ganzfeld 实验所提供：因为样本集合不够大，数目不够多。只有用“荟萃分析”将多项实验研究结合起来，心灵感应存在的证据才会由模糊变得清晰。而这貌似也是研究者们所正在追寻的。

主流科学家们对于心灵感应的态度仍未变化：大部分仍完全拒绝承认心灵感应的存在。部分原因在于，心灵感应缺乏真实可靠的原理。

各种各样的理论纷纷出现，绝大多数以理论物理学的深奥理论为中心。它们包括“量子纠缠”，即影响一组原子的事件立刻影响另一组，无论它们彼此之间距离有多远。虽然物理学家利用精心准备的原子证实了“量子纠缠”的存在，却没人知道它们是否也会存在于组成人体的原子之间。这个问题的肯定回答将会改变超心理学。受此启发，一些研究人员认为，超心理学的未来不在于收集更多的证据证明心理感应存在，而在于寻求其可能的原理。此类工作目前已经展开。研究人员试图确定在 autoganzfeld 实验中成功率较高的目标人群。早期结果证明，从事创造性和艺术性工作的人，在实验中的命中率要高于普通人。在爱丁堡大学开展的一项研究中，音乐家的命中率达到了 56%。也许当更多此类实验出现，它们终将为研究者提供证据，并为心灵感应的真正存在增强说服力。

WRITING

WRITING TASK 1

The pie chart below shows the main reasons why agricultural land becomes less productive. The table shows how these causes affected three regions of the world during the 1990s. Summarise the information by selecting and reporting the main features, and make comparisons where relevant.

Causes of worldwide land degradation

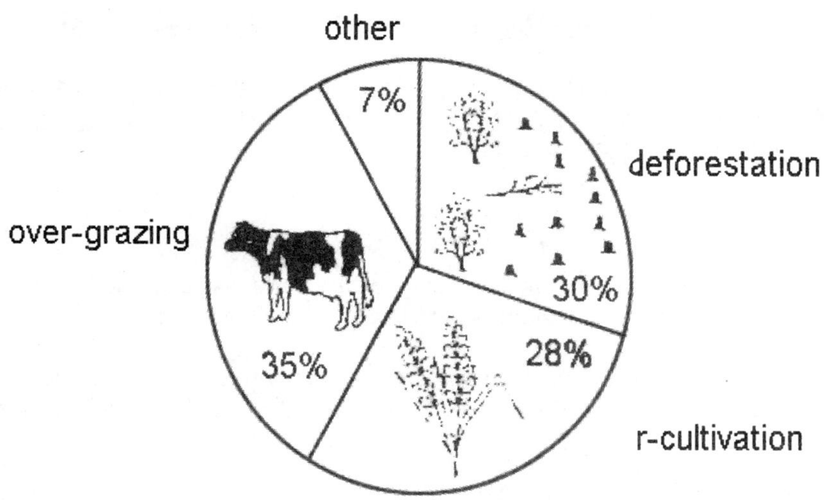

Causes of land degradation by region

Region	% land degraded by...			
	deforestation	overcultivation	overgrazing	Total land degraded
North America	0.2	3.3	1.5	5%
Europe	9.8	7.7	5.5	23%
Oceania*	1.7	0	11.3	13%

* A large group of islands in the South Pacific including Australia and New Zealand.

➲ 题目分析，包括回答中需要涉及的要点、对比以及考生可能对题目产生的错误理解。

要点

1. 这个饼形图表现了导致土地退化的三个主要原因。
2. 表格中列举的三个地区土地退化的原因各有不同。

考生可能产生的错误理解和问题

1. 第二个表格中列举的数字是某种原因导致的退化的土地在所有退化土地中所占的比例，而不是在所有土地（包括退化的土地和未退化的土地）所占的比例。
2. 提到数字时使用过去时。

➲ 建议的写作结构，对比此结构与考生有可能采用的不恰当结构。

介绍部分应该把题目用自己的话重写一遍。最好用一段描述饼形图，另起一段描述图表。可以直接引用图表中的数据（切记这些数据是退化土地面积的比例），或者指出相对的比例（见参考范文）。最后应该有一个简短的结论。

➲ 参考范文

The pie chart and table show how land around the world was degraded during the 1990s – the former on a worldwide scale and the latter in three different regions.

Worldwide, over-grazing was the biggest cause of land degradation (35%), with deforestation causing 30% and over-cultivation causing slightly less (28%). Other factors caused 7% of land degradation.

The table shows that, during the 1990s, 23% of the land in Europe was degraded, more than in Oceania (13%) and far more than in North America (5%). In Oceania, over-grazing was primarily responsible for land degradation, with deforestation accounting for far less and none caused through over-cultivation. In North America, over-cultivation was the main reason, with about a third of land degradation being caused by over-grazing and very little being caused by deforestation. In Europe, deforestation was responsible for about 40% of the land degradation, over-cultivation about 30% and over-grazing about 20%.

To summarise, land degradation was due to three main factors and these factors differed in proportion in different regions.

（168 words）

饼形图和图表反映了 20 世纪 90 年代全世界土地的退化情况——前者是针对世界范围，后者是针对三个不同的区域。

世界范围内，过度畜牧是土地退化的最主要原因（占 35%），滥砍滥伐占了 30%，过度开垦相对影响较小（28%）。其他导致土地退化的原因占了 7%。

图表反映出，20 世纪 90 年代，欧洲有 23% 的土地退化了，高于大洋洲（13%），并且远超过北美（5%）。在大洋洲，过度畜牧是土地退化的主要原因，其次是滥砍滥伐，相对较少，没有过度开垦的行为。在北美，过度开垦是主要原因，有三分之一的土地退化受过度畜牧的影响，极少部分是因为滥砍滥伐造成的。在欧洲，因滥砍滥伐导致的土地退化占40%，过度开垦占30%，过度畜牧占20%。

总体来看，土地退化是由以上三个主要方面造成的，这些方面在不同的区域影响各有不同。

➲ 参考范文中的词汇及结构分析，以及考生可能犯的错误。

1. 引言部分指出饼形图和图表中的信息有何种不同。
2. 在正文第一段，作者使用“cause”和“causing”两个词，显示了作者根据语法要求可使用不同词性的同根词的能力。
3. 正文第二段第一句简略阐述了图表信息。正文第二段，作者运用对比性词语（primarily, far less, main, very little），用以说明各种原因在土地退化上所起的不同影响。
4. 在描述欧洲的土地退化状况时，作者换成更数学化的描述方法。

WRITING TASK 2

Some people think that parents should teach children how to be good members of society. Others, however, believe that school is the place to learn this. Discuss both these views and give your own opinion. Give reasons for your answer and include any relevant examples from your own knowledge or experience.

➲ 题目分析，包括写作中需要涉及的要点以及考生可能对题目产生的错误理解。

1. 需要关注双方的观点。
2. 由于答案不可能是仅靠父母或学校就能教育孩子们成为一名优秀的社会成员，因此，选择陈述双方的观点会更容易些。
3. “优秀的社会成员”并没有界定。但是，考生不必阐释出自己对其的定义。

➲ 建议的回答结构，对比此结构与考生有可能采用的不恰当结构。

这篇作文需要一个简短介绍和简要的结论。正文应有两到三个段落，每段阐述一个要点。考生可以选择三个及以上的段落，如果他们的文章超过300个单词的话。建议考生单独写一个段落来阐述与题目意见相反的观点，或者考生在正文各段中提及反方的观点。考生写文章时要尽量避免观点过于极端，最好不要建议仅由父母或仅由学校承担教育孩子成为优秀的社会成员的重任。

➲ 两篇观点不同的参考范文（250字—300字）

参考范文 1——建议是学校

Some people believe parents should teach their children to be good members of society, but I and others think school is the main place for this to be taught.

The main reason why I think schools should primarily be responsible for teaching children to be good members of society is that children spend more time at school with teachers than with their parents. The children are also in a formal learning environment. This combination provides more opportunities for teachers to show children how to behave as good members of society. The teachers can also ensure that all the children have the same chance to learn the same things about being good members of society.

If parents are made more responsible for teaching their children to be good members of society, then many parents might find they do not have the time for this. Parents have many responsibilities such as work and taking care of the home. Of course, many parents will naturally prefer to do other things with their children, such as having fun and visiting places of interest. In addition, some parents might not be as experienced as teachers at teaching children, so the children might not learn as well as at school.

There will always be plenty of parents who have the time, willingness and ability to teach their children to be good members of society. However, many more will find it difficult and need extra help. Some will ask other parents or consult books or websites. I do not think there is anything wrong with this, but we should not assume that all parents will do it.

In summary, I think parents will often teach their children to be good members of society, but this should mainly be done at schools.

(294 words)

一些人认为父母应该教育孩子成为优秀的社会成员，但我和另外一些人认为，学校应该是承担这种教育的地方。

我认为学校应该首要承担教育孩子成为栋梁之才的主要原因是，孩子们在学校和老师待的时间比与他们和父母待的时间长。此外，孩子们是在正式的学习环境下成长的。这两点证明老师有更多的机会教给孩子们如何成为栋梁之才。同时，老师也能确保所有的孩子有均等的学习机会，去学习成为优秀的社会成员的相同的知识。

如果让父母来承担教育孩子成为优秀的社会成员的主要责任，那么就会有很多父母发现自己并没有时间来做这件事。父母承担着诸如工作和照顾家庭的责任。当然了，很多父母自然更愿意为孩子做些其他的事情，比如陪孩子出去玩、游览名胜古迹等。除此之外，一些父母可能不像老师那么经验丰富，所以孩子可能没有在学校学习得效果好。

常常是很多父母有时间、意愿和能力教育他们的孩子成为优秀的社会成员。但是，还有很多父母会觉得做起来有困难，需要他人的帮助。有些父母会咨询其他父母，或求助于书籍、网站。我不觉得这样做有什么问题，但是我们不能想当然的认为所有的父母都做得到。

总的来说，我觉得父母会常常教育孩子们成为优秀的社会成员，但这种教育主要还是要学校来做。

参考范文 2——建议是父母

I think that the main responsibility for teaching children to be good members of society lies with parents rather than schools and shall outline my reasons in this essay.

I think that most parents know their children well enough to be able to teach them to be good members of society. At school, children are often in large classes and therefore do not receive so much individual attention. When teaching children to be good members of society, I think that this individual attention is important, because some will have learnt about membership of society and others not. The parents will generally know this and be able to fill any missing gaps in their child's knowledge.

Secondly, parents and their children will probably spend more time together in a variety of social situations, whereas teachers and their students spend most of their time together in the classroom. The variety of social situations gives the parents more teaching opportunities, for example while shopping, at public events and at family gatherings. Of course, these opportunities give children the chance to learn to be good members of society from other adults, not only from their parents.

Thirdly, I believe that schools and teachers should focus on academic subjects. There is often little enough time for these at schools, so making parents responsible for non-academic things, such as teaching children to become good members of society is a good idea. However, there will be opportunities for teachers to point out in class how children can be good members of society, for example when teaching children about the environment.

To conclude, I think there are clear advantages in having both parents and schools teach children how to be good members of society, but parents should take most of the responsibility.

(294 words)

我认为教育孩子成为优秀的社会成员主要责任在父母，而非学校。我会在下面这篇文章中阐释理由。

我认为大部分父母都非常了解自己的孩子，进而有能力教育他们成为优秀的社会成员。在学校里，孩子们常常上的是大课，因此并不是每个孩子都能受到很多关注。在教育孩子成为优秀的社会成员时，我觉得对个人的关注很重要，因为有些会学着融入社会，有些则不会。父母一般都对此有所了解，并能填补孩子的知识空白。

其次，父母和孩子会有更多机会一起参加各式各样的社交场合，而老师和学生却大部分时间都是在教室里度过。各式各样的社交场合使得父母有更多的教育机会，例如，逛街、公共场合、家庭聚会。当然，这些机会能使孩子向其他成人学习着成为优秀的社会成员，而不仅仅是向父母学习。

再次，我认为学校和老师应该是专注于学术性科目教学，学校给学生进行社会教育的也就少之又少。因此，家长更有责任教授一些非学术性的东西，比如，教育孩子成为优秀的社会成员就是个不错的主意。但是，在课堂上，老师还是可以谈论如何使孩子们成为优秀的社会成员，例如教给孩子们认识社会环境。

总而言之，我认为在教育孩子成为优秀的社会成员方面，父母和学校都能参与进来是最好不过的，但是父母应该承担主要责任。

➲ 参考范文中的词汇及结构分析，以及考生可能犯的错误。

1. 在介绍部分，作者均提到了各自的观点。其实没必要写出来，但这种做法却在中国的考生中很常见。如果你要这样做，切记在写结论时不要使用同一词汇。
2. 两名作者在介绍部分都使用了"main"一词，为了说明他们并不认为责任仅在于学校或父母。
3. 在第一篇作文中，作者注意使用短小精悍的句子，比如：The children are also in a formal learning environment. 使用过长的有语法错误的句子会使读者感到迷惑不解。
4. 第一篇文章写道"This provides more opportunities for teachers ..."，以说明其他人也能教育孩子。这样的用词避免了文章观点过于极端。
5. 在第一篇作文正文第二三段中，作者对反方观点进行辩驳——父母应该教育孩子成为优秀的社会成员，包括了其中存在的弊端，以及如何避免这些问题。
6. 注意使用对比性的语言——"the children might not learn as well as at school"。
7. 第二篇作文正文第二段最后一句，作者指出我们都有（部分）责任教育孩子成为优秀的社会成员。

8. 第二位作者阐述的第三个理由对话题进行拓展，主要是说他/她认为学校应该做什么。注意使用“should focus on”，而不是“should only”或相类似过于极端的词。
9. 第二篇文章正文第三段，作者指出老师也能教育孩子成为优秀的社会成员，并且举例证明。从而使得文章全面客观，不会给人片面极端的感觉。

SPEAKING

a) 题目分析，包括考生可能对题目产生的错误理解。

PART 1

1. How well do you know the people who live next door to you?
重点在于回答“how well”，可以是“very well”，“know my neighbor inside out”或“know nothing about them”。其实在都市中生活，对自己的邻居不了解、不熟悉完全正常。但是如果生活在乡村，邻里关系可能就很重要。

2. How often do you see them? [Why/Why not?]
重点在于频率“how often”，可以是“very often”，也可以是“rarely”或“never”。考生还可以进一步讲看到自己的邻居干什么，或自己看到他们后有什么反应，说什么话，做什么事。

3. What kinds of problem do people sometimes have with their neighbors?
一起生活难免有矛盾，因为每个人都会有自己的小毛病，别人可能就难以接受，也可能是对社区事务的争论而引发的矛盾等。总之只要涉及到利益纠纷，就有矛盾。

4. How do you think neighbors can help each other?
俗话说的好，“远水解不了近渴”(While the grass grows, the horse starves.)邻居在紧急时刻还是能助一臂之力的，例如火警、抢劫、盗窃等等……

PART 2

Describe a time when you were asked to give your opinion in a questionnaire or survey.
调查的内容可以五花八门，多种多样，例如消费倾向调查、服务满意度调查等等；调查的形式也可以是多种多样，街边调查、网上调查等等。自己成为调查对象也可能完全是因为偶然，随机的，没有特定性，也可能是因为自己代表了一个特定人群。自己参与调查的感受可以兴奋，也可以冷漠，总之尽量避免自己不会的英文表达，尽量展示优点，避开缺点。

PART 3

1. What kinds of organization want to find out about people's opinions?
很多组织会在乎顾客的想法和员工的想法，当然其中主要是企业，因为顾客的选择和员工的去留直接关系他们的兴衰存亡。

2. Do you think that questionnaires or surveys are good ways of finding out people's opinions?
可以认为好，也可以认为不好，考生可以选择任意一方面作答。好可能因为成本低廉，不好也可能因为效果不理想或结果不具有借鉴性或代表性。

3. What reasons might people have for not wanting to give their opinions?
当自己忙着去做某事时被人打扰肯定不会乐意，所以“忙”、“有事”常常是大家最常用的借口。有时也可能是因为涉及隐私，或涉及敏感内容而不便透露。

4. Do you think it would be a good idea for schools to ask students their opinions about lessons?
考生完全可以说自己没有思路，因为对于这个问题本身，大量的教育专家就有很多不同的观点，有些观点甚至可能完全相反，大家莫衷一是。当然，这个做法本身有优点，也有缺点，考生可以在这里简单概述，在之后的问题中再详细作答。

5. What would the advantages for schools be if they asked students their opinions?
优点当然是可以为学生按需设计课程，学生想学什么就可以学什么，甚至可以挑老师，学生学习起来就更加有主动性和积极性，同时学校也可以更好地为学生服务，满足学生的多项需求。

6. Would there be any disadvantages in asking students' opinions?
缺点是学生可能会有不切实际的意见、想法，但是学校既然征求意见却不能实施，反而会导致学生的不满情绪。同时，如果学校积极回应学生意见的话，可能又面临大幅变革的局面，不仅可能会有较高的改革成本，也可能会产生难以预计的结果。

b) 考生可在回答中使用的实用词汇

PART 1

1. How well do you know the people who live next door to you?
well, rarely, meet, encounter, come across with, be acquainted with, stranger, amicable, hospitable.

2. How often do you see them? [Why/Why not?]
everyday, in the morning, at night, once in a while, from time to time, frequently, bump into, run into.

3. What kinds of problem do people sometimes have with their neighbors?
trouble, quarrel, fight, dispute, conflict, interest, selfish, public space, communal space.

4. How do you think neighbors can help each other?
While the grass grows, the horse starves; Slow remedy cannot meet an emergency; urgency, lend a hand, come handy, aid, assist, watch over, look after.

PART 2

Describe a time when you were asked to give your opinion in a questionnaire or survey.
consumers' preference, customers' satisfaction, paper-based, internet-based, interview, face-to-face, duration, length, participate, operate, representative sample, random selection, present opinion, biased view, prejudice against, summarize.

PART 3

1. What kinds of organization want to find out about people's opinions?
customer, client, staff, enterprise, care about, be concerned about, be interested in, feedback, improve, renovate.

2. Do you think that questionnaires or surveys are good ways of finding out people's opinions?
Yes: low cost, cheap, affordable, easy to plan/operate.
No: ineffective, not representative, false information, slow response, difficult to digitize/process.

3. What reasons might people have for not wanting to give their opinions?
busy, occupies, none of someone's business, sensitive topic, too personal, too private, having no idea, being clueless.

4. Do you think it would be a good idea for schools to ask students their opinions about lessons?
school administrator, board, management team, solicit opinions, construct questionnaire/interview/survey, developmental psychologists, educationists, contradictory views.

5. What would the advantages for schools be if they asked students their opinions?
construct course according to needs, promote active learning, address students' needs, meet students' demands.

6. Would there be any disadvantages in asking students' opinions?
unrealistic thoughts, hard to put into operation, inoperable, reform, overhaul, high cost, unexpected consequence, lack of foresight.

➲ c) 参考回答（每个问题两个回答）

PART 1

1. How well do you know the people who live next door to you?

Honestly, I don't know them well. I guess this is just part of the urban life. Look, I get up at 7 or before 7 every morning to commute to work and come back late every night. You know, it's a city thing, work, stress, transportation, traffic jam and stuff. And once I get home, I always can't wait to hit my pillow. So how could I possibly have any free time to care to know who they really are or even to socialize with them? It'll be all good to me as long as they're not terrorists or some homicide fugitives.

Well, I can't say I know my neighbors very well, but I guess I do know something about them, like where they're from and what they do for a living.

2. How often do you see them? [Why/Why not?]

Though I can't help bumping into them from time to time, we never really talked. You know, it's like you just don't feel like talking to a stranger unless he/she first speaks to you. And I guess he thinks the same about me.

I guess it's quite often. I keep running into them either before work or after work. That's when we all stand in the hallway waiting for the elevator to come. Then we would talk about just this and that, some small talks.

3. What kinds of problem do people sometimes have with their neighbors?

Well, I've never had any problems with my neighbors or maybe just not yet. But I've heard people talk about it from time to time. And it seems to me that people complain about the noise their neighbors make quite a lot. Apart from that, I just can't think of anything else right now.

The biggest problem a lot of people have with their neighbors is the public space in the hallway. Look, I have a neighbor who puts his motorbike in there. Not only does his motorbike make the whole place look bad, but also it's unsafe in case of emergency, say fire or earthquake. I really hate it.

4. How do you think neighbors can help each other?

It's not really easy for neighbors to help each other if they're not acquainted well. That I mean small help, but I guess neighbors can really come in handy in case of emergency. That's all I have now in mind at the moment.

There are quite a lot of things neighbors can do to help each other from moving some furniture to looking after child, from car sharing to property watching. Anyway, nothing comes handy like communal help when you really need it. So everyone should start socializing with their neighbors if not more often.

PART 2

Describe a time when you were asked to your opinion in a questionnaire or survey.

One time there was a student of mine who asked me to give opinions on consumers' choice of healthy food. In the beginning, I tried to politely decline his request, but he was quite persistent and kept bugging until I finally gave up and agreed to fill out his questionnaire. I asked him, "Why me?" He smiled and said nothing. It's not until recently did he tell me that it was actually not a survey on any food preference, but actually a psychological test on how people would react to persistent request. Hell, I felt like I've been tricked. But, anyway, when he pushed me the questionnaire, I at least patiently answered all the questions, what is my definition of healthy food, how often I eat healthy food and stuff. I just wish I would never come across with anything like this any more. It makes me feel like I've been used and hoodwinked.

This is a customer satisfaction survey I'm going to talk about. Once I had dinner in a restaurant with my friends. After we paid our bill, a manager-looking guy came to us, smiled and said, "Would you mind kindly giving us a feedback on our food and service that we may improve in the future?" "Why, I wouldn't mind, but what perks would you give us?" I thought to myself. Before I could spell out my mind, the manager spoke and said, "As gratitude, we would give you this 100-dollar coupon." Well, what could I say now? So I said his food was good and service was superb that he didn't need to worry about improving or anything. Blah, blah, blah. Having said this, I felt very good, because I felt I was really treated like god. I hope every other restaurants or business firms could learn from this restaurant and pay due attention to their customers' opinions.

PART 3

1. What kinds of organization want to find out about people's opinions?

Well, I guess a lot of organizations would do, especially those non-governmental enterprises. I believe they would pay more attention to what their customers and staffs think, because their choices and decisions directly affect the survival and demise of the company.

It's hard to say what kinds of organization care to find out about people's opinions, but I do know what kinds of organization don't care: the governmental organizations at various levels of an authoritarian regime, because they don't care about what you think, they only demand blind submission.

2. Do you think that questionnaires or surveys are good ways of finding out people's opinions?

Yes, I do think so, because the cost of doing questionnaires or surveys is very low and they are easy to operate. The surveyors are easy to train. Samples can be easily collected. What else could you ask when you have cheap source of data and easy-to-operate scheme? So I'm totally for questionnaires or surveys.

No, I don't think data collected through questionnaires or surveys can truly reflect people's thinking. Look, would you happily give out what you think when people solicit information by bugging you. So I never trust questionnaires or surveys.

3. What reasons might people have for not wanting to give their opinions?

Well, I don't know about others. But I always use "busy" or "I'm occupied at the moment" as excuses to slip off. I guess there must be a lot of others like me.

I guess some people would feel reluctant if asked to give their personal information or asked to give opinions on sensitive issues. Of course nobody wants any trouble.

4. Do you think it would be a good idea for schools to ask students their opinions about lessons?

I'm sorry. I just have no idea about this, because this topic itself has been disputed by a lot of experts and educationists. So far no consensus has been made. Some of their ideas even contradict each other. So I don't really know.

Well, yes and no. Asking students their opinions is a great leap forward toward education reformation. But it has both advantages and disadvantages, all of which have to be thought through and carefully measured before any major steps are taken.

5. What would the advantages for schools be if they asked students their opinions?

One of the major advantages is that schools can customize their courses according to students' needs that students can freely select teachers and textbooks. By doing so, it is believed that students will be more active or motivated to engage themselves in learning.

The most obvious advantage is that schools can get not only first-hand but also timely feedback from students about the education service they provide and therefore will be able to make adjustment to better meet students' needs. Apart from this, there must be many other advantages, but this is the most obvious one I can think of now at this moment.

6. Would there be any disadvantages in asking students' opinions?

Well, once schools start asking students' opinions, all kinds of ideas will start to pour in, realistic and unrealistic, constructive and unconstructive, even destructive. It'll only make schools look bad if schools don't make any response to students' suggestions. But what can you do if all that students ask is less work, more play. I mean, children are just not old, mature enough to get involved in this. If schools want to reform, they should rely on their own experiences and wisdom.

What disadvantages could there possibly be? I don't believe there are any disadvantages. We should regularly consult students' opinions on how we should do better about education. After all, we as "cook" should "cater to" the taste of our guests, in this case, our students.

Test 2

LISTENING

SECTION 1

谈话场景：电话谈论保险事宜
人物关系：保险公司接待员和客户
谈话话题：保险索赔的相关事项

➲ 词汇注释

insurance *n.* 保险	make a note of 记下来
belongings *n.* 所有物；财产	cabinet *n.* 贮藏柜；陈列柜
damage *v.* 毁坏	towel *n.* 毛巾
claim *n.* 索赔 *v.* 宣称，声称	extent *n.* 程度，范围；限度；广度
current *adj.* 当前的	repair *v.* 修理
Sydney *n.* 悉尼	Indonesia *n.* 印度尼西亚
agent *n.* 中介，代理	container *n.* 集装箱；容器
pack *v.* 包装 *n.*（一）包；（一）群	split *v.*分裂；撕裂
documentation *n.* 文件的提供	estimate *n.* 估价 *v.* 估计
reference number 参考编号	quote *v.* 报价；引用
take down 写下，记下	pricey *adj.* 昂贵的
electrical *adj.* 电的	a set of 一套
crack *n.*裂缝 *v.*破裂	china *n.* 瓷器
unusable *adj.* 不可用的	replacement *n.* 代替，取代；更换

➲ 交际与语言表达

1. 本段对话是以打电话的形式展开，围绕索赔进行，保险与索赔是与我们日常生活息息相关的一个话题。接电话的是Judy，首先自报家门，全额保险公司（Total Insurance），我是朱迪（Judy speaking）。一般我们会说 this is … speaking，这里省略了 this is。How may I help you? 也是典型的电话用语，相似的表达方式还有 Can I help you?
2. Michael 是受害者，他回答说他的个人财物从海外运回到澳大利亚，办理的是该公司的保险。最后发现有些物件在搬运过程中发生了损坏，于是他打电话来索赔（I recently shipped my belongings from overseas back here to Australia and I took out insurance with your company. Some items were damaged during the move so I need to make a claim）。ship 在此为动词，意为"船运"，我们更熟悉它的名词意思"船只"。belonging 为名词，意为"个人财物（property）"，它的动词形式为 belong（属于），常用短语为 belong to，如：This book belongs to me. take out 在此意为"办理"，它还有"取出，除去"的意思；take-out 为名词，意为"外卖"。make a claim 意为"索赔"，claim 在此为名词，意为"索赔"，它也可以做动词，意为"宣称；认领；索取"等。

3. Judy 听到这个消息后她需要了解细节信息，她询问了 Michael 的全名、现在的地址以及船运代理人。Judy 对船运代理人（shipping agent）进行了解释，即最初包装物品的公司（the company who packed everything up at the point of origin）。pack up 意为“打包”。at the point of origin 意为“在最初时刻”；origin 是名词，意为“起源，来源”，《物种起源》即为 *The Origin of Species*；它的动词是 originate，意为“起源于”，常用的短语搭配为 originate from/in/with，形容词形式为 original，意为“最初的”，originator 意为“创造者；开山鼻祖”。
4. Judy 说在 Michael 填写完整的报告之前，她需要在电话中记下实际损毁的一些细节（I need to take down a few details of the actual damage over the phone before you put in a full report）。take down 意为“记下，写下”，本段对话中 make note of 也表示“记下”的意思，除此之外还有 write down/put down。over the phone 意为“通过电话”。
5. Michael 说总共有四个东西，一台电视、浴室的储藏柜、餐厅桌，还有一套瓷碟和瓷碗。在说到餐厅桌时，Michael 说集装箱里面一定很热，因为桌子的一条腿从中间折断了（It must have been very hot inside the container because one leg has completely split down the middle）。must have done 表推测，意为“一定…”，might have done 意为“也许，可能…”。

➲ 考题解析

Question 1 答案 Milperra
听前预测：提示词为 address，此处应填地址。
题目解析：本题难度不大，按照拼写记录下来即可得分。英文地址顺序是由小到大，通常为：门牌号 + 路名 + 区域名。牢记该模式，听录音之前，可以达到准确预测的目的。

Question 2 答案 First Class Movers
听前预测：提示词为 shipping agent，此处应填机构名称。
题目解析：所听即所得，机构名称属于专有名词，答案应大写首字母。

Question 3 答案 28 November
听前预测：定位词为 arrival，提示词为 date，此处应填日期或星期。
题目解析：本题出题句为 It left on the 11th of October and got to Sydney on the 28th of November（货物 10 月 11 号寄出，11 月 28 日到悉尼）。要注意区分出发时间和到达时间，本题强调 arrival（到达），故答案为 28 November。

Question 4 答案 screen
听前预测：定位词为 television，提示词为 the...needs to be replaced，此处需填名词（单数）。
题目解析：原文中用 TV 替换了题干中的 television，出题句为 It isn't an electrical problem. The screen has a huge crack in it so it's unusable（不是电路的问题，屏幕有一个大的裂缝，所以看不了）。从而得知是 screen 需要修理。

Question 5 答案 bathroom
听前预测：定位词为 item，提示词为 the...cabinet，此处应填名词或形容词。
题目解析：本题难度不大，Judy 问 What was the second item?（第二件物品是什么？）这是本题很重要的一个提示语。出题句为 The cabinet from the bathroom was damaged as well（浴室的小柜子也坏了），故 bathroom 为本题答案。

Question 6 答案 door
听前预测：提示词为 The...of the cabinet is damaged，此处应填名词。
题目解析：本题出题句为 The back and the sides seem okay but the door has a huge hole in it（背面和侧面看起来还好，但门上有一个大窟窿）。注意 but 之后的名词 door 为本题答案。

Question 7 答案 140
听前预测：提示词为 $，此处应填数字。
题目解析：听录音时要注意信息修正，$125 为去年购买时的价格，目前价格为 $140。

Question 8 答案 leg
听前预测：定位词为 dining room table，提示词为 A，此处应填名词（单数）。
题目解析：注意递进的关系词，Judy 问 What was the third item?（第三件物品是什么？）dining room table 的出现表明答案已经不远，出题句为 ...one leg has completely split down the middle（一条腿已经从中间完全裂开了）。此处的 split down the middle 意为"从中间裂开"。

Question 9 答案 plates
听前预测：定位词为 set of china，提示词为 six，此处应填名称（复数）。
题目解析：所听即所得，出题句为 They were all in the one box which must have got dropped because some plates were broken—six actually（它们全都放在一个盒子里，盒子肯定是摔在地上了，因为有六个盘子碎了）。由此可知，plates 为本题答案。

Question 10 答案 60
听前预测：提示词为 $，此处应填价格，即数字。
题目解析：$10 为每一个（盘子）的价格，原文中的 altogether 对应题干中的 in total，故 $60 为本题答案。另外，注意 60 与 16 在读音上的区别。

SECTION 2

谈话场景：旅游
人物关系：公园工作人员
谈话话题：为游客介绍 Green Vale Agricultural Park 的情况

➲ 词汇注释

exhibit *n.* 展览品 *v.* 展览，陈列	rear *v.* 饲养；种植
spreading *adj.* 绵延的	for sale 待售
hectare *n.* 公顷	marsh *n.* 沼泽
remit *n.* 管理范围 *v.* 汇款；缓和；移交	migrant bird 候鸟
a variety of 大量的	temporarily *adv.* 暂时地
agriculturist *n.* 农业学家	out of bounds 不能越界的
giant *adj.* 巨大的 *n.* 巨人	key *adj.* 关键的 *n.* 钥匙
Reception Block 接待区	ban *v.* 禁止，取缔 *n.* 禁令；禁止
path *n.* 小路，小径	electric tram 电车
route *n.* 路线，路途	solar *adj.* 太阳的，日光的
immediately *adv.* 立即地	goat *n.* 山羊
grazing area 放牧区	poultry *n.* 家禽
Rare Breeds section 稀有品种区	feed *v.* 喂养
forest *n.* 森林	nutritional *adj.* 营养的
Experimental Crop Area 试验作物地	preserve *v.* 保护，保存
circular *adj.* 圆形的	maintain *v.* 维持
rectangular *adj.* 长方形的，矩形的	diversity *n.* 多样性

broaden *v.* 拓宽 gene *n.* 基因 geese *n.* 鹅（goose的复数形式） calendar *n.* 日历	consult *v.* 咨询；请教；查阅 orchard *n.* 果园 browse *v.* 浏览 organic *adj.* 有机的

➲ 交际与语言表达

1. 这部分听力以独白形式展开，说话人的角色是导游，地点是绿谷农业公园（Green Vale Agricultural Park）。建立这个农业公园是为了给大众提供教育机会，同时也给诸多农业学者与其他的科学家提供研究场所。起初他们所在的位置是接待区（we are now situated in the Reception block）。be situated in 意为“位于”，同义短语还有 be located in/at，单词 lie 除了表示“撒谎”的意思外，还有“位于”的意思。
2. If you follow this route you will immediately come into the Rare Breeds section, where we keep a wide variety of animals which I shall be telling you a little more about later.（沿小路而行，便来到稀有物种区，那里的动物物种繁多，我稍后会给大家介绍。）where 在此作为引导词，引导非限定定语从句，补充修饰 Rare Breeds section；在这个非限定定语从句中，which 引导限定性定语从句，修饰 animals。
3. These are very popular with the public but of course we mustn't lose sight of the main purpose of having this section, not as such to preserve rare animals but to maintain the diversity of breeds to broaden the gene pool for agricultural development.（这些动物在公众中很受欢迎，但是我们也不能忘记我们开设这个区域的主要目的，这并非为了保护稀有物种，而是为了维持物种的多样性从而为农业发展扩大基因库。）lose sight of 意为“忘记；忽略”，它的字面意思是“不再看见”。as such 意为“就它本身而言”，如：A name, as such, means nothing.（姓名本身并无意义。）
4. May will be perhaps our most spectacular month with the arrival of the Canada geese and when our fruit trees will be in full blossom, but there are interesting events on all year round.（五月或许将成为我们最引人注目的季节，那时加拿大的鹅会来到园中，而且那些树的花儿将盛开，一片繁花似锦的景象，但是一年到头总有让人开心的事儿发生。）May 在此是名词，意为“五月”，不是动词“也许，可能”的意思，因为动词原形是不可能做主语的。短语 in full blossom 意为“花儿正盛开”，blossom 在此处是名词，意为“花，花期”；它也可作动词，意为“开花；发展成；出现”。in full bloom 与 in full blossom 同义，意为“盛开”。on 在此意为“（状态的）在发生的，在进行的”。all year round 意为“一年到头”，throughout the year 也可以表示“一年到头”的意思。

➲ 考题解析

Question 11 答案 B

听前预测：定位词为 main purpose。

题目解析：本题难度不大，出题句为 Our remit is to give educational opportunities to the wider public as well as to offer research sites for a wide variety of agricultures and other scientists（我们目标不仅向公众提供教育的机会，而且为农业和其他科学提供研究基地）。该句话的核心为 educational opportunities as well as research sites，对应选项 B。

Questions 12-14

听前预测：解答填空式地图题特别要注意以下几点：（1）起始点，该地图有明显提示——“YOU ARE HERE”；（2）指向标，地图右上方的指南针，尤其注意录音里的方向词提示；（3）按照题号的顺序做题。

Question 12 答案 (the) Forest
听前预测：提示词为 area，本空应填写一个名词或形容词。
题目解析：从入口出发，跟上录音，Rare Breeds Section、Grazing Area 过后，就能听到本题的答案 Forest Area，注意答案首字母要大写。

Question 13 答案 Fish Farm(s)
听前预测：提示词为 the，此处应填名词。
题目解析：听到 Lake 之后就要开始注意了，图中 Lake 跟本题的答案关系很密切，果然随后出现本题的出题句 These two small rectangular shapes here are the Fish Farms，从而可以判断出本题答案为 Fish Farms。注意答案首字母要大写。

Question 14 答案 Market Garden
听前预测：提示词为 area，本空应填写一个名词或形容词。
题目解析：录音先说 To the east of those is the marsh area...（往东有沼泽地），听到这可以猜测本题答案很快就应该出现了。果然随后可以听到 In the south-eastern corner, beyond the marsh, is our Market Garden area，可以确定本题答案为 Market Garden。注意答案首字母要大写。

Question 15 答案 C
听前预测：定位词为 experimental area closed，选项关键词分别为 all year、almost all year、short time every year。
题目解析：本题定位不难，但同义改写较难。原文中说 temporarily out of bounds to the public（暂时对公众关闭），原文中的 temporarily 对应题目中的 short time，故 C 为正确答案。

Question 16 答案 A
听前预测：定位词为 How...move around。
题目解析：看清三个选项的不同，所听即所得。文中依次提到 bicycles、on foot、electric tram，故选项 A 为正确答案。

Question 17 答案 C
听前预测：定位词为 rare breed animals。
题目解析：本题容易定位，难度不大，所听即所得。文中依次提到 goats、sheep and hens and other kinds of poultry，故选项 C 为正确答案。

Question 18 答案 B
听前预测：定位词为 main purpose、Rare Breeds Section。
题目解析：本题定位不难，但 A 选项具有一定干扰性。原文说 ...the main purpose of having this section, not as such to preserve rare animals but to maintain the diversity of breeds... 明显否定了 A 选项，从而可以确定 B 选项才是本题的正确答案。

Question 19 答案 C
听前预测：定位词为 at the present time。
题目解析：原文中提到 arrival of Canada geese and fruit trees in full blossom 时用的是将来时态，所以不是本题的答案。提到 display 时用的是现在进行时，display 对应 C 选项的 demonstration，故选项 C 为正确答案。

Question 20 答案 A
听前预测：定位词为 books。
题目解析：本题难度不大，所听即所得，出题句为 there is a wide selection of books on wildlife，直接选出 A 为正确答案。

SECTION 3

谈话场景：学术话题讨论
人物关系：教授、生物学家和学生
谈话话题：以研讨会的形式，主题为澳大利亚蜜蜂

词汇注释

seminar *n.* 研讨会	under control 在控制之下
biologist *n.* 生物学家	consequence *n.* 结果，后果
identify *v.* 认识；鉴定，鉴别	worth *adj.* 值钱的
quarantine *n.* 隔离；检疫 *v.* 使…隔离；使…孤立	billion *n.* 十亿
Australian Quarantine Service 澳大利亚检疫局	sting *v.* 刺，叮；刺激
regulate *v.* 管理；控制	allergic *adj.* 过敏的，患过敏症的
import *v.* 进口	reaction *n.* 反应
discover *v.* 发现	skeleton *n.* 骨骼；骨瘦如柴的人
eradicate *v.* 消灭，根除，根绝	digest *v.* 消化
infest *v.*（害虫等）大批出没于；寄生于	indigestible *adj.* 难消化的，不消化的
mite *n.* 小蜘蛛；小虱子	pellet *n.* 圆球；小弹丸
microscopic *adj.*用显微镜可见的；微小的	spot *n.* 地点，场所
wipe out 取出；擦洗…的内部	feeding *n.* 饲养；喂
die out 灭绝；逐渐消失	cough up 咳出来
excellent *adj.* 优秀的，卓越的	laboratory *n.* 实验室
export *n.* 出口	moisten *v.* 弄湿，使湿润
native *adj.* 本土的	scrunch *v.* 碾，压；缩紧
bush *n.* 灌木丛	straighten *v.* 弄直
unpleasant *adj.* 不愉快的；煞风景的	so far 目前为止
pollinate *v.* 对…授粉	reliable *adj.* 可信赖的
devastating *adj.* 破坏性的	evidence *n.* 证据
flora *n.* 植物群	conduct *v.* 进行，实施；管理，指挥 *n.* 行为
species *n.* 种类，形式；物种	experiment *n.* 实验

交际与语言表达

1. 本段对话是关于一个研讨会，对话在教授 professor 与生物学家 Grant Freeman 之间进行，偶尔还有学生插话。最开始，教授介绍 Grant Freeman，a biologist who… and who… 是同位语部分，who 是定语从句引导词，修饰 biologist。specialize in doing 意为“专攻，专门研究”；specialist 是同根词，意为“专家”；specialty 意为“专长，特长”的意思。
2. over to you 意为“轮到你了”。比如一个人回答完一个问题，和下一个人说 over to you now。这一短语除了在电视中的知识竞赛中经常出现之外，BBC 播报新闻的时候也会出现。BBC 有很多演播室，当一个演播室里的新闻说完传给下一个演播室时，就会说 over to sb. now。
3. Grant 首先解释了检疫局的作用——管理所有进入澳大利亚的食物。显然他们想要保护澳大利亚免受进口食物带来的疾病的影响，而且他们也想预防昆虫灾害进入这个国家（obviously they want to protect Australia from diseases that might come in with imported goods, but they also want to prevent insects pests from being introduced into the country）。pro-

tect…from… 意为“保护…使不受害或受损”，同义短语有 preserve… from… ; prevent sb./sth. (from) doing sth. 意为“预防 / 阻止…做…”，同义短语有 stop… from…/ inhibit… from…。

4. Grant 目前研究对象是一种特殊的蜂——亚洲蜜蜂。在昆士兰（Queensland）发现了几只亚洲蜜蜂，但是立即就将它们消灭了。现在 Grant 他们非常希望确定没有亚洲蜜蜂进入，尤其是新南威尔士和其他地区（Now, we are pretty keen to make sure that there aren't any more getting in, particular to New South Wales and other states）。be keen to do sth. 意为“渴望做某事”，同义短语还有 desire to do sth. ; 关于 keen，常用搭配还有 be keen on sth.，意为“热衷… ; 喜爱…”。get in 意为“进入 ; 到达”。
5. 学生插话，他们不明白亚洲蜜蜂有什么问题，它们与澳洲蜂有什么区别。Grant 回答说实际上看起来一样，但是亚洲蜜蜂身上小虱子多得成灾，这种微生物寄居在亚洲蜂身上，会伤害澳洲蜂，甚至可能将澳洲蜂消灭（in fact, they look almost the same, but they are infested with mites—microscopic creatures which live on them, and which can seriously damage our own home-grown bees, or could even wipe them out）。be infested with 意为“多得成灾”。home-grown 是形容词，意为“本土的”，等同于 native/local/indigenous。
6. 亚洲蜜蜂酿出的蜜不好，而且它们个头太大无法给澳洲本土的花儿授粉（too big to pollinate）。学生这时感叹亚洲蜜蜂一定对自然植物群落有毁灭性的影响（that must have had a devastating effect on the natural flora）。must have done 表推测，意为“必定”。have a devastating effect on 意为“对…产生毁灭性的影响”; have an effect on 意为“对…产生影响”，中间的形容词可以替换，如 have a positive/negative effect on 意为“对…产生积极的 / 消极的影响”; have 还可用 exert/impose 替换，effect 可用 influence 替换，如此一来表达“对…产生影响”之意的短语就有很多了。
7. Grant 他们设法使亚洲蜜蜂在他们的掌控之中。如果忽略了亚洲蜜蜂的存在，可能会有很大的经济损失。据估计，每年澳洲蜂给花朵、蔬菜以及庄稼授粉，相当于 12 亿美元的价值（it's estimated that native bee's pollination of flower and vegetable crops is worth 1.2 billion dollars a year）。it's estimated 意为“据估计”，相似的短语还有 : it's reported，意为“据报道”; it's recommended，意为“据推荐”; it's suggested，意为“据建议”。
8. 教授提问 Grant，他们如何知道亚洲蜜蜂没有进入澳洲呢。Grant 告诉大家，有一种彩虹食蜂鸟，它们不在乎吃什么，只要是昆虫就可以（The Bee Eater doesn't care what it eats, as long as they're insects）。as long as 引导让步状语从句，意为“只要”，so long as 也表示同样的意思。as long as 放在句中，亦能表示“长达……”的意思，如 : Yangtze River is as long as 6397 kilometers.（长江长达 6397 千米。）
9. how come 意为“怎么会，为什么”，口语中常用。
10. Grant 详细地解释了他们的工作步骤。他们会追踪食蜂鸟的进食地，在那里他们会发现那些小球（不能消化的骨骼或翅膀结成的小球）（In the field we track down the Bee Eaters and find their favourite feeding spots, the places where the birds usually feed. It's here that we can find the pellets）。track down 意为“查出，发现”。It's here that we can find the pellets. 是强调句型，其基本结构是 it is…that…。

➲ 考题解析

Question 21 答案 A
听前预测 : 定位词为 where，in the past。
题目解析 : 本题难度不大，但要注意辨别干扰信息。根据题干 in the past，可定位出题句 We discovered a few of them in Queensland once，故选项 A 为正确答案。New South Wales 和 other states 也提到，但均为干扰信息，应果断排除。

Question 22 答案 B
听前预测 : 定位词为 problem。
题目解析 : 通过学生问 What's wrong with Asian Honey Bees? 引出了本题的题干，Grant 的

回答即为出题句 Well they look almost the same, but they are infested with mites—microscopic creatures which live on them,…（它们看上去都一样，但是亚洲蜜蜂身上充斥着类似小蜘蛛一样的寄生虫），对应选项 B 中的 carry parasite（携带寄生生物）。

Question 23 答案 C
听前预测：定位词为 Australian bees，选项关键词分别为 varies in quality、stop from pollinating、sold…abroad。
题目解析：本题有一定难度，不容易定位，出题句为 Australia exports native Queen bees to a large number of countries because of this（澳大利亚出口当地蜂王到很多国家），对应选项 C。

Question 24 答案 A
听前预测：定位词为 Grant Freeman，选项关键词分别为 economy、allergies、agriculture…benefit。
题目解析：本题较为简单，出题句为 …but if Asian bees got in there could be other consequences. We could lose a lot of money（但是如果亚洲蜂进来了有可能形成另外的结果，我们会损失很多金钱），对应选项 A"经济受到影响"。

Question 25 答案 insects
听前预测：定位词为 bird、Rainbow Bee Eaters，提示词为 eat only，本题应填名词。
题目解析：本题难度不大，出题句为 The Bee Eater doesn't care what it eats, as long as they're insects（它不关心吃什么，只要是昆虫就行）。核心名词 insects 为本题答案，要注意需填复数形式。

Question 26 答案 feeding / eating
听前预测：定位词为 Researchers、locations、bee eaters，提示词为 for，本题应填名词或名词性短语。
题目解析：本题难度较大，不易定位，出题句为 In the field we track down the Bee Easters and find their favourite feeding spots…。其中 track down 意为"追踪"，favourite feeding spots 意为"最喜欢的喂食地点"，相当于题干中的 locations…like to use，故 feeding 为本题答案。

Question 27 答案 laboratory
听前预测：定位词为 pellets、analysis，提示词为 a，本题应填名词（单数）。
题目解析：本题难度不大，容易定位。出题句为 …we can find the pellets. We collect them up and take them back to the laboratory…，所听即所得。注意：如果实在不会写 laboratory 的话，可以写成 lab。

Question 28 答案 water
听前预测：定位词为 soften，提示词为 is，本题应填名词（单数）。
题目解析：本题有一定难度，原文正话反说，可能给考生造成一定的理解障碍。出题句为 we treat them by adding water to moisten them and make them softer（我们通过加水，使之湿润并更加柔软）。核心词 water 为本题答案。

Question 29 答案 wings
听前预测：定位词为 Asian Bees、pellets，提示词为 the，本题应填名词。
题目解析：本题难度不大，容易定位，出题句为 Then we identify them to see if we can find any Asian bee wings（然后我们鉴别一下，看看是否能发现亚洲蜂的翅膀）。注意：wings 为复数形式。

Question 30 答案 reliable / accurate
听前预测：定位词为 benefit、result，提示词为 more…than，本题应填形容词。
题目解析：本题较为简单，容易定位。出题句为 it's a good result and much more <u>reliable</u> then trying to find live ones as evidence of introduced insects，其中 reliable 为本题答案。

SECTION 4

谈话场景：授课
人物关系：老师
谈话话题：研究英国人对医生的看法

➲ 词汇注释

medical *adj.* 医学的，医药的	quite a bit 许多
care *n.* 护理；照顾	far-reaching *adj.* 意义深远的
a couple of 几个，数个	anticipate *v.* 预期，期望
rationale *n.* 基本原理	staff *n.* 员工，工作人员
approach *v.* 接近，靠近；同…联系 *n.* 方法，途径；靠近	invest *v.* 投资
postgraduate *n.* 研究生	revert *v.* 恢复（原状）；重提；重想
recruit *v.* 吸收（新成员）；征募；聘用	solution *n.* 解决办法
tutor *n.* 导师	implement *v.* 实行，执行 *n.* 工具，器具
instruction *n.* 指导	responsible *adj.* 负责的
sample *n.* 样品，标本 *v.* 取样，采样	valuable *adj.* 有价值的
exclude *v.* 排除在外	willing *adj.* 情愿的
focus on 聚焦于	unwillingness *n.* 不情愿
in employment 有工作	concerned *adj.* 担心的，担忧的
investigation *n.* 调查，研究	encounter *v.* 遭遇
questionnaire *n.* 调查问卷	data *n.* 数据
taped interview 录音采访	odd *adj.* 奇怪的 *n.* 奇数
later on 稍后	shame *n.* 羞愧，耻辱
counteract *v.* 抵消；阻碍；中和	reassurance *n.* 安心，放心
return to 返回	traceable *adj.* 可追踪的
participant *n.* 参与者	funny *adj.* 好笑的，滑稽的
collate *v.* 对照；校勘，校对	personal *adj.* 个人的，私人的
despite *prep.* 尽管	overall *adj.* 总的，全面的
at all levels 在各个层面上	calm *adj.* 镇定的，冷静的
guaranteed *adj.* 必定的，肯定的	bizarre *adj.* 奇异的，异乎寻常的
issue *n.* 问题；后果；发行 *v.* 发行；造成…结果	eye-opener *n.* 令人大开眼界的事物

➲ 交际与语言表达

1. 本段文章的主题是研究英国人对医生的看法，并将他们的看法与其他几个国家的情况进行比较（comparing this with the situation in a couple of countries）。compare…with… 意为"与…相比"；compare A to B 意为"将 A 比作 B"。
2. I had to set up my programme of research in three countries so I approached postgraduates

in my field in overseas departments（我在三个不同的国家设立了研究项目，同时与海外部门相关领域的研究生联系）。set up 意为"设立，建立"，单词 establish 也表达类似的意思。approach 既可作动词，也可作名词，此处它是动词，意为"联系"。

3. I though I would have trouble recruiting help but in fact everyone was very willing and sometimes their tutors got involved, too.（我起初还担心很难找到帮手，但是实际上每个研究生都很积极，有时候他们的导师还参与其中。）have trouble (in) doing sth. 意为"做某事有麻烦，有困难"。be/get involved in 意为"参与"，表达相似意思的短语还有 take part in/be participated in。
4. With the questionnaire, rather than limiting it to one specific point, I wanted to include as much variety as possible.（使用调查问卷，而不是仅局限于某个特定的点，如此便可以尽可能包括不同的类型。）rather than 意为"而非，而不是"。as ... as possible 意为"尽可能…"，如：as soon as possible 意为"尽快"，可简写为 ASAP；as much/many as possible 意为"尽可能的多"。
5. At the moment it looks as if, in the UK, despite the fact the newspapers continually report that people are unhappy with medical care, in fact, it is mainly the third level of care, which takes place in hospitals, that they are worried about.（目前在英国，虽然报纸持续报道人们不满意医疗服务，实际上只有发生在医院的第三层护理才是人们担心的。）at the moment 意为"现在"，相当于 now。despite 是介词，意为"尽管，虽然"，in spite of 也表示同样的意思，后面接短语。be unhappy with 意为"对…不高兴；对…不满意"，等同于 be unsatisfied with。此处有一个强调句型，it is ... that ...，which 引导非限定性定语从句，修饰 the third level of care。take place 意为"发生"，相当于 happen。
6. Certainly I will need to do more far-reaching research than I had anticipated in order to establish if people want extra medical staff invested in the community, or if they want care to revert to fewer, but larger, key medical units.（当然，我还需要做比预计中要多的意义深远的研究，以此确认人们到底是想要在社区中投资更多的医护人员，还是希望到那些比较少的，但是规模较大、重要的医疗单位就医）。more... than... 是一个明显的比较级；in order to 意为"目的是…，旨在，为了"；establish 在此处意为"使确信"，它还有"建立，确立，制定"的意思。
7. But I was taken aback and rather concerned that something I thought I'd set up very well didn't necessarily seem that way to everyone in my own department.（但是我很惊讶，也很担心我之前的美好设计对我们部门的其他人来说未必如此。）take aback 意为"非常吃惊"，相当于 very surprised。

➲ 考题解析

Question 31 答案 B

听前预测：定位词为 set up...research programme，选项关键词分别为 advice...friend、help...students、information...tutor。

题目解析：本题容易定位，出题句为 ...I approached postgraduates in my field in overseas departments。注意区分选项的关键词，正确答案为 B。

Question 32 答案 B

听前预测：定位词为 people、include，选项关键词分别为 young people...first job、men...working、women...unemployed。

题目解析：本题要注意区分干扰信息，如选项 A 通过原文 under 18 should be excluded 可以排除；选项 C 通过原文 for employed women 可以排除。真正的出题句为 I decided at this stage just to focus on men who were in employment，故正确答案为 B。

Question 33 答案 A

听前预测：定位词为 questionnaire、aim，选项关键词分别为 wide range...data、limit...responses、interviews。

题目解析：本题容易定位出题句，注意 rather than limiting it to one specific point, I wanted to include as much variety as possible 这句话的重点是在强调 include as much variety as possible，而 limiting it to one specific point 为干扰信息，故选项 B 为干扰答案。原文中的 as much variety as 对应选项 A 中的 a wide range of，所以 A 为正确答案。

Question 34 答案 A
听前预测：定位词为 initial results、medical services、Britain，选项关键词分别为 misrepresented...press、financial issues...government、reforms...hospitals...unsuccessful。
题目解析：本题定位不难，但出题句较长并结构复杂。原文说 despite the fact that newspapers continually report that people are unhappy with medical care, in fact it is mainly the third level of care, which takes place in hospitals, that they are worried about（虽然报纸持续报道人们不满意医疗服务，实际上只有发生在医院的第三层护理才是人们担心的），言外之意是媒体误传了信息，故正确答案为 A。

Question 35 答案 C
听前预测：定位词为 further research，选项关键词分别为 government...findings、extra funding、preferences of the public。
题目解析：原文中 far-reaching research 对应题干的 further research，出题句为 in order to establish if people want extra medical staff invested in the community, or if they want care to revert to fewer, but larger, key medical units（为了确认人们到底是想要在社区中投资更多的医护人员，还是希望到那些比较少的，但是规模较大、重要的医疗单位就医）。其中 establish 意为"确认"，revert to 意为"恢复（状态）"，medical unit 意为"医疗单位"，故正确答案为 C"确认大众的需求"。

Question 36 答案 C
听前预测：定位词为 research project，选项关键词分别为 plan projects carefully、people...not like answering、colleagues...not always agree。
题目解析：本题难度较大，注意 but 之后为出题句 something didn't necessarily seem that way to everyone in my own department（对于有些事情，并非我们部门的每个人想法都一样），故选项 C 为正确答案。

Questions 37-40
听前预测：配对题的做题步骤和方法为：（1）确定主题为"评论"配"人物"；（2）分别找出选项和题目的关键词，选项关键词分别为 false data、stop participating、refused...tell...job、change minds、angry、worried...confidentiality；题目关键词分别为 person...street，undergraduate，colleague，tutor；（3）文章按照题号顺序读题，重点关注选项的同义替换。

Question 37 答案 B
题目解析：本题题干的同义替换为 one of the subjects who I had approached while he was out shopping in town。听到这句话后，要重点关注后面信息 decided to pull out when it came to the second round（第二轮时决定退出），其中 pull out 意为"退出"，the second round 意为"第二轮"，对应选项 B"决定停止参与"。

Question 38 答案 F
题目解析：本题题干同义替换为 one of the fist-year students，出题句为 wanted reassurance that no names would be traceable from the answers，其中 no name、traceable 对应选项 F was worried about confidentiality"担忧保密性"。

Question 39 答案 D
题目解析：本题题干同义替换为 one of the people that I work with, 出题句为 …one minute he said he'd do it, then the next day he wouldn't, and in the end he did do it…。本题难度不大，很容易判定出题句对应选项 D“对是否参与一直在变换主意”。

Question 40 答案 C
题目解析：本题题干同义替换为 a teacher，出题句为 he wouldn't tell me exactly what his work involved（他没有明确地告诉我他的工作），从而可以判定出题句对应选项 C refused to tell Shona about their job。

READING

READING PASSAGE 1

➲ 文章结构

体裁	说明文
主要内容	平板玻璃的制造发展历史。
结构	第 1 段：最早的平板玻璃制作方法：抽丝法。
	第 2 段：持续制造平板玻璃的另一种方法：带状法。
	第 3 段：浮法玻璃制造法。
	第 4 段：浮法玻璃制造过程。
	第 5 段：浮法玻璃制造方法投入生产终至成功。
	第 6 段：浮法玻璃制造过程在现代得到改良。
	第 7 段：现代技术在生产过程的应用，产品质量大大提高。
	第 8 段：浮法玻璃切割由技术控制。

➲ 词汇注释

标题	
sheet glass 玻璃片	float process 浮法工艺，浮式法

第 1 段	
Mesopotamian *n.* 美索不达米亚人 soda ash 苏打灰，纯碱 lime *n.* 石灰 molten *adj.* 熔化的，熔融的	mass *n.*（聚成一体的）团，块，群 spin *v.* 使…旋转 unblemished *adj.* 无瑕疵的
第 2 段	
squeeze *v.* 挤，榨，捏 roller *n.* 滚轴 mangle *n.* 压延机 virtually *adv.* 差不多，几乎	mark *v.* 做记号，做标记 grind *v.* 磨 polish *v.* 使光滑，擦亮 rub away 擦掉，磨去，消除
第 3 段	
tinted *adj.* 带色彩的，染色的，着色的 coated *adj.* 镀膜的 eliminate *v.* 消除，除去	float bath 金属液槽 hardening point 硬化点 tin *n.* 锡；罐头
第 4 段	
horizontal *adj.* 水平的，横的 underside *n.* 下侧，底部，底面	parallel *adj.* 平行的 coincidence *n.* 巧合
第 5 段	
pilot *adj.* 实验性的，试点的 plant *n.* 工厂	convince *v.* 使信服，使确信 full-scale *adj.* 全面的，完全的
第 6 段	
optical *adj.* 视觉的，光学的 refine *v.* 精炼，精制，提纯 homogenise *v.* 使…均质	simultaneously *adv.* 同时地 furnace *n.* 火炉，熔炉 heat treatment zone 热处理区
第 7 段	
dramatically *adv.* 引人注目地，显著地 mar *v.* 损坏，毁坏，玷污 inclusion *n.* 杂质 inspection *n.* 检查，检验	tremor *n.* 震动，震颤 ripple *n.* 涟漪，波痕 steer *v.* 控制，操纵，引导 cutter *n.* 刀具，切断器
第 8 段	
square *n.* 平方	pattern *n.* 类型，样式

➲ 考题解析

Questions 1-5

● 题型归类：Table

➲ 题目解析

题目编号	题目定位词	答案位置	题　解
1	method	第一段第4行	由题目可知，本题需填入一种 method 的名称。可通过 method 一词定位至文章第 1 段第 3 行。通过 The first successful method for making clear, flat glass involved spinning 可知本题答案为 spinning。
2	glass , remained	第一段倒数第 2 行	由题目可知，本题需填入形容玻璃的形容词。可沿上道题目的答案按照逻辑关系继续向后寻找。答案所在句为 ...so it stayed perfectly unblemished。本题答案为 (perfectly) unblemished。
3	disadvantages, slow	第一段最后 1 句	由题目中的 disadvantages 找到文章中表示意思与上文相反或相对的强转折词 However。同时根据 slow 判断本题需填入与之并列的形容词。通过第一段最后一句可确定本题答案为 labour-intensive。
4	ribbon, varying	第二段第4行	根据 ribbon 定位至文章第二段第 2 行，根据 non-stop 可知答案应出现在文章第二段第 4 行之前。再由题目可判断本题需填入一抽象名词，与 of 构成短语相当于一个形容词。通过原文 This allowed glass of virtually any thickness to be made non-stop 可知本题答案为 thickness，其中句中的 any 与题目中的 varying 是同义替换。
5	disadvantages, 20%	第二段倒数第 2 行	由题目可判断本题需填入一个形容词，且答案应出现在第二段最后 1 行的 20% 之前。按照逻辑关系找到修饰 glass 的形容词即可。本题答案为 marked。

➲ 考题解析

Questions 6-8

● 题型归类：Diagram

➲ 题目解析

可先通过图中的 cooling zone 一词定位至文章第四段倒数第 4 行。

题目编号	答案位置	题 解
6	第四段第 2 行	由图可知本题需填入进入 melting zone 的指代某种液体的名词。由原文 when pouring molten glass onto the molten tin 可知本题答案为 molten glass。
7	第四段第 3 行	由图可知本题需填入题目 6 所指代液体进入的区域名称。通过解答上一题很容易可以判断出本题答案为 molten tin/metal。
8	第四段倒数第 4 行	由图可知本题需填入表示轮状物体的名称。顺着第 7 题的答案继续向下阅读，通过原文 ...and could be transported out of the cooling zone by rollers 可知本题答案为 rollers。

➲ 考题解析

Questions 9-13

● 题型归类：TRUE/FALSE/NOT GIVEN
本题型可先看题目，将其中关键词划出，回到文章查找相关信息。如果关键词只进行了同义替换，而逻辑未发生改变，则句子为 TRUE；如果关键词中有一个词性质错误或者意义相反，则为 FALSE；如果关键词有一个消失，则为 NOT GIVEN。

➲ 题目解析

题目编号	题目定位词	考 点	答案位置	题 解
9	metal, float process	specific properties	第三段倒数第 2 句	TRUE 因为上一道题的题型 diagram 和本类题型 TRUE/FALSE/NOT GIVEN 都是按照文章顺序出题，本题可沿上道题的答案继续寻找。题目中 specific properties 是文章中第三段倒数第 2 句内容的抽象概括。
10	Pilkington, plant	his own money	第五段第 1 句	NOT GIVEN 通过题目中的人名和 plant 一词定位至文章第五段第 1 句，但句子中并未出现与 his own money 相关信息，因此无法判定题目表述是否正确。
11	Pilkington's first full-scale plant	instant commercial success	第五段最后一句	FALSE 通过题目中的专有名词和具体名词 plant 定位到文章第五段第 1 句。由第 2 句句首的强转折词 However 可知，情况向相反的方向发生变化。此后的句子则具体说明成功路上的各种阻碍，在最后一句中看到最终取得成功的时间是 1959 年，与题目中表述 instant commercial success 相反。

12	process, now	improved	第六段	TRUE 由题目中 now 一词定位至文章第六段第 1 句，本段的内容是 process improved 的具体表现。所以题目表述与原文相符，表述正确。
13	computers, humans	better…at detecting faults	第七段倒数第 2 行	TRUE 当句子中出现比较级时，可通过进行比较的双方和比较特征三个方面进行判断。 题目中的 computers 对应文章第七段倒数第 3 行的 inspection technology，题目中的 humans 对应文章第七段倒数第 2 行 unaided eye。由文章本句中的 locating flaws the unaided eye would be unable to see 可知，计算机胜过肉眼。题目表述与原文相符。

➲ 参考译文

玻璃片的生产：浮法工艺

玻璃是由沙子、苏打灰和石灰混合而成的，而且玻璃制造从美索不达米亚人和埃及人时期就已经开始了。玻璃加热到 1500 摄氏度（℃）左右时变成了熔融体，慢慢冷却后就硬化了。制成透明平板玻璃的第一个成功方法包括了旋转。这种方法效果非常好，因为玻璃在软化和硬化的过程中没有接触任何表面，所以在火抛光时也毫无瑕疵。但是，这项工艺费时、耗力。

然而，平板玻璃的需求量非常大，全世界的玻璃制造者都在寻求持续生产的方法。最早的丝带连续过程包括向两根滚轴里挤压熔融的玻璃，这和老式的压延机类似。此方法差不多能让任意厚度的玻璃不停止地持续生产，但是滚轴会在玻璃的两面留下印记，这些印记随后需要进行磨光和擦亮。此工艺的这个部分磨掉了玻璃的 20%，而且这些机器也价格不菲。

生产平板玻璃的浮法工艺是由 Alistair Pilkington 发明的。这项工艺为建筑生产出透明有色的镀膜玻璃，为交通工具生产出透明的镀膜玻璃。Pilkington 一直都在尝试改善熔化过程。1952 年，他想出了一个办法，即用一层熔融的金属来生产平板玻璃，完全不需要金属液槽里的滚轴了。该金属要在玻璃硬化点（大约 600℃）以下的温度中熔化，但是在熔化玻璃（1500℃左右）的温度之下不会沸腾。最适合这个过程的金属就是锡。

这个概念剩余的部分依赖于重力，以此确保熔融金属的表面完全平滑、水平。因此，把熔融的玻璃倒入熔融的锡中时，玻璃的底面也应该是完全平滑的。如果保持足够的热度，玻璃就会从熔融的锡中溢出，直至其顶部的表面也变平滑、水平，完全同底部的表面平行。一旦玻璃的温度冷却到 604℃或 604℃以下，要在上面做标记就会非常困难，此时便可以用滚轴运到冷却区之外了。由于玻璃和锡之间表面张力的相互作用，玻璃的厚度定为 6 毫米。相当巧合的是，当时市场上 60% 的平板玻璃的厚度也是 6 毫米。

Pilkington 于 1953 年建了一座实验性的工厂，直到 1955 年他才说服公司建造一座完整规模的工厂。然而，在经过了 14 个月不间断的生产、每月花费了公司 10 万英镑之后，工厂才生产出可使用的玻璃。此外，当他们一成功生产出有销路的平板玻璃，机器就停止运作了，为今后几年持续的生产做准备。机器再次启用时，又花了四个月的时间使机器正常运转。1959 年他们终于获得了成功。现在浮法工艺工厂遍布世界各地，每座工厂每天都可以生产出 1000 吨左右的玻璃，而且可以 15 年连续不断的生产。

如今的浮法工艺工厂利用光学性能生产玻璃。熔化、精炼、均质这几个过程同时在装有 2000 吨熔融玻璃的火炉里完成。这些发生在几个不同区域的高温复杂的玻璃液流里。除此之外，还有一个连续不断的熔融过程。此过程要持续 50 个小时，把玻璃平稳地、不间断地送入金属液槽中，然后从那里再流入镀膜区，最后进入热处理区。也正是在这个区域，冷却时形成的压力得到释放。

自 20 世纪 50 年代起，浮法玻璃的原理就一直没有改变过。但是，产品却发生了巨变，从单一的 6.8 毫米的厚度发展为小于 1 毫米到 25 毫米的各种厚度，从之前的经常带有杂质、泡沫的丝带到现在的近乎光学完美。为了确保高质量的产品，每个过程都会进行检查。有时，泡沫没有在精炼过程中被移除，沙砾便不会熔融，锡的震动会把波痕带入玻璃带中。在线全自动的检查完成两件事。第一，显示可以在过程中进行校正的来自上流的瑕疵。这种检查的技术每秒在丝带中能进行 1 亿次的操作，找出那些不能被肉眼发现的瑕疵。第二，可以让处于下流的电脑控制切断机附近的瑕疵。

浮法玻璃是按照平方米来出售，在最后一个阶段，电脑把顾客的需求转变为各种样式的玻璃，以便把浪费减到最小。

READING PASSAGE 2

文章结构

体裁	说明文
主要内容	关于小冰河期的介绍。
结构	A 段：人类生存与气候变化息息相关。
	B 段：小冰河期与现代世界之间联系紧密。
	C 段：过去的气候记录从何而来。
	D 段：关于过去一千年中的气候变化研究。
	E 段：气候变化带来食物来源的变化，最终人类取得足够食物存活。
	F 段：人类行为影响气候变化。

词汇注释

A 段	
shift *n.* 转变，交替，替换 embark on sth. 着手，开始做某事 context *n.* 背景，环境 at the mercy of 任…摆布；在…支配下 glacial *adj.* 冰河的，冰河时期的	episode *n.* 片段；经历 dazzling *adj.* 耀眼的，眼花缭乱的 harsh *adj.* 严酷的，残酷的 unaccustomed *adj.* 不寻常的，不习惯的 famine *n.* 饥荒
B 段	
bitterly *adv.* 非常地，激烈地，残酷地 pack ice 浮冰 unprecedented *adj.* 前所未有的，空前的	seesaw *n.* 上下摇动 abruptly *adv.* 突然地

C 段	
reconstruct *v.* 重建，重现 systematic *adj.* 系统的 proxy *adj.* 代表的，代替的 ice core 冰芯 supplement *v.* 补充，增补 account *n.* 叙述，记事 hemisphere *n.* 半球	equator *n.* 赤道 amplify *v.* 放大，扩大；增强 drill *v.* 钻（孔），打（眼） Antarctica *n.* 南极 Greenland *n.* 格林兰岛 Peruvian Andes 秘鲁的安第斯山脉 variation *n.* 变动，变化
D 段	
narrative *adj.* 叙述的 medieval *adj.* 中世纪的	Norse *adj.* 挪威的 uniform *adj.* 一致的，统一的
E 段	
reroute *v.* 变更旅程，改线 storminess *n.* 风暴度 descend on 袭击 perish *v.* 死亡，消亡 decidedly *adv.* 果断地，明确地；显然 unpredictable *adj.* 不可预测的；反复无常的 culminate *v.* 达到顶点 cod *n.* 鳕鱼	herring *n.* 鲱鱼 staple *n.* 主要产品，支柱产品 offshore *adj.* 近海的；离岸的 Basque *n.* 巴斯克人 stem from 来自，起源于；由…造成 fodder *n.* 饲料，草料 productivity *n.* 生产力，生产率
F 段	
blight *n.*（农作物等的）疫病；荒芜 woodland *n.* 林地 clearance *n.* 清除，清理 trigger *v.* 引发，引起 proliferate *v.* 激增	steep *adj.* 陡的，急剧升降的 give way to 让步，让路，被…代替 regime *n.* 物理条件/环境 prolonged *adj.* 持久的，长期的

➲ 考题解析

Questions 14-17

● 题型归类：List of Headings
这种题型考查考生对于文章的整体结构的把握。建议以句子为最小阅读单位。

➲ 题目解析

题目编号	题目选项句意	段落主题句	题　解
14	ii 小冰河期与现在的联系	第 3 句	答案 ii　本段第 3 句说“小冰河期的气候不仅仅是帮助形成了现今的世界”，原文中的 modern world 对应选项 ii 中的 today。

15	vii 关于过去一千年的研究	第 1 句	答案 vii 文章中的 the past ten centuries 对应选项 vii 中的 a thousand years，文章中 a narrative history of climatic shifts 对应选项 vii 中的 study。
16	ix 最终终会获得足够的食物	最后一句	答案 ix 本段从第 1 句开始出现具体数字及具体名词，描述具体过程，最后一句是其结果，为本段的主题句。最后一句中的 self-sufficient 和 effective 都对应选项 ix 中的 enough。
17	iv 人类对气候的影响	无明显主题句	答案 iv 本段详细描述了人类行为对气候变化的影响，是选项 iv 的具体表现形式。

➲ 考题解析

Questions 18-22

● 题型归类：Summary

➲ 题目解析

本题出题的顺序与文章略有出入。文章先综述，后详细分析。通过题目中第 3 行的 deduce 一词可知题目是后概括总结。

题目编号	题目定位词	答案位置	题　解
18&19	documentation of past weather conditions, sources, distant past	C 段第 5 行	答案 C B（IN EITHER ORDER）根据题目中 documentation of past weather conditions 定位至 C 段第 4 行 the time before records began。由题目可知，需填入两个表示相关古代天气记录的来源且为并列关系的名词。该句第 5 行 from 之后的两个名词词组 tree rings, ice cores 即为答案。
20	rather than, freezing	B 段倒数第 6-7 行	答案 A 根据题目中的 freezing 定位至文章 B 段第 7 行的 deep freeze。再由题目中 rather than 的逻辑关系定位于文章中强转折词 however，其后与 deep freeze 相对的 climatic shifts 即为答案。 注：通过题目中 deduce 一词可知，应该在文章中寻找关于 Little Ice Age 的概括总结。
21	heavy rain	B 段倒数第 2-3 行	答案 H 根据题目中的 heavy rain 定位至文章 B 段倒数第 3 行中 heavy spring and early summer rains，与之并列并且出现在选项列表中的只有倒数第 2 行的 storms。
22	yet, no rain at all	B 段倒数第 1-2 行	答案 G 根据题目中的 no rain at all 定位至文章 B 段倒数第 2 行中 droughts，与之并列并且出现在选项列表中的只有 heat waves。

➲ 考题解析

Questions 23-26

● 题型归类：Matching

本题为分类配对题。解题时可先划出题目中关键词，根据类别 A、B、C 中所给专有名词 Medieval Warm Period, Little Ice Age, Modern Warm Period 分别回到文章中定位，然后在其周围寻找关键词的同义替换。本题不按照文章顺序出题。

➲ 题目解析

题目编号	题目关键词	原文定位	题　解
23	Europeans, farming abroad	F 段第 6-7 行	答案 C　题目中的 abroad 对应文章中 F 段第 7 行 across the world。Modern Warm Period 出现在本段第 2 行，为本题的答案。
24	cutting down of trees	F 段第 5 行	答案 C　题目中的 cutting down of trees 对应 F 段第 5 行 forest and woodland fell before ... axes。Modern Warm Period 出现在本段第 2 行，为本题的答案。
25	Europeans, discovered, other lands	D 段第 4 行	答案 A　题目是 D 段第 4 行的总结。Medieval Warm Period 出现在本段第 3 行，为本题的答案。
26	changes, fishing patterns	E 段倒数第 8-9 行	答案 B　题目是文章中 E 段倒数第 8-9 行的总结。Little Ice Age 出现在本段第 1 行，为本题的答案。

➲ 参考译文

小冰河时期

A　本书将提供关于小冰河时期以及其他气候变化的详细调查报告，但是，在开始之前，我先描述下历史背景。我们通常认为气候与天气是相对的，是不变的，然而，人类对气候变化的整体存在却毫无办法。在过去的 73 万年中，地球至少经历了八个冰河时期。我们的祖先抱着令人炫目的机会主义适应着自上个大冰河时期（大约 1 万年之前）结束以后普遍的、不规律的全球气候变暖。他们不断改善策略应对一轮轮严重的干旱、数十年的暴雨或是不正常的严寒；他们从事农业和畜牧业，变革了人类的生活；他们在埃及、美索不达米亚和美洲建立了世界上第一个前工业革命文明。但是，突然的气候变化、饥饿、疾病以及苦难所带来的代价是巨大的。

B　小冰河时期从 1300 年左右一直持续到 19 世纪中期。仅仅在 200 年前，欧洲就经历了一轮严酷的寒冬；瑞士阿尔卑斯山的高山冰川达到了有记录以来的最低点；浮冰大半年都包围着冰岛。小冰河时期的气候现象不只是塑造了现代的世界，也为现在前所未有的全球气候变暖提供了非常重要的背景。但是，小冰河时期远非极度严寒，而是不规律的、迅速的气候变化波动。这些气候变化是由大气和海洋间复杂、知之甚少的相互作用引起的，很少可以持续 25 年以上。这种波动带来了一轮轮严酷的寒冬和东风，之后突然转变为数年严寒的春天和早来的夏雨、温和的冬天、时常性的大西洋风暴，或者是很长一段时期的干旱、来自东北的微风和夏天的热浪。

C 要重现过去的气候变化是非常困难的，因为系统的气候观察只是最近几个世纪在欧洲和北美洲才开始。印度和热带非洲的记录更是最近才有的。在记载记录前，我们只有一些“替代记录”，而这些记录主要来自年轮和冰芯，还有一些不完整的手写记录作补充。而现在，我们拥有成百上千来自于北半球和赤道南部的年轮记录，扩大了不断增长的从南极洲、格林兰岛、秘鲁的安第斯山脉及其他地方钻出的冰芯的温度数据库。我们已经差不多弄清楚了过去 600 年北半球大多数地区每年夏天和冬天温度的变化。

D 本书叙述的是过去 10 个世纪气候变化的历史，以及一些欧洲人适应这些气候变化所用的方法。第一部分描述了从 900 年到 1200 年左右的中世纪暖期。在这三个世纪中，来自北欧的挪威航海者探索了北海，并且在格林兰岛上定居，还游览了北美。那个时期并不总和大冰河世纪以来的温暖完全吻合，它的降水和温度都在不断地发生变化。欧洲的均温与现在的差不多，也许稍微偏低一点。

E 众所周知，小冰河时期的温度下降大约始于 1200 年的格陵兰岛和北极。由于北极的浮冰向南扩散，向西航行的挪威航海者变更了路线，转而在开阔的大西洋上航行，随后却完全停止了前行。风暴潮在北大西洋和北海愈演愈烈。更加寒冷、潮湿的天气在 1315 年至 1319 年间袭击了欧洲，成千上万的人在席卷整个欧洲大陆的饥荒中丧生。到 1400 年，天气变得更加反复无常，暴风雨也越来越多，寒冷天气中的突变和低温达到极致。16 世纪末的数十年间的天气一直都是如此。渔业当时是不断发展的城镇、城市最重要的商业活动，而食品供应一直都是人们关注的焦点。干鳕鱼和干鲱鱼已经成为那时欧洲渔业贸易最主要的产品，但是水温的变化迫使捕鱼舰队到离岸更远的海域进行捕捞。巴斯克人、荷兰人和英国人建造了第一批近海渔船以适应更加寒冷、更多风暴的大西洋。北欧逐渐进行的农业革命源于对当时人口增长下食物供应的担忧。主要的变革包括密集的商品农业和土地上不断增长的动物饲料，这种饲料此前不曾用于农作物。耕地生产力的提高使一些国家的谷物、牲畜可以自给自足，为抵抗饥荒提供了有效的保障。

F 全球气温在 1850 年后开始缓慢上升，进入现代暖期。饱受土地荒的欧洲农民及其他欧洲人进行了一次大规模的移民，向北美、澳洲、新西兰和南非迁移。而爱尔兰土豆荒造成的饥荒诱发了此次移民。1850 年至 1890 年间，随着欧洲密集农业生产方式向全世界扩散，数百万公顷的林地、森林在新来的移民的斧下毁于一旦。前所未有的开荒将大量的二氧化碳释放到空气中，引发了第一次人为的全球气候变暖。化石燃料使用量的激增、温室气体排放量的持续上升使得 20 世纪气温上升的速度越来越快。这种气温的升高自 20 世纪 80 年代初以来尤为迅猛。以持久、稳定升温为特征的新气候环境取代了小冰河时期。与此同时，诸如 5 级飓风的极端天气也越来越频繁。

READING PASSAGE 3

文章结构

体裁	说明文
主要内容	气味对于人类的影响。
结构	A 段：气味会引起人类情绪的变化。
	B 段：气味在人际关系中的作用。
	C 段：气味的作用和影响往往被人们忽视。
	D 段：有时候很难准确描述气味。
	E 段：关于气味的未来研究趋势。
	F 段：气味划分人群，具备文化研究价值。

词汇注释

引言	
olfaction *n.* 嗅觉 odour *n.* 气味 aromas *n.* 芳香，香气，香味 consciously *adv.* 有意识地，自觉地	faculty *n.* 能力，技能 impair *v.* 损害，削弱 well-being *n.* 康乐，安康；福利
A 段	
Montreal *n.* 蒙特利尔 Concordia University 康卡迪亚大学 apparent *adj.* 明显的，明白的 evoke *v.* 引起，引发，唤起 scent *n.* 气味，香味 rush *n.* 激增，大量 foul *adj.* 恶臭的，污浊的	grimace *n.* 怪相，鬼脸 association *n.* 联想 label *v.* 把…归类为，把…列为 fragrant *adj.* 芳香的 disagreeable *adj.* 讨厌的，不合意的 perception *n.* 感知，感觉 sensation *n.* 感觉，知觉
B 段	
cue *n.* 暗示，指示，提示 bonding *n.* 亲密关系的形成 spouse *n.* 配偶	distinguish *v.* 辨认出；区别，识别 reveal *v.* 揭示，展现 register *v.* 流露，显示，表达；指示

C 段	
sensory *adj.* 感觉的，感知的 undervalue *v.* 低估，对…评价过低 regard *n.* 尊重，尊敬	feeble *n.* 虚弱的，微弱的 possess *v.* 具有，拥有 acute *adj.* 敏锐的
D 段	
elusive *adj.* 难以捉摸的，难以理解的 realm *n.* 领域，范围 make do with 凑合用；设法应付	recollection *n.* 回忆，记忆 implication *n.* 可能的影响（作用或结果）
E 段	
undertake *v.* 从事，负责 fundamental *adj.* 基本的，主要的 proper *adj.* 本身的	objectively *adv.* 客观地 given *adv.* 考虑到 inevitably *adv.* 不可避免地
F 段	
invest with 赋予，赋有 offensive *adj.* 讨厌的，令人不快的 interact *v.* 交流，沟通 intimate *adj.* 私人的，个人的	charge *v.* 使充满（…情绪） attach to 使相关 interiorise *v.* 使…深入人心 essence *n.* 精华，精髓

➲ 考题解析

Questions 27-32

● 题型归类：List of Headings
可先找出段落中的主题句，再找出其句子中的关键词（多为句子的主干），与句中关键词意思相同的选项即为正确答案。但应注意同义替换，如果选项中与文章中使用完全相同的词，则多为混淆选项。

➲ 题目解析

题目编号	题目选项句意	段落主题句	题　解
27	viii 气味与感觉之间的关系	第 2 句	答案 viii 本段先是提到了一项关于气味的研究，接着说 smell can evoke strong emotional response，点明了本段的主题。原文中的 evoke strong emotional responses 对应选项 viii 中的 feelings。
28	ii 气味在人际关系间扮演的角色	第 1 句	答案 ii 本段第 1 句综述气味和社交的关系，第 2 句中的 loved one，第 3 句中的 infants 和 mothers，第 4 句中的 women and men，最后一句中的 family members 则都是选项 ii 中 personal relationships 的具体表现形式。
29	vi 为什么我们的嗅觉被低估	第 1 句	答案 vi 原文中的 the most undervalued sense 对应选项 vi 中的 not appreciated。

30	i 讨论气味这一话题的困难所在	第 1 句	答案 i 原文中的 elusive phenomenon 对应选项 i 中的 difficulties of talking about smells。本段第 2 句中 cannot be named in many languages 则用具体例子做了解释说明。
31	iii 未来对于气味的研究	第 2 句	答案 iii 由本句中的强转折词 but 可知其后为作者的主要目的或观点。之后的句子中则详细举例说明关于气味研究中仍有待解决的各项问题，选项 iii 提出的 future studies 是其抽象概括。
32	v 在定义群体时，气味因素作如何解释	最后一句	答案 v 本段第 2 句提出气味具备文化意义，其后的句子中则详细加以分析，最后提出得出结论，气味可区分不同文化族群。选项 v 是本段内容的整体概括。

➲ 考题解析

Questions 33-36

- 题型归类：Multiple Choice

➲ 题目解析

题目编号	题目定位词	答案位置	题 解
33	introduction, aware of, importance	引言最后 1 句	答案 C 题目问我们什么时候发现气味的重要性，引言最后一句说“只有嗅觉失灵时，我们才感觉到它的重要性”，从而可得出答案。题干中的 aware of 对应本句中的 realise，题目中的 importance 对应本句中的 essential role，文章中的 is impaired 对应选项 C 中 damaged。
34	paragraph B, experiment	B 段最后 1 行	答案 A 通过题目中 experiment 定位至文章 B 段第 5 行 test。本题考查实验所证明的理论，应着重寻找其结论。由本段倒数第 2 行 the experiment revealed 可知，其后句子为实验结论。原文中的 not consciously considered 对应选项 A 中 without realizing it。
35	paragraph C	C 段	答案 C 由选项可知，本题求证作者的写作目的。由本段第 3 句 while 可知，作者采用驳论法。另外，本题也可通过排除法选出正确答案。
36	paragraph E, atmosphere	E 段第 3 句	答案 D 通过题目中的 atmosphere 定位至 E 段第 3 句最后的 in the air。由本句的主句 researchers have still to decide 可知 D 选项 smell is yet to be defined 为正确答案。

➲ 考题解析

Questions 37-40

● 题型归类：Sentence Completion

➲ 题目解析

题目编号	题目定位词	答案位置	题 解
37	tests, husbands and wives	B 段第 5 行	题目中的 husbands and wives 对应 B 段第 6 行的 marriage partners。题目中的 belong to 与文章中的 worn by 逻辑关系一致，它们所修饰的词即是答案，所以本题答案为 clothing。
38	linguistic groups, difficulty, lack	D 段第 2 行	题目中的 linguistic 对应 D 段第 2 行的 languages，题目中的 lack 对应 D 段第 3 行的 doesn't exist。本题答案为 vocabulary。
39	response to, do not smell, obvious odours	E 段第 5 行	题目中 which do not smell 对应 E 段第 5 行的 odourless, 二者在语法功能上也一致，都是用来修饰名词。所以 odourless 修饰的 chemicals 即为本题的答案。
40	unpleasant, not regarded as unpleasant in others	F 段第 3 行	可通过题目中的逻辑关系 in certain…not …in others 帮助定位。通过原文 smells that are considered to be offensive in some cultures may be perfectly acceptable in others 可以确定本题的答案为 cultures。题目中的 unpleasant 对应原文中的 offensive。

➲ 参考译文

气味的涵义和力量

嗅觉的作用是非常强大的。气味从生理、心理和社会层面上对我们都有影响。然而，在极大程度上，我们在环绕四周的香味中呼吸不会意识到它们对于我们的重要性。只有当嗅觉能力由于一些原因而被损害时，我们才会开始认识到嗅觉对于我们身体健康的必要性。

A 蒙特利尔康卡迪亚大学的安东尼·西诺特进行的调查询问了受访者是如何评价气味对其生活的重要性。显而易见，气味可以引起强烈的情感反应。与美好的经历相关联的气味可以带来大量的愉悦感，而刺鼻或与不好回忆相关的的气味可能会让我们产生厌恶的表情。接受调查的受访者提到他们很多嗅觉的喜好基于情感联想。这样的联想可以有足够强大的力量让我们把通常不喜欢的气味归类为宜人的气味，把通常认为是芳香的气味变为令特定人群不悦的气味。因此，对气味的感知不仅包括对气味本身的感知，还包括与之相关的经历和情感。

B 气味也是社会关系重要的标志。一位受访者认为不触碰、不闻心爱之人，就没有实质性的情感关系。实际上，婴儿出生后不久是通过气味来辨别母亲，成人也经常能通过气味来辨认出孩子或配偶。在一项著名的测试中，人们可以单凭配偶所穿衣服的气味从其他身穿类似衣服的人中认出对方。在参与此测试之前，绝大多数参与者可能从来没想过可以通过气味来辨别家庭成员。而且实验显示，就算没有下意识这样想，气味也会显现出来。

C 虽然气味对我们的感知、情感生活很重要，但是在很多文化中嗅觉是最被低估的感官。一般来说，气味不受重视的原因是，与气味对于动物的重要性相比，人类的嗅觉是微弱的、不发达的。虽然人类的嗅觉能力不如一些动物灵敏的说法也是正确的，但是也还是非常敏锐的。我们的鼻子可以辨认出数千种气味，也可以嗅出目前数量仍十分稀少的气味。

D 然而，气味是一种特别难以理解的现象。例如，与颜色不同，很多语言不能给气味命名，因为具体的词汇就不存在。在描述一种气味时，我们不得不说“闻起来像……”以此来勉强表达我们嗅觉的感受。气味也不能被记录下来，因为随着时间的推移，也没有有效的办法来捕捉或是储存。在嗅觉方面，我们必须凑合着使用描述和回忆。这对嗅觉的研究有潜在的影响。

E 目前，绝大多数气味的研究都是关于其科学的物理属性。虽然在了解气味的生物、化学属性上取得了重大进展，但是很多基本的问题仍亟待解决。研究学者仍要断定嗅觉是一种感官还是两种：一种是应对气味本身，另一种是指示空气中无味的化学品。其他未解答的问题是鼻子是否是身体唯一受气味影响的器官；考虑到非物理成分，如何客观地对气味进行测量。这些问题意味着研究者对于气味产生心理影响的兴趣会不可避免地在研究中占有越来越重要的地位。

F 然而，气味并不是简单的生物、心理现象。气味具有文化性，因此，也是一种社会、历史现象。气味赋有文化价值，在某些国家令人不快的气味也许在其他国家是完全可以被接受的。所以，我们的嗅觉是一种与世界沟通交流的方法、模式。不同的气味可以给我们带来私人的、充满情感的经历，而社会成员以深刻的个人方式将与这些经历相关的价值深入人心。重要的是，我们对于气味的普遍感觉可以将我们与别国区分开来。因此，对于气味的文化历史研究从真正意义上来说是对人类文化精华的研究。

WRITING

WRITING TASK 1

The three pie charts below show the changes in annual spending by a particular UK school in 1981, 1991 and 2001. Summarise the information by selecting and reporting the main features, and make comparisons where relevant.

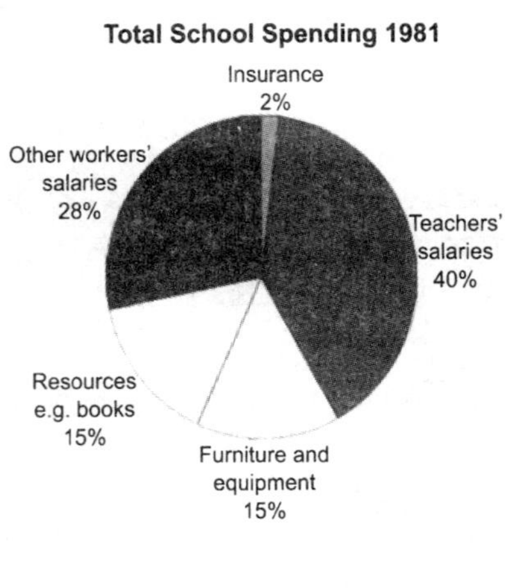

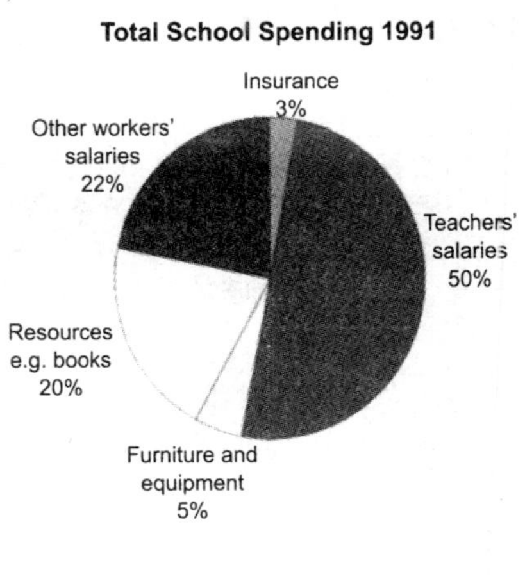

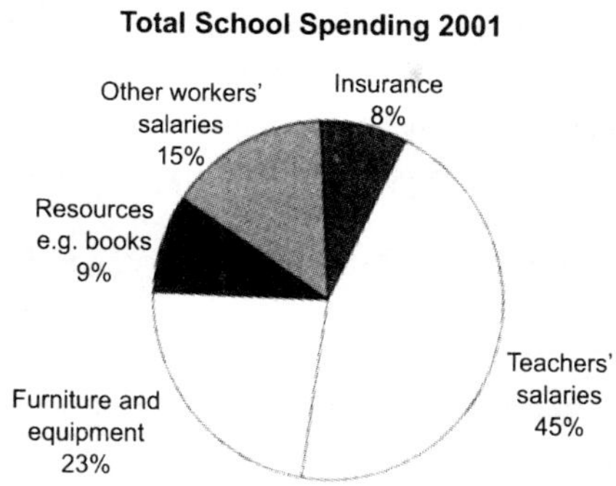

➲ 题目分析，包括回答中需要涉及的要点、对比以及考生可能对题目产生的错误理解。

要点

1. 其中两个代表薪资水平，两个代表基础设施配备，第五个代表保险（财务方面）。
2. 不同的方面代表不同的趋向。
3. 文章应该提及所有出现的数字。（包含 15 组数字）

考生可能产生的错误理解和问题

1. 应使用过去完成时。
2. 数字用百分比表达，不必写出总额数。

➲ 建议的写作结构，对比此结构与考生有可能采用的不恰当结构。

介绍部分应该把题目用自己的话重写一遍。正文主体部分可以有三种写作样式。可以将正文划分为 5 段（每段描述一个条目），或者分为 3 段（每段按照薪资水平，基础设施配备和保险来描述一个饼形图）。对大部分考生而言，每段描述一个饼形图的写作样式或许会比较容易，但是如果选择此种样式，切忌数字重复出现。最后应该有一个简短的评论，要特别突出 1-2 个关键点。

➲ 参考范文

The pie charts show how a school spent money, in percentage terms, in the years 1981, 1991 and 2001, across five categories.

The majority of spending in each year was on salaries. Teachers' salaries accounted for 40% of spending in 1981. This increased to 50% in 1991, but dropped to 45% in 2001. Salaries for other workers accounted for 28% of spending in 1981, 22% in 1991 and 15% in 2001, demonstrating a constant fall.

Spending on resources such as books and on furniture and equipment took up 30% of spending in 1981 – 15% each. By 1991, spending on resources had risen to 20% whilst spending on furniture and equipment had fallen dramatically to only 5%. By 2001, spending on resources had more than halved (in percentage terms) to 9% whereas spending on furniture and equipment had risen relatively substantially to 23%.

Finally, spending on insurance rose from 2% in 1981 to 3% in 1991 and thereafter to a more significant 9% of the total in 2001.

In summary, relative spending in all five categories changed a lot, with spending on teachers' salaries being the largest portion.

(187 words)

列出的饼形图从五个方面说明了，1981，1991 和 2001 年，一所学校如何消费以及各项支出的百分比。

每年，大部分的支出是在薪资方面。1981 年，全体教师的薪资总计占 40%。1991 年，该项支出增长到 50%，但是 2001 年降至 45%。1981 年，其它员工的薪资占支出的 28%，1991 年占 22%，2001 年占 15%，其所占比例不断下降。

1981 年像书籍这类物资以及家具和设施的花费占了总花费的 30%，其中两方面各占 15%。截止到 1991 年，物资类花费增长至 20%，而家具和设施类的花费则骤降，仅占 5%。截止到 2001 年，物资类花费降低了一半以上，占 9%，相对而言，家具和设施类的花费却大幅上涨至 23%。

最后，保险类花费从 1981 年的 2% 上涨至 1991 年的 3%，此后，2001 年，更明显的上涨了 9%。

综上所述，五个方面相对的花费均有大幅变动，教师的薪资支出占据的比例最大。

➲ 参考范文中的词汇及结构分析，以及考生可能犯的错误。

1. 介绍部分阐述了作者明白数据所指的均是所占比例，并非总额数。
2. 主体段落起始，作者就阐明大部分资金的去向。
3. 作者使用了同义词——“account for”和“take up”，“rise”和“increase”，“drop”和“fall”。
4. 注意使用过去完成时——“By 1991, spending on resources had risen to ...”。
5. 注意使用对比性词组——“more than halved”。

WRITING TASK 2

Nowadays the way many people interact with each other has changed because of technology. In what ways has technology affected the types of relationships people make? Has this become a positive or negative development? Give reasons for your answer and include any relevant examples from your own knowledge or experience.

➲ 题目分析，包括写作中需要涉及的要点以及考生可能对题目产生的错误理解。

1. 罗列正反双方的论点并不是必需的，但是，一篇好作文至少要提及反方观点。
2. 相互交流并没有界定，因此，考生可以根据自己的喜好，选择有相互作用的例子（例如，个人和工作方面）。

3. 多数考生会谈论电脑与网络，但是，鉴于题目没有界定科技一词，因此其它有趣的例子亦可选为谈论话题。

➲ 建议的回答结构，对比此结构与考生有可能采用的不恰当结构

这篇作文需要一个简短介绍和简要的结论。正文应有两到三个段落，每段阐述一个要点。建议考生单独写一个段落来阐述与题目意见相反的观点，或者考生在正文各段中提及相反的观点。考生应该注意，不能把这篇作文写成完全同意或者完全反对题目说法的文章。

➲ 两篇观点不同的参考范文（250字—300字）

参考范文 1——不同意题目的说法

In this essay, I shall say why I believe technology has had largely negative effects on the way people interact with each other.

The main technology that people use to create relationships nowadays is the Internet. This can be used in a variety of ways, notably by joining social networking sites or dating sites. It often seems that such websites encourage people to form friendships based on little information and on information which may not be true. For example, a website might recommend that two people become friends on the basis of the fact that they both like a particular film. The suggestion is that the people both like this film, therefore they both like the same films generally and/or have the same interests. If the information provided by website users is false (for example gender or age), a face-to-face friendship is very unlikely and the 'friendship' is likely to remain online only.

I think that television has also affected the types of relationships people make, by dramatising certain types of relationships (for example on soap operas), and suggesting that these are the ones that are important in the real world and/or that these are the relationships people should copy. Some people seem to think that they must make their lives as dramatic as those depicted on television, otherwise their lives will be dull. The constant need for drama can certainly have an effect on a person's relationships with others.

To conclude, I think that technology has provided people with new ways to form relationships, but that the results have usually been negative, particularly compared to face-to-face communication and relationship creation.

(271 words)

在这篇文章里，我会说明为什么我认为科技对人们的相互交流起着巨大的负面影响。

现今，人们用以建立人际关系的主要技术方式是通过因特网。因特网的用途体现在多方面，特别反映在社交网站和相亲网站。类似网站却常常看似是鼓励人们在知之甚少，甚至虚假的个人信息的情况下去交友。例如，一个网站会依据双方都是某一特定电影的粉丝这一事实，就建议两个人交友。这种建议是因为两人都喜欢这部电影，进而就说他们都喜欢同一类别的电影，或者有相同的兴趣爱好。一旦网站使用者提供的个人信息是错误的（比如性别、年龄），那么他们就不可能见面成为朋友，这种“友情”仅存在于网络上。

我认为电视也对人们建立起的关系产生影响，它夸大了特定类型的人际关系（例如电视连续剧），并且表示这种关系在现实世界中非常重要，或者表示这种关系是人们应该去学习模

仿的。好像有些人认为他们一定要让自己的生活像电视剧里演的那样夸张，不然生活就会乏味无趣。戏剧化的需求必定会对一个人与他人的关系产生影响。

总而言之，我认为，科技给人们提供了建立人际关系的新方式，但结果却通常是反面的，尤其是与面对面交流建立人际关系的方式相比。

参考范文 2——同意题目的说法

I think that technology has largely affected types of relationships between people in a positive way and shall outline my reasons in this essay.

Most importantly, in my opinion, technology has enabled people to stay in contact with each other more closely. People can use the Internet and mobile phones to speak to each other and send information to each other. Moreover, this information can be in the form of pictures or videos. Thus, even if people are far from each other, they can feel close. In the modern world, where people often live and work or study in different places – even different countries – to those where their family members are, this is very important to people. In this way, technology helps people to maintain existing relationships.

Secondly, technology has allowed people to become friends with others who they would normally not be able to make friends with. In the past, people might have had pen friends in other countries, but now, thanks to social networking websites, people can easily connect with those who have similar interests. It is true that these relationships might not be very strong, but they can develop if the friends use them as the basis for forming closer friendships, for example if they visit each others' countries. The fact that most of the relationships created on social networking sites are not strong does not mean that such sites are worthless.

In conclusion, I am generally positive about the effects technology has had on relationships of different types, because it helps people to make friends and to maintain relationships.

(263 words)

我认为科技对人与人之间的人际关系起着很大的积极的影响，我会在下文阐释我的理由。

最重要的一点，我认为科技使人们相互之间交流更密切。通过因特网和手机，人们能够彼此通话，彼此传递信息。此外，信息的形式可以是图片，可以是影像。因此，即使彼此远隔千里，仍会近距离的感知彼此。在当今社会，人们一般在不同的地方居住，工作或学习，甚至是在不同的国家，对于那些家庭成员相隔千里的人，科技对他们来说很重要。就此而言，科技能帮助人们维护现有的人际关系。

其次，科技使人们有机会与通常情况下交不到的朋友建立友谊。过去，人们可能会与其他国家的人做笔友，而现在，多亏了社交网站，人们很容易就能联系到与自己有相似兴趣爱好的人。确实，这种关系可能不会很稳固，但是朋友可以以此为基础，发展为更亲密的友谊，比如说互访彼此的国家。在社交网站上建立的大部分人际关系确实不稳固，但这并不能说明这样的网站一文不值。

综上所述，我认为科技对不同类型的人际关系起着积极作用，因为它能帮助人们交到朋友并维系友谊。

➲ 参考范文中的词汇及结构分析，以及考生可能犯的错误。

1. 在介绍部分，作者用了“largely negative”和“largely affected”，这表明文中有反方的观点。

2. 第一篇作文正文第一段展示的是，作者如何将一项已经改变人们交流方式的科技变成了一个特例。这段以说明相互交流可能建立不起人际关系作结。
3. 作者使用“suggest”和“seem”这样的词语来表明他 / 她所表达的观点，而并非确切的事实。
4. 第二篇作文正文第一段讨论一般情况下的科技，还提及了特殊场合下的科技。文章提到科技能维护人际关系，而不仅仅是建立新的人际关系。并将其与正文第二段作比。
5. 第二篇作文正文第二段最后一句提到了反方观点，并与之进行了辩驳。

SPEAKING

a) 题目分析，包括考生可能对题目产生的错误理解。

PART 1

1. Which magazines and newspapers do you read? [Why?]
杂志的类别有很多，有大众休闲杂志，有学术杂志，还有一种叫做 sensational magazine 的类别（厚薄有点像报纸，版面也较大，主要就是用一些故事或内容创造一些轰动，常登一些名人花边新闻等，类似于狗仔队杂志吧）。不管读报纸还是杂志，基本上就是为了获取一些信息，有可能是休闲的目的，也有可能是教育的目的。

2. What kinds of articles are you most interested in? [why?]
类别有很多，有新闻类，商业类，体育类，娱乐类等等。当然，考生这里可以列举自己喜欢的所有类别文章，表明自己兴趣广泛，也可以只讲自己最喜欢的类别。

3. Have you ever read a magazine or newspaper in a foreign language? [when/why?]
读外文报刊是一个不错的学习外语的方法，但是可能由于多种原因，例如地区偏远，物流不便，政府限制，新闻管控等等，而无法获得这样的资源。当然，如果读过外文报刊，可以讲讲读的感受，遇到的困难和学到的东西等等。

4. Do you think reading a newspaper or magazine in a foreign language is a good way to learn the language? [Why/Why not?]
通常来说大多数人都认为这是一个很好的巩固或学习语言的方法，因为阅读外文报刊可以学习单词，巩固语法，提高阅读。当然，考生也可以反其道而行之认为不好，尤其是对自己不好，原因可以讲报刊内容大多太新闻性，政治性，和自己学习语言为了生活使用相去太远，或者干脆讲自己根本就不喜欢阅读报刊哪怕是中文的，怎么可能从阅读外文报刊中学到任何东西呢?

PART 2

Describe a restaurant you enjoyed going to.
这个题目是描述一个你喜欢的饭店，首先要介绍它的地点位置，可能和你工作、生活的地方很近，也可能是在较远但环境优美的地方。选择饭店的原因有很多，可以是由于饭菜的味道独特；也可以是由于离自己生活工作的地方很近，非常便利。食物的口味可以根据个人的喜好来回答，如海鲜、川菜、江浙菜、上海菜、京味菜等，还可以是寿司、韩餐、法餐等西式菜式。

之所以喜欢一家饭店往往是由于饭店的食物美味，当然还有就餐环境、服务质量、交通等因素。这个问题还可以和具体的事例、经历相结合，比如记忆深刻的人或事等，这样有利于考生在回答时展开思路。

PART 3

1. Why do you think people go to restaurants when they want to celebrate something?
在饭店举办庆祝活动可以有比较方便的场地、音箱等设施，同时人们在做庆祝活动时往往会消耗大量能量，因此人们更愿意把庆祝活动和就餐结合在一起，使参与的人们更享受庆祝活动。

2. Which are more popular in your country: fast food restaurants or traditional restaurants? Why do you think that is?
很难说传统餐厅和快餐店哪个更受欢迎，因为它们有不同的消费群体和消费需求。传统餐厅能够提供优良的就餐环境、丰富的食物选择、完整的营养搭配，同时口味也会更加丰富多样。快餐店则能够节省大量等餐时间，在快节奏的生活环境中，尤其是上班族里，快餐店往往是就餐首选。

3. Some people say that food in an expensive restaurant is always better than food in a cheap restaurant—would you agree?
从就餐环境、食物材质、服务质量上来说，昂贵的餐厅往往会表现的更好。例如很多高档餐厅会加收额外的服务费，这就意味着这家餐厅的用餐服务非常出色，就餐气氛也会更好，同时会为就餐者提供停车、定位、演奏等额外服务。当然，就食物口味本身来说，有很多价格便宜的餐厅可以与高档餐厅相媲美，尤其是那些长年经营的老店或是小吃，它们面向普通民众，价格便宜，但却有自己独特的制作方法，口碑极佳。

4. Do you think there will be a greater choice of food available in shops in the future, or will there be less choice?
未来食物的种类可能会更多，因为随着人类科技的进步，越来越多的新品种、新产品被培育出来。同时更多的食物可以被保鲜处理，有更长的时间能够放在商店中供人们挑选。当然有人也认为，某些食物如转基因食物的增加，并不意味着人类的选择更加优化。

5. What effects has modern technology had on the way food is produced?
现代科技对食物生产的影响是巨大的，以往很多食物只能短期保存，而随着现代技术的发展，食物可以经过加工保鲜，长期存放，能够被运往更多的地方供人们食用。同时食品生产的卫生标准也在不断提高，更多更先进的除菌技术被应用在食品生产工艺上，大大提高了人们的食品卫生可靠性。此外，很多新的食物品种得到培育，如转基因食物等，它们的产量更高，某些营养物质更丰富，但同时也有人对转基因食物表示了安全上的担心。

6. How important is it for a country to be able to grow all the food it needs, without importing any from other countries?
食品是一个国家人们生活的基本保障，当一个国家的食品过度依赖于进口时，会出现一系列的麻烦。比如当国际社会发生动荡时，某些食品供应大幅减产，食品依赖进口的国家就不可避免的受到影响，此时就会为购买足够的食物而付出更多的经济代价。有时，食品出口国还可能会故意提价，造成进口国人民的生活压力增加，进而引发一系列社会问题。因此，保障所需食物国产化，减少食品进口的依赖，对一个国家来说是非常重要的事，这也是我们常说农业是立国之本的原因所在。

➲ b) 考生可在回答中使用的实用词汇

PART 1

1. Which magazines and newspapers do you read? [Why?]
general interest magazines, scholarly magazines, sensational magazines, paparazzi, tabloid, headline, feature, entertaining, educational, China Daily, New York Times, Washington Post, Sunday Times, Time, Newsweek, Vogue, Metropolitan, Vogue, Seventeen, Elle.

2. What kinds of articles are you most interested in? [why?]
news, business, finance, market, stocks, sports, entertainment, movies, books review, horoscope, crossword puzzle, wide range of interest, particularly enjoy, especially fascinated by.

3. Have you ever read a magazine or newspaper in a foreign language? [when/why?]
good way to learn foreign languages, brush up vocabulary, consolidate grammar knowledge, remote area, difficult to get hold of a copy, government censorship, banned by government, government propaganda, read in the morning, get updated with the latest happening, read at night, quiet, no disturbance.

4. Do you think reading a newspaper or magazine in a foreign language is a good way to learn the language? [Why/Why not?]
brush up vocabulary, consolidate grammar knowledge, improve reading power, familiarize with different topics, dislike reading, not practical, academic vocabulary, colloquial vocabulary/expression, prefer visual learning than textual learning.

PART 2

Describe a restaurant you enjoyed going to.
fancy restaurant, cafeteria, dinner, eatery, bistro, pub, café, fast food restaurant, buffet restaurant, bar&grill, pizza house, soup kitchen, locate, situate, lie, in the neighborhood, in the vicinity, around the corner, within walking distance, far away, on the other side of the town, enjoyable, exotic food, seafood, cuisine, tasty, yummy, delicious, heavenly, service.

PART 3

1. Why do you think people go to restaurants when they want to celebrate something?
joy of celebration, mood, come up with, drain, pump, hungry, replenish, party.

2. Which are more popular in your country: fast food restaurants or traditional restaurants? Why do you think that is?
KFC, McDonald, Pizza Hut, Burger King, Subway, Starbucks, customer, fast-paced life, cater to, foothold, unhealthy, nutritious, greasy, oily, you are what you eat, social/family gathering.

3. Some people say that food in an expensive restaurant is always better than food in a cheap restaurant—would you agree?
ingredient, environment, service, service charge, superior, perform better, atmosphere, parking, performance, taste, cheap price, secret recipe.

4. Do you think there will be a greater choice of food available in shops in the future, or will there be less choice?
food crisis, a greater variety, tube, GM food, taste the same, cultivate crops, interbreed, preserve.

5. What effects has modern technology had on the way food is produced?
nutrient, processing, storing, preparing, food science, protein, carbon hydrates, vitamins and minerals, quality, expire, pave the way for, perishable item.

6. How important is it for a country to be able to grow all the food it needs, without importing any from other countries?
food security, food importation, embargo, rocketing price, wellbeing, safeguard, sustainable, sanction, domestic, international, agriculture, turmoil.

➲ c) 参考答案（每个问题两个回答）

PART 1

1. Which magazines and newspapers do you read? [Why?]

I really like to read New Scientist. It is a weekly international science magazine that covers recent developments in science and technology. It is always thrilling to read about what our future would be like and get to know how we can contribute or have contributed to make that happen. And as to newspapers, I'm a loyal subscriber to China Daily, which can keep me updated about the latest happenings in China and around the world.

I like reading all kinds of fashion magazines, especially *Vogue*. It is a fashion and lifestyle magazine. Look, like every other girl, I love buying clothes and I always want to look for the best when I go out. In order to do that, I must train myself to be keen on fashion and I believe reading Vogue is the best way to do so.

2. What kinds of articles are you most interested in? [why?]

I'm personally very much fond of articles on new discoveries of the universe. Look, I don't believe that we're the only intelligent species in the universe. I believe, like the Drake Equation described, there must be millions of earthlike planets inhabited by alien life forms which are only to be discovered by us.

I really like to read articles about the latest fashion events around the world, like the Paris Fashion Week, New York Fashion Week, London Fashion Week and etc., because new fashion trends all started there. Getting the latest updates on that is essential to becoming a beauty expert.

3. Have you ever read a magazine or newspaper in a foreign language? [when/why?]

Of course I have. Look, I love learning all kinds of languages, and reading magazines and newspapers is a very good way to brush up my reading and vocabulary power. And I always do my reading at night, because it's quiet and therefore not easy to get distracted.

No, I haven't, simply because it's quite hard to get hold of any foreign magazine or newspaper here except for China Daily, which is just full of government propaganda and articles of heavily biased opinions. But I really would like to read a real foreign published magazine and get to know what the rest of the world think about China.

4. Do you think reading a newspaper or magazine in a foreign language is a good way to learn the language? [Why/Why not?]

Definitely yes. Taking English for example, reading newspapers and magazines can help students learn a lot of useful words and expressions, plus it's also a good training for reading. Not only can students learn knowledge from it, it also provides them with plenty of discussion materials, which in turn improves their writing and speaking as well.

Well, I doubt it. Look, I can't quite say whether it works well for others, but it definitely is not suitable for me. I just find reading kind of boring, because I guess I'm more a visual kind of person rather than textual, by that I mean it's much easier for me to accept visual information than textual information, which means I personally find watching videos is a much better way to learn a foreign language.

PART 2

Describe a restaurant you enjoyed going to.

The restaurant I'd like to talk to you about is called XXX. Located on one of the busiest streets, there are always lots of people come to eat here everyday. There are several reasons I like this restaurant. First, in terms of food, the restaurant offers a variety of dishes, which are sorted according to their origin. For example, if you want to eat Sichuan food, there will be a special menu and a cook who specializes in Sichuan cuisine. So are the other regional cuisines. I like this restaurant also because of its environment. Whenever you come to this restaurant, it is always clean and various decorations are always thoughtfully arranged in different places. Nonetheless, the service here is really excellent. All the waiters and waitresses are well-trained in manners and tricks like juggling plates or cutleries. Sometimes they even purposefully show it a bit before you. And finally when it comes to the price, it can't be more reasonable. One more thing, I always come here to eat AAA. I think XXX is the only place in town that offers AAA, a dish from my hometown that I've always loved since I was young.

Speaking of a restaurant I enjoyed going to, I'd like to talk about Sawatdee Thai Restaurant. Today just about every neighborhood has a Thai restaurant to choose from, making it no easy task to select the best Thai food in Beijing. That doesn't stop me from trying, though. Sawatdee first began in 1999 as the first Thai restaurant in downtown Beijing. It's a beautiful warehouse-turned-restaurant, complete with a gold leaf ceiling and glass etchings of a Thai goddess. I personally enjoyed dinning here because I always find myself intrigued by the sweet, sour, bitter and salty taste combinations found in authentic Thai cooking. The food here is not only exotic to the tongue but also to the eye. I also like it here because no matter who you are or when you come in to eat, you are always treated with love, respect and peace.

PART 3

1. Why do you think people go to restaurants when they want to celebrate something?

Honestly I don't know. People celebrate things in many different places and restaurant is only one of them. If I really have to come up with an answer, I can only say that maybe eating some food can add to the joy of celebration.

Well, it's easy. It's pure biology. When you celebrate, whatever it may be, your body produces a hormone that makes you feel happy and excited. That quickly drains sugar in your blood to make energy to keep you all pumped and high. Very soon, you'll feel hungry. That's when you need to take some food to replenish for this lost sugar. So if you celebrate in a restaurant, you can easily do so and don't have to worry about anything, just party on.

2. Which are more popular in your country: fast food restaurants or traditional restaurants? Why do you think that is?

I really can't say which is more popular, because they all have their own group of customers. For example, fast food restaurants are definitely more popular among young peoples, for they tend to live a fast-paced life and fast food very well caters to that. But for older people, fast food restaurants never seem to have had a foothold, because older peopled tend to think fast food as unhealthy or less nutritious and therefore often reject the notion of eating out in a fast food restaurant.

It's definitely traditional restaurants. No doubts about it. Because traditional restaurants not only provide healthy eating options, but also serve as a good place for family gatherings or social functions.

3. Some people say that food in an expensive restaurant is always better than food in a cheap restaurant—would you agree?

Of course I can't agree. Look, I know lots of restaurants that are cheap but the food there is superb; and there are also some fancy-looking restaurants where they even charge you service fee, but their food just made me speechless, I mean, in a bad way.

Kind of. In terms of environment, ingredients and service, expensive restaurants are generally better, while admittedly there are also small restaurants that boast some secret recipes. So it's just like the old saying puts it "you can't judge a book by its cover" . Similarly you can't judge a restaurant by its price.

4. Do you think there will be a greater choice of food available in shops in the future, or will there be less choice?

Honestly, I don't know. It's really hard to see into the future. Look, we are facing lots of crises already. Energy crisis, food crisis, population crisis, etc. I really don't know if we are able to enjoy a greater variety of food, or food will be tubed and basically taste all the same.

Maybe, or I hope so. As the technology develops ever faster than before, new species of crops may be cultivated in field or who knows where. And food may be preserved in a better way and kept for longer time or even forever.

5. What effects has modern technology had on the way food is produced?

The use of food technology or the application of food science to everyday food processes and production has fundamentally changed our views about food. For example, a growing number of people now believe food isn't made with the same amount of nutrients or protein as before. The food we mostly eat today is "dead" food, so to speak. It just makes me worried.

Thanks to food technology, there are now better ways to store food for longer-lasting quality and usability. For example, the development of temperature-controlled storage spaces has paved the way for the efficient storage of perishable items, which now last longer and taste better.

6. How important is it for a country to be able to grow all the food it needs, without importing any from other countries?

It's crucially important for a country to grow enough food for its people. When a country relies too much on imported food, a series of dangers may follow. What if the international food price rockets unexpectedly? What if a food embargo is placed on the country? There are so many what-ifs like these. So it's better to grow food yourself.

It's a matter of sustainability. Of course, a country must grow enough food it needs. Food security is important to any country's future wellbeing and the world's. And it must make sure what people eat safeguards their health.

Test 3

LISTENING

SECTION 1

谈话场景：租房
人物关系：房屋中介与学生之间的对话
谈话话题：讨论租房相关信息

词汇注释

rent *v.* 租借，租用；出租	dining room 餐厅
look for 寻找	separate *adj.* 分离的 *v.* 使分离；区分
be going to 打算	kitchen *n.* 厨房
share *v.* 共享	garage *n.* 车库
share sth. with sb. 与某人共享…	park *v.* 停放（车辆等）*n.* 公园；停车场
several *adj.* 几个的，数个的	prefer *v.* 宁可；较喜欢
mostly *adv.* 大部分；多半；通常；主要地	possible *adj.* 可能有的；潜在的；可能实行的
belong to 属于	bathroom *n.* 浴室
abroad *adv.* 在国外，在海外	cloakroom *n.* 衣帽间
at the moment 现在	furnished *adj.* 装备好家具的
location *n.* 场所；位置，地点	equipped *adj.* 装备好的
central *adj.* 中心的，中央的	plenty of 大量的
difficult *adj.* 困难的	space *n.* 空间
suburb *n.* 郊区	available *adj.* 可达到的
upper *adj.* 上面的；上部的	garden *n.* 花园
limit *n.* 限制	cope with 应付，处理
rent *n.* 租金	look after 照顾，照料
up to 多达；一直到；取决于；胜任…的	study *n.* 书房 *v.* 学习
beyond 在…以上；胜过；远于	rather *adv.* 相当；宁愿
minimum *adj.* 最少的；最小的；最低的	whereabouts *adv.* 靠近什么地方，在哪里 *n.* 下落
let *n.* 出租 *v.* 让，允许；释放；出租	towards *prep.* 朝向；关于；（时间）接近
probably *adv.* 大概，也许，很可能	western *adj.* 西方的；西部的
realise *v.* 实现，实行（希望、计划等）；了解	noisy *adj.* 嘈杂的
avoid *v.* 避免	area *n.* 地区，区域；范围
avoid doing sth. 避免做某事	pretty *adv.* 相当；很 *adv.* 漂亮的，俊俏的
photograph *n.* 照片，相片	lively *adj.* 活泼的；热烈的；逼真的
avenue *n.* 林荫路，道路	lovely *adj.* 可爱的，秀美的；动人的；美好的
combined *adj.* 组合的；结合的	
living room 客厅	

demand *n.* 要求，需要 *v.* 需求；询问 tend to 倾向于 decorate *v.* 修饰，装饰，布置 suit *v.* 合适；中意 *n.* 一套衣服；起诉 popular *adj.* 受欢迎的；大众的 scheme *n.* 计划，方案；阴谋 *v.* 密谋；策划 district *n.* 地区，区域 facility *n.* 容易；简易（*pl.*）方便，便利；设备，器材 sports centre 运动中心 construction *n.* 建造；结构 impressive *adj.* 给人印象深刻的；令人难忘的；令人感动的 swimming pool 游泳池	schedule *n.* 时刻表；日程 *v.* 安排 attract *v.* 吸引 cinema *n.* 电影院 in the process of 在…过程中 convert *v.* 转化；更改；改造 film museum 电影博物馆 add to 增加 local *adj.* 当地的；局部的（*pl.*）当地人 replace *v.* 代替 replace sth. with sth. 用…来代替… existing *adj.* 现存的 concert hall 音乐厅 due *adj.* 预定的；应有的；到期的；预定

➲ 交际与语言表达

1. 本段对话是男士向女士咨询租房信息。首先女士打招呼说 How can I help you，打电话也可用这句话，类似表达方法还有 Can I help you?/ What can I do for you?
2. 男士的回答是 I'm interested in renting a house somewhere in the town（我想在镇上某个地方租一个房子）。be interested in sth./doing sth. 意为“对某事感兴趣”。
3. 男士想在市中心租房，女士的回答是 That might be difficult, as most houses of that size are in the suburbs（在市中心找房可能有点困难，因为男士找的房子要有四个房间，而这样的房子大多在郊区）。as 在此处作连词，表原因。
4. 租房自然都会关心房价，女士问男士 What's your upper limit for the rent（你租金的最高限度是多少），男士说大概一月 500 英镑，最高可达 600 英镑，再多就承担不起了（we can't go beyond that）。go 在此处意为“担负得起（= afford）”；that 指的是“600 英镑”，beyond that 意为“超出 600 英镑的话”。
5. 女士问男士想多久以后入住（how soon do you want to move in），男士回答说 as soon as possible（尽快），为口语常用语，可简写为 ASAP。
6. 女士给男士提供了 Oakington 大街的一处房子，但是没有车库，车只能停在路上。男士说 we'd prefer to have one, if possible（我们还是希望有一个，如果可能的话）。prefer to 这个短语意为“宁愿，更喜欢”；prefer 还有其他用法，如：prefer A to B 意为“喜欢 A 胜过 B”，prefer doing sth. to doing sth.，其中 to 为介词，其后的动词需变成 v.-ing 的形式。prefer 还有“提出（控告等）”的意思，如：Police preferred a charge against him for theft.（警察控告他有偷窃行为。）另外，prefer 变为过去时态是需要双写最后一个字母，成为 preferred。
7. 男士对 Oakington 大街的房子不满意，于是女士又提供了 Mead 大街的一处房子，空间很大，还有花园。但是男士说 I don't think we could cope with that, to be honest. We'll be too busy to look after it（我认为我们应付不来。老实说，我们太忙了，没法收拾这么大的房子）。第一句含有一个否定转移，don't 否定的不是 think，而是 cope with。to be honest 是插入语，口语中常用，意为“说实在的，老实说”。
8. 最后女士给男士推荐了 Devon Close 的房子，听女士的描述很符合男士的要求，于是男士说 it sounds fine（听起来很不错），sound 在此是系动词，意为“听起来…”；fine 还可以用其他词来代替，如 good/great/fantastic 等。
9. 两个人后来讨论城镇地区房子走俏的原因，女士回答说 there's a big scheme to improve the district, and it'll soon have the best facilities for miles around（日前有一个改善该地区的大计划，那么过不了多久这个地区的设施就是这周围最好的了）。scheme 在此意为“计划（plan）”，我们平时大多接触的是它作“阴谋”的意思，所以我们要注意熟词生义。for

miles around 意为“方圆好几英里”，around 指“周围、附近”。

10. 男士就问设施都包括哪些东西（what sort of thing），女士回答说一个正在建造的（under construction）的运动中心，还有一个提前完工的游泳池已经开放了（the swimming pool's already opened, ahead of schedule）。ahead of 意为“比…提前，比…更早”。ahead of schedule 与 ahead of time 同义，都是指“比计划提早完成”。
11. 男士说他听说现有的音乐厅计划将被扩大，女士说预定明年开放（that's due to start next year）。due 本身的意思是“到期的；约定的；应有的”，在此处短语 be due to 意为“预定”。

➲ 考题解析

Question 1 答案 central
听前预测：定位词为 location，提示词为 the...area，本题应填形容词或名词。
题目解析：本题难度不大，所听即所得，听到 What about the location？后，要重点关注回答者的句子：It'd be nice to be central. 故本题答案为 central。

Question 2 答案 600
听前预测：定位词为 rent，提示词为 £，此处应该填数字（钱数）。
题目解析：本题要注意分清干扰信息，提到 rent 时，回答者说到 We'd like something around £500 a month, but we could go up to £600. 之前出现的 £500 为干扰信息，真正答案为 £600。特别注意 maximum 和 up to 经常互相替换。

Question 3 答案 2 year(s)
听前预测：定位词为 let，提示词 length，本题应填时间长度。
题目解析：本题难度不大，但要注意干扰信息，six month 为 mini let 的时间，所以是干扰信息，真正的答案在 We're at college here for two years 这句话中出现，2 years 为本题答案。由于是租房场景，故题干中的 let 与 rent 互为同义词。

Question 4 答案 garage
听前预测：定位词为 Oakington Avenue、£550，提示词为 no，本题应填名词。
题目解析：本题难度不大，根据定位词，能够顺利听到出题句：It doesn't have a garage. 故 garage 为本题答案。注意：garage 为雅思听力租房场景的高频词汇。

Question 5 答案 garden
听前预测：定位词为 Mead Street、£580，提示词为 the...is，本题应填名词（单数）。
题目解析：本题难度不大，需要重点关注答案的整体性，出题句为 there's a big garden，所听即所得。

Question 6 答案 study
听前预测：定位词为 Hamilton Road、living room、kitchen-diner，提示词为 a，本题应填名词（单数）。
题目解析：本题难度不大，所听即所得。听到之前的并列信息后，随后出现 it has a study，答案显而易见，此处 study 相当于 study room。

Question 7 答案 noisy
听前预测：定位词为 £550，提示词为 too，本题应填形容词。
题目解析：听到定位词后，随后出现答案所在句 that'll be very noisy，故 noisy 为本题答案，所听即所得。

Question 8 答案 595
听前预测：定位词为 Devon Close、living room、dining room、small kitchen，提示词为 £，此处应填数字（钱数）。
题目解析：本题难度不大，所听即所得，考查考生对数字的熟悉和敏感度。

Questions 9-10 答案 B E (IN EITHER ORDER)
听前预测：定位词为 TWO facilities、at the moment，由于选项不长，故本题重点要注意干扰信息。
题目解析：本题重点要注意排除干扰信息，5 个选项均有提到，依次顺序为选项 D sports centre—under construction；选 项 E swimming pool—already open；选 项 A museum—the process of being converted；选 项 C cinema—closed down last year；选 项 B concert hall—existing，选项 B、E 对应题干 at the moment，故为正确答案。

SECTION 2

谈话场景：电台广播
人物关系：电台节目主持人
谈话话题：介绍 National Arts Centre 的基本情况

➲ 词汇注释

host *n.*（广播、电视的）节目主持人；主人；[生物学]寄主，宿主	roof *n.* 屋顶
local *adj.* 当地的；局部的 （*pl.*）当地人	house *v.* 供给…房子住（用）；收容；接待
radio programme 广播电台	gallery *n.* 画廊，美术馆；走廊
spotlight *n.* 聚光灯；公众注意的中心	public library *n.* 公共图书馆
culture *n.* 文化	as well as 除…之外（也）；既…又…
facility *n.*（*pl.*） 设备，设施；便利	service *n.* 服务；公共设施；维修
event *n.* 事件	including *prep.* 包括，包含
offer *n.* 提供；提议 *v.* 给予；提供；提议	entertainment *n.* 娱乐；招待
National Arts Centre 国家艺术中心	enormous *adj.* 巨大的
hear of 听说	in the heart of 在…的中心；在…的心脏地带
famous *adj.* 著名的	completely *adv.* 完全地
throughout *prep.* 遍及；贯穿	destroy *v.* 毁坏，摧残
adv. 到处；自始至终	bomb *n.* 炸弹 *v.* 轰炸，投弹于
major *adj.* 主要的 *n.* 专业 *v.* 主修（in）	opportunity *n.* 机会
venue *n.* 集合地；会场；体育场馆	take to 开始喜欢；开始从事
classical music 古典音乐	create *v.* 创造
actually *adv.* 实际上	gift *n.* 礼物；天赋
huge *adj.* 巨大的	get started 开动
complex *n.* 复合体，综合体；复杂 *adj.* 错综复杂的	eventually *adv.* 最后，最终
cater for 迎合；为…提供所需	ever since 自从
a great range of 大量的	privately *adv.* 秘密地
single *adj.* 单一的	city council 市议会
	symphony *n.* 交响乐，交响曲；和音；谐音
	orchestra *n.* 管弦乐队

involve *v.* 卷入	review *n.* 评论 *v.* 审查；回顾
choose *v.* 选择	reduction *n.* 减少
possibility *n.* 可能性	usual *adj.* 常有的，常见的
selection *n.* 选择，挑选	value *n.* 价值
attraction *n.* 吸引力；具有吸引力的事物	especially *adv.* 尤其地
recommend *v.* 推荐	exhibition *n.* 展览，陈列
either…or… 要么…要么…	collection *n.* 收集，珍藏
spectacular *adj.* 壮观的；引人注意的	sculpture *n.* 雕刻，雕塑
magic *adj.* 神奇的	leading *adj.* 最重要的；首位的，带头的，领衔的
flute *n.* 笛子	pick up 拿起
opera *n.* 歌剧	check out 开支票；付账后离开
Canadian *adj.* 加拿大的	Museum of Science 科技展览馆
fantastic *adj.* 异想天开的；奇异的	

➲ 交际与语言表达

1. 本文是一个广播节目，最开始主持人就介绍了节目的名称 Focus on the Arts（聚焦艺术）。Every Friday evening we put the spotlight on different arts and culture facilities, and look at the shows and events that are on offer in the coming week.（每周五晚上的这个节目都会聚焦不同的艺术与文化设施，同时预告下周举行的活动。）put the spotlight on 意为“聚焦，关注”，spotlight 本义是“聚光灯”；on offer 意为“出价”。
2. today the focus is on The National Arts Centre（本次节目则聚焦于国家艺术中心），focus 在此处是名词，也是“聚焦”的意思，它也可作动词，后面接介词 on。注意：focus on 与 put the spotlight on 同义。
3. It's famous throughout the world as one of the major venues for classical music.（国家艺术中心作为举行古典音乐的主要会场之一而闻名世界。）此句中 throughout the world 是插入语，也可放在句尾。be famous as 意为“作为…而闻名”；关于 famous 还有一个短语，be famous for 意为“因…而出名”。
4. it is actually much more than just a place to hear concerts（国家艺术中心不仅仅是一个聆听音乐会的地方）。much more than 在此意为“还不仅仅如此”，它还可以表示“多得多”的意思。
5. Under a single roof it houses concert rooms, theaters, cinemas, art galleries and a wonderful public library, as well as service facilities including three restaurants and a bookshop.（国家艺术中心里面不仅有音乐厅、剧院、电影院、艺术长廊、公共图书馆，还有服务设施，包括三个饭店和一个书店。）house 在此为动词，意为“覆盖；包括”，house 一般作名词，意为“房子”。as well as 意为“也，还”，起补充的作用。
6. 在城市中心建立一个如此复杂的艺术中心很不容易，所以 it took a while for such a big project to get started（如此大的工程开始动工都花了很长时间）。get started 意为“开始动工”；相似短语还有 get moved / disappeared / frustrated。
7. 国家艺术中心的确花费了很大的心力，60 年代计划，70 年代开始建造，1983 对公众开放，从那时起这个艺术中心一直很成功（Even since then it has proved to be a great success）。prove to be 意为“被证明是”。success 是名词，意为“成功”；它的形容词是 successful，意为“成功的”，短语 be successful in 意为“在……上成功”；其动词为 succeed，succeed in doing sth. 意为“做某事很成功”；同时 succeed 还有“继任；接着发生”的意思，如：Summer succeeds spring.（春去秋来。）
8. Both our National Symphony Orchestra and National Theatre Company were involved in the planning of the project.（国家交响乐团和国家剧院也纳入到项目计划之中）。be involved in 意为“卷入，陷入”，相关搭配有：be involved in debt “债台高筑”；be involved in war “卷入战争漩涡”；be involved in disaster “陷入不幸”。

9. 在介绍了这个城市的艺术与文化设施之后，主持人接下来介绍了目前供选择的可能性。If you're interested in classical music, then we recommend you go along to the National on either Monday or Tuesday evening at 7:30 for a spectacular production of "The Magic Flute"—probably the most popular of all Mozart's operas.（如果对古典音乐感兴趣的话，我们推荐你在周一或周二晚上 7:30 去欣赏莫扎特最受欢迎的精彩歌剧——《魔笛》。）recommend 意为"推荐"，recommend sb. as.../for a post 意为"推荐某人做某事 / 就任某职"；recommend sb. to do sth. 意为"推荐某人做某事"。recommend 表推荐，后面接从句用虚拟语气（should + 动词原形），it is recommended that...（据推荐……）后面的从句也需要用虚拟语气。
10. 主持人最后推荐了 1 号艺术长廊的展览——中国面面观（Faces of China），里面展出的都是中国著名艺术家的绘画与雕塑（paintings and sculptures by leading artists from all over china），更美妙的是还免费，千万不可错过（Don't miss it）。miss 在此处是动词，意为"错过"，它还有"缺席；躲避；想念"的意思；同时 miss 也可作名词，意为"猜错；失败；逃脱"等。

➲ 考题解析

Question 11 答案 classical music/(classical/music) concerts
听前预测：定位词为 well known，提示词为 for，本题应填名词。
题目解析：本题难度不大，容易定位，出题句为：It's famous throughout the world as one of the major venues for classical music. 题干中的 well known for 与 famous for/as 为同义替换，故 classical music 为本题答案。

Question 12 答案 bookshop/bookstore
听前预测：定位词为 concert rooms、theatres、cinemas、art galleries、public library、restaurants，提示词为 a，本题应填名词（单数）。
题目解析：根据题干中的定位词，很容易听到本题答案 bookshop。

Question 13 答案 planned
听前预测：定位词为 1960s—1970s，提示词为 was...and built，本题应填形容词或动词过去分词。
题目解析：本题有点难度，出题句为 ...but it was planned in the 60s, built in the 70s，注意出题句与题干在时间表述上的变化，本题答案为 planned。

Question 14 答案 1983/(the) 1980s
听前预测：定位词为 opened to public，提示词为 in，本题应填与 1940、1960s—1970s 相并列的年代。
题目解析：本题答案与上一题间隔较短，所以考查考生对数字、年代的熟练程度。

Question 15 答案 City Council
听前预测：定位词为 managed，提示词为 by、the，本题应填名词。
题目解析：本题出题句为 It's run by the City Council. 题干的 managed 在原文中被替换为 run，答案的 City Council 意思是"市议会"。

Question 16 答案 363
听前预测：定位词 open、per year，提示词为 days，本题应填数字（多少天）。
题目解析：本题难度不大，所听即所得，考查考生对数字的熟悉程度。

Question 17 答案 (the) Garden Hall
听前预测：定位词为 Monday and Tuesday、The Magic Flute，提示词为 Venue、Cinema 2、Gallery 1，本题应填地点名词。

题目解析：本题难点在于 Garden Hall 的读音有些不清晰，一闪而过。考生对此应该多加熟悉，类似结构的词组还有 Town Hall。

Question 18 答案 Three Lives
听前预测：定位词为 Wednesday、8.00 p.m.，提示词为 Event、The Magic Flute，本题应填 Canadian film 的名称。
题目解析：本题的标志词为 called，其后面为本题答案，所听即所得。类似的题目通常单词都不会很难，属于一些基本词汇。

Question 19 答案 4.50
听前预测：定位词为 Cinema 2，提示词为 ticket price、£，本题应填数字（钱数）。
题目解析：本题考查考生对数字读法的适应，注意 £4.50 的读法为 four pounds fifty。

Question 20 答案 Faces of China
听前预测：定位词为 Saturday and Sunday、11 a.m. to 10 p.m.，提示词为 Event、The Magic Flute，本题应填 art exhibition 的名称。
题目解析：本题与 18 题类似，标志词为 called，所听即所得。注意：答案中 Faces 必须写成复数。

SECTION 3

谈话场景：作业讨论
人物关系：老师和学生
谈话话题：老师针对 personal statement 的具体情况和学生交谈

➲ 词汇注释

personal *adj.* 个人的	volcano *n.* 火山
statement *n.* 陈述；说明	farmer *n.* 农场主
experience *n.* & *v.* 经历	continue with sth. 继续做…
gain *v.* 获得；增加	physically *adv.* 物理上；物质上；体格上
fluency *n.* 流利	certainly *adv.* 的确；无疑，必定
combine *v.* 联合	structure *n.* 结构，构造
in fact 实际上	suppose *v.* 设想，推测
language *n.* 语言	de-motivated *adj.* 失去动力的，消极的
barrier *n.* 障碍	otherwise *adv.* 否则；除此以外
end up 结束，告终	at first 起初
original *adj.* 原来的；独创的；原版的 *n.* 原作	remote *adj.* 遥远的；偏僻的
agency *n.* 媒介；代办	reluctant *adj.* 不情愿的
run *v.* 经营，开办	understandable *adj.* 可理解的
voluntary *adj.* 自愿的，主动的	strike *v.* 撞击，敲击；碰到；发现
possibility *n.* 可能性	comfortable *adj.* 舒适的
engineer *n.* 工程	suspicious *adj.* 怀疑的，猜疑的
option *n.* 选择	connect with 连接
tourism *n.* 旅游业	meaningful *adj.* 有意义的

management *n.* 管理 guidance *n.* 指导 strong point 强项 academic *adj.* 学术的 file *v.* 归档；登记备案 *n.* 档案；文件夹 a bit of 一点儿的 dreamer *n.* 梦想家 contract *n.* 合同 *v.* 缩小；订合同 a minimum of 最小的 administration *n.* 管理；管理部门；政府 lodging *n.* 住宿 equipment *n.* 设备 laptop *n.* 手提电脑 look forward to sth. /doing sth. 盼望，期待 module *n.* 组件；模块；模件 definitely *adv.* 明确地；的确；一定 gender *n.* 性别 analysis *n.* 分析 reconfigure *v.* 重新装配，改装	civil society 文明社会；民间团体 increasingly *adv.* 越来越多地 occupy *v.* 占据 position *n.* 位置 government *n.* 政府 elect *v.* 选举，推举；选择 leadership *n.* 领导，领导层 Latin America *n.* 拉丁美洲 sphere *n.* 球体；范围；领域 useful *adj.* 有用的 practical *adj.* 实用的，实际的 put down 记下 indigenous *adj.* 土产的；土著的；本地的 appropriate *adj.* 合适的，适当的 judge *v.* 判断；裁定；审判 *n.* 法官；裁判员 lastly *adv.* 最后地 sign up 签约雇佣；报名从军；签字参加 necessary *adj.* 必要的；必然的 accent *n.* 口音，音调

➲ 交际与语言表达

1. 本段对话是在女教师与 Paul 之间展开，开始女教师询问 Paul 在南美的工作经历。女教师问 Paul 是否担心语言障碍（language barrier），Paul 回答说不担心，而且他后来还在那里教英语（In fact, I ended up teaching English there）。end up doing sth. 意为“以…结束，告终”，还可以用 end up with sth. 来表示同样的意思。end 还可以做名词，意为“结束”，in/at the end (of)“在…的最后”。
2. I see. 口语中常用，意为“我明白了”。see 在此处与 understand 同义。
3. Paul 后来介绍了自己在南美的工作。南美旅游业发达，Paul 就带领游客游览火山附近的景观。女教师问 Paul 从中学到了什么（What do you think you learned from your experience?），do you think 在此是插入句。女教师认为 Paul 的经历给他提供了一个绝佳的机会去了解社区生活（It must have been a great opportunity to examine community life）。must have been 表推测，意为“一定”。
4. Paul 说这的确是一个好机会，不过最初让当地人接受自己还是很难。It was a very remote village and some of them were reluctant to speak to me.（那个村庄很偏远，村民不愿意和我说话）。reluctant 为形容词，意为“不愿”，短语 be reluctant to do sth. 意为“不愿做某事”；相似短语有 be unwilling to do sth.，也表示“不愿做某事”。
5. 不过，渐渐地情况有所改观（things soon improved），最让 Paul 惊讶的是村民和他呆在一起时感到舒服，也不那么多疑了（What struck me was that when people became more comfortable with me and less suspicious, …）。what 在此引导主语从句，struck 是 strike 的过去式，意为“打动”。
6. Paul 对女教师说他的项目经理给了他很多建议和指导，女教师问他的项目经理是否擅长管理（And was he good at managing too?）。短语 be good at 意为“擅长……”；反义短语是 be bad at，意为“不擅长……”。
7. Paul 介绍了当时的食物与住宿条件之后，女教师说我很期望多了解一些情况（I'll look forward to hearing more）。短语 look forward to doing sth. 意为“期望做某事”，to 在此处是介词，后面的动词用 v.-ing 形式，也可直接接名词。动词 expect/anticipate 也表示“期望”的意思。
8. 接下来女教师与 Paul 的对话围绕选课方面进行。女教师建议 Paul 选择拉美性别分析，这门课着眼于性别分析是如何重建拉美的文明社会的。Paul 的回答是如果它是关于普通村民而不是公众人物的话，他愿意（If it was to do with people in the village rather than those in the public sphere, I would）。此句用了虚拟语气，表示与事实相反，即这门课实际上不是关于普通村民，而是关于公众人物的。rather than 意为“而不是”。

9. 女教师后来给 Paul 推荐了本土女性研究，这门课程应该很符合 Paul 的要求。Paul 说我开始也这样想，不过看过去年的考试题目之后，我就改变主意了（I thought so too, but I looked at last year's exam questions and that changed my mind）。thought 在这里用的是过去时，表示之前这样想；so 意为“这样”，指代女教师前面说的情况。change one's mind 意为“改变主意”；mind 意为“头脑，智力，想法”，make one's mind 意为“做出决定”。
10. 最后女教师问 Paul 要不要选葡萄牙语。Paul 说我的西班牙语很好，是不是意味着我学葡萄牙会很轻松，女教师回答说不一定（Not necessarily），很多人发现西班牙语会干扰葡萄牙语的学习（Some people find that Spanish interferes with learning Portuguese）。not necessarily 是省略句，口语中常用，意为“未必，不一定”。interfere 意为“抵触；冲突”的意思，经常搭配的介词是 with 与 in，不过意思上有细小的区别：interfere in 意为“介入；干涉，干预”，interfere with 除了以上意思之外，还可以表示“妨碍；冲突；抵触”的意思。

➲ 考题解析

Question 21 答案 C
听前预测：定位词为 work experience、because，选项关键词分别为 teach English、improve Spanish、learn…Latin American life。
题目解析：本题出题句为 my main idea was to find out more about the way people lived there（我的主要目的是了解那里的人们的生活情况），故答案为 C，选项 A、B 为干扰信息。

Question 22 答案 C
听前预测：定位词为 originally、get involved in。
题目解析：本题难度不大，容易定位，出题句为 …getting involved in building projects was an option. Then there was tourism—taking tourists for walks around the volcanoes—which I actually chose to do，故正确答案为 C。

Question 23 答案 A
听前预测：定位词为 why、change，选项关键词为分别为 first job…not well organised、routine work…boring、physically demanding。
题目解析：本题难度较高，难点在于正确选项与原文进行了同义替换。出题句为 I wanted to do something that had more of a proper structure to it，其中 more of a proper structure 意为“更好的组织结构”，言外之意是第一个工作 not well organised。

Question 24 答案 B
听前预测：定位词为 village community、important。
题目解析：根据 village community 进行定位，出题句为 what struck me was that when people became more comfortable with me and less suspicious…，其中 less suspicious 与选项 B 的 develop trust 为同义替换。

Question 25 答案 C
听前预测：定位词为 project manager，选项关键词分别为 most of the work、plans…ambitious、supportive。
题目解析：本题较为简单，容易定位，出题句为 he gave me lots of advice and guidance（他给了我很多建议和指导），故选项 C 为正确答案。

Question 26 答案 A
听前预测：定位词为 surprised，选项关键词分别为 computer…use、little money、extension。
题目解析：题干中的 surprised 在原文被替换成了 amazing，出题句为 they gave me all the equipment I needed…even a laptop. 其中 laptop 意为"笔记本电脑"，故正确答案为 A。

Questions 27-30
听前预测：根据题干 What…decide 和 modules 得知，该 matching 题考查点在"决定"和"课程"之间进行配对。解题方法是用题干进行定位，本题的题干按照文章顺序排序，所以比较容易定位。但是，本题的重点和难点在于选项与原文的同义替换。

Question 27 答案 C
题目解析：根据 Gender Studies in Latin America 定位，出题句为 If it was to do with people in the village rather than those in the public sphere, I would（假如是关于村庄里的人，而不是在公共领域的话，我会的）。本题用的是虚拟语气，用肯定表否定，考生理解起来比较困难，所以本题难度较大。

Question 28 答案 A
题目解析：根据 Second Language Acquisition 定位，本题难度不大，出题句 I'll put that down as a definite. 其中 put…down 为"放进去"的意思，故选项 A 为正确答案。

Question 29 答案 B
题目解析：根据 Indigenous Women's Lives 定位，出题句为 …talk to some other students first and we can talk about it again late（先和其他学生讨论，我们可以稍后再谈），故选项 B 为正确答案。

Question 30 答案 C
题目解析：根据 Portuguese Language Studies 定位，出题句为 I'd much sooner do something else, then（我宁愿做点别的），其中 I'd sooner 相当于 I'd rather，都表示"宁愿…"的意思。本题难度不大，正确答案为 C。

SECTION 4

谈话场景：授课
人物关系：老师独白
谈话话题：经济试图模拟复制其他成功例子时，哪些地方会出现问题

➲ 词汇注释

lecture *n.* 讲座；讲义 deal with 处理（与cope with/handle/tackle同义） finance *n.* 财政，金融 system *n.* 系统；制度，体制 copy *v.* 抄写；复印；抄袭 once *adv.* 一旦；曾经，一度	successfully *adv.* 成功地 introduce *v.* 介绍；引进 branch *n.* 树枝；分部；分支 branch bank 分行 say *v.* 比如说 parent organization 母公司；主办机构 naturally *adv.* 自然地

repeat *v.* 重复	complicated *adj.* 复杂的
capture *v.* 俘虏，捕获；夺得，占领	ignorance *n.* 无知
goal *n.* 目标	for instance 例如
utilize *v.* 使用，利用	invisible *adj.* 看不见的，无形的
generate *v.* 生成；产生（光、热、电等）；导致	duplicate *adj.* 重复的 *v.* 复制；重复 *n.* 复制品
glamorous *adj.* 迷人的	replicate *v.* 复制
innovation *n.* 革新	unfortunately *adv.* 不幸的是
as a matter of fact 实际上	misguided *adj.* 误入歧途的
confine *v.* 限制	advantage *n.* 优点；好处
overwhelming *adj.* 压倒的，势不可挡的	after all 毕竟
a host of 许多	comparable *adj.* 可比较的
real estate agency 房地产中介	underlying *adj.* 在下面的；下层的；隐晦的；潜在的
trust *n.* 信任	adjusting *adj.* 调整的
design *v.* 设计	reliance *n.* 依赖，依靠（on）
gain an understanding of 获得对…的理解	template *n.* 样板，模板
isolated *adj.* 隔绝的	built-in *adj.* 嵌入的；内置的
grasp *v.* 领会，理解；抓住；掌握	consistency *n.* 坚韧；一致性

交际与语言表达

1. 本篇文章节选了是老师授课的一部分。老师首先回忆说前几讲的内容是关于商业金融，接下来的内容关于商业体系。本节课的内容是当经济试图模拟复制其他成功例子时，哪些地方会出现问题（And in today's lecture I'm going to talk about what can go wrong when businesses try to copy their own best practices）。短语 go wrong 意为“出错，发生故障”。
2. Once a business has successfully introduced a new process—managing a branch bank, say, or selling a new product—the parent organization naturally wants to repeat that success, and capture it if possible on a bigger scale.（一旦商业成功地引进一套新的程序，比如说管理银行分行，或者销售某新产品，母公司自然想复制其成功模式，如果可能的话，在更大范围上将之据为己有。）say 在此处为副词，是插入语，意为“比如说”。
3. The goal, then, is to utilize existing knowledge and not to generate new knowledge.（这样做的目的是使用已有知识，而不产生新的知识）。then 也是插入语，本句的主干是 the goal is to…，不定式 to 引导的部分做表语。
4. It's a less glamorous activity than pure innovation.（因此这种行为相比纯粹发明来说就缺乏魅力了。）该句话使用了比较级，有两个线索可以看出，一个是 less 修饰 glamorous，另一个是比较级的标志词 than。
5. It seems that most large industries are trying to repeat their own successes, and manage the knowledge they've acquired—but even so it has been shown that the overwhelming majority attempts fail.（看起来似乎大多数大型工业试图复制他们自己的成功模式，操控他们已有的知识，但是即使如此，绝大多数的尝试还是归于失败）。acquire 为动词，意为“取得，获得”，acquire knowledge 意为“学习知识”；名词形式为 acquisition，language acquisition 意为“语言习得”；形容词形式为 acquisitive，意为“习得的”。短语 the majority of 意为“多数，过半数”，“少数”则可以表达为 the minority of。
6. A host of studies confirm this, covering a wide range of business settings: branch banks, retail stores, real estate agencies, factories, call centres … to name but a few.（大量的研究证明了上述观点，这个研究包括许多商业背景：银行分行、零售店、房地产中介、工厂、电话中心……这里只列举少数。）retail store 意为“零售店”，wholesale 意为“批发”，wholesaler 意为“批发商”。name 在此处为动词，意为“列举”。
7. The trouble is, even the expert doesn't fully grasp the whole thing because when it comes to

complex systems, the individual components of the process are interwoven with one another.（问题是，因为一涉及这个复杂的系统，甚至专家都无法完全掌控整个局面，而且这个程序中单个成分又与其他成分交织在一起）。be interwoven with 意为“与…交织在一起”。interwoven 是动词 interweave 的过去时与过去分词形式。

8. 讲座中说，除了上述问题之外，专家从来都无法获得需要的信息（the expert never has complete access to the necessary information）。而且专家对自己的无知还不自知，使得情况更加复杂（And the situation's complicated even further by the fact that experts are usually not aware of their own ignorance）。access 为名词意为“入口，通道；使用权”，作动词意为“存取”；have access to 意为“接近，到达；可以使用”。be aware of 意为“意识到”，相当于 realize；be not aware of 也可以表达为 be unaware of。
9. 接下来老师讲述了经理人在复制成功的过程中出现的两类错误。其中一种错误就是从不同的系统中择取最好的部分，希望创造出完美的组合（Another mistake is trying to use the best parts of various different systems, in the hope of creating the perfect combination）。in the hope of 意为“希望”，也可用“in the hope that + 从句”的结构，亦可用 in hopes of/that。关于 hope 的一些短语还有：be beyond/past hope 意为“（成功、痊愈）毫无希望”；build up/raise sb's hopes 意为“使某人抱有希望”。口语中有 Some hope！这一表达，相当于 What a hope!（真是痴心妄想！）
10. Unfortunately, attempts like these usually turn out to be misguided and lead to problems.（不幸的是，这些尝试一般都是误入歧途，最终导致了问题的产生）。turn out to be 意为“证明是”，相当于 prove to be；lead to 意为“导致”。
11. But the underlying problem has more to do with attitudes than the actual difficulty of the task.（但是这些潜在的问题更多的是与态度相关，而不是任务本身的实际难度。）have sth. to do with 意为“与…有关系”，have more to do with 意为“与…关系更深”，have less to do with 意为“与…关系不大”。
12. not merely duplicating the physical characteristics of the factory, but also duplicating the skills that the original employees had（不仅仅复制工厂的外在特征，而且复制原来雇员的技术）。merely 意为“仅仅，只不过”，not merely...but also... 等同于 not only...but also...。

➲ 考题解析

Question 31 答案 B
听前预测：定位词为 new business processes、attempts，选项关键词分别为 attractive、frequent、straightforward。
题目解析：本题难度不大，出题句为 but it actually happens more often，对应选项 B 中的 frequent（频繁）。

Question 32 答案 B
听前预测：定位词为 research...repetition，选项关键词分别为 done outside the US、consistent findings、only a few contexts。
题目解析：本题有一定难度，出题句为 A host of studies confirm this, covering a wide range of business settings, 句中的 A host of studies confirm this（很多研究都证实了这一点）对应选项 B 中的 consistent findings（得出了一致的结论）。另外，要特别注意选项 C 包含 only 这样的绝对化词汇，通常是干扰选项，类似的表示绝对意义的词还有 must，never，all 等。

Question 33 答案 B
听前预测：定位词为 consulting experts，选项关键词分别为 few managers、useful...certain circumstances、sometimes unwilling...advice。
题目解析：本题难度较大，难点在于不易定位，出题句为 Now, this approach can be used if you want to gain a rough understanding of a particular system, or understand smaller, isolated

problems. 其中 if 为条件状语从句，在一定条件下，这种方法 can be used，故正确答案为 B。

Question 34 答案 A
听前预测：定位词为 knowledge…incomplete、because，选项关键词分别为 difficult…explain、not to mention、altered。
题目解析：本题难度不大，比较容易定位，出题句为 some may be difficult to describe，故正确答案为 A。

Question 35 答案 combination/system
听前预测：定位词为 two mistakes、original process，提示词为 an ideal，本题应填名词。
题目解析：本题难度不大，重点关注 firstly，another 等递进关系词，理清文章层次，抓住核心名词即可。

Question 36 答案 safety
听前预测：定位词为 disadvantages，提示词为 effect of changes on，此处应填名词或名词短语。
题目解析：本题难度不大，非常容易定位，但要注意 changes 与 modification 之间的同义替换，相关句中的核心名词 safety 为本题答案。

Question 37 答案 attitude(s)
听前预测：定位词为 Solution，提示词为 change，此处应填名词。
题目解析：本题难度不大，题干中的 change 在原文中替换成了 adjusting，核心名词 attitudes 在相关处多次出现。

Question 38 答案 control(s)
听前预测：定位词和提示词均为 rigorous，本题应填名词。
题目解析：题干中的 rigorous 在原文中替换成了 strict，要注意答案 controls 为名词复数，而不是动词第三人称单数。

Question 39 答案 factory/factories
听前预测：定位词为 physical features，提示词为 of the，此处应填名词。
题目解析：本题难度不大，所听即所得，注意同义替换的应用，题干中的 physical features 对应原文中的 physical characteristics。

Question 40 答案 skills
听前预测：定位词为 original employees，提示词为 the，此处应填名词。
题目解析：本题难度不大，但与上一题间隔较短，做题时要注意 not merely…but also 等递进结构词的提示，这样才能迅速抓住答案。

READING

READING PASSAGE 1

文章结构

体裁	说明文
主要内容	用激光来回击闪电。
结构	第 1 段：泛泛论述闪电带来的巨大影响。
	第 2 段：美国和日本研究员尝试用激光回击闪电。
	第 3 段：历史上曾有人尝试发射火箭来回击闪电。
	第 4 段：发射火箭回击闪电的缺点。
	第 5 段：Diels 出于安全性的考虑，尝试用激光来回击闪电。
	第 6 段：激光回击闪电的原理。
	第 7 段：激光的方法也有缺陷，即不便于携带，因此 Diels 在做新的改进。
	第 8 段：Diels 预测并期待关注和支持的到来。
	第 9 段：其他科学家也会从 Diels 的研究中获益。
	第 10 段：激光的方法还有可能阻止冰雹。

词汇注释

第 1 段	
thunderstorm *n.* 大雷雨 fury *n.* 愤怒 inflict *v.* 伤害，折磨；施加	leisurely *adj.* & *adv.* 悠闲的（地） bolt *n.* 螺栓，门栓 *v.* 逃跑，冲出
第 2 段	
trial *n.* 试验；审讯；考验 *adj.* 尝试的,试验性的 strategy *n.* 策略	neutralise *v.* 中和，中立 armoury *n.* 军械库，兵工厂
第 3 段	
grid *n.* 格子；烤架；铁丝网	voltage *n.* 电压，伏特数
第 4 段	
frequency *n.* 频率	trigger *v.* 使发生，触发；使运行 *n.* 扳机；起因

第 5 段	
invest *v.* 投资 promising *adj.* 有希望的，前途光明的	emerging *adj.* 新兴的
第 6 段	
reveal *v.* 露出；透露，显示 electron *n.* 电子 atom *n.* 原子 ion *n.* 离子 zapper *n.* 遥控	installation *n.* 安装；就职；装置 portable *adj.* 轻便的，手提(式)的，便携式的 brew *n.* 酿造的饮品，酿造过程 *v.* 酿造；泡，调制
第 7 段	
stumbling *adj.* 蹒跚的；阻碍的 stumbling block 绊脚石，阻碍物；困难，障碍	nifty *adj.* 一流的，极好的
第 8 段	
commercial *adj.* 商业的 forthcoming *adj.* 即将来临的	avalanche *n.* 山崩，雪崩；（雪片）般飞来的事物
第 9 段	
fingertip *n.* 指尖 interactive *adj.* 相互作用的，交互的	meteorology *n.* 气象学，气象状态 forecast *n.* & *v.* 预测，预报
第 10 段	
confront *v.* 对抗；遭遇，面临 menace *n.* & *v.* 威胁，恐吓 hail *n.* 冰雹 *v.* 下冰雹	torrential *adj.* 奔流的；汹涌的，猛烈的 moisture *n.* 湿气；降雨量，水分

➲ 考题解析

Questions 1-3

● 题型归类：Multiple Choice

➲ 题目解析

题目编号	题目定位词	答案位置	题　解
1	main topic	文章的标题	答案 D　通过标题知道整篇文章的主旨是“通过激光来回击闪电”，因此答案是 D 选项，意思为“一种用于控制闪电袭击的激光技术”，属于对标题的同义替换。

2	every year lightening	第一段	答案 A　本题考查关于每年闪电情况的细节，可定位于第一段。B 选项可以通过 golfer 一词来定位，也在第一段，原文意思是“孤单的高尔夫球手或许将是闪电之箭最为有吸引力的目标”，选项 B“在美国主要杀死或者伤害高尔夫球手”改变了原意；C 和 D 选项可以分别通过 500，100 这两个数字来定位到第一段，但是 C 选项中将原文 in the United States 偷换成了 throughout the world，因此不对；D 中将原文的 $100 million 偷换成 100 companies，也不对。通过对第一段的概括，可以知道闪电带来的影响是非常大的，因此答案是 A。
3	University of Florida, University of New Mexico	第三段和第五段	答案 A　题目问的是 University of Florida 和 University of New Mexico 的研究员的关系。通过 University of Florida 和 University of New Mexico 分别定位至第三段和第五段。对两处论述进行对比，不难得出两者共同之处是“从同一来源获得经费”，都是 EPRI。答案是 A。

➲ 考题解析

Questions 4-6

● 题型归类：Sentence Completion

➲ 题目解析

题目编号	题目定位词	答案位置	题　解
4	EPRI	第三段第 5-6 行	根据原文“EPRI, which is funded by power companies”可知，本题答案为 power companies。
5	Diels, advantage	第五段第 3-4 行	解答本题，需要根据 Diels 和 advantage 来定位，寻找论及到 Diels 的地方，并且要提炼出他的技术的优点。定位到第五段，从第五段第 3-4 行的论述发现 safely 和 safety 是论述的重点。而空格处需要填副词，因此答案是 safely。
6	laser equipment, difficulty	第七段第 1-2 句	根据 laser equipment 和 difficulty 来定位，定位到第七段。第七段第 1 句话中的 stumbling block 就是 difficulty 的同义替换，后面论及到最大的困难是 not portable，因此要减小 size。因此，本题答案是 size。

Questions 7-10

● 题型归类：Summary

➲ 题目解析

题目编号	题目定位词	答案位置	题　解
7	removing electrons	第六段第 2 行	答案 B 根据 removing electrons 来定位，找到第六段第 2 行，文章说 when high-powered lasers were revealing their ability to extract electrons out of atoms…，其中原文中的 extract 对应题干中的 removing，所以答案是 B atoms。
8	then, control electrical charges	第六段第 2-4 行	答案 C 根据 then 知道，本题描述的是紧挨着第 7 题论述的动作的，因此可估计本题的答案紧随第 7 题答案之后。原文中的 guide lightning to Earth 也就是题干中所说的 control electric charges，而达到这个目的就需要将激光对准 storm clouds。
9	less dangerous than	第四段和第五段	答案 G 解答本题需要对文章有一个提炼，第 9 题问的是激光是相对于哪种方式更加有安全的技术。根据第四段和第五段可以知道，第四段说火箭发射的缺点，第五段说出于安全性的考虑开始使用激光，因此答案应该是火箭（rockets）。
10	protection, aimed firstly	第六段第 3-4 句	答案 D 定位到第六段的第 3-4 句，其中原文中的 To stop the laser itself being struck 就相当于题干中的 As a protection for the lasers，所以显然本题的答案是 mirrors。

➲ 考题解析

Questions 11-13

● 题型归类：YES/NO/NOT GIVEN

➲ 题目解析

题目编号	题目定位词	题目句意	题　解
11	Diels, enough money	电力公司已经给 Diels 足够的资金来发展激光技术。	NO 根据第八段前两句的论述可知，目前 Diels 已经吸引了电力公司的关注，但是开发更小更便宜的激光系统所需要的 500 万美元的资金还没有提上日程。题目表述与原文相矛盾。

12	depend on tests in real stoms	是否能获得资金来改进激光技术将取决于真实雷雨中的测试结果。	YES 根据第八段 Bernstein 的话可知，他认为即将来临的实地测验将是转折点，他希望有好消息。如果一切进展顺利，Berstein 预测关注和支持将潮涌而来。题目表述符合文意。
13	weather forecasters	天气预报员对 Diels 的系统很感兴趣。	NOT GIVEN 文章第九段虽然提到了天气预报，即 Diels 希望将来看到"交互式气象学"，不仅是预报天气，还可以控制天气；但是却并没有提到过 weather forecasters 的态度，他们也许感兴趣，也许不感兴趣，无从判断。

参考译文

用激光来回击闪电

在所有的天气中，几乎没有比大雷雨侵袭时更为猛烈的了。每年，仅仅在美国，猛烈的大雷雨电流就造成大约 500 人伤亡。当阴云滚滚而来时，野外休闲的高尔夫场地可能会成为令人惶恐的危险之地，孤身一人的高尔夫球手或许会成为闪电之箭最有吸引力的目标。另外，它还会造成财产损失。美国电力公司每年遭受的闪电损失就超过 1 亿美元。

然而，美国和日本的研究人员正在谋划应对措施。他们已经在实验中试验了一些将大雷雨能量中性化的策略，并且，他们将于今年冬天直面真实的暴风雨，他们将装备一库房的激光，这些激光将指向天空，在闪电袭击前就将雷雨云的电量释放掉。

让暴雨云乖乖地释放闪电的这个想法并不新鲜。在 20 世纪 60 年代初，研究人员尝试向雷雨云中发射火箭跟踪电线，以建立一条便捷的路径，使这些云层产生的巨大电荷得以释放。在佛罗里达州一个由佛罗里达大学运转的试验场，这项技术沿用至今，并且得到位于加利福利亚州的电力研究所（EPRI）的支持。EPRI 是由电力公司资助的，这一机构正在寻求保护美国电网免于闪电袭击的方法。"我们可以利用火箭使得闪电袭击我们希望它袭击的地方。" EPRI 闪电计划经理 Ralph Bernstein 如是说。火箭试验场为闪电的电压提供精确的测量方法，并且允许工程师检测电力设备的承受情况。

不良反应

火箭易于进行实验，但是这不能为所有需要的人提供免于闪电袭击的保护。一发火箭大约耗费 1200 美元，只可以按照有限的频率进行发射，而且发射失败率大约在 40%。即便火箭能触发闪电，情况并非总是按照计划来进行。"闪电计划并非完美无缺，" Bernstein 说到，"偶尔，闪电也会产生分离，击中预料之外的地方。"

不管怎么样，谁愿意在人口稠密的区域发射大量火箭呢？ "升起来的东西总要落下来。"新墨西哥大学的 Jean-Claude Diels 指出。Diels 领导着一个由 EPRI 支持的项目，他试图使用激光来安全地释放闪电，由于没有人愿意将他们自己或者他们昂贵的设备置于危险境地，安全性是一个基本要求。目前这个项目大约已经投入了 500,000 美元，一套前景无限的系统即将在实验室中诞生。

这一想法大约开始于 20 年前，那时高能激光就开始显露出能够从原子中提取电子并创造离子的能力。如果激光能够在空中产生一条通向暴雨云的电离带，在电场强大到以难以控制的电压冲击空气之前，电离带可以用来将闪电引导到地面。为防止本身被闪电击中，激光将不会直接指向云层，而是将直接指向一面镜子，并通过镜子指向天空。镜子旁边将放置避雷针来进行保护。理想状况下，云层遥控器（枪）会很便宜，足以在所有重要的电力装置旁进行安装，并且可以携带到国际运动赛事，用来照射酝酿暴风雨的阴云。

困惑重重

然而，现在还有一个很大的障碍令人十分困惑。激光并非极易携带：激光是一个能占据整个房间的庞然大物。Diels 正在尝试削减激光大小，并且说会研究出约有一张小桌子大小的激光。明年夏天，他将对这一更易于控制的系统进行真实雷雨云测试。

Bernstein 说，电力公司对 Diels 的系统产生了很大兴趣。EPRI 说需要 5 百万美元，开发一个商用系统，以研发更小更便宜的激光系统，但电力公司并未将此提上日程。Berstein 说，"我不能说我已经有资金了，但是我正在筹划中。"他认为即将来临的实地测验将是转折点，他希望有好消息。如果一切进展顺利，Berstein 预测关注和支持将潮涌而来。他预期每个云层控制器最终将耗费 50,000 至 100,000 美元。

其他科学家也将从中获益。通过指尖持有的闪电"开关"，材料科学家会查明当强大电流碰到物体时将会有什么情况发生。Diels 也希望"交互式气象学"的诞生，它不仅能预测天气还能控制天气。"如果我们能够释放云层电量，或许可以影响到天气，"他说到。

或许，Diels 说，我们将会遭遇其他一些气象威胁。他说："我们认为我们能通过引诱闪电来阻止冰雹。"他说，雷是产生于闪电的冲击波，它被认为是以暴风雨为典型的大雨的触发器。激光雷工厂可以将云层中的湿气摇出，或许就能预防威胁庄稼的巨大冰雹的形成。如果幸运的话，当今年冬天暴风雨云聚集时，携带激光的研究人员可能会首次作出回击。

READING PASSAGE 2

文章结构

体裁	说明文
主要内容	天才的本性。
结构	第 1 段：总体介绍 Genius（天才）的概念和起源。
	第 2 段：人们对天才的态度往往带是有矛盾情绪的。
	第 3 段：19 世纪对于天才的研究情况。
	第 4 段：天才有明确的定义，然而天才又具有相对性。
	第 5 段：天才的大脑与普通人并无异常。
	第 6 段：进一步论述了天才的大脑并无异常。
	第 7 段：总结了有天赋的小孩或者天才并无异于其他人。

➲ 词汇注释

第 1 段	
genius *n.* 天才；天赋 prodigy *n.* 神童，不凡的人；奇迹 begetter *n.* 生产者；父亲 paterfamilias *n.* 家长	perpetuate *v.* 使永存，使不朽 thence *adv.* 从此，那时起 astrology *n.* 占星术，占星学
第 2 段	
folk *adj.* 民间的，民众的 ambivalent *adj.* 有矛盾情绪的 mythology *n.* 神话 giftedness *n.* 资赋优异 intellectual *n.* 知识分子 burn out 不再热衷；失去兴趣或热情 eccentric *n.* 古怪的人；偏心轮；偏心圆 weakling *n.* 虚弱的人，懦怯者，病弱者	highbrow *n.* 知识份子，卖弄知识的人 egghead *n.* 有知识的人，理论家 blue-stocking *n.* 女学者，女才子 wiseacre *n.* 自以为聪明者，自以为懂事的人 boffin *n.*（在密室中从事研究工作的）研究员；科学工作者 denigration *n.* 诋毁，损贬
第 3 段	
norm-referenced 常模参照评定（专有名词，一种研究方法） collate *v.* 对照，校勘，校对 upbringing *n.* 抚育，教养 mortality *n.* 死亡率	bully *n.* 恃强欺弱的人；（曲棍球）开球 *v.* 恐吓，威胁，欺负 corporal *adj.* 肉体的，身体的 corporal punishment 体罚 paediatrics *n.* [医]小儿科 psychology *n.* 心理学，心理状态
第 4 段	
vantage *n.* 优势，有利情况 mundane *adj.* 平凡的；世俗的，世界的	mediocre *adj.* 平庸的，平凡的
第 5 段	
marvel *n.* 奇异的事物，令人吃惊的人 *v.* 感到惊异 superior *n.* 上级；高手 *adj.* 高傲的；上层的；上好的	manifestation *n.* 显示，证明；示威运动 outstrip *v.* 超过 jogging *n.* 慢跑
第 6 段	
emulate *v.* 效法；同…竞争，尽力赶上 unpalatable *adj.* 不适口的，不好吃的；让人不快的	perseverance *n.* 毅力，不屈不挠；忍耐
第 7 段	
delude *v.* 欺骗，迷惑，蛊惑	

➲ 考题解析

Questions 14-18

● 题型归类：Multiple Choice
该题与一般的 Multiple Choice 不太一样，它要求考生在 11 个选项中选出 5 个正确答案来。

➲ 题目解析

题目编号	14-18
题目定位词	popular beliefs
答案位置	第二段
题解	选项含义如下： A 真正的天才在各个领域都具备天赋。 B 天才的天赋会瞬间消失殆尽。 C 有天赋的人需要使用他们的天赋。 D 天才在每一代人中出现一次。 E 天才很容易由于遭受打击而被摧毁。 F 天赋是遗传的。 G 天才很难相处。 H 人们从不欣赏真正的天才。 I 天才是天然的领导者。 J 有天赋的人在困境中发展他们的天赋。 K 天赋总是能显露出来。 文章第二段主要讲了人们对天才的各种观点，所以以上这些观点是否正确可通过文章第二段来确定。 A 选项跟文章中的论述相反，第二段第 3-4 行说到 if people are talented in one area, they must defective in another，意思是“如果一个人在某一方面具有天赋，他们必然在另一方面有缺陷”，因此天才并非是在各个领域都具备天赋的。A 选项错误，不能选。 B 选项的对应点在第二段第 4-5 行 prodigies burn too brightly too soon and burn out 意思是“神童只是昙花一现”，因此 B 选项正确。 C 选项对应第二段倒数第 4 行 people with gifts have a responsibility to use them“有天赋之人有责任去发挥天赋”，言下之意也就是有天赋的人需要使用他们的天赋。因此 C 选项正确。 F 选项对应第二段第 7 行 genius runs in families“天才是家族传统”，也就是说天赋是遗传的。因此 F 选项正确。 H 选项对应第二段第 2 行 we envy the gifted and mistrust them，因此说明人们并不会真正欣赏天才。H 选项正确。 J 选项对应第二段倒数第 3 行 adversity makes men wise“困境让人变得具有智慧”，因此说明天才在困境中发展其天赋。J 选项正确。 其他选项在文章中都没有提及。

➲ 考题解析

Questions 19-26

● 题型归类：TRUE/FALSE/NOT GIVEN

➲ 题目解析

题目编号	题目关键词	题目句意	题 解
19	Nineteenth-century studies	19 世纪对于天才的天赋的研究并没有考虑到天才教养的独特性。	TRUE 根据第三段（70 页倒数第 5 行）可以得知，原文只提到了研究会考虑 the method of upbringing，但是没有考虑到 uniqueness of the person's upbringing，题目表述符合文意。
20	Nineteenth-century studies, lack	19 世纪对于天才的研究缺乏目标和合适的科学方法。	TRUE 根据 nineteenth-century 可定为到第三段，根据第三段最后一句话“只是随着二十世纪儿科和心理学进一步发展，这些研究才在一个更为客观的基础上进行，即便现在还没有建立科学的基础”来判断，题目表述是正确的。
21	true genius	一个真正的天才在任何领域都具备普遍的才能。	FALSE 根据解答第 14-18 题的经验，可直接判断题目表述是错误的。
22	same	普通人的技能和神童的技能在本质上一致的。	TRUE 根据第五段的首句可以知道，天才的技能和普通人的技能在本质上是相似的，尽管在表现上不一样。题目表述符合文意。
23	truly great ideas	伟大的思想接受起来的很容易，有时我们还会认为这是理所当然的想法，但是这不能削减这些思想的重要性。	TRUE 定位到第五段的最后两句话“像开普勒、爱因斯坦这样科学家来之不易的科学发现变成了小学生的常识、像 Paul Klee 这些艺术家曾经反常的外形和色彩很快就出现在我们穿的织物上，这些都证明了这一点。这没有减少天才们至高的成就”。题目表述正确。
24	Giftedness and genius	天赋和天才值得让科学研究深入其本质，以至于所有天赋都能被人类所保留。	NOT GIVEN 定位到第七段，第七段提到了“我们可能充其量通过定义他们和把他们放置在一定的背景中来让他们更为精确”，但是题目表述的观点在文章没有提及，可能正确，也可能不正确。
25	pay a high price	天才们通常为取得伟大成就付出很多。	TRUE 定位到第六段的最后一句话 we may envy their achievement and fame, but we should also recognise the price they may have paid in terms of…，由此可知题目表述是正确的。

26	To be a genius	成为一个天才是值得付出很多个人代价的。	NOT GIVEN 选项表述的一种观点，但是通读全文后会发现作者并没有提出这种观点，所以选项表述正确与否无法判定。

➲ 参考译文

天才的本性

人们总是对天才和神童感兴趣。genius 一词源于拉丁文 gens（家庭、家族），以及术语 genius（相当于 begetter，意为"生产者、父亲"），产生于早期罗马人担任家族领袖时的神学仪式。在其最初期形式中，genius 是与家族领袖，即家长的自我永生能力相关的。逐渐地，genius 开始代表一个人的特性，并且从那时起，人们认为个体最高的属性源于他的"天赋"或者引导性精神。今天，人们仍然留心星象或者基因，占星学或者遗传学，期望寻找到杰出的能力或者个人特点的根源。

天才或者天赋的概念已经变成民间文化的一部分，但是人们对于它们的态度是矛盾的。我们妒忌有天赋的人并且不信任他们。在天才神话中，人们普遍认为，如果一个人在某一方面具有天赋，他们必然在另一方面有缺陷；知识分子是不切实际的；神童只是昙花一现；有天赋的人都是古怪的人；他们都是身体虚弱的人；天才和疯子只有一线之隔；天才是家族传统；有天赋的人是如此聪明以至于他们不需要特别的帮助；有天赋的人就是有高智商的人；一些种族就是更为聪明、更喜欢音乐或者更具有数学才能；天才没有得到认可和回报；逆境使人聪明或者有天赋之人有责任去发挥天赋。语言也因为"知识分子"、"理论家"、"女才子"、"自以为聪明者"、"自称无所不知者"、"专注于科技研究（尤指军事）的科学家"这些术语而丰富，但是对许多人而言，"知识分子"是一种诋毁性的术语。

19 世纪见证了人们对天才本性的巨大兴趣，并且产生了不少关于著名神童的研究。这些绝大部分关于天才研究中，两个最为重要的方面是关于两种几率，其一是父母和家庭教师在早期频繁的鼓励和教诲对小孩智力、艺术或者音乐的发展产生有益影响，但是也会造成孩子们很难适应之后的生活；另外一种是小孩的能力未得到老师和学校辨识的几率。这些研究因为收集了趣闻、明显的相似性和例外而引人入胜，然而这些研究提供的证据的困难在于，他们并非是我们如今所认为的常规参照认定法。换言之，比如，在收集早期疾病、养育方法、学校教育等信息时，我们也必须从其他历史渊源来研究这些信息在当时是否常见或特别。例如，以前的婴儿死亡率高、预期寿命短，上门家教在贵族和富人家庭很普遍，在最好的独立学校暴力和体罚是很普遍的；并且，一般而言，所研究的实例都是有特权的阶层。只是随着二十世纪儿科和心理学进一步发展，这些研究才在一个更为客观的基础上进行，即便现在还没有建立科学的基础。

天才的定义明确，然而，天才仅是耸立于历史雾霭中，特定的观察者从其自身特有的优势地位所观察到的高峰。变更观察者和优势地位、清除一些雾霭，众多不同的山峰就会浮现。天才是一个术语，我们用它来指那些我们承认他们杰出成就的人，那些站在人类才能的连续体的末端附近，这些才能回顾了从平凡、平庸到无能。Samuel Johnson 的观察仍有不少真理存在，"真正的天才是具有普遍天赋的聪明人，在某个特定方面偶然间出现的。"我们可能不同意"普遍"这一点，因为我们怀疑是否所有的天才音乐家都能成为天才科学家，或者所有天才科学家都能成为天才音乐家。但是，毫无疑问的是，正是意外的决心培育并激发了他们的天赋，使他们进入特定的领域，最后一举成功。绵延不绝的才能之路，有成千上万天赋异禀的男人和女人，男孩和女孩。

天才的工作和神童的成就中，为我们所欣赏、喜欢或者感到惊奇的是我们具备相似的技能或者能力，但他们的表现却大大超越了我们。然而，天才的大脑与我们并无异，像开普勒、爱因斯坦这样的科学家，他们来之不易的科学发现变成了小学生的常识，像 Paul Klee 这些艺术家曾经反常的外形和色彩很快就出现在我们穿的织物上，这些都证明了这一点。但是天才们的成就没有因此而被人藐视，他们的成就高出我们，这就好比参加四分钟内跑完一英里的运动员比我们慢跑做得更好是一样的。

只有当我们认可每个人的大脑是独特的、不同的，认为天才和有天赋的人有独特的、不同的大脑这种想法才是合理的。指导的目的在于使我们相互间更为不同，在受教育过程中，我们可以从比我们更有天赋的人那里学到他们的成就。在我们试图努力赶上或者鼓励我们的孩子赶上他们之前，我们应该注意到，从他们那学的一些东西未必就好。我们可能羡慕他们的成就和名声，但是我们应该察觉到他们所做的牺牲，如在坚持不懈、专心、奉献、受限的个人生活、精力与时间上的要求，以及为维持他们的正直或者为了站到顶峰需要不断展示出巨大勇气这些方面。

天才和有天赋的人是对非具体实体的一个相对描述性的术语。我们可能充其量通过定义他们并把他们放置在一定的背景中来让他们更为精确，但是，无论如何，我们决不能欺骗我们自己，去相信有天赋的小孩或者天才有别于其他人，除了他们发展才能的程度。

READING PASSAGE 3

文章结构

体裁	说明文
主要内容	生物体的老化和死亡规律以及如何延长寿命。
结构	A 段：提出工业物体的自然磨损和功能损失同生命生物死亡的关系问题。
	B 段：工业物体的自然磨损和功能损失同生命生物死亡具有不同性。
	C 段：老化和死亡不应该被视为不可避免的。
	D 段：反对简单的磨损理论的更进一步论据是生物年龄跨度很大。
	E 段：介绍了内部闹钟的作用。
	F 段：那些精力方面行为“节约”的动物变得显著长寿。
	G 段：节约使用精力储备应该可以延长寿命。

词汇注释

A 段	
span *n.* 时期，跨度，间距 *v.* 延续，横跨，贯穿，遍及 restrict *v.* 限制，限定，约束 be subjected to 遭受；从属于	wear *v.* 磨损，穿戴，使疲劳 *n.* 磨损，穿着，耐久性 tear *n.* 撕，扯；撕裂处，眼泪 *v.* 扯；撕破；飞跑；流泪；含泪 comparable *adj.* 可比较的，比得上的
B 段	
static *adj.* 静的；静力的；静态的；静止的 thermodynamics *n.* 热力学 inexorable *adj.* 无情的，不屈不挠的，冷酷的 dynamic *adj.* 动力的；动态的；动力学的	equilibrium *n.* 平衡；均衡 permanent *adj.* 永久的，固定的，不变的 molecule *n.* 分子，微粒

C 段	
inevitable *adj.* 不可避免的；必然的 mutation *n.* 变化，突变，变异 optimal *adj.* 最佳的，最理想的	immortality *n.* 不朽，永生 evolution *n.* 进化，发展，演变
D 段	
striking *adj.* 醒目的，打击的，惊人的 parameter *n.* 参量，参数，决定因素，界限	mammoth *n.* 长毛象 *adj.* 长毛象似的，巨大的
E 段	
metabolic *adj.* 新陈代谢的	invert *v.* 倒置，反转，颠倒
F 段	
frugally *adv.* 节约地；俭朴地 crocodile *n.* 鳄鱼 tortoise *n.* 龟 captivity *n.* 囚禁，被俘，束缚	hibernation *n.* 过冬；冬眠 lethargy *n.* 昏睡，倦怠，无精打采 comrade *n.* 朋友；伙伴；同志
G 段	
spare *v.* 节省，节约 cardiovascular *adj.* 心血管的 prolong *v.* 延长，拉长，拖延	adequate *adj.* 充分的，足够的 equable *adj.* 稳定的，平稳的

➲ 考题解析

Questions 27-32

● 题型归类：List of Headings

➲ 题目解析

题目编号	题目选项句意	段落主题句	题　解
27	ix 客观物体和生物在衰老方面的本质不同	第 4 句	答案 ix　本段先是说明客观物体的存在是一个静止的、封闭的系统，第 4 句承上启下，说明虽然客观物体老化的规律同样适用于生物，但是这一规律的结果却未必相同。之后便详细阐述了生物体可以进行自我更新这个概念。所以本段主要是比较客观物体和生物在衰老方面本质上的不同，对应选项 ix。
28	ii 为什么死亡有益	最后一句	答案 ii　本段先是说老化、死亡并不是生物体必须经历的过程，第 3 句出现强转折词 Nevertheless，后面便开始说死亡对整体生物进化是必需的，也就是在说死亡的益处，对应选项 ii 。

29	vii 即使有进步，依然保持稳定的寿命长短	第 2 句	答案 vii 本段第 2 句说明同一物种内，寿命界限是相对不变的。之后便以人类的寿命为例具体说明了这一观点。
30	i 生物钟	第 1 句	答案 i 本段第 1 句提出了“生物钟”这一概念，并指出生物钟在某些方面测量和控制老化过程，并最终决定生物的最后一步是死亡。所以本段主要都是在讲 the biological clock，与选项 i 相对应。
31	viii 能力消耗	第 1 句	答案 viii 本段列举了众多例子，都是为了说明一个问题——能力消耗的多少与寿命长短成反比：新陈代谢越快，寿命越短，新陈代谢越慢，寿命越长。选项 iii “能力消耗”抽象概括了本段的主题。
32	iv 延长你的寿命	第 1 句	答案 iv 根据本段主题句 ...sparing use of energy reserves should tend to extend life 可确定选项 iv 为正确答案，其中原句中的 extend 对应题目中的 Prolonging。

➲ 考题解析

Questions 33-36

● 题型归类：Sentence Completion
此类题目属于细节题，虽然是以完整句子的形式出现，但是题目是对某一件事的综合陈述，是对部分内容的总结，在这一意义上类似于 Summary 题型。解答此类题目的关键是依靠题目定位词确定答案的大致方位，然后根据定位词前后的语句判断正确答案。

➲ 题目解析

题目编号	题目定位词	答案位置	题解
33&34	objects age in accordance with principle	B 段第 3 行	根据题干 objects age in accordance with principle 定位到 B 段第 3 行：Ageing in this case must occur according to the law of physical chemistry and of thermodynamics. 因此，可以确定 33 题答案为 physical chemistry，34 题答案为 thermodynamics。
35	mutation	C 段倒数第 3 行	根据 mutation 定位到 C 段倒数第 3 行，原句中出现 better adaptation，因此 35 题应该填写相同意思的词语。但是 35 题需要填入动词，因此，需要将 adaptation 改为动词形式，所以答案是 adapt。
36	mutation	C 段最后一句话	根据 C 段最后一句话可知 This is the basic problem of evolution，因此第 36 题的答案应为 this 所指代的名词，故应该向前一句去找。可确定前一句的主语 immortality 即为本题答案。

➲ 考题解析

Questions 37-40

● 题型归类：TRUE/FALSE/NOT GIVEN

➲ 题目解析

题目解析	题目定位词	题目句意	题　解
37	wear and tear theory	“磨损”理论既适用于人造物品，也适用于生物系统。	NO 文章第一段提到了 wear and tear theory，最后一句话提出一个问题，这种磨损理论与生物的死亡是否相似或有可比性。第二段则回答了这一问题，通过对比人造物品和生物系统，得出结论二者是不同的。所以题目表述错误。
38	biological system，become older without aging	理论上，生物系统是有可能变老但并不会老化的。	YES 通过 B 段的第 6-7 行：At least as long as a biological system has the ability to renew itself it could actually become older without ageing 可知，题目表述正确。
39	seven years, 90 per cent	在七年之内，人体大约 90% 的肌体会被更新。	NOT GIVEN 文章在 B 段和 F 段均提到生物体的更新代谢，但是并没有提到具体的数值，因此题目表述有可能对，也有可能不对。
40	Conserving energy, extend a human's life	节约能耗可以延长人的生命。	YES 题目表述是 G 段首句的同义替换，其中题目中的 Conserving energy 对应原文中的 sparing use of energy。

➲ 参考译文

生物钟是如何起作用的

我们的寿命是有限的。大家都认为这是生物学上显而易见。“没有什么能万寿无疆！”然而，这样我们想到了人工制造的工业物体，这些在使用过程中受到自然磨损的产品。自然磨损会造成这些产品时不时停止工作以至无法使用（生物学意义上的“死亡”）。但是，工业物体的自然磨损和功能损失与生命生物的死亡是否真的相似或者可比呢？

我们所谓“死掉”的产品是“静态的”、关闭的系统。常常是构成它们的基础物质在事物自然进程中磨损并变的“更老”。这种情形下，老化是根据物质化学和热力学规律产生的。虽然同样的规律适用于生命生物，这一规律的结果却并非同样地无法更改。至少，只有当生物系统有能力自我更新时，生命生物才不会随着时间的流逝而变老；生物是一个开放、动态的系统，通过这一系统新物质不断地涌出。因此，旧物质的毁灭和新物质的形成处于永远的动态均衡。构成生物的物质连续不断地变化。因此，我们的身体连续不断地新旧更替，就如同泉水，或多或少地保持着自身的形状和运动，但是其中的水分子却常常是不同的。

因此，老化和死亡不能被视为不可避免的，特别是当生物具有许多用于修复的结构时。本质上，生物系统不必变老和死亡。虽然如此，有限的寿命、衰老、然后死亡是生命基本的特点。其原因简单易懂：本质上，现存的生物要么适应，要么经常地被新类型替代。由于基因物质中的变化（基因突变），这些新类型具有新的特点，并且在他们个体生命过程中，他们被测验为最佳的或是更为合适环境条件。永垂不朽则会打乱这一系统，系统需要为新的和更好的生命留有空间。这是进化的基本难题。

每个生物有一个具有高度特征化的寿命。不同物种间寿命具有惊人的差异，但是同一物种内这一界限是相对不变的。例如，数千年来人类生命的平均长度几乎没有变化。虽然由于医疗的发展和更充分的营养，越来越多的人们活到更高的年龄，绝大多数人典型的年龄上限是 80 岁。反对简单的磨损理论的更进一步论据是：生物年龄的时间跨度在几天（单细胞生物甚至只有几个小时）和几千年不等，比如巨树。

如果寿命是一种由基因决定的生物特征，逻辑上有必要提出生物钟存在的设想，生物钟在某些方面测量和控制老化过程，并在固定项目中最终决定最后一步是死亡。与寿命相同，对于不同的生物，新陈代谢速度和生物体重间存有一个固定的数学关系。和寿命相比，这一关系是“反向的”：生物体重越大，则新陈代谢速度越低。同样的，这一关系不仅对鸟有效，一般而言，对在此单位体系下的所有其他生物（植物、动物、单细胞生物）一样有效。

那些“节约”体力的动物明显的更长寿，例如，鳄鱼和龟。鹦鹉和猛禽经常被链子困住。因此它们无法去“体验生活”，然后它们却在囚禁状态下获得了高寿命。通过冬眠或者昏睡方式（如蝙蝠或者刺猬）节省体力的动物们，比那些总是活跃的动物们活得更长久。通过消耗很少的食物（饥饿进食），老鼠的新陈代谢速度会降低。它们的寿命会是那些受到精心喂养的伙伴的两倍。女性确实大约能比男人的寿命长 10%。如果你测验两性的新陈代谢速度，你会得出男性的新陈代谢速度较高，这大体上说明了男性会拥有较短的寿命。这意味着男性活得“精力充沛”，较为强烈却不能较为长寿。

由以上可以得出，节约使用体力储备应该可以延长寿命。极端高消耗的运动或许会使心血管表现更佳，但是这自然不会延长寿命。松弛可以降低新陈代谢速度，如充分睡眠和大体上平静和中庸的个性。通过些许的自我观察、严格的自我控制，和最重要的逻辑一致性，我们每个人都能开发自己的“体力节约计划”。经验表明，这样生活不仅会增加寿命，还会很健康。要记住最后这一点。

WRITING

WRITING TASK 1

The diagrams below show the stages and equipment used in the cement-making process, and how cement is used to produce concrete for building purposes. Summarise the information by selecting and reporting the main features, and make comparisons where relevant.

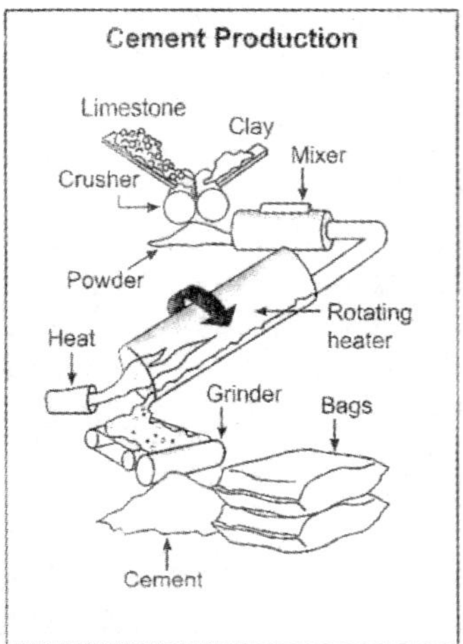

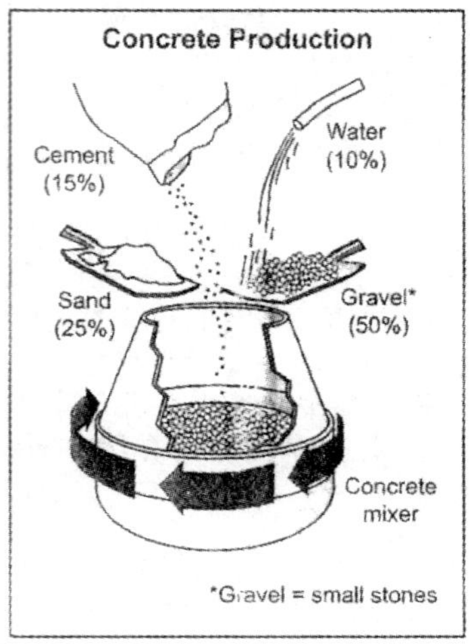

➲ 题目分析，包括写作中需要涉及的要点、对比以及考试可能对题目产生的错误理解。

要点

1. 作对比会非常困难，因为两张图表的流程是完全不同的。
2. 所有需要用到的名词已经给出，但是考生也可将这些名词转化为动词（如：crusher-crush, grinder-grind, mixer-mix）。

考生可能产生的错误理解和问题

由于两张图表中的流程非常清楚，不应该会出现对图表产生误解的问题。

建议采用的回答结构，对比此结构与考生有可能采用的不恰当结构。

介绍部分应该包括对原文提示的改写。正文部分应有两个段落，即每个段落各写一张图。最后，考生需要写出一个简短的结论，但是要注意，不要用与开头段落或是原文提示相同的词语。

参考范文

The diagram on the left illustrates the process by which cement is made whilst the diagram on the right shows us how concrete is made.

We can clearly see that the first stage in cement production is to put two substances – limestone and clay – through a crusher to create a powder. This powder then goes through a mixer and is then heated in a rotating heater. Once the powder has gone through the mixer and heater, it is ground and the cement is packed into bags.

The diagram on the right hand side tells us that concrete is a mixture of four ingredients in differing proportions. Cement makes up 15% of the mixture, water constitutes 10%, sand 25%, and gravel (i.e. small stones) 50%. These ingredients are mixed in a rotating concrete mixer to make concrete.

In summary, the production of cement and the production of concrete appear to be fairly simple processes.

(153 words)

左边的图描述的是水泥生产的流程，而右边的图则是混凝土生产的流程。

我们可以从图中清晰地看见水泥生产的第一个步骤是将石灰石和粘土放入破碎机中磨成粉末。接着这些粉末进入到搅拌机里进行混合，然后在回转预热器中进行预热。粉末一旦进入搅拌机和预热器，将被磨碎，水泥就此生产完成，之后便可以装入袋中。

从右边的图可以看出，混凝土是由四种原料按照不同的比例混合而成的，其中水泥占15%，水占10%，沙子占25%，沙砾占（如小碎石）50%。这些原料在一个旋转的混凝土搅拌机中混合而成混凝土。

总的来说，水泥和混凝土的生产流程看上去是相当简单的。

参考范文中的词汇及结构分析，以及考生可能犯的错误。

1. 作者使用的是现在时，因为这是描述一个流程最好的时态。注意文中主动与被动的结合使用。
2. 作者运用一些词和词组来描述流程中的步骤，如第一个步骤（the first stage），接着（then），一旦（once）。
3. 作者将一些名词转变为动词的形式（如 heat），甚至还转变为其他形式的名词（如 mixer — mixture）。正确使用词语的各种形式在口语和写作中是很有用的技能。
4. 作者使用了同义词，如“make up”和“constitute”。

WRITING TASK 2

Increasing the price of petrol is the best way to solve growing traffic and pollution problems. To what extent do you agree or disagree? What other measures do you think might be effective? Give reasons for your answer and include any relevant examples from your own knowledge or experience.

➲ 题目分析，包括写作中需要涉及的要点以及考生可能对题目产生的错误理解。

1. 问题问的是提高汽油的价格是否是“最佳的”办法，而非是否是“唯一的”办法。这一点在第二个问题（其他可能的措施）里得到了强调。
2. 没有必要对两种观点（支持的和反对的）都进行详细的讨论，但是一篇好的文章会涉及到两种观点。
3. 机动车数量的下降也会减少污染，因此，一些论点可以同时运用到减少机动车数量问题和减少污染上。

➲ 建议采用的回答结构，对比此结构与考生有可能采用的不恰当结构。

作文需要一个简短的介绍部分和一个简短的结论。正文应该有两个或三个段落，每段分别阐述一个点。至少要有一个段落讨论汽油的价格，一个段落讨论其他的方法。考生可以写更多的段落，特别是如果作文字数超过 300 字的话。建议考生单独写一个段落来阐述与考生意见相反的观点，或者考生在正文各段中提及相反的观点。考生应尽量避免得出过于极端的结论，比如只有一种方法可以减轻污染和交通堵塞。

➲ 两篇观点不同的参考范文（250字—300字）

参考范文 1——提高汽油价格不是解决日益增长的交通和污染问题的最佳方法

I disagree with the idea that increasing petrol prices is the best way to deal with traffic and pollution.

First of all, if petrol prices are increased, this will most likely lead to less petrol being used. This will make environmentalists happy, but it will also increase the cost of anything that uses petrol in its production or in transport – in other words, everything from plastic bags to computers. This is likely to lead to slower economic growth as less is bought and produced. Of course, there will be less traffic and there will be less pollution, but I do not think that the advantages of this outweigh the disadvantages.

I think that traffic problems can be dealt with by making drivers pay more to use certain roads at certain times. This has been very effective in London, where there is a charge for cars to use roads in the centre of London during working hours. As a result, traffic and pollution have decreased without harming the local economy.

Pollution could also be reduced by encouraging people to use energy more efficiently. The government could use and advertise campaign to show people that wasting energy by, for example, leaving electrical items on when they are not being used results in more pollution from electricity generation. In a similar way, the government could inform people about the financial benefits of insulating their homes.

To conclude, I believe that a rise in petrol prices would reduce pollution, but cause economic problems. Therefore, I think there are better alternative solutions available.

(258 words)

我不认为提高汽油的价格是处理交通和污染问题的最佳方法。

首先，汽油价格的上涨最有可能会降低汽油的使用。这会使得环境保护者兴高采烈，但是也将提升任何在生产中或运输中使用到汽油的东西的费用，换句话说，包括从塑料袋到电脑在内的一切。这很可能会导致经济增长速度的放缓，因为人们购买和生产的东西少了。当然，机动车数量和污染也将减少，但是我认为这种做法弊大于利。

我认为交通问题可以通过在某些时间段让司机在某些路段缴纳更多的路费来解决。这种方法在伦敦非常管用，在上班时段，开车通过伦敦市中心的路段要缴纳一定的费用。这样一来，在不损害当地经济的情况下，机动车数量和污染都减少了。

鼓励人们更有效率地使用能源也可以减少污染。政府可以向公众宣传一些这样的活动，例如：不在使用中的电子产品仍处于开启状态会造成能源的浪费，而这种浪费所产生的污染比发电时还多。与此类似的，政府应该告知公众绝缘房屋所能带来的财政利益。

结论是我认为汽油价格的上涨会减少污染，但是也会产生不少经济上的问题。因此，我认为会有其他更好的办法可以解决这个问题。

参考范文 2——提高汽油价格是解决日益增长的交通和污染问题的最佳方法

In this essay, I shall say why I believe that increasing petrol prices is the best way to reduce traffic and pollution problems and suggest other measures that might be effective.

If the price of petrol is increased, it is likely that people will try to use less of it. This should see a reduction in car use and therefore less pollution. Some people claim that this will have negative effects on the economy, but I disagree. People will almost certainly use less petrol in cases where using it is not very economic. For example, most drivers use their vehicles for short journeys which they could easily make on foot. It is these journeys that they are likely to stop making by car, not essential ones for their private lives or for work.

Another way of reducing traffic problems is to only allow certain cars to use the roads on given days. This method was used effectively in Beijing during the Olympic Games, reducing both traffic problems and pollution without any significant negative effects on the local economy. However, for a scheme like this to be successful, there needs to be a good public transport system.

Pollution can also be reduced by using other forms of energy generation. If we use these, we can make our economy better in the long term by investing in the technologies of the future. We will also improve the health of the population through having less pollution.

To summarise, I think that increasing petrol prices is the best way of reducing traffic and pollution problems and that there are other good ways of achieving this.

(271 words)

通过本文，我将阐述为什么我认为提高汽油的价格是减少机动车数量和污染的最佳途径。此外，我还将提出其他切实可行的措施。

如果汽油价格上涨的话，汽油使用量很可能会减少，汽车的使用也会随之降低，从而使得污染的减少。一些人表示这种做法对经济会产生消极的影响，但是我却不这样认为。当使用汽油不那么经济实惠时，人们必将会减少使用量。例如：大多数人短途也会开车去，然而这种短程完全可以通过步行来实现；正是这种短程的目的地，人们很可能不再开车前往，而不是那些个人生活或者工作中必须开车的路程。

另外一种减少交通问题的方法是在特定的日子只允许某些车上路。北京奥运会时使用过这种方法，并且效果不错，在减少交通问题和污染问题的同时，也没有对当地经济产生任何严重的消极影响。然而，如果要想这种方案获得成功的话，良好的公共交通系统是必不可少的。

使用其他形式的能源发电也可以减少污染。如果我们这样做的话，就可以通过对未来的技术进行投资使经济从长期来看更为良好。污染少了，我们也可以提高人民的健康水平。

总的来说，我认为提高油价是减少机动车数量和污染的最佳方式，当然，也有其他好的方法来解决这个问题。

➲ 参考范文中的词汇及结构分析，以及考生可能犯的错误。

1. 第一篇文章在正文第一段提到了提高汽油价格的优缺点。要注意单词“likely”，提示了可能的结果。
2. 两位作者均提到了广为人知的其他方法（更有效地使用汽油以及使用其他能源），或者是已经获得成功的具体例子（北京和伦敦解决交通问题使用的方法）。
3. 第一位作者在文章主体部分的第三段中列举了具体的例子来说明人们通常是如何浪费能源的。
4. 第二位作者在文章主体部分的第一段中并不只是提到更高的汽油价格将会减少使用汽油的人数，他/她还指出人们将可能如何减少使用汽油（交通工具的使用）。这样组织观点可以使论点更有说服力。
5. 在主体部分的第二段中，第二位作者特别提出了要想获得成功的所需的主要条件，说明作者思考问题比较成熟。
6. 在主体部分的第三段中，第二位作者还写了与减少污染相关的论点和由此带来的额外的好处，让文章的内容更加丰富。
7. 要注意两位作者均使用了高级词汇和词组，例如：“insulating their homes”（绝缘房屋），“investing in the technologies of the future”（对未来的技术进行投资）。

SPEAKING

➲ a) 题目分析，包括考生可能对题目产生的错误理解

PART 1

1. Do you like to have flowers in your home? [Why/Why not?]
这是个非常生活化的话题，一般考生可以回答“喜欢”，因为可以美化家庭环境，让心情舒畅等。考生也可以由于过敏、体质等原因回答“不喜欢”。

2. Where would you go to buy flowers? [Why?]
买花的地点可以在街边花店，也可以去大型花卉市场。街边花店非常便利，可以根据需要随时购买或预定；大型花卉市场往往较远，但价格便宜，可选择的种类样式也更为多样。当然，考生还可以说选择网上购花，价格便宜、种类多样，还可以随时购买。

3. On what occasions would you give someone flowers?
送花的场合有很多，比如生日、婚礼等喜庆的场合，也可以是迎接仪式、葬礼等重要的或有纪念意义的场合。

4. Are flowers important in your culture? [Why/Why not?]
在我们的文化中，花具有很重要的意义。古时候就有“花神”的传说，能够给人们带来幸福和欢乐。在日常生活中，不同的花有着不同的意义，兰花象征纯洁典雅，牡丹象征喜庆高贵，梅花象征坚韧不拔等等，人们常常用这些花朵的意义来表达自己的感情。

PART 2

Describe a meeting you remember going to at work, college or school.
这是一个实景描述类话题，考生可以描述自己经历的一场面试，或学校中的一次交流会，重要的是要言之有物。首先要说明面试或交流会进行的时间、地点、参加的人员等。如果是面试，就要交待清楚面试背景、面试官、面试形式等信息；如果是交流会，就要说明会议的主要内容，如党组织会等。最后要解释为什么会对这次会议记忆深刻，可以说明这是你人生的第一次面试或交流会，是自己人生中重要的一场经历，因此难以忘记。

PART 3

1. What are the different types of meeting that people often go to?
人们常参加的会议有内部例会、外部交流会、工作或学术讨论会等。

2. Some people say that no-one likes to go to meetings — what do you think?
有很多人不喜欢参加会议，主要是因为有些会议的时间过长、效率不高、不能解决实际问题。但是只要与会者明确会议内容、提高会议效率，开会也就不是件令人难受的事了。考生可根据自我理解将这些内容加以表述。

3. Why can it sometimes be important to go to meetings?
会议本身具有极其重要的意义，它是不同人群聚集在一起交流讨论的重要方式，有助于工作学习的进展和安排。而且各项重要通知、决策都是在会议上进行通知和决定的，这些会议都是非常重要并且需要去参加的。

4. Why do you think world leaders often have meetings together?
世界各国的领导人们经常召集在一起举行会议主要是为了更好的交流问题、解决问题。这是国际事务协调解决的重要手段，也是各国进行对外交流的重要途径。

5. What possible difficulties might be involved in organizing meetings between world leaders?
全球的领导者们都是非常繁忙的人物，协调与会人员的时间一定是件困难的事。同时会议地点、议题等也将是会议组织者需要仔细考虑的问题。

6. Do you think that meetings between international leaders will become more frequent in the future? Or will there be less need for world leaders to meet?
未来国际间的交流和合作会越来越紧密，全球领导者之间的会议交流也会越来越多，只有这样世界各国之间的合作才会更紧密，冲突与争端才会更好的化解。

➲ b) 考生可在回答中使用的实用词汇

PART 1

1. Do you like to have flowers in your home? [Why/Why not?]
rose, peony, tulip, daisy, chrysanthemum, jasmine, water lily, lotus, violet, lavender, decorate home, comfort heart, allergic to pollen, develop rash, sneeze, cough, itchy throat.

2. Where would you go to buy flowers? [Why?]
florist's, small shops on the street, flower market, on the Internet, convenient, cheap, distant, variety, anytime, anywhere.

3. On what occasions would you give someone flowers?
birthday, wedding, ritual, ceremony, party, welcoming event, funeral, celebrate, commemorate.

4. Are flowers important in your culture? [Why/Why not?]
bear importance/significance, spirits, goddess, happiness, pleasure, auspice, holiness, purity, grace, fortune, nobleness, perseverance.

PART 2

Describe a meeting you remember going to at work, college or school.
hold meeting, meet up with, discuss, meeting agenda, participate, involve, include, dispute, agree on, compromise, reach consensus, inconclusive, conclude, boring, red tape, cliché, impassive, memorable, meaningful, practical, pragmatic, realistic, applicable, solve problems.

PART 3

1. What are the different types of meeting that people often go to?
status meeting, work meeting, staff meeting, team meeting, ad-hoc meeting, management

meeting, board meeting, one-on-one meeting, off-site meeting, kickoff meeting, pre-bid meeting, meet up with, agenda, discuss.

2. Some people say that no-one likes to go to meetings—what do you think?
agree, boring, waste of time, not productive, even counterproductive, respectfully disagree, necessitate, facilitate, essential, indispensable, collaborate, cooperate.

3. Why can it sometimes be important to go to meetings?
gather, communicate, exchange ideas, discuss, facilitate, update information, make decision, agenda, solve problem, assess situation.

4. Why do you think world leaders often have meetings together?
communicate, solve problem, collaborate, international affairs, diplomacy, foreign affairs, mutual trust, bilateral relationship, summit meeting, UN, G8, G20, the BRIC.

5. What possible difficulties might be involved in organizing meetings between world leaders?
schedule, venue, language, agenda, security, require extensive consideration, collaborate, host country, organization committee, preparation period.

6. Do you think that meetings between international leaders will become more frequent in the future? Or will there be less need for world leaders to meet?
closer cooperation, clear misunderstanding, bring down barrier, establish mutual trust, strengthen bilateral relationship, conflict, friction.

➲ C) 参考答案（每个问题两个回答）

PART 1

1. Do you like to have flowers in your home? [Why/Why not?]

Yes, I do. I love to have flowers in my home, because flowers are very good decorations at home. Just imagine, when you walk into your own home from one day's tiring work, how comforting it is to see flowers in every corner of the house. It's soothing and relaxing.

Not at all. Look, I'm allergic to pollen. Flowers and their pollen just irritate my skin and give me runny nose and eyes. So I must avoid flowers at all times I can, not to mention my own home.

2. Where would you go to buy flowers? [Why?]

There are many places I can choose from. I can go to a small florist on the street if I need the flowers properly wrapped and ribboned. I can also go to a suburban flower market if I want to buy in bulk quantity and save some cash. Besides all these, I can also buy flowers on the Internet. The best thing about buying things on the Internet is that you don't have to worry about the open time or close time of online shops, which are often run 24/7 (24 hours a day, 7 days a week), so that you can place your order anywhere anytime.

Well, I would only go to the flower market near my home. Luckily it's not really far from where I live. It's within walking distance, say 10 minutes. Plus there's a large variety of flowers you can choose from. The price is always reasonable and you can still bargain about it. So why bother going to some distant, price gouging florist's?

3. On what occasions would you give someone flowers?

Well, I've never given others flowers before, but there are many occasions when people give flowers, like birthday, wedding, even funeral. Besides that, boys would also give flowers, especially rose, to their girls when they are in love.

I would give flowers to my friends, relatives and many others when I visit their homes. You see, it's not really polite to visit one person's home empty-handed according to Chinese tradition. So people often bring along some small gifts when they drop by. Well, in my case, I would choose flowers, which according to my experiences are not at all stereotypic, but rather often quite pleasing to my hosts.

4. Are flowers important in your culture? [Why/Why not?]

Flowers often bear great importance in many cultures. So do they in Chinese culture. In the past, flowers were believed to have spirits, who can bring happiness and pleasure to the devout. Nowadays, though their superstitious values have already faded away, flowers have taken on new meanings to represent virtues. While orchid represents grace and purity, peony represents nobleness and prosperity, and wintersweet perseverance. And people often use them to express their feelings.

Well, generally yes, but with a great deal of difference to different people. Some people may love flowers so much that they see flowers as their life; while there're also many others who are totally nonchalant. To them, flowers are no more than a bunch of lifeless plants.

PART 2

Describe a meeting you remember going to at work, college or school.

Speaking of a meeting, I'd like to talk about the one I had with my seminar group. That's when I was still in college. I met up with my seminar group to discuss our class assignment, because we were supposed to give a group presentation on human resources management in multinational enterprise. Well, that's hell of a difficult task, but we decided to do our best. Sometimes you just can't imagine how powerful one's determination could be unless you push your limits. Anyway, we sifted through all useful resources that we could lay our hands on, organized our thoughts and finally came up with our first draft of presentation outline and division of work. After that, we met a few other times. Even though we didn't deliver the best presentation of all, it sure was an impressive one, and it was my first presentation, which is why I remember it so well.

Wow, this is pretty difficult for me, because I've had so many meetings. And my job is virtually about meeting people and deciding whether I should recruit them for my company. Yes, you guessed it. I'm an HR manager. Let me just tell you about the latest meeting or interview I had a couple of days ago. I was recruiting a junior staff for the secretarial department. A fresh college graduate came to the interview. I first looked at his resume and asked him some basic questions, which he seemed to have responded quite well. But when I asked him about his long-term career plan, he fumbled in a shilly-shally manner. So I thought to myself "well, our company may not need a person like this" and I told him "I'm sorry". Apparently he's sorry too. Anyway, this may not be a very memorable meeting, but it is the latest one I had.

PART 3

1. What are the different types of meeting that people often go to?

There are many different types of meetings that are categorized by contents of discussion or attendants or venue, etc. But people go to work meetings most often, where people meet to discuss their work and that often produce a product or intangible result such as a decision.

As far as I know, there are six types of meetings by function: problem-solving, decision-making, planning, feedforward (which is about status reporting or presenting new information), feedback, about reacting and evaluating, and finally combination meetings.

2. Some people say that no-one likes to go to meetings—what do you think?

I can't agree more. Personally I never liked going to meetings. They are long, and boring, full of red-tapes. I always wonder when people would learn not to waste time. Some meetings I attended are not productive at all, or even counterproductive. I don't like meetings.

Please allow me to respectfully disagree. Though many people may not like to attend meetings, they're still important in business, work, study and life. First, people need communication and update of information. Second, exchange of ideas can produce creativity and innovation. Apparently, meetings can facilitate both.

3. Why can it sometimes be important to go to meetings?

Meetings are important because no one can be a lone ranger in today's society. Everyone is linked to each other in some way. And since the discrepancy of information and knowledge among people is inevitable, it necessitates constant updates of information and exchange of ideas, all of which can be perfectly achieved through meetings.

Like I said before, meetings are important in many aspects of our life. People need communication and update of information and exchange of ideas is also necessary to produce creativity and innovation. Meetings can facilitate both of them. That's why it's important to go to meetings sometimes.

4. Why do you think world leaders often have meetings together?

One of the major purposes for world leaders to meet together is to build mutual trust and strengthen bilateral relationship. Apparently, growing international trade has increasingly entailed more and more international frictions. But a good mutual relationship can help to ease it up.

Nowadays the world has becoming more globalized and countries closer than ever before. As a result, many international affairs can't be solved without collaborate efforts, which necessitates meetings at various levels, including that of world leaders.

5. What possible difficulties might be involved in organizing meetings between world leaders?

Indeed, it's difficult to organize a meeting at an international level especially when it concerns world leaders, who are not like any street boys. They are big shots with busy schedules and need high level of security, all of which have to be carefully considered. Plus a well-prepared agenda also is needed. Of course, no one wants to pay from the public purse for the world leaders to fly in and sit together just to chitchat.

Apart from the difficulties concerning time, security and agenda, language is another problem, since no one can guarantee the world leaders understand all that's being discussed without proper translation. Sometimes there may be some mistranslation, which is really bad because this may lead to misunderstanding between world leaders which in turn might bring about conflicts and frictions between different countries.

6. Do you think that meetings between international leaders will become more frequent in the future? Or will there be less need for world leaders to meet?

I believe yes. I also believe international cooperation will become more common and meetings between international leaders more frequent, because this can help to establish mutual trust and reduce international conflicts and frictions.

I'm not sure about this, since I'm not an expert on international politics. But one thing I'm sure about is that the world is becoming smaller and country closer, therefore things need to be done to avoid any possible conflicts, be it world meetings or whatever. I just wish to live in a world of peace.

Test 4

LISTENING

SECTION 1

谈话场景：找工作
人物关系：宾馆工作人员和学生
谈话话题：学生打电话咨询工作的具体情况

词汇注释

advertisement *n.* 广告，常简写为ad.	negotiate *v.* 协商；商量
gazette *n.* 报，报纸；公报	more or less 差不多
temporary *adj.* 临时的	up to sb. 由某人决定
staff *n.* 工作人员	tip *n.* 小费
temporary staff 临时工	tend to 倾向于
deal with 处理，对付（handle/cope with可与之替换使用，注意handle是及物动词，其后直接跟宾语）	generous *adj.* 慷慨的
detail *n.* 细节	a couple of 两个；几个
look for 寻找；物色	break *n.* 休息 *v.* 打破
at the moment 现在，如今	waistcoat *n.* 马甲，背心
post *n.* 职位；邮件；支柱 *v.* 邮寄，寄出	arrange *v.* 安排
shift *n.* 轮班；转换 *v.* 转移；转变	arrange to meet you 安排与你见面
day shift 日班	direct line 直线电话
alternate *v.* 轮流；交替 *adj.* 间隔的，交替的	reference *n.* 推荐人（信）；参考书目；查阅
	vouch for 担保，保证，证明

交际与语言表达

1. 本段对话是男士向女士咨询工作信息，以打电话的形式展开。女士接电话首先自报家门 West Bay Hotel, can I help you? Can I help you（我有什么可以为您效劳的）是打电话常用语，还可以说 How can I help you? / What can I do for you?
2. I'm ringing about your advertisement in the Evening Gazette。I'm ringing about 也是打电话常用语，意思是"我打电话的目的是…"。那么至此我们可以确定男士是通过报纸上信息找到 West Bay Hotel，于是决定打电话咨询。
3. I'm afraid the person who's dealing with that isn't in today。"我恐怕负责这件事的工作人员今天不在。" I'm afraid 后常跟句子表示歉意，或者传达不好的信息、提出异议等，语气较委婉。接下来女士说她乐意给出一些关于这份工作的信息。
4. 男士自然求之不得，但是他首先要弄清楚 West Bay hotel 到底提供什么工作，所以问道 Could you tell me what kind of staff you are looking for?（你能告诉我你们正在物色什么样的员工吗？）。

5. 找工作一般会关心工作时间，于是男士很自然地问 what are the hours of work？女士回答说 there are two different shifts——这份工作是轮班制，日班（day shift）是从 7 点到 2 点；晚班（late shift）是从 4 点到 11 点。
6. 工作之外自然是休息，接下来男士问到 what about time off？（那么下班时间呢？）what about 与 how about 同义，询问“…怎么样”。
7. 工资标准是最应该关注的问题（the top priority），所以男士问 Do you know what the rates of pay are？ the rates of pay 意为“工资标准”，salary 也是“工资，薪水”的意思，一般以月为单位。
8. You'd also get tips. 一般旅馆的服务生都会得到小费（tip），比如帮客人搬运行李、送餐等。小费标准不一，主要在于客人的慷慨（generous）程度。
9. 旅馆一般为服务生提供统一的服装，男士很关心这个问题，故而问：Is there a uniform? What about clothes? 是不是有制服，衣服怎么解决?
10. 确定了工作性质、时间、报酬、制服之外，男士就问什么时候开始上班。女士回答说 It's some time around the end of June。around 在此处表示“大约（approximately）”的意思。
11. I am available from the 10th. 男士说“我 10 号起就有空了”。available 是形容词，表示“可利用的；可得到的”。例如：Do you have a room available? 你们还有空房间吗?
12. direct line 是“直线电话”的意思；与之相反的“分机”用 extension 表示。
13. by the way, she will ask you for a reference。by the way 意为“顺便说一下”，这个词组提示有额外信息需要注意。reference 在此处意为“推荐人”，文中后面解释了这个词，reference refers to someone who knows you and can vouch for you。另外，reference 也有“参考书目”的意思，大学生写学术论文会参考其他人的著作，在最后将论文付诸成文的时候，一定要包括 reference 这个部分。

➲ 考题解析

Question 1 答案 waiter(s)
听前预测：定位词为 vacancies，提示词为 for，此处应填名词（工作名称）。
题目解析：本题难度不大，题干中的 vacancies 表示“空缺”的意思，同义词为 openings。Could you tell me what kind of staff you are looking for?（你们需要什么样的员工?）We're looking for waiters at the moment.（我们正在招服务员。）waiters 正是本题所需答案。

Question 2 答案 day off
听前预测：定位词为 two shifts、choose，the same each week，提示词为 your，此处应填名词。
题目解析：本题有些难度，利用 two different shifts（两班倒）可进行大致定位。What about time off？（具体什么时候休息?）You get one day off and I think you can negotiate which one you want, it's more or less up to you. But it has to be the same one every week.（你有一天的休息时间，很大程度上，你可以决定哪一天休，但必须每周都固定下来。）以上对话的主要内容是在谈论休息日确定的方式，即选择 day off。

Question 3 答案 break
听前预测：定位词为 £ 5.50 per hour，提示词为 a，此处应填名词（单数）。
题目解析：本题难度不大，所听即所得，听好定位词，后面直接给出答案 break。

Question 4 答案 (free) meal
听前预测：定位词为 in the hotel，提示词为 A，此处应填名词（单数）。
题目解析：本题难度不大，所听即所得。You can get a meal in the hotel if you want to.（如果你愿意，可以在宾馆里吃饭。）其中的核心名词 meal 为本题答案。

Question 5 答案 dark (coloured / colored)
听前预测：定位词为 white shirt，提示词为 and、trousers，此处应填形容词。

题目解析：解答本题要注意并列结构。You need to wear a white shirt, just a plain one, and dark trousers.（你需要穿白衬衫，深色的裤子。）本题中用 and 表示并列，常考的并列关系词还有 as well as，or，also，too 等。

Question 6 答案 jacket
听前预测：定位词为 supplied，提示词为 a，此处应填入名词（单数）。
题目解析：本题难度不大，需要注意递进结构。What about anything else?（还有别的要求么？）引出了本题的答案：You have to wear a jacket, but the hotel lends you that.（你必须穿夹克，宾馆会借给你一件。）其中 but 之后的内容与题干中的 supplied 对应。

Question 7 答案 28 June
听前预测：定位词和提示词为 date，此处应填入日期或星期。
题目解析：本题容易定位，答案也不难获取。I think it's some time around the end of June. Yes, the 28th, in time for the summer.（我认为事六月末的某个时候，恩，是 28 号。）本题中月份在前、日子在后，考查考生对日期的掌握程度，以及短期记忆能力。

Question 8 答案 Urwin
听前预测：定位词和提示词为 Jane，此处应填姓名。
题目解析：解答本题需要跟上对话节奏，Her name's Jane Urwin, that's U-R-W-I-N. 按拼写把人名写下即可得分，需要特别注意的是，人名首字母必须大写。

Question 9 答案 12.00 (pm) / noon / mid-day
听前预测：定位词为 tomorrow，提示词为 before，此处应填具体时间。
题目解析：本题属于中等难度。She usually starts checking the rooms at midday, so before then if you can.（她通常中午开始检查房间，你最好中午之前给她打电话。）其中 before 后面的 then 表示前面提到的 midday，故 mid-day 为本题的答案。

Question 10 答案 reference
听前预测：定位词为 require，提示词为 a，此处应填名词（单数）。
题目解析：She will ask you for a reference.（她要求你有一个推荐人。）其中题干中的 require 在原文中的同义表达是 ask for，故 reference 为本题答案。

SECTION 2

谈话场景：关于某一郊区建设的访谈
人物关系：主持人与市政议员
谈话话题：探讨改进 Red Hill 郊区的计划

➲ 词汇注释

councilor *n.* 地方议会议员；理事	mainly *adv.* 主要地
improve *v.* 改善；改进	overhead *adj.* 头顶上的
suburb *n.* 郊区（outskirts亦有“郊区”的意思）	agree *v.* 同意
a lot of 大量的	agree to do sth. 同意做某事
community consultation 社区咨询	underground *n.* 地下 *adj.*地下的；秘密的
concern *n.* 关注；担忧	increase *v.* 增加
be worried about 担心	bear *v.* 承担；忍受；怀有 *n.* 熊

bear the cost 承担费用	reduce *v.* 减少；降低
bear in mind 牢记在心	vehicle *n.* 交通工具
discussion *n.* 讨论（动词形式为discuss）	separate *v.* 区分开
wonderful *adj.* 极好的（名词形式为wonder，意为“奇观，惊奇”）	local *adj.* 当地的；本土的
extra *adj.* 额外的	residential street 住宅区旁的街道
fund *n.* 资金	roadway *n.* 车行道；路面
IMF（全称为International Monetary Fund）国际货币基金组织	act as 充当
resident *n.* 居民	slow down 降低
mark *v.* 标记处	make sure 确保
proposed *adj.* 提出的（动词形式为propose，意为“提建议；求婚”）	pedestrian *n.* 行人
plant *v.* 种植 *n.* 植物	signage *n.* 标志；标志的总称
mature *adj.* 成熟的	intersection *n.* 十字路口
pine tree *n.* 松树	erect *v.* 矗立，挺立 *adj.* 挺立的
shelter *n.* 掩蔽处；保护；住所 *v.* 庇护	at the junction of 在交界处
provide shelter and shade 给行人撑起一份阴凉避暑之所	at all times 始终，随时
pavement *n.* 人行道	control *v.* 控制
widen *v.* 加宽（形容词形式为wide，意为“宽阔的”）	the flow of traffic 交通流量
	install *v.* 安装
	cross *v.* 穿过；交叉 *adj.* 交叉的
	incorporate *v.* 吸收，使成为一部分
	close to 邻近；接近于

➲ 交际与语言表达

1. 本文是一个采访节目，节目组是 Your City Today，而被采访者是来自市政议会的一名议员 Graham Campbell。With me today is Graham Campbell, a councilor from the city council. 此句是倒装句，将介词 with 置于句首，主语放在句首，a councilor 是主语的同位语。
2. 每个采访节目都会有相应的主题。He (Graham) will be telling us about the plan to improve the fast-growing suburb of Red Hill.（此次节目的主题则是如何改善红山区正在蓬勃发展的郊区的计划。）plan 在此处是名词，意为“计划”；也可作动词，用法为 plan to do sth.“计划、打算做某事”，可与 intend to do sth. / tend to do sth. / be about to do sth. / attempt to 等替换使用。
3. 经济发展自然会带来很多问题，但是 Graham 表态 we've tried to address some of the concerns that local groups told us about.（我们已经竭尽全力去应对那些本地组织向我们反映的一些问题。）address 在此处为动词，意为“应付，处理”；address 也可以表示“发表演讲；称呼…为（as）；写地址”等其他意思，当然我们最为熟悉可能还是 address 作名词表示“地址；演说”的意思。
4. 当地人最关心的是哪些问题呢？ People we've heard from are mainly worried about traffic in the area, and, in particular, the increasing speed of cars near school.（人们主要关心的是此地的交通问题，尤其是轿车在学校附近根本不减速，反而越来越快。）hear from 意思是“接到…来信”；注意区分其与 hear of（听说）意义上的不同。in particular 意为“尤其、特别”，与 particularly 同义。
5. 学校附近的交通情况如此之差，那么 it is only a matter of time before there is an accident（事故何时发生，这只是一个时间问题而已）。a matter of 意为“（关于…的）问题”，如：a matter of money“只是金钱问题”。as a lot of the children walk to the school（因为许多的孩子都是步行上学），as 在此处是从句引导词，表示“因为”，如：As she has been ill perhaps she'll need some help. walk to the school（步行去学校），walk 在此处是动词，其他类

似用法还有：walk home（步行回家），walk to work（步行去上班）等。

6. 人们除了关心该地的交通问题之外，他们还关注另一个问题（another area of concern is the overhead power lines），即头顶上的电线。前面提到过人们关心的一个问题，那么另一个问题则用 another 引出。one…the other…（一个…另一个，暗示只有两个）; one…another…（一个…另一个，暗示不止两个）。
7. 关于电线的问题，市政议员说 I am happy to report that the power company have agreed to move the power lines underground at cost of $800,000（我很高兴地告诉大家，电力公司已经同意耗资 800,000 美元，将这些电线转移到地下）。I am happy to do sth. 意为"很高兴做某事"；表达相反的意思用 I am sorry to do sth. 意为"很遗憾做某事"。另外，at the cost of 意为"以…为代价，造价"。
8. 这 800,000 美元可不是一个小数目，对当地经济是不是会产生影响呢？幸而电力公司同意承担这些费用。This is wonderful news as the council now has some extra funds for us to put into other things like tree planting and art work.（这可是一个天大的好消息因为议会可以将这些额外的资金投入到植树或艺术工作之中。）as 在此处用作从句引导词，表示"因为"。
9. 电线问题得到了解决，但是交通问题也应该采取相应的措施。In order to address the traffic problems, the pavements on the corner of Carberry and Thomas Street will be widened.（为了解决交通问题，将会加宽 Carberry 与 Thomas 街道拐角处的人行道。）in order to 这个短语表示目的，有时可直接用 to 或者 so as to 来表示同样的意思。
10. 除了加宽人行道之外，we think it's very important to separate the local residential streets from the main road（市议会认为将住宅区旁的街道与主干道分开也很重要）。it is important to do sth. 意为"做某事很重要"，it 只是形式主语，不定式 to 引导的短语才是真正的主语。
11. One way of making sure that the pedestrians are safe is to increase signage at the intersections.（确保行人安全的方法之一是增加十字路口的标志。）此句的主干成分是 One way is to increase…。a way of doing sth. 意为"做某事的方式"，way 后也可接不定式：a way to do sth.。make sure 意为"确定、设法确保"，后接 that 引导从句。
12. A "keep clear" sign will be erected at the junction of Evelyn Street and Hill Street, to enable traffic to exit at all times。keep clear 意为"让路"，此处第一个 to 表目的，相当于 in order to；enable…to… 意为"使可能，使可行"。
13. Something we're planning to do to help control the flow of traffic in the area is to install traffic lights half way down Hill Street where it crosses Days Road.（为了控制交通量我们计划去做一些事情，如在 Hill Street 的中点，即与 Days Road 相交处安装交通灯。）此句的主干为 something is to install traffic lights…。
14. Finally, we've agreed to build a new children's playground which will be at the other end of Hill Street close to the intersection with Carberry Street.（最后，我们已统一意见，在 Hill Street 邻近 Carberry Street 十字路口的尽头为孩子们建一个游乐场。）在此句中 which 引导定语从句，修饰 playground。

➲ 考题解析

Question 11 答案 A

听前预测：定位词为 community groups、concerned。

题目解析：本题考查考生一定的理解能力，文章开头双方先简单问候，紧接着直接进入主题，community consultation for the new plan（针对新计划的社区征询建议）。People we've heard from are mainly worried about traffic in the area, and, in particular, the increasing speed of cars near schools. They feel that it is only a matter of time before there is an accident as a lot of the children walk to the school.（人们最担心的是本区域的交通问题，特别是学校附近汽车数量的增加，出现交通事故只是时间的问题，因为很多孩子是走着上学的。）其中 accident、walk to the school 与选项 A 中的 pedestrian safety（行人的安全）属于同义替换。

Question 12 答案 B
听前预测：定位词为 overhead power lines。
题目解析：本题不难定位。文中说：Another area of concern is the overhead power lines.（另一个担忧是头顶上的电线问题。）I'm happy to report that the power company have agreed to move the power lines underground at a cost of $800,000.（我很高兴的通知大家，电力公司已经同意花费 $800,000 将电线移到地下了。）underground 对应选项 B 中的 buried（埋入）。

Question 13 答案 B
听前预测：定位词为 expenses、power lines。
题目解析：本题的核心在于谁负责这笔花费。文中说 the power company have agreed to bear the cost of this themselves after a lot of discussion with the council.（经过与市政府的多次协商，电力公司已经同意自行承担这笔费用了。）bear the cost themselves 意为"自行承担费用"。本题还要注意 C 选项的干扰。

Questions 14-20
听前预测：本题为选择式地图题，听前需注意以下几点：（1）扫描街道名称，提前看清各个建筑与街道的关系，如本文主要有 Evelyn Street、Hill Street、Carberry Street、Thomas Street、Days Road 等；（2）看清建筑物的名称，如本文中的 supermarket；（3）提前扫描选项，并预测其发音。此外，还要特别注意按照题号顺序做题。

Question 14 答案 C
题目解析：本题难度不大，根据 ...we'll plant mature pine trees to provide shelter and shade just to the right of the supermarket in Days Road 定位于 supermarket，搞清楚方向 the right，核心词为 mature pine trees，所以选 C。

Question 15 答案 D
题目解析：文中原句为 the pavements on the corner of Carberry and Thomas Street will be widened。根据 pavements 和 widened 定位，用方向词 on the corner of（为在…角落）解题，故本题答案为 D。

Question 16 答案 G
题目解析：文中说 So the roadway at the entry to Thomas Street from Days Road will be painted red，根据 painted red 定位，用方向词 at the entry（在…入口）解题，故本题答案为 G。

Question 17 答案 B
题目解析：文中说 A 'keep clear' sign will be erected at the junction of Evelyn Street and Hill Street，根据 'keep clear' sign 进行定位，用方向词 at the junction（在…交汇处）做题，故本题答案为 B。

Question 18 答案 F
题目解析：文中说 Something we're planning to do to help control the flow of traffic in the area is to install traffic lights half way down Hill Street where it crosses Days Road。根据 traffic lights 进行定位，用方向词 half way down（一半）、cross（穿过）做题，故本题答案为 F。

Question 19 答案 A
题目解析：文中说 ...and an artist will incorporate that story into paintings on the wall of a building on the other side of Hill Street from the supermarket。根据 paintings 进行定位，用方向词 on the other side of（在…另外一边）做题，故本题答案为 A。

Question 20 答案 E
题目解析：文中说 ...we've agreed to build a new children's playground which will be at the other end of Hill Street close to the interaction with Carberry Street。根据 children's playground 进行定位，用方向词 at the other end of（在…的另一个尽头）、close to（靠近…）做题，故本题答案为 E。

SECTION 3

谈话场景：学业讨论场景
人物关系：同学之间
谈话话题：两名学生讨论大学课程一些情况

词汇注释

sort out 解决（solve a problem）；整理（separate things into different kinds）；弄清楚	haul *n.* 拖，拉
practically *adv.* 几乎；实际上	seminar *n.* 研讨会
apply to 申请	insight *n.* 洞察力；深刻的见解
grant *n.* 拨款 *v.* 授予；同意；准予	wonder *v.* 想知道
turn sb. down 拒绝某人	course *n.* 课程
government funding 政府资助	explore *v.* 探索；探究
eligible *adj.* 有资格的；合适的	subject *n.* 科目
mistaken *adj.* 错误的	tutorial *n.* 辅导班；教程
sponsor *v.* 赞助	productive *adj.* 富有成效的；多产的
to one's surprise 令某人惊讶的是	instead *adv.* 作为替代；反而，却
make a contribution 出钱；募捐；做贡献	demanding *adj.* 要求多的
college *n.* 大学	feedback *n.* 反馈
scholarship *n.* 奖学金	advice *n.* 建议
decide *v.* 决定	revision *n.* 修订
in the end 最终	struggle with 与…斗争
take pity on sb. 怜悯某人	get hold of 掌握；抓住
so far 迄今为止	find out 找出；查明
join *v.* 加入	exactly *adv.* 精确地；恰好；完全
club *n.* 俱乐部	require *v.* 要求
drama *n.* 戏剧	priority *n.* 重点；优先考虑的事情
performance *n.* 表演	base on 基于
rehearse *v.* 排练	be likely to 可能
frantically *adv.* 疯狂地	come up 出现
stretch *v.* 伸展；充分利用；使（精神）紧张	regularly *adv.* 有规律地
give up 放弃	timetable *n.* 时间表
debating society 辩论社	in front of 在…前面
hockey *n.* 曲棍球	break down 把…分解；打破；发生故障
tough *adj.* 困难的；坚强的	task *n.* 任务
build up 逐步建立；增进	allocate *v.* 分配
stamina *n.* 耐力	specific *adj.* 特定的；具体的
	incentive *n.* 动机；刺激 *adj.* 刺激的；激励的

tackle *v.* 处理；应付（与deal with / cope with / handle同义） topic *n.* 主题 put off 推迟；阻止；劝阻	single *adj.* 单一的 paragraph *n.* 段落 brilliant *adj.* 光辉的，灿烂的

➲ 交际与语言表达

1. 本段对话发生在两个学生之间，讨论的是课程以及费用问题。两人见面后，Dan 跟 Jeannie 打招呼，其中 how's it going 的意思是“最近情况如何”。
2. Jeannie 回答说 Pretty well.（挺好的。）接着就把话题引向了课程费用 Have you managed to get the money for the course yet?（你是否已经设法筹到了课程费用？）此句用的是完成时态（have done），询问已经完成的动作。manage to do sth. 意为“设法做成某事”，yet 在此处为副词，意为“还，尚，仍，已经”。
3. Dan 的问题解决了（sort out），不过不是当地议会提供的捐款（grant），it took them six months to turn me down（拒绝申请花了六个月时间）。此句中有一个常用句型 it takes/took (sb.) some time to do sth.，意为“做某事花费（某人）多少时间”。
4. Dan 没有从政府那里申请到资助，不过 I asked the boss of the company I used to work for if they would sponsor me, and much to my surprise, he said they'd make a contribution.（我询问了他以前工作的老板是否能够资助他，令人惊讶的是，老板答应出钱。）used to 意为“过去常常…”。
5. Jeannie 提议说还有大学拨款和奖学金，不过 Dan 说 they are all so small that I decided to leave them until I was desperate（大学拨款和奖学金的数目额度很小，不到走投无路的时候他不会去申请）。so…that… 意为“如此…以至…”，until 意为“直到…”，desperate 在此处意为“绝望的”，流行美剧有 Desperate Housewives，意为《绝望的主妇》。
6. My (Dan's) parents had been saying that as I already had a job, I ought to support myself through college.（我父母说因为我已经有工作了，大学里我就要自己负担自己。）as 在此处是引导词，表示“因为”；ought to 意为“应该”。
7. Any suggestions?（有什么建议？）此句为口语中常用语，前面省略 do you have。
8. I've got behind with my work.（我自己的学习落后了。）get behind 是固定词组，是“落后”的意思。
9. Jeannie 给 Dan 介绍运动项目，她说自己到大学后曾经尝试过网球，不过她发现网球太难（pretty tough going），她没法适应（not fit enough），Dan 说我也不行（nor me）。nor me 是省略句，nor 用在一个否定句之后，表示那个否定陈述也适用于自己。
10. Jeannie 希望通过运动加强耐力（build up stamina），但是 it'll probably be a long haul（可能需要花费很多时间与精力）。haul 的本义是“拖、拉、搬运”，a long haul 是一个短语，例如：A task or a journey is a long haul 的意思就是“需要很长的时间和精力（it takes a long time and a lot effort）”。
11. 在学习课程上，Jeannie 希望有更多的研讨会（I wish we had more seminars），然而 Dan 说 I'd have thought we had more than enough already（我以为已经够多了），表示他与 Jeannie 意见相反。
12. How do you get on with your tutor?（你与你的导师相处得怎么样？）get on with 意为“与…友好相处；取得进展；继续做…”；相似的短语有 get along with。
13. I don't think I am on the same wavelength as mine.（我认为我和我的导师不合拍。）如果说两个人 on the same wavelength，那么说明他们两人互相理解，互相赞同，因为他们有相似的兴趣与观点。例如：It's great to work with people who are on the same wavelength. 与志同道合的人一起工作感觉很棒。
14. That's brilliant.（那真是棒极了。）此句在口语中常用，表示赞同、欣赏的语气，brilliant 还可以用其他词来替换，比如 fantastic / amazing / magnificent / splendid 等等。

考题解析

Questions 21-22 答案 B, E (IN EITHER ORDER)
听前预测：定位词为 financing，选项关键词分别为 government、family、college、local council、former employer。
题目解析：本题考查提供学费、资助 Dan 同学的两种方式，要注意出现的干扰信息，即辨清肯定和否定的关系。local council for a grant 和 government funding 均属干扰信息，故排除选项 A 和 D。I asked the boss of the company I used to work for if they would sponsor me, and much to my surprise, he said they'd make a contribution.（我问了原先工作过的公司老板是否愿意资助我，出乎意料的是，他居然同意了。）另外，college grants and scholarships 也属干扰信息，故排除 C 选项。之后提到了 parents，最后说 they took pity on me（他们同情我），言外之意是父母提供了赞助，take pity on sb. 表示"怜悯某人"。

Questions 23-24 答案 A, C (IN EITHER ORDER)
听前预测：定位词为 leave college clubs，选项关键词分别为 not sufficiently challenged、interferes with study、not enough time、too demanding physically、not good at the activity。
题目解析：本题难度较大，考查 Jeannie 决定退出一些俱乐部的两个原因，其中选项 B 干扰性很强，I've got behind with my work, but it's worth it（我的功课落后了，但是我觉得很值），but 之后的内容提示此点不能作为离开的原因。另外，选项 E 也是干扰选项，谈到 hockey teams 时，根据 I'm not very good, but I'd really miss it if I stopped（我不是很擅长，但是如果我不参加的话，我会很想念），but 之后的内容提示选项 E 为干扰选项。根据 I don't think the conductor stretches us enough（我觉得指挥没有能够充分地使用我们）以及 but with all the rehearsing I'm doing, something has to go（当我参加完所有排练时，有的事情就被耽误了）可断定，这两点才是真正退出社团的原因，所以选项 A 和 C 为正确答案。

Question 25 答案 B
听前预测：定位词为 seminars，选项关键词分别为 no chance to speak、feel inferior、takes too much time。
题目解析：本题有一定难度，谈到 seminars 时，Dan 同学说 it's quite interesting but I wonder if I'm clever enough to be doing this course（研讨课很有趣，但我希望自己能够再聪明一些就好了）。言外之意，他感到他在研讨课上不如别人，故选项 B 为正确答案。

Question 26 答案 C
听前预测：定位词为 tutorials，选项关键词分别为 inefficient way、more challenging、help... study skills。
题目解析：选项 A 和 C 意思正好相反，其中必有一个正确答案。Jeannie 同学对 tutorial 的评价为 I've got much better at writing essays（在论文写作方面，我学到了很多），所以选项 C 为正确答案。

Question 27 答案 priorities
听前预测：定位词为 past papers、revision，提示词为 your，此处应填名词。
题目解析：本题为信息后置，所听即所得。原文中说 Then you can sort out your revision priorities（然后你可以挑出优先修改的地方），确定答案为 priorities。注意答案为复数形式。

Question 28 答案 timetable
听前预测：定位词为 card，提示词为 a，此处应填名词（单数）。
题目解析：本题难度不大，定位词 card 后说到 you also need a timetable（你也需要一张时间表）。所听即所得。

Question 29 答案 (small) tasks
听前预测：定位词为 each day，提示词为 divide...into，此处应填名词。
题目解析：本题难度不大，所听即所得。根据 ...if you break down your revision into small tasks...（把修改计划拆分成一些小的任务即可）可得出答案。注意答案为复数形式。

Question 30 答案 (single) paragraph
听前预测：定位词为 each topic，提示词为 one，此处应填名词（单数）。
题目解析本题难度不大，所听即所得。根据 And as I revise each topic I write a single paragraph about it...（当修改某个话题时，我会写一个单独的小段落）即可得出答案。

SECTION 4

谈话场景：关于澳大利亚土著居民岩石绘画的讲座
人物关系：教授和学生
谈话话题：介绍澳大利亚土著居民的岩石绘画

词汇注释

research project 研究工程	figure *n.* 外形，形状；人影，人物；风度
aboriginal *n.* 原始居民，土著	naturalistic *adj.* 自然的，自然主义的，写实的
record *v.* 记录；显示 *n.* 记载；唱片	as far as 到…程度；就…而言
symbolic *adj.* 象征的；符号的	be known as 以…而闻名；被认为是
image *n.* 意象；形象	make the feature of 以…为特色
throughout *prep.* 遍及；贯穿 *adv.* 到处；自始至终	internal *adj.* 内部的，内在的，固有的
tradition *n.* 传统	skeleton *n.* 骨骼；轮廓；概略
appear *v.* 出现	organ *n.* 器官；[音乐]（教堂用的）管风琴
style *n.* 风格	curvy *adj.* 弯曲的；（口语）体态丰满的，有曲线美的
characteristic *n.* 特性，特色 *adj.* 有特性的	actually *adv.* 实际上
categorise *v.* 分类	resemble *v.* 相似，类似
artistic *adj.* 艺术的	be similar to 与…相似
dynamic *adj.* 动力的；力学的；有生气的；[医学]机能（上）的	sweet potato 甘薯；山芋
yam *n.* 山药	include *v.* 包括
modern *adj.* 现代的	contact *n.* 接触；联系；交涉 *v.*使接触；与…通讯
significant *adj.* 重大的，有意义的，有影响的	settler *n.* 定居者
depict *v.* 描述；刻画	convey *v.* 传递；传送
static *adj.* 静态的；静止的	indicate *v.* 指示；表示；指出
pose *n.* 姿态，姿势；心理状态	tend to 倾向于
dominate *v.* 操纵，支配，控制	miniature *n.* 微小画像；缩图
hunting *n.* 打猎；搜索	environmental changes 环境变化
reflect *v.* 反射；反映；转移（视线等）	occur *v.* 发生
amazing *adj.* 令人惊异的	rarely *adv.* 几乎不；很少
movement *n.* 运动，活动，进退	shell *n.* 甲壳
away from 远离	marine *adj.* 海的；海上的；海事的；海产的

source *n.* 来源；源泉 diet *n.* 饮食 prominently *adv.* 突出的；卓越的 freshwater *adj.* 淡水的 creature *n.* 生物 intrigue *v.* 密谋，用诡计取得 *n.* 阴谋，诡计 rainbow *n.* 彩虹 serpent *n.* 大毒蛇 focus *n.* 焦点；聚焦 *v.* 使聚焦 snake *n.* 蛇 mixture *n.* 混合物 kangaroo *n.* 袋鼠 crocodile *n.* 鳄鱼 locate *v.* 位于；住（在某处） coincide with 与…相巧合 tremendous *adj.* 巨大的 creep *v.* 爬行；蔓延	steadily *adv.* 稳定地；坚定地；坚固地 inland *n.* 内陆 *adj.* 内陆的 flood *v.* 淹没；泛滥；冲进 *n.* 洪水；水灾 disruption *n.* 分裂；破裂，瓦解；中断 wash up 冲洗 ribbon *n.* 彩带 unfamiliar *adj.* 不熟悉的 inspiration *n.* 灵感（动词形式为inspire） enormous *adj.* 巨大的；庞大的 link *v.* 连结；联合 *n.* 联系；滑环 abundance *n.* 丰富；充裕，富足 witness *v.* 目睹 symbol *n.* 象征 creation *n.* 创造 understandable *adj.* 可理解的，能够懂的 vegetation *n.* 植被；草木

➲ 交际与语言表达

1. 本部分采用独白（monologue）的形式，介绍澳大利亚土著居民的岩石绘画。I've been invited to talk about my research project into Australian Aboriginal rock paintings.（我应邀来此，与大家聊一聊我的研究项目——澳大利亚土著居民的岩石绘画。）be invited to do sth. 意为“应邀做某事”，be asked to do sth. 也表示相同的意思。
2. 接下来这位研究者介绍了澳大利亚土著居民绘画的内容，The Australian Aborigines have recorded both real and symbolic images of their time on rock walls for many thousands of years（澳大利亚土著记录了他们当时真实的意象和象征性意象，将这些意象刻在岩石上，并持续成千上万年）。本句使用了现在完成时态，表示记录这一动作已经完成。both…and… 意为“两个都……”；还有两个表示并列的短语，注意区分三者的意思：either…or… 意为“要么……要么……”；neither…nor… 意为“既不……也不……”。
3. throughout the long history of this tradition 意为“贯穿这传统的历史长河”。
4. 随着时间的推移与发展，岩石绘画出现了新的意象与新的风格。And these characteristics can be used to categorise the different artistic styles.（于是这些特征可以用来区分不同的艺术风格。）be used to do sth. 意为“被用来做某事”。关于 use 还有其他几个短语需要记住，used to do 意为“过去常常”（暗指现在情况不一样），如：He used to be a teacher. 他过去是一名老师，但是现在不是了。be/get used to doing sth. 意为“习惯于做某事”，如：I am used to getting up early. 我习惯早起。
5. Among these are what we call the Dynamic, Yam and Modern styles of painting.（我们所说的动感的、山芋和现代的绘画风格也包含在这些艺术风格中。）among 是介词，意为“在…之中”，此句是介词短语前置的倒装，如：At the foot of the mountain lies a crystal stream.
6. One of the most significant characteristics of the different styles is the way that humans are depicted in the paintings.（这些不同画风中的最重要的特色之一就是画面上描绘人类的方式。）本句的主干是 one (of the most significant characteristics) is the way that（引导宾语从句），虽然 characteristics 是复数，但是本句强调的是 one，因为谓语动词用 is；the way 后面接从句有三种情况：第一是 the way that（从句）；第二是 the way in which（从句）；第三是 the way 后直接跟句子。
7. 距离现在最近的绘画展现的是人类静止时的状态；然而 the first human images to dominate rock art paintings, over 8,000 years ago, were full of movement.（8000 多年前出现在岩石绘画中最早的主要的人类意象却是人们运动时的状态）。be full of 意为“充满”，full 是形容词；

be full of = be filled with，后者也是“充满”的意思。

8. The Yam style of painting got its name from the fact that it featured much curvier figures that actually resemble the vegetable called a yam, which is similar to a sweet potato.（Yam 画风得名的原因在于绘画中以身体的曲线为特征，这些曲线与山芋很相似，山芋就是甘薯。）the fact that 中的 that 引导同位语从句，后面的解释都是 fact 的内容；curvier figures that 中的 that 引导定语从句，限定修饰 figures；而最后的 which is similar to a sweet potato 是非限定性定语从句，补充说明 yam。
9. 现代绘画风格很有趣因为它们记录的是与欧洲殖民者的最初交流情况。Aborigines managed to convey the idea of the settlers' clothing by simply painting the Europeans without any hands, indicating the habit of standing with their hands in their pockets!（土著居民设法传递关于殖民者的服饰信息，在画上这些欧洲人没有手，暗指他们在站立的时候习惯把手插在口袋里。）by simply painting 是一个介词短语，表示方式；indicating the habit... 这个分词短语表目的。
10. Aborigines would have rarely eaten fish and sea level were much lower at this time.（彼时海平面低得多，土著居民不可能吃到鱼。）此处 would have eaten 是虚拟语气，指可能吃到鱼但是实际上没吃到；但是 rarely 是“几乎不”的意思，表示否定，所以句意相反，土著居民不可能吃到鱼但是实际上吃到了鱼。在听力或阅读中必须注意这样的小词，除了 rarely，还有 hardly 也是表示“几乎不”的意思。
11. Yam 时期正好赶上最后一个冰河世纪的末期，this brought about tremendous change in the environment, with the sea levels rising and creeping steadily inland（这导致了环境发生了翻天覆地的变化，海平面不断上升并且向内陆蔓延）。bring about 意为“导致、引起”；with sth. doing 介词短语结构表示伴随情况，sth. 与动作 do 是主动关系，另外还可以用 with sth. done / with sth. to do 这两种形式，如：with my hair cut / with a lot of homework to do。

➲ 考题解析

Questions 31-36 答案 C B C A B B
听前预测：遇到 matching 题时，要提前关注以下几点：（1）提前判断题干和选项的变化关系；（2）看清题目和选项的数量，确定好搭配关系；（3）注意选项关键词，本题选项的关键词分别为 bones、rounded figures、parts missing、smaller than life size、sea creatures、plants。
题目解析：本题只有三个选项，每个选项只有一个单词，故选项几乎不可能同义替换，所以要重点关注题干的同义替换。另外，文章按照题号顺序发展。题干和原文同义替换分别为 bones—skeleton、rounded figures—curvier figures、life size—size、sea creatures—fish, shells, marine、plants—vegetables，只需听清替换，即可选出正确答案。

Question 37 答案 animal / creature
听前预测：定位词为 aim of project，提示词为 the，此处应填名词。
题目解析：本题难度较大，不容易定位，定位词 aim of project 在原文中替换为 focus of project；通过 But we decided to study the Rainbow Serpent paintings to see if we could locate the animal that the very first painters based their image on 可推断其中的核心名词 animal 为本题的正确答案。注意：but 之后往往是出题句。

Question 38 答案 sea / water level(s)
听前预测：定位词为 environmental changes，提示词为 higher，此处应填名词。
题目解析：根据定位词找到文章出题点，注意题干与原文的同义替换，即 higher—rising，故 sea levels 为本题的答案。

Question 39 答案 hunting
听前预测：定位词为 traditional activities，提示词为 especially，此处应填名词。

题目解析：本题难度不大，所听即所得，注意题干与原文的同义替换，即 traditional patterns—traditional activities，especially—in particular，故 hunting 为本题答案。

Question 40 答案 creation
听前预测：定位词为 unusual、inland areas，提示词为 symobolises，此处应填名词。
题目解析：本题难点在于不容易进行定位，特别要注意题干与原文的同义替换，即 symbolises—symbol。正确定位后所听即所得，creation 为本题的答案。

READING

READING PASSAGE 1

文章结构

体裁	说明文
主要内容	本文主要介绍了日本在数学领域取得的成就以及如何在教育上取得成功。
结构	Section A：日本和英国相比在数学方面取得的成就。
	Section B：日本学校的装饰特点和课程模式。
	Section C：介绍了 Monbusho 的影响。
	Section D：介绍如何对待作业问题和新课程的传授。
	Section E：如何帮助后进学生。
	Section F：获得数学教育成功的因素。

词汇注释

Section A	
in terms of 就…而言，从…方面来说 attainment *n.* 成就，造诣 proportion *n.* 比例 incidentally *adv.* 偶然地，不经意地	variation *n.* 变化，变动 reasonably *adv.* 相当地，适度地 consistent *adj.* 连续的，持续的
Section B	
cover *v.* 涉及，包含 virtually *adv.* 实际上，事实上 spacious *adj.*（房间或建筑物）宽敞的 standardised *adj.* 标准的 let off steam 宣泄被压抑的过剩精力 mutual *adj.* 相互的，彼此的	address *n.* 称呼 bowing *n.* 鞠躬 unstream *v.* 不再把…按智力分班 considerable *adj.* 相当大或相当多的 in practice 在实践中，实际上

Section C	
remarkably *adv.* 明显地；非常地 demonstrate *v.* 说明，演示，解释 authority *n.* 官方，当局；权威 compulsory *adj.* 强制的 on the whole 大体上，基本上，总的来看（说）	presumably *adv.* 大概，可能 set out 安排，组织 accessible *adj.* 可接近的，容易达到的 centralised *adj.* 集中的 curriculum *n.* 总课程
Section D	
elaborate *v.* 详尽说明，详尽描述 ignorance *n.* 无知，愚昧 supplementary *adj.* 额外的，外加的；补充的 worksheet *n.* 工作表，学习单 distribute *v.* 分配，分给	comprehensive *adj.* 广泛的，综合的，全面的 coverage *n.* 覆盖范围 homogeneity *n.* 同种，同质；均匀性 render *v.* 使成为，使变得 circulate *v.* 分发
Section E	
foster *v.* 培养 identity *n.* 个性，特性 keen *adj.*（感情）强烈的	progress *v.* 发展，改进；进行 scarcely *adv.* 罕见地 tuition *n.* 课程讲授
Section F	
contributing *adj.*有贡献的，起作用的 accuracy *n.* 准确（性），精确（性）	unjustified *adj.* 不公正的，无正当理由的 inspirational *adj.* 给予灵感的

考题解析

Questions 1-5

- 题型归类：List of Headings

题目解析

题目编号	题目选项句意	段落主题句	题 解
1	vii 日本中学教育的背景	Section B 第一个小段落的首句 Lower secondary schools in Japan cover three school years …	答案 vii Section B 重点介绍了日本中学的一个基本情况，其主题句就在第一个小段落的段首，比较容易找到。
2	i Monbush 的影响	本段第 2 句话	答案 i 本段着重介绍了 Monbusho 并对其展开说明。本段的第 2 句话引出了 Monbusho 这个概念，后面则重点介绍了 Monbusho 对日本数学教育带来的影响。

3	v 数学课的典型模式	Section D 第一个小段落的首句 Lessons all follow the same pattern.	答案 v Section D 介绍了家庭作业以及新课的授课形式。其中第一个小段落的首句话为主题句，点明了课程遵循一个相同的模式，之后则具体阐述了这个模式是如何运转的。
4	ii 帮助不太成功的学生	Teachers say that they give individual help at the end of a lesson or after school, setting extra work if necessary. This scarcely seems adequate help to enable slow learners to keep up.	答案 ii Section E 重点说明教师如何帮助后进学生。其中，第一小段的第 2 句以及第二小段的首句为主题句，介绍了老师给予单独辅导使后进学生能够跟上课程。
5	viii 日本在数学教育上取得成功的关键	第一小段的首句和第 2 句	答案 viii Section F 重点说明了如何在数学教学上取得成功。本段首句和 2 句为主题句，介绍了态度是决定成功的关键性因素。

➲ 考题解析

Questions 6-9

● 题型归类：YES/NO/NOT GIVEN

➲ 题目解析

题目编号	题目定位词	题目句意	题 解
6	English pupils, Japanese counterparts	学习数学的英国的小孩比日本的小孩在成绩方面有更宽的区间。	YES 原文重现 A 段的第 2 句话。题目中说在学习数学的英国小孩比日本小孩在成绩方面有更宽的区间，文章中原句的意思是和日本孩子相比，英国孩子成绩方面的可变性区间更大，greater 和 wider 属于同义替换。
7	Gross National product, percentage	通常花在教育上钱所占 GNP 的比率反映了取得数学成就的水平。	NO 根据定位词找到 A 段最后一句话。题目说通常花在教育上钱所占 GNP 的比率反映了取得数学成就的水平，文章却说在两个国家花在教育上的钱是相似的，而日本取得了更高的成就，题目与文章内容矛盾。
8	private schools, state-run lower secondary schools	日本的私立学校比公立学校更现代化、更宽敞。	NOT GIVEN 此题考查了对 Section B 的理解，原文中没有涉及题目中所提到的信息。

9	teacher, homework	在日本的学校，老师批改家庭作业。	NO 根据定位词找到 Section D 第一小段的第 3 行。题目说在在日本的学校老师批改家庭作业，而文章说孩子们自己批改作业，题目与文章内容相矛盾。

➲ 考题解析

Questions 10-13

● 题型归类：Multiple Choice

➲ 题目解析

题目编号	题目关键词	原文定位	题 解
10	maths textbooks, Japanese schools	C 段第 3 句话	答案 B 题目问日本学校的数学教科书如何。文章中说 the textbook are…well set out and logically developed, B 选项意思是“合理安排并且适应学生的需求“，符合文意。
11	new maths topic	Section D 第二小段首句	答案 C 题目问怎么样介绍一个新课题，文章中说 …the teacher explains the topic of the lesson, slowly and with a lot of repetition and elaboration，C 选项意思是“十分仔细和耐心地去给学生解释”，与原文意思相符。
12	experience difficulties	Section E 第一小段第 2 句	答案 A 题目问学校如何帮助遇到困难的学生，对此文章中说 Teachers say that they give individual help at the end of a lesson or after school, setting extra work if necessary，A 选项意思是“学生被给予合适的额外的补课”，所以为正确答案。
13	relatively high rates of success	Section F 第一小段末句	答案 C 题目问为什么日本学生能在数学上取得比较高的成绩，文章中说 Education is valued greatly in Japanese culture, maths is recognized as an important compulsory subject throughout schooling, and the emphasis is on hard work coupled with a focus on accuracy, C 选项意思是“做出更多努力并对正确答案加以强调”，符合文意。

➲ 参考译文

数学上升之国

A 相比英格兰和威尔士，日本平均的数学素养明显有着更好的纪录。自 1960 年代开始的针对学生素养的大型国际性样本比较显示，不仅 13 岁的日本学生平均素养更高，而且相比之下，英格兰的低分学生所占比率更大，得分的差异率也更大。这两个国家在教育方面的投入占国内生产总值的比例差不多,为何日本的在数学素养方面得分更高且水平比较一致呢?

B 日本的初中教育是三年,从七年级(13 岁)至九年级(15 岁)。此阶段的学生几乎都是上的是公立学校,只有百分之三的会选择私立学校。学校的设计通常是现代化的,离公路有段距离,里面很宽敞。教室很大,学生都是单桌成排。每堂课持续标准式的 50 分钟,之后会有 10 分钟的课间休息让学生放松。先是教师进行正式发言并与学生互相鞠躬致敬,然后集中精力授课。

教室通常容纳 40 人,不把学生按智力水平分班。学生在同一个教室完成在校期间的所有课程,并培养重要的集体意识和对集体的忠诚。学生按就近原则择校,理论上学校是不分排名的。就东京的实际情况来看,由于学校分布相对密集,要进入特定地区更好的学校是存在竞争的。

C 课堂采用传统的教学方式,学生上课时很安静,并对要点和举出的例子做笔记。每人都有由中央教育机构 Monbusho 提供的教科书,这是 15 岁前义务教育的一部分。教科书整体来说不大,生产费用不高,但是排版清晰,逻辑清楚。(一位教师特别乐意在数学教科书里引入颜色和图片,这样可让在卡通文化背景下长大的学生更容易接受。)Monbusho 除了审批教科书,还会决定全国高度集中的总课程以及怎样实施。

D 课堂采取同一模式。开始的时候,学生在黑板上解答家庭作业,然后老师会给意见,纠正或在必要的时候加以详细解说。学生自己批改自己的家庭作业。这是日本教育中很重要的一个原则,就是使得学生自己发现他们哪里犯错以及为什么会犯错,这样就可以避免再犯类似错误。没有人介意错误或疏漏,只要你愿意去学。

讨论完家庭作业,教师会慢慢解释那节课的主题,且会重复和详细解释。教师会在黑板上示范举例,教材上的问题会首先与全体学生一起讨论,然后根据教材设置问题让学生独自解决。在数学课上极少会分发额外的作业单。教材的逻辑化、全面涉及不同类型的例子以及学生大概一致的数学水平使得作业单是多余的。这种情况下,老师会巡视学生的作业并确保所有学生都做得好。

E 一个明显的现象是整个义务教育阶段(从 6 岁到 15 岁),学生的数学课都是在一个大的混合班上。教师会在课后或放学后给学生单独辅导,必要时布置额外的功课。在实测课时,老师会对有困难的学生给予辅助,或者学生可向周围的同学私下寻求帮助。注意培养集体意识使得学生们乐意互相帮助。不管怎样,这关乎他们的利益,因为可集体一起进步。

这样貌似不利于慢学者迎头赶上。但是,日本人对教育的态度一直是"如果你足够努力了,你就能干任何事"。父母会被频繁地告知孩子的情况,还会在帮助孩子在赶上集体的过程中发挥作用。如果需要额外帮助的话,父母会送孩子去 Juku(私立夜校)并鼓励孩子更用功学习。至少对于 95% 的学生来说,这似乎是有用的。

F 那么数学教育成功的主要因素是什么呢? 态度是十分重要的。日本文化对教育相当重视,数学在义务教育中被认为是一门重要的学科,强调学生要努力学习并且在数学问题上要达到精准。

其他相关方面表明集体对慢学者的支持态度包括:集体竞争并不激烈,积极强调为自己而学和改善自己的水平。另外,认为日本课堂上就是重复的枯燥的功课,以及死记硬背的观点是不公平不合理的。日本的数学课没有很差劲的,反倒主要是质量良好的,并且有一两个还是很有启发性的。

READING PASSAGE 2

文章结构

体裁	说明文
主要内容	对害虫的生物学控制。
结构	第 1 段：使用人造化学制剂控制害虫的影响。
	第 2 段：物种的抗药性。
	第 3 段：杀虫剂的害处。
	第 4 段：种植棉花的农民恶意使用杀虫剂。
	第 5 段：20 世纪中期有更多的害虫出现。
	第 6 段：大多数的杀虫剂都对人体有危害。
	第 7 段：提出解决害虫的办法。
	第 8 段：介绍 CIBC 机构。
	第 9 段：介绍 weevil 杀虫原理。
	第 10 段：用生物方式控制害虫的一个实例。

词汇注释

第 1 段	
reckless *adj.* 轻率的，不顾危险的 synthetic *adj.* 合成的，人造的 counterproductive *adj.* 起反作用 engender *v.* 引起 disorder *n.* 混乱，失调，紊乱	pesticide *n.* 杀虫剂 emergence *n.* 出现，浮现 breed *n.* 品种 lethal *adj.* 致命的；危害极大的 superbug *n.* 超级病菌
第 2 段	
potent *adj.* (药等)效力大的，威力大的 immune *adj.* 免疫的	insecticide *n.* 杀虫剂 in use 在使用中
第 3 段	
glaring *adj.* 显而易见的 wipe out 彻底摧毁，彻底消灭 in check 在控制中 agroecologist *n.* 农业生态专家 treadmill *n.* 枯燥无味的工作；跑步机	syndrome *n.* 综合症 tremendous *adj.* 极大的，巨大的 withstand *v.* 承受 bear *v.* 承受得住，经受得住 built-in *adj.* 内置的

第 4 段	
havoc *n.* 大破坏 bring about 造成，引起，导致 illustrate *v.* 说明，阐明，表明 basking *n.* 晒太阳	intensive *adj.* 密集的，集中的 avidly *adv.* 热衷地 yield *n.* 产量 proliferation *n.* 增殖，大量增生
第 5 段	
alarming *adj.* 惊人的，吓人的 outbreak *n.*（暴力、疾病等事的）爆发，突然发生 necessitate *v.* 使…成为必要，需要	spray *v.* 喷 outlay *n.* 支出，花费 account for 占…百分比；对…负责 invasion *n.* 侵入
第 6 段	
inadequately *adv.* 不适当地 property *n.* 特性，性质，性能	mutation *n.* 变异 adverse *adj.* 不利的，有害的
第 7 段	
escalating *adj.* 逐步升级的 peril *n.* 极大的危险 indiscriminate *adj.* 不加选择的 selective *adj.* 选择的 in contrast to 与…相对比	perpetual *adj.* 永远的，持续的，长久的 detrimental *adj.* 有害的，不利的 side-effect *n.* 副作用 disperse *v.* 驱散
predator *n.* 掠夺者	parasite *n.* 寄生物
第 9 段	
weevil *n.* 象鼻虫 exert *v.* 发挥 devious *adj.* 曲折的 eradication *n.* 根除，灭绝 hyacinth *n.* 洋水仙	nuisance *n.* 讨厌的东西 prey on 捕食，掠夺 notorious *adj.* 臭名昭著的 defoliant *n.* 脱叶剂
第 10 段	
coconut *n.* 椰子 grove *n.* 树丛 plague *n.* 瘟疫 larval *adj.* 幼虫的	devour *v.* 耗尽 forage *v.* 搜寻 canal *n.* 运河 infest *v.* 遍布

➲ 考题解析

Questions 14 – 17

● 题型归类：Multiple Choice

➲ 题目解析

题目编号	题目关键词	原文定位	题 解
14	pesticides	第一段第 2 句	答案 B 题目问使用杀虫剂导致了什么。文章中说 Apart from engendering widespread ecological disorders… B 选项意思是“使得全世界许多生态系统出现不平衡”，符合文意。
15	Food, Agriculture Organization, more than 300	第二段第 1 句	答案 A 题目实际考查的是哪个选项对 300 多种农业害虫的描述是正确的。文章说 According to a recent study by FAO, more than 300 species of agriculture pests have developed resistance to a wide range of potent chemicals，A 选项意思是“这些害虫已经对很多杀虫剂不再有反应了”，和文中的 resistance 对应。
16	cotton farmers, Central America	第四段第 1 句和第 2 句	答案 D 题目实际考查的是哪个选项对中美的棉花农民使用杀虫剂的描述是正确的。文章中说 In the early 1940s, basking in the glory of chemical-based intensive agriculture, the farmers avidly took to pesticides as a sure measure to boost crop yield. D 选项意思是“（棉农）为了保证更多的产量”，与原文意思相符。
17	mid-1960s, cotton farmers, Central America	第五段首句	答案 D 题目问到 19 世纪 60 年代中期，中美的棉农发现杀虫剂如何。文章说 By the mid-1960s, the situation took an alarming turn with the outbreak of four more new pests, necessitating pesticide spraying to such an extent that 50% of the financial outlay on cotton production was accounted for by pesticides，D 选项意思是“占据了用于农业的 50% 的经费”，为正确答案。

➲ 考题解析

Questions 18-21

● 题型归类：YES/NO/NOT GIVEN

➲ 题目解析

题目编号	题目定位词	题目句意	题解
18	disease-spreading pest, agricultural pests	传播疾病的害虫比农业害虫对杀虫剂的反应更快。	NOT GIVEN 根据定位词找到原文第二段末句。题目说传播疾病的害虫比农业害虫对杀虫剂的反应更快，但是文章中并没有对这两种害虫做比较。
19	innate immunity	很多害虫天生就对杀虫剂免疫。	YES 这道题的答案在第二段末句。题目说很多害虫天生就对杀虫剂有免疫能力，文章中说大约有 100 种传播疾病的害虫对各种正在使用的杀虫剂免疫，题目描述的与文章内容一致。
20	biological control, synthetic chemicals, offspring	生物控制需要使用人工农药去改变害虫的后代的基因构成。	NO 根据定位词找到原文第七段。文章中说 ...biological control, involving the selective use of natural enemies of the pest population...，很明显 biological control 是不用 synthetic chemicals 的，而是用害虫的 natural enemies，改变害虫后代的 genetic make-up 无从谈起。题目信息与原文相矛盾。
21	bio-control, certain circumstances	生态控制在某些情况下是可以规避所有危险的。	YES 根据定位词找到第七段末句。文章说如果生态控制由专家来实施，那么它是是安全的，无污染的。题目的描述与文章一致。

➲ 考题解析

Questions 22-26

● 题型归类：Matching

➲ 题目解析

题目编号	题目定位词	原文定位	题解
22	disapene scale insects	第九段末句	答案 D 原文中的 ... 'disapene scale' insects — notorious defoliants of fruit trees... 实际上就是定义了 disapene scale，原文中的 defoliants 对应题目中的 feed on。

23	neodumetia sangawani	末段第 4 行	答案 H 原文说 neodumetia sangawani 在控制 grass-scale insect 是很有用的，也就是说它是以此为食的。
24	leaf-mining hispides	末段第 2 行	答案 C 原文说 coconut groves 被 leaf-mining hispides 摧残，原文中的 plague 对应题目中的 blight。
25	Argentinian weevil	第九段第 4 行	答案 E 原文说试图用 Argentinian weevil 来消灭 water hyacinth，其中原文中的 eradication 对应题目中的 wiping out。
26	Salvinia molesta	末段最后两句话	答案 B 原文说 30,000 公顷的 rice field 被 Salvinia molesta 侵扰，原文中的 infest 对应题目中的 plague。

➲ 参考译文

害虫的生物控制

为控制威胁农作物和人类健康的害虫，持续鲁莽地使用合成化学物已被证明适得其反。除了造成广泛的生态系统紊乱，杀虫剂促进具抗药性、危害性极大的“超级害虫”的形成。

据粮农组织（FAO）最近的研究显示，超过 300 种农业害虫已对大量的有效化学物形成抗药性。更别说那些会传播疾病的害虫了，大约 100 种这样的害虫已对现使用中的不同杀虫剂形成免疫。

使用杀虫剂的一个明显缺陷是，杀死害虫同时也会消灭许多有益的非定标性的生物，这些生物可控制害虫数量的过分增长。这样一来，就导致了农业生态学家所说的“跑步机综合征”。由于害虫具有强大的繁殖能力和基因多样性，它们可抵抗合成化学物并繁殖具有抗药性的后代。

“跑步机综合征”所产生的破坏作用，中非的棉农有深刻的体会。上世纪四十年代早期，依靠以杀虫剂为基础的密集农业取得了辉煌成就，棉农认为杀虫剂是提高农作物产量的不二选择。四十年代中期，中非棉农每年会喷洒 8 次杀虫剂，到了五十年代中期，三个抗药性的新害虫突然爆发繁殖，喷洒次数上升至每季度 28 次。

至六十年代中期，情况发生了让人担忧的转折。随着另外四种新害虫的出现后，用于杀虫剂支出的费用占到棉花生产总支出的一半。七十年代早期，害虫的基因变得更强大了，棉农被迫每季度喷洒农药达 70 次。

美国环保机构的研究表明，如今市场上大部分的杀虫剂被不充分的证据检测到含有可能导致癌症、基因突变和其他对身体产生反作用的物质。美国自然资源保护委员会发现一连串使用中的有害化学物中，DDT 是最常见的。

面对由于不加鉴别地使用杀虫剂导致危害升级，更有效的且有利生态的生物控制策略（涉及有所选择地使用害虫的天敌）越来越受青睐，尽管目前来说这个新领域的潜力有限。相比其他办法，生物控制的优势在于提供一个相对低成本的、持续的、副作用最小的控制系统。由专家负责的话，生物控制是安全的，不产生污染，并可以自我分解。

位于班加罗尔的英联邦生物控制研究所（CIBC），在全球分布有实验室和野外站，是其中一个最活跃的非商业研究机构，从事利用自然天敌来对付寄生物的害虫控制研究工作。同时，CIBC 也是全球生物制剂进出口票据交换所。

CIBC 成功使用一种墨西哥本土的象鼻虫来控制可恶的银胶菊，这种草对印度和澳大利亚的农业和人类健康造成间接影响。类似的，由 CIBC 赞助的海德拉巴地区研究实验室（RRL），现尝试用一种阿根廷象鼻虫消灭水葫芦。水葫芦是另一种危险杂草，对世界许多地方产生危害。根据来自 RRL 的 Kaiser Jamil 女士所说，这种阿根廷象鼻虫不会攻击其他植物，一对成年虫能在 4-5 天内杀死这个水葫芦。CIBC 同时也在改善繁殖寄生虫技术以捕食一种昆虫——这种昆虫啃食美国和印度的果树树叶。

下面的例子证明了生物控制是如何被有效利用的。上世纪六十年代，斯里兰卡繁茂的椰子树林被潜叶虫危害，在引进新加坡的一种幼寄生虫后得到控制。原产印度的一种叫 Neodumetia Sangawani 的寄生物被发现能用于控制罗兹岛的草般大小的昆虫，这种昆虫吞没了美国许多地区的作为牛马饲料的草。来自喀拉拉邦农业大学的科学家利用 Neochetina bruci，一种来自巴西的甲壳虫，清淤了一条由槐叶苹（在喀拉拉邦语是“非洲的 Payal”意思）这种杂草堵塞的 12 千米长的运河。这种杂草遍布喀拉拉邦大约 3 万公顷的稻田。

READING PASSAGE 3

文章结构

体裁	说明文
主要内容	收集蚂蚁物种。
结构	第 1 段：收集蚂蚁一般分为两类，取决于不同的需要。
	第 2 段：要想收集尽可多的蚂蚁需要采用的方法。
	第 3 段：介绍用诱饵来收集蚂蚁。
	第 4 段：介绍用落叶层收集蚂蚁。
	第 5 段：介绍用陷阱来收集蚂蚁。

词汇注释

第 1 段	
stray *adj.* 走失的 jar *n.* 罐子；（啤酒）杯 exhaustive *adj.* 彻底的 abundance *n.* 充足，大量 taxonomy *n.* 生物分类学 caste *n.* 等级 desirable *adj.* 值得拥有的，合意的	variation *n.* 变化；变种，变异 sample *n.* 抽样 compatible *adj.* 共存的 taxonomist *n.* 分类学家 overlook *v.* 忽视 in favour of 赞成，支持，有利于 specimen *n.* 标本，样品；抽样
第 2 段	
bait *n.* 诱饵 pitfall *n.* 陷阱 log *n.* 原木，木料，木材 rotten *adj.* 腐烂的，腐朽的，腐败的 vegetation *n.* 植物（总称），植被 bark *n.* 树皮 forage *v.* 搜寻（食物），觅食 nocturnal *adj.* 夜间活动的	confine *v.* 限制，局限 aspirator *n.* 抽吸器 forceps *n.* 钳子 moistened *adj.* 弄湿的 sting *v.* 蜇伤 ethanol *n.* 酒精 top *n.* 盖，顶盖，顶部 mishandle *v.* 处理不当

第 3 段	
forager *n.* 抢劫者，强征（粮食）者 elusive *adj.* 难以找到的 utilise *v.* 利用，使用 shrub *n.* 灌木	vial *n.* 小玻璃瓶 spot *v.* 注意到，发现 leaf litter 落叶层
第 4 段	
primarily *adv.* 主要地，首要地 layer *n.* 层 debris *n.* 残骸 extract *v.* （费力地）拔出，抽出 funnel *n.* 漏斗 downward *adv.* 向下地，下行地	marshy *adj.* 沼泽的 sift *v.* 筛滤 coarse *adj.* 粗糙的 twig *n.* 细树枝 sample *v.* 抽样调查，抽样检验；取样，采样
第 5 段	
container *n.* 容器 preservative *n.* 防腐剂 diameter *n.* 直径 undertake *v.* 着手，开始 ethylene *n.* 乙烯	glycol *n.* 乙二醇 propylene *n.* 丙烯 evaporate *v.* 蒸发 dry out 变干，干涸

➲ 考题解析

Questions 27-30

● 题型归类：TRUE/FALSE/NOT GIVEN

➲ 题目解析

题目编号	题目定位词	答案位置	题　解
27	taxonomic research	首段第 3 句	TRUE 题目中说生物分类学研究涉及比较一组蚂蚁的成员，文章说从一个单独的巢穴去研究，两者一致。文章中的 taxonomy 对应题目中的 taxonomic research，a single nest 对应 one group of ants。
28	new species, taxonomists	首段末句	NOT GIVEN 题目说蚂蚁的新物种经常被生物分类学所辨别，而文章并没有给出 new species 相关的信息。
29	range, criterion	首段第 4 句	TURE 题目说范围对于生态收集是一个关键的标准，文章中说对于生态学研究而言，最重要的因素是尽可能多的去收集不同的可认知的物种，题目与原文表述一致。其中文章中的 as many of different species as possible 对应题目中的 range, the most important factor 对应 the key criterion。

30	single collection	首段倒数第 2 句	FALSE 题目说一个单独的蚂蚁收集通常可以同时为生物分类学目的和生态学目的所使用，而文章说不幸的是这些方式不总是能够共存的，题目的表述与原文相矛盾。

➲ 考题解析

Questions 31-36

● 题型归类：Matching

➲ 题目解析

题目编号	题目关键词	原文定位	题 解
31	preferable, take specimens from group of ants	第二段第 5 句	答案 A 根据关键词定位到第二段第 5 句，文章说如果可能的话，收集应从巢穴开始，并且至少要收集 20-25 个个体。这种收集方式对应的名字出现在这句话之前，我们向前寻找即可找到 hand collecting。
32	effective, wet habitats	第四段倒数第 3 句	答案 C 题目实际考查的是哪种方法在湿润的栖息地比较有效，根据题目关键词可定位到第四段倒数第 3 句，其中文章中的 rain forests and marshy areas 对应题目中的 wet habitats。原文第四段主要是描述 sampling ground litter 这种方法，而这种方法适用于雨林和沼泽地等湿润地区。
33	hard to find	第三段第 2 句	答案 B 题目意思是“对于那些难以找到的品种来说是个很好的方法”，原文说用诱饵（baits）可以吸引那些不易找到的物种，其中文章中的 elusive 对应题目中的 hard to find。
34	little time and effort	第五段倒数第 2 句	答案 D 题目实际考查的是哪种方式需要的时间和努力比较少，原文说 One advantage of pitfall traps is that they can be used to collect over a period of time with minimal maintenance and intervention，由此可知 using a pitfall trap 为正确答案。
35	separate containers, individual specimens	第二段倒数第 2 句	答案 A 题目实际考查的是哪种方式用不同的容器收集个体，文章说 Individual insects are placed in plastic or glass tubes… 这仍是 hand collecting 的做法。
36	non-alcoholic preservative	第五段倒数第 3 句	答案 D 题目实际考查的是哪种方式必须使用不含酒精的防腐剂，文章说 the preservative used is usually ethylene glycol or propylene glycol, as alcohol will evaporate quickly and the traps will dry out，对应的是 pitfall trap 这种方法。

考题解析

Questions 37-40

● 题型归类：Diagram

题目解析

题目编号	题目关键词	原文定位	题　解
37-40	funnel	第四段中间部分	文章中说 This is most commonly done by placing leaf litter on a screen over a large funnel, often under some heat. As the leaf litter dries from above, ants move downward and eventually fall out the bottom and are collected in alcohol placed below the funnel。根据文章描述，37 题答案为 heat, 38 题答案为 leaf litter, 39 题答案为 screen, 40 题答案为 alcohol。

参考译文

收集蚂蚁样本

收集蚂蚁犹如捡起一群走失的家畜并且把他们放在玻璃罐里一样简单，却又犹如对出现在同一个区域所有物种完成一个详尽的调查并且估算出它们的相对数量般复杂。确切的使用方法将取决于收集的最终目的。对于分类学或分类，在一个蚁窝里的一系列蚂蚁，包含了所有等级（工蚁，包括主要的和次要的、蚁后和男蚁，如果有的话）对于决定物种间的不同是很有必要的。对于生态学研究，最重要的因素是在所呈现的不同种类中收集尽可能多的可识别的样本。然而不幸的是，这些方法经常难以兼容。分类学家有时由于专注眼下研究的种群而忽视了整个物种，然而生态学家经常只在一个物种中收集有限数量的样品，因此减少了它们对于生态研究的价值。

为了尽可能大范围的收集蚂蚁的种类，我们可以用到一些方法。这些方法包括手工收集、用诱饵去吸引蚂蚁、在地面上放一些废弃物、或者给蚂蚁设置陷阱。手工收集包括在蚂蚁可能出现的任何地方搜寻蚂蚁。例如在地面上、岩石底下、原木底下或者地面上的其他物体底下，还可以是腐烂的木头里，或者在树上、草木从中、树干上、还有树皮下。如果可能的话，也可以从蚂蚁的窝里或对正在觅食的蚁群进行收集，这样至少可以收集到 20-25 只。这样可以确保所有的蚂蚁都来自同一种类，因此增加了对它们进行详细研究的价值。由于一些种类的蚂蚁大部分都是在夜间活动，因此收集不应只局限在白天。收集时可以用吸液器、钳子、沾湿了的刷子这些工具，或者直接用手指，如果蚂蚁不叮人的话。蚂蚁被放置在塑料或者玻璃试管里（收集小蚂蚁使用容量为 1.5-3.0ml 的试管，收集大蚂蚁应使用容量为 5-8ml 的），试管里面含有 75% 到 95% 的乙醇。有安全顶部的塑料试管要好于玻璃试管，因为它们更轻，并且操作不当的时候也不宜破碎。

诱饵能够用来吸引和聚集觅食的蚂蚁。这样做经常可以增加收集蚂蚁的数量，同时也吸引了本可能会躲避掉的种类。糖、肉或者油会吸引不同种类的蚂蚁，因此它们可以被使用。这些诱饵可以放在地上或者树杆上，或者大的灌木丛中。当放在地上时，诱饵应放在小的纸质卡片上或者其他扁平的、浅色的表面上，也可以放在试管里或者小玻璃瓶中。这样可以在蚂蚁逃进周围散落的落叶之前更容易发现它们进而将它们捕获。

许多蚂蚁很小，主要在落叶层里或者地上的其他残骸当中觅食。手工收集这类蚂蚁是很困难的。收集它们最成功的一种方法就是收拢它们正在觅食的树叶，然后将蚂蚁从里面抽取出来。此类操作主要是将树叶置于加热漏斗上面的筛子上，当树叶经过上面的操作变干时，蚂蚁（和其他动物）就会向下移动，从底部出来，最后被收集在漏斗下面的酒精里。这种方法在热带雨林里和湿地里尤其有效。使用漏斗时，一个提高捕获蚂蚁的方法就是在将树叶置于漏斗上面之前先用粗孔筛将其过滤。此操作将把树叶集中起来，把大一些的叶子和细枝移除。这样还可以在有限数量的漏斗上放置更多的树叶样品。

陷阱是收集蚂蚁经常用到的另一种方法，陷阱可以是地面上任何顶部是平面的涂有防腐剂的小容器。当觅食的蚂蚁落入陷阱即被收集到。陷阱的直径在 18mm 到 10cm 之间，数量也在几个到几百个之间。陷阱的大小大多因个人喜好而异(尽管大一些的尺寸一般会更好)，然而数量由正在进行的研究所决定。由于酒精会很快蒸发，陷阱也会变干，所以使用的防腐剂通常是乙二醇或者丙二醇。陷阱的一个好处就是可以使用一个较长的时期，并且使用期只需要最小的维护和干涉。弊端是由于一些种类可能会避开陷阱，或者在觅食时不经常遇到它们而不会被收集到。

WRITING

WRITING TASK 1

The graph below shows the quantities of goods transported in the UK between 1974 and 2002 by four different modes of transport. Summarise the information by selecting and reporting the main features, and make comparisons where relevant.

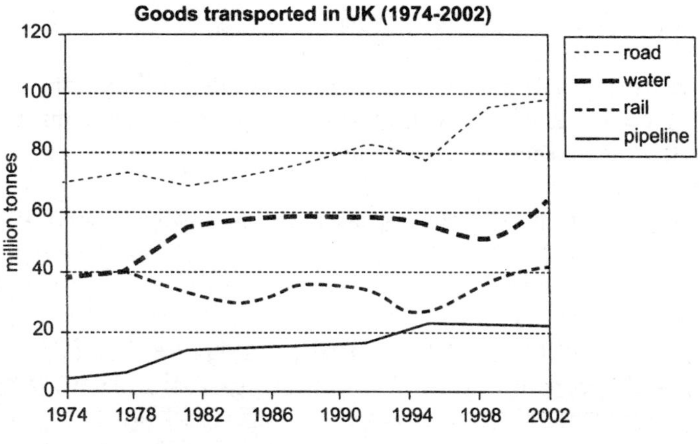

➲ **题目分析，包括回答中需要涉及的要点、对比以及考生可能对题目产生的错误理解。**

要点

1. 运输的货物数量增长是因四种方式运输共同引起的。
2. 分别描述每条线路——不要对每年的数字进行比较。
3. 描述所有的变化会让文章篇幅过长，所以有必要概而论之。但是需突出其中变化较为显著的。

➲ 建议的写作结构，对比此结构与考生有可能采用的不恰当结构。

介绍部分应该把题目用自己的话重写一遍。正文应该分段描述每种运输方式。各段可以任意顺序排列，但是要具有逻辑性，比如：从最常用到最不常用。最后应该有一个简短的结论，指出运输货物增长的数量。

➲ 参考范文

The line chart shows how many million tonnes of goods were transported in the UK between 1974 and 2002.

The quantity of goods transported by road was 70 million tonnes in 1974. By 1995, this had risen to 80 million tonnes. There was a sharp rise to 95 million tonnes in 1999, with a slight rise thereafter.

The quantity of goods transported by water remained at about 40 million tonnes between 1974 and 1978. Then there was a great increase to almost 60 million tonnes by 1982. This level remained for over a decade, but in the 1990s there was a decrease to about 50 million tonnes in 1998. There was a big increase to 65 million tonnes in 2002.

The quantity of goods transported by rail gradually fell from 40 million tonnes in 1974 to less than 30 million tonnes in 1995. By 1999, the quantity was at 40 million tonnes again and increased slightly by 2002.

In 1974, the quantity of goods transported by pipeline was 5 million tonnes. By 1981, this had tripled. For over a decade this increased slightly, but by 1995 the amount had risen to over 20 million tonnes, after which there was no change.

In summary, the quantity of goods transported increased, especially after 1999.

(212 words)

以下线形图表明了 1974 年至 2002 年，英国运输的货物有几百万吨。

1974 年，公路运输的货物数量达到 7 千万吨。截止到 1995 年，货物数量已上涨到 8 千万吨。1999 年，货物数量突涨到 9 千 5 百万吨，此后涨幅平缓。

1974 至 1978 年间，水路运输的货物数量保持在 4 千万吨。此后到 1982 年，货物数量快速增长至近 6 千万吨。这个水平持续了十几年，但是在 20 世纪 90 年代货物数量锐减，1998 年减至 5 千万吨。2002 年又大幅上涨，达 6 千 5 百万吨。

1974 年，铁路运输的货物数量为 4 千万吨，之后逐步锐减至 1995 年的不到 3 千万吨。截止到 1999 年，货物数量重新升至 4 千万吨，到 2002 年，货物数量平缓上涨。

1974 年，管道运输的货物数量为 5 百万吨。截止到 1981 年，货物数量翻了三番。十几年间，货物数量平缓增长，但到 1995 年，货物数量上涨至 2 千万吨，此后无任何变化。

总体来讲，货物运输数量有所增长，特别是在 1999 年之后。

➲ 参考范文中的词汇及结构分析，以及考生可能犯的错误。

1. 注意参考范文中的过去时和过去完成时的使用。描述上图也可以使用一般现在时，但是切忌混用。
2. 作者用“by”一词，表示所给年份之前的一个时间段（例如：by 1995“截止到 1995 年”）。
3. 注意“sharp”，“slight”，“big”和“great”等词语的使用，以说明相对变化的幅度。
4. 在描述管道运输的货物数量时，作者没有总是引用数字——而是使用了倍数表达“By 1981, this had tripled”，这样给文章增加了一些变化。

WRITING TASK 2

In some countries the average weight of people is increasing and their levels of health and fitness are decreasing. What do you think are the causes of these problems and what measures could be taken to solve them? Give reasons for your answer and include any relevant examples from your own knowledge or experience.

➲ 题目分析，包括写作中需要涉及的要点以及考生可能对题目产生的错误理解。

1. 导致体重增加的两个主要原因清晰明了，与食物和运动有关。切忌在一些特殊的、只影响少数人群的医疗条件方面花费太多时间。
2. 可描述多种解决办法。力求描述现实性的、适合大多数人的解决办法。描述时要具体，换言之，切忌仅仅表达说政府应该做些什么。

➲ 建议的回答结构，对比此结构与考生有可能采用的不恰当结构。

这篇作文需要一个简短介绍和简要的结论。正文应有两个或五个段落，三个或四个更好。简单的格式是一段描述原因，然后列举两个或三个解决办法（各自成段）。有些作者会关注反方观点、存在问题或解决办法。考生应该注意不要认为一种办法对每个人都适用。

➲ 两篇观点不同的参考范文（250字—300字）

参考范文 1

Some countries are experiencing a situation where their citizens are becoming heavier and also less fit and healthy. The causes of this are clear, but there are many possible solutions. I shall look at the causes and a couple of possible solutions in this essay.

In almost all cases, the causes of increased weight are diet and/or lack of exercise. If a person eats more calories than they use, they gain weight. If they do not exercise enough, this weight gain will be fat and too much fat causes health problems. The solutions, therefore, are simple enough – convince people to consume fewer calories and/or exercise more.

This is easier said than done. Nowadays, more and more people have access to more and more food. Many people prefer food that is high in calories – perhaps because they think it tastes better or perhaps because it is faster or more convenient. One way of getting them to eat fewer calories might be to show them tastier dishes quickly prepared using lower calorie foods.

Another solution is to get people to exercise more, so that eating more calories is less of a problem. This could be done by making keeping fit less costly and easier to participate in. Financing sports and exercise facilities could be costly, but there could be long term savings if people are healthier as a result. If neighbourhoods had sports and exercise facilities, people would be able to use them more often.

In conclusion, there are two main causes of weight increase and there are several possible solutions to this and to declining levels of health and fitness.

(269 words)

一些国家存在着一种状况，市民变得越来越重，越来越不强壮，越来越不健康。虽然导致这一状况的原因很显著，但是解决这个问题也有许多可行的解决办法。在这篇文章中，我会谈到相关原因和一些可行的解决办法，

在几乎所有的事例中，导致体重增长的原因是饮食习惯或是缺乏运动。如果有人吸收的卡路里超过支出，其体重就会增加。如果没有足量的运动，增加的重量就会转化为脂肪，而过量的脂肪就会导致健康问题。因此，解决办法简单明了——说服人们减少摄入卡路里，多运动。

说起来容易做起来却难。现今，有更多的人能品尝到多种美食。很多人喜欢高卡路里的食物——或许因为他们觉得其味道更好，或许因为其更快捷或更方便。一种使得他们吸收少量卡路里的方法，大概要告诉他们较美味的食物是将低卡路里的食物速成得来的。

另外一种办法是让人们多运动，这样吸收较多的卡路里就不成问题了。通过降低健身费用和广泛普及体育设施可以促使人们多运动。投资运动和健身设施可能会耗费财力，但是假如其结果会使人们更健康，就会变成一种长期储备了。如果社区备有运动和健身设施，人们就能更经常地使用了。

总的来说，导致体重增加有两个主要原因。为此，文中提出几个可行的解决办法，应对日益减退的健康水平。

参考范文 2

In this essay, I shall look at why the average weight of people in some countries is increasing at the same time that their health and fitness is decreasing.

The reasons why people increase in weight are well known – higher calorie intake and less exercise. In turn, these factors cause people to become less fit and healthy. People may be eating more because they have more high-calorie food available. Less exercise may be due to the increased use of cars and less participation in sports and exercise activities. Whatever the reasons, many countries where the average weight of citizens is increasing are looking for solutions.

Some nutritionists have suggested that processed foods are particularly likely to cause people to gain weight. To encourage people to eat less of this kind of food, perhaps the government could increase tax on it. This should encourage people to eat cheaper, healthier alternatives. This kind of thing is already done in most countries with two other things that are considered unhealthy – tobacco and alcohol.

Another possibility is to have a campaign to get people to exercise more. It may be possible to use famous people and various forms of media to do this – the Internet, television, radio, billboards and flyers. The idea is that if people are given more information about healthy lifestyles, they will be more likely to take notice and follow the suggestions.

To summarise, the causes of this problem are clear. The possible solutions to declining levels of health and fitness are numerous and depend on decision-makers.

(256 words)

在这篇文章中，我会谈到为什么一些国家的人均体重在上涨，而与此同时，他们的健康水平在下降。

人们体重增加的原因众所周知——高卡路里的摄入和缺乏运动。反过来，这些因素导致人们越来越不强壮、越来越不健康。人们食量大增是因为他们能品尝到更多高卡路里的食物。缺乏运动则是因为汽车的普及和不进行运动和户外活动。不管原因如何，存在人均体重增加情况的许多国家都在寻找解决办法。

一些营养学家建议加工食品很可能会导致人们体重增加。为督促人们少食用这种食物，或许政府可以增加征税。这会督促人们选择更便宜，却更健康的替代品食用。大多数国家已经这样施行了，另外还包括其他一些被认为不健康的东西——烟和酒在内。

另外一种方法是发起一场运动，号召人们多进行体育锻炼，这可以利用知名人士以及各种形式的媒体——因特网、电视、广播、广告牌和传单等进行宣传。如果人们了解更多有关健康生活方式的信息，他们就极有可能提起注意，照着建议去做。

总而言之，导致这种问题的原因显而易见。针对健康水平下降的可行措施不胜枚举，取决于决策制定者如何选择。

➲ 参考范文中的词汇及结构分析，以及考生可能犯的错误。

1. 注意在第一篇作文介绍部分中现在进行时的使用，这表示的是一种现在正在进行的状态。“becoming”一词体现的是一种变化。
2. 两篇作文都在正文第一段概括了体重增加以及健康水平下降的两个主要原因。注意“less”和“more”的使用。基础较弱的考生可能会用词不当，对词汇拿捏得不够准确，表达成“人们一点都不运动”或者“人们只吃高卡路里的食物”(两者在实际生活中都是不太可能的)。所以考生尽量不要用一些过于绝对的词。
3. 第一位作者使用了“This is easier said than done”。这句话短小精悍，表达了一个非常明确的意思。
4. 注意两篇作文都运用了简单的对比性语言——lower, easier, healthier, cheaper, fewer, tastier, more convenient, less costly。
5. 在第一篇作文的正文第三段，我们看到作者对短期花费和长期受益进行了对比，这经常是找出社会问题的解决方法的关键所在。
6. 在第二篇作文中，与烟酒的比较说明了这种想法合情合理并能取得成功。选择恰当的对比物可能会很困难，但如果对照鲜明就会达到很好的效果。
7. 第二篇作文提出了一场媒体运动的建议，注意作者提到了一些具体广告方案。

SPEAKING

➲ a）题目分析，包括考生可能对题目产生的错误理解。

PART 1

1. How often do you watch television? [Why/Why not?]
这是个很生活化的问题，考生可以根据个人情况来阐述看电视的时间。有的考生学习工作繁忙，空闲时间很少，看电视的频率自然就低；有的考生时间相对充裕，常以电视节目为资讯来源或消遣方式，看电视的频率自然就高。

2. Which television channel do you usually watch? [Why?]
考生可根据个人情况回答，如新闻频道、纪实频道、娱乐频道、电影频道、音乐频道、戏曲频道等。

3. Do you enjoy the advertisements on television? [Why/Why not?]
广告，尤其是节目关键时刻的广告，往往令人无奈甚至讨厌，因此很多人不喜欢广告。有时有些广告具有欺骗、夸大、暴力或血腥的内容，不适合所有人群观看。当然也有艺术造诣较高，内容丰富有趣的广告，这些广告在电视上出现就不会引起人们的过度反感。

4. Do you think most programmes on television are good? [Why/Why not?]
在我国大部分电视节目内容都是比较好的，因为有相关的管理部门进行监督审查。内容过于血腥暴力或低俗的节目很难出现在电视频道中，这保证了电视节目能够向广大公众进行播放。考生还可以从电视节目的实效性、可观赏性的角度来加以阐述。

PART 2

Describe a friend of your family you remember from your childhood.
童年记忆中的人物可以选择对自己有重要帮助的伙伴、老师、邻居等，同时要举出一个具体的事例来说明，总之所描述的任务要对自己及家庭有重要的影响，这样才方便回答后续的问题。在描述人物时，由于是回忆往事，因此需要注意时态是过去时或过去完成时。

PART 3

1. What do you think makes someone a good friend to a whole family?
能和一个家庭成为朋友的人往往是为这个家庭或家庭成员做出了令人非常感动的事情，能够给这个家庭带来巨大的帮助。在这里可以举出一些具体事例，如照顾老人、危难中伸出援手等。

2. Do you think we meet different kinds of friend at different stages of our lives? In what ways are these types of friend different?
在人生的不同时期，你会遇到不同类型的朋友。比如，小时候会在玩耍中遇到自己的玩伴，成长中会在学习生活里遇到指导自己的老师、帮助自己的朋友等，工作中会遇到指点自己的贵人、热情帮助的同事等。

3. How easy is it to make friends with people from a different age group?
不同年龄段的人们交朋友往往会困难一些，年龄跨度越大，结交为朋友的难度会越大。因为同龄人的思维和语言更为接近，年龄跨度大的人群则可能存在一定的沟通问题。

4. Do you think it is possible to be friends with someone if you never meet them in person?
从未谋面的人们通过网络、邮件等方式可能建立起深厚的友谊，很多人都有过结识笔友、网友的经历。当然，未曾谋面的朋友也具有一定的不可靠性，因此在笔友、网友的结识过程中应该更加认真小心，以免受骗上当。

5. Is this real friendship?
不论是笔友还是网友，只要彼此的交流是真实、真诚的，那么这种友谊就是真正的友谊。

6. What kind of influence can friends have on our lives?
朋友对自己的影响是多方面的，在心情低落时，朋友的鼓励能够振奋你的精神，助你走出低谷；心情喜悦时，朋友能够和你分享快乐，共同庆祝；犹豫不决时，朋友能够帮你分析事态，做出选择；做错事情时，朋友能够及时指出，帮你改正。总之，朋友在人们的生活中是不可缺少的。

7. How important would you say it is to have friend from different cultures?
来自不同文化背景的朋友可以大大拓宽自己的视角，丰富自己的思维跨度，了解不同的行为方式。这些对个人的学习成长有着重要作用，朋友圈子过于狭小或集中，往往会限制自己的处事方式，不利于自我成长。

➲ b) 考生可在回答中使用的实用词汇

PART 1

1. How often do you watch television? [Why/Why not?]
very often, frequently, rarely, seldom, from time to time, once in a while, spare time, weekend, holiday, TV show/program, selective, for fun, relax.

2. Which television channel do you usually watch? [Why?]
vary from people to people, news channel, documentary channel, entertainment channel, movie channel, music channel, opera channel, channel surfing, fix on, get updated.

3. Do you enjoy the advertisements on television? [Why/Why not?]
ad, commercial, promote, advertise, propagate, spread, hate, dislike, be disgusted, nasty, odious, misleading, deceiving, bluff, violence, discretion advised, artistic, content rich, inspiring.

4. Do you think most programmes on television are good? [Why/Why not?]
contents of the TV programs, properly censored, administrative authority, violent, sexually explicit, vulgar, general public, appreciate, aesthetic.

PART 2

Describe a friend of your family you remember from your childhood.
old acquaintance, neighbour, teacher, recall, recollect, memory, drop by, run into, come over, influence, affect, impact, hang out with, get along well with, kind, hospitable, amenable, miss, think of, hope to meet again.

PART 3

1. What do you think makes someone a good friend to a whole family?
a friend in need is a friend indeed, lend a hand, give a hand, moving, touching, impressing, in great needs, in great danger, benefit, look after the old, become acquainted.

2. Do you think we meet different kinds of friend at different stages of our lives? In what ways are these types of friend different?
life stages, vary, diversity, playmate, growth, adolescence, childhood, guidance, mentor, teacher, buddy, colleague, youth, middle age, senior age, fair weather friend.

3. How easy is it to make friends with people from a different age group?
age difference, barrier, ways of thinking, language pattern, communication problem, transcend, share interest, hobby, in proof of.

4. Do you think it is possible to be friends with someone if you never meet them in person?
Internet, email, pen pal, see in person, meet in person, digital friendship, keep relationship, admittedly, try out, use caution, get duped.

5. Is this real friendship?
cordial, sincere, candid, conventional, authentic, saying, proverb, traditional wisdom, the benevolent see benevolence and the wise see wisdom, make judgment.

6. What kind of influence can friends have on our lives?
spiritual need, soul, down, depressed, cheer up, joy, sorrow, share, celebrate, waver, irresolution, point out mistake, correct, indispensable, add meaning to life, enrich experiences, interaction.

7. How important would you say it is to have friend from different cultures?
perspective, enrich, broaden, interact, custom, reflect, mirror, cultural bias, prejudice, narrow-minded, beneficial, detrimental, conducive.

➲ c) 参考答案（每个问题两个回答）

PART 1

1. How often do you watch television? [Why/Why not?]

Well, quite often. Look, people call me couch potato, because I sit in couch, watch TV and eat potato chips. Watching TV is a big part in my life. It gives me a lot of fun and makes me enjoy my life.

No, I seldom watch TV, because I believe watching TV is no different from slow suicide. It's just a waste of my precious time. I must live very single minute to the fullest.

2. Which television channel do you usually watch? [Why?]

Like I said, I love watching TV programs, all kinds of them, so there is no particular channel I would fix on. Sometimes I just enjoy channel surfing for no reason.

Well, I would only watch news channels. I believe they're the only channels worth watching, because I can get updated of the latest happenings in China and around the world.

3. Do you enjoy the advertisements on television? [Why/Why not?]

No. I totally hate it. It makes me sick. Think about it, how could you like it when they insert ads in your favorite TV show? It's totally unacceptable. Plus most of the ads either are misleading or appear to exaggerate the effects of their product. They just want to get money out of your pocket. They are mercenary profiteers. Anyway, I don't like advertisements.

Well, I'd like to say yes, because there are some ads that are truly artistic and with high aesthetic values, but the rest are just full of misleading and exaggerated information, even violent or sexually explicit contents to appeal to people's eyes. So my final verdict is "no".

4. Do you think most programmes on television are good? [Why/Why not?]

Well, I guess yes. Most TV programs in China are generally "good", so to speak, since the TV and Radio Administrative Authority really does their job of "censoring" the unwanted contents. So don't worry. You would have to go overseas to watch those "bad" TV programs, like CNN and other stuff.

I'm not really sure, because I've deliberately refrained from watching TV for many years. But I trust most TV programs are good since the majority of people still love spending their prime time at night on watching TV.

PART 2

Describe a friend of your family you remember from your childhood.

Mr. Zhang was quite an old friend of my family. Once served in the air force as a copilot of my father, he used to hang out with my family quite often. But as far as I remember, all that changed during the ten-year dark period of the Cultural Revolution, when Mr. Zhang was falsely accused and consequently discharged without honor from the air force. After much affliction, Zhang's wife couldn't take it anymore and killed herself, and since then he became stranger and stranger, not willing to talk to anyone until he finally died in loneliness. It's quite a sad story and I remember it very well because I feel there is a strong need for the society to care for those who have been through those difficult years and hence traumatized, especially someone like Mr. Zhang.

Well, I can hardly remember any family friend in my childhood, save Mr. McLaughlin. Mr. McLaughlin was from America and he worked as a foreign expert in my father's factory. My father was his interpreter, so they got acquainted very quickly. I remember I called him George. George was a very interesting person, and he would suddenly appear in my home as if from nowhere to ask my father to help him with this or that. Every time he showed up, he would give me some little presents. Oh, I loved him. But it's not long before he finished his work here in China and went back to the States. Well, I don't know whether I would see him ever again.

PART 3

1. What do you think makes someone a good friend to a whole family?

Wow, this is indeed difficult to answer. People would have a whole lot of different ideas when they look at it through their own perspectives. I can't guarantee I can give a satisfying answer, but I guess a person would be surely considered as my family friend if he/she has helped my family when we are in great needs.

People become friends for many different reasons. But what make someone a family friend often has something special, like helping to look after the old, extending a helping hand when the family is in great danger and stuffs like this.

2. Do you think we meet different kinds of friend at different stages of our lives? In what ways are these types of friend different?

I guess so. We all had playmates when we were young. Then when we grow up a little, we had teachers who can guide our life and study, buddies who can share the joy and sorrow of our heart. When we go to work, we had friends who could really help us in need, as well as fair weather friend. Anyway, this is just part of life. People change as you age, and your world will never be the same again.

I don't think so. No matter what stage you are at, you always have true friends and fair weather friends at the same time, but you wouldn't be able to tell, not until the time of test, which is when you need some help. Yes, it proves the saying "a friend in need is a friend indeed" .

3. How easy is it to make friends with people from a different age group?

It's generally believed to be true that the more age difference between two people, the more difficult it is for them to become friends, considering their discrepant ways of thinking and language patterns. The biggest problem might just lie in communication.

I guess it shouldn't be a big problem as long as they share the same interest, same hobby. There are countless numbers of examples in proof of this. Just like love transcends cultures, friendship also transcends ages.

4. Do you think it is possible to be friends with someone if you never meet them in person?

Well, there are examples where people become really good friends through the Internet and emails. Plus a lot of people have once had pen pals and kept that relationship for quite a long time. So I believe it's totally possible.

I never doubt the possibility of becoming friends over internet. I even call it digital friendship. But there are admittedly lots of dangers. So caution must be used when you want to try it out.

5. Is this real friendship?

Well, yes and no. Yes, because as long as their relationship is true and cordial, it is considered friendship. No, because it is still different from the conventional type.

Like an old saying puts it "the benevolent see benevolence and the wise see wisdom", different people have different judgment. Well, I would like not to judge, lest me myself is judged.

6. What kind of influence can friends have on our lives?

Friends influence our lives in many different ways. First, everyone needs friends. They cheer you up when you feel down; they share your joys and sorrows; they help you out of troubles; they point out your mistake when you don't feel like admitting it. Anyway, friends are an indispensable part in life.

You may not realize to what extent friends may influence you. Friends add meaning to our life, they enrich our experiences, bring joy, and share our problems. If there were a fourth need besides food, water, and shelter, we could say it would be the need for human interaction, closeness, and friendships.

7. How important would you say it is to have friend from different cultures?

I always feel blessed enough to have had the opportunity to interact with people from many different cultures. Though sometimes we struggle because I don't know enough about their customs, religion, laws or culture and sometimes say or do 'wrong' things, it's ever a good experience to learn new things about other cultures. Despite the differences, I love all them and they also love me — that's what matters.

It's a good thing to have friends from different cultures in that they teach you to look at the world through a "bigger" perspective. It's also a good opportunity to reflect upon ourselves and our own cultures, and helps to get rid of our cultural bias when we look at or do things.

General training Test A

READING

SECTION 1 A

➲ 文章结构

体裁	应用文
主要内容	介绍了三种度假套餐。
结构	A 介绍了 Mountain Lodge 的情况，包括价钱、天数、用餐、评价、到达机场的时间。
	B 介绍了 Pelican Resort 的情况，包括价钱、天数、用餐、评价、到达机场的时间。
	A 介绍了 Cedar Lodge 的情况，包括价钱、天数、用餐、评价、到达机场的时间。

➲ 词汇注释

comment *n.* 注释，评论 unique *adj.* 唯一的，独特的 retreat *n.* 隐居处；休养所 heritage *n.* 遗产；传统 buffet *n.* 自助餐 available *adj.* 可得到的，可利用的 canoe *vi.* 乘独木舟，划独木舟 optional *adj.* 可选择的，随意的 extra *adj.* 额外的，不包括在价目内的 approx. *adv.* (=approximately) 大约，大概	pelican *n.* [鸟]鹈鹕 coral *n.* 珊瑚，珊瑚虫 reef *n.* 暗礁 picnic *n.* 野餐 refurbishment *n.* 整修 cedar *n.* 雪松 lodge *n.* 山林小屋，（游览区的）旅馆 blend *n.* 混和 tropical *adj.* 热带的

➲ 考题解析

Questions 1-3

● 题型归类：Matching

这种类型的题目属于细节题，重点考查考生提取信息的能力。可以先划出题目的中心词，根据中心词回文章定位，寻找文章的语言重现，再仔细比对重现处的上下文，从而确定答案。

➲ 题目解析

题目编号	题目定位词	答案位置	题　解
1	doesn't … for young people	C 部分第一栏	答案 C 题目：这种度假不适合儿童。 原文：for those over 25（适合 25 岁以上）
2	a tour at no extra cost	B 部分 Comments 一栏	答案 B 题目：这种度假提供不另外收费的游览。 原文：free minibus trip around island（免费迷你巴士环岛游）
3	most travel time from the airport	A 部分最后一栏	答案 A 题目：这种度假套餐从机场到目的地花的时间最多。通过比较 A、B、C 最后一栏的时间，便可得出答案。

➲ 考题解析

Questions 4-6

● 题型归类：Short Answer Questions
这类题型属于细节题，考查考生在文章中提取相关信息的能力。可以先划出题目的中心词，根据中心词回文章定位，寻找文章的语言重现，精读重现处的上下文，从而确定答案。注意答案的字数限制。

➲ 题目解析

题目编号	题目定位词	答案位置	题　解
4	not be open	B 部分 Comments 一栏	题目：有一个度假地什么时候不开放？ 原文：resort will close for May（5 月歇业翻新），所以答案为 (for/in) May。
5	no extra cost, Mountain Lodge	A 部分 Comments 一栏	题目：在 Mountain Lodge 有哪两项户外活动是不收费的？ 原文：free canoeing, free open-air tennis courts 注意答案要求不超过 3 个词，故答案应填写 canoeing and tennis。
6	fastest way to Mountain Lodge	A 部分最后一栏	题目：去 Mountain Lodge 最快的方式是什么? 原文：自驾是 1 小时 15 分钟，大巴是 2 小时，因此答案为 self-drive auto。

参考译文

超值度假 想度假？以下三种精彩假日套餐任你挑！						
	旅游地点	价格（注）	住宿（晚）	套餐所含膳食	备注	来往机场交通
A	山区旅馆 世界遗产收录之国家公园，绝无仅有的野外环境，幽静之地，临海仅5公里路程	$330	1	山区自助早餐 外加免费软饮料（不间断供应）	免费漂流 自由交流晚会 免费使用户外网球场 骑马（可选，需另外收费）	自驾：1小时15分钟 大巴：2小时，每周三次
B	鹈鹕旅游胜地 大堡礁真正的珊瑚岛 从海滩可直接游泳前往	$580	4	热早餐 外加海滩野外午餐 外加晚餐（四道菜式套餐）	5月歇业翻新 免费小型巴士环岛游 只需$50飞威尔逊岛	小型巴士，半小时
C	雪松别墅 休闲、精致与浓郁雨林氛围融为一体，适合25岁以上者	$740	4	热带早餐 可选野餐午餐（需另外收费）	现存最古老的热带雨林 免费使用单车和网球场； 骑马（可选，需另外收费）	出租车，10分钟

注：价格：每人，每个套餐，双人间

SECTION 1 B

文章结构

体裁	应用文
主要内容	介绍了悉尼旅游学院的境外旅游保险方案。
结构	首段：加入境外旅游保险的原因及作用。
	第一部分：（Medical）介绍了境外医疗保险。
	第二部分：（Belongings）介绍了境外行李保险。
	第三部分：（Cancellation）取消境外旅游保险会给出哪些赔付。

词汇注释

recommend *vt.* 推荐，介绍 insurance *n.* 保险 compulsory *adj.* 义务的，强制的 assume *vt.* 假定，设想 reciprocal *adj.* 相互的，交互的 emergency *n.* 紧急情况，突然事件 treatment *n.* 处理，治疗 circumstance *n.* 环境 personnel *n.* 人员，职员 pre-existing *adj.* 原有的 disability *n.* 无力；伤残	belonging *n.* [常用复数] 附属品，财产，行李 luggage *n.* 行李，皮箱 purchase *vt.* 购买 receipt *n.* 收据，收条 backpack *n.* 背包，背囊 portable *adj.* 手提式的，便于携带的 specifically *adv.* 特定地，明确地 cancellation *n.* 取消 non-refundable *adj.* 不可偿还的 deposit *n.* 押金，保证金

考题解析

Questions 7-14

● 题型归类：Classification

此类题型基本等同于 Matching。这种类型的题目属于细节题，重点考查考生提取信息的能力。可以先划出题目的中心词，根据中心词回文章定位，寻找文章的语言重现，再仔细比对重现处的上下文，从而确定答案。

题目解析

题目编号	题目定位词	答案位置	题 解
7	suddenly needs hospital treatment	Medical 部分第一段第 2 行	答案 A 根据题目中的 suddenly needs hospital treatment 找到 Medical 部分第一段第 2 行的 emergency hospital treatment，进而确定题目描述和 government arrangements 相关。
8	consults a doctor, a minor problem	Medical 部分第一段第 3-4 行	答案 B 根据题目中的 consults a doctor 找到 Medical 部分第一段第 3 行的 cover the costs of all visits to doctors，进而确定题目描述和 Multiplan policy 相关。
9	a parent, injured or sick student	Medical 部分第二段第 3 行	答案 D 根据题目中的 a parent 找到 Medical 部分第二段第 3 行 a family member to accompany you home，进而确定为 depending on the circumstances（依特定情形而定）。
10	treated overseas, before leaving Australia	Medical 部分第二段第 4 行	答案 D 根据题目中的 before leaving Australia 找到 Medical 部分第二段第 4 行的 before you leave，进而确定 may not cover all pre-existing medical conditions。

11	lost his / her travel insurance card	Medical 部分第三段第 3 行	答案 C 根据题目中的 travel insurance card 找到 Medical 部分第三段第 3 行的 your travel insurance card，进而确定是 both your student card and your travel insurance card，必须两者都有才在 Multiplan policy 的范围之内。
12	books are lost	Belongings 部分第 6 行	答案 B 根据题目中的 books 找到 Belongings 部分第 6 行的 study books，进而确定原文是 Multiplan policy covers most students requirements。
13	laptop is stolen	Belongings 部分第 7 行	答案 D 根据题目中的 laptop 找到 Belongings 部分第 7 行的 portable computers，进而确定原文是 if you specifically list them as items in the policy（需要特别列出）。
14	changes his / her mind, not to take the booked flight	Cancellation 部分最后一行	答案 C 根据题目中的 changes his / her mind 和 not to take the booked flight 找到 Cancellation 部分的最后一行，进而确定原文是 It does not provide cover if you change your study or travel plans for other reasons（你若因其他原因而更改学习或旅游计划，该保单将不予以赔偿）。

➲ 参考译文

悉尼旅游学院

我们为该学院推荐多计划保单。

旅游保险规定：

鉴于该课程设有为期 3 个月的境外旅游，投保旅游险就成了强制性的。在澳大利亚境内如遇生病或发生意外，你的医疗账单会被全额投保。但你不能据此推断到了境外依然如此，因此，请你仔细阅读以下规定：

1. 医疗

澳洲与你将到访的八国政府有互惠医疗协议。该协议将支付所有的紧急住院治疗费用。但是，学生需要用诸如多计划保单之类的保险来支付看医生和非紧急医疗治疗的费用。

在遭遇严重事故或疾病时，如确有必要，多计划保单将会支付你返澳的路费。视情况需要，该保单还可为你支付医疗工作者或一名家庭成员的陪同路费。多计划保单并不为所有早已存在的身体疾病投保——因此，在出发之前，你要弄清楚自身的哪些慢性病和伤残可投保。

你若坚持在境外治疗，并希望就保单进行索赔，你需同时出示你的学生证和旅游保单，否则将无法索赔。

2. 行李

多计划保单满足了大部分学生的要求。特别是它为学生的行李投保，日常行李的丢失或被盗皆可在被保范围。例如，保险包含：

- 被盗物品的现价赔偿——需提供所有物品的购买票据；如无购买凭证，将无法获赔
- 公文包或背包和书本的重置价值
- 手提电脑，CD 播放器，如果你在保单中特意把它们列出的话

3. 取消

由于出现预料之外或无法预见的不可控因素，你被迫取消计划，该保单可支付你无法退回的押金和其他需支付的费用。你若因其他原因而更改学习或旅游计划，该保单将不予以赔偿。

SECTION 2 A

➲ 文章结构

体裁	应用文	
主要内容	介绍了一个公司的员工保密条例。	
结构	第 1 段：	阐述了保密条例总则。
	第 2-3 段：	对于公司财产的相关规定。
	第 4 段：	每位员工及进入公司大楼的人都必须佩带身份徽章。
	第 5-6 段：	员工必须遵守公司的保密协议。

➲ 词汇注释

security *n.* 安全	contractor *n.* 承造者，承包者
challenge *vt.* 盘问，质询	one-off *adj.* 仅一次的，仅供一人使用的
premises *n.* 房屋及其周围的房基地	oblige *vt.* 迫使，责成
authorization *n.* 授权，认可	confidential *adj.* 秘密的，机密的
property *n.* 财产，所有物	access *n.* 使用；接近
detain *vt.* 留住；阻止；拘留	comparatively *adv.* 比较地，相当地
removal *n.* 移动，迁移	trivial *adj.* 琐细的，无足轻重的
reserve *vt.* 保留，保存	essential *adj.* 必需的，基本的
motor *n.* 发动机，汽车	disclosure *n.* 泄露，揭发
submit *vt.* 提交，递交	specification *n.* *(pl.)* 详细说明书，清单
disciplinary *adj.* 纪律的；惩戒性的	divulge *vt.* 泄露，暴露
identity *n.* 身份；一致	proceeding *n.* *(pl.)* 诉讼程序
badge *n.* 徽章	initiate *vt.* 开始，发动
safeguard *vt.* 维护，保护	

➲ 考题解析

Questions 15-20

● 题型归类：Sentence Completion

这种类型的题目属于细节题，重点考查考生提取、归纳信息的能力。解答此类题目的关键是先跟据题目中的定位词确定答案在原文的范围，再提取、归纳出相关信息，依据此信息再回选项中找到相符的语言重现，从而确定答案。

➲ 题目解析

题目编号	题目定位词	答案位置	题　解
15	see anything suspicious, report it to	第一段最后一句	根据题目中的 see anything suspicious 找到原文第一段最后一句话，因为题目要求填 report it to 的对象，进而找到该段与 report 对应的 inform 一词，其后面的对象是 senior member of staff，从而确定 senior 为本题的正确答案。
16	stop you, have to agree	第二段第 2 句	根据题目的 stop you 找到第二段第 2 行的 detain any person，进而找到与之并列的内容 The company reserves the right to search staff members, 所以（to）search 为答案。
17	take things, without permission	第三段第 2 句	根据题目的 take things belonging to the company without permission 找到第三段第 2 句话，对应原文的 removing property from the building without proper authority，从而确定答案为 disciplinary action。
18	wear a badge	第四段第 3 句	本题较为简单，根据题目的 wear a badge 定位到第四段第 5 行。题目要求是和 staff 和 visitors 并列的信息，可确定答案为 contractors。
19	confidential information	第五段倒数第 2 行	根据题目中的 confidential information 找到第五段第 2 行，再根据题目中的 not pass on to 找到该段倒数第 2 行的 disclosure 一词，最后确定答案为 outsiders。
20	leave the company, hand in	第六段第 6 行	根据题目中的 leave the company 找到第六段第 6 行的原文 Before you leave the company，再根据题目中的 hand in 找到该段第 7 行的 hand over，由此确定答案为（private）notes。

➲ 参考译文

兼一软件：员工保密条例

总则

在工作场所保持高度安全戒备符合所有人的利益。在见到任何可能擅自进入大楼的人，你应该立即上前质问，或及时将异常情况告知管理人员。

公司财产

你应知悉，公司有权扣留可能涉及擅自迁移公司财物之人。对进出大楼的人、物品或机动车，公司有权检查是否携带公司财物。录用的条件之一是你能认同这种情况下的必要检查。

在将公司任何财物迁移出大楼之前，你需确保已获此权限，这样做将对你有利。未获适当权限而迁移公司财物出大楼之举将会受到纪律惩戒。

身份徽章

每人将配发一枚身份徽章。一旦进入公司大楼，任何时候必须佩戴身份徽章。佩戴身份徽章的目的是为保障公司安全。徽章由人力资源部门配发，承包商和临时访客进入大楼也须佩戴身份徽章。

机密事项

在工作中你可能会接触到公司业务、供货商或客户的信息。这些信息，有些甚至看似微不足道，但一旦落入他人之手，可能对公司、供货商或客户会产生严重影响。因此，以下一点非常重要：你须时刻明白，公司会严肃处理这些信息的外泄事件。

对所有与公司业务或交易活动有关的信息、数据、规格、图纸和文件，你须视之为机密，非因公不得外泄、使用或利用。离任前，你须将所有与公司业务、活动、价格、帐目、成本等事项关联之私密笔记移交给你的经理。员工在雇佣期间或离任后，其任何滥用或非经授权披露机密信息之行为，将可能面临法律诉讼。

SECTION 2 B

➲ 文章结构

体裁	应用文
主要内容	说明了带薪休假的相关事宜。
结构	第 1 段：介绍工作时间条例的引入时间及其发展。
	第 2 段：享受带薪休假工人具体可享受哪些待遇。
	第 3 段：工作第一年适用特殊的累计原则，第二年比较随意。
	第 4 段：休假需提前告知雇主。
	第 5 段：雇主规定休假时间也许提前告知员工。
	第 6 段：年假不可并入下一年。
	第 7 段：合同可以让休假权利更明确。

➲ 词汇注释

entitle *vt.*（常与to连用）授权 regulation *n.* 规则，规章 amend *vt.* 改正，修改 accrual *n.* 获利，自然积累 approval *n.* 赞成，赞许 counter-notice *n.* 反馈 equal *adj.* 相等的，均等的	shutdown *n.* 关门，歇业 contract *n.* 合同，契约 in lieu of *prep.* 代替 outstanding *adj.* 突出的，显著的 collective *adj.* 集体的，共同的 representative *n.* 代表

➲ 考题解析

Questions 21-27

● 题型归类：Short Answer Questions

这类题型属于细节题，考查考生在文章中提取相关信息的能力。可以先划出题目的中心词，根据中心词回文章定位，寻找文章的语言重现，精读重现处的上下文，从而确定答案。注意答案的字数限制。

➲ 题目解析

题目编号	题目定位词	答案位置	题 解
21	cover most of the workers	第一段第 4 行	根据题目中的 most of the workers 找到原文第一段第 4 行的 the majority of these workers，因为题目是问的 in what year 真正享受权利，从而确定（in）2003 为答案。
22	minimum annual paid holiday	第二段第 1 行	根据题目的 minimum annual paid holiday 找到第二段第 1 行 no fewer than，题目问的是具体的时间长度，所以 4 weeks 为答案。
23	first year of employment	第三段第 2 行	根据题目的 first year of employment 找到第三段第 1 行的 the first year of work，题目问的是带薪假期在一个月中的比例，因此找到本段的第 2 行，确定答案为 one twelfth。
24	stop them taking holiday	第四段第 4-5 行	根据题目的 stop them taking holiday 找到第四段第 4 行的 does not want you to take that holiday，题目问的如果雇主不准员工休假，应该给员工的具体东西，通过继续阅读可确定答案为 counter-notice。
25	take a holiday at a certain time	第五段第 1-2 行	根据题目中的 take a holiday at a certain time 找到第五段第 1 行的 take holiday at a given time，题目问的是可能的原因，原文在 e.g. 后面的 a shutdown 即为答案。
26	leaves their job, holiday not taken	第六段第 3-4 行	根据题目中的 leaves their job 找到第六段第 3 行的原文 leave the job，题目问的是对员工没有度假的补偿，文中此处的答案为 a holiday payment。
27	type of document, holiday rights	最后一段第 2 行	根据题目中的 set out an employee's holiday rights 找到最后一段第 1 行的 your holiday rights might be specified，题目问的是除了合同外还有什么文件规定了员工的休假权利，所以答案为第 2 行 a collective agreement。

➲ 参考译文

每个人都有权利享受带薪休假吗?

工作时间条例（WTRs）为大多数工人引入了一项新权利——带薪休假。但在 1998 年 10 月条例生效时，有一部分工人未曾获得该项权利。条例经过修订后于 2003 年 8 月 1 日生效，自此，这部分工人中的多数也有了带薪休假的权利。自 2004 年 8 月 1 日起，该条例也适用于实习医生。

获得该权利的工人一年中可以有不少于四周的带薪假期，其中包括公共假日（在英格兰和威尔士通常为 8 天）。但是，工人和雇主可以就更长的假期达成一致。

工作第一年适用特殊的累计原则。每工作一个月，工人可以获得年假的十二分之一。工作第二年及以后，工人在征得雇主同意后可以在任意时间休假。

休假前，你需提前告知你的雇主，提前期为你休假天数的两倍：比如，你计划休假 5 天，则须提前至少 10 天通知。若雇主不想让你此时休假,他则需要提前给你反馈,提前期为你休假的假期天数——例如,不同意休假 5 天的反馈则需要提前 5 天通知。

如雇主希望你在指定时间休假,比如,每年的同一时间都有歇业期,他们则需提前通知你休假,提前期为你休假天数的两倍。工人无权提出在其他时间休假。

年假不可并入下一年,除非你的劳动合同中注明允许。你也不能用经济补偿来代替休假。但是,你若辞职,则有权获得未休假的补偿,条件是你的劳动合同中特别注明允许如此。

你的劳动合同可能会让你获得更好的权利,或者在集体合同中可能会特别注明你的假期权利。你的工会代表可就此为你提供咨询。

SECTION 3

文章结构

体裁	说明文
主要内容	介绍了“蛇油”的历史、使用和研究。
结构	Section A：“蛇油”一词的起源。
	Section B：早期“蛇油”的种类。
	Section C：紫锥菊的早期应用。
	Section D：紫锥菊有效性的早期研究。
	Section E：紫锥菊在欧洲的使用。
	Section F：现代研究证明紫锥菊的有效性。
	Section G：紫锥菊的种植。
	Section H：如何使用紫锥菊。

词汇注释

Section A	
roam *v*. 游荡，闲逛 phrase *n*. 短语，习语 dismissive *adj*. 轻蔑的，轻视的 term *n*. 名词，术语 patent *adj*. 专利的，专卖的	miraculous *adj*. 奇迹的，不可思议的 baldness *n*.（山顶、土地等）光秃，荒芜；秃头 consequently *adv*. 从而，因此 evaluate *vt*. 评价，估计

Section B	
remarkable *adj*. 不平常的，非凡的 outrageous *adj*. 蛮横的，无耻的 positive *adj*. 肯定的；积极的；真实的 remedy *n*. 治疗，药物 ingredient *n*. 成分，因素 Echinacea *n*. 紫锥菊 potent *adj*. 有力的，有效的	promoter *n*. 促进者，提倡者 purify *vt*. 使纯净，净化 lay *adj*. 外行的；世俗的 qualification *n*. 资格，条件 eliminate *vt*. 排除，消除 ailment *n*. 疾病
Section C	
purple *adj*. 紫色的 coneflower *n*. 金光菊 poultice *n*. 膏药，泥敷剂	gum *n*. 齿龈；树脂 measles *n*. 麻疹 arthritis *n*. 关节炎
Section D	
pharmacist *n*. 配药师，药剂师 remain *vi*. 保持；逗留 folk *adj*. 民间的 initially *adv*. 最初，开头 convert *vt*. 转变，变换 sting *n*. 刺, 刺痛	nasal *adj*. 鼻子的，鼻中的 congestion *n*. 拥塞；充血 tincture *n*. 酊剂 incidentally *adv*. 偶然地 fortune *n*.财富；运气
Section E	
antibiotics *n*. 抗生素 available *adj*. 可得到的，可利用的 herbalist *n*. 草药医生 homeopath *n*. [医]顺势疗法医师 extensive *adj*. 广泛的，广阔的 commercial *adj*. 商业的，贸易的	plot *n*. 计划；情节 conduct *vt*. 引导；实施 concentrate *n*. 浓缩物 ointment *n*. 药膏，油膏 injection *n*. 注射，注射剂
Section F	
evidence *n*. 证据 genuinely *adv*. 真诚地，诚实地 amuse *vt*. 使发笑，使愉快 confirm *vt*. 进一步证实，确定 infection *n*. 感染，传染 bacteria *n*. 细菌	protozoa *n*. 原生动物，微生物 intriguing *adj*. 迷人的，有迷惑力的 enthusiastic *adj*. 热心的，热情的 supplement *n*. 补充，补足 equivalent *n*. 等价物，相等物
Section G	
prairie *n*. 大草原，牧场 drought-resistant *adj*. 抗旱的 tolerant *adj*. 宽容的，容忍的 nursery *n*. 苗圃 distinctive *adj*. 特殊的，独特的 perennial *adj*. 四季不断的，终年的 erect *adj*. 直立的 daisy *n*. 雏菊	ray *vi*. 射出光线；闪现 floret *n*. 小花 cone *n*.锥体，圆锥体 hairy *adj*. 多毛的，毛茸茸的 oval *adj*. 卵形的，椭圆的 lance-shaped *adj*. 长矛形状的 coarsely *adv*. 质地粗糙地

Section H	
manufacturer *n.* 制造业者，厂商 blend *vt.* 混和 container *n.* 容器	harvest *v.* 收获，收割 glory *n.* 美丽；光辉；荣誉

➲ 考题解析

Questions 28-33

● 题型归类：List of Headings
这类题型属于归纳总结型，考查考生对段落结构的把握和概括能力。解答此类题型需要了解段落基本构成方式，准确寻找段落的主题句（通常在段落的首末句）。如果主题句不明显，则需要区分主题思想和支持性细节，然后归纳段落中心思想。

➲ 题目解析

题目编号	段落主题句	题解
28	Section C 第 1 句	答案 v 本段第一句说“紫锥菊原产于北美，早在麦耶氏之前，平原印第安人就用它的根来治疗各种疾病”，后面两句中的 applied, used 等词都是在说明 Echinacea 的使用情况。
29	Section D 第一小段第 1 句	答案 vii 本段第一句说“定居者们很快注意到了这种植物的用途，但此后它一直仅作为一种民间偏方存在，直到麦耶氏将他的‘净血剂’的样本寄给药剂师约翰·劳埃德”，后面说“Lloyd 开始并不认可 Echinacea 的作用，后来通过实验，证实其有效性”，故选项 vii “早期研究 Echinacea 的有效性”为正确答案。
30	Section E 第一小段第 2 句	答案 ix 本段第一句说“自出现了现代抗生素后，紫锥菊药品应用也随之衰落，二十世纪 40 年代至 70 年代，它已被美国人遗忘”，紧接着第二句说“在欧洲的情形不同”，后面具体阐述了 Echinacea 在欧洲的使用情况，选项 ix 与此相符。
31	Section F 第一小段第 1 句	答案 x 本段第一句说“紫锥菊作为一种治蛇伤的药物其有效性并无证明，但麦耶氏医生对紫锥菊深信不疑”，后面具体说明现代科学的验证，故选项 x “现代关于 Echinacea 有效性的证据”为正确答案。
32	Section G 第 1 句	答案 iii 其实本段的中心思想不是某一具体句子。段落一开始说“紫锥菊是一种草原植物，喜干、抗旱，能适应多数土壤，但最适宜在阳光充足、土壤肥沃环境下生长”，后面说明 Echinacea 的生长过程，所以选项 iii “种植紫锥菊”明显为答案。
33	Section H 第一小段第 3 句	答案 iv 本段开头介绍了九种 Echinacea 中有三种有药性，在第 3 句说“在欧洲，对它的研究多数集中在对植物顶部提炼而成的浓缩液的应用；而美国则通常是对其根部进行提炼”，后面说明具体的种植和利用细节，故选项 iv “如何使用 Echinacea”为正确答案。

➲ 考题解析

Questions 34-40

● 题型归类：TRUE/FALSE/NOT GIVEN

此类题型属于细节题，是雅思阅读中难度较大的题目。此类题型考查题目中表述的信息与原文相关信息的关系。在解题时，根据题目的定位词回原文找到相关的语言重现，如果原文与题目表述的信息一致，答案为 TRUE；如果原文与题目表述的信息矛盾，答案为 FALSE；如果从原文的信息不能确定题目中所表述的信息，答案为 NOT GIVEN。

➲ 题目解析

题目编号	题目定位词	答案位置	题解
34	'snake oil' sellers	Section A 第二小段第 1 行	FALSE 题目：卖“蛇油”的认为他们的东西有效。 原文：贩卖“蛇油”是一个堪比盗牛的危险买卖；如果你卖的某种药没有达到所宣称的效果（卖药的自己也知道），你也许会被赶出去。题目表述与原文表达的信息是矛盾的。
35	most people in Wild West, mistrusted	Section A	NOT GIVEN 题目：在蛮荒西部的大部分人都不相信“蛇油”。 原文中没有“大部分人都不相信”的表述，因此，题目的信息是不能确定的。
36	mostly water	Section B 第一小段第 3 行	TRUE 题目：一些“蛇油”主要是水。 原文：这些有色的水（蛇油）并非无害，还会产生危险。题目与原文表达的信息是一致的。
37	all, contained Echinacea	Section B 第二小段第 1 行	FALSE 题目：所有的“蛇油”都包含紫锥菊。 原文：紫锥菊的第一次应用是被用在“麦耶氏净血剂”中。由此可知，在这之前的“蛇油”是不含 Echinacea 的。题目与原文表达的信息相矛盾。
38	kill microbes	Section F 第二小段最后两行	TRUE 题目：紫锥菊被证实能消灭微生物。 原文：它（紫锥菊）能有效治疗细菌感染和原生动物感染。题目与原文表达的信息是一致的。
39	highest quality, America	Section G 第二行	NOT GIVEN 题目：品质最好的紫锥菊长在美国。 原文：紫锥菊最适合在土壤肥沃、阳光充足的环境里生长。此处并没有关于美国的信息，题目表述是否正确不能确定。
40	more than one part, medicinal use	Section H 第一小段第 3-4 句	TRUE 题目：紫锥菊不止一个部分具有药效。 原文：在欧洲，对紫锥菊的研究多数集中在从植物顶部提炼而成的浓缩液的应用；而美国则通常是对其根部进行提炼。如今，药品制造商多采用混合法，有时还加入花和种子以增强效果。题目与原文表达的信息是一致的。

➲ 参考译文

蛇油

A 在美国“蛮荒西部”的日子里，当牛仔们在山间漫游，身陷枪战时，一个新词——“蛇油”开始被人们使用。这是指一些专利药品，贩卖蛇油的客商们鼓吹此药神奇，能治从秃头到蛇伤的百病，但这些药通常却没有效果，因而获此轻蔑的称谓。

贩卖“蛇油”是一个堪比盗牛的危险买卖；如果你卖的某种药没有达到所宣称的效果（卖药的自己也知道），你也许会被赶出去。因此，聪明的“蛇油”贩子在顾客有机会对刚买的药作出评价之前就会离开小镇。

B 那时被蔑称为“蛇油”的许多药品，效果被吹嘘得离谱，却总让人失望。这些有色的水并非无害，还会产生危险。但这还不算什么，奇怪的是，现在发现对其中关于有些疗效或者至少对其中的成分（大部分为植物）的说辞，至少有点事实依据。

紫锥菊便是其中之一，人们之后发现它的功效居然大大超过了当初推广者的宣传。最初，紫锥菊被用在“麦耶氏净血剂”中，麦耶氏医生（一个没有任何医学资质的江湖医生）吹嘘其能包治百病。按照他的说法，“麦耶氏净血剂”不但可以治蛇伤，还能根治一系列其他疾病。

C 紫锥菊，别名，紫锥花，原产于北美。早在麦耶氏之前，平原印第安人就用它的根来治疗各种疾病。他们用它来做出膏剂敷在伤口和螫伤处，用它来治疗牙龈和牙周病，用它做成茶来治疗包括伤风、麻疹和关节炎等各种疾病。他们甚至用它来治疗毒蛇咬伤。

D 很快，定居者们注意到了这种植物的用途，但此后它一直仅作为一种民间偏方存在，直到麦耶氏将他的“净血剂”的样本寄给药剂师约翰·劳埃德。一开始，劳埃德对麦耶氏的说法很不屑，认为那是无稽之谈。但最终，当他的同事约翰·金对植物进行测试并用它成功治愈了蜜蜂蜇伤和鼻塞时，劳埃德改变了看法。

事实上，劳埃德没有止步于麦耶氏的说法，他走得更远。到十九世纪九十年代时，几乎所有美国家庭中都能找到一瓶紫锥菊酊剂（注 1），阴差阳错地，这也让劳埃德的公司——劳埃德兄弟药业公司赚了一笔。

E 自出现了现代抗生素后，紫锥菊药品的应用也随之衰落，二十世纪 40 年代至 70 年代，它已几乎被美国人遗忘。但在欧洲却是另一番景象，法国和德国的草药专家们和顺势疗法医生们对它的应用依旧广泛。

紫锥菊是经吉哈德·马道斯引入欧洲的。1937 年，他从德国出发前往美国，回来时带了些种子用来商业种植。他的公司对紫锥菊进行了广泛研究，利用花冠部分的汁液制成了浓缩物。浓缩物又被制成了外敷内服的药膏和液体，并被用于注射剂。

F 紫锥菊作为一种治蛇伤的药物，其有效性并无证明，但麦耶氏医生对紫锥菊深信不疑。如果他能复活并看到现代医学如此应用“他的”草药，他会极为开心的。医学已证实紫锥菊对治疗伤口有效，人们还发现紫锥菊有助于缓减关节炎，麦耶氏医生早已提出这两点，他对现代医学的发现也许并不感到奇怪。

但他也许会惊讶地得知，人们是如何证实紫锥菊能有效治疗各种疾病的，特别是感染。德国研究者成功地用它来治疗一系列的感染，发现它能有效治疗细菌感染和原生动物（注 2）感染。

这种植物的提炼物在医学上还有诸多的可能性，但它显然对我们常见疾病的治疗有帮助，成千上万的人也因此变成它的热情皈依者。现在，在保健品商店和药店的草药货架上，内装紫锥菊提炼物的包装产品多达几十种。这其中许多为现代的“蛇油”产品，但紫锥菊至少看起来有一定的实用价值。

G 紫锥菊是一种草原植物，喜干、抗旱，能适应多数土壤，但最适宜在阳光充足、土壤肥沃环境下生长。通常,人们通过种子培育种植紫锥菊,但有时也可以通过苗圃移植。紫锥菊是一种独特的多年生植物,直立、密毛、带斑点的花茎可以长至一米高。头状花序上有呈辐射状紫色小花,中间为深褐色锥体,看上去像雏菊花。叶片多毛,下部叶片外形从椭圆形到矛形,叶面粗糙,叶缘呈不规则的锯齿形。

H 紫锥菊共有九个品种,但一般只有三种用于种植入药。每种紫锥菊的药性相似。在欧洲,对它的研究多数集中在从植物顶部提炼而成的浓缩液的应用;而美国则通常是对其根部进行提炼。如今,药品制造商多采用混合法,有时还加入花和种子以增强效果。

就家庭种植而言,所有品种的根看起来效果相当。秋天的第一次霜冻后,当紫锥菊的顶部枯萎时,你就可以挖出其根,小心洗净、晾干,然后贮藏于玻璃容器中。整个夏季你都可以收割到紫锥菊花,甚至可以直接从紫锥菊上摘片叶子尝尝。

种植一片紫锥菊,即便没有因此发财,但是花盛开时的诱人景色却极其赏心悦目。另外,屋旁有一小片紫锥菊,治病良方也就常伴你左右。

注1:含有某种特殊成分的液体。
注2:一种微生物。

WRITING

WRITING TASK 1

Write a letter to an English-speaking friend. In your letter

- **explain why you have moved**
- **describe the new house**
- **invite your friend to come and visit**

➲ 题目分析，包括回答中需要涉及的要点、对比以及考生可能对题目产生的错误理解。

要点

1. 这是一封写给朋友的书信，因此语言不必很正式。切记写结尾时——不要用“Yours faithfully”或者“Yours sincerely”。
2. 切记需将三点全部包含其中。第二点要比其他两点稍长一些。每个要点要做进一步说明，在邀请朋友时，可以对时间以及相关活动进行说明。

考生可能产生的错误理解和问题

注意你已经搬家了，而不是打算要搬。使用恰当的时态！

➲ 建议的写作结构，对比此结构与考生有可能采用的不恰当结构。

文章可以成三段落式（各点分段阐述），或者你可以合并第一二点为一段。有些考生会在开头写上“How are you?”或类似简洁的问候语，这样写很好。以“Looking forward to seeing you soon.”或类似的言语结尾也是不错的选择。

➲ 参考范文

Dear John,

I'm writing to let you know that I and my family have moved to a new house. The previous one was too small for us now that we have another child. The new one has three bedrooms and a larger garden for us to relax in. The attic has also been converted for use as storage space, which my wife is very happy about because it means there is somewhere convenient to put my collection of books. Downstairs, there is a large living room and the kitchen and dining room are combined into one.

Now, I have to spend some time on redecorating, but I should be able to finish that in about a month. Why don't you come to visit us during the summer, when I have finished? The area is very nice and as we are on the outskirts of town it is easy to get to the country. I'm sure you would enjoy yourself. We all look forward to seeing you soon.

Best wishes,

David

（165 words）

亲爱的约翰：

我给你写这封信是要告诉你，我和我的家人搬入新居了。现在我们又有了一个孩子，以前的房子对我们来说太小了。新房子有三间卧室，还有一个较大的花园，适合我们一家人放松休息。阁楼被改造成储物间，妻子为此很满意，因为这样就方便把我的藏书放在里面了。楼下有一间大卧室，厨房和餐厅合并为一间。

现在，我必须花费些时间进行装修，但要赶在一个月内完工。到夏天我就能完工了，你何不来做客呢？这个地方很美，我们现在住在郊区，所以距离乡村很近。相信你会玩得很开心的。我们都期待你能尽快来。

祝好

大卫

➲ 参考范文中的词汇及结构分析，以及考生可能犯的错误。

1. 开篇两句话，作者用了四种不同的时态——一般现在时、现在进行时、现在完成时和一般过去时。
2. 作者对新居进行了描述（介绍各个房间和其他相关特征），并将其与老房子进行对比。
3. 作者给出了让友人在特定时间来访的理由。

WRITING TASK 2

Today more people are travelling than ever before. Why is this the case? What are the benefits of travelling for the traveller? Give reasons for your answer and include any relevant examples from your own knowledge or experience.

➲ 题目分析，包括写作中需要涉及的要点以及考生可能对题目产生的错误理解。

1. 第一个问题可以选择一点或多点回答，但是第二个问题明显需要回答一点以上的好处。
2. 现在人们出游次数比以前多，最好明确提出产生这一现象的数条理由及其好处。切忌在文中将所有要点一一列出，否则你的文章可能就成了一篇流水账，而不是一篇有理有据的文章了。与此相反，应该集中阐述几个要点，并作详尽说明。

➲ 建议的回答结构，对比此结构与考生有可能采用的不恰当结构。

这篇作文需要一个简短介绍和简要的结论。正文应有两个至五个段落，这取决于要点数目以及具体细节字数。分段阐述理由会更简洁，更易阐述。

➲ 两篇观点不同的参考范文（250字—300字）

参考范文 1

In this essay, I shall say why I think people are travelling more and say why this is beneficial for travellers.

The main reason that people are travelling more is that travelling is easier than it was in the past. Nowadays, we can travel using much faster forms of transport, so going to faraway places does not take too much time and effort. Most major cities are connected to the world by air travel and the basic requirements are some money and a passport. In the past, people would hear of distant lands and hope to visit them someday. Now, those hopes have become reality. Travel arrangements can be made with little difficulty online or through any of the numerous travel agencies found all over the world.

Travelling brings many benefits to the traveller. First, it allows them to see, and perhaps even experience, how people from other countries and cultures live. Many people will learn from this and perhaps take ideas back to their own locality. In China, many neighbourhoods have outdoor exercise facilities, encouraging people to keep fit at no cost. In Britain, where people are becoming less fit, these could be very useful. Travelling also allows travellers to make friends with a wider variety of people than they might otherwise meet. They can then use modern technology, like email and social networking sites, to keep in touch with each other and develop relationships.

In summary, I think people travel more for a variety of reasons, but mostly because it is easier. The benefits of travel are many, but I think the main ones are that people can see new places and meet new people.

(277 words)

在这篇文章中，我会说明为什么我认为人们旅游的次数增多了，以及为什么旅游对出游者有益。

人们旅游次数增多的主要原因在于旅游比以前更方便了。现今，我们可以使用更快捷的交通方式出游，因此远距离旅行不必浪费太多的时间和精力。多数大城市通过各种航班与世界联结，并且基本条件只是具备一定资金和一张护照。在从前，人们听说远方国度，梦想有一天能去看看。现在，梦想成真了。旅行安排可以轻松的在线定制，或者通过世界各地的各大旅行社预订。

旅游对出游者有很多好处。首先，旅游使他们眼界开阔，甚至是亲身体验其他国度和文化的人们是如何生活的。或许很多人还会将学到的东西带回本土。在中国，很多社区都配备了户外健身设施，旨在鼓励人们免费健身。在英国，人们越来越不健康，这些做法就会很有帮助。旅游也会使出游者更广泛地交友，而不是仅限于他们所见到的人。而后他们可以利用现代科技，比如电子邮件和社交网站，来互相联系，发展友谊。

综上所述，我认为人们旅游次数增多有很多理由，但主要是因为出游更加便捷了。旅游的好处有很多，但我认为主要的好处是人们能游览新奇的地方，结识新朋友。

参考范文 2

There are many reasons why people are travelling more and why it benefits travellers. In this essay, I shall look at just a few of these.

I think that one reason people are travelling more is that it is, for most people, relatively much cheaper than it was. Nowadays, most people do jobs that pay them enough money so that they can afford to travel during their holidays. In China, for example, most people might find it hard to pay for a trip to the USA, but they can usually afford to visit some of the interesting places in their own country, such as Beijing, Guilin and Hangzhou. This would have been almost impossible for most Chinese people even thirty years ago. Another reason people travel more is because of commerce. As travelling has become easier and faster, people can more easily do business with others living far away. Although people can do business online or by phone, most people prefer meeting face-to-face sometimes.

Travel has many benefits for travellers. If they are doing business, they might be able to get better prices from people living further away. They might also be able to find items that are not produced where they live. More generally, when people travel, I think they usually realise that they are part of a bigger world, though this view may be optimistic. Travellers might also develop their language skills by going to places where a particular language they have studied is spoken.

To summarise, people travel for lots of different reasons and the benefits to travellers are also numerous.

(264 words)

为什么人们旅游次数增多，为什么旅游有益于旅人，理由有很多。在这篇文章中，我会谈及其中几个理由。

我认为人们旅游次数增多的一个理由是，对大多数人而言，现在旅游比以前花费低了。现今，多数人的工作都能挣到足以支付旅游期间费用的工资。以中国为例，多数人会觉得难以支付到美国的旅费，但是通常他们都付得起游览国内风景名胜的花销，比如，去北京、桂林、杭州。这些在 30 年前，对多数中国人而言，几乎就是不可能的。人们旅游次数增多的另外一个理由是因为贸易。鉴于交通更加便利快捷，与外地人或者外国人做生意更加便捷。虽然人们能够通过网络或电话进行贸易，但多数人有时还是选择见面进行贸易交流。

旅游对旅人有很多好处。如果是在做生意的话，与外地人谈生意可能会谈成较理想的价格。亦或许，他们会在外地发现本土不产的东西。一般来说，我认为人们旅游时，他们通常会意识到自己成为了更广阔世界的一份子，尽管这种观点可能太乐观化了。如果旅人曾经学过一门语言，那么到以这门语言为母语的地方游览，或许会使自身的语言水平有所提升。

总而言之，人们旅游是因为各种各样的理由，旅游的益处更是不胜枚举。

➲ 参考范文中的词汇及结构分析，以及考生可能犯的错误。

1. 鉴于你不能列出人们旅游次数增多的所有原因以及旅游的益处，所以使用像“main”这样的词阐述意见是个不错的选择。这会使读者清楚你还知道其他的原因或益处，只是因为时间有限，不能一一列举。
2. 写这种文章时适宜与过去作对比，这样就能说明你的观点，让你有更多机会运用广泛的语法结构和不同的时态，例如“In the past, people would hear of...”。
3. 在第二篇文章的正文第一段，作者写到多数人感觉旅行花销相对便宜了。换言之，也就是相对于人们的高收入水平来说，旅行花销更少了。在同一段里，作者指出旅行既可在国内，又可在国外。随后作者写到旅行既可用作娱乐又可进行贸易，这一点是指写作时我们不要局限于“travel”的一种比较狭隘的用意，而应该打开思路。
4. 注意比较级的使用——easier, faster, more easily, wider variety。这要比“Now it is easy. Before it was difficult.”这种表达方式效果更好。

General training Test B

READING

SECTION 1 A

文章结构

体裁	说明文
主要内容	本文为买到问题货物的消费者提供如何处理的建议，包括退货须知、如何寻求帮助等。
结构	首段：直接点出内容，告诉读者在这种情况下，可以分四步进行处理。
	步骤一（第 1-3 段）：向商店提出退货要求以及其中应该注意的问题。
	步骤二（第 4 段）：如果事情没有进展，应该从何处获得建议。
	步骤三（第 5 段）：提出由检验中心进行独立检验的要求。
	步骤四（第 6-7 段）：最后一招，采取法律手段。

词汇注释

首段 & 第 1 段	
recently *adv.* 最近地 faulty *adj.* 有问题的 immediately *adv.* 立刻 state *n.* 状态	proof *n.* 证据，证明 refund *n.* 退款 delay *v.* 延迟 depend *v.* 取决于
第 2 段	
offer *v.* 提供 exchange *v.* 交换	accept *v.* 接受 credit note *n.* 贷记单
第 3 段	
inspection *n.* 检验 manufacturer *n.* 制造商	claim *v.* 声称 fair *adj.* 公平的

第 4 段	
available *adj.* 可得到的 consult *v.* 咨询 regional *adj.* 地方的 council *n.* 委员会	bureau *n.* 局 county *n.* 郡，县 borough *n.* 行政区 department *n.* 部门
第 5 段	
footwear *n.* 鞋袜 resulting *adj.* 作为结果的 postage *n.* 邮费，邮资	independent *adj.* 独立的，中立的 charge *n.* 费用 include *v.* 包括，包含
第 6 段	
court *n.* 法庭 amount (to) *v.* 达到…量	procedure *n.* 程序 informal *adj.* 非正式的
第 7 段	
relevant *adj.* 相关的 sheriff *n.* 郡治安官，郡长 alternatively *adv.* 作为选择，或者	form *n.* 表格 leaflet *n.* 传单 contain *v.* 包含

➲ 考题解析

Questions 1-8

● 题型归类：TRUE/FALSE/NOT GIVEN

➲ 题目解析

题目编号	题目定位词	答案位置	题　解
1	return unwanted shoes straightaway, refund	第一段第 3 句	TRUE　文章中说如果改变主意不想要新买的鞋了，如果可以立刻退还也可以拿到 refund，题目与原文表述一致，其中 straightaway 与 immediately 属于同义替换。
2	credit note	第二段第 1 句	FALSE　原句为 If you are offered a credit note, you don't have to accept it，题目表述与文章相矛盾。
3	factory, replacing unwanted shoes	第三段第 3-4 句	FALSE　原句为 Don't be put off by the shop which claims that it's the manufacturer's responsibility. This isn't true. 题目表述与文章相矛盾。

4	Footwear Testing Center	第五段第 2 句	FALSE 文章中说 If the shop you are dealing with is covered, you can ask for the shoes to be sent to the Footwear Testing Center. 只有受 Footwear Code of Practice 制约的鞋店才能这样做，而不是任何鞋店，题目表述与文章不符。
5	credit note, change shoes	第二段	NOT GIVEN 文中没有提到 change shoes，也没有关于 credit note 和 change shoes 的比较。
6	cost, faulty shoes tested	第五段最后 1 句	TRUE 文章中说客户需要支付 7 英镑，其余的由店家来支付，题目与文章表述一致。
7	legal claim, easier, Scotland	第六段最后 1 句	NOT GIVEN 文章中只提到了苏格兰的索赔程序费用为 750 英镑，比较低，但是没有提到更简单或更容易。
8	legal advice/ form, bought	第七段最后 1 句	TRUE 原文说一些书店会出售包含 relevant forms 的 advice packs，题目表述与文章一致。

➲ 参考译文

给买鞋顾客的建议

如果你最近买的鞋子出了问题，请按下面 4 个步骤进行处理。

步骤 1

带着购买凭证回到商店。如果你立刻退还有问题的鞋子，那么你就有权要求退款。如果你不想要这双鞋，并且能立即退回的话，你还可以再换另外一双。但如果你逾期未退，或者已经穿过些时日了，商店可能不会给您全额退款。这取决于鞋子的破损状况以及你穿的时间。

如果商店向你提供贷记单，你可以不接受。如果你接受的话，通常情况下，在这之后你将无法兑换成现金。所以如果你在商店里找不到其他你想要的鞋子的话，你得到的可能就是一张对你毫无意义的贷记单。

商店也许会把鞋子送到总部进行检验。这种做法没有问题，还能有助于解决问题。但如果商店声称这是制造商的责任，那就是在推委。商家说的并不是实情。解决问题是商店的法定义务。

步骤 2

如果事情没有进展，你可以寻求帮助。民事咨询局（你的电话黄页上有地址）或当地的贸易标准部会免费提供建议。再提示一下，可以参考郡、地区或行政区委员会下的电话目录。所有这些部门都有专人提供有关问题货物和如何进行处理的建议。

步骤 3

大部分商店都执行《鞋袜实践准则》。如果你的购鞋商店受到该准则制约的话，你可以要求将鞋子送到鞋袜检测中心进行独立检测。商店必须认同检测报告的结果。检测要收取 21 英镑的费用，你付 7 英镑，商店付余额（包括邮费）。

步骤 4

最后一个方法是向法庭提出诉讼。做起来并不像听起来那么难。1000 英镑以下的（苏格兰是 750 英镑）的小额索赔程序是非正式的采取法律行动的方式，简单又实惠。

相关的表格可以从郡法庭（苏格兰叫 sheriff court）获得。民事咨询局会为你提供建议和宣传册。另外，一些书店也出售附带相关表格的咨询手册。

SECTION 1 B

➲ 文章结构

体裁	说明文
主要内容	告诉读者在丢失了信用卡、支票、借记卡、现金卡之后应该如何处理以挽回或减少损失。
结构	第一部分（第 1 段）：发现卡丢失后立即致电、致信给银行，如果怀疑是失窃的话还要通知警察。
	第二部分（第 2 段）：建议在中央登记系统中登记所有卡的信息
	第三部分（第 3 至末段）：如果卡被盗，你可能需要承担的损失以及防盗贴士。

➲ 词汇注释

第 1 段	
discover *v.* 发现 cheque *n.* 支票 cash *n.* 现金 circumstance *n.* 环境 account *n.* 账户	credit *n.* 信用 debit *n.* 借方；借记 suspect *v.* 怀疑 provided *conj.* 如果，假如 insurance *n.* 保险
第 2 段	
plastic *adj.* 塑料的 registration *n.* 登记 exist *v.* 存在 issue *v.* 发行 fee *n.* 费用	common *adj.* 普遍的 scheme *n.* 方案，计划 file *v.* 归档 annual *adj.* 每年的 notify *v.* 通知
第 3 段	
stand *v.* 站立；忍受；位于	thief *n.* 贼
第 4 段	
guarantee *n.* 保证 careless *adj.* 无心的，粗心的 forged *adj.* 假冒的	unless *conj.* 除非 blank *adj.* 空白的 bear *v.* 承担
第 5 段	
operate *v.* 操作，运行	liable *adj.* 有义务的，应负责的

第 6 段至末段	
legally *adv.* 法律上地，法定地 gross *adj.* 重大的 personal *adj.* 个人的 memorise *v.* 记忆 precaution *n.* 小心，谨慎	withdraw *v.* 撤退 negligence *n.* 疏忽 identification *n.* 身份 disguise *v.* 隐藏 apply *v.* 运用

➲ 考题解析

Questions 9-14

● 题型归类：Multiple Choice

➲ 题目解析

题目编号	题目定位词	答案位置	题　解
9	lost a credit card	第一段第 1 句	答案 D 原文说 ...telephone the credit card company or bank as soon as possible...，即要立刻打电话。
10	credit card shield	第二段第 1-2 句	答案 B 原文说 ...central registration schemes such as Credit Card Shield... Under the schemes you file details of all your cards，B 选项符合文意。
11	contacted, Card Protection System	第二段最后 1 句	答案 B 原文说 As soon as you called... the scheme's staff make sure that all the companies whose cards you had are notified，B 选项与文章表述的意思相符。
12	fully covered	第四段	答案 B 第四段说银行或店家如果接受了盗贼伪签的支票，那么你不用承担任何损失。所以 B 选项“丢失一张空白支票”是不会给你带来任何经济损失的，为正确答案。
13	personal number, stolen card	第六段	答案 C 第六段中提到如果银行可以证明你有重大疏忽，例如在卡片上写了密码，你就要支付盗贼从你卡上用的所有钱。选项 C 与文意相符。
14	cash card	第六段	答案 C 根据原文 ...but only up to £50 可以推断出可能对于所有失窃你只需赔付 50 英镑，选项 C 符合文意。其他三个选项均可比较容易地排除。

➲ 参考译文

信用卡丢失

如果你发现你的信用卡、银行存折、借记卡、或现金卡丢失的话，请在第一时间致电信用卡中心或银行，然后再致信说明。如果你怀疑是失窃，请同时通知警察。在多数情况下，如果你立即采取行动，你将不必支付窃贼从你帐户上盗用的金额。多数家庭保险也会为您支付这部分有限的风险。

因为现在信用卡十分普遍，所以有一些如信用卡盾和信用卡保护系统这样的中央登记方案可以帮助信用卡丢失或失窃的用户。在这些方案中，你可以通过中央登记系统记录所有卡的信息——包括现金卡和商店签发的帐户卡，而且只需要付少量的年费。登记完之后，如果你有任何一张卡丢失，你只需要给登记中心打一个电话。登记中心一年 365 天 24 小时为您提供服务。只要你打了电话，你就不需要再为窃贼盗用的款项负责。登记中心的员工负责通知所有给你发卡的公司。

卡失窃后你的损失

信用卡 如果你的信用卡被盗用，你必须支付的金额最高为 50 英镑。如果你在卡使用之前挂失的话，就无须支付任何费用。

存折和保证卡 除非你很不小心——签了空白支票——否则，你就不必为盗贼使用的任何伪造的支票支付任何费用。接受伪造支票的商店或银行将承担一切损失。

借记卡（Switch 或 Visa Delta）银行运营的是与信用卡类似的系统，你只需要支付不超过 50 英镑的金额。

如果你的现金卡被盗

从法律上说，你要支付盗贼从你卡上盗取的任何金额，但是这仅限于你报失之前，而且最高 50 英镑，除非银行可以证明你有重大疏忽，如在你卡上写了你的个人信息。

- 不要将你的卡和个人身份证号码（不是写在卡上的）条放在一起。
- 如果可能的话，记住你的身份号码。如果你必须要把号码记下来的话，可以把它伪装成其它号码，比如电话号码。
- 同样的规则和预防措施也适用于作为现金卡使用的信用卡。

SECTION 2 A

➲ 文章结构

体裁	说明文
主要内容	给雇主提出如何在工作场所回收利用、减少浪费的建议。
结构	第一部分（第 1-2 段）：这部分为引言，指出在英国的办公场所每年的废物产出量很高，浪费严重。
	第二部分（第 3-7 段）：制定公司制度，包括废物量审查、公司政策和人人参与等措施。
	第三部分（第 8-10 段）：指出哪些东西可以回收，如何回收。

➲ 词汇注释

第 1 段	
recycle *v.* 回收 hint *n.* 提示；暗示 estimate *v.* 估计 cost *v.* 花费 reduce *v.* 降低 profit *n.* 利润	handy *adj.* 方便的，现成的 employer *n.* 雇主 avoidable *adj.* 可避免的 revenue *n.* 收入 efficient *adj.* 高效率的 resource *n.* 资源
第 2 段	
double *v.* 加倍，翻一倍 generate *v.* 产生	top *v.* 高过 local *adj.* 当地的，本地的
第 3-5 段	
audit *n.* 审计，审查 aware *adj.* 意识到 switch *v.* 转换	contractor *n.* 分包商 consumption *n.* 消费 duplex *adj.* 双倍的，复式的
第 6-7 段	
internally *adv.* 内部地 allocate *v.* 分配 motivation *n.* 动机 specific *adj.* 明确的，特殊的 newsletter *n.* 时事通讯 staff *n.* 员工	poster *n.* 海报 query *n.* 问题 competition *n.* 竞争 regular *adj.* 常规的 improvement *n.* 进步 impact *n.* 影响
第 8 段	
survey *n.* 调查 discard *v.* 抛弃 variety *n.* 多样，种类	inevitable *adj.* 不可避免的 serve *v.* 提供服务；用于 purpose *n.* 目的
第 9 段	
supply *v.* 提供 ceramic *adj.* 陶瓷的	disposable *adj.* 可任意处理的；一次性的 mug *n.* 杯子
第 10 段	
electrical *adj.* 电气的 donate *v.* 捐赠	upgrade *v.* 升级 charity *n.* 慈善

➲ 考题解析

Questions 15-21

● 题型归类：Short Answer Questions

➲ 题目解析

题目编号	题目定位词	答案位置	题解
15	before it starts recycling	第三段第 1 句	根据原文可知答案为 (an) audit / (waste) audit。
16	machine, cut stationary budget	第五段第 2 句	原文说可以通过 lowering consumption 和 using duplex printer 来降低成本，题目问通过哪种机器可以减少预算，所以答案为 (duplex) printers。
17	display, publicise	第六段第 1 句	原中说可以通过 putting up educational posters 来提高公司内部的回收利用意识，题目问在办公室展示什么来宣传再利用的理念，所以答案为 (educational) posters。
18	motivation	第七段最后两句	原文说公司可以发布关于员工废物利用所取得的进步的公告，这正是激励员工的做法，所以答案为 (regular) newsletters。
19	unwanted paper	第八段第 3 句	根据原文很容易可以得出答案为 (writing) notes。
20	waste produced by refreshment	第九段第 1 句	原文中说使用可多次使用的 ceramic mugs 比使用一次性塑料杯能减少办公室垃圾，所以答案为 (ceramic) mugs。
21	unwanted PCs	最后一段最后一句	根据原文可得出答案为 (to) charities。

➲ 参考译文

工作中的回收利用——给雇主的小建议

据估计，可以避免的浪费占到了英国商业界年收入的 4.5%。降低工作场所的浪费就是提高效率。通过提高效率，公司不仅可以增加利润而且可以节约自然资源。

例如，自 1980 年起，每年在泽西岛上产生的废物量增加了一倍。2004 年，废物量达到了十万吨，其中的 60% 是本地公司产生的。一个小岛竟产生这么多的废物！

制定公司计划

废物审查

在开始实施废物利用计划之前，公司需先进行审查。审查会让你意识到公司每年产生的废物有多少。

公司政策

考虑将收取你办公室废物的承包商换成提供回收利用服务的承包商。

购买回收纸。虽然有时候可能会比较贵,但可以通过减少消耗和使用双面打印机来降低成本。

人人参与

- 提高公司内部员工的节约意识,如张贴教育性的海报。
- 指定一个人做联络员,对大家的疑问进行解答。

另外一些增加积极性的方式：

- 在不同部门之间进行内部竞赛,比如看谁能在一定时间内最大程度地降低废物产出。
- 定期散发通讯稿报告在降低废物方面取得的进步。这样,员工就可以看到他们的行为产生了何种影响。

回收利用什么以及如何进行回收利用

纸

根据最近的调查,65% 的废物是废弃纸张。工作场所产生废纸是不可避免的,但并没有必要将废纸扔掉。在回收之前,废纸可以有很多不同的用途,如用来写便条。信封也可以重复使用,可用于内部通信。

塑料杯

提供可以重复使用的瓷杯而不是一次性的塑料杯子。这不仅会让你的茶闻起来更香,而且还可以减少办公室的浪费,减少量可达 1%！

电器

与其放弃使用任何老电器并将其当废物扔掉,为什么不将老电器升级呢? 这可以降低浪费,还可以减少新机器的生产——生产新机器的过程将产生大量废物。电脑更新换代后,你也可以考虑将旧电脑捐赠给慈善机构。

SECTION 2 B

➲ 文章结构

体裁	说明文
主要内容	提供如何回答面试问题的建议。
结构	第 1 段：媒体访问方面的咨询人员建议传递想要传递的信息，不管对方提出什么问题。
	第 2 段：面试培训公司建议回答雇主问题，但很快转向自己想要传达的信息。
	第 3 段：建议面试者使用 Q=A+1 的公式。
	第 4 段：高级主管认为必须充分准备好回答任何面试问题，并给出 4 个小贴士：事前多了解；准备回答如何应对挑战的问题；准备好如何回答工作中的失误或瑕疵；讨论失误时，重点放在错误的积极方面。

词汇注释

第 1 段	
tip *n.* 建议；小贴士 coach *v.* 培训 handle *v.* 处理 interview *n.* 面试	consultant *n.* 咨询员 executive *n.* 执行者，主管 media *n.* 媒体 deliver *v.* 传递
第 2 段	
politician *n.* 政治家 response *n.* 回复 transition *n.* 过渡 point *n.* 要点	notice *n.* 通知 candidate *n.* 申请人 convey *v.* 传达 qualification *n.* 资质
第 3 段	
advise *v.* 建议	formula *n.* 公式
第 4 段	
diligent *adj.* 勤奋的 beforehand *adv.* 之前，提前 prior *adv.* 居先，在前 insight *n.* 洞察 shareholder *n.* 股东 issue *n.* 问题 fit *v.* 适合 cope *v.* 处理 blemish *n.* 瑕疵 steer *v.* 操纵，驾驶，引导 current *adj.* 目前的 turnaround *n.* 转折	preparation *n.* 准备 employee *n.* 员工 gain *v.* 获得 viable *adj.* 能生存的，可行的 tailor *v.* 缝制；调整使适合 challenge *n.* 挑战 recall *v.* 回忆 count *v.* 计算；视为 dodge *v.* 避免 positive *adj.* 积极的，正面的 involve *v.* 涉及 benefit *v.* 有利

考题解析

Questions 22-27

● 题型归类：Sentence Completion

题目解析

题目编号	题目定位词	答案位置	题　解
22	ignore, questions in interviews	第二段第 1 句	题目中的 ignore 对应原文中的 take no notice of, questions in interviews 对应 press questions，所以答案为 (some) politicians。

23	communicate, main point	第三段	题目中的 interviewees 对应原文中的 candidates at job interviews，recommended 对应 advises，follow 对应 apply，所以答案为 formula。
24	request information from	第四段建议 1 的第 2 句	题目中的 request 对应原文的 ask，所以答案为 (company) employees。
25	learn a business, study	第四段建议 1 的第 3 句	题目中的 studying 对应原文中的 reading，所以答案为 shareholder reports。
26	head of an interview training firm, avoid	第四段建议 3 的第 2 句	题目中的 Head 对应原文中的 president，avoid 对应原文中的 steer clear of，所以答案为 lies。
27	previous failure	第四段建议 4 最后两句	题目中的 failure 对应原文中的 failed，最后一句说“我”（指 senior executive）从那次失败的经历中受益匪浅，所以答案为 benefited / benefitted。

➲ 参考译文

如何回答面试问题

对于如何处理媒体采访，首先要咨询一下那些专门培训主管的人员。他们会告诉你，要将想传达的信息告诉给雇主，而不要在乎他们问了你什么问题。

面试培训公司 Genesis 的 John Barford 说，“与政治家不同，政治家们会避开媒体的问题，立刻开始谈论另外一个话题，而应聘者则必须回答雇主的问题。” John 还说，“但你还是可以很快地从你的回答转移到你想传达的展示自己资质的信息。”

他建议参加面试者采用 Q=A+1 公式：Q 是问题；A 是答案；+ 是通向你想传递的信息的桥梁；1 是你想突出的重点。

高级主管们表示，充分的准备对于有效地回答面试问题也是必要的。他们给出了一些建议：

• 面试前，尽可能多的了解相关情况。面试前向公司员工咨询，尽可能深入了解公司状况。如果公司上市的话，阅读股东报告，了解公司的生存状况。然后你就可以根据公司问题设计你的回答。

• 准备好回答要求你说出如何应对挑战的问题。这些问题通常要求你在回答中讲述一段故事。但有可能当时你讲不出相应的故事，所以你要努力从你的经历中回想一些，这些经历要展现你是如何处理这一系列问题的。

• 面试官可能会询问你职业生涯上的一个错误或者瑕疵。不要试图回避这种问题。Murphy 集团（一家面试培训公司）的总裁 Murphy 女士认为，要竭尽所能避免说谎。直面这种问题，然后继续回答。

• 谈到错误时，要把重点集中在它的积极方面。高级主管 Friedmann 说：“从丢球和从接住球中学到的东西往往一样多。” 当初，他面试现在的公司时，他提到自己曾有过许多成功的曲折，其中有一次失利了。Friedmann 说：“我强调了那次经历使我在许多方面都受益匪浅。”

SECTION 3

文章结构

体裁	说明文
主要内容	学习第二语言的好处，在英语国家学习第二语言所遇到的挑战以及这种挑战可能产生的结果。
结构	第一部分（第 1-6 段）：指出学习第二语言的好处以及为什么在西方国家很少人学习第二语言的原因。
	第二部分（第 7-12 段）：随着儿童不愿意说母语，移民家庭面临着文化消失的问题，但也不用担心，这只是个阶段。父母应该做的是为孩子提供尽可能多的语言经验。
	第三部分（第 13-15 段）：虽然有一些孩子会在某一阶段拒绝说母语，但他们的双语能力将来还是会得到发展，并帮助他们打开通向另一种文化的大门。

词汇注释

第 1 段	
fuel *v.* 加燃料 intelligence *n.* 智力 prospect *n.* 前景	minority *n.* 少数派 monolingual *adj.* 单一语言的 percentage *n.* 百分比
第 2 段	
proud *adj.* 骄傲的，自豪的 root *n.* 根 marker *n.* 标记	embarrassed *adj.* 尴尬的 comment *v.* 评论 unusual *adj.* 不同寻常的
第 3 段	
agreement *n.* 协议 bilingual *adj.* 双语的	advantage *n.* 好处 schoolmate *n.* 同学，校友
第 4 段	
subject *n.*科目	view *n.* 观点
第 5 段	
display *v.* 展示 problem-solving *adj.* 解决问题的	creativity *n.* 创造力 ability *n.* 能力

第 6 段	
benefit *n.* 好处 enthusiasm *n.* 热情	attitude *n.* 态度 blame *v.* 责备
第 7 段	
immigrant *n.* 移民	possibility *n.* 可能性
第 8 段	
environment *n.* 环境 nursery *n.* 托儿所，幼儿园	completely *adv.* 完全地 concerned *adj.* 关心的
第 9 段	
check *v.* 检查	mix *v.* 混合
第 10 段	
refuse *v.* 拒绝 socialise *v.* 交际 kindergarten *n.* 幼儿园	battlefield *n.* 战场 identity *n.* 身份 contrast *n.* 对比
第 11 段	
support *v.* 支持 approach *n.*方法 pressure *v.* 压力	force *v.* 强迫 teenager *n.* 青少年 establish *v.* 建立
第 12 段	
provide *v.* 提供	outsider *n.* 外来者
第 13 段	
equally *adv.* 平等地 ideal *adj.* 理想的	scenario *n.* 剧情梗概；全景 passive *adj.* 被动的，消极的
第 14 段	
pick *v.* 捡起	own *adj.* 自己的
第 15 段	
marketing *n.*市场营销 specialist *n.* 专家 primary *adj.* 初级的	appreciate *v.* 欣赏；感激 fair *n.* 展览会 definitely *adv.* 确定地，明确地，肯定地

➲ 考题解析

Questions 28-31

● 题型归类：TRUE/FALSE/NOT GIVEN

➲ 题目解析

题目编号	题目定位词	答案位置	题 解
28	speak a second language, New Zealand	第一段最后一句	TRUE 原文说 …a small percentage of whom were born in New Zeland，其中 whom 指的是说两种或以上语言的人，意思是只有一小部分人出生在新西兰，那么题目表述“大多数都出生在其他国家”就是正确的。
29	good to teach children a second language	第三段第 1 句话	NOT GIVEN 原文只是说专家一般都认为学习第二语言好，没有涉及到新西兰人的看法。
30	Chinese	第三段最后一句	NOT GIVEN 原文只提到说学哪一种语言都没有关系，并没有涉及中文是最普遍的外语。
31	develop intelligence	第四段最后一句	FALSE 原文只提到 another language，只要是另外一种语言就会对智力发展有帮助，而不是某些语言比其他语言更能发展智力，题目表述与原文相矛盾。

➲ 考题解析

Questions 32-38

● 题型归类：Matching

➲ 题目解析

题目编号	题目定位词	答案位置	题 解
32	faster	第四段第 1 句	答案 A 原文中 Cathie Elder 说 children who speak more than one language sometimes learn one language more slowly。
33	difficult, raise a bilingual child	第七段第 3 句和第八段第 2 句	答案 C 从第七、八段的描述中，可以看出 Susanne 教女儿学两种语言是很困难的，她一开始认为移民新西兰是培养女儿双语的 perfect opportunity，后来发现困难很多。
34	mixture	第九段第 2 句	答案 C 原文中 Susanne 说 …she（指 her daughter）speaks half and half。

35	attitudes	第十段第 2 句	答案 B 原文中 Haford 说 this depends a lot on the attitudes of societies in questions，题目中的 general social attitudes 与原文中的 attitudes of the societies 对应。
36	important, parents	第十二段倒数 1、2 句	答案 A 原文中 Cathie Elder 说更重要的是父母为孩子提供语言经验而不是父母讲哪种语言。
37	Learn another culture	第十四段最后一句	答案 D 原文中 Joanne Powell 说 By learning another language she can open the door to another culture，原文中的 open the door to another culture 与题目中的 opportunities to learn another culture 相对应。
38	work opportunities	第十五段最后三句	答案 E 原文中 Donna Chan 说会讲外语对工作有很大帮助，正是因为她会讲汉语所以公司派她参加香港贸易会，最后她说会讲两种语言 definitely open doors，也就是说能带来更多机遇。

➲ 考题解析

Questions 39-40

● 题型归类：Multiple Choice

➲ 题目解析

题目编号	题目定位词	答案位置	题　解
39	stopped speaking	第八段第 2-4 句，第十五段第 2 句	答案 A C Tiffany 在托儿所的时候拒绝讲德语，Donna Chan 开始上小学后拒绝讲汉语，两人都是小时候不再讲另一种语言。
40	develop as they get older	第十三段最后一句，第十四段第 2 句	答案 B F Susanne 认为自己女儿的双语能力以后会有所发展，Joanne 认为自己的女儿以后自己会再学毛利语，两人都认为自己的孩子的语言能力以后会再发展。

➲ 参考译文

热点话题

学习第二语言能促进孩子的智力，并使他们未来的工作前景更为光明。但事实是，在新西兰和许多其他英语国家，很少有人能说两种或两种以上的语言。84% 的新西兰人为单语者（只说一种语言），能说两种或两种以上语言的人非常少，而且其中只有很少一部分是出生在新西兰的。

无论人们对自己的文化感到多么自豪，在新西兰，除了英语，说其他语言都是与众不同的标志。这就是为什么 8 岁大的 Tiffany Dvorak 不愿意再说母语——德文——的原因，也是 8 岁的 Ani Powell 在别人评论他能说毛利语时感到尴尬的原因。正如 Ani Powell 的母亲 Joanne Powell 所说，“在欧洲，孩子说两种语言很正常。但如果在新西兰，你和你的孩子说母语，人们会认为你是在阻碍孩子融入这个社会。”

但实际上，专家一般都认同学习第二语言对孩子是有好处的。专家认为双语者——说两种语言的人——比他们的单语同学拥有明显的学习优势。这取决于每一种语言他们能说多少，而不是使用哪一种语言，所以无论他们学习毛利语、德语、中文或其他语言，这都没有关系。

奥克兰大学语言教学和学习教授 Cathier Elder 说：“许多研究表明，说超过一种语言的孩子有时候学一种语言会更慢，但最终他们会和他们的单语同学学得一样好，而且常常在其他一些学科上学得更好。”这种观点认为，学习第二语言有助于提高综合智力。

德国 Freiburg 大学的语言学教授 Brigitte Halford 博士也认同这种观点。“整体来说，双语者能更好的使用语言。”她说，“他们还显示了更强的创造力和解决问题的能力，所以将来进一步学习其他语言会更轻松。”

然而既然有这么多好处，为什么我们不更加热情地学习另一种语言呢？参与双语教育的父母和教师认为，原因在于来自学校朋友的压力、英语国家对于其他语言的一般态度和学校体制中的问题。

在新西兰，移民就意味着他们的文化可能会随着他们的孩子不再愿意说母语而消失。Tiffany 的母亲 Susanne Dvorak 已经深有体会了。当她和她的丈夫 Dieter 六年前离开德国，开始在新西兰的新生活时，他们认为这是他们把自己的孩子培养成双语者的最好机会。毕竟，在德国的双语土耳其家庭很常见，而且 Susanne 读了能找到的所有关于双语教育的书籍。

他们想在家里塑造德语环境，Tiffany 去幼儿园学习英语。但 Tiffany 去了幼儿园之后，就不再说话了。她沉默了二三个月。等她再说话时，说得全部都是英文。因为关心她的语言发展，Dieter 开始和女儿说英文，而 Susanne 继续教德文。

如今，当 Susanne 和女儿用德文交谈时，她还是用英文应答。“要么就是一半德文，一半英文。我和她的老师核实后发现，她在学校从来不把德文和英文混起来说。她像个新西兰人一样说英文。德文反倒落后了。”Susanne 这样说道。

Halford 教授，也是两个双语儿童的母亲，说到：“在开始与幼儿园或学校中的孩子进行交际的阶段，孩子拒绝说自己的母语是正常的。”但她表示，这在很大程度上取决于社会的态度。在像新西兰这样的单语社会中，孩子想与所有其他孩子一样，有时候会把使用双语作为找到他们与父母不同身份的方式之一。

她赞同 Susanne 不给自己的女儿施加压力的方法。不要强迫孩子使用某一种语言，让她们自己坚持使用就好了。孩子会慢慢接受的。总会有那么一段时间，儿童或是青少年需要建立属于自己的有别于同学的身份，他们可能会使用另一种语言去达到这个目的。

Cathier 认为，如果移民父母自己能够很流利地讲英语的话，他们应该只对孩子说英文。父母应该做的是为孩子提供丰富的语言经验，无论何种语言，只要他们说得好就可以了。他们可能感觉是个外来者，所以会想说当地的语言。但是对于儿童的语言发展而言，更重要是提供丰富的语言经验，无论是何种语言。

儿童对学习语言的态度也存在着不同。Susanne Dvorak 两岁的儿子 Danyon，已经显示出将德文和英文说得一样好的才能。虽然这种理想的情景没有发生在 Tiffany 身上，但她意识到她的女儿有一定程度的双语能力。这种能力在现阶段，很大程度上还是被动的，但是将来可能会得到发展。

Joanne Powell 对自己的女儿 Ani 也有同样的感觉。虽然目前她可能不想说毛利语，但没关系，因为总有一天她会重新捡来起来的。更重要的是她有能力了解自己是谁。通过学习另一种语言，她能够打开通向另一种文化的大门。

Donna Chan 今年 25 岁，是 IBM 的市场专家，4 岁的时候随父母从香港来到新西兰。她还记得刚上小学时，她不愿意说中文。但现在对于自己能有机会成为双语者，她感到很欣慰。“对我的工作而言，懂另一种语言相当有益。去年我的公司因为我能说中文而送我去香港参加一个贸易展。能说两种语言确实可以敲开不同的门。”Doanna 说道。

WRITING

WRITING TASK 1

You recently bought a piece of equipment for your kitchen but it did not work. You phoned the shop but no action was taken.

Write a letter to the shop manager. In your letter
- **describe the problem with the equipment**
- **explain what happened when you phoned the shop**
- **say what you would like the manager to do**

➲ 题目分析，包括回答中需要涉及的要点、对比以及考生可能对题目产生的错误理解。

要点

1. 这封信应表达得礼貌些，不要太过偏激。虽然你已与商店联系过一次，但这或许是你第一次联系这位经理。应该假设这个人会竭尽所能帮助你。
2. 切记需将三点全部包含其中，每个要点需做进一步说明。

考生可能产生的错误理解和问题

1. 切记一定是设备本身出故障了，因此你不能说自己不喜欢它的颜色，或者你在别的地方发现更便宜的。
2. 切记你给商店打过电话——你既不是亲自去的，也没有发过电子邮件。
3. 在向经理说明你的意图时，尽量给他 / 她提供几个选择机会。

➲ 建议的回答结构，对比此结构与考生有可能采用的不恰当结构。

不必进行自我介绍。写出一个涵盖每个要点的短篇文章不会太难。书信开头和结尾应使用正式语体（Dear Sir/Madam, Yours faithfully）。

➲ 参考范文

Dear Sir/Madam,

On 18th March this year I bought a Super Cook 500 microwave oven from your shop. However, when I got home and tried it out, it did not work. I tried various settings and consulted the manual for operating instructions, but without any success.

I decided to telephone your shop and was placed on hold for ten minutes before the call was terminated without explanation. I called again and after a further ten minute wait was connected with a salesman. I am not sure whether he understood my problem, but he told me that he couldn't do anything and suggested that I buy a new oven!

I do not think this is an acceptable solution and would like to ask you to arrange for the faulty oven to be replaced or provide me with a refund. I am attaching a photocopy of the receipt with this letter. I would also like to suggest that your staff get some training in dealing with customer complaints.

Yours faithfully,

David Green

(163 words)

尊敬的先生/女士，

今年3月18号，我在贵店购买了一台Super Cook 500微波炉。但是，等我回到家通电使用它时，它却出故障了。我试了几种设置方式，参看了使用手册上的使用指南，依旧毫无结果。

我决定给贵店打电话，却等待了十分钟才接通，然后不了了之。我再次拨打电话，又等了10分钟才接通了销售员。我不知道他是否明白我的问题，但他对我说他无能为力，只是建议我再买一台新的微波炉。

我无法接受这种解决办法，希望贵店能更换问题微波炉，或者对我进行赔偿。随信附上购买收据的复印件。此外，我诚恳地建议贵店要对员工进行一系列关于处理顾客投诉的培训。

此致敬礼

大卫·格林

➲ 参考范文中的词汇及结构分析，以及考生可能犯的错误。

1. 开篇作者给出了购买物品的型号以及购买日期。
2. 注意第一、二段主要使用的是一般过去时。
3. 作者在描述打电话时的情况时，他使用了很多电话的专用语——placed on hold, terminated, connected with。
4. 对于解决此状况，作者给出了两个建议。
5. 在类似状况中，发送问题物品收据的复印件是标准性做法。
6. 虽然作者确实在篇末提议该店给员工进行一系列培训，但应注意的是信中没有使用任何偏激性言语。

WRITING TASK 2

Some people think it is better to educate boys and girls in separate schools. Others, however, believe that boys and girls benefit more from attending mixed schools. Discuss both these views and give your own opinion. Give reasons for your answer and include any relevant examples from your own knowledge or experience.

➲ 题目分析，包括写作中需要涉及的要点以及考生可能对题目产生的错误理解。

1. 双方观点都必须在讨论中提到。
2. 由于问题中没有提及年龄阶段，因此考生会发现明确讨论某一年龄段会很有帮助。

➲ 建议的回答结构，对比此结构与考生有可能采用的不恰当结构。

这篇作文需要一个简短的介绍和简要的结论。正文应有两个到三个段落，每段阐述一个要点或观点。建议考生单独写一个段落来阐述与题目意见相反的观点，或者考生在正文各段中提及相反的观点。

➲ 两篇观点不同的参考范文（250字—300字）

参考范文 1——建议男女分校

Parents are generally very concerned about getting the best possible education for their children. One idea is to educate boys and girls in different schools. I think that it is better if boys and girls go to separate schools and will explain why in this essay.

If boys and girls go to the same schools, there is more chance that they will become distracted from their studies, particularly in their teenage years. Parents want their children to do well at school in order to get qualifications for their future careers. It is also beneficial for the state if young people are well educated, since such people will help the economy to develop.

Some people argue that this will mean that teenage boys and girls will not have the opportunity to develop relationships and that this could be harmful later in life. I agree that teenagers should become friends with those of the opposite gender. However, there is plenty of time for teenagers to mix outside school hours, so I do not believe that this will become a problem.

Separate schools might also be a good idea because each school has limited resources and therefore is likely to provide education in subjects that are in demand. It is possible that teenage boys and girls might prefer different subjects and therefore schools for boys and schools for girls would provide slightly different curricula.

In conclusion, I think that the arguments for separate schools for boys and girls during their teenage years are very strong – much stronger than those for mixed schools.

(259 words)

一般父母非常希望孩子能受到最好的教育。其中一种观点就是男女分校教育。我认为男女分校受教育更好，我会在下文中解释原因。

如果男女同校，他们很可能会在学业上分心，特别是在青少年阶段。父母希望孩子在学校好好学习，从而可以胜任未来的事业。如果年轻人接受了良好的教育，这对国家也是件益事，因为这样的人才会促使经济发展。

有些人辩驳道，这样做就意味着青少男女没有机会建立友谊，从而对今后的生活产生不良影响。我赞同青少年应该与异性建立友谊。但是放学后，青少年有充足的时间相处，因此我认为这不成问题。

男女分校会是个不错的主意，因为每个学校资源有限，因此可以开设有教育需求的科目。青少男女很可能会倾向于不同的科目，因此男校和女校课程表会稍有不同。

总而言之，我认为在青少年阶段男女分校的论点很充足——比男女同校的论点充足。

参考范文 2——建议男女同校

Since parents are worried about giving their children the best education, there have recently been many arguments about the best ways to achieve this. One suggestion involves sending boys and girls – especially those in their teenage years – to different schools. I disagree with this suggestion and will outline my reasons below.

First of all, I think that providing the best education to every single child is virtually an impossible task. Since different children learn, behave and think in different ways, I believe that making a general statement that they learn better at single gender schools is unhelpful. Some will find single gender schools better environments for study and others will not. Therefore, I think that the decision should be left to parents, after discussion with their children.

Secondly, educating boys and girls separately may work in the cities where there are many schools to choose from, but what about in the countryside where there may only be one school for many miles? The two solutions are to build many more schools, which would be expensive, or to have one gender travel much further to school.

Thirdly, education for boys and girls at separate schools will reduce the amount of contact boys and girls have, which could have negative results later in life. Parents often seem to take a very limited view of education – that it is only about succeeding at examinations. This is particularly surprising considering that most parents work and should know that high exam scores do not guarantee success.

To conclude, it seems to me that the arguments for the separate education of boys and girls fail to take into account the individuality of young people, the practicalities of providing schooling and the realities of life.

(288 words)

因为父母急于为孩子提供最好的教育，所以最近有关如何达到这一目的流传着多种观点。其中一个是说要把男孩和女孩——特别是处于青少年阶段的——送到不同的学校。我不同意这种观点，我会在下文阐述理由。

第一，我认为给每一个孩子都提供最好的教育在实际生活中不太可能。因为不同的孩子学习、表现和思考的方式都不相同。我认为，概一而论的称他们在单一性别学校学得更好对他们没什么帮助。有些人觉得单一性别学校更适宜学习，而其他的则不够好。因此，我认为是否去单一性别学校应由父母做决定，当然父母也要与孩子沟通。

第二，大城市里有很多学校可供选择，男女分校教育似乎行得通，但是农村呢？那里相隔数里才有一所学校。解决办法就是建立更多学校，这样要么耗费巨大，要么就得让一方费尽周折到达学校。

第三，男女分校教育使得男女交流减少，这会对他们今后的生活造成负面影响。父母看待教育的眼光非常受限——只是要求在考试中名列前茅。多数父母工作并且知道高分并不能保证日后成功，想到这点尤为惊异。

综上所述，据我看来，赞同男女分校教育的观点并没考虑到年轻人的个性发展、学校教育的实践意义以及社会生活的现实性。

➲ 参考范文中的词汇及结构分析，以及考生可能犯的错误。

1. 两位作者都在介绍部分表达了自己的观点。很多考生都这样表述，其实完全没有必要。
2. 每位作者都是用分段表述主要论点，然后在每段都提及反方观点。
3. 第一位作者不赞同单一性别学校对所有孩子都是最好的选择，这从他所使用的语言中可以看出——more chance, likely, much stronger。同时，这也突显出作者并没有想到一个完美的解决办法。
4. 第二位作者使用简洁但有效的表达方式："firstly, secondly, thirdly"，用以突出各要点。
5. 第二位作者使用 "could" 和 "may" 来说明情况并不绝对化。